廣東文人年表

嶺南陳永正署

李君明 著

第三冊

南方出版傳媒
廣東人民出版社
·廣州·

圖書在版編目（CIP）數據

廣東文人年表／李君明著. —廣州：廣東人民出版社，2020.8
ISBN 978-7-218-09092-4

Ⅰ.①廣…　Ⅱ.①李…　Ⅲ.①文人—年表—廣東省—古代 ②文人—年表—廣東省—近代　Ⅳ.①K825.4—62

中國版本圖書館 CIP 數據核字（2013）第 263251 號

ISBN 978-7-218-09092-4

9 787218 090924 >

GUANGDONG WENREN NIANBIAO

廣東文人年表

李君明　著

出 版 人：肖風華

封面題簽：陳永正
責任編輯：張賢明
裝幀設計：瀚文文化
責任技編：吳彥斌　周星奎

出版發行：廣東人民出版社
地　　址：廣州市海珠區新港西路 204 號 2 號樓（郵政編碼：510300）
電　　話：(020) 85716809（總編室）
傳　　真：(020) 85716872
網　　址：http://www.gdpph.com
印　　刷：廣州市浩誠印刷有限公司
開　　本：889mm×1194mm　1/32
印　　張：111.5　字　　數：3000 千
版　　次：2020 年 8 月第 1 版
印　　次：2020 年 8 月第 1 次印刷
定　　價：980.00 元（全四冊）

如發現印裝質量問題，影響閱讀，請與出版社（020—85716849）聯繫調換。
售書熱綫：(020) 85716826

清世宗雍正十三年　乙卯　一七三五年

前年詔徵博學鴻詞，以大臣、學政觀望，經年僅薦三人。本年再詔批評。八月，清世宗崩。九月，高宗即位，以明年爲乾隆元年。十二月，殺曾靜、張熙。纂修《明史》成。（蔡冠洛《清代七百名人傳》附《清代大事年表》）

本年鍾映雪不就博學鴻詞。

鍾映雪，字戴蒼，號梅村。東莞橫坑村人。少聰慧，七歲應童子試，長大後博涉群書，精八股文，與弟仕侯同爲秀才。惠士奇任廣東學政，拔爲首選，成廩生，並舉優行，後屢試不第。邑人唐世俊，選拔入京，晋謁士奇，詢及廣東名士，每歎映雪運乖。雍正十三年（一七三五）①薦舉博學鴻詞，不就，又舉孝廉方正，力辭不就，年八十五卒於家。著有《梅村初、二集》等。凌揚藻《國朝嶺海詩鈔》卷七有傳。

本年王昶不就博學鴻詞。

王昶，字日永。番禺人。諸生。雍正十三年（一七三五）薦舉博學鴻詞，不就。著有《柳塘詩集》。凌揚藻《國朝嶺海詩鈔》卷七有傳。

本年何宇被薦舉博學鴻詞，以疾不克赴。

何宇，字正門，號濤村。香山人。吾驥曾孫，犖道孫。諸生。雍正十三年（一七三五）薦舉博學鴻詞，以疾不克赴。著有《濤村詩草》。其配容孀人，亦能詩，兼解鼓琴。何天衢《欖溪何氏詩徵》卷二有傳。

何紘於本年中舉人。

何紘，字冕調，一字嚚村。番禺人。雍正十三年（一七三五）舉人，選永安教諭。乾隆十三年（一七四八）進士，以親老

---

①　一作乾隆元年（一七三六）。

就惠州府學教授。著有《嘗村詩草》。凌揚藻《國朝嶺海詩鈔》卷八有傳。

鄭志正於本年中舉人。

鄭志正，字貞木。南海人。雍正十三年（一七三五）舉人。著有《帶草堂集》。溫汝能《粵東詩海》卷七七有傳。

彭飛九於本年中舉人。

彭飛九，興寧人。雍正十三年（一七三五）舉人。受知於惠士奇，入學康五瑞。胡曦《梅水匯靈集》卷二有傳。

劉上台於本年中舉人。

劉上台，字應階。香山人。雍正十三年（一七三五）舉人，乾隆十六年（一七五一）進士，四川通仁知縣。黃紹昌、劉爔芬《香山詩略》卷四有傳。

區揚彤於本年中舉人。

區揚彤，字廷舉。高明人。雍正十三年（一七三五）舉人。工草書。擬授官，早卒。（道光《高明縣志》）

陳鷹揚於本年中舉人。

陳鷹揚，字廷略。歸善（今惠州）人。雍正十三年（一七三五）舉人。乾隆二年（一七三七）上公車，以親老不仕。好義樂施。乾隆十五年（一七五〇）、二十三年（一七五八）、四十三年（一七七八）饑，賑濟甚眾。建學宮考棚諸舉，輒倡捐百金。又捐糧業地租每科二百餘金，助士人赴試。（乾隆《歸善縣志》卷十四）

林觀海於本年中舉人。

林觀海，海豐人。雍正十三年（一七三五）舉人，官全鄉知縣。（《惠州府志》）

羅天怕於本年中舉人。

羅天怕，字錫仁。高明人。二十七歲中雍正十三年（一七三五）舉人。乾隆十年（一七四五）進士，官樂昌教諭，在任二十

二載。（道光《高明縣志》）

羅維君於本年中舉人。

羅維君，字瑞叔。番禺人。元隆子。雍正十三年（一七三五）舉人。龐嶼任廣西運使，維君館其署數年。著有《西語》。（同治《番禺縣志》）

莫世忠於本年中舉人。

莫世忠，字健輝。高明人。雍正十三年（一七三五）中舉，乾隆二年（一七三七）進士，任甘肅成縣知縣，以振興禮教爲急務。大金川用兵，世忠供應各路兵馬糧草，井然有條，升洮州撫番同知，有楊土司吞併馬僧綱所轄居民三千戶，世忠秉公糾正。調順天南路同知，再升郎中。年老辭官歸里。爲文雄渾，自成一家。著有《見性詩集》、《端溪書院課藝》。（《高明縣志》）

謝琳於本年中舉人。

謝琳，字他山。東莞人。雍正十三年（一七三五）舉人，官廣東陽春縣教諭，多次捐俸救濟寒士。有貢生奪人未婚妻，賄賂千金求免罪。拒收，審訊後移案縣衙治罪。（宣統《東莞縣志》卷六八）

陳善道於本年中武舉人。

陳善道，字諝斯，號建昌。東莞塹頭人。雍正十三年（一七三五）武舉人，授漕運千總，總漕劉統勛時獎借之。常靜坐室內翻閱古籍。張其淦《東莞詩錄》卷三六有傳。

韋易於本年成貢生。

韋易，字文衍。香山人。雍正十三年（一七三五）拔（一作歲）貢生。乾隆元年（一七三六）薦舉博學鴻詞，謝病歸。年八十卒。著有《潄厓詩文集》。黃紹昌、劉熽芬《香山詩略》卷四有傳。

李珠光於本年成貢生。

李珠光，字皆玉。香山人。雍正十三年（一七三五）拔貢生。余祖明《廣東歷代詩鈔》卷二有傳。

楊節於本年成貢生。（乾隆《香山縣志》卷五《選舉》）

楊節，字式卿。香山人。雍正十三年（一七三五）歲貢生。潛心義易、河圖、洛書之旨，占多奇中。杜門著述，嗜酒健談。著有《九峰詩文集》。余祖明《廣東歷代詩鈔》卷二有傳。

劉澐於本年成貢生。

劉澐，龍川人。雍正十三年（一七三五）歲貢生，官江西崇仁知縣。（《龍川縣志》）

陳志遠於本年成貢生。

陳志遠，字霖敷。廣寧人。雍正十三年（一七三五）拔貢生，充八旗官學教習三年。乾隆十四年（一七五〇）後任江西靖安縣丞。著有《學庸精義》、《家規》。（《龍川縣志》）

羅學旦於本年成貢生。

羅學旦，興寧人。雍正十三年（一七三五）拔貢生。先後任七縣知縣，頗有政績。撰有《烏魯木齊賦》等。（《興寧縣志》）

朱亞羌生。

朱亞羌（一七三五～一七七〇），豐順人。乾隆三十五年（一七七〇）組織民眾於潮州起事，揭陽、海陽派兵征剿，大敗而逃。旋潮州總兵以重兵直襲義軍營地，義軍被捕百二十餘人，亞羌遭五牛分屍。（《揭陽縣志》）

李威光生。

李威光（一七三五～一七九三），字作楫。五華人。自幼習武。乾隆二十五年（一七六〇）由縣學武生中恩科武舉人。三十七年（一七七二）恩科會試第一，殿試欽點武科狀元及第，授御前侍衛。四十二年（一七七七）調授廣西提標左營遊擊，改任浙江黃岩鎮標水師中軍遊擊，後升福建烽火門參將。五十一年（一七八六）受福康安委派征剿臺灣林爽文，事平，升臺灣安平協水師副將，署海壇、南澳總兵，誥封四世從二品武功將軍。旋因病辭歸。（《五華縣志》卷八）

李南馨生。

李南馨（一七三五～一八〇二），字槐而。五華人。潭第十子。十四歲從塾師學文，二十四歲改習武。乾隆二十四年（一七五九）中武舉人；三十六年（一七七一）中武科進士。因生母、嫡母先後病卒，回家服孝，期滿，授山東兗州鎮守備。四十四年（一七七九）改調水師，歷任澄海協守備、碣石鎮遊擊、銅山營參將、澎湖協副將。嘉慶二年（一七九七）升任金門鎮總兵。四年升任福建水師提督，卒於任，誥封四世振威將軍。（《五華縣志》卷八）

清高宗乾隆元年　丙辰　一七三六年

三月，頒布《十三經》、《二十一史》於各省、府州、縣學。七月，立皇太子。帝親試博學鴻詞百七十二人於保和殿。（蔡冠洛《清代七百名人傳》附《清代大事年表》）

六月，李常茂陣亡。

李常茂（？～一七三六），字景茂。博羅人。提標外委隨惠州協營將，征苗有功，題補把總。乾隆元年六月陣亡，賜祭葬。（光緒《惠州府志》卷三六）

本年紀士苑賞八品頂戴。

紀士苑，字瓊上。普寧人。雍正四、五年（一七二六、一七二七）歲饑，典衣助賑。卒年八十八。（乾隆《潮州府志》卷三〇）

本年何廷蛟賞八品頂戴。

何廷蛟，字雨超。東莞人。雍正諸生。性孝，品行端正。著有《玉梅閣詩集》。（宣統《東莞縣志》卷六八）

本年曾賡隆以耆年賜八品冠帶。

曾賡隆，字洙柏。海陽（今潮州）人。幼聰敏，好讀書，至老不倦。仿周興嗣《千字文》，著《千字對》，搜羅宏富，屬對精工，並自加注釋刊行。乾隆元年（一七三六）以耆年賜八品冠帶，享壽八十六。（乾隆《潮州府志》卷三十、《潮州志·藝文

志》）

本年黃元樞由恩貢授京都固安知縣。

黃元樞，字子慎。澄海人。乾隆元年（一七三六），由恩貢授京都固安知縣，調廣平縣。丁父憂，服闋補山東荏平知縣。（乾隆《潮州府志》卷二八）

鄭大進於本年中進士。

鄭大進（一七〇九～一七八二），字譽捷，號謙基、退谷。揭陽人。乾隆元年（一七三六）進士，授直隸肥鄉縣，累官至直隸總督，加太子少傅。卒諡勤恪。著有《愛日堂文集》等。《清史稿》卷三二四有傳。

蘇兆龍於本年中進士。

蘇兆龍，字呂載，號見亭。番禺人。少孤。乾隆元年（一七三六）進士，官四川蓬溪知縣。因念母，遂歸授徒自給，從學者眾。（《番禺縣續志》卷十九）

沙如珣於本年中進士。

沙如珣，字和卿，號素亭。龍川人。乾隆元年（一七三六）進士，官平谷知縣，改高州府教授，任職十五年，勤職守，士賴造就。卒官，年七十九。（《龍川縣志》）

黃宏於本年中進士。

黃宏，字文富，號靜軒。龍川人。乾隆元年（一七三六）進士，任浙江永康知縣六載，調太平知縣，卒於任。（《龍川縣志》）

何士蛟於本年中舉人。

何士蛟（一七〇二～一七八四），字冀北，號師孔。原為邑武生，旋改文。乾隆元年（一七三六）舉人，明年成進士，任龍巖州同。後署寧洋縣，調署海防同知，因病歸。卒年八十三。子子攜，乾隆三十三年（一七六八）舉人。何天衢《攬溪何氏詩徵》卷三有傳。

楊思恭於本年中舉人。

楊思恭，字亨治，號敬亭。嘉應（今梅州）人。受知於惠士奇。乾隆元年（一七三六）舉人，明年進士，官山西寧鄉知縣，著《恤囚論》自省。五載卒於官。張煜南、張鴻南《梅水詩傳》卷一有傳。

何邵於本年中舉人。

何邵，字青門。順德人。年三十一始爲諸生，膺博學鴻詞選，力辭不就。乾隆元年（一七三六）舉人。屢試下第南歸。著有《楚庭稿》。陳融《讀嶺南人詩絕句》卷八有傳。

陳份於本年中舉人。

陳份，字子吼、古邨。順德人。克侯孫。少居陳恭尹家，與四方詩人唱和，詩輒先成。與梁麟生、羅天尺等友善。乾隆元年（一七三六）開博學鴻詞，不果薦，而中舉人，授書將軍署以終。著有《水厓集》。吳道鎔《廣東文徵作者考》卷八有傳。

何廷楠於本年中舉人。

何鶴巢，名廷楠，字喬林，又號松亭。連平州人。乾隆元年（一七三六）丙辰恩科孝廉，七年進士。後歷甘肅莊浪、西和、直隸保定各縣尹。著有《四書文稿》、《怡情集》、《打漁歌》等。羅元焕《粵臺徵雅錄》有傳。

梁而珊於本年中舉人。

梁而珊，字紫佩。高要人。雍正七年（一七二九）拔貢生。授徒爲業。母疾篤，憾季子未婚，即拮據爲完娶。父妾譚無子，父歿，事譚如所生。乾隆元年（一七三六）舉孝廉方正。著有《南溪各體詩》、近體詩集《南溪餘韻》。阮元《廣東通志》卷二九七有傳。

王國棐於本年中舉人。

王國棐，字又恭。新安人。乾隆元年（一七三六）恩科鄉試得中。北上途中患病，歸家不起。（《新安縣志》）

孫士登於本年中舉人。

孫士登，字應周。東莞人。乾隆元年（一七三六）舉人，官翰林院典簿。歸捐助社穀，倡議修橋。乾隆十六年（一七五一）

精心修復學宮。（宣統《東莞縣志》卷六八）

　　陳泰年於本年中舉人。

　　陳泰年，字式瑞，號東溪。潮陽人。乾隆元年（一七三六）舉人，授浙江於潛知縣，多善政。尋以病乞歸，築疊石山房隱居，建志道堂以處學者。年七十七卒。工詩文。著有《潛州信讞錄》、《東溪文集》。（光緒《潮陽縣志》卷十七）

　　黃叔顯於本年中舉人。

　　黃叔顯，連平人。乾隆元年（一七三六）舉人，十年（一七四五）進士，欽點翰林院編修，歷任福建羅源、廣西永福知縣，順州、四川會理州、直隸資州、茂州知州，廣西思恩府百色同知，鎮安府、四川順慶府知府等職。（《連平州歷科文武科甲·詞林·侍衛官宦鈔》）

　　謝方琪於本年中舉人。

　　謝方琪，雲浮人。乾隆元年（一七三六）恩科舉人，授陝西鄜州州同，分校陝西鄉試。屢官鄜州知州，居官十年，於乾隆三十年（一七六五）歸邑。（《東安縣志·人物》）

　　潘廷楷於本年中舉人。

　　潘廷楷，長寧（今新豐）人。乾隆元年（一七三六）恩科舉人，初充覺羅官學教習，後歷任香山、南海教諭。（《長寧縣志》卷六）

　　傅雄才於本年中武舉人。

　　傅雄才，龍川人。乾隆元年（一七三六）鄉貢，授福建泉州中軍守備。（《龍川縣志》）

　　馬仲輝於本年成貢生。

　　馬仲輝，字渥傑。電白人。乾隆元年（一七三六）恩貢，授新寧教諭。曾主持修築堤堰。補潮州教授。（道光《電白縣志》）

　　朱家滂於本年成貢生。

　　朱家滂，字宗配，號丹麓。增城人。春成子。邑廩生。乾隆元年（一七三六）歲貢，授南雄府學訓導，兩署教授兼署樂昌教

諭、訓導。乾隆四十一年（一七七六）辭官歸家。著有《丹麓文稿》。（《增城縣志》卷二十）

張應臨於本年成貢生。

張應臨，字奕敦。東莞人。乾隆元年（一七三六）貢生。文章有根底，以教書爲業。（宣統《東莞縣志》卷六八）

劉朝相於本年舉賢良方正。

劉朝相，清遠吉河（今屬佛岡）人。乾隆元年（一七三六）舉賢良方正，授瓊州府文昌縣學訓導。（《佛岡廳志》）

陳天麟於本年舉賢良方正。

陳天麟，字吁叔。東莞人。好治經史諸子百家書。乾隆元年（一七三六）舉賢良方正。曾爲廣東學政黃丕烈答疑。著有《書說》。（宣統《東莞縣志》卷六八）

清高宗乾隆二年　丁巳　一七三七年

本年汪後來六旬有餘，賦《張曉之齒落重生贈之以詩》云：

張君天上人，齒落生復齊。齒爲腎之子，滋養見端倪。内經握秘要，世眼開金鎞。調元況一身，垂老還孩提。加餐不用勸，氣欲凌丹梯。嗟余荆棘胃，那得生交梨。浮危齒早缺，四十同昌黎。六旬今有餘，咬嚼愁根薑。對君慚汗迸，分寸難攀躋。短篇聊引笑，子細辨瓠犀。（汪後來《鹿岡詩集》卷四）

本年海灣湧決，陳歷魁奉命修堤，不遺餘力。

陳歷魁，字上斗。始興人。閉戶讀書，不逐浮華，雖在城市，如在深山。以歲薦選授雷州府訓導。乾隆二年海灣湧決，奉命修堤，不遺餘力。後調惠來司訓，不懈其職，卒於官。（民國《始興縣志》卷十二）

本年德耀傳恩禪師自福州長慶寺來。

禪宗第三十七世祖德耀傳恩禪師，乾隆二年（一七三七）丁巳自閩長慶來，密祖喜其心志高潔，勤力修行，職任副寺，調攝大衆，夙興夜寐，勞其神形，彼此事辦五年。師祖空隱道獨老和尚主法長慶、華首，雷峰、海幢、丹霞、開元，均是一家法眷，其名曰“四山家”。故書片言囑之，偈曰：“一肩荷擔佛如來，漸次宗風掃宿埃。水到渠成終有日，頓把禪關次第開。”乾隆五年（一七四〇）二月十九日受記。

徐逢舉於本年中進士。

徐逢舉，東安（今雲浮）人。雍正四年（一七二六）丙午登賢書，乾隆二年（一七三七）進士。五年，主講瀧東書院。修邑志，悉手定。銓官未赴而卒。張維屏《國朝詩人徵略二編》卷二五有傳。

鄭之僑於本年中進士。

鄭之僑（一七〇七～一七八四），字茂雲，號東里。潮陽人。乾隆二年（一七三七）進士，官鉛山知縣，調弋陽，擢寶慶知府，歷濟東泰武、安襄鄖道，致仕。刻《六維圖》二十四卷，著有《鵝湖講學會編》十二卷、《四庫》著錄《農桑易知錄》二卷、《勸學編》六卷。吳道鎔《廣東文徵作者考》卷八有傳。

衛德應於本年中進士。

衛德應，字同侶。番禺瀝滘人。事父母至孝。兩弟尚幼，所置田產悉與之。乾隆二年（一七三七）進士。（同治《番禺縣志》卷四四）

區榦先於本年中進士。

區榦先，字興載。番禺人。乾隆二年（一七三七）進士，歷官惠來、長樂教諭，擢湖南永明知縣。（同治《番禺縣志》）

李肯文於本年中進士。

李肯文，字慶冠。番禺人。顯祖子。乾隆二年（一七三七）進士，浙江龍泉知縣，後調秀水縣，以廉吏稱於世。（同治《番禺縣志》卷四四）

謝堈於本年中進士。

謝堈，字靈川。番禺人。乾隆二年（一七三七）進士。十三年（一七四八）選廣西北流知縣。抵任，以興利除弊爲務。捐俸

修文廟，建銅陽義學，捐租二百餘石以贍諸生之費，士風以振。卒年六十七。（同治《番禺縣志》卷四三、《廣州府志》卷一三〇）

張拱辰於本年中武進士。

張拱辰（一六九八～一七六七），字紹衣，號旗峰。東莞英村人。乾隆二年（一七三七）武進士，官閩浙督標前營參將。嗜詩，所至多題詠，對軍械頗有研究。畫有《鳥槍九子連環法》。張其淦《東莞詩錄》卷三七有傳。

廖鳴球於本年中舉人。

廖鳴球，字韻坦。河源人。乾隆二年（一七三七）舉人，歷官江蘇寶應知縣、江寧府同知。善詩能文。著有《夢草堂詩稿》。（《河源縣志》）

清高宗乾隆三年　戊午　一七三八年

九月，命國子監、大成殿著用黄瓦以昭禮敬。

夏，勞孝輿入黔，四年後作《青谿縣放船》五律詩云：

數載看山厭，今朝喜放船。自戊午夏入黔之上遊，不登舟者四載矣。黄花沿岸改，紅葉照人妍。便有蓴鱸興，那無鷗鷺緣。獨憐中澤鴈，誰爲寫風絃。是役奉檄賑水灾。（勞孝輿《阮齋詩鈔·補遺》）

秋，汪後來作《汾江秋懷》詩云：

三十年前領戍來，渡頭草木手親栽。倦飛鳥影有時返，一往溪聲去不回。夕照遠扶楓葉赤，蚤霜寒迸菊花開。眼中未免悲陵谷，何處禁愁强舉杯。（汪後來《鹿岡詩集》卷一）

本年知府王鐸表彰楊翁事蹟，並贈以“好義可風”匾。

楊翁，遂溪人。歲貢。生平好義舉，每遇歲歉，竭力出賥財物相助。（道光《遂溪縣志》）

本年楊世達纂修《湯陰縣志》。

楊世達，字輯五。揭陽人。康熙附貢，授遂溪教諭。後遷河南登封、永城、湯陰知縣，皆有善政。（光緒《揭陽縣志》卷三）

本年何登瀛參修縣志。

何登瀛，興寧人。乾隆三年（一七三八）參修縣志。七年進士，任山東博興知縣，傳水稻種植術。（一九八九年《興寧縣志》）

本年及明年大饑荒，彭先拔賑濟穀物數百石，救活鄉民衆多。

彭先拔，五華人。貢生。好義樂施。乾隆三十七年（一七七二）縣令曾送門匾以贊。（《長樂縣志》）

蘇珥於本年中舉人。

蘇珥，字瑞一，號古儕，晚號睡逸居士。順德人。惠士奇稱之爲"南海明珠"。會薦博學鴻詞，勞孝輿同被徵，約與俱，珥曰："予有母八十，不畏碧玉老人見哂乎?"乾隆三年（一七三八）舉人。爲文長於序記，與其書稱二絶。著有《宏簡録》、《辨定筆山堂類書》、《前明登科入仕考》，皆佚，惟《安舟遺稿》傳世。國史館《清史列傳》卷七一有傳。

曾受一於本年中舉人。

曾受一，字正萬，號静庵。東安（今雲浮）人。乾隆三年（一七三八）舉人。二十五年（一七六〇）揀發四川，署珙縣，創劍南書院，調江津。三十八年（一七七三）開復，補長壽，兼攝巴縣。四十三年（一七七八）告歸，歸後九載，授徒講學。卒年七十七。著有《《四書解義》、《朱子或問》、《語類文集義纂》、《易説》、《春秋解義》。國史館《清史列傳》卷六七有傳。

黎猷於本年中舉人。

黎猷，字遠堂。嘉應（今梅州）人。乾隆三年（一七三八）舉人，十年明通進士。任博羅教諭，調陵水教諭，升浙江東陽知縣。張煜南、張鴻南《梅水詩傳》卷一有傳。

洪如綸於本年中舉人。

洪如綸，字魏錫，號橋里。東莞城内登雲坊人。世忠子。乾隆三年（一七三八）舉人。邑中稱氣節者，以爲最。未仕卒。張其淦《東莞詩録》卷三七有傳。

陳士炎於本年中舉人。

陳士炎，字琬思。東莞温塘人。乾隆三年（一七三八）舉人，明年進士，選庶吉士，授檢討，以父老假歸。卒年三十九。子聖鐸，鄉薦。張其淦《東莞詩録》卷三七有傳。

鄭彦於本年中舉人。

鄭彦，字浩如，號湛溪。東莞人。乾隆三年（一七三八）舉人，欽賜國子監典簿。著有《存齋詩集》。張其淦《東莞詩録》卷三七有傳。

陳書於本年中舉人。

陳書，字元觀。香山人。乾隆三年（一七三八）舉人，河南嵩縣知縣，乞假歸，講學豐山書院。卒年七十一。著有《光屋文稿》四卷。余祖明《廣東歷代詩鈔》卷二有傳。

梁善長於本年中舉人。

梁善長，字崇一，號燮安、鑒堂。順德人。乾隆三年（一七三八）舉人，明年進士。授陝西白水令，屢攝澄城、蒲城，在陝西十五年，多惠政，所至民爲建祠。調郃陽，修古莘書院。遷建寧府同知，尋卒於官。曾主講粵秀書院。纂有《廣東詩粹》、《侍御偶然堂集》、《彭衙初編》、《二編》、《禮鵠》、《詩鵠》、《古詩選》、《古文選》、《明文粹》，自著《賜衣堂文集》、《鑒塘詩鈔》、《葭州吟》、《北岸小草》、《鑒塘詩續稿》。阮元《廣東通志》卷二八七有傳。

李東述於本年中舉人。

李東述，字道南。信宜人。乾隆三年（一七三八）舉人。勤奮好學，十歲能文。（光緒《信宜縣志》）

沈文琳於本年中舉人。

沈文琳，海陽（今潮安）人。乾隆三年（一七三八）舉人。翌年會試不第。歸途同行蔡開隆患疫，人不欲與俱，獨文琳不忍，與開隆同舟，親視湯藥。行至湖南安仁，文琳果暴亡。開隆

慟哭，病劇，頃亦亡。（乾隆《潮州府志》卷二九）

駱哲仕於本年中舉人。

駱哲仕，字學優。樂昌人。乾隆三年（一七三八）舉人。三十二年（一七六七）授湖北京山知縣。上任不久，盡革前任陋規，縣民稱之。時川滇用兵，京山當沖道，供應浩繁，哲仕捐俸辦理，毫不累民。離任時，士女攀輿流涕。時有《溳水清謳集》，頌其德政。歸田後安貧樂道，自謂返本如初，題其軒曰"養拙"。（《樂昌縣志》）卷一六）

戴胄於本年中舉人。

戴胄，新安（今深圳）人。乾隆三年（一七三八）以《詩經》中舉人。邑中後起之士多出其門。（《新安縣志》）

羅芳伯生。

羅芳伯（一七三八～一七九五），人稱羅大哥、坤甸王。梅縣人。乾隆三十七年（一七七二）前往西加里曼丹坤甸以教書爲業。文才橫溢，兼精武術，深爲華僑擁戴，曾率華僑與當地土著奮起擊退荷蘭殖民者武裝入侵。蘇丹將東方律之地劃歸其管轄，所轄居民達十一萬之眾。四十二年（一七七七），民眾擁立其爲"大唐總長"，建立共和自治政府，組織"蘭芳大總制"，上立總廳，下設地方自治機關。在位十五年，施行德政，振興經濟，發展生產，深得民心。逝世後，承傳十代共選十二位總長，歷時一百〇八年。（《梅州人物傳》）

清高宗乾隆四年　己未　一七三九年

二月，帝祭文廟。本年下令禁淫詞小説。

本年歲試，何大復與鈞陶、其英、應辰同出史卓峰學使門下。

何大復，字卿甫，號心齋。香山人。吾驥五世孫。邑廩生。乾隆四年（一七三九）歲試，與鈞陶、其英、應辰同出史卓峰學使門下。後其英發解，其餘三人俱以諸生老。何天衢《欖溪何氏詩徵》卷四有傳。

楊勳於本年中進士。

楊勳，字雲亭。嘉應人。乾隆四年（一七三九）進士，官光禄寺少卿，曾典試四川。父子兄弟叔侄具有詩名。著有《愛日堂詩存》十二卷。胡曦《梅水匯靈集》卷二有傳。

胡建偉於本年中進士。

胡建偉，字式懋，自號勉亭。三水人。乾隆四年（一七三九）進士，歷任無極、永定、福鼎縣令。福鼎位於閩浙交界，往來者均借民房棲止，不堪其擾，乃建“候館”，公私稱便。代理福州守兼澎湖通判、糧驛道，於澎湖建文石書院，延名師，定歲科二試，由澎湖考送學院，士咸樂之。調臺灣北路理番同知。卒於官。著有《澎湖記略》、《江湄集》。（嘉慶《三水縣志》）

易中於本年中武進士。

易中（一七〇七～一七六七），字傅伯（一作伯傳），號梅溪。吳川人。乾隆四年（一七三九）武進士，任駐京提塘官。十二年（一七四七）以守備督邸報京師。好文事，尚風雅。謚莊毅。著有《梅溪剩稿》。許汝韶《高涼耆舊文鈔》卷六有傳。子三人：業富、高飛、連標，皆中武舉。（《吳川縣志》）

李曾裕於本年成貢生。

李曾裕，號遠齊。化州人。乾隆四年（一七三九）恩貢，曾與修州志、府志，輯有《詩經匯考》、《書經直訓》等。（《化州縣志》卷九）

區德培生。

區德培（一七三九～一八二二），字賢世。番禺人。里居授徒，以信古篤行爲要。嘉慶十三年（一八〇八），年七十，欽賜副榜；十五年，欽賜舉人。卒年八十四。（同治《番禺縣志》卷四五）

傅修生。

傅修（一七三九～一八一二），字俊成，號竹漪。海陽（今潮安）人。乾隆二十七年（一七六二）舉人，出涇陽張斑門下。斑於三十一年（一七六六）十月至三十三年十一月爲分巡臺灣道兼督學政，延修主講南湖書院講席。修峻豐裁，見諸生必正衣冠，月課講期有規條，無或踰越。及門如葉期頤等後皆成器。尋掌鳳山屏山書院，訓課一如南湖。畔有蓮子潭，爲勢力者佔據，居民不得採捕，修言於官復之。有營卒素驕悍，某生負營債，還息浮於本金已累十倍，猶迫使售屋以償，鎖其門。修聞其事，往謁營帥，繩卒以法，革其籍。後選山西山陰令，士民多不捨，爲之餞行者逾千人。屢遷直隸遵化州牧、保定知府，擢山西冀寧道，復署按察使兼行布政使事，調直隸按察使。後因構陷代理揚州知府。嘉慶十七年卒於官。（光緒《海陽縣志》卷四十）

蘇大成生。

蘇大成（一七三九～一七八一），字念孔，號秀峰。東莞人。乾隆三十三年（一七六八）舉人。四十五年（一七八〇）任澄邁訓導，卒於任。（宣統《東莞縣志》卷六九）

清高宗乾隆五年　庚申　一七四〇年

十月，制孔廟祭器。

本年劉以塈拾百金還失主，人高其義。

劉以塈，曲江人。諸生。操守嚴明，性情和易。（《韶州府志》卷三二）

劉性源於本年中舉人。

劉性源，字恒齋。嘉應人。乾隆五年（一七四〇）恩科舉人，官富陽知縣。張煜南、張鴻南《梅水詩傳》卷二有傳。

黃應爲於本年成貢生。

黃應爲，歸善人。乾隆五年（一七四〇）拔貢，開平教諭。三十二年（一七六七）九月，撰《古榕寺記》。事見《惠州西湖志》卷六。

李正勇生。

李正勇（一七四〇～一七九九），字兆發。五華人。潭子。先中武舉。乾隆三十四年（一七六九）武進士，官御前侍衛，出任山東壽樂營都司，升天津遊擊。旋居喪歸家，再出爲湖南臨武營參將。後戰死鬧場坪。謐忠孝。（《五華文史》第二輯）

清高宗乾隆六年　辛酉　一七四一年

七月，始舉秋狝。（蔡冠洛《清代七百名人傳》附《清代大事年表》）

本年恩賜陳璸孫子良舉人。（《廣東通志》卷三百）

本年趙季錫選拔入京朝考。

趙季錫，字國英。台山人。乾隆六年（一七四一），選拔入京朝考。往返途次，多所著述，旁及陰陽諸家。著有《八門精義》。（《新寧縣志》）

衛崇陞於本年中舉人。

衛崇陞，字擢臨，又號選堂。番禺人。乾隆六年（一七四一）舉人，明年進士。後爲江西進賢尹。少有文名，二十三歲通籍。羅元煥《粤臺徵雅録》有傳。父焜耀，諸生。（同治《番禺縣志》卷四四）

趙岐於本年中舉人。

趙霽南，名岐，字高旦。番禺人。乾隆六年（一七四一）舉人。羅元煥《粤臺徵雅録》有傳。

莊有信於本年中舉人。

莊有信，字任可。番禺人。少與仲兄有恭競爽，稱禺山二莊。乾隆六年（一七四一）舉人，明年進士。改庶常，授編修。十五年（一七五〇）典試山右，稱得人。出知南陽府，改建宛南書院。十八年（一七五三）擢山西冀寧道，兼攝臬事。丁繼母艱歸，未幾卒，年四十五。阮元《廣東通志》卷二八七有傳。

何大佐於本年中舉人。

何大佐，香山人。乾隆六年（一七四一）舉人，官江右貴溪令。著有《瓶沙堂詩鈔》、《糠秕草》、《欖屑》諸書。事見何曰愈《退庵詩話》卷六。

高肖於本年中舉人。

高肖，字倫憲。香山人。乾隆六年（一七四一）舉人。著有《英介堂集》、《北行草》。黄紹昌、劉熽芬《香山詩略》卷四有傳。

王錫扁於本年中舉人。

王錫扁，遂溪人。乾隆六年（一七四一）舉人。深知東場鹽户竈丁久爲商所苦，二十二年（一七五七）將其事狀聞縣府衙門及省城大官，後鹽聽民自煮自賣。道光《遂溪縣志》卷四有傳。

李林恢於本年中舉人。

李林恢，遂溪人。乾隆六年（一七四一）舉人。爲人廉介正直。（道光《遂溪縣志》）

張鳳鏘於本年中舉人。

張鳳鏘，陸豐人。乾隆六年（一七四一）舉人，任海陽縣教諭。著有《甲子乘》。（《惠州府志》）

陳景芳於本年中舉人。

陳景芳，字嶺光。新安（今深圳）人。乾隆六年（一七四一）舉人，十三年（一七四八）進士。學極淹博。邑學宫向爲僧人所占，乃毅然逐之。未仕而卒。（《新安縣志》）

洪僑於本年中舉人。

洪僑，字閏之。陸豐人。少潛心經史，多所發明。乾隆六年（一七四一）薦於鄉。十九年（一七五四）進士，授陝西延長縣令。重民事，鋤強暴，植善良，育人才，卓有異績。晚以詩文自娱。（《陸豐縣志·附録》、《惠州府志》、《明清進士題名碑録索引》）

曾奏南於本年中舉人。

曾奏南，字作周。博羅人。乾隆六年（一七四一）舉人，授山西静樂知縣，治尚清簡，事不擾民。興學校，拔取皆知名士。

（光緒《惠州府志》卷三三、民國《博羅縣志》卷七）

何公傑於本年中武舉人。

何公傑，字俊三、漢卿。連平人。乾隆六年（一七四一）武舉人，揀選守衛府。（《連平州志》）

鍾緝於本年中武舉人。

鍾緝，龍川人。乾隆六年（一七四一）武舉人。父載，字清萃。貢生。性安和謙退，樂善好施，品望爲鄉里推重。壽八十歲。（《龍川縣志》）

楊仕熙於本年成貢生。

楊銘閣，名仕熙，字輝千。番禺人。乾隆六年（一七四一）拔貢，九年舉人。著有《銘閣集》。羅元煥《粵臺徵雅録》有傳。

蘇組於本年成貢生。

蘇潄亭，名組，字家綬。新會人。乾隆六年（一七四一）拔貢。羅元煥《粵臺徵雅録》有傳。

湛文沾於本年成貢生。

湛溽波，名文沾。增城人。乾隆六年（一七四一）拔貢。羅元煥《粵臺徵雅録》有傳。

蘇夢篆於本年成貢生。

蘇丹山，名夢篆，字見南。順德人。乾隆六年（一七四一）拔貢，十五年（一七五〇）舉人，十九年（一七五四）進士乙榜。歷新興、儋州學博，江西萬年縣尹。羅元煥《粵臺徵雅録》有傳。

梁震於本年成貢生。

梁睡書，名震，字雨辰，後號醒庵。番禺人。乾隆六年（一七四一）拔貢，十五年（一七五〇）舉人，歷廣西遷江、臨桂、貴州普安各縣尹。羅元煥《粵臺徵雅録》有傳。

麥鑾於本年成貢生。（乾隆《香山縣志》卷五）

麥鑾，字翠嶺。香山人。乾隆六年（一七四一）歲貢。博覽關閩濂洛諸書，主書院講席十餘年，學者稱層巖先生。黃紹昌、劉熽芬《香山詩略》卷四有傳。

區準亮於本年成貢生。

區準亮，字擴元。高明人。乾隆六年（一七四一）拔貢。著有《日閒詩集》。（道光《高明縣志》）

李元升於本年成貢生。

李元升，字展玉。澄海人。乾隆六年（一七四一）拔貢，授英德訓導。著有《四書解要》。（《潮州志·藝文志》）

陳子杏於本年成貢生。

陳子杏，字孔没，一字毓峰。新興人。乾隆六年（一七四一）拔貢，十九年（一七五四）舉人，連捷進士，補饒平教諭。主講三饒書院十一年，後爲廣州教授，爲教官二十年。（《新興縣人物志稿》）

黄日望於本年成貢生。

黄日望，龍川人，字屏伯，號懷一。龍川人。乾隆六年（一七四一）貢生。（《龍川縣志》）

梁奇通於本年成貢生。

梁奇通，字希顔，號豁堂。德慶人。年十五，以第一名入州學。乾隆六年（一七四一）拔貢生。十二年（一七四七）中順天鄉試舉人，分發廣西洛容縣試用，旋補興安。著有《讀史管訟》。（《德慶州志》）

楊梧幹於本年中副榜。

楊梧幹，字鳳集，一字丹山。嘉應（今梅州）人。乾隆六年（一七四一）副榜。温汝能《粤東詩海》補遺卷六有傳。

梁育賢於本年中副榜。

梁育賢，字壯行。茂名人。年十七即以教學維生。乾隆六年（一七四一）副榜，授英德教諭，未任卒。（光緒《茂名縣志》）

魏大斌生。

魏大斌（一七四一～一八二二），長樂（今五華）人。武進士出身。於乾隆五十年（一七八五）奉旨接替葉巨剛，於臺灣地

區任澎湖水師協副將，正二品，並統帥兩標水營。翌年，升任浙江温州總兵。嘉慶年間官至廣東提督。（《五華縣志》）

清高宗乾隆七年　壬戌　一七四二年

冬，勞孝輿作《壬戌冬陳昌明兄弟南來始得李南樵凶問途中感懷長歌當泣不必寄奠也》七律詩云：

猶記分襟七載前，音塵難到粤臺邊。奚囊心血空盤臆，錦瑟年華不滿絃。十里梅花羅嶠雪，五溪明月夜郎煙。九原若見家畸孟，爲語殘碁久寂然。（勞孝輿《阮齋詩鈔》卷六）

本年李並芳倡築江圍。

李並芳，字卉孟。化州人。國學生。行、居、喪俱循古禮。乾隆七年（一七四二）倡築江圍，淩村田廬無水患。（《化州縣志》卷九）

黄觀清於本年中進士。

黄觀清（一七二四～?），字任浤、澹溪。鎮平（今蕉嶺）人。乾隆七年（一七四二）進士，官至吏部員外郎。著有《澹溪詩稿》。淩揚藻《國朝嶺海詩鈔》卷八有傳。

趙林臨於本年中進士。

趙林臨，字翰周。順德人。乾隆七年（一七四二）進士，官海州贛榆知縣。淩揚藻《國朝嶺海詩鈔》卷八有傳。

何映柳於本年中進士。

何映柳，字鳞山。興寧人。乾隆七年（一七四二）進士，官劍州知州，居官十年，不攜妻室。爲通海令，釐奸剔弊。調寧洱。胡曦《梅水匯靈集》卷二有傳。

金甡於本年中進士。

金甡，字雨叔，號海住。南海人。乾隆七年（一七四二）進士，授修撰，官至禮部侍郎。三十七年（一七七二）奉命祭告南海神，旋告歸，主講敷文書院。年八十一卒。（陳景鍇《海珠古詩録》一七一頁）

莊有信於本年中進士。

莊有信，字任可。番禺人。有恭弟，人稱禺山二莊。乾隆七年（一七四二）進士，改庶吉士，授編修。十五年，出知南陽府，多惠政。十八年，擢山西冀寧道兼攝臬事。（同治《番禺縣志》卷四四）

黃壯於本年中進士。

黃壯，字允沖。番禺人。乾隆七年（一七四二）進士，選溫州知縣，改教授，補瓊州。（同治《番禺縣志》卷四四）

黃世傑於本年中進士。

黃世傑，字方直，號文岱。揭陽人。乾隆七年（一七四二）進士，未仕，設教邑中。著有《四書精選備要》、《史鑒葉韻千字文》。（光緒《揭陽縣志》卷三、《潮州志·藝文志》）

梁文勳於本年中進士。

梁文勳，字輝鼎。三水人。乾隆七年（一七四二）進士，初任惠來教諭，後轉東安教諭，適知縣未至，暫代知縣事。引見後任龍川教諭。（嘉慶《三水縣志》）

黎越於本年成貢生。

黎越，博羅人。乾隆七年（一七四二）歲貢，爲人質樸勤學，捐修里中白沙書院，有功於文教。（民國《博羅縣志》卷七）

呂堅生。

呂堅（一七四二～一八一三），字介卿，號（字）石帆。番禺人。乾隆歲貢生。居鄉，家貧甚，生性兀岸自異，落落寡合。與黎簡、張錦芳、黃丹書合稱嶺南四家。工書畫。著有《遲删集》八卷。

清高宗乾隆八年　癸亥　一七四三年

去年、本年及明年，廣東鹽運使龐嶼建海幢寺門左入溪峽之第一橋漱珠橋。（阮元《廣東通志·職官表》）

本年阡河水溢，城外居民被淹千户，林東蓉皆予賑濟。

林東蓉，和平人。由貢生任貴州石阡府經歷，署印江、安化、龍泉等縣事。（《和平縣志》）

本年羅復豐資助社穀以備荒。

羅復豐，字慶長。東莞人。庠生。爲人正直，熱心鄉里公益事業，曾捐錢浚河建塔。乾隆八年（一七四三），資助社穀以備荒。（宣統《東莞縣志》卷六八）

本年陳鴻略授新會教諭。

陳鴻略，字敏成，號耿庵。長寧（今新豐）人。幼年矢志勤學。康熙間補諸生，由廩貢授高州府訓導。在任十七載，勸戒生徒，月課不輟。（《長寧縣志》卷七）

陳蘭桂於本年中武舉人。

陳蘭桂，興寧人。乾隆八年（一七四三）武舉人，登進士。常舞動百三十多斤大刀，其武藝曾得皇帝贊許。（《興寧縣志》）

清高宗乾隆九年　甲子　一七四四年

本年何霖妻譚氏旌表節孝。

何霖，字澤沐，一字不囿。新會人。聰穎能詩，早夭。妻譚氏柏舟自矢，撫孤成立。乾隆九年（一七四四）旌表節孝。言良鈺《續岡州遺稿》卷三有傳。

本年黃璞著有《戰古堂集》。

黃璞，字同石，一字琢之。南海人。先世居順德，徙至郡之城西，世稱城西同石子。乾隆九年（一七四四）著有《戰古堂集》。（陳景鎬《海珠古詩録》一七三頁）

姚光國於本年中舉人。

姚光國，字應麟，一字宜賓。順德人。乾隆九年（一七四四）舉人，後歷鶴山學博、陝西扶風縣尹。羅元焕《粵臺徵雅録》有傳。

馬維紀於本年中舉人。

馬夢樓，名維紀，字鴻雛。番禺人。乾隆九年（一七四四）

舉人，後歷山嵐縣尹、曲江學博。羅元煥《粵臺徵雅錄》有傳。

顧家俊於本年中舉人。

顧家俊，字霍杲，一字康齋，晚號穉余。南海人。乾隆九年（一七四四）舉人，選雲南師宗知縣，改博羅教諭，年九十三卒。著有《康齋遺草》。凌揚藻《國朝嶺海詩鈔》卷八有傳。

梁景璋於本年中舉人。

梁景璋，字尚南，號莪軒。順德人。澤子。乾隆九年（一七四四）舉人，明年進士，補户部河南司主事，又出宰餘杭。未幾謝歸，主鳳山書院十餘年。朱慶瀾《廣東通志稿》有傳。

馮慈於本年中舉人。

馮大墊，名慈，字子持。南海人。乾隆九年（一七四四）舉人，十六年（一七五一）進士，歷官浙江縉雲、歸安、龍遊各縣尹。著有《大墊詩文集》。羅元煥《粵臺徵雅錄》有傳。

鄧文焕於本年中舉人。

鄧文焕，字明最，號南軒。東莞人。乾隆九年（一七四四）舉人。著有《四書傳鏡》。（宣統《東莞縣志》卷六八）

麥國樹於本年中舉人。

麥國樹，字柱臣。吳川人。數十年足不出户。乾隆九年（一七四四），六十餘歲中舉人，此後十八年，會試皆不第。二十七年（一七六二）年過八十。以恩科賜翰林院檢討，旋致仕家居。（《吳川縣志》）

楊廷釗於本年中舉人。

楊廷釗，字邦英，號劲夫。龍川人。乾隆九年（一七四四）舉人，掌教三臺書院十載。後任福建直隸龍岩州州同，官十年以疾乞歸。（《龍川縣志》）

何曰佩於本年中舉人。

何曰佩，字緒華，號蒼水。德慶人。乾隆九年（一七四四）舉人，翌年進士。由翰林院庶吉士授檢討，歷官至鴻臚寺少卿。五十年轉太常寺少卿，次年轉大理寺少卿。著有《何蒼水奏疏》、

《西遊詩集》。（《德慶州志》）

歐相箴於本年中舉人。

歐相箴，字級補，號縫齋。樂昌人。父煥文，歲貢，官靈山訓導。相箴由選拔中乾隆九年（一七四四）舉人，十七年（一七五二）進士，授湖北咸寧令。父喪服闋，補安徽五河縣，多有惠政。（《樂昌縣志》）

郭大康於本年中舉人。

郭大康，茂名人。以歲貢應乾隆九年（一七四四）鄉試，賜舉人。性孝友，家徒四壁，義不苟取，八十餘歲猶以教學給衣食。年九十卒。（光緒《茂名縣志》）

梁喬琭於本年中舉人。

梁喬琭，原名臂綬，號髻麓。三水人。乾隆九年（一七四四）舉人，翌年連捷進士，授四川名山縣知縣，卒於官。曾與蘇文赴京銓選，文病逝客舍，借資辦後事並送靈柩回鄉。（嘉慶《三水縣志》）

詹學海於本年中舉人。

詹學海，長樂（今五華）人。乾隆九年（一七四四）舉人，十六年（一七五一）進士，授刑部主事、山西司行走兼例館纂修。三十七年（一七七二）充順天鄉試同考官，四十九年（一七八四）升山東司員外郎。後主持潮州韓山書院、本縣金山書院。（《長樂縣志》）

譚可則於本年中舉人。

譚可則，字憲來。陽江人。年二十八以文名。乾隆九年（一七四四）甲子舉人，後任甘肅成縣知縣，清廉無染，民稱爲譚菩薩，後以添建倉廩誤，罷歸。後教讀終老。壽七十有二。（《陽江志》卷三〇）

梁名世於本年成貢生。

梁名世，字仁上。東莞人。乾隆九年（一七四四）貢生，官廣東樂會訓導，振興學風。卒於任。（宣統《東莞縣志》卷六八）

林泰雯生。

林泰雯（一七四四～一八二五），字慶章，號雨屏。吳川人。道光三年（一八二三）狀元林召棠父。乾隆貢生，東安教諭。爲人持重，任職十九年間，縣令問民俗利弊，悉以相告，問及他事，則默然不對。召棠登第後告假回鄉，至父東安住所，泰雯正言誡子：“第一人之名，副之不易，他日苟不努力爲有用之器，此不足爲吾喜，適足爲吾憂也”。生平喜作詩文。著有《山房詩集》、《四書纂言》。（《吳川縣志》、《吳川文史》、《吳川歷代名人錄》）

張青錢生。

張青錢（一七四四～一七九〇），字中選，號藝苑、龍川。東莞人。乾隆廩生。性情豪爽，有識見。著有《叢桂堂詩存稿》。（《東莞詩録》卷四五）

黎大經生。

黎大經（一七四四～一八〇八），又名德懋，字益泉。番禺人。充撫標左營馬戰兵。嘉慶元年（一七九六）以前鋒從征湖南，有功，升行營外委；累功賞花翎，擢守備。十一年（一八〇六）以病謝歸。（同治《番禺縣志》卷四六）

清高宗乾隆十年　乙丑　一七四五年

本年張理偕同邑丘兆祥及福建永定馬福春至馬來西亞檳榔嶼謀生。

張理，大埔人。乾隆十年（一七四五）與同邑丘兆祥及福建永定馬福春至馬來西亞檳榔嶼謀生，爲該嶼第一代華人。此三人結爲兄弟，情同手足，與當地馬來人一同開發荒島。後三人先後去世，當地華人將其合葬，立大伯公廟奉祀。（一九八九年《客家民傳》第二期）

葉承立於本年中進士。

葉承立，嘉應人。乾隆六年（一七四一）舉人，十年（一七四五）進士。殿試二甲，歸班候選知縣。十八年（一七五三）授廣西富川知縣，兼署賀縣事。歸田後，值三十四年（一七六九）州屬薦饑，商辦賑務，民沾實惠。著有《水南集》、《水南續集》、《鱗經撮要》、《左腋》、《左傳類篇》等。朱慶瀾《廣東通志稿》有傳。

何毅夫於本年中進士。

何毅夫，名懋，號介園。順德人。乾隆元年（一七三六）與父友桐同登賢書，十年（一七四五）中進士，歷任廣西雒容、永安、昭平知縣。尋以忤當路歸，授生徒歲常以百數十人。著有《浣花堂集》。溫汝能《粵東詩海》卷八一有傳。

徐昭生。

徐昭（約一七四五～一八〇七），字雲山，號回沙。德慶人。乾隆二十年（一七六五）撥貢，充景山宮官學教習。期滿後，歷任樂昌、昌華教諭，升福建南靖知縣，卒於官，年六十二。（《德慶州志》）

清高宗乾隆十一年　丙寅　一七四六年

正月，詔普免各省錢糧一次。七月，帝奉太后巡幸五臺山。（蔡冠洛《清代七百名人傳》附《清代大事年表》）

張一波於本年中舉人。

張一波，乾隆十一年（一七四六）舉人，歷任知縣。饒鼎華《匯山遺雅》卷三有傳。

趙希璜生。

趙希璜（一七四六～一八〇六），字渭川。長寧（今新豐）人。早年讀書羅浮山。受知於學使李調元，補諸生。與順德黎簡友善。乾隆三十九年（一七七四）以貢生入國子監，四十四年（一七七八）舉人，官河南安陽知縣，主修縣志受紀昀推重。著有《四百三十二峰草堂詩鈔》。國史館《清史列傳》卷七二有傳。

清高宗乾隆十二年　丁卯　一七四七年

三月，重刊《十三經注疏》及《二十一史》成。六月，命重刊《通典》、《通志》、《文獻通考》，並續編《文獻通考》。

本年汪後來七十一生日，賦《七十一生朝自贈四首》詩云：

荏苒古稀過，低佪殊自憐。詎知添一歲，便爾減餘年。服氣曾無術，離喧已近禪。孫曾能勸醉，獨醒悔從前。

屺岵瞻何及，人間萬事遺。轉於爲祖日，頻憶作兒時。藏拙休官早，甘貧得老遲。應酬嫌未免，欲廢畫兼詩。

鹵莽旗門戰，迂疏幕府謀。風雲千變眼，霜雪幾時頭。怨少蟬非女，眠多蝶是周。梅花將瘦骨，終合托羅浮。

既染煙霞疾，還賒溝壑身。花眠嫌月擾，雲散覺天貧。扶起風吹夢，推開眼底塵。愛聽清夜磬，拖屐過東鄰。（汪後來《鹿岡詩集》卷四）

徐植善於本年中亞魁。

徐植善，字見可，號協園。龍川人。蒓子。文行兼優，以撥貢選潮州教習、大埔教諭。乾隆十二年（一七四七）舉於鄉，登亞魁，歷任澄海、澄邁教諭，調崖州學正，升直隸廣昌縣知縣。卒於任，士民戴德，醵金歸葬。（《龍川縣志》）

阮相於本年中舉人。

阮躍潭，名相，字孔傳。新會人。乾隆十二年（一七四七）舉人，後爲曲江學博。羅元煥《粵臺徵雅錄》有傳。

黎亮功於本年中舉人。

黎我齋，名亮功，字彥斯。僑居五羊。乾隆十二年（一七四七）舉人，歷連山、昌化、文昌學博，安徽五河縣尹。羅元煥《粵臺徵雅錄》有傳。

趙元德於本年中舉人。

趙元德，字昭采，一字順堂。順德人。乾隆十二年（一七四七）舉人，歷直隸文安、甘肅通渭知縣。凌揚藻《國朝嶺海詩鈔》卷八有傳。

周學元於本年中舉人。

周學元，字教數，一字若谷。南海人。乾隆十二年（一七四七）舉人，官南陵、懷寧知縣，以休歸。著有《皖遊詩草》。凌揚藻《國朝嶺海詩鈔》卷八有傳。

梁兆榜於本年中舉人。

梁兆榜，字尺波，又字鶴圃。順德人。乾隆十二年（一七四七）舉人。十六年進士，改庶吉士。以京察擢長寶道，兩權臬事，因事效力軍臺。逾年卒於戍。著有《文集》二卷、《詩集》四卷、《戰國策論》二卷。朱慶瀾《廣東通志稿》有傳。

劉騰嶽於本年中舉人。

劉騰嶽，字祥九。連平人。乾隆十二年（一七四七）舉人。大挑一等任知縣，改任三水縣教諭。（《連平州志》）

關繼書於本年中舉人。

關繼書，字橋孺。高明人。乾隆十二年（一七四七）舉人，歷任番禺、感恩縣教諭，粵秀監院。以才學優裕升直隸令津知縣。（《高明縣志》）

李應孫於本年中舉人。

李應孫，字師持。茂名人。乾隆十二年（一七四七）舉人，十六年進士。（光緒《茂名縣志》）

李國柱於本年中舉人。

李國柱，字子家。東莞人。乾隆十二年（一七四七）舉人，官化州學正，教育有方。（宣統《東莞縣志》卷六八）

李淩雲於本年中舉人。

李淩雲，字次山。四會人。乾隆十二年（一七四七）舉人，翌年連捷進士，授四川蘆山知縣，任職八載，升江寧府同知，薦升湖南永州府知府。（光緒《四會縣志》）

張渠成於本年中舉人。

張渠成，字宜賡。連平人。乾隆十二年（一七四七）舉人，

大挑知縣。（《連平州歷科文武科甲》）

張士英於本年中舉人。

張士英，茂名人。乾隆十二年（一七四七）以五經中式舉人，部銓借補廣州東莞場大使。卒年逾七十。（光緒《茂名縣志》）

毛復澄於本年中舉人。（乾隆《香山縣志》卷五）

毛復澄，字澔如。香山人。定周曾孫。乾隆十二年（一七四七）舉人。子汝礪，舉人，早卒。余祖明《廣東歷代詩鈔》卷二有傳。

何海於本年成貢生。

何海，字涵萬。鎮平人。乾隆十二年（一七四七）優貢，官歸善教諭。以文名，夏醴谷督學粵中，與梁泉最爲所賞。胡曦《梅水匯靈集》卷二有傳。

趙驥生。

趙驥（一七四七、一七四六～一七七二、一七七一），字雲衢，號玉山。東莞人。駒弟。乾隆三十七年（一七七二）進士。錦旋未一月，遘疾不起，年二十六。著有《叢桂山房詩稿》、《太史研窮制義》、《歷下周書》。凌揚藻《國朝嶺海詩鈔》卷十一有傳。

清高宗乾隆十三年　戊辰　一七四八年

春，帝南巡至曲阜朝聖。

本年以原蔭陳瑸之子溫未仕而故，允部議，補瑸孫子恭授刑部員外郎中，出任知府。（《廣東通志》卷三百）

本年陳世用任陸豐學訓導。

陳世用，字穆周，號茯園。增城人。年少時勤奮力學，年二十一補諸生。以年貢於太學。乾隆十三年（一七四八）任陸豐學訓導，卒於任。著有《字畫正蒙》。（《增城縣志》卷二十）

盧文起於本年中進士。

盧文起，字深潮。香山（今中山）人。乾隆十三年（一七四八）進士。韶州府教授。（余祖明《廣東歷代詩鈔》卷二）

陳炎宗於本年中進士。

陳炎宗，字文樵，一字雲麓。南海人。乾隆十三年（一七四八）進士，選庶吉士。未幾告歸，不復出。温汝能《粵東詩海》卷八二有傳。次女霞浣，字雪心。嘉慶間南海人。著有《字海辨似》。母吳氏通書史文辭，早卒。出其遺稿，輒對之零涕。善女紅，尤書史。許字馮氏子，及笄而夫亡，奔喪守節。嗣子炘繼天，讀書稽古以自遣，能誦《康熙字典》，兼工韻語。合河康基田爲粵藩，欲言教其女，辭不赴，乃遣女就學。嘗以家資恤馮、陳二族之貧者。孫葉成進士。冼玉清《廣東文徵作者考》有傳。

淩魚於本年中進士。

淩魚，字西波，一字浚南，號（字）滄洲。番禺人。乾隆十三年（一七四八）進士，歷湖南邵陽、醴陵、昭陵、桂陽知縣。著有《書耘齋制義書》、《書耘齋詩》初、二集、《迎鑾草》、《桂陽志》、《番禺志》、《淩氏存獻録》。淩揚藻《國朝嶺海詩鈔》卷八有傳。

黃如栻於本年中進士。

黃如栻，茂名人。乾隆十三年（一七四八）進士。吳道鎔《廣東文徵作者考》卷八有傳。

林明倫於本年中進士。

林明倫（一七二三～一七五七），字穆安，號穆庵。始興人。少好讀《左傳》。乾隆十三（十四）年（一七四八）進士，官翰林院編修。由翰林薦御史，未補官，出爲浙江衢州知府。降調入京，未引見卒，年三十五。著有《學庸通解》二卷、《讀書通言》一卷、《穆堂遺文》一卷、續刻一卷、詩集一卷。吳道鎔《廣東文徵作者考》卷八有傳。

梁翰於本年中進士。

梁翰，字遇屏，號戩庵。順德人。乾隆十三年（一七四八）

進士。福建羅源知縣，擢邵武府同知。著有《循陽詩草》。梁九圖、吳炳南《嶺表詩傳》卷十有傳。

李永錫於本年中進士。

李永錫，字純之，號愛齋。澄海人。乾隆十三年（一七四八）進士。福建將樂知縣，延徐觀海主纂《將樂縣志》，親加厘定。著有《植蘭課餘草》等。（嘉慶《澄海縣志》卷十八）

陳子檜於本年中進士。

陳子檜，字孔培。新興人。乾隆十三年（一七四八）進士，授浙江富陽知縣，補河南郟縣，分賑睢陽。後調鄢陵，多惠政，遷四川崇慶知府。著有《詩經注》、《庭聞録》、《征西紀略》等。卒年八十七。（《新興縣志》卷十八）

楊天培於本年中進士。

楊天培，字孟瞻。大埔人。乾隆十三年（一七四八）進士，官惠州府教授。著有《楊氏譜系考》、《方言録》、《奇姓録》、《西巖詩文鈔》、《集唐稿》、《集杜稿》、《潮雅拾存》。余祖明《廣東歷代詩鈔》卷二有傳。

顔鳴皋於本年中武進士。

顔鳴皋，字丹厓。嘉應（今梅州）人。鳴漢兄。乾隆十三年（一七四八）武進士，官台澎總兵，署提督。弟濟川。胡曦《梅水匯靈集》卷三有傳。

黎簡生。

黎簡（一七四八、一七四七～一七九九），字簡民、未裁，號二樵。順德人。十歲能詩。二十五六歲時與友人西入雲貴，北上湖南遊歷。三十二歲中秀才，在鄉當蒙師授徒爲生。中年後，詩畫名遠播中原。與張錦芳、黃丹書、呂堅交，名日起。學使李調元得其詩，拔爲弟子員。逾十載，膺選拔。丁外艱，得氣虛疾，故足不逾嶺。袁枚至粵求見，答書卻之。性好山水，屢入朱明洞天。詩採衆家成一家，爲文雜《莊》、《騷》。嘉慶四年卒，年五十二。著有《五百四峰草堂詩文鈔》二十五卷、《藥煙閣詞鈔》一卷、《芙蓉亭樂府》二冊。國史館《清史列傳》卷七二有傳。

清高宗乾隆十四年　己巳　一七四九年

清廷詔舉經明行修之學者。十一月，以尚書汪由敦協辦大學士，大學士張廷玉罷。（蔡冠洛《清代七百名人傳》附《清代大事年表》）

十月，黎光偕關魯窩購西樵山白雲洞地，辟荊榛，創建寵嵸閣。

黎光，字拔朝，號萃堂。南海人。工畫，善雙鉤。能詩，有山水癖。（《白云洞志》）

本年静會傳修禪師進院繼開元寺席。

第三十七世祖静會傳修禪師，潮州府潮陽縣文照堂脱白，承密因古如受記，乾隆十四年（一七四九）進院繼開元寺席。至乾隆三十年（一七六五）乙酉歲年登八十，念嶺南未蒙欽賜寶藏，志擬入覲，是昆祖欣志相行，苦勞神形，佐祖上北，三十二年（一七六七）請回寶藏，大鎮山門，道著寰區。乾隆四十五年（一七八〇）退院，春秋九十有五。（《開元寺傳燈録》）

馮繼熹於本年成貢生。

馮繼熹，字朱又。東莞人。乾隆十四年（一七四九）貢生。家貧好學，掌教寶安書院。（宣統《東莞縣志》卷六八）

張夢齡於本年成貢生。

張夢齡，茂名人。乾隆十四年（一七四九）拔貢生，任豐順訓導，歸善、高要教諭。升河南上蔡知縣，未任，卒於高要署。著有《宦潮詩草》。（光緒《茂名縣志》）

陳體全卒。

陳體全（？～一七四九），南海九江河清人。家貧母病，三年不愈，常至西樵山採藥治母病。有採藥老人爲其孝心所感，贈草藥和方書壹卷。體全以之治好母病，又勤讀方書，鑽研醫術，給鄉人治病不收藥費。經其醫治者多奏奇效，醫譽逐漸傳揚。後求診者日眾，體全將方劑研製成藥丸，施給貧病者，救活無數。後與同邑西樵太平人李佐升設店，以佐開設於廣州大南門之草藥店為址，取名"陳李濟"，有"同心濟世"之意。所製成藥，多有醫效。同治帝曾患風寒，腹痛肚瀉，服用陳李濟之"追風蘇合九"後，藥到病除，因敕賜"杏和堂"，並例定該店藏制之"陳皮"為歲貢品。乾隆十四年（一七四九）體全無疾而終。子祖光、祖開，皆以醫名世。

密因古如圓寂。

密因古如（？～一七四九），天然和尚法孫。先主持羅浮華首臺。乾隆元年（一七三六），應惠潮嘉道憲龐嶼之請，主法潮州開元寺，使其中興。圓寂，歸塔於羅浮山華首臺。（《開元寺傳燈錄》）

清高宗乾隆十五年　庚午　一七五○年

二月，帝奉皇太后西巡，幸五台山。三月，還京師。八月，冊立貴妃那拉氏為皇后。十月，帝奉太后南巡。（蔡冠洛《清代七百名人傳》附《清代大事年表》）

本年歲饑，楊秀楚或平糶，或煮粥，或捐賑，存活甚眾，撫軍旌其間曰"樂善不倦"。

楊秀楚，字穗拔。歸善人。貢生。自少以孝聞。（乾隆《歸善縣志》卷十四）

本年及二十三、四十三年（一七五八、一七七八），嶺海饑饉，楊朝樞力謀賑濟。

楊朝樞，字松峰。歸善人。教授生徒百餘，鄉中生員均出其門。家貧好施，乾隆十五年（一七五○）、二十三、四十三年，嶺海饑饉，力謀賑濟。凡修建學宮、考棚、寺廟、祠堂、橋道，盡勤其役如家事。與子觀奇、孫舉人炳奎合著《三世合稿》。（乾隆《歸善縣志》卷十四）

本年知縣宮文雅贈謝皇聯匾曰：“令德壽愷”。

謝皇聯，龍川人。壽九十五。秉性高潔，樂善不倦。（《龍川縣志》）

本年李修凝任開平訓導。（阮元《廣東通志》卷五一《職官表》四二）

李修凝，字開至。香山人。歲貢生。開平縣訓導。著有《小香亭稿》、《宦遊草》，惠士奇題其集。子捷章，字裔相。余祖明《廣東歷代詩鈔》卷二有傳。

曹達於本年中舉人。

曹禺坡，名達，字希賢。番禺人。乾隆十五年（一七五〇）舉人。羅元煥《粵臺徵雅録》有傳。

衛崇陟於本年中舉人。

衛季堂，名崇陟，字簡端。番禺人。乾隆十五年（一七五〇）舉人。江蘇新陽縣尹。羅元煥《粵臺徵雅録》有傳。

劉鶴鳴於本年中舉人。

劉鶴鳴，字禹旬，一字松厓。香山人。乾隆十五年（一七五〇）舉人，官欽州學正，以註誤落職，謫湖南澧州，聚徒講學，從者數百。在戍三十餘年，釋歸，病卒於家。著有《松厓詩鈔》。溫汝能《粵東詩海》卷八三有傳。

蘇正蒙於本年中舉人。

蘇正蒙，字聖運，一字養齋。新會人。乾隆十五年（一七五〇）舉人，官江蘇吳江知縣。言良鈺《續岡州遺稿》卷四有傳。

李上珍於本年中舉人。

李上珍，字方進，號待儒。嘉應（今梅州）人。象元孫。乾隆十五年（一七五〇）舉人，官新會縣教諭。著有《叢桂山房詩集》。張煜南、張鴻南《梅水詩傳》卷一有傳。

楊照於本年中舉人。

楊照，字簡亭。嘉應（今梅州）人。與叔兄熊同舉乾隆十五年（一七五〇）舉人。伯兄勳，乾隆四年（一七三九）進士，官光禄寺少卿。勳子基，乾隆二十一年（一七五六）舉人，官浙江雲和令。照子師時，嘉慶三年（一七九八）舉人，官德慶州學正。一家皆擅詩名。有《愛日堂詩存》十二卷。勳爲四川考官，著《皇華雜詠》、《入蜀紀程詩》。照官貴州，作《黔中紀程詩》，無存。張煜南、張鴻南《梅水詩傳》卷一有傳。

郭德鉅於本年中舉人。

郭德鉅，字炳堂。香山人。乾隆十五年（一七五〇）舉人。江西布政司庫大使。劉彬華《嶺南群雅》卷初集二有傳。

莊有昌於本年中舉人。

莊有昌，字世可。番禺人。有信弟。乾隆十五年（一七五〇）舉人。直隸萬全知縣，卒於官，年四十六。（同治《番禺縣志》卷四四）

麥子淳於本年中舉人。

麥子淳，字寧洲，號葵江。香山小欖人。乾隆十五年（一七五〇）舉人，署山東沂水知縣，十八年癸酉科同考試官，授金鄉縣知縣，升東昌府同知，官至湖北襄陽府知府。乾隆五十四年（一七八九）以病歸里，卒年七十。（光緒《香山縣志》卷十四）

林向榮於本年中舉人。

林向榮，海豐人。乾隆十五年（一七五〇）舉人，授黃縣知縣。（《惠州府志》）

梁作文於本年中舉人。

梁作文，字有造，號絅庵。陽春人。乾隆十五年（一七五〇）舉人，授國子監學正，二十二年（一七五七）進士，授河南項城知縣。二十六年（一七六一）秋，黃河決，遽起率吏民星夜築堤堵水，賴以全活者萬家。終於以勞累病篤卒於任。（《陽春縣志》卷十）

謝興岐於本年中舉人。

謝興岐，樂昌人。乾隆十五年（一七五〇）鄉薦，十九年進士。三十二年（一七六七）引見，授英德知縣。三十四年入京，

授浙江武義縣。四十一年（一七七六）轉福建邵武府參軍，旋署建寧縣。（《樂昌縣志》卷一六）

楊芳於本年成貢生。

楊芳，永安（今紫金）人。乾隆十五年（一七五〇）恩貢，任從化教諭。（《永安三志》）

莊有豫於本年成副貢生。

莊有豫，字思可。番禺人。有恭弟。乾隆十五年（一七五〇）副貢。溫汝能《粵東詩海》卷八四有傳。

招昌韶於本年成副貢生。

招昌韶，字光石，一字介峰。茂名人。乾隆十五年（一七五〇）副貢。司教陽江，江邑之士不爲縣卒所辱。溫汝能《粵東詩海》卷八四有傳。

清高宗乾隆十六年　辛未　一七五一年

正月，帝奉皇太后南巡，渡錢塘江，謁禹陵。五月，還京師。（蔡冠洛《清代七百名人傳》附《清代大事年表》）

本年《澳門紀略》成書。（姜伯勤《石濂大汕與澳門禪史》四八七頁）

本年旱荒鍾沛特籌畫賑灾，有“不愧良牧”之譽。

鍾沛，字韻乾。五華人。銘紀子。監生。歷任浙江遂安、壽昌知縣。爲官清廉勤慎，修志建橋，百廢俱舉。乾隆十六年（一七五一）旱荒，沛特籌畫賑灾，有“不愧良牧”之譽。後因病辭職回鄉，不入公門。三十四年（一七六九）饑荒，賑粥於華城北山寺，李巡撫贊其“任恤可風”。（《五華縣志》、《長樂縣志》）

本年黃之琪參加增城縣試得冠軍。

黃之琪，字琬若。東莞人。乾隆十六年（一七五一），參加增城縣試得冠軍，翌年府試又獲第一。與兄之球詩文合編爲《棠棣集》。（宣統《東莞縣志》卷六八、《茶山鄉志》卷四）

龍應時於本年中進士。

龍應時，字雲麓，一字遯庵。順德人。乾隆十六年（一七五一）進士，官靈石知縣。著有《天章閣詩鈔》。凌揚藻《國朝嶺海詩鈔》卷八有傳。

李華鍾於本年中進士。

李華鍾，字三峰。新興人。乾隆十六年（一七五一）進士，官山東臨沂、清泰知縣，升泰安知府。後歸里，有故屬度嶺來謁，見讀書破屋中，荒草塞徑，跪而哭。（《新興縣志》）

高遜生。

高遜（一七五一～一八一一），字升齋。曲江人。幼聰穎，七歲解書。乾隆四十二年（一七七七）拔貢，由四庫館議敘州同，奉母迎養。越三年，署布政司經歷，調補全州西延州同，復義學，查義倉，興利除弊，境稱善治。嘗協巡撫往滇折獄，擢知西隆州，建三台書院，率諸生講學。轉知賓州，理煩治劇，州境自安。賑濟灾民，修葺州城。總督蔣攸銛薦爲太平府龍州同知，未任而卒。居官三十年，一貫清慎。工詩文。著有《望雲集》梓行。（《韶州府志》卷三二、光緒《曲江縣志》卷十四）

清高宗乾隆十七年　壬申　一七五二年

九月，招尹繼善來京。（蔡冠洛《清代七百名人傳》附《清代大事年表》）本年杭世駿來粵主講粵秀書院。

四月二十八日，兩廣總督阿里袞上貢朝廷，其貢（進）單中有列東莞香蓮頭、巖露、切花香三種，各九盒，凡二十七盒。（東莞展覽館藏阿里袞《貢單》復製品）

本年王亮臣領教徒於華峰山起事。

王亮臣，東莞人。家財富裕。乾隆十七年（一七五二）率教徒於華峰山起事，失敗被俘。逃至藍糞山，合餘部繼續活動。次年於瓊州被捕，凌遲處死。

本年李培厚捐糧賑灾。

李培厚，字德仲。東莞人。繼燕子。貢生。署浙江嚴州知

州，督辦海寧塘務，廉明能幹。因病歸，買城南義山任人安葬。著有《斯干亭詩集》。（宣統《東莞縣志》卷六八）

　　王拱於本年中進士。

　　王拱，字澤照，號景辰。澄海人。乾隆十七年（一七五二）進士，授直隸順義知縣。能詩。著有《仿槐堂詩鈔》。（《潮州志·藝文志》）

　　李宜昌於本年中進士。

　　李宜昌，原名宜夜，字士嘉。信宜人。乾隆十七年（一七五二）進士。（光緒《信宜縣志》）

　　溫章元於本年中解元。

　　溫章元，字司袞。東莞人。乾隆十七年（一七五二）解元。會試乙榜，揀發湖南；歷署永明、安仁、鄠縣，兼署辰州、永順同知，補新寧縣。以勞瘁卒。張其淦《東莞詩錄》卷三八有傳。

　　趙由璣於本年中舉人。

　　趙西甕，名由璣，字齊漢。番禺人。乾隆十七年（一七五二）恩科孝廉。羅元焯《粵臺徵雅錄》有傳。

　　岑堯卿於本年中舉人。

　　岑儲雲，名堯卿，字賡雲。順德人。乾隆十七年（一七五二）恩科孝廉。羅元焯《粵臺徵雅錄》有傳。

　　劉達成於本年中舉人。

　　劉達成，字壯行，一字南禺。番禺人。乾隆十七年（一七五二）舉人，官陽江教諭。四十三年（一七七八）凌揚藻謁其於羊城，求爲其父作家傳。未幾，即赴廣文任。凌揚藻《國朝嶺海詩鈔》卷八有傳。

　　李隸中於本年中舉人。

　　李隸中（一七一九～一七八一），字司五，號厓峯。龍門人。乾隆十七年（一七五二）舉人，官萊蕪知縣、臨清州同。著有《蹈實山房詩集》。張維屏《國朝詩人徵略二編》卷三十有傳。

　　陳錫祺於本年中舉人。

陳錫祺，字華陽，號眉齋。東莞人。乾隆十七年（一七五二）舉人。著有《南枝堂詩集》。張其淦《東莞詩錄》卷三八有傳。

方鼎於本年中舉人。

方鼎，海豐人。乾隆十七年（一七五二）舉人，官晋江知縣、澎湖同知。

江士元於本年中舉人。

江士元，字參宋。新安（今深圳）人。乾隆十七年（一七五二）舉人，十九年進士。制藝雄渾。未仕而卒。（《新安縣志》）

屈江於本年中舉人。

屈江，番禺人。乾隆十七年（一七五二）舉人。少静默，能文章，好朱子書，事親接物皆有至性。（同治《番禺縣志》卷四四）

徐延第於本年中舉人。

徐延第，字渠及。和平人。乾隆十七年（一七五二）舉人，二十六年（一七六一）中正榜，授官中書學録助教。書法秀整，時露鋒芒。著有《飛霞草》。（《和平縣志》）

曾廷玉於本年中舉人。

曾廷玉，字學英，號荆岡。龍川人。乾隆十七年（一七五二）鄉薦。文名播於遠近，被聘掌書院，兼請閱卷，有拒金之事，時號"飲水先生"。平生義舉甚多，曾參與修縣志。乾隆三十三年（一七六九）歲饑，貸穀二百餘石，救活鄉鄰無數。終年五十六。（《龍川縣志》）

黎體巽於本年中舉人。

黎體巽，字可權。東莞人。之瑞孫。乾隆十七年（一七五二）舉人，任知縣周儒家塾師。（宣統《東莞縣志》卷六七）

易業富於本年中武舉人。

易業富，字可大，號槐亭。吳川人。年二十六，中乾隆十七年（一七五二）武舉人。著有《槐亭剩稿》。許汝韶《高涼耆舊文鈔》卷六。

吳大烈於本年中武舉人。

吳大烈，字武卿。連平人。乾隆十七年（一七五二）武舉人。大挑一等，授山東運糧千總。（《連平州歷科文物科甲》）

何鳳儀於本年成貢生。

何鳳儀，字則韶，號丹峰。香山人。雍正八年（一七三○）歲貢際泰子。乾隆十七年（一七五二）貢生。何天衢《欖溪何氏詩徵卷二》有傳。

方習聖於本年成貢生。

方習聖，惠來人。乾隆十七年（一七五二）恩貢。授徒以程朱語録，不沾舉子業。乾隆十九年（一七五四）有渡臺灣男女百餘，遇風不死，流離乞食於道，籌資歸之。（乾隆《潮州府志》卷二九）

劉三顧於本年成貢生。

劉三顧，清遠龍蟠堡（今屬佛岡）人。乾隆十七年（一七五二）歲貢，任肇慶府開平縣學訓導。（《佛岡廳志》）

李蔭馨於本年成貢生。

李蔭馨，英德白石鄉（今屬佛岡）人。乾隆十七年（一七五二）英德學歲貢。雷州府學訓導。（《佛岡廳志》）

歐陽絢於本年成貢生。

歐陽絢，石城（今廉江）人。乾隆十七年（一七五二）歲貢。著有《學庸自箋注》。（民國《石城縣志》）

黃文才生。

黃文才（一七五二～一八一三），字質庵。吳川人。以貢生署順德教諭。（《吳川縣志》）

清高宗乾隆十八年　癸酉　一七五三年

七月，禁譯《水滸傳》、《西廂記》爲滿文。

本年蓮峰廟重修後，稱新廟。（姜伯勤《石濂大汕與澳門禪

史》四八八頁）

本年章純儒選拔揀發江蘇。

章純儒（？～一七五九），字弼亭。澄海人。乾隆十八年（一七五三）選拔揀發江蘇，試署無錫、如皋、昆山、上海等縣。二十四年實授新陽知縣，未到任卒。（嘉慶《澄海縣志》卷十九）

黎應圖於本年中舉人。

黎義川，名應圖，字祥人。南海人。乾隆十八年（一七五三）舉人。羅元煥《粵臺徵雅録》有傳。

羅之濯於本年中舉人。

羅之濯，原名之漢，字修園。嘉應人。興寧籍。乾隆十八年（一七五三）舉人。余祖明《廣東歷代詩鈔》卷二有傳。

劉鳳岐於本年中舉人。

劉鳳岐，字子亭。嘉應人。乾隆十八年（一七五三）舉人。江西新淦知縣。幼號神童，十三遊泮，學使張灝親書“帶草生香”匾旌之。張煜南、張鴻南《梅水詩傳》卷一有傳。

袁秀巒於本年中舉人。

袁秀巒，字疊峰，號裕堂。東莞人。家貧，隨伯兄岐學習，粗通文墨即授徒爲生。乾隆十八年（一七五三）舉人，二十六年（一七六一）進士。著有《北行詩草》、《學庸文集》。張其淦《東莞詩録》卷三九有傳。

方華於本年中舉人。

方華，字輝垣。香山人。乾隆十八年（一七五三）舉人。黃紹昌、劉熽芬《香山詩略》卷五有傳。

李夔班於本年中舉人。

李夔班，字粟齋，一字足一。新會人。乾隆十八年（一七五三）舉人，明年進士，官河南信陽州知州。著有《課廬堂詩鈔》。言良鈺《續岡州遺稿》卷四有傳。

王德屏於本年中舉人。

王德屏，字泰堂。吳川人。乾隆十八年（一七五三）舉人，

貴州平遠知府，後任南江縣丞，調常熟，署嘉定令。（《吳川縣志》）

尹賓湯於本年中舉人。

尹賓湯，字錫侯，號莘農。東莞人。肄業越秀書院。乾隆十八年（一七五三）舉人，官陵水教諭，後遷感恩知縣，卒於任。（宣統《東莞縣志》卷六八）

馮奎顯於本年中舉人。

馮奎顯，字文思。恩平人。乾隆十八年（一七五三）舉人，四十七年（一七八二）官山西夏縣知縣，在官十年。（《恩平縣志》）

李實發於本年中舉人。

李實發，字收圃，號長亭。遂溪人。乾隆十八年（一七五三）舉人，從教於遂良書院。後任順德教諭，升廉州府學教授。（道光《遂溪縣志》）

李紹梅於本年中舉人。

李紹梅，字白冬。東莞人。乾隆十八年（一七五三）舉人。以教書爲業。遇事有決斷，敢作敢爲。（宣統《東莞縣志》卷六八）

植璋於本年中武舉人。

植璋（一七一六～一七七四），字綱四，號榕南。東莞人。乾隆十八年（一七五三）武舉人，二十二年（一七五七）武榜眼①，充殿前二等侍衛。二十四年平回部。二十八年（一七六三）授浙江處州鎮標中軍遊擊。三十五年（一七七○）升湖北均房營參將。三十八年隨定西將軍阿桂征小金川，多有功。三十九年，再進軍，受傷，卒於軍。民國《東莞縣志》卷六八有傳。

葉至剛於本年中武舉人。

葉至剛，字配義，號集齋。東莞人。乾隆十八年（一七五

---

① 東莞無狀元，璋遂爲莞人文武兩榜眼中之武榜眼。

三）武舉人，二十二年（一七五七）武進士。充侍衛，授陝西懷遠堡都司，升延綏鎮標遊擊，三十八年（一七七三）隨定西將軍徵大金川，七晝夜攻獲碉卡數十餘座。擢靖遠協副將。服缺，升雷瓊鎮總兵。尋以事謫戍，卒於道。張其淦《東莞詩錄》卷三九有傳。

龐縈於本年成貢生。

龐詠橋，名縈，字侃士。南海人。乾隆十八年（一七五三）拔貢生。羅元煥《粵臺徵雅錄》有傳。

張兆魁於本年成貢生。

張兆魁，字冠連，號藥園。東莞人。於群籍無不窺。乾隆十八年（一七五三）拔貢生，授合浦教諭。出長城居庸關外，先中暑，抵家，二浹旬而亡。張其淦《東莞詩錄》卷三九有傳。

阮大材於本年成貢生。

阮大材，字篆園，號不間。增城人。乾隆十八年（一七五三）拔貢生，廷試二等，授陽春教諭，歷署揭陽、靈山教諭、廉州府教授，調欽州學正。五年俸滿升知縣，以親老，借補博羅學所。（《增城縣志》卷二〇）

李能發於本年成貢生。

李能發，字侶皋。四會人。乾隆十八年（一七五三）拔貢生，朝考二等，授澄邁教諭，調萬州學正，又調新會教諭，選授直隸獻縣知縣。著有《簪纓集》。（光緒《四會縣志》）

張卷墨於本年成貢生。

張卷墨，字繩墨。海康人。乾隆十八年（一七五三）拔貢生，初充正白旗官學教習，後任瓊州保昌學教諭，調崖州學正。擅長書法，有戶限爲穿之慨。（《海康書畫人物紀要》一九九〇年第二期）

徐植聖於本年成貢生。

徐植聖，龍川人。乾隆十八年（一七五三）撥貢，任龍門教諭。（《龍川縣志》）

高隼於本年成貢生。

高隼，字鴻文。英德人。乾隆十八年（一七五三）拔貢，二十五年（一七六○）舉人，歷官高明縣教諭、山西左雲及陵川知縣。爲官清操自持，政事簡舉。歷任十年，卒於官。（《韶州府志》卷七）

黃叔傳於本年成貢生。

黃叔傳，字景亭。連平人。乾隆十八年（一七五三）撥貢，二十四年（一七五九）中順天第九名副榜，歷任湖北棗陽知縣、襄陽知縣，四十八年（一七八三）癸卯科湖北鄉試同考官。（《連平州歷科文武科甲·詞林·侍衛官宦鈔》）

曾雲程於本年成貢生。

曾雲程，字萬里。高明人。乾隆十八年（一七五三）選貢。穎悟嗜學，屢試前茅，遠近之士，欽其行高學博，多受業於門。晚年怡情山水，飲酒賦詩。著有《西山集》。（道光《高明縣志》、光緒《高明縣志》）

李松筠於本年成副榜貢生。

李塡齋，名松筠，字復林。乾隆十八年（一七五三）副榜貢生。羅元焕《粵臺徵雅録》有傳。

伍秉鏞生。

伍秉鏞（一七五三、一七六四～一八二四），字序之，又字東坪。番禺河南溪峽人。貢生。官至湖南岳常澧道。原籍福建泉州晋江。先祖自明末入粵經商，爲粵鉅賈，在溪峽築有南溪別墅。著有《淵雲墨妙山房詩鈔》。（陳景鐇《海珠古詩録》一九五頁）

清高宗乾隆十九年　甲戌　一七五四年

本年楊應琚任廣東總督，以余穎故知，延入幕府。

余穎，字在川。海陽（今潮安）人。少孤，性孝友，樂助人。工繪事，尤擅人物肖像，得曾鯨筆法。乾隆十九年（一七五四）楊應琚任廣東總督，以故知，延入幕府，建議修築蔡家圍堤防，潮州郡城受其福。年七十七卒於羊城旅寓。（乾隆《潮州府志》卷二九）

鄭修於本年中進士。

鄭修，字在湄，一字爲易，號十洲。東莞人。乾隆十九年（一七五四）進士，官江西建昌、直隸肅寧知縣。著有《紅雨樓詩草》。凌揚藻《國朝嶺海詩鈔》卷九有傳。

區充於本年中進士。

區充，字汝琇。番禺人。乾隆十九年（一七五四）年進士，授惠來教諭，擢陝西麟遊知縣。（同治《番禺縣志》）

李宜相於本年中進士。

李宜相，原名宜突，字士禦，世稱雙江先生。信宜人。乾隆十九年（一七五四）進士，任四川昭化、宜賓知縣。著有《學庸解義》、《雙江文集》。（光緒《信宜縣志》）

岑紹參於本年中進士。

岑紹參，河源人。乾隆十九年（一七五四）年進士，任湖北鄖陽府保康縣知縣，轉任廉州府學教授。（《河源縣志》）

林誕禹於本年中進士。

林誕禹，字澤相。番禺獵德（今屬廣州）人。乾隆十九年（一七五四）進士，改庶吉士，授編修。著有《玉堂賦》、《草得川文鈔》。兄誕阻，能詩，擅詞曲。（《廣州府志》卷一三〇）

賴堂林於本年中進士。

賴堂林，保昌（今南雄）人。乾隆十九年（一七五四）進士，廉州府教授、花縣訓導。（《南雄府志》卷一〇）

黃潼士於本年成貢生。

黃潼士，字文化。博羅人。乾隆十九年（一七五四）歲貢。四十年選授陽江訓導，未赴任。（民國《博羅縣志》卷七）

官定成生。

官定成（一七五四～？）號靜齋。始興人。少讀書，喜遊俠。

嘉慶二年（一七九七）起，多次參加鎮壓粵西及川楚陝甘起事，升任南雄協千總。十八年（一八一三），調補廣州右營，駐防佛山。雖寒宵暑夜，率兵巡邏，農工商賈，各業獲安。二十三年（一八一八）離任，升南雄協中軍守備。（民國《始興縣志》卷十二）

莫廷翰生。

莫廷翰（一七五四～一八二六），字奇勛，號之屏。番禺人。增生。乾隆四十三年（一七七八）受知於李雨村學使，補弟子員。嘉慶十三年（一八〇八）歲考一等，補增生。著有《寸心知草》。張維屏《國朝詩人徵略二編》卷五八有傳。

清高宗乾隆二十年　乙亥　一七五五年

三月，胡宗藻詩獄起。四月，宗藻被斬。五月，禁滿人與漢人唱和及論同年行輩往來。（馮君實《中國歷史大事年表》）

本年何愷大計卓異，委署延平、建寧兩府篆。

何愷，字君壽，號南山。香山人。貢生。以州同借補香山三竈場鹽課大使，擢雲南昆陽知州，調白鹽井提舉。乾隆二十年（一七五五），大計卓異，委署延平、建寧兩府篆，保舉知府，卒於官。何天衢《欖溪何氏詩徵》卷三有傳。

本年何聖基受知於學使盧印於。

何聖基，字作睿，號古愚。香山人。諸生。乾隆二十年（一七五五），與其叔約齋同受知於學使盧印於，德業相勖，文酒追歡，不啻於竹林大小阮也。何天衢《欖溪何氏詩徵》卷三有傳。

葉新鑒於本年中舉人。

葉新鑒，字溫如。嘉應（今梅州）人。乾隆二十年（一七五五）恩科舉人。張煜南、張鴻南《梅水詩傳》卷九有傳。

陳元浚於本年中舉人。

陳元浚，字深雄，號禹溪。澄海人。乾隆二十年（一七五五）舉人。四十四年（一七七九）授香山訓導。又曾主講澄海景

韓書院數年。著有《致和堂稿》等。年八十一卒。（嘉慶《澄海縣志》卷十九）

曾孟卿生。

曾孟卿（一七五五～一八二八），字位元。博羅人。乾隆四十四年（一七七九）舉人。居京師，試皆不第。幕遊大江南北，困而歸，爲里中都講。嘉慶初選授四川蓬溪鹽政廳，剔除鹽場積弊，奸吏無所容詐。任滿歸，不復出。捐千金倡修羅陽書院。（民國《博羅縣志》卷七）

潘有度生。

潘有度（一七五五～一八二〇），字憲臣，一字容谷，號應尚。番禺河南龍溪人。振承四子，有爲兄。官候選員外郎、翰林院庶吉士。嘉慶元年（一七九六），總商蔡世文經營失敗自殺，有度任總商。習西方科學知識，喜與洋人討論航海問題，賦二十首《西洋雜詠》詩。時有度與盧觀恒、伍秉鑒、葉上林稱“廣州四大富豪”，有度列其首。後因營商環境惡劣，朝廷苛斂，十三年（一八〇八）以十萬銀兩獲准退商，二十年（一八一五）又被迫復商，同文行更名同孚行。有度病故，後由四子正煒接任，旋同孚行停辦。著有《義松堂遺稿》、《漱石山房剩稿》等。

清高宗乾隆二十一年　丙子　一七五六年

五月，罷將軍策楞、參贊玉保職，以達爾黨阿及哈達哈代之。（蔡冠洛《清代七百名人傳》附《清代大事年表》）清軍入伊犁。（馮君實《中國歷史大事年表》）

十一月二十五日，宋湘生於嘉應州上半圖堡白渡前村。

宋湘（一七五六、一七五七～一八二六），字焕襄，號芷灣。嘉應州（今梅州）白渡前鄉人。九歲下筆有奇氣。乾隆五十七年（一七九二）中廣東鄉試解元，嘉慶四年（一七九九）進士，改翰林院庶吉士，散館授編修。六年因母喪回鄉，任惠州豐湖書院山長。九年返京於翰林院供職。十二年（一八〇七）充四川鄉試正考官。十三年充貴州鄉試正考官。十八年（一八一三）爲雲南曲靖知府。尋署廣南府，城內地高，飲水艱，爲度地鑿東西二塘。權迆西道，捐俸賑饑。署永昌府，以計擒亂首。道光五年（一八二五），遷湖北督糧道。明年卒，年七十一。負絕人姿，又肆力於古，爲文醇而後肆，詩直逼少陵。粵詩自黎簡、馮敏昌後，推爲巨擘。著有《不易居齋集》、《豐湖漫草》、《續草》、《燕臺》、《滇蹋》諸集、《紅杏山房詩鈔（集）》十三集。國史館《清史列傳》卷七二有傳。

本年閔韋樓流落廣東。

閔韋樓，江蘇元和人。嘉應州曾上達室。乾隆二十一年（一七五六）丙子流落廣東。始作曾辰峰婢，旋爲繼室，隨宦北平。南歸，因出詩集囑謝日升題。著有《韋樓詩稿》。上達字光斗，官寶坻河廳。冼玉清《廣東女子藝文考》有傳。

本年蔡珍以《詩經》中式，掌教文岡書院十餘年。

蔡珍，字席聘。新安（今深圳）人。積學能文，屢試高等，學使器重之。（《新安縣志》）

李潮三於本年中舉人。

李潮三，字大章。新會人。乾隆二十一年（一七五六）舉人，官湖南醴陵令。著有《一柏堂詩集》。事見黄培芳《香石詩話》卷二。

李青桐於本年中舉人。

李青桐，字梧岡，一字莘齋。南海人。乾隆二十一年（一七五六）舉人，官新興教諭，轉高州府教授。凌揚藻《國朝嶺海詩鈔》卷九有傳。

莊士寬於本年中舉人。

莊士寬，字上濟，一字稟堂。番禺人。鶴山籍。乾隆二十一年（一七五六）舉人，歷官湖南永明、直隸天津知縣，晉天津分司運同。凌揚藻《國朝嶺海詩鈔》卷九有傳。

歐功焕於本年中舉人。

歐功煥，字翹漢，一字劍村。順德人。乾隆二十一年（一七五六）舉人，官澄海教諭，轉南雄府教授。凌揚藻《國朝嶺海詩鈔》卷九有傳。

朱道南於本年中舉人。

朱道南，字接東，號木齋。南海人。乾隆二十一年（一七五六）舉人，選靈山縣訓導、肇慶府教授。朱次琦、朱宗琦《朱氏傳芳集》卷正有傳。

方芬於本年中舉人。

方芬，字清獻。香山人。乾隆二十一年（一七五六）舉人，官徐聞、陵水教諭，遷安徽廬江、直隸赤城知縣，調署延慶知州。卒於高要教諭任。（光緒《香山縣志》）

李正於本年中舉人。

李正，字履端。茂名人。乾隆二十一年（一七五六）舉人，賜國子監丞。教學六十年。終年八十四。著有《省齋文集》、《四書講義》。（光緒《茂名縣志》）

李宜隨於本年中舉人。

李宜隨，字士騰。信宜人。乾隆二十一年（一七五六）舉人，歷任金壇、無錫、昭文、南匯、新陽知縣，太倉直隸州知州。（光緒《信宜縣志》）

嚴方於本年中舉人。

嚴方，字矩修。高要人。乾隆二十一年（一七五六）舉人。改任澄海教諭，數年辭歸。（宣統《高要縣志》卷十八）

吳舒濂於本年中舉人。

吳舒濂，字演周。四會人。乾隆二十一年（一七五六）舉人，年八十仍授徒講學。書法宗米芾，風神魄力足與祝希哲抗行。（光緒《四會縣志》）

張淇於本年中舉人。

張淇，字右川。惠來人。經子。與兄灝、弟漢並有文名。乾隆二十一年（一七五六）舉人。翌年歲饑，首倡捐賑，全活甚

眾。未仕卒。著有《噓雲集》。（雍正《惠來縣志》卷十四）

張士彥於本年中舉人。

張士彥，茂名人。經子。乾隆二十一年（一七五六）舉人，大挑一等，任浙江宣平知縣、衢州、台州府同知。任滿告歸，著有書說文集。（光緒《茂名縣志》）

陳高飛於本年中舉人。

陳高飛，字孝騰，號玉川。澄海人。幼聰敏，下筆千言。乾隆二十一年（一七五六）舉人，主考梁鼎芬期之大魁。二十五年進士，未仕。二十九年（一七六四）與修邑志。四十二歲卒。（嘉慶《澄海縣志》卷十九）

彭鳳堯於本年中舉人。

彭鳳堯（？～一七九五），字鳴唐。連山人。乾隆二十一年（一七五六）舉人，分撥湖南試用，歷署漵浦、會同等縣。五十七年（一七九二）補授辰州府永綏廳同知。六十年於鎮壓苗民起義中陣亡。（阮元《廣東通志》卷三〇三）

程達於本年中舉人。

程達，字侯拔。高明人。乾隆二十一年（一七五六）舉人，中舉後五試禮部不售，齎志以歿。（道光《高明縣志》）

林莃於本年中舉人。

林莃，海豐人。乾隆二十一年（一七五六）舉人，官日照縣知縣。（《惠州府志》）

林闈階於本年中舉人。

林闈階，字子雲。吳川人。以縣試第一補諸生。乾隆二十一年（一七五六）舉人，次年進士，官靈石知縣僅五十四日，即廢職歸里。（《吳川縣志》）

黃大士於本年中舉人。

黃大士，字右文。三水人。乾隆二十一年（一七五六）中舉，爲裘知縣所重，聘爲鳳岡講席。（嘉慶《三水縣志》）

何鷹揚於本年中武舉人。

　　何鷹揚，字君望，一字茲泉。新會人。乾隆二十一年（一七五六）武舉人。著有《沁亭詩草》。凌揚藻《國朝嶺海詩鈔》卷九有傳。

　　譚德於本年中武舉人。

　　譚德，字拜今、晃京。東莞大寧人。必耀子。乾隆二十一年（一七五六）武舉人，二十二年武進士。見義勇爲，一諾千金。好請名師教子弟。張其淦《東莞詩錄》卷三九有傳。

　　邱維揚於本年中武舉人。

　　邱維揚，字顯廷。連平人。乾隆二十一年（一七五六）武舉人，官至南溪鎮總兵。（《連平州歷科文武科甲》）

　　胡倬於本年成貢生。

　　胡倬，永安（今紫金）人。乾隆二十一年（一七五五）歲貢，曾任花縣訓導，升新會教諭。（《永安三志》）

　　謝維植於本年成副貢生。

　　謝維植，字庭森，號弱庵。博羅人。乾隆二十一年（一七五五）副貢。二十八年（一七六三）縣令陳裔虞命修志，維植詳爲搜輯，題曰《博羅剩語》，李鐵橋極稱之。著有《印譜》。（光緒《惠州府志》卷三五）

　　劉步蟾生。

　　劉步蟾（一七五六～一八三五），字雨樵、羽橋。三水人。諸生。屢試不第，貧困無聊，常寫詩解愁，委曲纏綿。著有《天地一沙鷗吟舫詩鈔》。（《茶村詩話》）

清高宗乾隆二十二年　丁丑　一七五七年

　　正月，帝奉皇太后南巡。七月，殺前浙江布政使彭家屏及夏邑附生段昌緒。九月，還京師。（蔡冠洛《清代七百名人傳》附《清代大事年表》）

　　本年刁光斗奉命買米賑饑，賢聲四著。

　　刁光斗，龍川人。宏邦長子。監生。官台州通判。乾隆二十二年（一七五七）奉命買米賑饑，賢聲四著。二十八年（一七六三）任廣西柳州通判。父宏邦，字貴吉。附貢生。四川永寧知縣。好施與。終年八十歲。（《龍川縣志》）

本年李玳馨被派山西，歷任泌水、壺關、長治知縣。

李玳馨，字荊而。五華人。潭第七子。慷慨好施。十四歲曾將運至梅縣出售之二百多石穀物贈予遭受水災者。十八歲補博士弟子，後援例捐納知縣。乾隆二十二年（一七五七）被派山西，歷任泌水、壺關、長治知縣。二十四年補任左雲縣，有惠政。四十二年（一七七七）選任湖南安福令，二年後調清泉縣。五十年（一七八五）調任湘鄉。六十五歲時升永綏同知。著有《嶽遊倡和詩》。（《五華史》第二輯）

莫普濟於本年中進士。

莫普濟，字聖階。東莞人。乾隆二十二年（一七五七）進士。翌年饑荒，出粟賑濟。官山西襄陵知縣，革除騾馬稅。卒於韶州府教授任。（宣統《東莞縣志》卷六八）

梁英佐於本年中進士。

梁英佐，字秋圃。梅縣人。乾隆二十二年（一七五七）進士，官至太常寺卿，數月四遷。居官十餘載，方正不阿。（《梅縣歷代鄉賢事略》）

陳宗良於本年成貢生。

陳宗良，字德剛。東莞人。乾隆二十二年（一七五七）貢生，研究《周易》等頗有心得。教書為業。（宣統《東莞縣志》卷六八）

黃願則於本年成貢生。

黃願則，清遠田心堡（今屬佛岡）人。乾隆二十二年（一七五七）清遠縣學歲貢，任嘉應州長樂（今五華）縣學訓導。（《佛岡廳志》）

張會辰生。

張會辰（一七五七～一八三四），字達可，號靜軒。東莞人。

年輕時棄儒經商。後研究醫學，立志救人。贈送醫藥數十年，家財一空。（《東莞張氏族譜》卷二六）

清高宗乾隆二十三年　戊寅　一七五八年

本年大饑，李錫榮爲粥於道，救濟灾民。

李錫榮，字懷邦。信宜人。附貢生。爲人厚道孝順，輕財仗義。（光緒《信宜縣志》）

本年大饑，陸玙煮粥救濟灾民。

陸玙，字玉。信宜人。附生。孝友力學，樂善好施。精於醫術，貧助以藥資。（光緒《信宜縣志》）

本年饑荒，羅士璜捐糧賑灾。

羅士璜，字墅斐。東莞人。復豐子。貢生，肄業太學，不仕歸。主持修建文廟，不辭勞苦。（宣統《東莞縣志》卷六八）

本年大饑，周孔竭盡倉中糧賑濟灾民。

周孔，字聖時。信宜人。增貢生。（光緒《信宜縣志》）

本年大饑，梁鼎珠煮粥賑濟灾民，全活甚多。

梁鼎珠，字幹齋。信宜人。候選吏目。弟早逝，撫養侍兒如子，鄉親亦得其資助。（光緒《信宜縣志》）

李步蟾生。

李步蟾（一七五八～一八二六），字敬躋，號桂苑。龍門人。歷官南河州判、甘肅權靈州及花馬池州州同。尋補三岔州判，攝平羅令，權平涼府經歷，調補安息直隸州馬蓮井州判。卒於官，囊無餘資。（咸豐《龍門縣志》卷十三）

曾瓊琲生。

曾瓊琲（一七五八～一八四五）字榮錦，號寶圈。五華人。乾隆五十一年（一七八六）武科舉人。五十五年考取武科進士，殿試欽點榜眼。授藍翎侍衛，歷任下瀝都司、九江遊擊、河南衛輝參將、河南省中軍府中軍，爲官清正廉明。道光八年（一八二八）七十一歲辭歸故里，築居"耕讀館"。（《五華縣志》、《五華

文史》第一輯）

清高宗乾隆二十四年　己卯　一七五九年

本年督學評鄧曉堂詩可稱諸生祭酒。

鄧曉堂，名濟洪，字飛鳴，一字楫川。番禺人。文學。西園後十二堂之一，年逾五十猶困於童試。乾隆二十四年（一七五九），吳雲巖督學評其詩可稱諸生祭酒。羅元焕《粵臺徵雅録》有傳。

本年茂名黃塘圩大火災，黎賢熹捐資撫恤。

黎賢熹，字安亭。茂名人。任布政司理問。性端方，好施與。乾隆二十七年（一七六二）水災，毀屋百餘家，死九十餘人，出資修屋，施棺木，知府以"志存濟物"匾旌之。（光緒《茂名縣志》）

岑兆葵於本年中舉人。

岑感日，名兆葵，字夔一，又號日圓。順德人。乾隆二十四年（一七五九）舉人。羅元焕《粵臺徵雅録》有傳。

黃紹統於本年中舉人。

黃紹統，字燕勳，又翼堂。香山人。乾隆二十四年（一七五九）舉人，官瓊州府教授。著有《仰山堂遺集》。凌揚藻《國朝嶺海詩鈔》卷九有傳。

周星聚於本年中舉人。

周星聚，字以德。三水人。乾隆二十四年（一七五九）舉人，初任東安教諭，授湖北穀城令，改高要教諭，卒於官。著有《竹里文稿》。阮元《廣東通志》卷二八七有傳。

尹士鈺於本年中舉人。

尹士鈺，字菊友，號式齋。東莞人。乾隆二十四年（一七五九）舉人，授湖北蘄水令。五十年（一七八五），邑大旱，詳請大憲發帑賑恤，存活甚眾。年五十六，卒於官。著有《竹里文稿》。阮元《廣東通志》卷二八七有傳。

鄭葵於本年中舉人。

鄭葵，字倬夫，號月溪。東莞人。乾隆二十四年（一七五九）舉人，授定安教諭，在任十八載，擢廉州教授，卒於官。與兄十洲、澹園齊名，合著《三鄭同集》，自著《秋水軒詩草》。張其淦《東莞詩錄》卷三九有傳。

譚紘於本年中舉人。

譚紘，字樹五。號雲臺。東莞大寧人。乾隆二十四年（一七五九）舉人，明年進士，授甘肅鎮原縣令。尋告疾歸，嗜學不倦，廣授生徒。年七十四卒。著有《山天書室文集》、《擬蕓堂詩集》、《易經義》。張其淦《東莞詩錄》卷四十有傳。

彭如槐本年中舉人。

彭如槐，陸豐人。乾隆二十四年（一七五九）舉人，授福建長樂知縣。（《惠州府志》）

彭如幹本年中舉人。

彭如幹，號立齋。陸豐人。乾隆二十四年（一七五九）與胞兄如槐同中舉人，三十一年（一七六六）進士，官至黃河道。長子應燕，官至清河道；次子應傑，亦官至道員。父子三道臺，時人榮之。（《陸豐縣志》、《惠州府志》）

鄭嘉植於本年中舉人。

鄭嘉植，海豐人。乾隆二十四年（一七五九）舉人，官龍遊知縣。（《惠州府志》）

黃金濟於本年中舉人。

黃金濟（一七五九～一八二四），號春浦。和平人。乾隆五十四年（一七八九）登賢書，任灌陽、興業知縣，新寧知州。嘉慶四年（一七九九）協修學宮。二十三年（一八一八）掌教龍溪書院，協修縣志。（《和平縣志》）

黃南偉於本年中舉人。

黃南偉，字英羅，號粵峰。龍川人。宏子。領乾隆二十四年（一七五九）鄉薦，官新寧訓導、東莞教諭。曾被龍川知縣延掌

書院，修縣志。（《龍川縣志》）

謝夢草於本年中舉人。

謝夢草，字植先。東莞人。乾隆二十四年（一七五九）舉人，官湖北京山知縣。（宣統《東莞縣志》卷六八）

霍超士於本年中舉人。

霍超士，字巨源。南海佛山人。乾隆二十四年（一七五九）舉人。再試禮部不第，終身以教學爲業，主講汾江義學。卒年七十。著有《濤軒文稿》。（道光《南海縣志》）

清高宗乾隆二十五年　庚辰　一七六〇年

八月，以阿桂爲都統，總理伊犁事務，行屯田事。（蔡冠洛《清代七百名人傳》附《清代大事年表》）

王文冕於本年中進士。

王文冕，字飭端，號象坡。東莞海南柵人。巨任子。清高宗乾隆二十五年（一七六〇）進士，任湖北黃梅縣令，轉崇陽竹山知縣，尋升襄陽郡丞。三十七年（一七七二）歸鄉守制。四十五年（一七八〇）至江南迎帝南巡，起用，因不能自辯，歸里。五十六年（一七九一）災兇稅重，集士紳上書，遂免丁鹽。卒年七十四。著有《承軒詩草》、《宦遊小草》、《北行草》、《同中旅瀚》等詩文集。宣統《東莞縣志》卷六八有傳。父巨任，字宗尹。雍正間諸生。常鍵户讀書，寒暑不就枕。惠士奇奇其文，補弟子員。著有《易經貫義》、《詩經貫義》。長子文旹，郡庠。張其淦《東莞詩録》卷三七有傳。曾孫兆麟，字杞山。咸豐間廩貢生。家居不喜外事，惟喜治經，著《書經文法》二卷，他經均背誦如流。宣統三年（一九一一）重遊泮水，提學秦樹聲書"茅藻重薰"額錫之。是年殁，年七十八。張其淦《東莞詩録》卷五九有傳。

謝敦源於本年中進士。

謝敦源，字容谷。番禺人。乾隆二十五年（一七六〇）進

士，選庶常。二十六年辭官南歸。年三十八卒。著有《清麗草
（集)》二卷。阮元《廣東通志》卷二八七有傳。

陳子承於本年中進士。

陳子承，揭陽人。乾隆二十五年（一七六〇）進士。吳道鎔
《廣東文徵作者考》卷八有傳。

翁張憲於本年中進士。（《廣東通志》卷七七）

翁張憲，字允斌，號慎齋。順德人。年二十四，中乾隆二十
五年（一七六〇）進士。二十九歲遽卒。陳融《讀嶺南人詩絕
句》卷八有傳。

李文起於本年中進士。

李文起，字綱齋。歸善人。乾隆二十五年（一七六〇）進
士。歷官汾陽、文水、平陸、壽陽等九縣知縣，編《汾陽縣
志》。曾主講惠陽書院，乾隆六十年（一七九五）作《佛祖庵
記》。光緒《惠州府志》有傳。

林錫齡於本年中舉人。

林錫齡，字越百，號虹庭。東莞人。蒲封子。乾隆二十五年
（一七六〇）舉人①，攝福建長汀令，補大田，遷廣西永安知州，
引見，卒於京邸。著有《虹庭詩草》。張其淦《東莞詩錄》卷三
九有傳。

張毓華於本年中舉人。

張毓華（一七一六～一七八三），字蕙敷，號兩我。東莞人。
乾隆二十五年（一七六〇）舉人，官欽州學正，卒於任。張其淦
《東莞詩錄》卷三九有傳。

詹官於本年中舉人。

詹官，字焕賓，號霞峰。香山小欖人。乾隆二十五年（一七
六〇）舉人，初署四川梁山知縣，後改貴州，歷署青溪、施秉、
廣順鎮、寧開州，補餘慶縣知縣。著有《黔蜀吟稿》。黃紹昌、

---

① 一作乾隆三十五（一七七〇）舉人。

劉燴芬《香山詩略》卷五有傳。

鄧鵬翰於本年中舉人。

鄧鵬翰，號肆江。三水人。乾隆二十五年（一七六〇）舉人，官曲江訓導，升江蘇青浦知縣，後署川沙府同知。（嘉慶《三水縣志》）

劉毓磻於本年中舉人。

劉毓磻，號渭川。陸豐人。乾隆二十五年（一七六〇）恩科舉人，官湖北長樂知縣，升浙江寧波軍民府，後判四川重慶府事。（《陸豐縣志》）

麥世焜於本年中舉人。

麥世焜，字晃南。東莞人。乾隆二十五年（一七六〇）舉人，官山東禹城知縣，寬徭役，去民困。（宣統《東莞縣志》卷六九）

羅學洙於本年中舉人。

羅學洙，字希孔。東莞人。乾隆二十五年（一七六〇）舉人，官山東費縣知縣。（宣統《東莞縣志》卷六九）

鍾爾梅於本年中舉人。

鍾爾梅，海豐人。乾隆二十五年（一七六〇）舉人，官雷州教授。（《惠州府志》）

黃維綱於本年中舉人。

黃維綱（？～一七九三），字學選，號秉三。澄海人。乾隆二十五年（一七六〇）舉人。三十七年（一七七二）分發署江西萬載縣事，兼理吳城同知。四十二年（一七七七）授分宜知縣。纂有《信宜縣志》。（嘉慶《澄海縣志》卷十八、《潮州志·藝文志》）

黃熙中於本年中舉人。

黃熙中，字伯和。電白人。乾隆二十五年（一七〇六）中經魁。後六年任費縣知縣，改任湖南漵浦知縣。升貴州鎮寧知州、撫安順府事，調任獨山州知州，卒於官。（道光《電白縣志》）

謝汝佩於本年中舉人。

謝汝佩，字慶祖，號昆山。龍川人。乾隆二十五年（一七六〇）舉人，官香山，東莞教諭，後選授山西天鎮知縣。乾隆六十年（一七九五）以病致歸，優遊林下七年而卒，壽七十八。（《龍川縣志》）

謝超文於本年中舉人。

謝超文，字峻遠，號筆峰。清遠人。乾隆二十五年（一七六〇）舉人。七次上京應試，均不中式。惟應三十一年（一七六六）會試時，得考官畢沅賞識。歸主鳳城書院講席多年，從遊者甚眾。著有《夢草山房文集》。（《清遠縣志》卷六）

譚澄於本年中舉人。

譚澄，字靜江。高明人。乾隆二十五年（一七六〇）舉人，歷任惠來、香山教諭，雷州、南海、瓊山、徐聞訓導，欽州學正，曾兼任文明、欽江書院講席。升陝西清澗知縣，遇饑荒，蠲免錢糧，離任時民眾夾道相送。（《高明縣志》）

李湛於本年恩科中式。

李湛，號澄川。陸豐人。乾隆二十五年（一七六〇）恩科中式，官教諭，以德為先。卒於樂會官舍。（《陸豐縣志‧附錄》）

范瑾光於本年成貢生。

范瑾光，字任若，號映川。侍祖以孝聞。乾隆二十五年（一七六〇）歲貢生。卒年六十五。范元《松山叢集》有傳。

江漢濯於本年成貢生。

江漢濯，永安（今紫金）人。乾隆二十五年（一七六〇）歲貢生，曾任鶴山縣訓導。（《永安三志》）

吳熙乾生。

吳熙乾（一七六〇～一八三七），興寧人。乾隆武諸生。其《戰馬詩》聞名於世。（一九八九年《興寧縣志》）

凌揚藻生。

凌揚藻（一七六〇～一八四五），字譽釗，號藥洲、蠡勺、藥洲花農，室名海雅堂。番禺人。乾隆時郡增生。受知於督學姚文田，與汪大源等同爲巡撫朱珪賞識。工詩文，尤長於考證。著有《蠡勺編》、《四書疑義錄》、《海雅堂詩集》、《藥洲詩略》六卷、《藥洲文略》十六卷、《續編》十二卷、《嶺海詩鈔》二十四卷等多種。張維屏《國朝詩人徵略》卷五六有傳。

謝蘭生生。

謝蘭生（一七六〇～一八三一），字佩士，號澧浦，又號里甫，號理道人。南海人。嘉慶七年（一八〇二）進士，選翰林院庶吉士。因父年老，請假歸不再應考候職，九年設館於河南龍溪潘氏書舍。父卒後，連續主持廣州粵秀、越華、端溪書院講席，後任羊城書院山長（掌教）。曾受兩廣總督阮元延聘重修《廣東通志》，任總纂。幼聰慧，博學好古。爲文得韓、蘇家法。詩學東坡，少時曾刻有“師事大蘇”小印；書法師顏魯公，參以褚遂良、李邕筆法；畫得吳仲佳、董香光妙趣，用筆雄俊有奇氣。詩文與黃培芳、張如芝齊名。擘窠大字，時無能出其右。死前五年立遺書，命子孫辦喪從簡。卒於書院中，年七十二。精鑒別，工篆刻，選集《漢印分韻》四卷，著有《雞肋草》、《常惺惺齋文集》四卷、《詩集》四卷、《北遊紀略》二卷、《書畫題跋》二卷、《遊羅浮日記》一卷。弟觀生，字退谷，號五羊散人，以繪事與蘭生齊名，世稱“二謝”。所作《雲泉餞別圖》最有名。國史館《清史列傳》卷七三有傳。女靜婉，能畫。與黃國蘭以畫爲友。汪兆鏞《嶺南畫徵略》卷十二有傳。

潘有原生。

潘有原（一七六〇～一七九七），字志臣，一字淪泉，號應祿。番禺河南龍溪人。正衡父，振承五子。官候選布政司理問，加運同銜。著有《常蔭堂遺詩》。（陳景鏏《海珠古詩錄》一九八頁）

清高宗乾隆二十六年　辛巳　一七六一年

二月，帝奉皇太后西巡，幸五臺山。三月，還京師。（蔡冠

洛《清代七百名人傳》附《清代大事年表》）**四月，帝閱健銳營兵操。**（馮君實《中國歷史大事年表》）

本年蕭志鵬出守河南陳州。

蕭志鵬，字雲鳴，號南溟。始興人。乾隆二十六年（一七六一）出守河南陳州，旋擢升兩浙江南都轉鹽運司使，裁革陋規，捐資崇文書院。後奔父喪，淡志仕途。精岐黃之術，爲人診治。卒年八十二。子和韻，累任工部營繕司員外、刑部福建司郎中及廣平知府，母喪服闋，補貴州石阡府知府，未赴而卒。（民國《始興縣志》卷十二）

梁昌聖於本年中進士。

梁昌聖，字世英，一字拜善。南海人。乾隆二十六年（一七六一）進士，官直隸晋州知州。著有《碧霞書屋詩鈔》。凌揚藻《國朝嶺海詩鈔》卷九有傳。

羅清英於本年中進士。

羅清英，字松亭。興寧人。乾隆二十六年（一七六一）進士。著有《松亭刪稿》。羅香林收其著作編成《松亭詩文鈔》。余祖明《廣東歷代詩鈔》卷二有傳。

尹朝端於本年中武進士。

尹朝端，字兆斯，號雪屏。東莞人。乾隆二十六年（一七六一）武進士，官廣東駐京塘務。張其淦《東莞詩錄》卷四〇有傳。

張學成於本年成貢生。

張學成，永安（今紫金）人。乾隆二十六年（一七六一）恩貢，官信宜教諭。（《永安三志》）

譚兆燕生。

譚兆燕（一七六一～？），號鹿萍。仁化人。年十六，縣府道三試名居榜首。乾隆五十一年（一七八六）二十六歲中舉。會試不第，留京數載。嘉慶元年（一七九六）登進士，授山東朝城知縣。三年任山東同考官，被誣告落職。後平反官復原職，父喪歸

里。服除，改任廣州教授，卒於官。（《韶州府志》卷三三）

清高宗乾隆二十七年　壬午　一七六二年

正月，帝奉皇太后南巡。三月，至杭州。五月，還京師。

孟冬，勞孝輿子刻《阮齋詩鈔》成。（勞孝輿《阮齋詩鈔·先明府詩鈔紀後 附》）

本年馮敏昌賦《崧臺》五律詩，寫崧臺①之險要形勢及壯麗景色。（陳永正《嶺南歷代詩選》四〇六頁）

本年鄧晃以書經舉於鄉。

鄧晃，字曜斯。新安人。爲廩生時邑令延掌文岡書院。乾隆二十七年（一七六二）以書經舉於鄉。（《新安縣志》）

茹芳於本年中舉人。

茹禮園，名芳，字淳兼。新會人。乾隆二十七年（一七六二）舉人。羅元煥《粵臺徵雅録》有傳。

楊邦於本年中舉人。

楊邦，字作其，號礪山。順德人。乾隆二十七年（一七六二）舉人。著有《礪山詩草》。溫汝能《粵東詩海》卷八四有傳。

潘蘭皋於本年中舉人。

潘蘭皋，字澧翹，號九畹。順德人。乾隆二十七年（一七六二）舉人，官江西萬年知縣。引疾歸，主講鳳山書院、西淋義學。著有《九畹堂詩集》。溫汝能《粵東詩海》卷八四有傳。

陸文祖於本年中舉人。

陸文祖，字作圖，號義華。高要人。乾隆二十七年（一七六二）舉人。四十七年（一七八二）任始興教諭，累官四川黔江知縣。著有《宦學課藝》、《雜文》等集。溫汝能《粵東詩海》補

---

①　原粵東有十臺，即越王臺、鶴舒臺、逍遥臺、崧臺、釣魚臺、石屛臺、妙高臺、寶月臺、望煙臺與見日臺。

遺卷五有傳。

陸蒼霖於本年中舉人。

陸蒼霖，字昊澤。三水人。乾隆二十七年（一七六二）舉人，三十六年（一七七一）進士，授禮部主事，晉員外郎，擢廣西右江道，兩權臬篆，觀察六年，卒於官。民為建祠於柳江書院。阮元《廣東通志》卷二八七有傳。

張大福於本年中舉人。

張大福，字秉五，一字醉白。新會人。乾隆二十七年（一七六二）舉人。工書。著有《醉白亭集》。言良鈺《續岡州遺稿》卷四有傳。

李挺生於本年中舉人。

李挺生，字應銓，一字鳴山。新會人。乾隆二十七年（一七六二）舉人。著有《鳴山集》。言良鈺《續岡州遺稿》卷四有傳。

陳其煨於本年中舉人。

陳其煨，新會人。乾隆二十七年（一七六二）舉人，明年庶吉士，官至給事中。言良鈺《續岡州遺稿》卷四有傳。

陳天與於本年中舉人。

陳天與，字擢宗，號紀堂。東莞人。乾隆二十七年（一七六二）舉人①，官福建寧洋知縣。著有《菜根軒詩草》。張其淦《東莞詩錄》卷三八有傳。

羅永楠於本年中舉人。

羅永楠，字貢廷，一字碓齋。東莞人。復晉孫。乾隆二十七年（一七六二）舉人，官龍川、陵水教諭，升直隸故城知縣。著有《碓齋吟草》。張其淦《東莞詩錄》卷四十有傳。

劉德欽於本年中舉人。

劉德欽，新興人。乾隆二十七年（一七六二）舉人，歷任四

---

① 一作乾隆十七年（一七五二）舉人。

川江油等四縣知縣，署崇慶知縣。（《新興縣人物志稿》）

　　陳旭於本年中舉人。

　　陳旭，字耀東。東莞人。乾隆二十七年（一七六二）舉人。好學，博通經史。教導有方，登門求教者眾。（宣統《東莞縣志》卷六九）

　　曾愷於本年中舉人。

　　曾愷，字澤西。新安人。喜讀書，常兀坐終日無惰容，以誘獎後學爲念。乾隆二十七年（一七六二）始以廩庠中舉人。未仕而卒。（《新安縣志》）

　　庾賡堂於本年中舉人。

　　庾賡堂，字定湘，號起齋。東莞人。乾隆二十七年（一七六二）舉人，累官保定知縣。著有《獲經堂詩集》。父廷福，字錫葉。見義勇爲，曾倡議督修縣西北淤塞河道。工詩。著有《蓼坡全集》。（宣統《東莞縣志》卷六八、《東莞詩録》卷四〇）

　　謝藝圃於本年中武舉人。

　　謝藝圃，字泰舒。高明人。乾隆二十七年（一七六二）武舉人。會試不第，舊制不第舉子可回本省效力得官，藝圃不願爲，曰："士人欲建功立業，而乃借徑於執鞭效鐙，余弗爲也。"人服其高尚。（道光《高明縣志》、光緒《高明縣志》）

　　孫謙於本年成貢生。

　　孫謙，永安（今紫金）人。乾隆二十七年（一七六二）歲貢，官乳源訓導。（《永安三志》）

　　譚韶音於本年成貢生。

　　譚韶音，字聲行。高明人。乾隆二十七年（一七六二）歲貢。嗜讀周敦頤、二程諸書，對《周易》有深入研究。著有《易理精義》。（道光《高明縣志》）

　　林組於本年中副榜。

　　林省軒，名組，字儒楨。南海人。乾隆二十七年（一七六二）副榜，貢生。新興學博。羅元煥《粵臺徵雅録》有傳。

徐英治生。

徐英治（一七六二～?），字健亭。博羅人。善事繼母，友愛兄弟。平生好善，凡屬救災恤鄰義舉，無不樂爲。（民國《博羅縣志》卷七）

清高宗乾隆二十八年　癸未　一七六三年

正月，命尚書阿桂在軍機處行走。（蔡冠洛《清代七百名人傳》附《清代大事年表》）**八月，湖南奏修嶽麓書院。**（馮君實《中國歷史大事年表》）

本年趙師質致仕。

趙師質，字彬文。長寧（今新豐）人。識大義，有膽略。雍正時選授山東兗州通判，乾隆時署沛縣。時石淩口決堤，親赴搶修，不待牒復即開倉救災，名聲大振。旋署泰州、海州、江寧、高郵，皆以救災著名。曾建泰州北門河橋，州人稱爲"趙公橋"。升任四川順慶府同知、江西袁州知府。乾隆二十八年（一七六三）致仕。（《長寧縣志》卷七）

龍驤文於本年中進士。

龍驤文，字熙上，號簡齋。高要人。乾隆二十八年（一七六三）進士，官翰林院檢討，改主事，擢御史累遷至宗人府丞。嘉慶元年（一七九六）與千叟宴。致仕歸家，課士於端江義學。吳道鎔《廣東文徵作者考》卷八有傳。

鄧大經於本年中進士。

鄧大經，字敬數，號敊軒。東莞人。廷喆孫，大林弟。乾隆二十八年（一七六三）進士，授河南內鄉知縣。蒞官三年，引疾歸。居家教授，獎誘不倦。卒年七十五。著有《倚雲樓集》四卷。張其淦《東莞詩録》卷四十有傳。

盧聖存於本年中進士。

盧聖存，字方維。東莞人。作梁孫。乾隆二十八年（一七六三）進士，山東肥城知縣。（嘉慶《廣東通志》卷二八七）

顏鳴漢於本年中武進士。

顏鳴漢，字濟川。嘉應州人。鳴皋弟。乾隆二十八年（一七六三）武進士。由侍衛授西安府都司，累官至福建陸路提督。皆以捕剿著功，然能文章。吳道鎔《廣東文徵作者考》卷八有傳。

張應蘭生。

張應蘭（一七六三～一八三七），字楚佩，號九畹。東莞人。乾隆四十五年（一七八○），廣東學政李調元取爲附貢。室名素行堂。著有《素行堂文抄》，已逸。僅存詩一首。《東莞張氏如見堂族譜》卷十有傳。

溫承恭生。

溫承恭（一七六三、一七七七～一八二○、一八三五），字靖聞。德慶州人。頤子。貢生。學使李調元奇其文，補諸生。嘉慶初川楚用兵，入蜀依華陽令徐念高。久之，客松潘，著《松潘防守議》。晚授徒自給。著有《補迃集》六卷、《雜論偶記》、《莊亭詩文集》二卷、《隨得録》。國史館《清史列傳》卷七二有傳。

清高宗乾隆二十九年　甲申　一七六四年

十一月，協辦大學士户部尚書兆惠卒。（蔡冠洛《清代七百名人傳》附《清代大事年表》）曹雪芹卒。（馮君實《中國歷史大事年表》）翁方綱以侍讀學士任廣東學政。（阮元《廣東通志》卷四三）

本年馮敏昌漫遊粵東一帶，賦《客懷》七絶，多鄉土之思。（陳永正《嶺南歷代詩選》四○八頁）

鄧雲現於本年成歲貢。

鄧雲現，字乘青。永安（今紫金）人。乾隆二十九年（一七

六四）歲貢，官韶州府學司訓。博學能文，好獎掖後進。（《永安三志》）

葉天因於本年成歲貢。

葉天因，龍川人。乾隆二十九年（一七六四）貢生，任東安縣訓導。（《龍川縣志》）

梁元翀生。

梁元翀（一七六四～一八三二），字章遠，號儕右、三松居士。順德人。爲山水，用筆艱蒼有古趣。畫成，必題韻語其上，書法黃山谷，人稱三絕。汪兆鏞《嶺南畫徵略》卷四有傳。

蔡雲生。

蔡雲（一七六四～一八三二），字青巖。順德人。乾隆五十七年（一七九二）舉人，大挑擇優知縣，分發山東，得巡撫鐵治亨器重，委以協送琉球貢使。晚築吟壇，號慕蓮書舍。卒年六十八。（《順德縣續志》）

清高宗乾隆三十年　乙酉　一七六五年

正月，帝奉皇太后南巡。閏二月，至杭州。（蔡冠洛《清代七百名人傳》附《清代大事年表》）

本年徐延翰受知翁方綱爲名拔貢。

徐延翰，字詞甫。和平人。乾隆三十年（一七六五）受知翁方綱爲名拔貢，歷任萬州、澄邁、三水、長樂等縣訓導，桐鄉、仙居知縣。嘉慶二十四年（一八一九）續編縣志，任總編修。著有《小南山堂集》，刊行於世。（《和平縣志》）

徐延泰於本年中禮經第五名舉人。

徐延泰，字瑞生。和平人。童年多病，右足失步，但文字過目即能書寫，理語入耳即能領悟。乾隆三十年（一七六五）中禮經第五，聯捷進士，掌家塾及龍溪書院。爲文不摹一家。卒於京師，閣學翁方綱以“達政能文”挽之，編修吳曲爲作墓誌。（《和平縣志》）

洪瑞元於本年中舉人。

洪瑞元，字景清，號瑶圃。番禺人。乾隆三十年（一七六五）舉人。一上公車，以母老不再赴。説經宗漢學。母卒，久之始謁選，補山東鹽大使，卒於任。著有《云在山房詩鈔》六卷。阮元《廣東通志》卷二八七有傳。

唐汝風於本年中舉人。

唐汝風，字平墊。高要人。乾隆三十年（一七六五）舉人，直隸武清知縣、端江義學掌教。善決案斷獄，號“白麵包公”。著有《周易探微》、《左傳熏香》、《雜作》、《尺牘》。黄登瀛《端溪文述·端溪詩述》卷六有傳。

羅學述於本年中舉人。

羅學述，字憲尹，號鶴亭。東莞人。學洙弟。乾隆三十年（一七六五）舉人，官開建教諭，升甘肅兩當知縣，逾年即謝病歸，修《東莞縣志》，掌教寶安書院。著有《擁書亭稿》。張其淦《東莞詩録》卷四一有傳。

鄧大業於本年中舉人。

鄧大業，字鼎臣，號懋堂。東莞人。廷喆孫。乾隆三十年（一七六五）舉人，澄海學教諭。張其淦《東莞詩録》卷四一有傳。

丘耀德於本年中舉人。

丘耀德，號榕莊。海陽人。乾隆三十年（一七六五）舉人，貴州畢節知縣。著有《易辭纂訓》。（《韓江聞見録》卷九）

馮友準於本年中舉人。

馮友準，字衡石。南海人。乾隆三十年（一七六五）舉人。五十八年（一七九三）謁選河南淯川，改教職，補化州學正。著有《詩序存醇》等。（《廣州府志》卷一二八）

梁康國於本年中舉人。

梁康國，字懿康。茂名人。聯德嗣子。乾隆三十年（一七六五）舉人，補爲山東范縣知縣，半載病歸。（光緒《茂名縣志》）

甄松年於本年中舉人。

甄松年，字森文。台山人。以廩貢入國子監肄業，乾隆三十年（一七六五）舉人，入都充內廷方略館纂修。三十四年（一七六九）中正榜，授內閣中書。五十四年（一七八九）進士，升刑部江蘇司主事。工書，右手病，以左代，求者接踵。（《新寧縣志》）

蔡良棟於本年中舉人。

蔡良棟，字作肱。東莞人。乾隆三十年（一七六五）舉人。收徒授業，強調實踐。（宣統《東莞縣志》卷六九）

廖容於本年中舉人。

廖容，字實甫。五華人。乾隆三十年（一七六五）舉人，任《長樂縣志》分纂，擴大私塾，廣收學子。急公好義，獲“周急可風”匾。兩廣總督阮元曾手書“文魁”匾以贈。（《五華文史》）

李之煌於本年成貢生。

李之煌，字昌孔，號星巖。東莞人。乾隆三十年（一七六五）拔貢，浙江湯溪知縣。張其淦《東莞詩錄》卷四一有傳。

陳名儀於本年成貢生。

陳名儀（一七三五～一七八五），字道來，一字訥士。澄海人。乾隆三十年（一七六五）貢生，官仁化教諭，調萬州學正。丁堅服闕，中四十五年（一七八〇）舉人。著有《慎余堂詩集》、《榕蔭堂文集》。凌揚藻《國朝嶺海詩鈔》卷十二有傳。

黃柱覺於本年成貢生。

黃柱覺，字惺章，號夢庵。化州人。乾隆三十年（一七六五）拔貢生，出翁方綱門。官連山教諭，未報滿，即告歸，主講羅江書院以終。著有《覺庵稿》。吳道鎔《廣東文徵作者考》卷八有傳。

鄭蘭於本年成貢生。

鄭蘭，字佩初，號澹園。東莞人。乾隆三十年（一七六五）

拔貢生。著有《九畹齋詩文集》。張其淦《東莞詩録》卷四一有傳。

鄧奇俊於本年成貢生。

鄧奇俊，字秀千。茂名人。乾隆三十年（一七六五）拔貢生。永安（今紫金）教諭。（光緒《茂名縣志》）

鄧謙和於本年成貢生。

鄧謙和，永安（今紫金）人。乾隆三十年（一七六五）拔貢，任乳源教諭。（《永安三志》）

莊玉馨於本年成貢生。

莊玉馨，字懿修，別字蘭圃。連平人。乾隆三十年（一七六五）拔貢，任廉州府合浦教諭、儋州學正、湖北雲夢知縣。（《連平州歷科文武科甲》）

陳明於本年成貢生。

陳明，字哲中。新安人。乾隆三十年（一七六五）拔貢，考取武英殿校録。三十六年（一七七一）領鄉薦，歷任雷州府遂溪縣、潮州府揭陽縣教諭。（康熙《新安縣志》）

陳殿元於本年成貢生。

陳殿元，字瀛賓。歸善（今惠州）人。乾隆三十年（一七六五）拔貢，精篆隸石刻，善琴。晚官合浦教諭。與修乾隆《歸善縣志》。（光緒《惠州府志》卷三三）

邵天眷於本年成貢生。

邵天眷，字季傑。電白人。年十二，能吟詩。乾隆三十年（一七六五）拔貢，選興縣教諭。後因病辭歸，家居吟詠七年而歸。著有《雲庵詩稿》、《歷代史鈐》。（光緒《惠州府志》卷三三）

歐焕舒於本年成貢生。

歐焕舒，字桐陰。樂昌人。肄業粵秀羊城書院。乾隆三十年（一七六五）選拔，廷試一等，以知縣分發陝西，官至山西忻州知府。父喪歸里。爲官三十年，凡任八縣二州一廳五府，所至有

循聲。（《樂昌縣志》卷十六）

　　黃岐於本年成貢生。

　　黃岐，字省山。茂名人。乾隆三十年（一七六五）貢生。廷試歸，學益不懈。（光緒《茂名縣志》）

　　黃大名於本年成貢生。

　　黃大名，字營閣。博羅人。乾隆三十年（一七六五）撥貢，官禮部祠祭司額外主事，擢江南道監察御史。（民國《博羅縣志》卷七）

　　黃桂覺於本年成貢生。

　　黃桂覺，字惺章，號夢庵。化州人。儒學訓導萃芳孫。乾隆三十年（一七六五）拔貢。著有《夢庵稿》。（《化州縣志》卷九）

　　梁肇文於本年成貢生。

　　梁肇文，字景圖。三水人。乾隆三十年（一七六五）選拔，授興寧教諭，升江西奉新知縣，帝召見，轉直隸昌黎知縣。四十五年（一七八〇），帝南巡，賜衣一襲，候擢用。適母死回籍，哀傷過度而卒。（嘉慶《三水縣志》）

　　伍秉鑒生。

　　伍秉鑒（一七六五、一七六九～一八四三），又名敦元，字成之，一字忠誠，號平湖。南海人。祖籍福建。崇曜父。其先祖於康熙初年定居廣東經商。其父國瑩始參與對外貿易，秉鑒爲廣東十三行怡和行行主。嘉慶十四年（一八〇九）任十三行總商，賞戴三品頂戴，並靠英國東印度公司鴉片走私成巨富。道光十九年（一八三九）受林則徐打擊後進一步投靠英美。（《中國近現代人物名號大辭典》二三二頁）

　　李明徹生。

　　李明徹（一七六五、一七五五～一八三二），字大綱，一字飛雲，號青來。番禺人。年十二入羅浮冲虛觀爲黃冠，深悟道妙。嘗走京師謁欽天監監正，得其傳授。又以澳門夷舶所集，著

《圜天圖說》四卷。晚居越秀山龍王廟爲司祝。時江右黃一桂寓廟中，與語，大驚，言之糧道盧元偉。會粵督阮元修《通志》，思得精測繪者，元偉以明澈對，急招之，明澈獻所著書，元閱之，謂隋張賓、唐傳仁均後崛起一人，令主繪圖事，並序其《圜天圖說》，別繪《大清一統經緯輿圖》、《渾天恒星全圖》。道光四年（一八二四）甲申，明澈購地漱珠岡萬松山建純陽觀①，而苦無資，元捐俸以倡，並令建漢議郎楊孚祠，且令新興訓導曹謨爲勸募。既成，元爲書觀額，又題其後禮斗臺爲頤雲壇。道光六年（一八二六）丙戌春，彗星現南方，元問之，以旱對。十二年壬辰八月望日羽化，年六十八。其徒林至亮等瘞之三元里松柏嶺中。著有《道德經注》二卷、《黃庭經注》一卷、《證道書》一卷、《修真詩歌》三卷。冼玉清《冼玉清文集》下編有傳。

　　李可瓊生。

　　李可瓊（約一七六五～一八四六），字佩修，號石泉。小塘獅山人，移居南海佛山。嘉慶十年（一八〇五）進士，入選庶吉士。②後授職翰林院編修，歷任纂修、校理，山東副考官與二十四年（一八一九）己卯會試同考官，出任廣西思恩府知府，該地多山瘴，土漢雜居，可瓊到任後，修城垣，葺衙署，消瘴氣，開典庫以利商民。道光初年，升浙江寧紹台道，所轄三府，山海縱錯，舉凡收關稅，查奸宄，造戰艦，督海防等等，事務冗繁。在任七年，察吏安民，恤商去蠹，百廢盡舉，並調臺灣穀米救濟浙東災民，存活無數。又革除當地棺不入土及溺女嬰陋俗，整頓育嬰堂，全活孩幼甚多。道光八年（一八二八），兼署按察使，後升任山東鹽運使，任內減供給，剔奸私，核課稅。後母喪歸，不復出。居里修黃鼎司良鼇圍，保護六十三村莊田；疏浚佛山沙腰河，使三十多里淤積得以疏通。卒年八十一。（《南海名人數據

---

　　①　今觀仍存國立中山大學南門外數百米處，曾數遊焉。
　　②　兄可端，弟可蕃，先後中進士，入選翰林院，故有"同胞三翰"之稱。

庫》）

　　謝清高生。

　　謝清高（一七六五～一八二一），嘉應程鄉（今梅縣）人。十八歲時乘船至海南經商，途中遇風浪翻船，被葡萄牙商船救起，即隨船遍歷南洋群島各地及世界各國，成爲第三個遊歷世界之中國人。[①] 十四年後，因雙目失明流落澳門，靠口譯自給。嘉慶二十五年（一八二○），適同鄉黃炳南與相識，二人過從甚密。清高講述自己親身經歷及見聞，求炳南代爲筆錄，以便傳留後人。炳南感其誠，遂逐一記下，取名《海錄》九十五則，於同年底刊行問世。（光緒《嘉應州志》）

清高宗乾隆三十一年　丙戌　一七六六年

　　三月，緬人入寇九龍江。（蔡冠洛《清代七百名人傳》附《清代大事年表》）六月，金川卡子反清，木果木之戰大敗清軍。（馮君實《中國歷史大事年表》）

　　賴鵬翀於本年中進士。

　　賴鵬翀（一七四三～一八○九），字秉雲，號漱石。長樂（今五華）人。乾隆三十一年（一七六六）進士，官樂陵知縣。著有《總宜集》、《塵餘詩草》。胡曦《梅水匯靈集》卷三有傳。

　　盧應於本年中進士。

　　盧應，字錫桓，號梅關。東莞人。乾隆三十一年（一七六六）進士，官翰林院檢討。辭職歸，主寶安書院二十餘年。張其淦《東莞詩錄》卷四十有傳。

　　盧鑒於本年中進士。

　　盧鑒，字升舉，號藻軒。東莞人。乾隆三十一年（一七六六）進士，官雷州府教授。張其淦《東莞詩錄》卷四一有傳。

　　吳濂於本年中進士。

---

　　① 據有關記載，首次遊歷世界者爲元朝巴鎖馬，其次是樊守義。

吴濂（一七四二～一八〇六），字溢海，號印溪。東莞人。承晉曾孫。乾隆三十一年（一七六六）進士，歷官江南道御史。著有《印溪詩草》等。張其淦《東莞詩錄》卷四一有傳。

李鏡於本年中進士。

李鏡，字亮金，號靜浦。東莞人。乾隆三十一年（一七六六）進士，官貴州仁懷縣。丁外艱，哀毀成疾，卒。著有《擷芳軒詩稿》、《睫見瑣言》。張其淦《東莞詩錄》卷四一有傳。

崔有玲於本年成貢生。

崔有玲，字懷長。高明人。乾隆三十一年（一七六六）歲貢，設帳講學五十餘載。著有《稼石堂四書善注》、《易經講義》。（《高明縣志》）

譚璿乾於本年成貢生。

譚璿乾，永安（今紫金）人。乾隆三十一年（一七六六）歲貢，陽江訓導。（《永安三志》）

清高宗乾隆三十二年　丁亥　一七六七年

三月，以伊犁將軍明瑞補授雲貴總督。十二月，明瑞率師征緬甸，大破之。（蔡冠洛《清代七百名人傳》附《清代大事年表》）

本年饑荒，李元鎮首議賑濟。

李元鎮，字貢次。東莞人。國敏次子。乾隆三十二年（一七六七）饑荒，首議賑濟。以貢生捐鈉，授官同知，入都候缺。（宣統《東莞縣志》卷六七）

清高宗乾隆三十三年　戊子　一七六八年

正月，御批《歷代通鑑輯覽》成。二月，明瑞陷緬敵死。詔以大學士傅恒爲經略，阿里袞、阿桂爲副將軍，代領其軍。（蔡冠洛《清代七百名人傳》附《清代大事年表》）

王應遇於本年中解元。

　　王應遇，字際升，號潢州。東莞厚街人。乾隆三十三年（一七六八）解元，次年進士，授禮部主事，以直隸州注銓。丁外艱歸，年母年高，不復出。家居二年卒。著有《綠滿窗吟草》。張其淦《東莞詩録》卷四二有傳。

　　張丹昆於本年中副元。

　　張丹昆，字綺園。嘉應州（今梅州）人。乾隆三十三年（一七六八）副元，官江西萬安縣知縣。著有《心遠樓詩草》。張煜南、張鴻南《梅水詩傳》卷一、卷九有傳。

　　鄭才於本年中舉人。

　　鄭才，字斯橋。東莞人。乾隆三十三年（一七六八）舉人。張其淦《東莞詩録》卷四二有傳。

　　張錦麟於本年中舉人。

　　張錦麟（一七四九～一七七八），字瑞光，號玉洲，以“藕花香處篷船多”，人稱“張藕花”。順德人。錦芳弟。幼聰慧，十歲能詩，以“碧天如水雁初發”句得名。乾隆三十三年（一七六八）舉人。與兄錦芳並爲翁方鋼所賞，有“雙丁兩到”之目。年二十九卒，未盡其才。著有《少遊草》。國史館《清史列傳》卷七二有傳。

　　楊壽磐於本年中舉人。

　　楊壽磐，字展裔。大埔人。乾隆三十三年（一七六八）舉人，宰陝西鄘縣。以疾歸，卒年七十有一。著有《漸亭詩文稿》。阮元《廣東通志》卷二九五有傳。

　　范彪於本年中舉人。

　　范彪，字炳先，別字朗宇。大埔人。乾隆三十三年（一七六八）舉人。四十五年（一七八〇）大挑，得嘉應州學正。最宏獎者，宋湘、葉澄等十餘人，後具登第立名。以謁選赴都卒，年六十有一。范元《松山叢集》有傳。

　　鄭安道於本年中舉人。

　　鄭安道，字茂周，號梅村。潮陽人。乾隆三十三年（一七六

八）舉人，三十六年（一七七一）進士。邑令李文藻聘主東山書
院。父母逝，服闋，補國子監丞。卒於官。著有《西山集》。吳
道鎔《廣東文徵作者考》卷八有傳。

陳熺於本年中舉人。

陳熺，字文仲，一字瑞亭。新興人。乾隆三十三年（一七六
八）舉人，以縣令分發甘肅，攝階州知州，歷平羅、安定、武都
等縣，後補西固州同。翌年知階州、權寧夏水利同知，寧民稱百
年來，永粘水利，莫過陳公。（《新興縣人物志稿》）

陳聖宗於本年中舉人。

陳聖宗，字統姚。吳川人。乾隆三十三年（一七六八）舉
人，因奉養雙親，至四十五年（一七八〇）首次赴會試，中進
士，任惠州府教授。五十五年（一七九〇）與修邑志。（《吳川縣
志》）

居允敬於本年中舉人。

居允敬，字簡中。番禺人。乾隆三十三年（一七六八）舉
人，大挑選大埔縣教諭。嘉慶初選福建閩清知縣，在任二十年，
離任時貧甚，民釀金送之始得歸。次子隸華，鬱林州判官。卒後
家屬僑居桂林無以自存，賴巡撫梁章鉅爲之供養。三子樟華，又
名溥最，更名鍠，字少楠。嘗作《白菊詩》百首，名噪一時。工
駢體，文章鉅公咸賞之。年四十餘始補諸生，客死韶州。著有
《灕江草》、《枝溪草》。（《楚庭耆舊傳》、《番禺河南小志》卷
八）

唐鎰於本年中舉人。

唐鎰，字金益。番禺人。乾隆三十三年（一七六八）舉人。
四十八年（一七八三）選署臺灣縣知縣，調北路理番同知。五十
一年（一七八六）死於亂。著有《璞亭遺稿》。（同治《番禺縣
志》卷四五）

蘇天才於本年成貢生。

蘇天才，字戴一。高要人。乾隆三十三年（一七六八）歲

貢。精究宋五子書，至老學益苦。卒年八十五。著有《潛虛述義》、《家訓》。（宣統《高要縣志》卷一八七）

李錕吾於本年中副榜。

李錕吾，字景赤，號鍔亭。東莞人。乾隆三十三年（一七六八）副榜。張其淦《東莞詩録》卷四二有傳。

李遐齡生。

李遐齡（一八六八～一八二三、一八三二），字芳健、香海，號菊水。香山人。七歲能詩。嘉慶六年（一八○一）中舉人，以三場一二字小疵被棄。後退出仕途，返里設館授徒，桃李滿門。生平肆力於詩。著作甚豐，有《勺園詩鈔》二卷、《五代雜詩》二卷、《十國雜事詩》二卷、《易蠡》十四卷、《詩鵠》十二卷、《讀史偶劄》二卷、《勝國遺制録》二卷、《尤異録》、《十國遺聞録》二卷、《南華碎繡》一卷、《鴻烈一羽類鈔》二卷、《禺陽銷夏隨筆》三卷、《客潭隨録》、《今雨偶述》、《對寐兩話》、《澳門述》、《勺園詞鈔》、《明詩宮閨録》、《通俗偶鈔》、《容安堂文存》、《香山物産志略》、《香山竹枝詞》等。其書法甚具帖味，章法嚴謹，用筆凝練沉著，提按自如，準確適度。（《中山文史》）

張琪生。

張琪（一八六八～一八三八），字昆岡。英德人。乾隆五十七年（一七九二）武舉人。嘉慶九年（一八○四）選任山東濟寧衛千總，在任十九年，得功牌九面。精醫理，兵丁染病，必親爲診治。道光三年（一八二三）升湖北德安衛掌印守備。因積勞成疾，引病歸養。十五年後卒。（《韶州府志》卷三四）

清高宗乾隆三十四年　　己丑　　一七六九年

六月，毀錢謙益所著書。十一月，阿里袞卒於軍。十二月，與緬人訂和約罷兵。（蔡冠洛《清代七百名人傳》附《清代大事年表》）

五月初三日，徐履祥獨力賑饑，活人甚眾。

徐履祥，龍川人。貢生。乾隆三十四年（一七六九）饑荒，於端午節前二日獨力賑饑，活人甚眾。（《龍川縣志》）

本年大饑，楊盛秀賑貧殞死。

楊盛秀，字待齋。茂名人。少失怙，矢志向學。初娶富家女鄒氏，驕縱，母出之，鄒父纏訟，乃漂遊廣西、海南十餘年。後歸家，家道日裕。乾隆三十四年（一七六九）大饑，賑貧殞死。又倡建、自建六馬等六橋。（光緒《茂名縣志》）

本年周煊捐款賑災，飢民賴以存活，知州送匾。

周煊，五華人。孝順父母，嚴督八弟成才。終年七十。（《長樂縣志》三）

麥佑於本年中進士。

麥佑，字啟正，號咸齋。香山人。乾隆三十四年（一七六九）進士，官刑部主事、山西司郎中。見賞於劉墉。著有《咸齋文集》、《漾波樓稿》、《惠遊草》等。陳融《讀嶺南人詩絕句》卷七有傳。

招茂章生。

招茂章（一七六九～一八一九），又名鳳來，字鬱文，又字桐坡，晚號隨之。遇事托諷，一寓於詩。古文愛歐陽修。卒年五十一。著有《橘天園詩鈔》四卷等。冼玉清《冼玉清文集》上編。

曾冠英生。

曾冠英（一七六九～？），字鵬霄。和平人。乾隆六十年（一七九五）登賢書。嘉慶四年（一七九九）協修學宮，六年、七年連科會試薦卷。十三年（一八〇八）進士，欽點翰林院庶吉士。後出宰肥城縣，捐俸立書院。十五年、十八年（一八一〇、一八一三）兩科充山東鄉試同考官。歸田後主講豐湖書院。著有《湖泗齋文稿》，道光九年（一八二九）刊行於世。（《和平縣志》）

趙念生。

趙念（一七六九～一八五八），字法古。歸善人。布衣。善畫，酷肖元黃公望，亦工詩，伊秉綬、陳澧均愛其才。女瓊章，自號合江女史。以畫名。韓榮光有題其畫冊詩。汪兆鏞《嶺南畫徵略》卷十二有傳。

潘正威生。

潘正威（一七六九～一八三八），字獻珍、瓊侯，號梅亭。本福建同安人，嘗從軍臺灣，病歸，遂居粵，入籍番禺。善治農業，家益富。好善樂施。晚年養頤六松園。著有《怡怡堂詩草》。（《潘氏詩略》）

清高宗乾隆三十五年　庚寅　一七七〇年

七月，大學士傅恒卒。（蔡冠洛《清代七百名人傳》附《清代大事年表》）

春，馮敏昌自欽州赴廣州，途中賦《高廉道中作寄晚堂弟》五律四首，語語直道心事，不加修飾，不求功而自工。（陳永正《嶺南歷代詩選》四一一頁）

夏，馮敏昌於廣州從學於翁方綱，接到三弟晚堂噩耗，不得歸，賦《寄書》五律十餘首詩悼之。（陳永正《嶺南歷代詩選》四一二頁）

胡大興於本年中舉人。

胡開壯，名大興。新會人。乾隆三十五年（一七七〇）恩科舉人。羅元焕《粵臺徵雅錄》有傳。

胡海於本年中舉人。

胡海，字耦山，一字秋算，號艮齋、大興。其先浙江山陰人，徙居入粵，補廣州商籍諸生。乾隆三十五年（一七七〇）舉人。著有《南枝》、《隨計》、《庶春》、《鴻爪》、《慈水》等集。凌揚藻《國朝嶺海詩鈔》卷十有傳。

劉祖謨於本年中舉人。

劉祖謨，字鷺汀。海陽人。乾隆三十五年（一七七〇）舉人。著有《儀禮集解》、《公羊傳釋義》、《鷺汀小稿》等集。溫汝能《粵東詩海》卷八四有傳。

馮經於本年中舉人。

馮經，字雁山，一字世則。南海人。乾隆三十五年（一七七〇）舉人，官教諭。受知於督學翁方綱。授徒三十年，講說不倦，尤邃於《易》。卒年七十八。著有《四書學解》、《周易略解》、《詩經書經略解》、《考工記注》、《群經互解》、《算略》。國史館《清史列傳》卷六七有傳。

黃定常於本年中舉人。

黃定常，字振璿，一字品山。新會人。乾隆三十五年（一七七〇）舉人，官嵐縣知縣。著有《竹南詩草》。凌揚藻《國朝嶺海詩鈔》卷十有傳。

馮城於本年中舉人。

馮城，字子維，一字方山。南海人。乾隆三十五年（一七七〇）舉人，官湖南永興知縣，調善化。能詩，與順德張錦芳、胡亦常、黎簡、欽州馮敏昌齊名。著有《左傳批籑》、《三史精華》、《七言摘粹》、《七律翻新》、《五律龍天》、《傳經堂詩文鈔》等。吳道鎔《廣東文徵作者考》卷八有傳。

吳槐炳於本年中舉人。

吳槐炳，字耀垣，一字植亭，晚號石琴道人。鶴山人。乾隆三十五年（一七七〇）舉人，官寧洋知縣，忤上官意，歸補英德訓導，尋補新會教諭。著有《留香齋詩談》、《岡州近稿》、《花峰樵唱》、《張曲江集訂訛》、《夢說》、《晚香堂詩稿》等。凌揚藻《國朝嶺海詩鈔》卷十有傳。

梁實珍於本年中舉人。

梁實珍，字穀亭。舊隸程鄉，移居河源。乾隆三十五年（一七七〇）舉人。素善吟詠，著有《稻香樓遺詩》。張煜南、張鴻南《梅水詩傳》卷九有傳。

王時宇於本年中舉人。

王時宇，字慎齋。瓊山（今屬海南）人。乾隆三十五年（一七七〇）舉人。補宋蘇軾《海外集》成四卷。吳道鎔《廣東文徵作者考》卷八有傳。

黃虞於本年中舉人。

黃虞，字翀漢，號孚初。南海人。乾隆三十五年（一七七〇）舉人，官直隸寧津知縣。告歸，愛西樵白雲洞之勝，初與黎萃堂建龍揿閣，復於漱芳園結吟社，優遊林下三十年。年九十三卒。余祖明《廣東歷代詩鈔》卷二有傳。

陳昌齊於本年中舉人。

陳昌齊（一七四二～一八二〇），字賓臣，一字觀樓。海康人。乾隆三十五年（一七七〇）舉人，明年進士。入翰林，充"三通"、"四庫"館纂修官。三十九年典試湖北，四十年（一七七五）分校禮闈。五十五年（一七九〇）轉河南道御史，補兵科給事中。嘉慶九年（一八〇四），上幸翰林院，蒙賜甚多。是年海寇蔡牽①擾閩浙，抵任溫州，修戰艦，簡軍伍，細繪諸洋圖。歸里主雷陽、粵秀講席。卒年七十八。輯有《經典釋文附錄》、《歷代音韻流變考》、《楚辭音辨》及《大戴記》、《二十子正誤》等。又長於天文演算法，著《天學脞説》、《測天約術》。詩文則有《賜書堂集》。嘗修《雷州府志》、《海康縣志》，《通志》亦秉

---

① 蔡牽（一七六一～一八〇九），福建同安人。幼喪父母。乾隆五十九年（一七九四）因饑荒而下海爲盜，封鎖航道，收"出洋稅"。嘉慶七年（一八〇二），牽船隊攻廈門海口之大、小擔山，浙江水師提督李長庚赴閩往攻。次年初，牽於浙江普陀海面遭長庚襲擊，敗退，遂詐降，又用厚金賄賂閩商更造巨艇。九年夏，移屯臺灣海面，集大船八十艘，突入福建海面，擊殺溫州總兵胡振聲。長庚率閩浙水師往攻，於浙江海面敗牽。十年冬，牽欲取臺灣建據點，聚戰船百餘艘，先攻佔臺灣淡水、鳳山（今高雄）等地，被推爲鎮海王，包圍臺灣府城。長庚率水師三千渡海入台鎮壓。次年初，長庚分路圍堵鹿耳門及其附近港口，牽趁海潮驟漲奪航路突圍至閩、浙海面。十二年底，牽在廣東黑水外洋迎戰李長庚及福建水師提督張見升受挫，清軍乘勝追擊，並以火攻船掛住牽座船後艄，牽於船尾發炮擊殺長庚，見升怯退出戰鬥。牽移師遠海休整。十四年八月，牽與清閩浙水師連續交戰於浙江外洋，遭清軍圍擊，發炮自裂座船，與妻小及部衆二百五十餘人沉海。

筆。冼玉清《冼玉清文集》下編有傳。

曾日景於本年中舉人。

曾日景，譜名毓景。萬宵人。乾隆三十五年（一七七〇）庚寅科舉人，任河北保定知縣。逝時，帝派員運靈柩回故鄉，並賜兩挽聯銘刻於石雕旗杆。

饒慶捷於本年中舉人。

饒慶捷，字曼唐，一字桐陰。大埔人。乾隆三十五年（一七七〇）舉人，四十年進士，授翰林院檢討，後任中書舍人。年六十致仕。此後歷掌端溪、粵秀書院講席。工詩，翁方綱甚稱許。著有《桐陰詩集》。溫汝能《粵東詩海》卷八六有傳。

鄧謙芳於本年中舉人。

鄧謙芳，永安（今紫金）人。乾隆三十五年（一七七〇）恩科舉人。官浙江武義西城兵馬司正指揮，後授南海教諭。（《永安三志》）

鄺世熊於本年中舉人。

鄺世熊，號魚溪。河源人。乾隆三十五年（一七七〇）舉人，五十二年（一七八七）截選知縣，告終養，在鄉主講槎江書院。後任揭陽教諭。著有《五經增補類編》等。

何學青於本年中舉人。

何學青（？～一八〇八），字道數。番禺人。乾隆三十五年（一七七〇）恩科舉人，以知縣揀發湖北，歷署安陸、長陽、房縣，補東湖知縣，擢武昌通判。（同治《番禺鄉志》卷四五）

鄭倩於本年中舉人。

鄭倩，字南樓。海陽（今潮安）人。乾隆三十五年（一七七〇）舉人，力學苦吟，平生著有甚富。族侄鄭昌時曾得其遺稿，然未刊行。（《韓江聞見錄》卷七、《潮洲志·藝文志》）

黃位清於本年中舉人。

黃位清，字半城。博羅人。乾隆三十五年（一七七〇）舉人。（民國《博羅縣志》卷七）

蔡文正於本年中舉人。

蔡文正（？～一七九四），字和亭。澄海人。受知於翁方綱。乾隆三十五年（一七七〇）舉人，五十二年（一七八七）補新興教諭，卒於官。（嘉慶《澄海縣志》卷十九）

甘天寵於本年成貢生。

甘天寵，字正盤，號儕鶴。新會人。乾隆三十五年（一七七〇）貢生，縣令聘爲景賢書院主講。善書畫，瘦秀孤高，如其爲人。汪兆鏞《嶺南畫徵略》卷三有傳。

尹芝斑於本年成貢生。

尹芝斑，字揩颺。東莞人。乾隆三十五年（一七七〇）恩貢生，仁化教諭。張其淦《東莞詩録》卷四二有傳。

陳宗黎於本年成貢生。

陳宗黎，龍川人。乾隆三十五年（一七七〇）鄉貢，陽山教諭。（《龍川縣志》）

謝名鵬於本年成副貢生。

謝名鵬，字今培。番禺人。乾隆三十五年（一七七〇）副貢。待人以和平，生平無疾言遽色，而鄉里不肖者憚之。教人崇實黜浮，論文不尚浮靡，人有善，極力勸獎。選授永安教諭，兼元峰書院教席。其俗多溺女，諄諄善誘，其風漸息。居永安三年，以病歸。嘉慶十八年（一八一三）復應舉，得欽賜舉人。著有《周禮節録》、《儀禮節録》、《鐵水吟（官）稿》。（同治《番禺縣志》卷四五）

李黼平生。

李黼平（一七七〇、一七七一、一七六九～一八三二），字貞甫、繡子，號貞子、著花居士。嘉應州人。黻平兄。嘉慶十年（一八〇五）① 進士，改翰林院庶吉士，散館授江蘇昭文知縣。好讀書，手不釋卷，民間呼爲“李十五書生”。工詩，精樂律音韻

---

① 一作嘉慶十二年。

之學。以虧挪落職，系獄數年乃得歸。會粵督阮元開學海堂，聘閱課藝。所著《毛詩紺義》二十四卷，元爲刻入《皇清經解》。後主東莞寶安書院。道光十二年卒於寶安書院，年六十三。與宋湘、黃遵憲被稱爲客人三先生。著有《易刊誤》二卷、《文選異義》二卷、《讀杜韓筆記》二卷、《著花庵集》八卷、《吳門集》八卷、《南歸集》四卷、《續集》四卷，後人編《李繡子集》二十卷。國史館《清史列傳》卷六九有傳。

吳家駿生。

吳家駿（一七七〇~一八三〇），字敬齋，號松岑。吳川人。十三中秀才，嘉慶十五年（一八一〇）方中舉人。受業於程國仁，無意中得罪宰相穆彰阿，考任直隸州州同，旋辭歸，以授徒終。（《吳川縣志》）

清高宗乾隆三十六年　辛卯　一七七一年

二月，帝奉皇太后東巡。四月，大學士尹繼善卒。（蔡冠洛《清代七百名人傳》附《清代大事年表》）

胡亦常於本年中舉人。

胡亦常（一七四三~一七七三），字同謙，一字豸甫。順德人。少時已有詩名。與馮敏昌、張錦芳合稱嶺南三子。乾隆三十六年（一七七一）舉人。入都，交錢大昕。下第南歸，與戴震同舟。以多噉瓜果得胃寒疾，抵家病卒。著有《賜書樓詩集》。國史館《清史列傳》卷七二有傳。

關上謀於本年中舉人。

關上謀，字南棠，一字榕莊。南海人。乾隆三十六年（一七七一）舉人，官稷山知縣，轉寧波府同知。著有《雙榕堂詩草》。凌揚藻《國朝嶺海詩鈔》卷一〇有傳。

簡榮於本年中舉人。

簡榮，番禺人。乾隆三十六年（一七七一）舉人。四十六年大挑一等，歷署安徽霍山、南陵知縣，轉池州府同知、潁州通

判，補建德知縣，年逾七十引退。吳道鎔《廣東文徵作者考》卷
八有傳。

　　譚超於本年中舉人。

　　譚超，字輔西。東莞人。乾隆三十六年（一七七一）舉人，
任臨高、瓊山教諭。張其淦《東莞詩錄》卷四二有傳。

　　游際泰於本年中舉人。

　　游際泰，字階符。南海桂城雷崗人。乾隆三十六年（一七七
一）領鄉薦，四十六年調發四川，分纂四川省志。四次任同考
官。五十八年（一七九三）委管西藏巴塘糧務，撫民以誠。因喪
父去職，川民泣送者萬計。曾以當地俚語編成歌謠，廣爲傳播，
勸誡川南童養媳弊俗，使得以革除。著有《太平邊備》和《雲棧
詩鈔》。（《南海縣志》）

　　鄧謙利於本年中舉人。

　　鄧謙利，永安（今紫金）人。乾隆三十六年（一七七一）舉
人，官湖南永順知縣。（《永安三志》）

　　李位嶽於本年中舉人。

　　李位嶽，字鎮寧。茂名人。乾隆三十六年（一七七一）舉
人。十二歲即以五經應試，潛心力學。未仕卒。（光緒《茂名縣
志》）

　　莫子捷於本年中舉人。

　　莫子捷，號遠崖。高明人。乾隆三十六年（一七七一）舉
人，歷任湖北麻城、蘄水、黃州通判，沔陽州同、應山知縣。勵
操守，有政聲，清廉寒素。參與編修道光縣志。（《高明縣志·列
傳》）

　　曾上才於本年中舉人。

　　曾上才，字敬齋，號蘊如。博羅人。乾隆三十六年（一七六
一）舉於鄉，以大挑選知縣，自以非吏才，改授嘉應州學正，任
滿辭歸，主講登峰書院，教人以立志爲始，以多讀書，身體力行
爲要。（民國《博羅縣志》卷七）

廖應亨於本年成貢生。

廖應亨，永安（今紫金）人。乾隆三十六年（一七六一）恩貢，曾任從化教諭。（《永安三志》）

鄭淦於本年中副榜。

鄭淦，字瀚川。東莞人。乾隆三十六年（一七七一）副榜。曾精心修復明倫堂，疏通河道。五十二年（一七八七）倡賑捐資，救活不少饑民。（宣統《東莞縣志》卷六九）

丁宗洛生。

丁宗洛（一七七一～一八四一），字正叔，號瑤泉。雷州府海康縣（今雷州市調風鎮調銘村）人。嘉慶十三年（一八〇八）舉人，二十四年（一八一九），歷署昌邑、樂陵、曲阜等縣事。選授山東濟寧州同知，任職二十二載，卒於任，葬濟寧。一生儉樸如布衣，清介不苟，盡心民事。致力於《逸周書》研究，歷十餘年，四易其稿，詮解至二十萬餘言。著有《逸周書管箋》十六卷、《大戴禮管箋》十三卷、《陳清端公年譜》二卷、《增訂雷州府志》、《不負齋文集》、《一桂軒詩鈔》、《夢陸居詩稿》、《夢陸居詩話》、《夢陸居拙詞》、《顧甀集》、《驛春集》等。高祖鴻猷為附生，曾祖兆啟為舉人，父居誠為增貢生，至宗洛，又為舉人。其村人口不足三百，竟中七位舉人。

淩漢英生。

淩漢英（一七七一～一八四八），字植紀。和平人。例監生。為貝墩約正，四堡肅然。（《和平縣志》）

蔡寵生。

蔡寵（一七七一～一八四三），字懼三，號蘭臞。海康人。五歲喪父，隨伯父長大，自幼聰穎好學、卓越超群，得陳昌齊賞識，妻以次女佩瑤。嘉慶十三年（一八〇八）中順天榜舉人。道光二年（一八二二）中進士。翌年任即墨縣令，後告病離職，返家鄉主持雷陽書院多年。生性耿直、學問淵博，詩詞曲賦有很深造詣。尤對孫虔禮《書譜》、虞永興書法有精深研究。著有《譜

荔齋詩文存》。（《海康文史》一九九〇年第二期）

劉殿相生。

劉殿相（一七七一～一八〇九），字賜舉。番禺人。嘉慶六年（一八〇一），由行伍入香山左營效力。征海盜有功，補本營千總加守備銜。十四年於潮州海面迎戰蔡牽，無援被困，陣亡。（同治《番禺縣志》卷四七）

清高宗乾隆三十七年　壬辰　一七七二年

二月，以阿桂、豐伸額爲四川軍營參贊大臣。五月，四川總督桂林攻小金川敗績，詔譙其職，以阿桂代之。（蔡冠洛《清代七百名人傳》附《清代大事年表》）

本年徐履中揀發江南河工委用縣丞。

徐履中，龍川人。貢生。敕授修職郎。乾隆三十七年（一七七二）揀發江南河工委用縣丞，任淮安府桃源縣南北兩岸縣丞。妻羅氏，乾隆三十四年（一七六九）歲荒，助夫義賑；六十年（一七九五）再饑，復命其子國學生映堂、映垣，庠生映墀繼志倡賑。（《龍川縣志》）

蘇青鰲於本年中進士。

蘇青鰲，字崧友，一字耘村。南海人。乾隆三十七年（一七七二）進士，官翰林院編修。著有《叢桂山房詩稿》、《太史研窮制義》、《歷下周書》。凌揚藻《國朝嶺海詩鈔》卷十一有傳。

潘有爲於本年中進士。

潘有爲（一七四四～一八二一），字卓臣，號應麟，又號毅堂。粵首富振承次子。番禺河南龍溪人。乾隆三十七年（一七七二）進士，官內閣中書。著有《南雪巢詩》。（陳景鍇《海珠古詩錄》一八二頁）

黃永祺於本年中進士。

黃永祺，番禺人。乾隆三十七年（一七七二）進士，授主事。（同治《番禺縣志》卷四三）

何資生於本年成貢生。

何資生，字上端。東莞人。乾隆三十七年（一七七二）貢生。博學能文，授徒講學，育才甚眾。（宣統《東莞縣志》卷六九）

陳宗光於本年成貢生。

陳宗光，字觀占。新安人。家貧力學，弱冠補弟子員。乾隆三十七年（一七七二）貢生，三十九年舉人。邑令屢聘主文岡書院講席。禮部催選，以年邁未赴，改授惠州歸善教諭，未任而卒。（《新安縣志》）

葉倚蟾生。

葉倚蟾（一七七二～一七九七），字芳宇。曲江人，祖籍上杭。工楷書。年十八，選乾隆五十四年（一七八九）拔貢，朝考一等，以七品京官用，籤分戶部，任滿升主事。年二十六卒於京。（《韶州府志》卷三二）

葉夢麟生。

葉夢麟（一七七二～一八二三），字孔書，號文園。南海人。冼玉清《冼玉清文集》上編有傳。

曾碩鵬生。

曾碩鵬（一七七二～一八三〇），號瓶城。和平人。乾隆五十九年（一七九四）中副榜，驗選南海教諭，樂育為懷，在家栽培後學。嘉慶四年（一七九九）協修學宮，二十三年（一八一九）協修縣志。（《和平縣志》）

鄭家蘭生。

鄭家蘭（一七七二～？），豐順人。家貧，由叔父資助入學。乾隆五十三年（一七八八）戊申科舉人。嘉慶十三年（一八〇八）中進士，授翰林院庶吉士。任福建邵武縣令時，體察民情，秉公斷案，拒絕賄賂，深得民心。充任福建鄉試同考官時，見秀才曾元海才思過人，力薦之。後會試，元海果中進士，入翰林院。革職歸鄉後，於潮州韓山書院講學。擅長書法，楷、行兼

美。今豐順縣博物館珍藏其書《詠梅》匾。著有《正初文集》四卷。（民國《豐順縣志》）

清高宗乾隆三十八年　癸巳　一七七三年

二月，開《四庫全書》館，以紀昀爲總纂官。六月，木果木兵變，大學士溫福死之。八月，詔授阿桂爲定西將軍，豐伸額、明亮副之。十月，小金川平。十一月，大學士劉統勳卒。（蔡冠洛《清代七百名人傳》附《清代大事年表》）

吳河光生。

吳河光（一七七三～一八三九），字星海，一字昆源。吳川人。九歲能屬對，二十五歲中舉人，歷官江川、河源知縣，新興、陸良知州，歿於陸良任上。著有《客遊集》、《北征集》。（《吳川縣志》）

吳榮光生。

吳榮光（一七七三～一八四三），原名燎光，字殿垣，一字伯榮，號荷屋，又號石雲山人。南海人。嘉慶三年（一七七三）舉人，明年進士。散館授編修，入直軍機，官至湖南巡撫，署湖廣總督。生平於法書名畫，吉金樂石，視同性命，收藏幾埒明項子京，著有《筠清館金石錄》。兼工書法及山水，所藏書畫，著錄於《辛丑消夏記》。著有《吾學錄》、《歷代名人年譜》、《石雲山人文稿》、《綠伽楠館詩稿》等多種。冼玉清《冼玉清文集》上編有傳。女尚熹，字祿卿，一字小荷。幼隨父宦遊，長適同邑葉夢龍子應祺。善設色花卉，家多儲古畫，仿宋人粉本，皆用古法。工詩詞，亦善書。著有《寫韻樓詞》。自寫小影，題詞有云："此身原不讓男兒，天生錯。"自負不凡，有"隨父從夫宦遊十萬里"小印。汪兆鏞《嶺南畫徵略》卷十二有傳。

張嶽崧生。

張嶽崧（一七七三～一八四二），字子駿，一字翰山。定安人。嘉慶十四年（一八〇九）進士。翰林院編修、湖北布政使護理巡撫。著有《筠心堂集》。伍崇曜《楚庭耆舊遺詩》卷續十有傳。

陳大經生。

陳大經（一七七三～一八四三），字朏若，號餘古。英德人。道光八年（一八二八）歲貢。發憤勵學，審問精思，尤精《大學》、《中庸》。二十三年（一七五八）開局修邑志，推爲分纂。旋以疾不起，卒年七十一。（《韶州府志》卷三四）

黃清渭生。

黃清渭（一七七三～一八四七），字磻溪。和平人。年四十進庠，協修文廟。嘉慶二十四年（一八一九）續修縣志。（《和平縣志》）

劉榮玠生。

劉榮玠（一七七三～一八三六），字介佩，又字錫亭，號南屏。陽春人。嘉慶十二年（一八〇七）舉人，十六年進士，授浙江孝豐知縣，調樂清，歷任乍浦、玉環同知，嘉興、嚴州、虔州知府，居官二十餘載，聲播全浙。著有《從約堂文稿》、《重訂左傳紀事本末》。（《陽春縣志》卷十）

清高宗乾隆三十九年　甲午　一七七四年

錢大昕以少詹事任廣東學政。（阮元《廣東通志》卷四三）

本年呂堅客遊潮州，賦《鮀江官廨書樓漫成》五律四首，抒寫下層知識分子失意之感慨，於悲涼情調中仍有詩人特有之鬱勃之氣。（陳永正《嶺南歷代詩選》三七八頁）

本年崔錕士與修《番禺縣志》。

崔錕士，番禺人。恩貢生。乾隆三十九年（一七七四）與修《番禺縣志》。（同治《番禺縣志》卷四四）

李壇於本年中舉人。

李壇，字杏墅。嘉應（今梅州）人。乾隆三十九年（一七七四）舉人，官徐聞教諭。著有《退學軒詩文稿》。胡曦《梅水匯靈集》卷三有傳。

葉應堯於本年中舉人。

葉應堯，字唐階。嘉應（今梅州）人。乾隆三十九年（一七七四）舉人，署浙江湖州、台州通判事。著有《松雲文稿集》。張煜南、張鴻南《梅水詩傳》卷九有傳。

盧文瀾於本年中舉人。

盧文瀾，字學渭。東莞人。乾隆三十九年（一七七四）舉人，官鶴山訓導。張其淦《東莞詩錄》卷四二有傳。

蔡應霖於本年中舉人。

蔡應霖，字灌茂。東莞人。乾隆三十九年（一七七四）舉人，官浙江雲和知縣。張其淦《東莞詩錄》卷四二有傳。

李健於本年中舉人。

李健，字體乾。東莞人。乾隆三十九年（一七七四）舉人。著有《東莞百詠》。張其淦《東莞詩錄》卷四二有傳。

張系於本年中舉人。

張系（一七二八～一七九二），字能我，號竹居。東莞亨美人。乾隆三十九年（一七七四）舉人。家貧授徒自給，暇日寄情山水間。張其淦《東莞詩錄》卷四二有傳。

陳文耀於本年中舉人。

陳文耀，字炳華，號錦堂。南海人。乾隆三十九年（一七七四）舉人。選開平教諭，卒於官。嘗講學三湖書院，結漱芳吟社。著有《錦堂詩鈔》。余祖明《廣東歷代詩鈔》卷二有傳。

譚大經於本年中舉人。

譚大經，字祝敘，一字紅山。新會人。乾隆三十九年（一七七四）舉人，明年進士。歷官江蘇如皋、武進、陽湖、奉賢知縣，升浙江嘉興府通判。著有《紅山集》。言良鈺《續岡州遺稿》

卷四有傳。

萬國才於本年中舉人。

萬國才，字恕軒，一作學兼。英德人。乾隆三十九年（一七七四）舉人。博學能文，先後主近聖書院、甘棠書院，從遊甚眾。（《韶州府志》卷七、三四，《英德縣志》卷九）

盧男侶於本年中舉人。

盧男侶，字肖許。四會人。乾隆三十九年（一七七四）舉人。著有《四書精言》。（道光《肇慶府志》）

朱勳於本年中舉人。

朱勳，字翊亭。博羅人。乾隆三十九年（一七七四）舉人，授河南延津知縣，數月，空手回鄉。（民國《博羅縣志》卷七）

曾煜於本年中舉人。

曾煜，字挹川。新安（今深圳）人。乾隆三十九年（一七七四）舉人。五十二年（一七八七）以教諭借補韶州府曲江縣訓導，設帳韶陽書院，歷任十三年，科名鵲起。卒於官。（《新安縣志》）

郭雄圖於本年中舉人。

郭雄圖，字丕遠。番禺人。乾隆三十九年（一七七四）舉人，羅定州教諭。（《廣州府志》卷一三〇）

庾慶堂於本年中舉人。

庾慶堂，字繼湘。東莞人。廷福子。家貧，以教書爲生，乾隆三十九年（一七七四）中舉，未幾卒。（宣統《東莞縣志》卷六八）

何森於本年成貢生。

何森，字南喬。香山（今中山）人。乾隆三十九年（一七七四）貢生。精岐黃學。何天衢《欖溪何氏詩徵》卷三有傳。

葉廷香於本年成貢生。

葉廷香，龍川人。乾隆三十九年（一七七四）貢生，任高要

縣訓導。（《龍川縣志》）

　　鍾景繇於本年成貢生。

　　鍾景繇，永安（今紫金）人。乾隆三十九年（一七七四）歲貢，曾任連山訓導。（《永安三志》）

　　黃淮於本年成貢生。

　　黃淮，字泓秋。高要人。乾隆三十九年（一七七四）歲貢生。著有《春秋傳解》。（宣統《高要縣志》卷十八）

清高宗乾隆四十年　乙未　一七七五年

　　八月，定西將軍阿桂攻大金川破之，索諾木遯。（蔡冠洛《清代七百名人傳》附《清代大事年表》）

　　閏十月十八日，乾隆帝下上諭禁毀釋澹歸著作。

　　十九日，又下諭旨言“即其餘墨跡墨刻，亦不應存。”（《清代文字獄檔》第三輯）

　　伍士超於本年中進士。

　　伍士超，新興人。乾隆四十年（一七七五）進士，補來安知縣。（《〈新興縣志〉初稿》）

　　黃廷相於本年補諸生。

　　黃廷相，字懋英。樂昌人。乾隆四十年（一七七五）入郡庠。（《樂昌縣志》卷十六）

　　王欽生。

　　王欽（約一七七五～一八五〇），字捷亭。海陽人。航海經商致富。嘉慶間於新加坡建粵海廟，創義安宗鄉社團。晚年回鄉定居。（《庵埠鎮志·華僑人物介紹》）

　　葉夢龍生。

　　葉夢龍（一七七五～一八三二），字仲山，號雲谷。南海人。官戶部郎中。習有父收藏書畫風，居京結交多一時勝流。歸里，築倚山樓於白雲山麓。翁方綱、伊秉綬南來，皆與訂交。工詩文，善畫蘭竹。著有《風滿樓書畫錄》、《貞隱樓法帖》十卷、

《右石齋集古帖》四卷。冼玉清《冼玉清文集》上編有傳。

鍾逢慶生。

鍾逢慶（一七七五～?），字光聖，號景雲。番禺蘿崗（今屬廣州）人。年二十入縣學爲生員，肄業越華、粵秀兩書院。道光十二年（一八三二）舉人，就職翰林院典簿，創辦東平學社，加內閣中書銜。著有《蘿峰文稿》、《習靜山房詩鈔》。（陳其錕《鍾氏家傳》、陳澧《蘿峰書院記》）

清高宗乾隆四十一年　丙申　一七七六年

二月，金川噶爾崖破，諾索木隨莎羅奔出降，金川平。（蔡冠洛《清代七百名人傳》附《清代大事年表》）

本年黎簡暫寓廣州，雨夜聽到吳客幽怨之歌，賦《聽吳客作吳歌》七絶二首。（陳永正《嶺南歷代詩選》三九九頁）

彭輅於本年成貢生。

彭輅（一七四〇～一八〇六），字敬典，號東郊。高要人。乾隆四十一年（一七七六）貢生，官英德教諭。年五十六卒。著有《就刪草》、《詩義堂集》二卷。張維屏《國朝詩人徵略二編》卷四〇有傳。

李玉茗生。

李玉茗（一七七六～一八五一），字柏喦。吳川人。文泰父。嘉慶舉人，官龍門訓導、花縣教諭。與李偉光、吳懋基等倡建川西書院，設鄉會試士子津貼。（《吳川縣志》）

徐星溪生。

徐星溪（一七七六～一八三四），鎮平（蕉嶺）人。武藝超群，以“獅子滾球”一藝，中乾隆六十年（一七九五）武進士，授殿前藍翎侍衛。後選授閩浙督標右營守備、臺灣北路左營都司、閩浙陸路總兵等職。喜愛書法，尤擅寫“壽”字。著有《字林便覽》。（《蕉嶺文史》第二輯）

鄧淳生。

鄧淳（一七七六、一七七八～一八五〇、一八五一），字粹如，號樸庵。東莞茶山人。大林子。嘉慶二年（一七九七）庠生。二十三年（一八一一），兩廣總督阮元纂修《廣東通志》，命其採訪東莞事，撰《東莞縣草志》五十卷上呈，後入志局任分校之職，負責增刪明以前列傳。道光元年（一八二一），辟舉孝廉方正。十三年（一八三三），粵督盧坤聘其主持龍溪書院於東莞石龍。林則徐督粵後，曾條陳禁煙平英諸策。著述豐富，編有《嶺南叢述》六十卷、《寶安詩正》六十卷、《粵東名儒言行錄》二十四卷、《主一齋隨筆》十二卷、《家范輯要》三十卷、《鄧氏獻徵錄》八卷、《樸庵存稿》十卷、《家譜》二十卷、《乾惕錄》二卷，其中《嶺南叢述》爲道光年間廣東之百科全書；《寶安詩正》搜集東莞歷代詩人吟詠。國史館《清史列傳》卷六七有傳。

黃喬松生。

黃喬松（一七七六～？），字鑒仙，一字蒼垕。番禺人。以貢生候選雲南鹽課司提舉。嘗與張維屏、林伯桐、譚敬昭、黃培芳等築雲泉山館於白雲山，號七子詩壇。嘉慶十四年（一八〇九）海寇起，撰《平海策》，當道延之襄事。著有《鯨碧樓嶽雲堂詩鈔》。（《嶺南群雅集》）

清高宗乾隆四十二年　丁酉　一七七七年

正月，皇太后崩。五月，以阿桂爲武英殿大學士兼吏部尚書。（蔡冠洛《清代七百名人傳》附《清代大事年表》）**李調元以員外郎任廣東學政**。（阮元《廣東通志》卷四三）

春分寒食日，黎簡賦《村飲》七律詩。（陳永正《嶺南歷代詩選》四〇〇頁）

本年顏檢授禮部七品京官。

顏檢（一七五五、一七五六～一八三二），字惺甫，一字耘圃。連平人。拔貢生。乾隆四十二年（一七七七）授禮部七品京官，洊升郎中。五十八年出爲江西吉安知府，擢雲南鹽法道。嘉慶二年（一七九七）剿威遠保匪，擒匪首，擢江西按察使，歷河南、直隸布政使。五年，護直隸總督。七年，官至直隸總督。十年，降爲浙江巡撫。二十年（一八一五），坐事奪職，發往烏魯木齊。道光二年（一八二二），復擢直隸總督。三年授户部侍郎，復出爲漕運總督，十二年卒。著有《衍慶堂詩稿》十一卷。趙爾巽《清史稿》卷三五八有傳。

　　楊時行於本年中舉人。

　　楊時行，字艮冠，一字位堂。嘉應人。乾隆四十二年（一七七七）舉人，官花縣教諭。温汝能《粤東詩海》卷八六有傳。

　　黄臣鳴於本年中舉人。

　　黄臣鳴，字廷詔。順德人。乾隆四十二年（一七七七）舉人，初以貢授南雄訓導，督學李調元稱其“不愧經師、人師”云。卒年四十五。著有《盈缶堂稿》。阮元《廣東通志》卷二八七有傳。

　　何昶於本年中舉人。

　　何昶，字鴻文，一字鳳麓，號倦翁。香山人。乾隆四十二年（一七七七）舉人，官鉛山知縣。著有《東樵删餘集》。凌揚藻《國朝嶺海詩鈔》卷十一有傳。

　　温瑞桃於本年中舉人。

　　温瑞桃，字灼波。德慶人。乾隆四十二年（一七七七）舉人，初任海陽教諭，遷夏津知縣。著有《石畊偶存詩文集》。凌揚藻《國朝嶺海詩鈔》卷十一有傳。

　　馮斯衡於本年中舉人。

　　馮斯衡，字崇基，一字宗山。南海人。乾隆四十二年（一七七七）舉人，初任貴溪知縣，遷南安府同知。凌揚藻《國朝嶺海詩鈔》卷十一有傳。

　　梁雕龍於本年中舉人。

　　梁雕龍，字匠門。新會人。乾隆四十二年（一七七七）舉人，明年進士。少孤，事母以孝聞，惜不永年。言良鈺《續岡州遺稿》卷五有傳。

蕭燧於本年中舉人。

蕭燧，字佩五，一字檀林。新會人。乾隆四十二年（一七七七）貢生、舉人，歷官東安、普寧、海豐、高要縣教諭，選直隸唐縣知縣。早年受知於翁方綱。著有《師儉齋集》。言良鈺《續岡州遺稿》卷五有傳。

袁法祖於本年中舉人。

袁法祖，字瞻前，號睫巢。東莞人。乾隆四十二年（一七七七）舉人。曾隨順德黎簡學詩，與番禺呂堅爲詩友。（宣統《東莞縣志》卷六九、《茶山鄉志》卷四）

陳文鴻於本年中舉人。

陳文鴻，字學傳，號賓亭。東莞人。乾隆四十二年（一七七七）舉人，官四川萬縣知縣。張其淦《東莞詩録》卷四二有傳。

淩壤於本年中舉人。

淩壤（？～一七八〇），字容之。番禺人。乾隆四十二年（一七七七）舉人，任山西静樂縣知縣，任職四年，卒於官。（同治《番禺縣志》卷四五）

謝聖鞝於本年中舉人。

謝聖鞝，字德沛，一字虹亭。番禺人。乾隆四十二年（一七七七）舉人，六十年（一七九五）大挑一等，以知縣分發河南署商邱，補宜陽，以廉幹慈惠稱。以母老乞歸。著有《春暉堂稿》、《宜陽補志》、《宦歸紀程》、《説杜擇粹》、《梅影軒雜誌》。（《番禺縣續志》卷三一、《粤東詩海》補遺卷六）

葉濂於本年成貢生。

葉濂，字霽林。嘉應人。乾隆四十二年（一七七七）拔貢生，官階州州判。温汝能《粤東詩海》卷八六有傳。

鄧曰治於本年成貢生。

鄧曰治，號勤齋。英德人。乾隆四十二年（一七七七）拔貢生，署浙江遂昌、永嘉，補雲和知縣，調嘉興知縣。子德齊，能

傳其學，中順天舉人，任吳川訓導。（《韶州府志》卷七）

鄧起峰於本年成貢生。

鄧起峰，字文陵。電白人。乾隆四十二年（一七七七）拔貢生，充四庫謄録官，期滿，任襄陽府通判、黃州府同知。（道光《電白縣志》）

朱澧於本年成貢生。

朱澧，字連渭，號達河。清遠人。乾隆四十二年（一七七七）拔貢生，廷試一等，充武英殿校録，選授連山教諭，再補長樂教諭，歷署電白、鎮平、樂昌學官。精金石，在京與馮敏昌、張錦芳、陳昌齊品評石刻，真偽立辨。著有《類函事鈔》等。（《肇慶府志》）

黃之源於本年成貢生。

黃之源，龍川人。乾隆四十二年（一七七七）貢生，任潮州府訓導。（《龍川縣志》）

曾際平於本年成貢生。

曾際平，字揆清。和平人。幼年勤學好問，由廩生充乾隆四十二年（一七七七）拔貢，考取四庫全書館校録，分發雲南州同，歷署同知、通判、州同、知縣，琅井提舉，借補布政司經歷，升昭通府魯田通判。所任皆半雜漢苗之地，從不以刑威迫，有政績。滇人爲之設長生禄位於香閣。著有《滇遊吟草》。（《和平縣志》）

何榮森生。

何榮森（一七七七～？），字燕卿。順德人。諸生。極慕黎簡，所作書畫詩格亦追摹之。每畫出，幾可亂真。偶爲小景，喜作雲林秋山。（《順德縣志》）

駱紹賓生。

駱紹賓（一七七七～一八一一），號五峰。和平人。少年博覽群籍，文章氣勢磅礴，得力於古文大家。由廩生中式嘉慶十三年（一八〇八）舉人，留京三年揀選，十六年（一八一一）七月

回鄉，同年病卒。（《和平縣志》）

清高宗乾隆四十三年　戊戌　一七七八年

七月，帝東巡，至奉天盛京（今沈陽），殺錦縣生員金從善。九月，還京師。（蔡冠洛《清代七百名人傳》附《清代大事年表》）

本年大饑，梁執中與族叔諸生請縣貸廩賑濟。

梁執中，字德高。茂名人。少喪父，事母孝。年九十四卒。（光緒《茂名縣志》）

本年胡芳洲官靈山縣教諭。

胡芳洲，順德人。副貢生。乾隆四十三年（一七七八）官靈山縣教諭。朱次琦、朱宗琦《朱氏傳芳集》卷外有傳。

馮敏昌於本年中進士。

馮敏昌（一七四七～一八○七），字伯求，號魚山。欽州（今屬廣西）人。年十二補諸生。以拔貢選入國學，乾隆四十三年（一七七八）進士。改翰林院庶吉士，散館授編修。四十九年充會試同考官。大考改官主事，補刑部河南司主事。性至孝，丁內艱六年，不復出。篤於親友，張錦芳卒，懸其畫松爲位，哭至咳血。生平遍遊五嶽，足跡半天下。前後主講端溪、越華、粵秀書院，學者稱魚山先生。著有《盂縣志》、《華山小志》、《河陽金石錄》、《小羅浮草堂詩鈔（集）》四十卷、《文鈔》、《師友淵源集》。國史館《清史列傳》卷七二有傳。

林伯桐生。

林伯桐（一七七八、一七七五～一八四七、一八四五），字桐君，號月亭。番禺人。嘉慶六年（一八○一）舉人。道光六年（一八二六）試禮部歸，父已卒，遂不復公車而奉母，教授生徒百餘人。粵督阮元、鄧廷楨皆敬禮之，元延爲舉海堂學長，廷楨聘課其二子。二十四年（一八四四），選授德慶州學正。閱三年，卒於官。工詩文，好爲考據之學。著有《修本堂稿》四卷、《修本堂詩文集》二十四卷、《粵風》四卷、《兩粵水經注》四卷、《古諺箋》十一卷、《供冀小言》二卷、《史舉蠡測》三十卷、《毛詩通考》三十卷、《左傳風俗》二十卷等十六種。（《中國近現代人物名號大辭典》七五二頁）

黄培芳生。

黄培芳（一七七八、一七七九～一八六〇、一八五九），字子實，號（字）香石，號粵嶽山人，室名粵嶽草堂、嶺海樓。香山人。嘉慶九年（一八〇四）副貢生，官內閣中書。少好學能詩，爲馮敏昌所重。六登羅浮，於絕頂築粵嶽祠以觀日出，自號粵嶽山人，又作《浮山小志》。屢試不中，歸鄉就教官，曾爲乳源、陵水教諭，授用世之學，一時學者多出其門。與譚敬昭、張維屏合稱粵東三子。卒，年八十二。著有《嶺海樓詩鈔》十一卷、《嶺海樓文鈔》、《香石詩話》等。從兄大幹，字子直，別字臨溪。少年棄科舉，布衣終身。專事古文。著有《臨溪文集》。國史館《清史列傳》卷七三有傳。

清高宗乾隆四十四年　己亥　一七七九年

八月，命和珅在御前大臣上學習行走。十二月，大學士于敏中卒，以程景伊爲文淵閣大學士。（蔡冠洛《清代七百名人傳》附《清代大事年表》）

本年縣內大饑，區儒望設法賑濟。

區儒望，字禦英，號翹圃。高明人。八次鄉試不第，捐正四品職銜，誥授中憲大夫。乾隆四十四年（一七七九），縣內大饑，設法賑濟，知縣獎以“惠周義溥”匾額。享壽八十二。（道光《高明縣志》）

本年楊忠穎捐賑族鄰，救活甚眾。

楊忠穎，字慧臣，號達庵。化州人。授州同職，樂善好施，州守以“優行可風”匾表彰其閭。（《化州縣志》卷九）

本年大饑，人多絕粒，陳鴻徽酌賑以穀。

陳鴻徽，茂名人。廩生。家道殷富。乾隆四十四年（一七七
九）大饑，人多絕粒，酌賑以穀。不足，又請知縣發倉救濟。藩
司嘉之，獎以“爲善必昌”匾。（光緒《茂名縣志》）

何其英於本年中解元。

何其英，字仲玉，一字方水。香山人。乾隆四十四年（一七
七九）解元，官寶雞知縣。嘉慶初，教匪張漢朝五擾鳳縣，時署
縣事，登陴守戰，民賴以安。調寶雞，尤出棧北口孔道，軍書旁
午，遂虧帑二萬餘金，士民爭代補，兩載始清。著有《有巢詩文
集》、《隴右月紀》。凌揚藻《國朝嶺海詩鈔》卷十二有傳。

李履中於本年中舉人。

李履中，字凌漢，一字介堂。番禺人。乾隆四十四年（一七
七九）舉人。著有《河洛奧微》、《易學指南》。凌揚藻《國朝嶺
海詩鈔》卷十二有傳。

李峰於本年中舉人。

李峰，字雲崖。德慶人。乾隆四十四年（一七七九）舉人。
工琴。凌揚藻《國朝嶺海詩鈔》卷十二有傳。

莫元伯於本年中舉人。

莫元伯，字臺可，號善齋、膜山。高要人。乾隆四十四年
（一七七九）舉人，官番禺訓導。工詩，與馮敏昌、張維屏唱和。
講學數十年，弟子二千，私謚孝文先生。著有《讀史指要》、《四
書釋旨》、《四書史證》、《柏香齋詩鈔》。國史館《清史列傳》卷
七二有傳。

何文明於本年中舉人。

何文明（一七五五～一八二一），字堯臣，號哲堂。香山人。
乾隆四十四年（一七七九）舉人，官河南淅川縣，在官三年，以
廉能稱。引疾南歸，舟至洞庭，端坐卒。著有《諸子粹白》四
卷、《二恩齋文存》六卷、《詩鈔》六卷。子愈，四川知縣；孫
璟，閩浙總督。吳道鎔《廣東文徵作者考》卷八有傳。

黃伯毅於本年中舉人。

黄伯毅，字士肩。順德人。乾隆四十四年（一七七九）舉人。日以養母課子爲事。水漲入室，負母走數十里。卒年七十。著有《遠亭文稿》。阮元《廣東通志》卷二八七有傳。

李大成於本年中舉人。

李大成，字載之。新會人。乾隆四十四年（一七七九）舉人，官陝西長武知縣。少受知於學使李調元。著有《荷莊檢存稿》。言良鈺《續岡州遺稿》卷五有傳。

葉澄於本年中舉人。

葉澄，字念皆。嘉應人。乾隆四十四年（一七七九）恩科舉人。增城縣教諭。張煜南、張鴻南《梅水詩傳》卷九有傳。

鄧來宜於本年中舉人。

鄧來宜，字位嘉。東莞人。乾隆四十四年（一七七九）舉人。張其淦《東莞詩錄》卷四二有傳。

龍廷槐於本年中舉人。

龍廷槐，字沃堂，又字春巖。順德人。廩生。乾隆四十四年（一七七九）舉人，五十二年（一七八七）進士，授編修，轉贊善。入直上書房。丁外艱，南歸。一出主越華書院講席，未幾辭去。著有《敬學軒文集》。朱慶瀾《廣東通志稿》有傳。

馮騈駿於本年中舉人。

馮騈駿，號天花。德慶人。廩生。乾隆四十四年（一七七九）舉人，六十年（一七九五）以知縣簽發山西，後遷同知。遂乞養，歸里不復出。（《德慶州志》）

何紹和於本年中舉人。

何紹和，番禺人。應陶子。乾隆四十四年（一七七九）舉人，候選知州。（同治《番禺縣續志》卷四五）

鍾希賢於本年中舉人。

鍾希賢，海豐人。乾隆四十四年（一七七九）舉人，官來安知縣。（《惠州府志》）

淩培於本年中舉人。

　　凌垲，字宅中。番禺人。壤兄。乾隆四十四年（一七七九）
舉人，選江蘇泰興縣知縣，任職一年，改茂名教諭。（同治《番
禺縣志》卷四五）

　　黃聖甲於本年中舉人。

　　黃聖甲，陸豐人。乾隆四十四年（一七七九）舉人，任潮陽
教諭。（《惠州府志》）

　　黃敏修於本年中舉人。

　　黃敏修，字遜來。吳川人。乾隆四十四年（一七七九）中
舉，充四庫館謄錄敘教。（《吳川縣志》）

　　謝慶芬於本年中舉人。

　　謝慶芬，字香圃。德慶人。乾隆四十四年（一七七九）恩科
舉人，授福建龍岩州州同，署漳平知縣。（《德慶州志》）

　　潘江於本年中舉人。

　　潘江，字鑒川。茂名人。乾隆四十四年（一七七九）舉人，
七上公車不第。後以大挑二等，授高明教諭。居城外，為官者常
慕名造訪。（光緒《茂名縣志》）

　　何英於本年中武舉人。

　　何英，號碧山。高要人。乾隆四十四年（一七七九）武舉
人。性好硯，馮魚山題其堂曰“寶硯堂”。黃登瀛《端溪文述·
端溪詩述》卷六有傳。

　　譚馥於本年成貢生。

　　譚馥，字健一，號蕸堂。東莞人。乾隆四十四年（一七七
九）恩貢。廣授生徒，篤志課子。張其淦《東莞詩錄》卷四三
有傳。

　　李世芳於本年成副貢生。

　　李世芳，字仙澤，號潤庵。信宜人。乾隆四十四年（一七七
九）恩科副貢生，官廣寧教諭。著有《青藜閣文集》。許汝韶
《高涼耆舊文鈔》卷九有傳。

　　潘正亨生。

潘正亨（一七七九～一八三七），字伯霖，一字伯臨，號河渠、何（荷）衢，又號耕煙散人，室名石松山房、三長物齋、風月琴尊舫等。番禺河南龍溪人。貢生。鑒賞家，善行草。與同期招子庸、鮑俊、陳其錕等友善。著有《萬松山房詩鈔》。（《中國近現代人物名號大辭典》一三二二頁）

清高宗乾隆四十五年　庚子　一七八〇年

正月，帝南巡。二月，幸泰山。三月，幸海寧觀潮。五月，還京師。八月，大學士程景伊卒。（蔡冠洛《清代七百名人傳》附《清代大事年表》）

本年黃安瀾之《西湖蘇蹟》刊印。

黃安瀾，字瀾洲。歸善（今惠州）人。（民國《惠州西湖志》卷八）

本年黃標補香山協鎮左營都司中軍守備。

黃標，字殿豪。香山人。先祖南澳人，祖父宦居香山。標能開二石弓左右射，弱冠由兵勇升拔外委。後歷軍功升廣海衛遊擊、海門營參將，補廣東左翼鎮總兵，賞戴花翎，武顯將軍。著有《測天賦》、《粵東全省諸洋圖說》、《海疆里道圖》。卒年六十二。（光緒《香山縣志》）

何定江於本年中武進士。

何定江，字景宗。香山人。乾隆四十五年（一七八〇）武進士，欽點三等侍衛，福建協副將，金門鎮總兵官，浙江提督。事見道光《香山縣志》卷四。

楊奎猷於本年中武進士。

楊奎猷，字光垣。梅縣人。乾隆四十五年（一七八〇）武進士，由侍衛出補廣西南寧營都司，遷右江鎮遊擊，以戰功擢參將、陝西河屯副將、甘肅涼州鎮總兵。（光緒《嘉應州志》）

鄭珍於本年中亞魁。

鄭珍，字耀山，號待齋。增城人。年少穎悟，精通經史百家。乾隆四十五年（一七八〇）中式亞魁。事母至孝，有文名。著有《焚餘文稿》、《拾餘詩草》、《壯遊詩草》藏於家。（《增城縣志》卷二十）

陸樹英於本年中舉人。

陸樹英，字恒芳，一字春圃。高要人。乾隆四十五年（一七八〇）舉人，官鹽城知縣，以水災註吏議，行戍伊犁，未幾賜環。著有《醉霞山房詩鈔》及《塞嚶集》。黃登瀛《端溪文述·端溪詩述》卷六有傳。

黃世顯於本年中舉人。

黃世顯，字匯川。南海人。乾隆四十五年（一七八〇）舉人，官羅定州學正。凌揚藻《國朝嶺海詩鈔》卷十二有傳。

謝廷龍於本年中舉人。

謝廷龍，字德見，一字臥雲。新會人。乾隆四十五年（一七八〇）舉人，官歸善縣教諭。著有《四書勸學錄》、《臥雲詩集》。言良鈺《續岡州遺稿》卷五有傳。

葉新蓮於本年中舉人。

葉新蓮，嘉應人。乾隆四十五年（一七八〇）舉人。張煜南、張鴻南《梅水詩傳》卷九有傳。

庾泰鈞於本年中舉人。

庾泰鈞，字階平。東莞人。乾隆四十五年（一七八〇）舉人，湖北黃岡知縣。張其淦《東莞詩錄》卷四二有傳。

劉輔元於本年中舉人。

劉輔元，字賡廷，號翼如。東莞人。乾隆四十五年（一七八〇）舉人。著有《墨海堂吟草》等。張其淦《東莞詩錄》卷四二有傳。

尹廷鐸於本年中舉人。

尹廷鐸，字覺蒼，號惺齋。東莞人。乾隆四十五年（一七八〇）舉人，連山教諭。張其淦《東莞詩錄》卷四三有傳。

陸樹芝於本年中舉人。

陸樹芝，字見廷，一字次山。信宜人。乾隆四十五年（一七八〇）舉人，嘉慶元年（一七九六）舉孝廉方正，不就官。會同教諭。著有《莊子雪》、《左傳意解》、《會要錄》二十五卷。吳道鎔《廣東文徵作者考》卷八有傳。

楊浚鄰於本年中舉人。

楊浚鄰，字蕭宸，號深園。龍川人。廷釗次子。乾隆四十五年（一七八〇）舉人，授興寧司訓。後任潮州府澄海縣教諭。（《龍川縣志》）

邱莊於本年中舉人。

邱莊，字雍度。連平人。乾隆四十五年（一七八〇）舉人，授廣州府新寧縣、韶州府仁化縣、潮州府澄海縣、肇慶府清遠縣教諭。（《連平州歷科文武科甲》）

邱卿雲於本年中舉人。

邱卿雲，號春岫。龍川人。乾隆四十五年（一七八〇）由拔貢中順天榜舉人，出宰甘肅，升州牧，以勞卒於狄道州署，年四十七。櫬回，過會寧縣舊治，有挽聯云：“化洽三年，去日功名屬後輩；恩懷五馬，當今文教仰先生。”（《龍川縣志》）

趙駒於本年中舉人。

趙駒，字家千。東莞人。乾隆四十五年（一七八〇）舉人。應聘精心修復明倫堂、廣州府學宮。爲人謙和高潔，好做善事。（宣統《東莞縣志》卷六九）

郭恭於本年中舉人。

郭恭，字翼聖。三水人。乾隆四十五年（一七八〇）中舉，歷任福建龍岩州州同、代理泉州馬巷通判、北路理番同知，所至有廉惠聲。後調臺灣府嘉義任知縣，適土人動亂，恭往鎮壓，因功咨部議敘，旋卒於官。（嘉慶《三水縣志》）

庾泰均於本年中舉人。

庾泰均，字階平。東莞人。賡堂子。乾隆四十五年（一七八〇）舉人，歷官湖北黃岡、雲夢、江陵知縣。（宣統《東莞縣志》

卷六八）

廖飛彰於本年中舉人。

廖飛彰，永安（今紫金）人。乾隆四十五年（一七八○）舉人，歷官肇慶、封川訓導。（《永安三志》）

譚維翰於本年中舉人。

譚維翰，字嵩華。高明人。乾隆四十五年（一七八○）舉人，爲《易經》經元。初掌教義學，後任普寧教諭十餘載。年六十八卒於任。（道光《高明縣志》）

鍾光熊於本年中武舉人。

鍾光熊，原名學堂，字衛清。番禺人。膂力過人，其父延兩師，一課文，一課武。年十三府試武童第一，院錄武生第一。學使李調元爲其改名光熊。乾隆四十五年（一七八○）武舉，入京會試，人驚爲奇男子。會患疝氣不能騎射，乃歸。教生徒以老。（同治《番禺縣志》卷四五）

劉毓瓊於本年成貢生。

劉毓瓊，字玉林。陸豐人。乾隆四十五年（一七八○）歲貢生，官湖南醴陵、攸縣、龍山令。下鄉相殮，適河水暴漲，溺水死。（《陸豐縣志》）

張文焯於本年成貢生。

張文焯，字煥亭。新會人。乾隆四十五年（一七八○）副貢生，官潮州普寧教諭，工琴善詩。蓄琴極富，與莫寄園埒。有集。言良鈺《續岡州遺稿》卷五有傳。

楊最德於本年中副榜。

楊最德，字昭大。東莞人。乾隆四十五年（一七八○）副榜，欽賜舉人、都察院都事。受職家居，不累官府。（宣統《東莞縣志》卷六九）

宋鑫生。

宋鑫（一七八○～一九二八），字庚三，號麗滋、擎雷、水上齋主人。海康人。曾入雷陽書院、廣州廣雅書院攻讀。後就雷

州中學教職。其書法趙董，嫵媚多姿。著有《惠龕雜著》。（宋銳
《舊人新志》）

清高宗乾隆四十六年　辛丑　一七八一年

正月，帝西巡。幸五臺山。三月，至保定，還京師。（蔡冠
洛《清代七百名人傳》附《清代大事年表》）

本年張錦芳南歸經黃景仁故鄉常州，賦《常州道中寄懷黃仲
則時西行未回》七古長詩，刻畫了這位青年詩人生動的藝術形
象，表現了志同道合朋友真摯之情誼。（陳永正《嶺南歷代詩選》
三九〇頁）

湛祖貴於本年中進士。

湛祖貴，字仁昭，一字東塘。增城人。乾隆四十六年（一七
八一）進士，歷江西永寧、浮梁知縣。著有《式古堂文集》、《紅
荔山房詩稿》。凌揚藻《國朝嶺海詩鈔》卷十二有傳。

何耀泰於本年中武進士。

何耀泰，字君保，號逸泉。香山人。乾隆四十六年（一七八
一）武進士，選侍衛，官至山東文登沿海協鎮副將。卒年五十。
著有《逸泉詩草》。何天衢《欖溪何氏詩徵》卷三有傳。

趙與昱於本年中舉人。

趙與昱，長寧（今新豐）人。乾隆四十六年（一七八一）舉
人，歷任處州府雲和縣、龍泉縣知縣。（《長寧縣志》卷六）

林氏生。

林氏（一七八一～一八〇五），遂溪人。李鳳岐妻。嘉慶十
年（一八〇五）海寇掠其鄉，欲擄以行，詈罵拒賊，據地不行，
賊刃之。（民國《遂溪縣鄉土志》）

溫纘續生。

溫纘續（一七八一～？），字繩武。五華人。著有《玄溪居士
詩鈔》。（《五華文史》第一輯）

蕭炳揚生。

蕭炳揚（一七八一～一八五一），號薰壇。河源人。嘉慶十二年（一八〇七）舉人，授河南懷府原武知縣。道光二十四年（一八四四）中牟縣黃河崩決，復奉憲檄，催船拯溺。後主講槎江書院。（《河源縣志》）

清高宗乾隆四十七年　壬寅　一七八二年

七月，《四庫全書》成，命續繕三部，分藏揚州、鎮江、杭州等處。（蔡冠洛《清代七百名人傳》附《清代大事年表》）

夏，潘蘭皋賦《壬寅夏日次和温生逸群寄居九畹堂雜詠並偕其返鰲洲村塾》四首七絕。（《九畹堂詩集》第三冊）

本年李鋕倬督修東莞明倫堂。

李鋕倬，字雲章。東莞人。乾隆間諸生。博學能文，並精青囊青烏之術，全活甚眾。乾隆四十七年（一七八二）邑修明倫堂，五十五年疏瀹河道，皆督理之。年六十餘，好學不倦。張其淦《東莞詩録》卷四三有傳。

本年宋湘至廣州就讀粵秀書院，同學譽爲文中騏驥，監院陳鶴翔尤寄厚望。

李作柱於本年成貢生。

李作柱，字峙中。東莞人。乾隆四十七年（一七八二）貢生，官連山訓導六年，辛勤培育後進。（宣統《東莞縣志》卷六九）

邱淑球於本年成貢生。

邱淑球，字元秀。永安（今紫金）人。乾隆四十七年（一七八二）歲貢生。嘉慶五年（一八〇〇）恩科欽賜舉人，壽七十九。（《永安三志》）

清高宗乾隆四十八年　癸卯　一七八三年

本年蕭鍾萃鄉試薦卷。

蕭鍾萃，號覺亭。和平人。邑庠生。乾隆四十八年（一七八

三）、五十三年（一七八八）鄉試薦卷。著有《正誼堂存稿》。（《和平縣志》）

本年林來祥爲順天鄉試薦卷。

林來祥，字儀九。和平人。邑廩貢生。國子監肄業，分發候選訓導，歷署長樂教諭、乳源訓導、樂昌教諭兼訓導。乾隆四十八年（一七八三）、五十一年順天鄉試薦卷，後三次本省鄉試薦卷。二十四年（一七五九）曾協修縣志。（《和平縣志》）

李惠元於本年中解元。

李惠元，字斯立，一字綏齋。新會人。乾隆四十八年（一七八三）解元，歷官江蘇嘉定、崇明知縣。著有《鑒我亭集》。言良鈺《續岡州遺稿》卷五有傳。

李幹於本年中舉人。

李幹，字世幹，一字南橋。新會人。乾隆四十八年（一七八三）舉人，歷官高要縣教諭、儋州學正。著有《友竹吟館詩鈔》。言良鈺《續岡州遺稿》卷六有傳。

傅翰邦於本年中舉人。

傅翰邦，字翼亭。興寧人。乾隆四十八年（一七八三）順天舉人，官武昌知縣。宦滇數十年，所至以循吏稱。胡曦《梅水匯靈集》卷三有傳。

洪文匯於本年中舉人。

洪文匯，字巨宗，號半航。東莞人。如綸子。乾隆四十八年（一七八三）舉人，官恩平訓導。歷任八載，士習文風丕振。嘉慶二年（一七九七）彭邑令延修縣志，多所辨論。卒年七十六。著有《南平宦稿》二卷。張其淦《東莞詩錄》卷四三有傳。

譚暘於本年中舉人。

譚暘，字震中。東莞人。乾隆四十八年（一七八三）舉人，官和平縣訓導。崇祀名宦。張其淦《東莞詩錄》卷四三有傳。

陳璜於本年中舉人。

陳璜，字禮天，號繭齋。東莞人。乾隆四十八年（一七八三）舉人，官惠州府教授。著有《書隱山房稿》。張其淦《東莞詩録》卷四三有傳。

李符清於本年中舉人。

李符清，字仲節。合浦（今屬廣西）人。乾隆四十八年（一七八三）順天鄉試舉人，選直隸滿城縣知縣。尋宰天津，兩宰獲鹿。卒官開州知州。藏杜少陵《贈衛八處士》詩墨跡，因署所居曰寶杜齋。著有《海門詩文鈔》。國史館《清史列傳》卷七二有傳。

楊揆敘於本年中舉人。

楊揆敘，字鄂臣。嘉應人。乾隆四十八年（一七八三）舉人。著有《廢莪草》。胡曦《梅水匯靈集》卷三有傳。

張子京於本年中舉人。

張子京，字小宋。西寧人。乾隆四十八年（一七八三）舉人，官遂溪教諭。著有《金墨齋詩鈔》。凌揚藻《國朝嶺海詩鈔》卷十二有傳。

謝濟經於本年中舉人。

謝濟經，字敏修，一字綸閣。德慶人。乾隆四十八年（一七八三）舉人，官麟遊知縣。凌揚藻《國朝嶺海詩鈔》卷十二有傳。

周如山於本年中舉人。

周如山，字世高，一字小石。番禺人。乾隆四十八年（一七八三）舉人。少歲與南海蘇藍田合裝詩稿一帙，經邑孝廉謝虹亭點定。凌揚藻《國朝嶺海詩鈔》卷十二有傳。

李螢書於本年中舉人。

李螢書，字漱溪。香山人。乾隆四十八年（一七八三）舉人，官石城訓導。著有《松居詩草》。凌揚藻《國朝嶺海詩鈔》卷十二有傳。

莫淩於本年中舉人。

莫淩，字接孔，號元峰。東莞人。乾隆四十八年（一七八三）舉人，嘉慶六年（一八〇一）辛酉進士。兵部主事。張其淦《東莞詩錄》卷四七有傳。

伍士修於本年中舉人。

伍士修，新寧（今台山）人。乾隆四十八年（一七八三）舉人，江西靖安，浙江上虞、東陽、山陰知縣。（《〈新興縣志〉初稿》）

蘇甲榮於本年中舉人。

蘇甲榮，字端大。東莞人。乾隆四十八年（一七八三）舉人，官陝西定邊知縣，恪守職責。卒於任，貧不能殮，縣民集資，始得歸葬。（宣統《東莞縣志》卷六九）

林日華於本年中舉人。

林日華，號旦兮。海陽人。乾隆四十八年（一七八三）舉人。嘉慶二年（一七九七）官東安訓導。著有《城南書莊續草》等。（《潮州志·藝文志》卷六九）

鍾亶於本年中舉人。

鍾亶，字臣，號緯堂。東莞人。乾隆四十八年（一七八三）舉人，官會同縣訓導，拒收富豪賄賂。歸里後致力文史。嘉慶二年（一七九七）參與編修縣志。（宣統《東莞縣志》卷六九）

郭儀長於本年中舉人。

郭儀長（？～一七九五），字豫堂。清遠人。乾隆四十八年（一七八三）舉人，歷官刑部主事、員外郎、郎中，詔授江西道按察使，兼掌江南道、浙江道監察御史。官京師二十餘年，屢上封事，悉中時弊。發奸摘伏，料事如神。後返籍為紳，樂善好施。卒年七十九歲。邑志存詩多首。著有《郭御史奏疏》，佚。三子見猷，字駕舫，初任龍川教諭，以軍功擢山西襄垣知縣。著有《明府詩集》、《從軍圖題詠集》，均佚。侄見晟，字湛斯，乾隆五十九年（一七九四）舉人。次年參加會試，歿於京師。著有《五經辯疑》，佚。（《清遠縣志》卷六、《廣州府志》）

葉雄邦於本年中武舉人。

葉雄邦，字朝元。東莞道滘葉氏三房漁趣祖人。乾隆四十八年（一七八三）癸卯科鄉試中式第十二名武舉人。子孫屬永興坊禮耕堂。雄邦爲道滘第一位考取功名者，並經其設法逐步改變道滘人之賤戶户籍。（宣統《東莞縣志》卷四八）

蘇國瑞於本年中武舉人。

蘇國瑞（？～一七九七），字寧宇。東莞人。乾隆四十八年（一七八三）癸卯科武舉人。善騎射，工書法。嘉慶元年（一七九六）隨粵督吉慶鎮壓廣西苗族，以功升守備。翌年攻打四川白蓮教，遇伏受傷卒。（宣統《東莞縣志》卷六九）

謝大韜於本年中武舉人。

謝大韜，字鎮南。番禺人。膂力過人。乾隆四十八年（一七八三）武舉。念親歸養，不復出。嘉慶十四年（一八〇九），洋盜侵賨，大韜爲鄉閭守禦，鄉里賴安。大吏欲官以千總，力辭，以武舉終，年六十九。（韓懋林撰墓誌、同治《番禺縣志》卷四五）

馮斯佐於本年成貢生。

馮斯佐，字翊基，一字欽鄰。南海人。乾隆四十八年（一七八三）優貢生。畫得元四家意，詩不多作，作亦不存。凌揚藻《國朝嶺海詩鈔》卷十二有傳。

林茂封於本年成貢生。

林茂封，字松次，號苑亭。東莞人。貽熊第三子。乾隆四十八年（一七八三）歲貢。著有《拙存齋詩集》。張其淦《東莞詩錄》卷四三有傳。

清高宗乾隆四十九年　甲辰　一七八四年

正月，帝南巡，至杭州。四月，還京師。（蔡冠洛《清代七百名人傳》附《清代大事年表》）

伏日，劉統基賦《甲辰伏日同麗鳳阿符愼余蔡暉公梁純夫赴陶聖書之招泛舟珠江避暑》：

暑氣隨流去，薰風拂檻來。扁舟天地濶雙槳水雲開。詩詠短
長句，酒傾無限杯。陶公眞好客，盡日喜相陪。（劉統基《南石
山房詩鈔》卷上）

劉統基（一七四七？～一八一〇？），名國俊，以字行，一字
未山。歸善（今惠州）人。乾隆五十年（一七八五）督學以名貢
禮部，五十一年舉人，官陽江訓導。詩與同邑黃烯、趙希璜鼎足
而三。著有《南石山房詩鈔》上下卷等。清張維屏《國朝詩人徵
略》初編卷四十八有傳。

本年何大章任博羅縣訓導。（阮元《廣東通志》卷四九《職
官表》四十）

何大章，字景星。香山人。廩貢生，官博羅縣訓導。兄天
保，乾隆四十二年（一七七七）拔貢；樹風，廩貢生，分發訓
導；弟中孚，廩貢生；士德，武學生；定江，乾隆四十五年（一
七八〇）進士，官至浙江提督。余祖明《廣東歷代詩鈔》卷二
有傳。

溫汝适於本年中進士。

溫汝适（一七六〇～一八一四），字步容，一字箕坡。順德
人。乾隆四十九年（一七八四）進士，授編修，官至兵部右侍
郎。著有《攜雪齋詩文鈔》。凌揚藻《國朝嶺海詩鈔》卷十二
有傳。

劉連魁於本年中進士。

劉連魁，字翰先，號星門。東莞人。乾隆四十九年（一七八
四）進士。不阿權貴，爲和珅嫉恨，隱居不仕。嘉慶九年（一八
〇四）官福建平和知縣。在任十年，縣政大治，人稱劉菩薩。
（宣統《東莞縣志》卷六九）

盧廷璋於本年中武探花。

盧廷璋（？～一八一七），字樹昭，號玉圃。東莞人。乾隆
四十四年（一七七九）武舉人，四十九年（一七八四）武探花，
任二等侍衛。五十五年領參將，五十七年（一七九二）轉四川署

任提標中軍參將。嘉慶元年（一七九六）九月，湖北白蓮教起事，波及四川，隨署督英善征剿，多有功。五年，調任雲南武定營參將。翌年調廣東新會營參將，周年回調四川復任提標中軍參將。十二年（一八○七）升綏寧協副將。兩年後轉維州副將，兩年後再調懋功副將。二十年升松潘鎮總兵，二十二年卒於任。民國《東莞縣志》卷六九有傳。

李文高於本年中武進士。

李文高，始興人。乾隆四十九年（一七八四）武進士。歷任福建興化協守備、潮州守備、龍門都司、碣石鎮中營遊擊。時澳門、媽祖嶼間常有海盜出沒，文高率武弁五百，預設埋伏，擒獲多人。嘉慶三年（一七九八）進京陛見，奉旨回任候升。以親老乞休，遂不復仕。（民國《始興縣志》卷十二）

蕭鳳來於本年中武進士。

蕭鳳來，歸善人。乾隆四十九年（一七八四）武進士，以守備分發貴州，升清江協都司。嘉慶三年（一七九八）剿四川白蓮教義軍，轉戰廣元、開縣、南江、太平等縣，殺白蓮教領袖六名，升廣西平樂協副將，調新太協副將，歷官左江、右江等鎮總兵。（光緒《惠州府志》卷三三）

陳曇生。

陳曇（一七八四～一八五一），字仲卿。番禺人。少能詩，受伊秉綬賞。中年北遊晉魯冀豫，詩風更伉爽遒健。屢試不第，晚年以貢生候補訓導，署揭陽教諭。潘飛聲《在山泉詩話》將陳曇與黎簡、宋湘並譽爲"自辟門户"之詩人。著有《海騷詩集》十二卷、《鄘齋師友錄》十二卷抄本。

清高宗乾隆五十年　乙巳　一七八五年

正月，賜千叟宴。（蔡冠洛《清代七百名人傳》附《清代大事年表》）

冬，督學以劉統基名貢禮部，統基賦《乙巳冬督學平餘山夫子採學師家思泉夫子優行之薦以予名貢禮部感而有作》詩云：

廿載如匏繫，誰收藥籠中。貢名稱國士，啟事借山公。文豈千人見，才慚一鶚同。栽培何敢負，養翮俟長風。

又賦《冬夜杯酒與故人談》詩云：

客至當寒夜，松梢月影斜。自來貧不諱，何幸酒能賒。縱論無今古，囘頭感歲華。嶺南春信早，相約看梅花。（以上劉統基《南石山房詩鈔》卷上）

張翱生。

張翱（一七八五～一八一九），字思飛。大埔百侯人。宋湘弟子。嘉慶十二年（一八〇七）丁卯解元，十九年甲戌進士，授翰林院庶吉士，散館後爲屯田司主事。翱爲著名才子，不幸英年早逝。著述頗多，尤以詩名。卒後裔孫小春將其著作彙集爲《張儀坡太史詩集》，集資付梓。（《客家名人録》卷三二三）

竇振彪生。

竇振彪（一七八五～一八五〇），字升堂。吳川（一作遂溪）人。由行伍歷拔廣東、福建水師提督。鴉片戰爭時曾於福建大隊洋、梅林等海面幾次擊退、擊毀入侵英國軍艦。卒贈太子太保，諡襄武（一作武襄）。（《吳川縣志》）

清高宗乾隆五十一年　丙午　一七八六年

三月，帝西巡，幸五臺山，至正定閱兵，還京師。閏七月，以和珅爲文華殿大學士兼吏部尚書，權傾天下。十月，臺灣彰化民林爽文作亂，鳳山莊大田起兵應之，陷彰化、諸羅、淡水等地。十二月，以王傑爲東閣大學士兼禮部尚書。（蔡冠洛《清代七百名人傳》附《清代大事年表》）

二月，劉統基賦《丙午仲春寄陳子基河南書塾》詩云：

羨君寄傲海之湄，柳媚花明二月時。殘雪久荒揚子宅，春風初下董生帷。閉門謝客好求句，載酒何人來問奇。擬就珠江修禊飲，不妨連日雨如絲。

三月，統基又賦《暮春寫懷》詩云：

趙尉城中三月時，紫桐花發柳垂枝。山齋夜雨人如病，海國春寒酒不辭。身世勞勞孤枕夢，生涯寂寂數篇詩。素心屈指曾無幾，晨夕相過謂我誰。

又賦《豐湖感舊》詩云：

水色山光若故人，六橋煙柳拂隄新。偶來散步逍遙地，一別回頭二十春。衰草夕陽成古道，雪泥鴻爪半浮塵。祇今誰是西湖長，欲起鬈仙問後身。

從"一別回頭二十春"可知二十年前，即乾隆三十二年（一七六七）統基在故鄉，也約略推知其生年。

秋，劉統基中舉人，賦《丙午鄉闈獲雋感賦》詩云：

撤棘聲喧午夜天，姓名報道榜頭懸。苦經場屋一百日，予自壬午至丙午歷應十一科鄉舉。慚列膠庠廿五年。老驥櫪中悲久伏，新鶯木末喜初遷。九原難慰雙親望，淚灑青襟思黯然。

由此詩可知統基乾隆二十七年（一七六二）開始應舉。（以上劉統基《南石山房詩鈔》卷上）

本年黎簡寓居廣州，賦《雜憶絕句十首寄故鄉諸子》七絕詩，描述故鄉之風土人情，頗有生活氣息。（陳永正《嶺南歷代詩選》四〇五頁）

蘇應瑞於本年中舉人。

蘇應瑞，字其詹，號嘯泉。順德人。乾隆五十一年（一七八六）舉人，任東安訓導。梁九圖、吳炳南《嶺表詩傳》卷十一有傳。

桂鴻於本年中舉人。

桂鴻，字會川，一字漸齋。南海人。乾隆五十一年（一七八六）舉人第二名，任安徽涇縣知縣。著有《漸齋詩鈔》。陳融《讀嶺南人詩絕句》卷十八有傳。

黎憲於本年中舉人。

黎憲，字叔度，號慎齋。東莞人。乾隆五十一年（一七八六）舉人，任四川萬縣知縣。張其淦《東莞詩録》卷四三有傳。

李東桓於本年中舉人。

李東桓，字泗植，號立齋。化州人。乾隆五十一年（一七八六）舉人，六十年大挑任高陽、平山知縣。（《化州縣志》卷九）

陳超於本年中舉人。

陳超，字義高。澄海人。乾隆五十一年（一七八六）舉人，授曲江訓導，學生成名者甚多。著有《四書解義》、《省非詩集》。（《潮州志·藝文志》）

陳張元於本年中舉人。

陳張元，字肇發。吴川人。乾隆五十一年（一七八六）舉人，官至安溪知縣。忤上官被罷，一貧如洗。次年卒於安溪，無安葬費，得民助資歸葬。（《吴川縣志》）

陳昌言於本年中舉人。

陳昌言，字炯上，號禹廷。東莞人。任道子。乾隆五十一年（一七八六）舉人。嘉慶六年（一八〇一）官高要教諭。（宣統《東莞縣志》卷六九）

程昌於本年中舉人。

程昌，字維山，號焕林。高明人。乾隆五十一年（一七八六）舉人。在京爲御史郭儀長當塾師七年，參加會試，不第。六十年（一七九五）大挑二等，補從化訓導。又掌石岐書院六載，後卒於官。（光緒《高明縣志》）

高仁山於本年中舉人。

高仁山，號麟岡。懷集人。乾隆五十一年（一七八六）中舉，後任廣西靈川縣學教諭。著有《麟岡詩草》、《燕岩記》。（同治《懷集縣志》、新編《懷集縣志》初稿）

黄錫鎏於本年中舉人。

黄錫鎏，字淬純。博羅人。乾隆五十一年（一七八六）舉人，授海康教諭。（光緒《惠州府志》卷三七、民國《博羅縣志》卷七）

謝璜於本年中舉人。

謝璜，字昌璧。高明人。貧而好學，少年即爲廩生，以館穀養家。數十年間，手不釋卷，披吟不輟，經術湛深。每遇科場，雖典衣必赴，迨至乾隆五十一年（一七八六）丙午科以耆儒恩賜舉人。次年會試，欽賜翰林院檢討，時年九十二矣。後五年卒。（道光《高明縣志》、光緒《高明縣志》）

何廷瑛於本年成貢生。

何廷瑛，字修五，號鳳岡。香山人。乾隆五十一年（一七八六）恩貢生。嘉慶十五年（一八一〇）欽賜舉人。注選教諭三十餘年，未得缺。何天衢《欖溪何氏詩徵》卷四有傳。

楊迪修於本年成貢生。

楊迪修，字念將。高明人。乾隆五十一年（一七八六）歲貢生。湖南新寧知縣聘修縣志，精核大備。著有《葦園草前、後二集》。（光緒《高明縣志》）

謝作梁於本年成貢生。

謝作梁，字橋舒，號木齋。高明人。乾隆五十一年（一七八六）歲貢生，任廉州府訓導。博覽經史，執教數十年。人得其書畫，珍如拱璧。壽七十五。（道光《高明縣志》）

陳開第於本年成貢生。

陳開第，龍川人。乾隆五十一年（一七八六）鄉貢。廣東左翼鎮標效用。（《龍川縣志》）

鄭祥於本年成貢生。

鄭祥，字超伯。東莞人。乾隆五十一年（一七八六）副貢。博通典藏，潛心鑽研程朱理學。家財不富，然樂於助人。（宣統《東莞縣志》卷六九）

林召棠生。

林召棠（一七八六～一八七三），字愛封，號芾南。吳川人。道光三年（一八二三）狀元及第，授翰林院修撰。十一年（一八三一）出任恩科陝甘正考官，次年以終養老母辭官歸里，後不復入仕途。曾主講端溪書院十五年。五十九歲即杜門不出，作"寄廬"於金蓮庵，顏曰："四十樹桃花禪屋"，專以山石花木茶酒詩書自娛，不干謁有司，不面斥人過。訓子孫唯以讀書植品為本，以驕侈為戒。著有《心亭亭居詩存、文存、筆記》等。（《吳川縣志》、《高雷文獻》、《林召棠年譜》）

張保仔生。

張保仔（一七八六～一八二二），原名保。新會（一說新安）人。著名海盜。曾稱霸珠江三角洲，一次擊沉葡萄牙海軍十八艘軍船。由於其處事有度、有道，深得眾人擁戴，其隊伍迅速發展壯大為南中國海最大武裝勢力之一。嘉慶十五年（一八一〇）二月，被迫接受清朝招安，受封為三品武官，派駐澎湖剿海盜，立有戰功。

葉廷瑞生。

葉廷瑞（一七八六～一八三〇），字瑞伯，號連城。原籍福建同安縣，曾祖來粵經商，遂寄籍南海。亦經商粵桂間。余祖明《廣東歷代詩鈔》卷十有傳。

彭仲芳生。

彭仲芳（一七八六～一八五四），字杏村。化州人。鳳崗孫。小喜遊蕩，父責耕田，從此發奮讀書，中道光十二年（一八三二）壬辰恩科舉人，歷官湖北咸豐、長樂、東湖、黃安知縣，均有惠政。後任羅田知縣時正值太平軍四起，訓練鄉勇以鎮壓。咸豐四年冬與子應鯉率兵抗擊太平軍，被殺。（《化州縣志》卷九）

簡攜魁生。

簡攜魁（一七八六～？），字協元，號海峰。新興人。年弱冠，縣試第一，補弟子員。道光二年（一八二二）舉人，授花縣教諭，以年逾六十而不就。沿例請京銜，遂以翰林院典簿老於家。四主古筠書院，增建明倫堂，創興賢書塾。著有《大學口義》、《詩韻辨論》、《樂賢堂課藝》。（《新興縣志》）

清高宗乾隆五十二年　丁未　一七八七年

正月，林爽文、莊大田分兵犯臺灣府，總兵柴大紀禦之。二月，命閩浙總督常青爲將軍，至臺灣督師，以李侍堯署閩浙總督。八月，以福康安爲將軍，代常青督軍。十一月，詔改諸羅爲嘉義縣。（蔡冠洛《清代七百名人傳》附《清代大事年表》）

本年劉統基於江西九江渡江，後重到此地，賦《九江府》詩云：

九派潯陽急不疑，江州城外日斜時。琵琶夜月香山蹟，楊柳春風靖節祠。問渡倏成三載夢。予丁未公車於此渡江。登樓遙動故園思。庚公老興還舒嘯，坐詠能宵夜漏遲。（劉統基《南石山房詩鈔》卷上）

本年袁氏旌表。

袁氏，東莞人。茶山李君選妻。聰慧嫻静，知書通大義。嫁逾年夫亡，敬事舅姑。家產爲夫弟侵噬，隱忍不言，惟篝鐙紡織，夜以繼日，數十年如一日。著有《甘薺集》。乾隆五十二年旌表。冼玉清《廣東女子藝文考》有傳。

本年歲大饑，鄧兆龍有力於賑饑。

鄧兆龍，字雲岩。歸善人。增貢生，授布政司理問。乾隆五十二年（一七八七）歲大饑，運粟數艘，沿海分賑，又請開倉賑給。嘉慶十四年（一八〇九）招降海盜黃正嵩等三千餘人，以萬金遣回。（光緒《惠州府志》卷三八）

本年荒災，謝朝侶出錢糧賑饑。

謝朝侶，龍川人。捐資千總。忠厚和睦。乾隆五十五年（一七九〇）在任知縣丁兆凱贈匾“惠周桑梓”。壽八十五。（《龍川縣志》）

伍有庸於本年中進士。

伍有庸，字維籍，一字（號）青田。新會人。留寓番禺河南溪峽。乾隆五十二年（一七八七）進士，官福建平和、湖南武

陵、江華知縣，改鹽場大使。後主景賢、崗州講席二十年。著有
《聞香館學吟、續吟》。伍崇曜《楚庭耆舊遺詩》卷前四有傳。

邱先德於本年中進士。

邱先德，字滋畬。其先由閩杭遷粵，籍梅州，其父徙羊城，
遂籍番禺。乾隆五十二年（一七八七）進士，官刑部主事，派江
蘇司，升直隸司員外郎，充律例館纂修官。五十六年（一七九
一）補江西撫州府知府。後假歸掃墓，遂不復出。粵大吏延主粵
秀書院，又主惠州、韶陽、鳳山、龍溪、禺山諸書院。八十二歲
卒。著有《學殖草堂未定稿》、《滋畬制義賡颺集》、《粵秀課藝
文徵》。（《滋畬行略》）

麥鷹揚於本年中武進士。

麥鷹揚，字資美。鶴山人。乾隆五十二年（一七八七）武進
士，賜探花及第，任鑾儀衛行走。六十年（一七九五）分發福
建，授參將兼理海壇左營遊擊代辦鎮務。卒於任，年五十六。
（《鶴山縣志》）

羅大炳於本年中武進士。

羅大炳，字煒亭。東莞人。乾隆五十二年（一七八七）武進
士，任湖南永順都司。道光十九年（一八三九）重宴鷹揚。著有
《塞外吟》。張其淦《東莞詩錄》卷四三有傳。

潘正衡生。

潘正衡（一七八七～一八三〇），字仲平，一字（號）鈞石。
番禺河南龍溪人。有爲從子。附貢生（一作諸生），官鹽運使司
運同。生平雅慕黎簡，購其書畫盈室，在河南樓柵築齋，因以黎
名齋，江西東鄉進士吳嵩梁有《題黎齋》七絕。著有《黎齋詩
草》。冼玉清《冼玉清文集》上編有傳。

溫訓生。

溫訓（一七八七、一七八八、一八〇九～一八五七、一八五
一、一八五〇），字宗德，號伊初、登雲山人。長樂（今五華）
人。二十歲爲縣學生員。嘉慶十七年（一八一二）赴福建汀州省

親，結識伊秉綬，深得賞識。二十三年（一八一八）初入廣州粤秀書院，後就讀兩廣總督阮元所設學海堂，均獲優賞，擅長古文，所作《觀運》、《觀民》稱著於時。道光五年（一八二五）選取拔貢，十二年（一八三二）舉人。十五年北上會試不中，受聘爲順天府尹署教讀，與黃爵滋、湯鵬農、孔繼榮、張際亮等人，結古文詩社，吟詠著稱京都。十八年，因母喪歸，於家築“梧溪石屋”。次年，受聘爲《興寗縣志》總纂。二十四年（一八四四）於惠陽任教。次年被聘爲《長樂縣志》主纂，廣征精審。著有《梧溪石屋詩鈔》六卷、《登雲山房文集》四卷。吳道鎔《廣東文徵作者考》卷九有傳。

俞振耀戰死。

俞振耀，陸豐人。由行伍官至都司。乾隆五十一年（一七八六），福建漳州人林爽文在臺灣彰化縣以“安民心，保農業”爲號召，率眾起義。翌年，隨軍從征臺灣，戰死。（《惠州府志·忠義傳》）

清高宗乾隆五十三年　戊申　一七八八年

二月，林爽文被擒，臺灣平。（蔡冠洛《清代七百名人傳》附《清代大事年表》）

本年鄭清遠遊羅浮。

鄭清，號陽和子。乾隆廩生。早究程朱，後好讀《易》，山居學道。乾隆五十三年（一七八八）遠遊羅浮，有所悟，歸隱潮陽東山之磊谷。冼玉清《冼玉清文集》下編有傳。

本年爲梁純素建坊旌表。

梁純素，字雲虛。茂名人。生員梁偉雁女，鄔瑞熊室。讀書識大義。十九婚，再期而寡。紡織事姑，孝養無間。撫遺腹子一，能成立。茹蘗飲冰，五十年如一日。乾隆五十三年（一七八八）建坊旌表。冼玉清《廣東女子藝文考》有傳。女鄔瓊光，陳瓛室。有《傲霜吟》。陳融《讀嶺南人詩絕句》卷十五有傳。

何組於本年中舉人。

何組，字鎮方，號玉堂。香山人。乾隆五十三年（一七八八）舉人。早卒未仕。著有《玉堂詩草》。何天衢《欖溪何氏詩徵》卷七有傳。

陳劍光於本年中舉人。

陳劍光，字盛南，一字拭齋。南海人。乾隆五十三年（一七八八）舉人。溫汝能《粵東詩海》卷九〇有傳。

溫汝能於本年中舉人。

溫汝能，字希禹，號謙山。順德人。乾隆五十三年（一七八八）舉人，官內閣中書科中書。中歲告歸，築室蓮溪上，藏書數萬卷。廣搜鄉先哲詩文集，輯《粵東文海》六十六卷、《粵東詩海》一百卷、補遺六卷行世。自著有《謙山詩文鈔》、《孝經約解》、《龍山鄉志》等書。吳道鎔《廣東文徵作者考》卷八有傳。

梁士元於本年中舉人。

梁士元，字純夫，一字荊園。南海人。乾隆五十三年（一七八八）舉人，官新興教諭。凌揚藻《國朝嶺海詩鈔》卷十三有傳。

楊廷科於本年中舉人。

楊廷科，字璧堂。澄海人。乾隆五十三年（一七八八）舉人，官番禺教諭。著有《桂樓詩草》。凌揚藻《國朝嶺海詩鈔》卷十三有傳。

張對墀於本年中舉人。

張對墀，字仰峰、丹崖。大埔人。乾隆五十三年（一七八八）舉人。凌揚藻《國朝嶺海詩鈔》卷十三有傳。

張如芝於本年中舉人。

張如芝（？～一八二四），字墨池、墨遲，號墨道人。順德人。乾隆五十三年（一七八八）舉人。工六法。居城西泮塘，榜其居曰荷香館。陳融《讀嶺南人詩絕詩》卷七有傳。

黃顯章於本年中舉人。

黄顯章，字樸亭。新會人。乾隆五十三年（一七八八）舉人。嘉慶元年（一七九六）進士，官潮州府教授。著有《秀水山房集》。言良鈺《續岡州遺稿》卷六有傳。

區啟科於本年中舉人。

區啟科，字棉楚。陽江人。乾隆五十三年（一七八八）舉人。樂善好施。嘉慶十七年（一八一二）續修縣志。著有《四書緒言》。（《陽江志》卷三十）

王天敘於本年中舉人。

王天敘，字秩猷。香山人。乾隆五十三年（一七八八）舉人，嘉慶六年（一八〇一）大挑一等，分發山西知縣，署岢嵐知州。（光緒《香山縣志》）

羅縝於本年中舉人。

羅縝，高明人。乾隆五十三年（一七八八）舉人，任四川黔江知縣，兩年卸任，卒於成都客舍，同仁贈資扶棺歸里。（道光《高明縣志》）

洪應晃於本年中舉人。

洪應晃，字仲光。其先福建晉江人，入粵初居香山小欖，有任水師左營都司者遷省城，遂入籍番禺。嘉慶二十三年（一八一八）恩科舉人，赴省試不第。以親老不復出，閉門授徒。晚得國子監學正銜。卒年六十五。著有《四書約說》、《周禮管測》、《青棠館詩》、《雜著》、《讀書偶記》等。（同治《番禺縣志》卷四七）

何捷元於本年中武舉人。

何捷元（？～一八一〇），字景柏，號蓮峰。香山人。乾隆五十三年（一七八八）武舉人。嘉慶十四年（一八〇九），洋匪郭婆帶率盜艘駛至，運籌決勝，洞中機宜，賊退，腰圍減半，自是積勞成疾，明春遂不起。何天衢《欖溪何氏詩徵》卷五有傳。

劉鳳階於本年中武舉人。

劉鳳階，字岐甫（立崗）。連平人。乾隆五十三年（一七八

八）武舉人。五十五年（一八〇九）武進士，殿試一等，欽點御前侍衛。（《連平州歷科文武科甲》）

陳贊韶於本年中武舉人。

陳贊韶，長寧（今新豐）人。乾隆五十三年（一七八八）恩科武舉人，任水師營千總。（《長寧縣志》卷六）

黃貽谷於本年中副榜。

黃貽谷，字樂裔，號淑庵。東莞人。乾隆五十三年（一七八八）副榜。道光六年（一八二六）任吳川縣教諭。著有《六經略箋》、《三傳略箋》。（宣統《東莞縣志》卷六九、《茶山鄉志》卷四）

林丹香生。

林丹香（一七八八～一八七〇），號月卉。和平人。邑增生。手抄五經，博學兼通醫術，淡泊寡營，怡然自足。（《和平縣志》）

李魁生。

李魁（一七八八、一七九二～一八七八、一八七九），原名魁業，一名奎，字斗山，別號青葵、岡州畫隱、厓門漁者、綠屏山樵。新會（一作南海）人。作山水，用筆濃厚，力闢奇境，取法石濤。卒年七十。（《竹實桐華館談藝》、《剪淞閣隨筆》）

洪名香生。

洪名香（一七八八～一八五五），字徵潛，號商山。南澳人。行伍出身，累功歷擢守備、都司、遊擊、副將、總兵。道光二十九年（一八四九）授廣東水師提督，曾參與鴉片戰爭於粵抗擊英艦諸役，為水師名將。（民國《南澳縣志》卷九）

陳龍安生。

陳龍安（一七八八～一八四九），字雲亭。東莞人。嘉慶二十三年（一八一八）武舉人，道光二年（一八二二）武進士。不仕而歸。曾參與東莞人與香山人有關萬頃沙之爭。二十九年卒，年六十二。民國《東莞縣志》卷七〇有傳。

清高宗乾隆五十四年　己酉　一七八九年

張錦芳於本年中進士。

張錦芳（一七四七～一七九二），字（號）藥房、粲夫，號芝玉、花田。順德人。乾隆五十四年（一七八九）進士，改翰林院庶吉士，散館授編修。通《説文》，喜金石文字，詩與馮敏昌、胡亦常稱"嶺南三子"，論者稱其可接武曲江。又與黎簡、黄丹書、呂堅稱嶺南四家。在京聞兄訃，乞假南歸，行抵江西覆舟，急持米元章墨梅及舊端硯。年四十七卒。著有《南雪軒文鈔》二卷、《逃虛閣詩鈔（集）》六卷、《南雪軒詩餘》一卷。國史館《清史列傳》卷七二有傳。

葉一枝於本年中舉人。

葉一枝，嘉應（今梅州）人。乾隆五十四年（一七八九）舉人。張煜南、張鴻南《梅水詩傳》卷一有傳。

韓懋林於本年中舉人。

韓懋林，字淳修。番禺人。遠禧子、上桂後人。乾隆五十四年（一七八九）舉人，任海康教諭，刊行其先祖上桂遺集《韓節湣公遺稿》。著有《竹香吟草》。吴道鎔《廣東文徵作者考》卷八有傳。

温汝科於本年中舉人。

温汝科，字階爵，號寄厓。順德人。乾隆五十四年（一七八九）舉人，官南雄訓導。凌揚藻《國朝嶺海詩鈔》卷十三有傳。

顔時普於本年中舉人。

顔時普，字穀田，一字（號）雨亭。南海人。乾隆五十四年（一七八九）舉人，官太常寺博士。善繪畫。著有《觀心集》、《貞元集》。凌揚藻《國朝嶺海詩鈔》卷十三有傳。

譚彝於本年中舉人。

譚彝，字紹迪，一字藥洲。新會人。乾隆五十四年（一七八九）舉人，歷官廣西陽朔縣、山東臨沂知縣。著有《藥洲集》。

言良鈺《續岡州遺稿》卷六有傳。

溫汝驥於本年中舉人。

溫汝驥，字北雄。順德人。乾隆五十四年（一七八九）舉人，署雲南府同知。著有《靈淵詩鈔》。梁九圖、吳炳南《嶺表詩傳》卷十一有傳。

鄧士憲於本年中舉人。

鄧士憲（一七七一～一八三九），字臨智，號鑒堂。南海沙頭鎮大坑村人。嘉慶四年（一七九九）考充左翼宗學教習，得授內閣中書。七年成進士，選庶吉士，補兵部職方司主事、員外郎，升武選司郎中。二十一年（一八一六），以京察一等授雲南臨安府知府。二十三年調雲南大定府知府，再調普洱府知府，以道員用。道光九年（一八二九），署糧儲道。因養母告歸，聘爲羊城、越華兩書院主講，總纂道光版《南海縣志》。十三年，西、北江決堤，與邑紳何文綺、區玉章等親臨灾段，勸捐賑恤，籌款興修，並倡建沙頭義倉。著有《愼誠堂集》四卷。朱慶瀾《廣東通志稿》有傳。

張青選於本年中舉人。

張青選，字商彝，號雲巢。順德人。乾隆五十四年（一七八九）舉人，官兩淮鹽政，貶浙江道臺。晚年生活無著，病老杭州。著有《清芬閣詩集》。張維屏《國朝詩人徵略二編》卷四六有傳。

莫紹惠於本年中舉人。

莫紹惠，字衣堂。安定人。乾隆五十四年（一七八九）舉人。嘉慶元年（一七九六）進士。六年補殿試，授中書，官至員外郎。著有《石經堂集》。鄒魯《廣東通志稿》有傳。

麥璉於本年中舉人。

麥璉，字致中，號秀圃。東莞人。乾隆五十四年（一七八九）舉人，官湖南臨武知縣，曾培育一好學囚犯考中進士。卒於任，家無餘資。（宣統《東莞縣志》卷六九）

陳星於本年中舉人。

陳星，字聚東，號紫水。東莞人。家貧好學，借讀抄寫典籍不輟。乾隆五十四年（一七八九）舉人，教書爲業。借錢予鄉人，從不索債。（宣統《東莞縣志》卷六九）

陳大新於本年中舉人。

陳大新，號篤齋。潮陽人。乾隆五十四年（一七八九）舉人，授本省封川教諭。著有《周易劄記》。（《潮州志·藝文志》）

陳璋潤於本年中舉人。

陳璋潤，字方流。吳川人。乾隆五十四年（一七八九）舉人。好學勤文，專治《國策》，後潛研性理，文歸平淡。歷官欽州訓導，長寧、瓊山教諭。於瓊山刊行丘文莊《朱子學的》以教學子。（《吳川縣志》）

陳有懿於本年成貢生。

陳有懿，字守瓶。興寧人。乾隆五十四年（一七八九）拔貢生，官陽江教諭。嘉慶五年（一八〇〇）陽江奸民仇大欽、王者進等作亂，因招文武諸生六十餘人守禦，與邑令畫策擒治之。著有《自怡集》。胡曦《梅水匯靈集》卷三有傳。

趙光濃於本年成貢生。

趙光濃，字湛華，一字澹村。增城人。乾隆五十四年（一七八九）拔貢生，官河南陳州通判，告假歸養，以父喪哀毀卒。著有《觀光集》、《遊豫吟》、《撚鬚山房詩稿》。凌揚藻《國朝嶺海詩鈔》卷十四有傳。

陳鳴鶴於本年成貢生。

陳鳴鶴，字廷亮，一字和之。海陽人。乾隆五十四年（一七八九）拔貢生，官開平訓導，調萬州，秩滿，擢國子監典籍。著有《耕心堂賸稿》。凌揚藻《國朝嶺海詩鈔》卷十四有傳。

黃其勤於本年成貢生。

黃其勤，字嘉恩，號舟山。新會人。乾隆五十四年（一七八九）拔貢生，六十年（一七九五）中舉人，官南雄州學正，升瓊州府教授，選直隸無極知縣，歿於正定寓舍。工詩善書，畫山水筆意宗太倉四王。與黎簡爲同歲生。著有《梅南集》。汪兆鏞《嶺南畫徵略》卷五有傳。

何秉禮於本年成貢生。

何秉禮，字筠甫，一字約堂。順德人。乾隆五十四年（一七八九）拔貢生，嘉慶十二年（一八〇七）舉人。劉彬華《嶺南群雅》卷補下有傳。

區鬱如於本年成貢生。

區鬱如，號卿圃。高明人。乾隆五十四年（一七八九）拔貢生，歷任龍川等縣教諭，後官福建大田知縣。工楷善詩賦。著有《潿東草堂詩文集》。（《高明縣志》）

葉丹香於本年成貢生。

葉丹香，字桂飄。連平人。乾隆五十四年（一七八九）拔貢生，歷任增城、東莞等縣教諭。（《連平州歷科文武科甲》）

李晨於本年成貢生。

李晨（？～一七九八），字旭升、曉林。英德白石鄉（今屬佛岡）人。乾隆五十四年（一七八九）拔貢生，官四川候補州判等。時白蓮教徒活動頻繁，領鄉兵堵禦。嘉慶三年四月二十四日，教民突襲，被俘而死。（《韶州府志》卷七）

黃觀雲於本年成貢生。

黃觀雲，原名慶雲，字耿臣，號七橋。連平州（今連平）人。乾隆五十四年（一七八九）拔貢，歷任翁源縣訓導、昌化縣教諭，升山西左雲、雲南河西、會澤、建水、通海、嶭峨、蒙自知縣，寧州知州、阿迷知州，臨安府同知，督運京銅等職。（《連平州歷科文武科甲·詞林·侍衛官宦鈔》）

崔騰雲於本年成貢生。

崔騰雲，號慊窗。電白人。乾隆五十四年（一七八九）副貢生，授惠來縣教諭，不就，潛心研究學問。著有《易觀本辭》、《慊窗家訓》、《慊窗教譜》、《律呂課蘊》、《時藝經華集》以及

《新千字文》。（光緒《高州府志》）

李光照於本年中副榜。

李光照，字仰西。東莞人。乾隆五十四年（一七八九）副榜。張其淦《東莞詩録》卷四三有傳。

伍元芝生。

伍元芝（一七八九～一八二九），字良麟，號商雲。番禺人。元蘭兄，秉鑒子。官刑部員外郎。嘉慶十八年（一八一三）隨扈木蘭，捕獲行跡可疑者，蒙恩加級。後倡捐軍儲十萬兩，賞鹽運使銜。（《伍氏族譜》）

梁發生。

梁發（一七八九、一七九〇～一八五五），原名恭，字濟南，小名阿發。高明人。嘉慶九年（一八〇四）至省城廣州打工，學雕版印刷。十五年（一八一〇）爲英國傳教士馬禮遜雇傭，刻印《聖經》中譯本。二十年（一八一五）隨米憐至馬六甲，助其印刷出版中文刊物《察世俗每月統記傳》。翌年由米憐在馬六甲爲施洗入基督教新教。二十四年（一八一九）因著有關教義之書被捕罰款。道光三年（一八二三）於澳門被馬禮遜任爲牧師。十年（一八三〇）著書並在高州傳教。十二年（一八三二）刊行《勸世良言》九卷，對洪秀全等有較大影響。著有《勸世良言》、《熟學聖理略論》、《真理問答淺解》、《真道尋源》、《靈魂篇》、《聖經日課初學便用》、《祈禱文贊神詩》。子進德，曾任林則徐譯員。後任職洋行、海關。（《中國近現代人物名號大辭典》一一六四頁）

黃廷籍生。

黃廷籍（一七八九～一八二二），字宏簡，號酉山。香山人。諸生。年二十四受知於程鶴樵學使，補弟子員。著有《枕蓮吟館詩鈔》、《毛詩集說》、《見山書屋制藝》。張維屏《國朝詩人徵略二編》卷六二有傳。

吳蘭修生。

吳蘭修（一七八九～一八三九、一八三四、一八七三），原名詩捷，字石華。嘉應州松口人。嘉慶十三年（一八〇八）舉人，官信宜訓導（一說教諭）。阮元主政廣東，興建學海堂，蘭修參與其事，首任學長兼粵秀書院監院。構書巢於粵秀書院，藏書數萬卷。著有《南漢紀》五卷、《方程考》、《端溪研史》三卷、《荔村吟草》、《桐華（花）閣詞（鈔）》五卷、《學海堂二集》。國史館《清史列傳》卷七二有傳。

李嵩力戰死。

李嵩（？～一七八九），東莞人。官春江右營右哨千總。乾隆五十三年（一七八八）調安南黎城。翌年春節夜，軍營受襲，力戰而亡。（宣統《東莞縣志》卷六九）

清高宗乾隆五十五年　庚戌　一七九〇年

正月，帝以八旬萬壽，普免天下錢糧。二月，帝東巡，登泰山。至曲阜，謁孔林。四月，還京師。（蔡冠洛《清代七百名人傳》附《清代大事年表》）

陳鴻賓於本年中進士。（阮元《廣東通志》卷七七《選舉表》十五）

陳鴻賓，字漸逵，號雲門。南海人。乾隆五十五年（一七九〇）進士。著有《尚友堂詩》。陳融《讀嶺南人詩絕句》卷八有傳。

顏惇恪於本年中進士。（阮元《廣東通志》卷七七《選舉表》十五）

顏惇恪（？～一八〇七），原名斯絨，字治廉、詒兼，號心齋。南海人。乾隆五十五年（一七九〇）進士。嘉慶十一年（一八〇六）官刑部福建司主事，翌年卒於官。著有《常惺惺齋詩集》。陳融《讀嶺南人詩絕句》卷八有傳。

王宗烈於本年成貢生。

　　王宗烈，字竹□。肇慶人。乾隆①五十五年（一七九〇）府學貢生。善畫山水，亦善爲文。著有《撮囊》八卷、《事物權輿》十七卷，《紀齡彙典》十卷、《葉音彙編》、《儷言》、《釋雅》及《寶唾山房詩稿》、《文集》、《詩話》等。

　　王振乾於本年成貢生。

　　王振乾，龍川人。乾隆五十五年（一七九〇）貢生，封川訓導。（《龍川縣志》）

　　林國枌生。

　　林國枌（一七九〇～一八三五），字豐園。連平人。增生。著有《浮山草堂詩鈔》八卷、《文鈔》四卷、《賦鈔》一卷、《試帖》四卷、《歷代詩文正宗》三十二卷、《嶺南詩鈔》十六卷。張維屏《國朝詩人徵略二編》卷六二有傳。

　　黃仲容生。

　　黃仲容（一七九〇～一八五〇），號學蕉。梅縣人。嘉慶二十一年（一八一六）舉人，道光三年（一八二三）殿試中二甲進士，入翰林院，三年後以一等五名成績授職編修，後任江西、廣西道監察御史，代理都察院刑科給事中。（《客家名人錄》）

　　梁綸樞生。

　　梁綸樞（一七九〇～一八七七），字拱辰，號星藩，商名承喜（一作丞喜）。番禺人。道光八年（一八二八），捐輸河南工費，議敘道員銜。咸豐元年（一八五一）後，在廣東設局勸募軍費，倡辦團練。四年又籌餉募勇，協助鎮壓天地會。七年（一八五七）廣州被英法聯軍攻陷後，奉廣東巡撫柏貴命，與英法聯軍交涉投降事宜，後始終參與柏貴傀儡政權之對外交涉。著有《式谷堂家譜》一卷、《記事珠便讀》三卷。（《中國近現代人物名號大辭典》一一六六頁）

_____

　　①　一作康熙。

清高宗乾隆五十六年　辛亥　一七九一年

本年蕭廷發任韶州府學教授。（阮元《廣東通志》卷四七《職官表》三八）

蕭廷發，字亦齋。嘉應人。乾隆五十五年（一七九〇）進士。以親老，改就教職，任韶州府學教授。曾主講東山書院，至是丁内艱歸。在鄉授徒講學。著有《植蘭軒稿》。温汝能《粵東詩海》卷九四有傳。

本年顔斯緝任陽春縣訓導。（阮元《廣東通志》卷五一《職官表》四二）

顔斯緝，字菊湖。南海人。拔貢生。官陽春教諭。著有《菊湖詩鈔》。陳融《讀嶺南人詩絶句》卷九有傳。

吳健彰生。

吳健彰（一七九一～一八六六），名天顯、天垣，號道普，小名阿爽，在廣東經商時名天垣，外國人稱其爲爽宮。香山人。早年曾在澳門、廣州等地以販鷄爲業。道光十二年（一八三二）在廣州開設同順行經商。二十三年（一八四三）廣州開埠後經營茶葉貿易，積累巨資，並投資旗昌洋行，成爲該行七大股東之一。後至上海經營鴉片走私、茶葉貿易、典當業等，捐資候補道。二十八年（一八四八）任蘇松太道，嗣兼江海關監督。咸豐三年（一八五三）又倡行"借師助剿"。（《中國近現代人物名號大辭典》四九六頁）

單廷宣生。

單廷宣（一七九一～一八六四），字永坤，號裕綸。東莞人。家貧，曾外出教書爲生。東江水漲，不顧家人缺乏食物，出資募人護堤，前後共四十餘年。疾病流行，施藥醫治鄉人。（宣統《東莞縣志》卷七一）

潘正煒生。

潘正煒（一七九一～一八五〇），字榆庭，號季彤，又號聽騆樓主人。番禺河南龍溪人。祖籍福建。是廣州十三行外貿行商潘家第三代繼業者。以字畫鑒藏見長。於潘氏家園建有"聽騆樓"，作個人專事著述與珍藏書畫文物之所。著有《聽騆樓書畫記》正編、續編七卷、《藏真貼》六卷、《聽騆樓古銅印譜》四卷、《聽騆樓詩鈔》等多種。（《中國近現代人物名號大辭典》一三二二頁）

蘇六朋生。

蘇六朋（一七九一～一八六二），字枕琴、秋琴，號怎道人。順德人。世人稱其與蘇仁山為"嶺南畫壇二蘇"。少年即喜愛繪畫，專程到羅浮山，拜寶積寺名僧德堃和尚①為師習繪畫。學成後至廣州，在城隍廟外擺攤賣畫，且以此養家為生。最擅長人物畫，內容大多取材於都市百姓之市井風俗、平凡生活及傳說故事。所作山水畫與花卉設色亦以落筆濃淡相宜、雅致而為士林賞識。其《桐蔭聽琴圖軸》工精細致，儼如宋代李公麟；而其率意寫意作品《停琴聽阮圖卷》，宗法黃慎畫風。子子鴻，字少琴。善畫人物。（《中國近現代人物名號大辭典》三九三頁）

清高宗乾隆五十七年　壬子　一七九二年

十月，御製《十全記》成。（蔡冠洛《清代七百名人傳》附《清代大事年表》）

本年浙江仁和王文誥遊粵東，留居三十年，著有《韻山堂詩集》。（陳景鍇《海珠古詩錄》二○○頁）

鍾啟韶於本年中舉人。

鍾啟韶（一七六九～一八二四），字琴德，一字鳳石、頑石。新會人。乾隆五十七年（一七八九）舉人。性灑脫不羈，喜吹

---

①　釋德堃，字載山，本姓李。江西人。嘉慶間居羅浮寶積寺，晚歲為大佛寺住持。清苦自適，能詩，工畫人物，亦善寫照，嘗為譚敬昭寫雲泉雅集圖。廣州六榕寺、肇慶梅庵均有其白描佛像人物，筆致超逸。嘗為黃香石作粵嶽山人采芝圖，藏潘氏翦淞閣。（《翦淞閣隨筆》、《留雲庵隨筆》、《二十石山齋詩話》）

笛，自號篷航生。曾講學於潘有爲所築之龍溪六松園。又曾設館
於伍氏萬松園，伍元芳、元蘭、元薇、元葵①具受業門下。著有
《聽鐘樓詩鈔》四卷、《讀書樓詩鈔》。伍崇曜《楚庭耆舊遺詩》
卷前一四有傳。

謝光國於本年中舉人。

謝光國，字利賓、照山。番禺人。光輔弟。乾隆五十七年
（一七九二）舉人，凡七赴省試皆不第，南歸而父卒，抱痛不復
再試，主講禺山書院、欖山書院。復授知縣，以年老不就，加國
子監正銜。著有《存嶽樓吟草》。年六十二卒。（同治《番禺縣
志》卷四五）

林龍光於本年中舉人。

林龍光，字觀亭。南海人。乾隆五十七年（一七八九）舉
人，官青浦知縣。凌揚藻《國朝嶺海詩鈔》卷十四有傳。

高士釗於本年中舉人。

高士釗，字酉山。順德人。乾隆五十七年（一七八九）舉
人。著有《北遊草》。凌揚藻《國朝嶺海詩鈔》卷十四有傳。

蕭鉞揚於本年中舉人。

蕭鉞揚，字應庚，一字穎圃。新會人。乾隆五十七年（一七
八九）舉人，官湖南黔陽知縣。著有《懸車吟草》。言良鈺《續
岡州遺稿》卷六有傳。

陳疇於本年中舉人。

陳疇，字雨田。興寧人。乾隆五十七年（一七八九）舉人，
官饒平訓導，卒於任。著有《懸車吟草》。言良鈺《續岡州遺稿》
卷六有傳。

李嵩崙於本年中舉人。

李嵩崙，字譬齋。嘉應人。乾隆五十七年（一七八九）舉

---

① 伍元葵，字秋園。番禺河南溪峽人。於溪峽築月波樓。著有《月波樓詩
鈔》。

人，官樂昌教諭。著有《四書讀》十九卷。胡曦《梅水匯靈集》卷三有傳。

鍾琅於本年中舉人。

鍾琅，字崑圃。鎮平人。乾隆五十七年（一七八九）舉人，官南海教諭。胡曦《梅水匯靈集》卷三有傳。

關士昂於本年中舉人。

關士昂，字璧堂，號穗田。南海人。乾隆五十七年（一七八九）舉人，官知縣，歷署山西石樓、太谷兩縣，蒲州府同知。著有《雨窗小草》、《賦閑小草》。朱次琦、朱宗琦《朱氏傳芳集》卷外有傳。

吳常嘏於本年中舉人。

吳常嘏，潮州人。乾隆五十七年（一七八九）舉人，官高州茂名訓導。饒鼎華《匯山遺雅》有傳。

區燦如於本年中舉人。

區燦如，號晦亭。高明人。乾隆五十七年（一七九二）舉人，大挑一等，改任教席，先後任教連山、海陽、崖州，後任陝西榆林知縣。著有《養雲盧稿》。（《高明縣志》）

李馥萬於本年中舉人。

李馥萬，字集仙。信宜人。增廣生。安貧力學，至耄手不釋卷。歷年應試，二十四次不第，爲學生六十八載。八十三歲應乾隆五十七年（一七九二）鄉試，主考動容，特奏賜舉人。會試得館職，未任。（光緒《信宜縣志》）

陳桂芳於本年成貢生。

陳桂芳，字秀佩，號小山。東莞人。乾隆五十七年（一七八九）優貢生，官河源縣訓導，參與編修縣志。工詩，精書法，擅長古文。張其淦《東莞詩錄》卷四三有傳。

邵詠於本年成貢生。

邵詠，字子言，號芝房。電白人。乾隆五十七年（一七九二）優貢生，官韶州訓導。著有《種芝山房集》。吳道鎔《廣東文徵作者考》卷八有傳。

黎啟曙於本年成貢生。

黎啟曙，字旦華。電白人。乾隆五十七年（一七九二）歲貢生，官瓊州訓導，未任，於本邑受聘爲子弟師。著有《曉村詩稿》。七十四卒。（道光《電白縣志》）

黃之淑生。

黃之淑（一七九二～一八五二），字耕畹。諸生祖香女，適江蘇甘泉洪君偉，從義興謝松崖學繪事。四十而寡，名載列朝畫史、詩人、閨秀諸選。咸豐二年（一八五二）壬子南返，適粵寇至，與子葆齡皆死難。著有《蘭娵女史詩》一卷。陳融《讀嶺南人詩絕句》卷十五有傳。

鮑鵬生。

鮑鵬（一七九二～？），原名亞顒，號望山。香山（今中山）人。幼習英語。道光九年（一八二九）充當美國洋行買辦。十六年（一八三六）在澳門充當英國大鴉片販子顛地買辦。十九年（一八三九）被林則徐通緝，潛往山東濰縣，改名鮑鵬，匿知縣招子庸處。次年受山東巡撫托渾布之遣，至登州海面英船上辦理交涉。旋經托渾布引薦，任琦善通事，授八品銜，隨至廣東，曾多次代傳公文並充當翻譯。在與英國方面交涉中，洩露廣東沿海防務及内地情況。後因琦善私訂《穿鼻草約》，而一同被捕進京問罪。二十一年（一八四一）道光帝上諭將其"發往伊犁給官兵爲奴，遇赦不赦。"（《中國近現代人物名號大辭典》一二七三頁）

顏伯燾生。

顏伯燾（一七九二、一七八八～一八五五），字魯輿，號載帆，別號小岱。連平人。檢子。嘉慶十五年（一八一〇）舉人，十九年中進士，授翰林院編修。旋任武英殿提調、二十三年（一八一八）戊寅恩科四川副主考。道光二年（一八二二）出任陝西延榆綏道，調任陝西督糧道、按察使，甘肅、直隸布政使，陝西巡撫。十七年（一八三七）任雲南巡撫，兼署雲貴總督。二十年任閩浙總督。誥授榮祿大夫，賞戴花翎。主戰，上任伊始，組織軍民加固海防設施，積極練兵備戰，彈劾奕山謊報廣州戰況。璞鼎查北上時，在廈門嚴陣以待。然而廈門戰役慘敗，率領文武官員夜逃同安。事後，以未能進剿罪被革職回原籍，閒居達十二年。咸豐四年（一八五四），被起用，因赴京途中阻梗，奉旨改赴姑蘇任職，總統潮勇，辦江南軍務事。次年，卒於任上，朝廷按例復其閩浙總督、兵部尚書銜，靈柩運回連平老家，葬於城北灌子瑤。著有《回字樓奏議》及詩文集。《清代稿鈔本》中收錄其《求真是齋詩鈔、詩餘》。（《連平州志》）

清高宗乾隆五十八年　癸丑　一七九三年

八月，英吉利使臣馬嘎爾尼入觀。十一月，詔永停捐納例。（蔡冠洛《清代七百名人傳》附《清代大事年表》）

初春正月，劉統基賦《寄張蘅皋　有序》詩云：

庚戌五月，予與蘅皋都門一別，閱三年來，不聞音耗。癸丑初春，顧康庵主簿京回道江，遇蘅皋於滕王閣下，有劄寄予言："自辛亥離京，歷遊麻城、貴溪各故人署。今滯南昌，旅況之苦，筆不能狀。"及康庵口述情形，悽楚尤甚。康庵，蘅皋里人也。亦極相好，臨別時相持痛哭，揮淚盈盌云。聞之不勝惻然。春闈近矣，不審能北還否？爲寄二律。

分袂都門三歷春，一函初展墨痕新。久疑消息無來雁，誰料江湖訪故人。路入虎頭經險阻　麻城有虎頭關，山尋思谷得仙真　鬼谷山在貴溪。如何更向滕王閣，風雨淹留不計旬。

貂裘典去客衣單，千里遙聞范叔寒。食盡王孫無漂母，身如萍梗滯江干。花時定落思家淚，酒後應歌行路難。整頓敝縢歸去好，上林春已滿長安。（劉統基《南石山房詩鈔》卷下）

本年已完稿，嘉慶十四年（一八〇九）才鐫刻出版之黃巖所著《嶺南逸史》，可算早期客家小說。

黃巖，一名峻壽，字耐庵，號花溪逸士。程鄉人。貢生。著有《花溪草堂稿》、《醫學精要》（道光十年著、同治六年刊）、《眼科纂要》及《嶺南逸史》（同治六年刊）等。

鄧純於本年中舉人。

鄧純，字誠中。三水人。乾隆五十八年（一七一九）舉人。歷任陝西韓城、臨潼、白水、同官、麟遊、懷遠等縣知縣，有政聲。韓城王文簡贈以"慈惠廉明"。白蓮教川東起事，關中震動，兩次奉命解餉入川。臨潼任上，民多他徙，多方捍衛，城賴以全。（嘉慶《三水縣志》）

江遊龍於本年中武舉人。

江遊龍，雲浮人。乾隆五十八年（一七一九）武舉人，任江南壽春鎮中軍守備，後升亳州營都司。（《東安縣志》卷三）

韓榮光生。

韓榮光（一七九三、一七九一～一八六〇、一八五九），字祥河，號珠船，晚稱黃花老人。博羅人。道光五年（一八二五）拔貢，官吏部主事。八年，中順天鄉試舉人，補御史，轉刑科給事中。十六年（一八三六），將請告，復切陳天下會匪釀亂狀。歸里主講龍溪書院。多收藏唐宋名跡，擅詩書畫，人稱三絕。繪畫師法沈石田。著有《黃花集》。女璧如，能詩。著有《寫韻樓集》。冼玉清《冼玉清文集》上編有傳。妻黃採璣，字璿卿。番禺人。女綺如，新會容左卿室。有子錦川、春田，皆能詩。著有《容韓女士詩鈔》。陳融《讀嶺南人詩絕句》卷十五有傳。

丘如陵生。

丘如陵（一七九三～？），字雲峰。歸善人。同治六年（一八六七）賜副榜。倡修長壽庵、永福寺。[1] 事見《惠州西湖志》卷六。

伍元蘭生。

---

[1]　惠州永福寺據載始建於唐朝貞觀年間，是惠州首座寺廟。二〇〇〇年十二月經廣東省民族宗教事務委員會批准易地重建。

伍元蘭（一七九三～一八二一），字良徵，號香皋。番禺人。官刑部郎中。（《伍氏族譜》）

李如璠生。

李如璠（一七九三～一八六九），字寶林，號秀石。香山小欖人。由國學生援例任湖北建始縣典史，官至署建始縣丞。歷官二十餘載，清勤如一日。（光緒《香山縣志》）

郭鍾熙生。

郭鍾熙（一七九三～一八六五），字載容，號榕石，又名汝鵝，字薦臣。清遠人。曾祖亨泰，曾任約正，善詩文，著有《四書講義錄》，佚，邑志存詩數首。鍾熙勇於任事，道光元年（一八二一）舉人，授合浦訓導兼署欽州學正。著有《教諭語纂要》、《竹趣館詩集》、《焚餘詩草》、《思訓錄》、《榕石文集》及《周易纂要》等，邑志存詩文多則。（《廣州府志》、《清遠縣志》卷六）

曾釗生。

曾釗（一七九三～一八五四），字敏修，號（字）冕（勉）士，室名面城樓。南海人。道光五年（一八二五）拔貢生，官合浦教諭，調欽州學正。篤學好古，遇秘本或雇人影寫，或懷餅就鈔，積七八年，得數萬卷。入都，劉逢祿譽之。阮元督粵，延請課子。後開學海堂，特命爲學長。著有《周易虞氏義箋》七卷、《周禮注疏小箋》四卷、《詩說》二卷、《讀書雜志》五卷、《面城樓集》十卷等。道光二十一年（一八四一），英人焚掠海疆，率團勇三萬六千，晝夜演練，仙城防務遂密。二十三年，粵督謀修復虎門炮臺，進《炮臺形勢議》十條。已而廉洋賊起，委與軍事，海賊投首。咸豐四年卒於家。趙爾巽《清史稿》卷四八二有傳。族侄釋笑平，字勉之，號龍藏山人。品安和尚法嗣。性高潔簡遠，在城在鄉，閉戶罕出。城居獅子林有竹石之致，鄉居浴日亭有風濤之觀。書學胡介根，實得力於蘭亭。畫法參倪、黃。年近八十，約嶺內外諸老結九老會於古禺山云。冼玉清《冼玉清文集》下編有傳。

駱秉章生。

駱秉章（一七九三～一八六七），原名俊，以字行，又字籥門，號儒齋、文石。花縣人。道光十二年（一八三二）進士。翰林院編修，轉御史，累官至奉天府丞。尋遷翰林院侍讀學士，出爲湖南按察使，累擢湖南巡撫。咸豐十年（一八六〇）入蜀視師，擢四川總督、協辦大學士，擒殺石達開、李永和與藍朝鼎。同治六年病卒，贈太子太傅，謚文忠。著有《駱文忠公奏稿》。吴道鎔《廣東文徵作者考》卷九有傳。

清高宗乾隆五十九年　甲寅　一七九四年

八月，詔普免天下漕糧一次。（蔡冠洛《清代七百名人傳》附《清代大事年表》）

九月二十日，荷蘭使者乘船抵達黄埔港，兩廣總督覺羅長麟於海幢寺接見使者德勝，王文誥賦《長牧庵制府帶同荷蘭國貢使詣海幢寺接詔恭紀》七絶八首。（陳景鍇《海珠古詩録》二〇〇頁）

葉鈞於本年中解元。

葉鈞，字貽孫，一字石亭。嘉應州（今梅縣）人。乾隆五十九年（一七九四）解元，歷官曲陽、肥鄉知縣，祁州知州，卒於官署。著有《石亭詩文集》。凌揚藻《國朝嶺海詩鈔》卷一五有傳。

戴鶴齡於本年中舉人。

戴鶴齡，字彭忠，一字松澗。新會人。乾隆五十九年（一七九四）舉人。著有《穀詒堂遺稿》。言良鈺《續岡州遺稿》卷六有傳。

李科於本年中舉人。

李科，字魁文。新會人。乾隆五十九年（一七九四）舉人，官開平縣訓導。著有《悔遲閑録詩草》。言良鈺《續岡州遺稿》

卷六有傳。

黃及鋒於本年中舉人。

黃及鋒，號星崖。高要人。乾隆五十九年（一七九四）舉人，官西寧縣訓導、端江義學掌教。黃登瀛《端溪文述·端溪詩述》卷六有傳。

黎重光於本年中舉人。

黎重光，字南垣。嘉應人。乾隆五十九年（一七九四）舉人，官羅山知縣。胡曦《梅水匯靈集》卷三有傳。

黃延（一作廷）標於本年中舉人。

黃延標，字錦亭。鎮平人。乾隆五十九年（一七九四）舉人，官定安訓導。爲諸生時受知於學使翁方綱，尤熟《水經》，兼工碑版文。年六十始選授司訓，攜妻子渡海，六載罷歸。晚以大癡山人自署，年七十餘卒。著有《錦亭文稿》二卷、《聽松盧詩稿》二卷、《瓊海仕學編》一卷、《禹貢水道圖經》一卷。胡曦《梅水匯靈集》卷三有傳。

劉慶緗於本年中舉人。

劉慶緗，字梅冶。嘉應人。乾隆五十九年（一七九四）舉人，官甘肅文縣知縣。宋湘曾推爲勁敵。二十補弟子員，二十六領鄉薦，三十餘出仕。積勞卒於任。著有《紫藤書屋詩鈔》。張煜南、張鴻南《梅水詩傳》卷一有傳。

劉道源於本年中舉人。

劉道源，字恕堂。嘉應人。乾隆五十九年（一七九四）舉人，官江西知縣。晚就揚州主講梅花書院，未幾卒。著有《藥亭詩鈔》。張煜南、張鴻南《梅水詩傳》卷二有傳。

林日通於本年中舉人。

林日通，字睿昌。東莞人。鳳岡曾孫。乾隆五十九年（一七九四）舉人。尋卒，士林惜之。張其淦《東莞詩錄》卷四四有傳。

陳鴻猷於本年中舉人。

陳鴻猷，字蔚其。歸善人。乾隆五十九年（一七九四）舉人，高明教諭。嘉慶初，率鄉人禦海寇。惠陽書院遷豐湖，鼎力助之，並於嘉慶六年（一八〇一）作《遷建豐湖書院碑記》。事見光緒《惠州府志》卷二四。

馬敦仁於本年中舉人。

馬敦仁，字瓊煦。台山人。乾隆五十九年（一七九四）舉人，嘉慶六年（一八〇一）大挑一等，歷署福建羅源、福安、海隆、甌寧、龍溪諸縣。二十三年（一八一八）補永春州同知，未赴任。（《新寧縣志》）

方雲起於本年中舉人。

方雲起，號湘雯。普寧人。乾隆五十九年（一七九四）舉人，官東莞教諭。著有《樹木堂文稿》。（《潮州志·藝文志》）

鄧見龍於本年中舉人。

鄧見龍（？～一八一八），字爐峰。歸善人。乾隆五十九年（一七九四）舉人，官大埔訓導。（光緒《惠州府志》卷三三）

何應駒於本年中舉人。

何應駒，字高聘。番禺人。學青子。乾隆五十九年（一七九四）恩科舉人，嘉慶六年（一八〇一）大挑一等，分發四川，隨營總理川東軍需局。補慶符縣，調達縣，官至員外郎。卒年六十七。子紹曾，官縣丞，加五品銜。（同治《番禺縣志》卷四五）

何蕃輔於本年中舉人。

何蕃輔（？～一八三一），字宇垣。長寧（今新豐）人。矩渡長子。乾隆五十九年（一七九四）恩科舉人。有名公欽其學識品行，薦舉直隸天雄、明道兩書院掌教。嘉慶二十二年（一八一七）歲選，授徐聞教諭，後任儋州學正。道光十一年（一八三一）部選知縣，未赴而卒。（《長寧縣志》卷七）

陳廷選於本年中舉人。

陳廷選，字允充。番禺人。乾隆五十九年（一七九四）舉人。禮部考取教習，以親老不就，大挑亦不就。道光十一年（一八三一）選鄮縣知縣，在任五年，頌聲載道。十五年調榆林，以疾辭。卒於西安，年七十。著有《百尺樓吟草、續集》、《百尺樓文集》。（同治《番禺縣志》卷四五）

顏越於本年中舉人。

顏越，字萌汸、鑄廠，號鐵如。連平人。乾隆五十九年（一七九四）舉人，歷任直隸州知縣，升山東武定知府。（《連平歷科文物科甲》）

胡應江於本年成貢生。

胡應江，字晤琴。清遠人。乾隆五十九年（一七九四）貢生。工詩，時人許爲已入唐人之室。邑志存詩數首。著有《胡晤琴詩集》，佚。（《清遠縣志》卷十）

藍樹椿於本年中副榜。

藍樹椿，字子壽。嘉應人。乾隆五十九年（一七九四）副榜，考授教習，官連山教諭。張煜南、張鴻南《梅水詩傳》卷二有傳。

黄廷昭生。

黄廷昭（一七九四～一八三五），字懋簡，號萬青。香山人。官工部員外郎。工吟詠，善鑒別金石書畫。著有《宦遊詩草》。張維屏《國朝詩人徵略二編》卷六二有傳。

張玉堂生。

張玉堂（一七九四～一八七〇），字翰生，號應麟、幹生、翰墨將軍。歸善人。任大鵬協副將。年七十五，告老還。能詩善書，以拳書名。著有《公餘閑詠詩鈔》。事見李長榮《柳堂師友詩録》。

譚楷生。

譚楷（一七九四～一八七二），字谷山。順德人。總督祁墥禮聘入署，備詢時事，撰《鄉守要備》。又與蔡德光倡築合德圍、北輔圍，解鄉人水患。所居修築忍山齋，藏書萬卷。亦精通山水畫及醫學。著有《攬芳園詩鈔》、《周易摘疑》等。（《順德縣志》）

清高宗乾隆六十年　乙卯　一七九五年

十二月，詔明年歸政。（蔡冠洛《清代七百名人傳》附《清代大事年表》）

正月初一日，劉統基赴京會試途中於舟中賦《乙卯舟中元旦》詩云：

又作長安萬里行，辭家一月歲華更。丈夫慣別難禁淚，客子逢春倍有情。細雨斜風沙口岸，重雲遠樹惠陽城。布帆無恙扁舟穩，好酌椒花頌太平。

統基赴京途中又賦《過中宿峽》、《上樂昌瀧》。

十六日，統基賦《瀧中雪泊》詩云：

弭櫂瀧頭曉夢寒，江天一色雪漫漫。上元夜向春初盡，是日正月十六，爲立春之次日。六出花從雨後看。道險果然人蹟少，酒酣那怯客衣單。陽回轉瞬東風好，萬里晴光入望寬。

又賦《晚抵平石》、《自宜章縣度小嶺至郴州》、《蘇躭故宅》、《舟下三湘》、《長沙府》、《過洞庭湖》、《登岳陽樓》等詩。

本年統基下第，賦《乙卯下第　是年大挑二等，以教職用》詩云：

招賢自古重金臺，雨雪風塵萬里來。北路慣經如舊識，春官三上又空回。此生祇合爲儒老，我輩原非作吏才。借得奇書三百卷，不知門外長莓苔。

後又賦《得兒子書寄示四首》、《大理獄楊忠湣公祠》、《九日》、《生朝有感呈邱滋畬比部》、《生朝寄示兒子》等詩。

又賦《寄懷家兄》詩云：

別動經年見面難，尺書遙寄問平安。是吾兄弟腸偏熱，知爾童烏淚未乾。兄年五十二，始得一子，今年二月四歲夭亡。萬里霜天鴻雁杳，斷原風雨脊令寒。黃金臺下冬將杪，一夕相思感百端。

後又賦《螢火》、《都憲寶東皋先生輓詞》、《不寐二首》、《除夕》等詩。（以上劉統基《南石山房詩鈔》卷下）

本年周暢偕其群季正章、翔登執經柘經草堂。

周暢，字憲章，一字鑒亭。番禺人。乾隆六十年（一七九五）偕其群季正章、翔登執經柘經草堂，聚首三年。凌揚藻《國朝嶺海詩鈔》卷二一有傳。

本年歲饑，鄒川奇出粟賑濟，活人甚多。

鄒川奇，字自英，號卓亭。龍川人。例貢生。秉性渾厚，持身端嚴。嘉慶二十三年（一八一八），已八十五歲。（《龍川縣志》）

本年林芰與葉廣、林世榮、黃維雄、李子實等重建城南太平橋，倡捐甃石，眾皆德之。

林芰，茂名人。為監生。乾隆六十年（一七四五），與葉廣、林世榮、黃維雄、李子實等重建城南太平橋，倡捐甃石，眾皆德之。有廣西客寄宿，遺銀三百，芰檢得，悉還之。高廉道王慶長舉為鄉正。（光緒《茂明縣志》）

本年歲饑，練士榮捐穀平糶。

練士榮，陸豐人。監生。好善樂施。與其弟士達相規勸。乾隆六十年（一七九五）歲饑，捐穀平糶。嘉慶初海寇之亂，偕監生劉大壽等，共捐資修甲子城池及炮臺。（《陸豐縣志·附錄》）

鄭士超於本年中進士。

鄭士超，字卓仁，號貫亭。陽山人。乾隆六十年（一七九五）進士，授工部主事，仕至御史。旋卒於任。溫汝能《粵東詩海》卷九五有傳。

何會祥於本年中進士。

何曾祥，字道夫，一字嘉圃。番禺人。乾隆六十年（一七九五）進士。由翰林檢討改內閣中書舍人，晋內閣協辦侍讀。四十八年（一七八三）領鄉薦。嘉慶七年（一八〇二）卒於京師。著有《深禮堂遺稿》。凌揚藻《國朝嶺海詩鈔》卷十六有傳。

李實於本年中進士。

李實（一七五八～一八二五），字世名，號充之。新會人。乾隆六十年（一七九五）進士，授肇慶、惠州府教授，晋光祿寺署正。解組後屢主景賢、紫水書院講席。卒於道光五年，年六十有八。著有《寶研堂文集》、《鋤月軒詩鈔》。溫汝能《粵東詩海》卷九五有傳。張維屏《國朝詩人徵略二編》卷四八有傳。

傅玉林於本年中進士。

傅玉林，字曉山。海陽（今潮安）人。修子。乾隆六十年（一七九五）進士，授福建福安知縣。逾年入爲吏部郎中，至京兼充圓明園參官。以體弱勞瘁，得疾卒。（光緒《海陽縣志》卷四十）

黃丹書於本年中舉人。

黃丹書（一七五七～一八〇八），字廷授，一字（號）虛舟。順德人。年少能詩，受學使李調元稱賞。乾隆六十年（一七九五）舉人，授開平訓導（一說教諭）。馮敏昌主粵秀書院，以監院事。工書、畫、詩，並稱三絕。與黎簡、張錦芳、呂堅合稱嶺南四子。著有《鴻雪齋詩鈔》八卷、《文鈔》一卷、《胡桃齋詩餘》一卷。子玉衡，嘉慶十六年（一八一一）辛未翰林，改御史。吳道鎔《廣東文徵作者考》卷八有傳。

溫丕謨於本年中舉人。

溫丕謨，字遠猷，號濂渚。順德人。乾隆六十年（一七九五）舉人，旋卒。著有《濂渚詩鈔》。梁九圖、吳炳南《嶺表詩傳》卷十一有傳。

劉璋於本年中舉人。

劉璋，字懷光，一字崑山。番禺人。乾隆六十年（一七九五）舉人，歷興寧、感恩、靈山教諭。秩滿，調補知縣。凌揚藻《國朝嶺海詩鈔》卷十六有傳。

吳應逵於本年中舉人。

吳應逵，字鴻來，一字雁山。鶴山人。乾隆六十年（一七九五）舉人。著有《雁山詩文集》。伍崇曜《楚庭耆舊遺詩》卷前六有傳。

蘇鴻於本年中舉人。

蘇鴻，字鈜彥，號翔海。番禺人。乾隆六十年（一七九五）舉人，官連州學正。著有《侶石山房詩草》。張維屏《國朝詩人徵略二編》卷四八有傳。

陳誥於本年中舉人。

陳誥，號勉襄。高要人。乾隆六十年（一七九五）舉人，官潮陽教諭、韶州府教授。黃登瀛《端溪文述‧端溪詩述》卷六有傳。

吉履青於本年中舉人。

吉履青，字雲巖，號鐵庵。長樂人。乾隆六十年（一七九五）舉人。主講金山書院。著有《娜嬛書屋詩草》。余祖明《廣東歷代詩鈔》卷二有傳。

黃宗翰於本年中舉人。

黃宗翰，字大維。嘉應人。乾隆六十年（一七九五）舉人。張煜南、張鴻南《梅水詩傳》卷一有傳。

謝獻疇於本年中舉人。

謝獻疇，字綠田。嘉應人。乾隆六十年（一七九五）舉人。張煜南、張鴻南《梅水詩傳》卷九有傳。

鍾學洙於本年中舉人。

鍾學洙，海豐人。乾隆六十年（一七九五）舉人，官徐聞教諭。（《惠州府志》）

黃炳於本年中舉人。

黃炳，字文峰。遂溪人。乾隆六十年（一七九五）舉人，曾任廣西興業、博白、貴縣、興安、武緣、羅城知縣。後任百色同知，因病卒於官。（道光《遂溪縣志》）

梁洸國於本年中舉人。

梁洸國，字用甫，號礪山。遂溪人。廷拔子。增貢生。乾隆六十年（一七九五）舉人。事母極孝，告終養不仕，晋授國子監監丞銜。（道光《遂溪縣志》）

姚大甯於本年中武舉人。

姚大甯，字允盛，南海和順大文教村人。自幼棄儒學武，精騎射。乾隆六十年（一七九五）鄉試武舉。嘉慶四年（一七九九），兵部會試武進士。便殿御試時破格發九箭令射皆中，賜甲等第一名武狀元，獎給頭等侍衛服及黃金甲鎧。十二年（一八〇七）侍衛皇帝出古北口獮獵得病，還京後卒。葬螺絲崗。倜儻好施。赴京會試時，曾有同考始興人病殁京邸，厚殮之，並爲籌資扶柩南歸。（《南海名人數據庫》）

陳壯威於本年中武舉人。

陳壯威，清遠黃田堡（今屬佛岡）人。清遠學武生。乾隆六十年（一七九五）鄉試武舉。（《佛岡廳志》）

朱松齡於本年成貢生。

朱松齡，號蒼山。清遠人。澧子。乾隆六十年（一七九五）優貢。主講鳳城書院八年，參與總纂縣志。道光四年（一八二四）任陽江訓導，掌濂溪書院七年，卒於官。著有《四書正義》、《香雲齋詩文鈔》等。（《肇慶府志》）

彭鳳儀於本年成貢生。

彭鳳儀，龍川人。澧子。乾隆六十年（一七九五）恩貢。嘉慶三年（一七九九）進士，官工部員外郎。（《龍川縣志》）

杜遊生。

杜遊（一七九五、一七九四～一八五三），原名鳳賢，字（號）洛川，號（字）善輝、南園，室名南園別墅，晚號悔遯老人。番禺人。貢生，官候選訓導。好吟詠、善書畫，工水墨松。著有《洛川詩略》、《南園別墅詩集》。

何瑞齡生。

何瑞齡（一七九五～一八五九），字遯年，號芝田。香山小欖人。道光十四年（一八三四）甲午科舉人，大挑二等，授韶州乳源教諭，截取知縣。著有《芝田吟稿》、《世貽堂稿（詩）》。（光緒《香山縣志》）

陳慶鏞生。

陳慶鏞（一七九五～一八五八），字乾翔、笙叔，號頌南。高要（一作福建泉州）人。道光十二年（一八三二）進士，官至監察御史。二十三年（一八四三）上奏《申明弄賞疏》，反對起用鴉片戰爭中喪權辱國而被革職之琦善、奕山、牛鑒、文蔚等人，與朱琦、蘇廷魁並稱爲“天下三大鯁直御史”。精研漢學與金石學，學問淵博。著有《籀經堂集》、《三家詩考》、《說文辭》、《古籀考》等。卒贈光祿寺卿，欽賜祭葬。（《中國近現代人物名號大辭典》六八一頁）

賴恩爵生。

賴恩爵（一七九五～一八四八），字簡廷。新安縣大鵬城（今深圳龍崗區大鵬鎮）人。出生於行伍世家，爲賴氏“三代五將”之一。父英揚致力緝匪抗盜，官至浙江定海鎮總兵官，卒封振威將軍；叔父信揚官至福建水師提督，封安騖將軍。恩爵少時隨父出任陽江，後在陽江入伍，歷任兵士、把總、千總、守備、都司、遊擊等職。道光十八年（一八三八）補海門營參將。次年指揮水師在中英九龍海戰中擊敗英軍。道光皇帝賞戴花翎，封“呼爾察圖巴圖魯”，授副將。後參加中英穿鼻洋、官涌海戰，屢立戰功，二十一年（一八四一）升南澳鎮總兵。二十三年，擢廣

東水師軍務提督。二十八年（一八四八）授振威將軍。（《寶安文史》）

曾天養生。

曾天養（一七九五?、一七九〇～一八五四、一八五三），後改名添養。原籍歸善（今惠陽），生於廣西潯州（今桂平）。參加金田起義時已六十餘歲，有黃忠遺風。歷任御林侍衛、指揮、檢點、秋官又正丞相。道光三十年（一八五〇）正月十六日，天養等朝見洪秀全，勸其慎言崇正，歷久不渝。後在城陵磯戰鬥中犧牲。（《廣東近現代人物詞典》五一三頁）

清仁宗嘉慶元年　丙辰　一七九六年

正月，清仁宗受禪即位，尊高宗爲太上皇帝，立嫡妃爲皇后，舉千叟宴。湖北白蓮教起事。二月，帝御乾清門聽政。四川、陝西白蓮教繼起。

正月初一日，劉統基賦《丙辰元旦》。

初七日，賦《人日》詩等。

後又賦《梨園歌者魏三成都人妙齡時演劇京師色藝兼絕一時貴介爭寶之如珠玉中閒以妌回籍近復入都年四十九矣仍登場售技觀者至無隙地以容其丰姿婌媚不減昔時羣詫爲得未曾有蓋天生尤物也至張緒當年令人想煞更無論已因爲三絕句》、《天津》、《武城》、《投金瀨懷古》、《瀨上書懷》、《贈溧陽黎于岸明府》、《吳門夜泊》、《滄浪亭》、《眞孃墓》等。

九月初九日，統基賦《九日舟中》詩云：

吳江楓落菊花黃，秋雨秋風道路長。水驛雲寒天意慘，塞鴻聲苦客心傷。江湖易老因何事，骨肉無多各一方。身世飄蓬堪自笑，三年三處度重陽。甲寅在五羊，乙卯在京師，今年在江上。

後又賦《桐江釣臺》、《歸度梅嶺口占三首》。（以上劉統基《南石山房詩鈔》卷下）

本年呂堅五十四歲，賦《沙洲即事》七律，詠珠江三角洲河

網中之沙坦，寫出了詩人對鄉土之熱愛。（陳永正《嶺南歷代詩選》三八〇頁）

本年詔舉孝廉方正，楊英翰辭不赴。

楊英翰，字興侯。電白人。嘉慶元年（一七九六）詔舉孝廉方正，辭不赴。慷慨好施，出穀或貸錢以賑救飢民，出資設義學，延請名師，供貧窮者就讀。（道光《電白縣志》）

本年王大猷以捕海盜功任外委候補。

王大猷（？～一八〇七），東莞人。官大鵬營把總，因故撤職。嘉慶元年（一七九六）以捕海盜功外委候補，十二年與海盜作戰陣亡。（宣統《東莞縣志》卷七〇）

本年大興朱珪撫粵，課士越華書院，大賞黎光彌。

黎光彌，字從輝。番禺人。少貧，隨父賈於市。既冠始讀書。嘉慶元年（一七九六）大興朱珪撫粵，課士越華書院，大賞之，手授《十三經注》。六年中鄉舉。後卒於家。（《青梅巢集》）

楊中龍於本年殿試中式。

楊中龍，號北海。大埔人。乾隆六十年（一七九五）進士，嘉慶元年（一七九六）殿試，官內閣中書舍人、同知。著有《北海詩文稿》。陳融《讀嶺南人詩絕句》卷八有傳。

林紹光於本年中進士。

林紹光，字延宗，一字迪園。南海人。嘉慶元年（一七九六）進士，官戶部郎中，出知安陸府六年。凌揚藻《國朝嶺海詩鈔》卷一六有傳。

劉名載於本年中進士。

劉名載，永安（今紫金）人。嘉慶元年（一七九六）進士，官吏部主事、河南道監察御史、山東武定知府。（《永安三志》）

宋穎揚於本年成貢生。

宋穎揚，花縣人。嘉慶元年（一七九六）歲貢生，官乳源縣教諭。（民國《重修花縣志》卷八）

侯欽宸於本年成貢生。

侯欽宸，花縣（今花都）人。嘉慶元年（一七九六）拔貢，官龍川縣學教諭。（民國《重修花縣志》卷八）

鄧馨廷於本年舉孝廉方正。

鄧馨廷，字昌湖，號蘭谷。龍川人。（《龍川縣志》）

馮濂於本年舉孝廉方正。

馮濂，新興人。嘉慶元年（一七九六）特科孝廉方正，任貴州麻哈州知州，歷知仁懷、安南等縣事。（《〈新興縣志〉初稿》）

丘建猷生。

丘建猷（一七九六、一七九五～一八五四），大埔人。道光八年（一八二八）中舉人，十四年（一八三四）考取進士，選庶吉士，後授檢討，曾任國史館協修，參予《大清一統志》編纂。二十三年（一八四三），充任總纂官，由其定稿成書，凡五百卷。擢文淵閣校理，補山西道監察御史，後任松江、常州、贛州知府等，調南康郡守，以母老辭官回籍。曾先後在海陽、龍湖、澄海、景韓、韓山等書院掌教。（一九九二年《大埔縣志》）

李匯祥生。

李匯祥（一七九六～一八八一），原名兆能。番禺人。設米肆，出入務求平允。平生好周人之急，無疾言遽色，以讀書明理訓示子孫。（《番禺縣續志》卷二二）

何欣榮生。

何欣榮（一七九六～一八六六），南海人。貢生。致力於農耕，終生未出仕。著有《農耕要術》。（《南海縣志》）

梁廷枏生。

梁廷枏（一七九六～一八六一），字章冉，號藤花主人、辒紅醉客，室名藤花亭。順德人。道光十四年（一八三四）副貢，官澄海訓導。咸豐時賜內閣中書，加侍讀銜。嘗力贊林則徐戒煙。後主講越秀、越華兩書院。著有《南漢書》、《東坡事類》、《順德縣志》、《海國四說》、《粵秀書院志》、《藤花亭詞》及《江梅夢》、《圓香夢》傳奇等。張維屏《藝談錄》卷下有傳。長女

媛玉，字貞卿。許字林桂子，未嫁卒。次女媞玉，字瑩媚。奉祖
母守貞，淹通群籍。與姊媛玉合撰《同懷賸稿》，有林則徐題記。
陳融《讀嶺南人詩絕句》卷十五有傳。

　　楊秋碧生。

　　楊秋碧（一七九六～一八五五），字澹如。和平人。早年從
徐旭曾於鳳山、豐湖書院苦學五載。道光五年（一八二五）由廩
生選拔貢。十八年（一八三八）聘爲龍湖書院掌教，董修學宮。
（《和平縣志》）

　　李富陣亡。

　　李富（？～一七九六），番禺人。行伍。嘉慶元年（一七九
六）從征四川教民，陣亡。（阮元《廣東通志》卷二八七）

清仁宗嘉慶二年　丁巳　一七九七年

　　**二月，皇后崩。以劉墉爲體仁閣大學士。七月，湖廣總督畢
沅卒於軍。**（蔡冠洛《清代七百名人傳》附《清代大事年表》）

　　五月，劉統基署任嘉應州。（劉統基《南石山房詩鈔》卷下
《梅州留別》）

　　本年張永成率粵兵赴兩湖，有戰功。

　　張永成（？～一七九八），字思遠。三水人。以軍校升潮州
城守營都司。嘉慶二年（一七九七）率粵兵赴兩湖，有戰功。調
四川鎮壓白蓮教，因功賞遊擊銜，賜巴圖魯號。三年隨征達州，
死於旗山之役。（嘉慶《三水縣志》）

　　盧鳴盛於本年成貢生。

　　盧鳴盛，字拜賡，號丹林。東莞人。嘉慶二年（一七九七）
歲貢生，選會同縣訓導。張其淦《東莞詩錄》卷四六有傳。

　　何百揆於本年補諸生。

　　何百揆，字時敍，號理亭。東莞人。嘉慶二年（一七九七）
邑庠生。著有《理亭詩草》。何天衢《欖溪何氏詩徵》卷十有傳。

　　王映斗生。

　　王映斗（一七九七～一八七七），字運中，號漢橋、瀚嶠。定安（今屬海南）人。道光二十四年（一八四四），中二甲第十四名進士。二十七年（一八四七）由戶部雲南司主稿轉爲陝西司主事。翌年，另任陝西司員外郎。二十九年升四川司郎中。咸豐帝即位，特令隨赴浙江清理倉庫、校閱營伍，查檢東南兩河浮費，裁減冗員。由於成績卓著，聲名大震，升鴻臚寺少卿。丁父憂守喪三年。期間被聘掌教越華書院。咸豐八年（一八五八）復官，翌年升內閣侍讀學士。十年（一八六〇）充任恩科會試同考官、光禄寺卿、太常寺少卿、大理寺少卿。同治二年（一八六三）調奉天府丞、提督奉天學政。任滿回京復職，旋升太僕寺卿、太堂寺卿、大理寺卿。九年（一八七〇）乞歸。途經省城，被挽留再主越華書院，十二年（一八七三）堅辭歸里。卒於家。編纂《定安縣志》。次子器成，字公輔，號心農，又號晚愚。光緒六年（一八八〇）中進士，累官至刑部主事。人稱"父子進士"。（《廣東近現代人物詞典》一九頁）

　　黃位中生。

　　黃位中（一七九七～一八六七），字松岳。化州人。主講石龍書院，刻有《石龍課藝》。因捐款鎮壓太平軍，清廷賞戴藍翎。同治二年（一八六三）選授浙江宣平知縣。（《化州縣志》卷九）

　　李福陣亡。

　　李福（？～一七九七），番禺人。行伍。嘉慶二年（一七九七）隨軍征湖北教民起義，陣亡。（阮元《廣東通志》卷二八七）

　　岑現佩陣亡。

　　岑現佩（？～一七九七），德慶人。官貴州安順協中軍都司，奉調帶兵臺灣、湖南、雲南、湖北等處，有功，授實缺都司。嘉慶二年（一七九七）出征四川達州，陣亡。贈封雲騎尉世職，世襲恩騎尉。（《德慶州志》）

　　徐泰來殉職。

徐泰來（？～一七九七），字高峰。龍川人。斯適曾孫。幼隨其叔新會營千總徐標英入伍，升署左翼鎮標守備。嘉慶二年（一七九七），奉命巡夜，聞洋匪炮聲，當即督率船隻、兵勇，星夜追剿，至老萬山下，颶風大作，船隻覆沒，殉職。（《龍川縣志》）

清仁宗嘉慶三年　戊午　一七九八年

正月，劉統基賦《梅州留別》詩云：

寒氈初試薜蘿身，借箸梅州廿五旬 丁巳五月署任，戊午正月卸事。校士只憑先正法，讀書深愧簫中人。江山入句餘情在，桃李逢時滿眼新。別去風光饒客況，片帆指處盡芳春。（劉統基《南石山房詩鈔》卷下）

方秉哲於本年中舉人。

方秉哲，字保亭，一字蘊圃。番禺人。嘉慶三年（一七九八）中舉人。精數學。著有《愛景軒詩鈔》。凌揚藻《國朝嶺海詩鈔》卷一七有傳。

漆璘於本年中舉人。

漆璘，字仲琛，一字龍淵，又字東樵。番禺人。嘉慶三年（一七九八）中舉人。著有《思古堂詩鈔》等。伍崇曜《楚庭耆舊遺詩》卷前十有傳。

馮國倚於本年中舉人。

馮國倚（一七七一～一八四四），字礌泉，號覺林。南海人。嘉慶三年（一七九八）中舉人，官浙江雲和知縣，在任僅六月罷歸。主八旗書院講席凡二十九年，卒年七十四。著有《嘉聲齋詩存》。張維屏《國朝詩人徵略二編》卷四九有傳。

趙元謙於本年中舉人。

趙元謙，號地山。順德人。嘉慶三年（一七九八）中舉人，高要教諭兼端溪書院監院。黃登瀛《端溪文述·端溪詩述》卷五有傳。

李汝謙於本年中舉人。

李汝謙，字和甫。嘉應人。嘉慶三年（一七九八）中舉人。與宋湘等多酬唱。胡曦《梅水匯靈集》卷三有傳。

溫鳴泰於本年中舉人。

溫鳴泰，字一齋。長樂人。嘉慶三年（一七九八）中舉人，官花縣訓導。著有《一齋詩集》二卷。胡曦《梅水匯靈集》卷三有傳。

楊師時於本年中舉人。

楊師時，字企齋。嘉應人。嘉慶三年（一七九八）中舉人，官德慶州學正。工古文，與宋湘交最篤。著有《愛日堂存稿》。張煜南、張鴻南《梅水詩傳》卷二有傳。

楊鴻舉於本年中舉人。

楊鴻舉，字翼江。嘉應人。嘉慶三年（一七九八）中舉人。著有《耕書堂詩草》二卷。張煜南、張鴻南《梅水詩傳》卷二有傳。

梁傑於本年中舉人。

梁傑，字立亭。嘉應人。嘉慶三年（一七九八）中舉人，十三年進士，官山東莘縣知縣。在任三年，道路皆聞頌聲。張煜南、張鴻南《梅水詩傳》卷三有傳。

趙鯨於本年中舉人。

趙鯨，字佩之，號南溟。東莞人。嘉慶三年（一七九八）中舉人，官連州學訓導。張其淦《東莞詩錄》卷四六有傳。

文在中於本年中舉人。

文在中，石城（今廉江）人。嘉慶三年（一七九八）中舉人，署江西吉水知縣。著有《誠齋遺稿》。（民國《石城縣志》）

鄧彬於本年中舉人。

鄧彬，字均甫。梅縣人。嘉慶三年（一七九八）中舉人，七年進士。歷任山東海豐（今無棣）、湖北黃梅知縣，施南府同知，連平教諭兼主鳳陽講席。（《梅縣歷代鄉賢事略》）

葉銘熙於本年中舉人。

葉銘熙，龍川人。嘉慶三年（一七九八）中舉人，七年進士。二十三年（一八一八）任直隸鉅鹿知縣。（《龍川縣志》）

李士倌於本年中舉人。

李士倌，原名廷官，號白山。順德人。嘉慶三年（一七九八）中舉人，挑選知縣，分發陝西，到省半年，因母喪回鄉。十四年（一八○九），洋匪竄入內河，奉檄倡辦團練。卒年九十三。（《順德縣續志》）

李仲瑜於本年中舉人。

李仲瑜，字朗川。原籍新會，其父充番禺貢生，遂占籍番禺。嘉慶三年（一七九八）舉人。（同治《番禺縣志》卷四六）

宋佐平於本年中舉人。

宋佐平，花縣人。嘉慶三年（一七九八）舉人，官鶴山縣學教諭。（民國《重修花縣志》卷八）

呂浩於本年成貢生。

呂浩，嘉應人。嘉慶三年（一七九八）優貢，薦舉孝廉方正。著有《一齋詩集》二卷。胡曦《梅水匯靈集》卷三有傳。

陸喬松於本年成貢生。

陸喬松，字一蒼。石城（今廉江）人。嘉慶三年（一七九八）歲貢。聰明嗜學，夜常身不貼席。輯有《六經注疏》。（光緒《石城縣志》）

曾鎮於本年成貢生。

曾鎮，花縣人。嘉慶三年（一七九八）歲貢生，官英德縣學教諭。（民國《重修花縣志》卷八）

蘇其章於本年中副榜。

蘇其章，號琢庵。徐聞人。嘉慶三年（一七九八）鄉試副榜，五年（一八○○）舉人，七年進士，任翰林院檢討。曾資助桑梓修文廟，興義學等。（新編《徐聞縣志·人物編》）

梁龍昂於本年中副榜。

　　梁龍昂，開建（今封開）人。舉人。淳厚篤實，家貧好學。
嘉慶三年（一七九八）戊午科欽賜副榜。（《開建縣志》）

　　單興詩生。

　　單興詩（一七九八～一八七七），字藻林。連州人。道光十
五年（一八三五）進士，歷任戶部浙江司郎中、江西臨江知府等
職。果斷廉明，嚴於法治。同治六年（一八六七）奉詔入京，以
病乞歸。重修（連州志），任總纂。後掌教於北江書院。光緒三
年病逝，終年八十歲。（民國《連縣志》卷六、新編《連縣志》
第六編第一章）

　　裘燦生。

　　裘燦（一七九八～一八七七），字絅堂。歸善（今惠州）人。
授布政司理問。自奉簡約而慷慨濟人。主持修府、縣兩城，倡捐
千金。（光緒《惠州府志》卷八）

　　練廷璜生。

　　練廷璜（一七九八～一八五〇），字宜獻，號立人。連平州
人。道光二年（一八二二）補諸生，三年廩於學，五年（一八二
五）拔貢，分發江蘇，歷署陽湖、丹陽、元和、上海、長州、嘉
縣知縣，後任宜興、常熟知縣，加知州銜，升授江蘇松江府事、
朝議大夫，例晉中憲大夫。著有《希鄭齋古文》、《嘉定守城記》。
（《連平州歷科文武科甲·詞林·侍衛官宦鈔》）

清仁宗嘉慶四年　己未　一七九九年

　　**正月，太上皇帝崩。詔除副封。大學士和珅有罪賜死。二
月，帝御西廠幄次，引見官員。**（蔡冠洛《清代七百名人傳》附
《清代大事年表》）

　　姚文登遊吳，以《初學檢韻袖珍》質正於錢大昕，大昕爲
之序

　　姚文登，字松陰。澄海人。乾隆間廩生。精於韻律，著有
《初學檢韻袖珍》。嘉慶四年（一七九九）遊吳，以是書質正於錢

大昕。大昕爲之序，謂“其於同聲異韻，同字異讀之別，辨之審而守之約，洵可爲詩賦家圭臬，詎獨爲初學之益也”。（《潮州志·藝文志》）

宋湘於本年中進士。

徐旭曾於本年中進士。

徐旭曾，號（字）曉初。和平人。乾隆五十四年（一七八九）撥貢，五十七年（一七九二）順天舉人，嘉慶四年（一七九九）進士，任户部福建司、四川司主事，歷掌粵秀、平湖、鳳山等書院。著有《梅花閣吟》。（《和平縣志》）

何南鈺於本年中進士。

何南鈺（約一七五三～一八三一），字相文。博羅人。嘉慶四年（一七九九）進士，翰林院庶吉士，改官兵部雲南臨安府知府、迤西道。辭官歸里，主教粵秀書院。著有《範經堂文集》、《燕滇雪跡詩集》。伍崇曜《楚庭耆舊遺詩》卷前二有傳。女詞仙，張惺門明府夫人也。工詩善畫，每與惺門相唱和。題詠頗富。何日愈《退庵詩話》卷二有傳。

張瓚生。

張瓚（一七九九～一八六八），字玉章，號筱迂。東莞人。嘉慶諸生。家貧，教書爲業。任約正，拒收賄賂。著有《東莞庠士錄稿》。（《東莞詩錄》卷五六）

梁崇卒。

梁崇（？～一七九九），字德齋。嘉應人。官陝西咸寧縣典史。嘉慶四年（一七九九）官軍駐鎮安征教匪，領兵守鳳凰嘴。賊散，解囚回省，與張漢朝賊遇，釋囚七人，賊至被執，不屈死。能詩，著有《灞陵小草》二卷。阮元《廣東通志》卷三〇五有傳。

李自明戰死。

李自明（？～一七九九），新會人。由行伍歷官連陽營守備。嘉慶四年（一七九九）四川白蓮教起事，與同邑順德協左營千總

張耀、新會營把總鄧國祥、順德營把總陳士英隨軍前往征剿，皆戰死。（阮元《廣東通志》卷二八七）

陳升陣亡。

陳升（？～一七九九），番禺人。撫標營兵。嘉慶四年（一七九九），從何振剛征四川雲臺山，陣亡。（阮元《廣東通志》卷二八七）

清仁宗嘉慶五年　庚申　一八〇〇年

五月，陽江以仇大欽、王者進爲首之會黨變亂被平，劉統基賦《陽江感事八首　庚申五月》詩云：

海內承平久，恩波溢四陲。牧民皆父母，敷政尚仁慈。屢報卿雲見，稀聞畫角吹。如何猶梗化，甘自負清時。

惡竹應須斬，無令剩一竿。頑夫肆荼毒，善類苦傷殘。仇大欽、王者進等糾衆結盟，欺壓良善，苛派錢文。癰久能成患，根深欲拔難。狡焉忽思逞，平地起風湍。四月以後謠言漸起，縣尹朱署任未久，即商同協戎婁嚴查保甲，設法訪拿。至閏四月下旬，遂公然有猖獗之舉。

倉卒募鄉勇，江城幸不孤。城中兵少，予因令就近紳士，並飛劄各鄉紳士，招集鄉勇守禦，三日內至者六七百人。兒童爭制梃，文武共張弧。木柝徇終夜，星戈塞四衢。匪徒知有備，將進復踟躕。黑雲在天半，午夜數登樓。野哭聲何苦，風悲氣似秋。關心驚號礮，按劍望城頭。退賊慙無計，休嘲肉食謀。

元戎率師至，壓境示軍威。百里聞刁斗，千家望伙飛。蟲沙俱喪膽，草野不扃扉。烏合何能衆，紛紛失所依。適提軍孫巡查海道，駐節電、陽。接協戎婁警報，即會同高廉鎮總戎楊，領兵五百，次太平墟，匪徒聞風膽落，紛紛鳥獸散。

徧野張羅急。諸紳士各率鄉勇，隨官兵購線搜捕。羣凶竄命忙。萬人思殺賊，三日報擒王　謂王者進。助惡眞螳臂，渠魁亦虎倀。公庭惟嚼舌，惡血灑淋浪。仇大欽捦到時已自斷其舌，閱三日死。後奉制軍覺羅吉給令箭，遣官戮屍。

开诚宽胁从，法外示深恩。即以矛攻盾，堪怜祖缚孙。縣尹朱懇切曉諭，有能捡獻著名匪犯者，免其悮陷之罪，於是各鄉不敢匿匪，爭相協捕，竟有祖縛其孫以獻者。火寧焚玉石，人自觸籬樊。俛首王章下，臨刑敢説寃。將匪犯次第解省，經大憲審實，請旨凌遲、斬絞及充發烏喇共八十餘人，其余從寬省釋。

有罪不能赦，有功良可褒。蒙恩優議敘，晋秩獎賢勞。署郡憲丁、署縣尹朱俱奉旨議敘；紳士方世型等六人，蒙制軍奏請獎勵，奉旨加等賞銜。冷署欣無恙，虛名敢濫叨。是役也，有以功予余者，余不敢居。文章堪報國，努力共吾曹。（劉統基《南石山房詩鈔》卷下）

後統基又賦《校陽江俸滿匭任有作》詩云：

閒官冷落等閒鷗，六載棲遲號宦遊。竹榻心齋無物障，海天風景一囊收。借山竊比沈純甫明，沈純甫因諫奪情，誰戍神電，有司延至陽江訓士，築亭居之，純甫自題曰“借山”，予亦自題讀書處曰“借菴”。畫像慭同張益州，庚申夏，靖會匪之亂，邑人以予與有力，命工畫像，以志不忘。捧檄再來幸强健，酒瓢書笥且淹留。（劉統基《南石山房詩鈔》卷下）

本年何文祥與何步蟾及何天衢同出萬和圃門下。

何文祥，字延興，號耕雲。郡諸生。嘉慶五年（一八〇〇）與何步蟾及何天衢同出萬和圃門下。生平好讀奇書，覽名勝，工繪事，諳琴理，率真任達。何天衢《欖溪何氏詩徵》卷五有傳。

本年花縣知縣狄尚綱蒞任，從事疏濬，宋淳爲作記。

宋淳，花縣人。有文名。康熙初析番禺縣置花縣，水道久未修治。嘉慶五年（一八〇〇），邑令狄尚綱蒞任，從事疏濬，爲作記。吳道鎔《廣東文徵作者考》卷九有傳。

本年廣東四大名園之首清暉園於順德大良始建，園址原爲明朝萬曆丁末狀元黃士俊宅第。

本年古大鯤年八十應鄉試，欽賜舉人。

古大鯤，字功鰲。龍溪（今鶴山）人。以歲貢選南海訓導。嘉慶五年（一八〇〇）年八十應鄉試，欽賜舉人。年九十一卒。（《鶴山縣志》）

鄧應雄於本年中舉人。

鄧應雄，字葉乾，號芝圃。東莞人。爲諸生，盡力於創建靖康社學。嘉慶五年（一八〇〇）舉人，十年進士，授河南羅山縣，在任兩年卒。宣統《東莞縣志》卷七〇有傳。

金菁蘭於本年中舉人。

金菁蘭，字春汀。番禺人。菁莪弟。嘉慶五年（一八〇〇）舉人，大挑分發直隸，署盧龍知縣。其父商籍諸生業鹽，每歲延師課子。兄弟以文字相切劘，以故秋榜春官，聯翩輝映。兄菁藜、菁莪，從兄菁英、菁華，弟菁茅、菁藻，一門之內，友愛怡怡。張維屏《國朝詩人徵略》卷五五有傳。

陳大經於本年中舉人。

陳大經，字子常。番禺人。年十八補諸生。嘉慶五年（一八〇〇）舉人。三試禮部不第。母老，授徒以養。卒年三十四。著有《白蓉草堂詩》。伍崇曜《楚庭耆舊遺詩》卷續九有傳。

黃安懷於本年中舉人。

黃安懷，字信齋。南海人。嘉慶五年（一八〇〇）舉人，官黃縣知縣。著有《花塢山房詩草》。凌揚藻《國朝嶺海詩鈔》卷一七有傳。

葉荆於本年中舉人。

葉荆，字東瑜，號璞庵。東安人。弱冠受知於學使翁方綱，補諸生。嘉慶元年（一七九六）貢成均，五年（一八〇〇）舉人，官嘉應州學正。凡十一年，以病假歸，七日而卒，年八十有三。以貧不能藏書，手抄二十一史論贊數十萬言。張維屏《國朝詩人徵略二編》卷五一有傳。

蘇琇於本年中舉人。

蘇琇，字英玉，一字藍田。南海人。嘉慶五年（一八〇〇）舉人，官徐聞訓導。凌揚藻《國朝嶺海詩鈔》卷一七有傳。

胡敬業於本年中舉人。

胡敬業（？～一八二六），字樂培，號緝亭。高要人。嘉慶

五年（一八〇〇）舉人，官山東高苑知縣，改雷州府儒學。著有
《樂群堂詩鈔》。黃登瀛《端溪文述·端溪詩述》卷六有傳。

　　林斐於本年中舉人。

　　林斐，字淇瞻。嘉應人。嘉慶五年（一八〇〇）舉人。著有
《半耕草堂詩》一卷。胡曦《梅水匯靈集》卷四有傳。

　　鍾鳳舉於本年中舉人。

　　鍾鳳舉，字退山。嘉應人。嘉慶五年（一八〇〇）舉人。張
煜南、張鴻南《梅水詩傳》卷二有傳。

　　鄧應熊於本年中舉人。

　　鄧應熊，字葉乾，號芝圃。東莞人。嘉慶五年（一八〇〇）
舉人，十年進士，官河南羅山知縣。張其淦《東莞詩錄》卷四六
有傳。

　　吳徽敘於本年中舉人。

　　吳徽敘，字惇倫，號香樵。茂名人。嘉慶五年（一八〇〇）
舉人，官博羅教諭。著有《鍼石集》。許汝韶《高涼耆舊文鈔》
卷十有傳。

　　林雲鶴於本年中舉人。

　　林雲鶴，海豐人。嘉慶五年（一八〇〇）舉人，官感恩縣教
諭。（《惠州府志》）

　　周天琛於本年中舉人。

　　周天琛，又名天璆，字奠宇。東莞人。嘉慶五年（一八
〇〇）舉人，官甘肅涇州知州，署平涼鹽茶同知。精通相地術。
著有《地理務本》。（宣統《東莞縣志》卷七〇）

　　葉新豐於本年中副榜舉人。

　　葉新豐，嘉應人。嘉慶五年（一八〇〇）恩科副榜。張煜
南、張鴻南《梅水詩傳》卷三有傳。

　　區廷瑞於本年成貢生。

　　區廷瑞，字齊佳。新會人。嘉慶五年（一八〇〇）歲貢生。
言良鈺《續岡州遺稿》卷六有傳。

胡廷鈞於本年成副貢生。

胡廷鈞，字子濬。順德人。嘉慶五年（一八〇〇）副貢生。著有《蒼厓詩稿》。凌揚藻《國朝嶺海詩鈔》卷一七有傳。

羅日章於本年成副貢生。

羅日章，字絅益，一字曦亭。番禺人。嘉慶五年（一八〇〇）恩科副榜貢生，官樂會縣教諭。學海堂應課生。著有《四書集注訂疑》、《讀史指謬》、《七經補（總）義》。冼玉清《冼玉清文集》上編有傳。

招氏生。

招氏（一八〇一～？），茂名人。教諭昌韶女孫，貢生元儲女，李鶴祥室。婚逾年，舉一子而夫亡，八年孤又夭。殉節不死，父責以養姑亦大節，乃勉存視息，砥柱衰門，心力交瘁，彌留檢詩稿付仲叔抄存。陳融《讀嶺南人詩絕句》卷十五有傳。

居鍠生。

居鍠（一八〇〇？～一八四五），原名樟華，字少楠。番禺河南隔山人。子廉、姪巢，爲嶺南畫派鼻祖。著有《少楠文鈔》、《文鈔》各一卷。

清仁宗嘉慶六年　辛酉　一八〇一年

春，宋湘應惠州知府伊秉綬之聘，就任豐湖書院山長，登位於惠州西枝江與東江合流處之合江樓，賦《登合江樓即用東坡先生寓居韻》七古詩。（陳永正《嶺南歷代詩選》四一八頁）

冬，李海態因擒獲海盜黃文康而授官千總。

李海態，字逢寬。五華人。先爲香山營馬戰兵。嘉慶六年（一八〇一）因擒獲海盜黃文康而授官把總。翌年隨提督孫金謀攻破博羅天地會，升春江協右營千總，後歷任廣海寨右哨千總、右翼鎮左營守備、澄海協中軍都司、水師提標右營遊擊，署大鵬營、平海營參將。（《長樂縣志》）

本年有楊某給馬阿好歸。

　　馬阿好，羊城馬子存女。本順德人。年十八，嘉慶六年（一
八〇一），有楊某紿娶歸，抵嘉應，忽變計，以家原有妻，誘女
改適，女願爲妾，不從。投河遇救，剪髮示志，楊終不悟。旋墜
樓，未即死，書《永訣詞》一律系衣帶，夜自縊死。楊某潛逃。
里人哀之，葬於州東。十一年（一八〇六）州牧表其墓，徵詩挽
之，刊爲《馬烈婦集》。陳融《讀嶺南人詩絕句》卷十五有傳。

　　本年呂堅遊寧陽（即新寧，今台山），謁大忠祠，感而賦
《寧海》七絕詩。

　　本年馮敏昌五十五歲生日，與子侄暢遊珠江，作詩以紀。夜
歸家中，思念遠在故鄉之老母，賦《入夜又作》五絕，至情
感人。

　　本年宋湘於惠州豐湖書院賦《湖居十首》，描繪當地風物。

　　本年劉華東中舉後入京應大考，黃培芳賦《懷劉三山》五律
詩。（以上陳永正《嶺南歷代詩選》三八〇、四一三、四二一、
四六四頁）

　　本年澳門蓮峰廟（娘媽新廟）又經大修。（姜伯勤《石濂大
汕與澳門禪史》四八七頁）

　　淩旭升於本年中進士。

　　淩旭升，字昶東，一字晹谷。番禺人。嘉慶六年（一八〇
一）進士，官安邱知縣。值旱澇相繼，請發常平穀萬餘石。旋以
憫荒緩徵、竈課未完里吏議落職。素善醫術，民有疾病，親爲診
治。晚年主講禺山書院。（同治《番禺縣志》卷四五）淩揚藻
《國朝嶺海詩鈔》卷十八有傳。

　　王利亨於本年中進士。

　　王利亨，字漢衢，一字竹航。嘉應人。嘉慶六年（一八〇
一）進士，由庶吉士改官山西廣靈知縣。著有《賦玄草》。劉彬
華《嶺南群雅》卷補下有傳。

　　劉彬華於本年中進士。

　　劉彬華，字藻林，一字樸石。番禺人。嘉慶六年（一八〇

一）進士，官翰林院編修。年十三舉孝廉。選《嶺南群雅集》，幾於家有其書。淩揚藻《國朝嶺海詩鈔》卷十八有傳。

倪世華於本年中進士。

倪世華，初名孟華，字素之。番禺人。嘉慶六年（一八〇一）進士，官至御史。卒年八十三。張維屏《國朝詩人徵略》卷五五有傳。

伍彭年於本年中進士。

伍彭年，字錫齡。香山人。嘉慶六年（一八〇一）進士，官江西興國縣知縣。余祖明《廣東歷代詩鈔》卷三有傳。

王杞薰於本年中武進士。

王杞薰，興寧人。嘉慶六年（一八〇一）武進士，欽點御前侍衛。（一九八九年《興寧縣志》）

劉華東於本年中舉人。

劉華東，字子旭、三山。番禺人。嘉慶六年（一八〇一）舉人。朝鮮使臣慕其名，多索詩字以歸。淩揚藻《國朝嶺海詩鈔》卷十八有傳。

徐秉堉於本年中舉人。

徐秉堉，字醇夫，一字彝重。番禺人。嘉慶六年（一八〇一）舉人。著有《彝重齋遺稿》。（《番禺縣續志》卷三）

梁曾齡於本年中舉人。

梁曾齡（？～一八二五），字（一說號）菊泉、濟彭。德慶人。嘉慶六年（一八〇一）舉人，十年與陳在謙訂交京師。道光五年（一八二五）秋卒。著有《露桃山館詩集》。淩揚藻《國朝嶺海詩鈔》卷十八有傳。

崔弼於本年中舉人。

崔弼，字積匡，一字鼎來。番禺員崗人。嘉慶六年（一八〇一）舉人。卒年八十九，總督阮元題其墓。著有《珍帚編詩集》、《遊寧草》、《兩粵水經注》、《波羅外記》等。劉彬華《嶺南群雅》卷二集一有傳。

何元章於本年中舉人。

何元章（一七三九～一八二七），字廣仁，號成庵。香山人。嘉慶六年（一八〇一）舉人。明年南返授徒，不復出山。道光七年（一八二七）歸道山，享年八十有九。著有《四書講義》、《成庵文稿》、《成庵詩稿》。何天衢《欖溪何氏詩徵》卷四有傳。

邱毓章於本年中舉人。

邱毓章，字憲周，號雲衢。番禺人。嘉慶六年（一八〇一）舉人。二十二年（一八一七）官大埔縣教諭，在任四載，恒以敦品勵學訓生徒。著有《學詩草》、《茶陽草》、《閑居草》。張維屏《國朝詩人徵略二編》卷五九有傳。

蕭斯於本年中舉人。

蕭斯，字蓼洲。嘉應人。嘉慶六年（一八〇一）舉人。十六年（一八一一）進士，官福建尤溪知縣。以母老歸，主講培風書院垂三十年。著有《晚香樓詩草（稿）》。張煜南、張鴻南《梅水詩傳》卷二有傳。

黃瀛士於本年中舉人。

黃瀛士，號鶴洲。嘉應人。嘉慶六年（一八〇一）舉人。著有《黃唐子詩草》。張煜南、張鴻南《梅水詩傳》卷三有傳。

張敦道於本年中舉人。

張敦道，字厚齋。嘉應人。嘉慶六年（一八〇一）舉人，道光三年（一八二三）進士，官常熟知縣，署海防同知。以疾卒於青浦任所。著有《石溪草堂詩草》。張煜南、張鴻南《梅水詩傳》卷三有傳。

招元傳於本年中舉人。

招元傳，字巖升，號畫野。茂名人。嘉慶六年（一八〇一）舉人，官高要訓導，調欽州，復調雷州，擢國子監典籍。官欽州時得隋寧墓碑文。著有《三嵒山房文鈔》。吳道鎔《廣東文徵作者考》卷九有傳。

王承烈於本年中舉人。

王承烈，字昭甫，號揚齋。瓊山人。嘉慶六年（一八〇一）舉人，道光旌舉孝廉方正。主講瓊臺雁峰。著有《綸初堂集詩》一卷。余祖明《廣東歷代詩鈔》卷三有傳。

何性於本年中舉人。

何性，字彝徵，號同然。香山人。嘉慶六年（一八〇一）欽賜舉人，十四年（一八〇九）會試賜翰林院檢討。何天衢《欖溪何氏詩徵》卷三有傳。

葉縉光於本年中舉人。

葉縉光，字爵華，號弢園。東莞道滘葉氏四房人。嘉慶六年（一八〇一）鄉試中第二十九名舉人，時匪首簡帝龍作亂，道路不通，縉光改裝至省稟報。匪幫大怒，欲殺其全家，縉光引兵逮帝龍等多人，解往撫署。海賊張保搶劫道滘，縉光率領鄉人抵禦，相持一月。後大挑一等，任福建清流知縣。病死任上，貧不能歸，紳民捐錢才得運柩回鄉。（宣統《東莞縣志》卷七〇）

任建綸於本年中舉人。

任建綸，字襄閣。歸善（今惠州）人。嘉慶六年（一八〇一）舉人，官江西建昌知縣。調遷南城，以丁憂未赴任。（光緒《惠州府志》卷三三）

許秋於本年中舉人。

許秋，字藝圃。番禺人。嘉慶六年（一八〇一）舉人。道光元年（一八二一）詔舉孝廉方正。（同治《番禺縣志》卷四六）

吳悌於本年中舉人。

吳悌，字秋航。順德人。嘉慶六年（一八〇一）舉人。後以方略館謄錄議敘任山東蒙陰令，歷調濰縣、禹城、膠州，敢直言，有吳青天之稱。江南盛子履選粵東詩，推悌與黃玉衡、張維屏等為粵東七子。著有《岱雲編、續編》、《歸雲編、續編》等。（《順德縣志》）

張炳文於本年中舉人。

張炳文，字虎臣。番禺人。維屏父。生百日而孤，事母以孝聞。初補商籍生員，改歸番禺。嘉慶六年（一八〇一）舉人。戀母，不赴禮部試。母八十五卒，始於二十二年（一八一七）赴部，大挑二等，補四會訓導。卒年七十四。著有《玉燕堂詩鈔》。（同治《番禺縣志》卷四六）

鄭開緝於本年中武舉人。

鄭開緝，英德逕頭鄉（今屬佛岡）人。英德學武生。嘉慶六年（一八〇一）武舉人，七年武進士，即用守備。（《佛岡廳志》）

莫瑞堂於本年成貢生。

莫瑞堂，字印齋，號書農。定安人。嘉慶六年（一八〇一）拔貢生，八年授樂昌教諭，十七年（一八一二）調欽州學正。道光九年（一八二九）擢四川三台知縣，十一年調名山知縣，後兼攝天全州篆。十三年乞病歸，講學觀源山房垂二十載。購書三萬餘卷。古文詳贍精整，自成一家。亦善詩。尤喜臨池。卒年七十有六。鄉人私諡清端先生。鄒魯《廣東通志稿》有傳。

劉巽源於本年成貢生。

劉巽源，字齊峰。嘉應人。嘉慶六年（一八〇一）優貢生。張煜南、張鴻南《梅水詩傳》卷二有傳。

溫周翰於本年成貢生。

溫周翰，字興林。德慶人。嘉慶六年（一八〇一）貢生。著有《嶽山詩草》。凌揚藻《國朝嶺海詩鈔》卷十八有傳。

陳玉成於本年成貢生。

陳玉成，字汝昌，號陶甫。東莞橋頭人。武進士元龍子，兄文耀，嘉慶四年（一七九九）武進士。玉成於六年（一八〇一）成拔貢，歷署江蘇寶應、泰興、宿遷、沭陽、阜寧等縣，後升泰州知府。著有《嶺南明詩徵》二十卷。民國《東莞縣志》卷七〇有傳。子嗣容，字句生。貢生。工詩。著有《春暉草堂詩集》。孫聯祚，字素民，號癡雲。咸豐諸生。年僅三十，遽赴玉樓。著有《扶雅堂駢體文鈔》、《姑蘇好詞》。張其淦《東莞詩録》卷五八有傳。

丁聶於本年成貢生。

丁聶，字旭初，一字晙山。番禺人。嘉慶六年（一八○一）優貢。著有《左右修竹軒吟稿》。劉彬華《嶺南群雅》卷初集三有傳。

李士楨於本年成貢生。

李士楨，字廣成，號東田。番禺人。少負異才，爲學使朱珪所重。嘉慶六年（一八○一）拔貢。工詩，與黎簡遊。潮惠嘉道胡克家延之幕府。著有《青梅巢詩鈔》、《青梅巢外集》。國史館《清史列傳》卷七二有傳。

邵詩於本年成貢生。

邵詩，字子京，一字杜洲。電白人。嘉慶六年（一八○一）拔貢。工書畫篆刻。著有《（邵）子京詩鈔》。國史館《清史列傳》卷七二有傳。

陳燅於本年成貢生。

陳燅，號雲巖。新興人。嘉慶六年（一八○一）拔貢。黃登瀛《端溪文述·端溪詩述》卷六有傳。

范引頤於本年成貢生。

范引頤，號菊町。大埔人。嘉慶六年（一八○一）拔貢。九年順天舉人。後補三水訓導。工詩。父彪官嘉應州學正，謁選卒京邸，徒步數千里，扶櫬歸，家由是落。卒年八十六。范元《松山叢集》有傳。女藺淑，字薆香、茹香，一字薆卿、修清。適邑庠生鄧耿光。早寡無子。博經史，擅韻語。道光間，孝廉、諸生慕其詩名，爲建蘭若曰蓮社，遂祝髮雲遊。晚棲嘉應錫類庵，年逾七十。咸豐間曾爲故太守浙江吳均賦《吊吳太守雲帆》五章，盛傳於錢塘，目爲女才子，梁默林、黃公度每欽重之。其詩幽雅哀咽，寄託遙深。著有《化碧集》。梁墨林序之，葉璧華亦有贈詩序。陳融《讀嶺南人詩絕句》卷十五有傳。

黃廷選於本年成貢生。

　　黃廷選，嘉應人。年十八，嘉慶六年（一八〇一）拔貢。廷試第二，授工部曹，婚於都下，時稱雙璧。妻黎玉貞，字寧淑。嘉應人。羅山令重光女。生乾隆末，婚後年餘夫卒，忍死撫遺腹子。後歸次贛州，子天，慟哭投江，救之得不死，母泣慰之乃止。長齋繡佛，至咸軍賭其面。博通經史，詩文高潔，書法秀勁。與范薳香、葉璧華合稱客家三才女。著有《柏香樓文集》一卷、詩集二卷。冼玉清《廣東女子藝文考》有傳。

　　程墨香於本年成貢生。

　　程墨香，字黼元，號決夫。高明人。嘉慶六年（一八〇一）歲貢。任廣州府訓導。督撫有封奏必命校對。在任四載卒於官。（道光《高明縣志》）

　　黃鍾靈於本年成貢生。

　　黃鍾靈，字嶽峰。清遠人。嘉慶六年（一八〇一）恩貢，歷官饒平縣教諭兼訓導、大埔縣教諭、揭陽縣、潮州府訓導。著有《嶽峰詩文集》。（《清遠縣志》卷六）

　　蕭升於本年成貢生。

　　蕭升，號星垣。石城（今廉江）人。嘉慶六年（一八〇一）拔貢，後為舉人，歷署石門、鄞縣、桃源、零陵知縣，特授清泉知縣、代理衡州府通判。（民國二十年《石城縣志》）

　　顏爾楫於本年成貢生。

　　顏爾楫，字用川。連平人。嘉慶六年（一八〇一）拔貢，歷任安徽徽州府通判、鳳陽府同知、江南甯國府知府、太平府知府等職，誥授朝議大夫。（《連平州歷科文武科甲》）

　　伍元華生。

　　伍元華（一八〇一、一八〇〇～一八三三），字良儀，號春嵐。番禺河南溪峽人。秉鑒次子。諸生。善畫能詩，喜收藏。著聽濤樓於萬松山麓，倩名匠煉土開窯制砂壺，又築延暉樓。著有《延暉樓吟草（稿）》等。冼玉清《冼玉清文集》上編有傳。從子肇基，字簀生。工詩畫，年二十六卒。著有《紅棉山館吟草》。

江紹議生。

江紹議（一八〇一～一八四一），字德偶，號覺生。河源人。曾於裁縫店當學徒。二十歲中秀才，考進咸安宮教習。道光十六年（一八三六）恩科進士，廷試所作甚得道光帝讚賞，欽點翰林院庶吉士，兩年後改任刑部四川司主事。著有《裏頭吟詩稿》等。（《河源縣志》）

張建棠生。

張建棠（一八〇一～一八五八），字玉宇，號筱蒳。東莞人。咸豐間官縣丞。工詩。著有《三十六鴛鴦館詩稿》。（宣統《東莞縣志》卷七一）

鄭幹生。

鄭幹（一八〇一～一八三二），字子幹，號棉舟。番禺人。諸生。招子庸婿。文筆清矯，善騎射，工畫蘭竹，愛彈琵琶。道光十二年，張維屏將之江右，投刺往謁。曾遊吳越燕趙荊楚，著有《寰中懷古》三百首及《海天樓詩鈔》。冼玉清《冼玉清文集》上編有傳。

勞潼卒。

勞潼（？～一八〇一），字潤之，號莪野。南海人。孝輿子。乾隆三十年（一七六五）舉人[①]，官國子監學正。受知於盧文弨。侍養母十六年而母卒，哀毀骨立。倡立義倉。居家以倡明正學利濟鄉黨爲己任。嘉慶六年卒。著有《四書擇粹》十二卷、《孝經考異選注》二卷、《救荒備覽》四卷、《荷經堂稿》四卷、《莪野經堂稿》。國史館《清史列傳》卷六七有傳。

清仁宗嘉慶七年　壬戌　一八〇二年

正月十五日，劉統基賦《壬戌上元蔚齋朱明府招同王桂厓二

---

① 一作乾隆二十年（一七五五）舉人。

尹考堂鹽課陳守瓶王海門二學博北郊覽勝劇飲於頓鉢山之清心堂乘月而返得詩五首》七律詩。（劉統基《南石山房詩鈔》卷下）

夏初，宋湘養病羊城。

五月，病癒返惠州，賦《留贈李堯山》七律留別李鳴盛等城中諸友。①（陳永正《嶺南歷代詩選》四二四頁）

七月，陳四與惠陽陳本、龍門潘福舉兵反清。

陳四（？～一八〇二），綽號爛屨四。博羅人。嘉慶七年（一八〇二）七月與惠陽陳本、龍門潘福於羊屎坑聚數千人反清。知府伊秉綬派三百人往剿，爲所敗。八月，總督吉慶遣大兵攻之，潰入羅浮。九月於增城流杯洞被殺。（光緒《惠州府志》卷十八）

冬，惠州知府伊秉綬去職至穗，宋湘亦離豐湖書院，臨行賦組詩《湖上五別詩》，表達了對惠州西湖之眷戀。

本年宋湘仍執教豐湖書院，賦《湖居後十首》，著重寫其湖居之感受，抒情說理，透徹深曲。（陳永正《嶺南歷代詩選》四二六、四二一頁）

本年黃培芳、張維屏等擬創雲泉山館，黃明薰董其役。

黃明薰，字越塵。粵秀山三元宮道士。工詩能書，善琴精弈，繪山水，樂施與，重然諾。（《番禺縣續志》卷二七）

金菁莪於本年中進士。

金菁莪，字藝圃，號蘿香。番禺人。留寓河南龍溪，設帳潘氏南墅。嘉慶七年（一八〇二）進士，官兵部主事。著有《軒於軒詩鈔、文鈔》。劉彬華《嶺南群雅》卷補上。

李可蕃於本年中進士。

李可蕃，字衍修，號椒堂。南海人。嘉慶七年（一八〇二）進士，官翰林院編修，仕至湖南督糧道。梁九圖、吳炳南《嶺表

---

① 李鳴盛，字堯山、一字佐廷。南海人。附貢生。候選詹事府主簿。工詩善畫，寫竹得秀勁之致。著有《春雨樓詩鈔》。

詩傳》卷十二有傳。

李仲昭於本年中進士。

李仲昭，字守謹，號次卿。嘉應人。嘉慶七年（一八〇二）進士，欽點傳臚，官翰林院編修，轉御史。十八年（一八一三）請假，主豐湖講席六年。愛西湖山水，辟今是園於湖之南。張煜南、張鴻南《梅水詩傳》卷二有傳。

何大猷於本年補諸生。

何大猷，字和邦，號秩堂。香山人。嘉慶七年（一八〇二）邑庠生，以五經教授鄉里，年八十二卒。何天衢《欖溪何氏詩徵》卷十有傳。

陳鴻光生。

陳鴻光（一八〇二～一八五二），台山人。自幼拜師學武，習無不精。道光十七年（一八三七）逢科舉，以技壓群雄，榮中武舉。重武德，揚正氣。（《台山文史》第三輯）

梁國瑞生。

梁國瑞（一八〇二～一八二五），字祝年。番禺人。國珍從兄。道光二年（一八二二）舉人。讀書玉山草堂，工書法。（《梁氏族譜》）

吳振亮戰死。

吳振亮（？～一八〇二），番禺人。由行伍歷升直隸武清營都司。嘉慶七年（一八〇二）隨征四川教民，戰死柏森坪。（阮元《廣東通志》卷二八七）

黃遇龍陣亡。

黃遇龍（？～一八〇二），番禺人。以永清營把總隨征湖北，嘉慶七年（一八〇二）陣亡。（阮元《廣東通志》卷二八七）

清仁宗嘉慶八年　癸亥　一八〇三年

本年胡展元受知姚秋農殿撰入學。

胡展元，字善甫。興寧人。諸生。嘉慶八年（一八〇三）受知姚秋農殿撰入學。年六十餘，無疾而逝。胡曦《梅水匯靈集》卷六有傳。

本年宋湘爲粵秀書院山長。

本年麥有金於雷州洋面大敗清軍水師。

麥有金（？～一八一〇），海康烏石人。兄弟三人，長兄稱烏石大，有金稱烏石二，弟稱烏石三。嘉慶年間海盜。嘉慶八年（一八〇三）於雷州洋面大敗清軍水師。十一年（一八〇六）六月，烏石二有船六十三隻。十五年，清軍大批舟師剿捕，擒烏石二等三百人，奪走、擊沉船隻二十餘艘。四月，烏石大、烏石三等四百九十人亦被俘，被寸磔。（《中國第一歷史檔案館館存檔案》）

本年張見升鎮壓蔡牽義軍，以功升福建水師提督。

張見升（？～一八一三），東莞人。由行伍累官福寧鎮總兵。嘉慶八年（一八〇三）鎮壓蔡牽義軍，以功升福建水師提督。十三年（一八〇八）五月，未及時阻截由粵海進入閩洋之朱濆義軍，被革職問罪。（宣統《東莞縣志》卷七〇）

伍肇基生。

伍肇基（一八〇三～一八二八），字簣山，一字厚甫。南海人。崇曜侄。工山水，尤精畫理。卒年二十六。著有《紅棉山館吟草》。（《清畫家詩史》）

冼文清生。

冼文清（一八〇三～一八六八），號貫亭。南海人。少好讀書，後棄儒從商。道、咸間到天津任嶺南會館館長，爲眾商信賴。在天津二十年始歸鄉，隨身所帶皆書籍名畫。能詩。同治七年（一八六八）卒於家，年六十六。（冼氏《佛山忠義鄉志》卷十四）

淩漢翔生。

淩漢翔（一八〇三～一八七七），號鶚秋。和平人。咸豐十年（一八六〇）恩貢，八次鄉試，薦卷五次，備中三次。（《和平

縣志》）

　　張熙元生。

　　張熙元（一八〇三～一八六九），字偉中，號天民。應蘭次子。東莞人。長兄源深不事生產，委之家政，熙元善經營，富甲一族。弟敬修年十七，應縣試不中，熙元勸其投軍，爲捐同知，分發廣西。敬修帶兵，軍餉不繼，熙元墊餉百餘萬。咸豐元年（一八五一），募鄉勇千餘赴桂。八年任德慶學正，辭歸，建學圃。著有《遜初堂文集》，已逸。存詩一首。《東莞張氏如見堂族譜》卷十有傳。

　　黃玉階生。

　　黃玉階（一八〇三～一八四四），字季升，一字蓉石。番禺人。少時與鄭菜、陳澱、鄧泰等有詩名於鄉。道光十六年（一八三六）進士，官刑部主事。輯有《粤東三子詩鈔》。詩頗見功力，深美遒勁。著有《黃蓉石先生詩集》三卷、《韻陀山房詩文集》、《萱蘇室詞鈔》、《遊仙唱和詞》等。（《楚庭耆舊集》、《松軒筆談》、同治《番禺縣志》卷四八）

　　潘仕成生。

　　潘仕成（一八〇三、一八〇四～一八七三），字德余（畬）、德輿。祖籍福建，世居廣州，遂爲番禺人。先祖以鹽商起家，繼續經營鹽務及洋務，成爲廣州十三行鉅賈，既經商又從政，既好古也學洋，既爲慈善家，又是古玩、字畫收藏家，出資自行研製水雷，從國外引進牛痘，主持修建私人別墅海山仙館。輯有《海山仙館叢書》、《石刻海山仙館集古貼》、選刻《經驗良方》等。（《中國近現代人物名號大辭典》一三二二頁）

清仁宗嘉慶九年　甲子　一八〇四年

　　十二月，體仁閣大學士劉墉卒。（蔡冠洛《清代七百名人傳》附《清代大事年表》）

　　七月二十五日，邵詠幼子兆樸殤，詠爲作《殤兒兆樸壙志》。

（邵詠《殤兒兆樸壙志》）

八月，劉統基獨生子方死，統基賦《甲子八月哭亡兒方四首》詩哭之：

質弱兼多病，單傳繫一絲。黃泉竟訣我，白首痛無兒。不禁呼天慘，難忘舐犢私。遺孤纔四歲，成立是何時。

文人多薄幸，淺學我何才。一子不能受，餘生眞可哀。恩情悲已往，似續懼將來。即悟彭殤理，傷心未許灰。

不朽談何易，高懷託印章。兒甫冠時，自鐫印章曰當爲萬古不朽之人。廿年困場屋，一病入膏肓。兒以屢困童試，激成内傷病，賚恨而亡。死矣名焉用，生時見不長。詩文焚殆盡，聞説斷人腸。兒亡前數日，私至其齋，搜尋平生所作詩文，涕泣而焚之，爲家人所覺，强奪藏之，僅餘十之二三。後告其婦曰：“不利試之作，存之何用？且恐老父見之，悲無已時也。”

生時吾不見，死日復傳聞。兒生時，予旅食五羊；今又爲俸滿赴驗，比聞兇信馳歸，已蓋棺十餘日矣。骨肉終天恨，幽明一旦分。獨鳴無和鶴，孤影惜殘雲。風雨烏啼夜，憂懷萬緒紛。

十二月，統基又賦《方兒亡四閲月遺孕再索得男感賦》詩云：

再索喜逢坎，喤喤聞泣聲。可憐松子落，不見竹孫生。神骨肖其父，孤寒類乃兄。童烏餘淚在，觸忤倍傷情。（以上劉統基《南石山房詩鈔》卷下）

本年李耀揚授左翼鎮標外委千總。

李耀揚，長樂（今五華）人。海熊弟。早先充香山協右營馬戰兵。嘉慶九年（一八○五）授左翼鎮標外委千總，翌年補廣海寨右哨頭司把總。十二年（一八○七）升春江協右營千總，署香山協守備。十五年署左翼鎮標右營守備。十七年（一八一二）升水師提標左營守備外海都司。二十五年署海軍營遊擊。道光元年（一八二一）升碣石鎮右營遊擊。四年春署海口協副將，因疏防降都司。後升平海營參將。（《長樂縣志》）

鄧應羆於本年中舉人。

　　鄧應熊，字左岐，號雪帆。東莞人。應雄胞弟。嘉慶九年（一八〇四）舉人。歷任湖北當陽、雲夢、石首令，治水有功。後調孝感，捐修文廟，增西湖書院，惜文風不暢，反被撤職。道光時復任孝感，正值水災，捐資救災，林則徐稱頌之。宣統《東莞縣志》卷七〇有傳。

　　梁懷方於本年中舉人。

　　梁懷方，字盈昌，一字直亭。南海人。嘉慶九年（一八〇四）舉人。凌揚藻《國朝嶺海詩鈔》卷十九有傳。

　　唐寅亮於本年中舉人。

　　唐寅亮，字泰學，一字弼軒。新會人。嘉慶九年（一八〇四）舉人，借補陽春雪訓導。著有《蘭馨詩草》。凌揚藻《國朝嶺海詩鈔》卷十九有傳。

　　陳在謙於本年中舉人。

　　陳在謙，字六吉，號雪漁。新興人。嘉慶九年（一八〇四）舉人，官清遠教諭。著有《夢香居士集》十五卷、《七十二草堂文集》四卷，選編《嶺南文鈔》十八卷、《續鈔》三卷。吳道鎔《廣東文徵作者考》卷九有傳。

　　謝光輔於本年中舉人。

　　謝光輔，字煌佐、漁璜。番禺人。聖輔次子。嘉慶九年（一八〇四）舉人，授臨高教諭。道光元年參與修《廣東通志》，又受聘修《瓊州府志》。著有《鷗波草堂詩草》。（同治《番禺縣志》卷四五）

　　葉蘭成於本年中舉人。

　　葉蘭成，字子信，一字秋嵐。嘉應人。嘉慶九年（一八〇四）舉人，官合浦訓導。著有《聽泉小草》。凌揚藻《國朝嶺海詩鈔》卷十九有傳。

　　何秩中於本年中舉人。

　　何秩中，字雁峰。順德人。嘉慶九年（一八〇四）舉人。著有《古照堂詩草》。（梁九圖、吳炳南《嶺表詩傳》卷十三）

葉觀光於本年中舉人。

葉觀光，字覲宸，號賓甫。東莞人。嘉慶九年（一八〇四）舉人。張其淦《東莞詩録》卷四七有傳。

鄧慶熊於本年中舉人。

鄧慶熊，字佐岐，號雪帆。東莞人。應熊弟。嘉慶九年（一八〇四）舉人，兩任湖北孝感知縣，林則徐譽爲循吏。（宣統《東莞縣志》卷七〇）

何洛書於本年中舉人。

何洛書，字啟圖，號琴齋。香山人。嘉慶九年（一八〇四）欽賜舉人。十四年會試，賜翰林院檢討。著有《古琴譜》。何天衢《欖溪何氏詩徵》卷三有傳。室麥英桂，自署醉醒老人。增貢生德沛公第五女。幼穎悟，琴書卜筮、無所不習，尤躭吟詠。與七妹芳蘭，總角之年，唱和爲多。晚年好静，焚香垂簾，端坐終日，閑課童孫經史，閨閣中推爲良師，年九十一乃卒。著有《芸香閣詩草》。英桂七妹又桂，字芳蘭。增貢生德沛公第七女，太學生懷向公室。著有《謝庭詩草》。何方水其英序曰：又桂賦性聰穎，幼受庭訓，遂工於詩。長適懷向，家徒四壁。提甕出汲，甘與食貧。懷向殁，惟教授女徒，資以糊口，如是二十餘年。何天衢《欖溪何氏詩徵》卷九有傳。

李育涵於本年中舉人。

李育涵（？～一八二四），字賡舜。長樂（今五華）人。嘉慶九年（一八〇四）舉人，任新會教諭。道光四年（一八二四）選試，卒於省城。（《長樂縣志》）

蘇才於本年中舉人。

蘇才，字菲谷。普寧人。嘉慶九年（一八〇四）舉人，任東莞教諭。著有《噴飯集》、《懷德堂稿》。（《潮州志·藝文志》）

陳司炳於本年中舉人。

陳司炳，台山人。嘉慶九年（一八〇四）舉人。道光元年（一八二一）薦舉孝廉方正。著有《鴻泥集》、《萍遊草》。（《新

寧縣志》）

郭蓮於本年中舉人。

郭蓮，字文璧，號青浦。東莞人。家貧，曾隨增城白花寺僧學習。嘉慶九年（一八○四）中舉人，以教書爲業。（宣統《東莞縣志》卷七○）。

梁達時於本年中舉人。

梁達時，字應上。東莞人。嘉慶九年（一八○四）中舉人，道光十年（一八三○）官湖南桂東知縣，清正廉明，捐錢救災。得罪大吏，以新寧知縣歸。倡建龍溪書院，力爭萬頃沙爲學宮財產。晚年好耕植，布衣蔬食以終。（宣統《東莞縣志》卷七○）。

梁國成於本年中舉人。

梁國成，字允中。信宜人。嘉慶九年（一八○四）中舉人。治學嚴謹。著有《經史子集掇餘》、《彈琵山房集》等。（光緒《信宜縣志》）

詹鯤於本年中舉人。

詹鯤，字蕓圃，號圖南。饒平人。嘉慶九年（一八○四）中舉人，授博羅縣教諭。精於《易》學，撰《周易集解》。又著有《圖南集》。（《潮州志·藝文志》）

戴尚禮於本年中舉人。

戴尚禮，石城（今廉江）人。嘉慶九年（一八○四）中舉人，授番禺縣教諭。著有《漁軒遺集》。（民國《石城縣志》）

吳培菁於本年中武舉人。

吳培菁，字子峩、詠琴。連平州人。嘉慶九年（一八○四）武舉人，任江南鎮江前幫領運千總。（《連平州歷科文武科甲》）

謝恩銜於本年中武舉人。

謝恩銜，字枚玉、華軒。連平州人。嘉慶九年（一八○四）武舉人，任山東德州衛運領千總、平原縣守府、歷城都司。（《連平州歷科文武科甲》）

黎泰於本年中副榜。

黎泰，字志同。增城人。弱冠補諸生第一，隨廩於庠。嘉慶九年（一八〇四）房考得卷甚喜，力爭列中副車。歷掌翀霄、瑞山、雙鳳等書院講席，造就門徒甚眾。著有《五經要解》、《交溪文集》、《榕陰詩草》。（《增城縣志》卷十二）

黃培芳於本年成副貢生。

金菁華於本年成副貢生。

金菁華，字殿選。番禺人。嘉慶九年（一八〇四）副貢生，歷署廉州府、博羅縣訓導、永安縣教諭、欽州學正。子錫齡，舉人。吳道鎔《廣東文徵作者考》卷九有傳。

張際昌於本年成副貢生。

張際昌，字朝光，號愚軒。東莞人。嘉慶九年（一八〇四）欽賜副貢。著有《叢桂堂詩集》。（《東莞張氏族譜》卷三）

李可鍾生。

李可鍾（一八〇四～一八六五），原名守怡，又名毓川。信宜人。少有文才，與岑溪、容縣、羅定之天地會關係甚密。咸豐十一年（一八六一），三水縣天地會首領陳金釭據信宜建大洪國，被封爲給事中。後金釭敗亡，爲知縣黎正春誘殺。（《信宜人物傳略》）

謝家傑生。

謝家傑（一八〇四～？），字榆村。番禺人。道光二十二年（一八四二）入泮。咸豐十一年（一八六一）補明經。精篆隸及岐黃之術。輯有《暇醫》、《暇篆》，著有《暇吟館詩草》六卷、《南漢雜詠》、《紅樓夢詩》各一卷。冼玉清《冼玉清文集》上編有傳。

邢九雒卒。

邢九雒（？～一八〇四），字斂疇。海陽（今潮安）人。乾隆三十年（一七六五）舉人。設帳授徒多年。後出宰河南，歷署桐柏、長樂等縣事，薦署南陽同知。督理黃河有功，授靈寶知縣。嘉慶九年卒於官。著有《三鱣堂文集》。（光緒《潮陽縣志》

卷四十）

清仁宗嘉慶十年　乙丑　一八〇五年

正月，大學士王傑卒，以紀昀爲協辦大學士。二月，昀卒。（蔡冠洛《清代七百名人傳》附《清代大事年表》）

九月初三日，羅天池生。（新會良溪《荫底本原堂羅氏族譜》）

羅天池① （一八〇五～一八六六），字六湖。新會人。道光五年（一八二五）舉人，六年進士，官刑部主事。十九年，補江蘇司主事。二十一年（一八四一），升山西司員外郎。二十二年升江西司郎中。二十三年京察一等，四月改雲南迤西兵備道，次年署雲南按察使司。因回務鎬職歸，居廣州城西。二十七年（一八四七），歷主本邑岡州書院、古岡書院。工書畫。論粵畫者以黎簡、謝蘭生、張如芝及天池爲粵東四家。著有《修梅閣文集》、《雲白薇紅仙館筆存》。冼玉清《冼玉清文集》上編有傳。

本年縣城受困乏食，廖造唐施粥以濟。

廖造唐，字洽汾，號樂善。龍門人。性仁厚，精醫術。貧者贈以藥，病癒不受謝。卒年八十九。（咸豐《龍門縣志》卷十三）

本年宋湘返京，參加庶吉士散館考試，授翰林院編修，優遊燕臺八年。

李黼平於本年中進士。

鄧應熊於本年中進士。

鄧應熊，字葉乾，號芝圃。東莞人。嘉慶十年（一八〇五）進士。河南羅山知縣。創靖康社學。張其淦《東莞詩錄》卷四六有傳。

何朝任於本年補諸生。

何朝任，字寧謀，號幹軒。嘉應州人。嘉慶十年（一八〇

---

① 東莞城西亦有羅天池，字起鷗，號少荔。嘉慶布衣。著有《兩須齋稿》。

五）邑增生。年四十許殁。（何天衢《欖溪何氏詩徵》卷五）

王同春生。

王同春（一八〇五～一八五七、一八五八），字睿英，號熙甫。東莞人。道光十五年（一八三五）舉人，署雲南羅平知縣。任滿補保山，調署永平，尋調趙州，署賓川，平息械鬥。咸豐四年（一八五四）調昆明，尋升蒙化同知，留署昆明。七年（一八五七），馬德新攻昆明，防禦有功，然因積勞卒於營。宣統《東莞縣志》卷七一有傳。

吳世驥生。

吳世驥（一八〇五～一八五六），號蘭皋。豐順人。亦材季子。道光十三年（一八八三）進士，欽點禮部主事，歷任禮部精膳司主司、儀制司員外郎、祠祭司郎中、樂部和聲署署正、實錄館校對官等。（民國《豐順縣志》）

佘有進生。

佘有進（一八〇五～一八八三），澄海人。父慶烈，曾爲普寧縣吏。幼承庭訓，能詩文。有進十八歲隻身赴新加坡謀生，因通文理被同僑所器重。先爲各船舶理賬，後於當時大商號“金瑞號”受聘爲司賬，二十五歲時爲船舶業代理人，不數年發達致富，爲星洲種植胡椒、甘蜜首創人、當時潮州人最大甘蜜園主。兼營棉織品及茶葉，與歐洲商人交易，信譽卓著，商號爲“有進公司”。同治二年（一八六三）作爲華人唯一代表參加新加坡各籍僑領討論殖民地轉歸英皇直轄問題。翌年，被政府任命爲高級陪審員。九年（一八七〇），海峽殖民地轉爲英皇直轄後，爲第一任太平局紳士之一，後爲名譽推事，助理司法行政，時該地流行有“陳天蔡地佘皇帝”諺語。著有《新加坡華僑社會史》。（《澄海人物志》）

范荑香生。

范荑香（一八〇五、一七九七～一八八六、一八八四），大埔人。生於書香之家。高祖天凱，康熙五十三年（一七一四）舉人；曾祖觀光，乾隆二十五年（一七六〇）歲貢生；祖彪，乾隆三十二年（一七六七）舉人，曾任嘉應州學政；父引頤，嘉慶九年（一八〇四）舉人，任三水縣教教諭。莫香初由母教，稍長則由父教作詩文。嫁本縣秀才鄧耿光，婚後三年，耿光病卒。未有子女，其夫兄將一子過繼爲嗣，教嗣子讀書。後父解職還鄉，令回住娘家，侍候父母。父母逝世，嗣子長大，重返鄧家，矢志空門終老。後至嘉應州"莫香靜室"靜修。與梅縣女校創始人葉璧華齊名。著有《化碧集》。

洪仁發生。

洪仁發（一八〇五～一八六四），花縣人。秀全長兄。早年在家種田。道光三十年（一八五〇）全家赴廣西參加金田團營，後參加太平天國起義。初封國宗。咸豐六年（一八五六）楊韋內訌後，洪秀全疑忌異姓諸王，封其爲安王，與其弟仁達參與政事，挾制石達開，致達開憤怨出走。達開出走後，削去王爵，改封天安。後又封爲信王，擅權納賄，肆行無忌。十一年（一八六一），曾與仁達率部攻鎮江，尋退。翌年天京被湘軍圍困後，繼續搜括錢財。天京失陷後，死於亂軍（一作被伏殺）。（《中國近現代人物名號大辭典》九三七頁）

盧應翔生。

盧應翔（一八〇五～一八八四），字覺民，號叔蘧。東莞人。二秩子。道光五年（一八二五）舉人，官刑部督捕郎中。因事革職，隨軍鎮壓太平軍。咸豐二年（一八五二）破武昌洪山。三年率水師於揚州，年底回粵買軍械。翌年組織團練，圍攻何六紅巾軍。五年攻打上海小刀會。以功復原官，選上海督糧道。七年（一八五七）又被革職。（宣統《東莞縣志》卷七一）

清仁宗嘉慶十一年　丙寅　一八〇六年

十八世紀爲海幢寺全盛時期，寺院規模超過今寺三倍。寺北臨珠江，南倚萬松嶺，風景秀麗，環境幽雅，因而本年寺院被辟爲夷人（外國人）遊覽區，開廣州專門爲外國人開闢遊覽區之先河。

　　本年至明年間何彬窮益甚，由陽江返新寧，寓東郊寺院。

　　何彬，字公度，號秋客。高要人。二十二年（一八一七）歲貢。讀聖賢書外，通星算，嫻絲竹，尤精鼓琴。性樂易，談詩娓娓不絕。嘉慶十一年（一八〇六）、十二年間，窮益甚，由陽江返新寧，寓東郊寺。二十二年（一八一七）歲貢。與弟親愛一生，白首如童孺。著有《三十六洞天草堂詩存》二卷。《清代粵人傳》卷十三有傳。

　　韓錦雲生。

　　韓錦雲（一八〇六～一八七四），字紫東。文昌（今屬海南）錦山鎮人。十二歲能文，二十歲就讀瓊臺書院，其師贊爲國器。道光十五年（一八三五）舉人，二十年登進士第，授翰林院庶吉士。咸豐元年（一八五一）補戶部奉天司主事。此後歷任雲南司員外郎、江蘇司郎中、浙江道、貴州道監察御史、戶部給事中、兵部掌印給事中、京畿道監察御史、刑科給事中、四川鹽茶道、四川按察使加鹽運使、雲南糧儲道，嗣兼署布政使、按察使。卒於任所。著有《白鶴集》。（《廣東近現代人物詞典》四九八頁）

　　鍾芳禮生。

　　鍾芳禮（一八〇六～？），原名芳球。花縣（一作廣西桂平）人。洪秀全姐（妹）夫，在平隘山參加拜上帝會。金田村起義後，封御林侍衛。咸豐三年（一八五三）太平天國建都天京後，因當地人多做機織業，在砂朱巷設機匠衙（後因人多改爲織營），被封爲恩賞元相，督理該衙（織營）。凡城中素業機織者，均令入衙工作，並立營伍，有前、後左、右、中各營集體織造，限日交緞匹若干，生產大增。曾封爲義爵。與楊秀清關係密切，天京事變發生時，因爲洪秀全姐夫，故得留性命。後隨石達開出京。達開兵敗後走昆明，娶當地富女爲妻，學打金術。學成，攜家遷至廣東韶關始興縣，開利源金鋪。子中進士，官至大學士，有軍

機大臣賜匾。（《廣東近現代人物詞典》三八三頁）

清仁宗嘉慶十二年　丁卯　一八〇七年

申禁地方擅造非刑。（蔡冠洛《清代七百名人傳》附《清代大事年表》）

七月十六日，李黼平自序其《著花庵集》。（李黼平《著花庵集》自序）

九月初九重陽日，劉統基賦《丁卯九日陶北亭明府招集同人缽山登高次和北亭二首》詩云：

隔斷江城水一灣，舉頭天外翠屏環。秋林有葉多辭樹，好友如雲盡到山。九日風光遊興劇，十年潦倒宦情閒。蒹葭白露蒼蒼裏，可有伊人在此閒。

霜雁一聲秋又高，海天遼濶見洪濤。人登絶頂舒長嘯，風掠平波起怒號。韻事於今無落帽，詩人自古怯題糕。夕陽醉罷黃花酒，擬學東坡細和陶。（劉統基《南石山房詩鈔》卷下）

本年何有書主萬松園講席。

何有書，字玉函、玉波。番禺人。嘉慶十二年（一八〇七），主萬松園講席。二十二年（一八一七）進士，官內閣中書。道光十年（一八三〇）返里不復出。（《番禺河南小志》卷九）

曾文錦於本年中舉人。

曾文錦，字綱堂。南海人。歲貢生。嘉慶十二年（一八〇七）欽賜舉人，明年會試，賜國子監學正。著有《經訓堂詩稿》。凌揚藻《國朝嶺海詩鈔》卷二十有傳。

何健於本年中舉人。

何健，字建人，號慕劉。香山人。嘉慶十二年（一八〇七）舉人。著有《鄉黨圖考》、《典制解觚錄》、《丹元子步天歌釋》、《粵會賦箋》、《思貽堂文稿》等。何天衢《欖溪何氏詩徵》卷六有傳。

吳維彰於本年中舉人。

　　吳維彰，字顯庸，號晦亭。順德人。嘉慶十二年（一八〇
七）舉人。著有《古人今臥齋詩集》。梁九圖、吳炳南《嶺表詩
傳》卷十三有傳。

　　吳時敏於本年中舉人。

　　吳時敏，字起蟠，一字臥廬。順德人。嘉慶十二年（一八〇
七）舉人，翰林院典籍。梁九圖、吳炳南《嶺表詩傳》卷十三
有傳。

　　蘇召棠於本年中舉人。

　　蘇召棠，字惠成，一字南墅。新會人。嘉慶十二年（一八〇
七）舉人。著有《師竹山房集》。言良鈺《續岡州遺稿》卷六
有傳。

　　蔡蕙清於本年中舉人。

　　蔡蕙清（一七八四～一八五一），字元善、樹百。番禺人。
嘉慶十二年（一八〇七）舉人。報捐光祿寺署正，供職京師。晚
積資至刑部主事。引疾歸，主豐湖講席。著有《抱甕齋詩草》。
陳融《讀嶺南人詩絕句》卷十有傳。

　　何其傑於本年中舉人。

　　何其傑，字惕庵。嘉應人。嘉慶十二年（一八〇七）舉人，
官東安訓導。著有《梨雲閣詩文集》。胡曦《梅水匯靈集》卷五
有傳。

　　李汝辰於本年中舉人。

　　李汝辰，字星次。嘉應。嘉慶十二年（一八〇七）舉人。
張煜南、張鴻南《梅水詩傳》卷二有傳。

　　黃琮璧於本年中舉人。

　　黃琮璧，字式玉。嘉應人。嘉慶十二年（一八〇七）舉人，
花縣教諭。張煜南、張鴻南《梅水詩傳》卷二有傳。

　　黃大鵬於本年中舉人。

　　黃大鵬，字搏霄。嘉應人。嘉慶十二年（一八〇七）舉人。
張煜南、張鴻南《梅水詩傳》卷三有傳。

吳松於本年中舉人。

吳松，字清彥，號鶴邨。恩平人。嘉慶十二年（一八〇七）舉人，試用河南河內縣知縣。著有《清暉閣詩鈔》。彭泰來《端人集》卷二有傳。

黃寅於本年中舉人。

黃寅，號蘭溪。大埔人。父鎏，乾隆二十一年（一七五六）舉人，歷任南雄訓導。寅登嘉慶十二年（一八〇七）舉人。性篤孝，母遭劇疾，割左臂肉療之。著有《黃蘭溪詩草》。鄒魯《廣東通志稿》有傳。

李清華於本年中舉人。

李清華，原名殿芳，字漱六。順德人。嘉慶十二年（一八〇七）舉人。羅定州訓導，內閣中書。子應田，翰林院檢討；應棠，舉人。吳道鎔《廣東文徵作者考》卷九有傳。

江履祥於本年中舉人。

江履祥，字贊修。番禺人。嘉慶十二年（一八〇七）舉人，分發河南南河防汛，勤勉從公。後主南陽府舞陽書院講席。（《番禺縣續志》卷一九）

李實於本年中舉人。

李實，石城（今廉江）人。嘉慶十二年（一八〇七）舉人，署廉州府訓導。著有《學庸解》。（光緒《石城縣志》）

蘇紹洙於本年中舉人。

蘇紹洙，字演東，號泗濱。東莞人。嘉慶十二年（一八〇七）舉人。教書爲業，不收寒士學費，進士大埔饒褒甲曾及其門。（宣統《東莞縣志》卷七〇）

沈肇邦於本年中舉人。

沈肇邦，一名謨，以字行。陸豐人。嘉慶十二年（一八〇七）舉人，直隸沙河知縣。（《惠州府志》）

羅秀鳳於本年中舉人。

羅秀鳳，石城（今廉江）人。嘉慶十二年（一八〇七）舉

人。有文名。著有《梧岡詩集》。（光緒《石城縣志》）

鍾學渠於本年中舉人。

鍾學渠，海豐人。嘉慶十二年（一八〇七）舉人，官鳳翔知縣。（《惠州府志》）

顏爾樞於本年中舉人。

顏爾樞，字荔川、用甫。連平人。嘉慶十二年（一八〇七）順天鄉試舉人，十四年會試中恩科進士，官廣西新寧知州、東蘭知州等。（《連平縣志》）

梁炯於本年成貢生。

梁炯，初名炅，字蓼圃，一字蔗坡。靈山人。嘉慶十二年（一八〇七）貢優，充國史館校錄，期滿，以知縣用。十八年（一八一三）登順天舉人，官曲江知縣。著有《蔗境軒詩草》。凌揚藻《國朝嶺海詩鈔》卷二十一有傳。

莫汝淳於本年成貢生。

莫汝淳，字瑾圃。高要人。嘉慶十二年（一八〇七）副貢，官靈山縣教諭。著有《紅棉山館詩鈔》。黃登瀛《端溪文述·端溪詩述》卷六有傳。

本年翟超漢署廣東左翼鎮中營千總。

翟超漢（？～一八〇八），字雲臺。東莞人。嘉慶十二年（一八〇七）署廣東左翼鎮中營千總。翌年隨總兵林國良出海追擊烏石二，遇風暴，作戰失利陣亡。（宣統《東莞縣志》卷七〇）

何翀生。

何翀（一八〇七～一八八三），字丹山，號煙橋老人，又號七十二峰山人。南海九江煙橋人。家貧，十二歲才入塾讀書。旋至廣州學畫紗燈。性聰敏，經師指教，輒有妙悟。時有善畫美人之畫師蘇美人者收為徒，授以筆法，盡得其妙。所畫花卉翎毛，取法渾正叔；山水人物，取法新羅山人。翎毛尤為擅絕，所寫柳燕，自饒活趣，更工於竹樹鵁鶄。嘗在珠江河南蒙聖里開設“竹清石壽之齋”畫室，求畫者眾。咸豐初，廣州將軍奕湘重其畫，邀與談藝，結爲兄弟。出巡，招與偕行，得遍歷佳山奇水，畫藝益進。光緒元年（一八七五）爲何兆瀛作《歸帆圖》，爲不可多得之上品。（《南海名人數據庫》）

朱次琦生。

朱次琦（一八〇七～一八八一、一八八二），字（號）稚圭，一字子襄，又字九江，號浩虔。南海九江人。曰愈子。康有爲師。年青時勵志篤學，立志經世救民。年十二，其詩爲阮元所重。道光二十七年（一八四七）進士。咸豐二年（一八五二）分發山西，攝襄陵縣事。引疾歸，講學南海九江禮山草堂二十餘年，學者稱九江先生。論學平實敦大。同治元年（一八六二）與同邑徐臺英奉旨起用，竟不出。光緒七年賞五品卿銜，逾數月卒。著有《國朝名臣言行録》、《五史實徵録》、《晋乘》、《國朝逸民傳》、《性學源流》、《蒙古聞見》等書。疾革，盡焚之，僅存《朱氏傳芳集》五卷、《南海九江朱氏家譜》十二卷、《大雅堂詩集》、《是汝師齋詩》、《燔餘集》、《橐中集》各一卷。趙爾巽《清史稿》卷四八〇有傳。女美瑶，字伯姬。能詩，工山水。書法亦秀逸。許字張氏子，未婚，張殁，守貞數十年，撫嗣子廷鑾成立。汪兆鏞《嶺南畫徵略》卷十二有傳。

陳開泰生。

陳開泰（一八〇七～一八八二），字亨亭，號象春、衍通。海陽（今潮州）人。道光二十五年（一八四五）抵達香港，五年後積資創富珍齋餅食店，爲港早期名店。（《海外潮人史料專輯》）

鍾榮焜生。

鍾榮焜（一八〇七～一八六七），字照藩，號子寬。東莞人。少時有神童之稱。家貧以寫詩文爲樂。爲人正直，善於排解糾紛。同治六年（一八六七）中舉，是年卒於家。（宣統《東莞縣志》卷七三）

清仁宗嘉慶十三年　戊辰　一八〇八年

七月，帝秋獮木蘭。九月，還京師。（蔡冠洛《清代七百名
人傳》附《清代大事年表》）

季夏，東莞張璐題跋澳門普濟禪院所藏澹歸日記手跡。（澳
門普濟禪院《澹歸和尚墨跡》）

本年曹賓欽賜翰林院檢討。

曹賓，字擢三，號翼雲。東莞人。嘉慶十三年（一八〇八）
欽賜翰林院檢討。張其淦《東莞詩錄》卷四七有傳。

本年余福康參加會試，挑取國史館謄錄。

余福康，字叔伉。台山人。嘉慶十三年（一八〇八）會試，
挑取國史館謄錄。咸豐二年（一八五二）遣擇皇陵，以知縣用。
（《新寧縣志》）

李飛鵬於本年中舉人。

李飛鵬，字季長，號南溟。東莞人。嘉慶十三年（一八〇
八）舉人。張其淦《東莞詩錄》卷四七有傳。女映桃，號花溪女
史。咸豐、同治間人。王廷桂室。著有《紅餘新詠》。陳融《讀
嶺南人詩絕句》卷十五有傳。

何錫光於本年中舉人。

何錫光（一七六九～一八四〇），字純熙，號葆亭。香山人。
嘉慶六年（一八〇一）副榜，十三年（一八〇八）恩科順天鄉試
舉人，欽定一等，補咸安宮教習，以知縣分發江西。何天衢《欖
溪何氏詩徵》卷四有傳。

吳蘭修於本年中舉人。

李韞章於本年中舉人。

李韞章，字錫侯。嘉應州人。嘉慶十三年（一八〇八）恩科
舉人，官仁化廣文。著有《定園詩稿》。張煜南、張鴻南《梅水
詩傳》卷二有傳。

胡豹文於本年中舉人。

胡豹文，字蔚巖。番禺人。嘉慶十三年（一八〇八）舉人。醇謹篤實。張維屏《藝談録》卷下有傳。

梁信芳於本年中舉人。

梁信芳，字孚萬，號香蒲、蒒甫（浦）。番禺人。嘉慶十三年（一八〇八）舉人，授知縣。道光十三年（一八二三）賑濟有功，加六品銜。著有《桐花館詩鈔》、《螺溁竹窗稿》、《北遊草》、《桐花館詞鈔》。張維屏《國朝詩人徵略二編》卷五五有傳。

金菁茅於本年中舉人。

金菁茅，字子慎，號醴香。番禺人。兄菁莪在番禺河南龍溪潘氏南塾設帳講學，菁茅亦從中受業。嘉慶十三年（一八〇八）舉人，官內閣中書。道光廿一年（一八四一）守獵德炮臺，辦團練，補員外郎，升郎中。著有《遺經樓詩集》、《浴日亭詩鈔》等。陳融《讀嶺南人詩絶句》卷十有傳。

孫大焜於本年中舉人。

孫大焜（一七七八～一八五三），號（字）南瀛。吳川人。嘉慶十三年（一八〇八）舉人，官福建尤溪、壽寧、沙縣知縣。著有《藝蘭山房集》。許汝韶《高涼耆舊文鈔》卷十二有傳。

黃揩雍於本年中舉人。

黃揩雍，字筠山。嘉應人。嘉慶十三年（一八〇八）恩科舉人，廣州府學教授。張煜南、張鴻南《梅水詩傳》卷二有傳。

梁慎楨於本年中舉人。

梁慎楨，原名慎猷，字薇垣。嘉應人。嘉慶十三年（一八〇八）恩科舉人，道光進士。[①] 內閣中書，升禮部郎中。張煜南、張鴻南《梅水詩傳》卷三有傳。

張杓於本年中舉人。

---

① 阮元《廣東府志》卷八一《選舉表》十九："梁慎猷，嘉應府學進士，是年（嘉慶十三年）升州爲府，仍設程鄉縣。"

　　張杓，字慶璩，號磬泉。籍浙江錢塘，入番禺縣爲生員。嘉慶十三年（一八〇八）舉人，掌教香山欖山書院、南雄道南書院，三赴會試不中，選揭陽教諭，以例得國子監學録。道光二年（一八二二），阮元督粤，開學海堂課士，以爲首選，復延之課子。年七十一卒。著有《儀禮古今文考》、《經史筆記》二卷、《增校尸子》三卷、《增校〈四民月令〉》、《張學録遺集》。《學海堂叢刻》卷十有傳。

　　羅子彪於本年中舉人。

　　羅子彪，字文偉，號象樞。東莞人。嘉慶十三年（一八〇八）舉人，官歸善教諭。張其淦《東莞詩録》卷四七有傳。

　　馮奉初於本年中舉人。

　　馮奉初，號默齋。順德人。嘉慶十三年（一八〇八）恩科舉人，十九年進士。道光七年（一八二七）任潮州府教授，歷二十餘年。曾輯《潮州耆舊集》。二十九年（一八四九），與溫承悌同修《順德縣志》。又撰《陳恭尹傳》。（《順德縣續志》）

　　余廷濬於本年中舉人。

　　余廷濬，字參健。台山人。弱冠補弟子員，旋中嘉慶十三年（一八〇八）舉人，授徒鄉間。後補四川彭水知縣，卒於官。（《新寧縣志》）

　　宋灝於本年中舉人。

　　宋灝，字由溪。花縣人。嘉慶十三年（一八〇八）恩科舉人，大挑以知縣分發四川，權綦江、蓬溪，授新津，移知江津。道光十一年（一八三一）充四川鄉試同考官，廣東藩司江國霖即出其門。（民國《重修花縣志》卷九）

　　宋廷楨於本年中舉人。

　　宋廷楨，字金甫。花縣人。嘉慶十三年（一八〇八）恩科順天舉人，次年恩科進士，即用知縣分發四川，補汶川，調補富順，歷署秀山、營山、岳池、内江等地知縣，官至理番廳同知。歷充嘉慶二十三（一八一八）、二十四年、道光五年（一八二五）

四川鄉試同考官。六十一歲引疾歸，六十九歲卒。子蔚謙，咸豐二年（一八五二）恩科進士。（民國《重修花縣志》卷九）

陳仲良於本年中舉人。

陳仲良，字希亮。番禺人。嘉慶十三年（一八〇八）舉人。道光六年（一八二六），大挑一等，分發四川，歷署蒲江、安嶽、青神等縣，補授鹽亭，調署三台。十九年攉河南南陽知府，卒於任。著有《儀禮約旨》等多種。（同治《番禺縣志》卷四六）

黃照原於本年中舉人。

黃照原，原名金榜，字偉猷，號旭齋。東莞人。嘉慶十三年（一八〇八）舉人，官湖北利川知縣，人稱黃青天。卒於麻城知縣任。（宣統《東莞縣志》卷七〇）

崔頤於本年中舉人。

崔頤，字吉甫。高明人。嘉慶十三年（一八〇八）欽賜舉人，次年會試欽賜國子監學正，補文昌教諭。卒年八十七。（道光《高明縣志》、光緒《高明縣志》）

朱程萬於本年成貢生。

朱程萬，號南溟。南海人。嘉慶十三年（一八〇八）歲貢生。著有《植蘭庭遺稿》。（吳道鎔《廣東文徵作者考》卷九）

趙均於本年成副貢生。

趙均，字國章，一字平垣。順德人。嘉慶十三年（一八〇八）副貢生，署羅定州學正，饒平、豐順、揭陽學教諭。多治事才，凡撫貢院，建學海堂、文瀾閣，制軍阮雲臺（元）及諸大憲咸相委重。與伍秉鏞兄弟爲忘形交，留寓番禺河南作比鄰寓公。著有《自鳴軒吟草》。淩揚藻《國朝嶺海詩鈔》卷二〇有傳。

葉轅於本年成副貢生。

葉轅，字星曹。嘉應人。嘉慶十三年（一八〇八）副貢生。張煜南、張鴻南《梅水詩傳》卷三有傳。

何耀琨於本年補諸生。

何耀琨，字鳴佩，號桂圃。順德人。嘉慶十三年（一八〇八）邑庠生。子瑞芝，道光二十年（一八四○）庚子恩科舉人；瑞萱，咸豐元年（一八五一）恩科舉人。何天衢《欖溪何氏詩徵》卷十有傳。

莊起鳳生。

莊起鳳（一八○八～一八八九），字明輝，又字翔初，號鐵峰老人。道光十五年（一八三五）武進士。歷官惠州守備、澄海參將。咸豐間鎮壓潮汕農民起事有功，未被晉升，心懷怨望，辭職歸里，以書畫自娛。（《普寧人物傳》）

淩心亭生。

淩心亭（一八○八～一八五六），號悝泉。和平人。道光十七年（一八三七）拔貢，就職直隸州州判。（《和平縣志》）

曹爲霖生。

曹爲霖（一八○八～一八八八），字雨村。南海人。咸豐元年①舉人。四年紅巾之亂，編保甲，障桑梓，以功補知縣，盡先錄用。初館於佛山梁氏，與何九圖、文雄相契。後授徒省垣，復主講佛山書院，任羊城書院山長。著有《木筆花館詩鈔》四卷、《易學鏡》四卷。冼玉清《冼玉清文集》上編有傳。

曾三利生。

曾三利（一八○八～一八九四），又名貫萬，字奕賢，號鳴翔。嘉應（今梅縣）人。少孤貧，十六歲時與兄輝賢同遷新安（今寶安）境。初在九龍茶果嶺一家石廠爲伙夫，後升任石工頭目。香港開埠後，建築漸多，打石需求日趨蓬勃，遂辭工前往港島，在筲箕灣獨資創辦石礦，又建屋於榕樹頭地，開設義隆雜貨店，繼設三利商號，成爲該地商界頭號人物，故時人又稱之爲曾三利。後於沙田東部購置田地，建起著名的山廈圍大屋，沙田曾氏自此逐漸發展成爲一大族。（《五華縣志》）

衛佐邦生。

---

① 一作道光二十二年（一八四二）舉人。

衛佐邦（一八〇八～一八七七），字楫臣。博羅人。歷官千總、守備、都司、參將、副將、總兵、廣東陸路提督。道光中隨關天培防海有功，獲林則徐奏獎藍翎。咸豐、同治中曾攻打農民軍，平定土客之亂。光緒初病免歸里。（民國《博羅縣志》、宣統《東莞縣志》）

劉汝新生。

劉汝新（一八〇八～一八七五），字煥初，號錦川。信宜人。道光十八年（一八三八）進士，歷任澄城、淳化等四縣知縣。後罷官回家，於鄉間設館授徒。著有《藏雲閣詩集》。（光緒《信宜縣志》）

清仁宗嘉慶十四年　己巳　一八〇九年

春，劉統基賦《洋匪充斥有年水陸商民受害己巳春百大司馬來制粵軍籌策靖之於是整我戎》詩（詩亦佚）。（劉統基《南石山房詩鈔》卷下）

夏至後十日，宋湘作《小羅浮山館詩鈔》跋。（宋湘《小羅浮山館詩鈔》跋）

本年至十九年甲戌，黃釗作詩如下：《京口》七律、《燕子磯望金陵》五律、《吳宮》七律、《過黃鸝坊舊宅》、《莫愁湖》（以上七絕）、《早發漁溝》五律、《樓桑村》七古、《發米家莊》七絕、《懷臧在東　庸》、《盧龍九日和韻》（以上五律）、《盧龍雜詠》七絕五首、《哭伍雲兄》七律、《呈宋芷灣先生》五律四首、《楊孝子詩》七古長詩、《蝂磯夫人祠》、《夏雨兼旬河水暴漲感作》（以上七律）、《夜由鉢溪口放舟出長潭》五律、《夜雨齋中翻閱伍雲遺稿感作》五古、《秋日偕諸子遊九龍潭　仲弟笙調、叔弟琴宸、姪伯邑、季鴻、少華》七古。（以上《讀白華草堂詩初集》卷之一　己巳至甲戌）

本年洋人竄入內河，將登岸，何松年與族人何大勳等率眾旦夕抵禦防備，洋人終不敢來犯。

何松年，字藻軒。順德人。以商務起家，熱心鄉族築圍、建祠、捐賑及修路等善舉。（《順德縣續志》）

本年陳大德官廣東左翼鎮標左營千總。

陳大德，東莞人。嘉慶十四年（一八〇九）官廣東左翼鎮標左營千總，隨總兵許廷桂巡海，在磨刀洋與賊作戰陣亡。（宣統《東莞縣志》卷七〇）

何惠群於本年中進士。

何惠群，字和先，一字介峰。順德人。嘉慶九年（一八〇四）解元，十四年（一八〇九）進士，由庶吉士改官新昌知縣。象棋技藝尤高，人稱國手。著有《飲虹閣詩鈔》。梁九圖、吳炳南《嶺表詩傳》卷十三有傳。

何太青於本年中進士。

何太青，字樂如，一字蔡閣。順德人。嘉慶十四年（一八〇九）進士。由庶吉士改官於潛知縣，調德清知縣。著有《春暉書屋詩草》。凌揚藻《國朝嶺海詩鈔》卷二〇有傳。

區玉章於本年中進士。

區玉章，號仁圃。南海人。嘉慶十四年（一八〇九）進士，吏部文選司主事，加員外郎銜。道光間受聘掌粵秀書院。兩任粵督創省城東西惠濟義倉，策畫之力爲多。李長榮《柳堂師友詩錄》有傳。

張京泰於本年中進士。

張京泰，字香谷。興寧人。嘉慶十四年（一八〇九）恩科進士，官肇慶府教授。胡曦《梅水匯靈集》卷五有傳。

潘正常於本年中進士。

潘正常，字棣敷。番禺人。嘉慶十三年舉人，十四年（一八〇九）進士二甲，翰林院庶吉士，改吏部主事。著有《麗澤軒詩鈔》。女瑤卿，番禺人。盛雲笙郎中室。能詩，工畫。山水學文徵仲，花卉仿陳白陽。卒年二十七。同邑孟蒲生孝廉鴻光爲作傳。有《河陽泛春圖》，蒲生題《浪淘沙》詞。又有《幽窗讀畫圖》，張南山、黃蓉石、溫伊初、譚玉生、儀墨農、侯君模、梁子春、吳石華、桂星垣、陳棠溪皆有題辭。藏其孫春臺廣文景熙處。汪兆鏞《嶺南畫徵略》卷十二有傳。

何嗣衍於本年補邑庠生。

何嗣衍，字振遠，號曠谷。香山人。嘉慶十四年（一八〇九）補邑庠生。府考第一。何天衢《欖溪何氏詩徵》卷十有傳。

陳青槐生。

陳青槐（一八〇九～一八七二），字銘三（生）。歸善（今惠州）人。增貢生。歷官光祿寺正卿、江西省巡撫，爲官公正嚴明，以母老辭職歸田。同治十一年（一八七二）與修《惠州府志》，未完稿而謝世。著有《羅浮紀遊》、《有聲樹齋詩文集》。（光緒《惠州府志》卷三五）

楊榮緒生。

楊榮緒（一八〇九～一八七四），原名榮，字蘛香、浦香，號孟桐。番禺人。咸豐三年（一八五三）進士，改翰林院庶吉士。六年，散館授編修。九年（一八五九）己未、十一年辛酉兩充順天鄉試同考官。十年，補授河南道監察御史。時戶部尚書肅順導駕至熱河，與同官抗疏力請回鑾。十一年，掌四川、河南等道御史，幫辦五城團防事，歷署京畿、廣西兩道御史，刑、禮兩科給事中。同治二年（一八六三），授浙江湖州府知府，多惠政。十年（一八七一），舉卓異。捐升道員，解任，遂卒。入祀名宦祠，陳澧爲撰墓碑。著有《十三經經義考》、《左傳博引》、《讀律提綱》。國史館《清史列傳》卷七七有傳。

潘仕徵生。

潘仕徵（一八〇九～一八五二），字聘三，號莘農。番禺河南龍溪人。正綿長子。官候補鹽知事。著有《培春堂吟草》。（陳景鎧《海珠古詩錄》二六一頁）

韓夢琦生。

韓夢琦（一八〇九～一八五四），字雲史，號錦堂。博羅人。

道光二十九年（一八四九）領鄉薦，會試得宗學教習，補貴州安平知縣，調任普定，升開江通判，未任，改任修文。咸豐初，種等叛亂，夢琦巡城，爲內應馬某及其黨所害，贈中憲大夫，賞雲騎尉，世襲恩騎尉。（光緒《惠州府志》卷三六）

清仁宗嘉慶十五年　庚午　一八一〇年

長夏（六月）日，劉統基自序其《南石山房詩鈔》上下卷。（劉統基《南石山房詩鈔》卷末）

劉星潢於本年中舉人。

劉星潢，字雲舫。新興人。嘉慶十五年（一八一〇）舉人。著有《海松閣詩鈔》。（凌揚藻《國朝嶺海詩鈔》卷二一）

張嘉猷於本年中舉人。

張嘉猷，字家善。順德人。嘉慶十五年（一八一〇）舉人。著有《磐池詩草》。凌揚藻《國朝嶺海詩鈔》卷二一有傳。

簡嵩培於本年中舉人。

簡嵩培，原名厥脩，字慎思，一字永庵。順德龍江人。嘉慶十五年（一八一〇）舉人。著有《梅花館詩鈔》。伍崇曜《楚庭耆舊遺詩》卷二十有傳。女貞女，同鄉何應發聘妻。著有《嗣梅花館詩》。冼玉清《廣東女子藝文考》有傳。

顏斯總於本年中舉人。

顏斯總，字詣銓，一字君猷。南海人。監生。嘉慶十五年（一八一〇）順天舉人。著有《聽秋草堂詩鈔》。陳融《讀嶺南人詩絕句》卷九有傳。

楊時濟於本年中舉人。

楊時濟，字星槎。嘉應人。監生。嘉慶十五年（一八一〇）舉人，官東莞訓導。胡曦《梅水匯靈集》卷五有傳。

孫恒亨於本年中舉人。

孫恒亨，字西朏。興寧人。嘉慶十五年（一八一〇）舉人。胡曦《梅水匯靈集》卷五有傳。

鍾李期於本年中舉人。

鍾李期，字望子，一字仙根。鎮平人。嘉慶十五年（一八一〇）舉人，官電白教諭。胡曦《梅水匯靈集》卷五有傳。

楊清槐於本年中舉人。

楊清槐，字蔭南。鎮平人。嘉慶十五年（一八一〇）舉人，官河陽知縣。胡曦《梅水匯靈集》卷五有傳。

吳懋清於本年中舉人。

吳懋清（一七七四～一八四五），字澄觀，號橫塘、橫塘山人、六益、迴溪。吳川人。嘉慶十五年（一八一〇）舉人。道光二十五年卒，年七十二。著有《尚書解》五卷、《尚書古今文測》七卷、《尚書訂定古本》七卷、《尚書三文訂偽》六卷、《詩經解》五卷、《詩經測》九卷、《毛詩訂本》七卷、《周官鄭注訂偽》十二卷、《大戴禮記測》十三卷、《纂輯十三經注疏》十九卷、《四書解》十二卷、《詩賦雜文》十八卷等。國史館《清史列傳》卷六九有傳

葉軒於本年中舉人。

葉軒，字珥山。嘉應人。嘉慶十五年（一八一〇）舉人，官山西太谷知縣。張煜南、張鴻南《梅水詩傳》卷三有傳。

黃鼎光於本年中舉人。

黃鼎光，字銘之。嘉應人。嘉慶十五年（一八一〇）舉人，官廉州府教授。張煜南、張鴻南《梅水詩傳》卷三有傳。

鄭謙於本年中舉人。

鄭謙，字吉光，號虛舟。東莞人。嘉慶十五年（一八一〇）舉人，山西遼州知州。卒年六十二。張其淦《東莞詩錄》卷四七有傳。

唐棣於本年中舉人。

唐棣，字濬明。東莞人。嘉慶十五年（一八一〇）舉人。張其淦《東莞詩錄》卷四七有傳。

陳鳳池於本年中舉人。

陳鳳池，字厚之，號華林。東莞人。嘉慶十五年（一八一〇）舉人，十九年進士。江蘇江浦縣知縣。張其淦《東莞詩錄》卷四七有傳。

何文綺於本年中舉人。

何文綺（一七七九～一八五五），字宷書，號樸園。南海九江煙橋人。嘉慶十五年（一八一〇）舉人，二十五年（一八二〇）進士，授兵部主事。因修築桑園圍出力，加員外郎銜。假歸授徒爲業，門生甚衆。道光二十四年（一八四四）受聘主講粵秀書院，數年間人才疊出。咸豐初與兩廣總督徐廣縉論事不合，解職而去。卒年七十六。著有《課餘彙鈔》、《四書講義》和《周易從善錄補注》。黃梓林《廣東文獻輯覽》有傳。

祝鴻文於本年中舉人。

祝鴻文，字石渠。歸善人。明祝枝山後。嘉慶十五年（一八一〇）舉人。著有《學正聲齋詩稿》。（光緒《惠州府志》卷二七）

葉宴海於本年中舉人。

葉宴海，東莞道滘葉氏三房漁趣祖人。嘉慶十五年（一八一〇）庚午科鄉試中第四十四名武舉人。十六年，辛未科會試中第二十七名武進士。（宣統《東莞縣志》卷四八、《葉氏宗譜·歷代文科甲》六頁）

伍名時於本年中舉人。

伍名時，字雲軒。封川（今封開）人。嘉慶十五年（一八一〇）舉人。專力注疏學，晚年治經學。著有《易義菁華》等。（《肇慶府志》）

徐序經於本年中舉人。

徐序經，字石渠。番禺人。嘉慶十五年（一八一〇）舉人。道光十五年（一八三五）大挑一等，以知縣分發貴州，歷署永從、印江、義興等縣知縣。於義興主筆山書院教席，月資悉歸於民。數載始得歸，歸而義興民音問不絕。年六十五卒於家，譚瑩

爲撰墓表。（同治《番禺縣志》卷四七）

黄兆榮於本年中舉人。

黄兆榮，字采南。海陽人。嘉慶十五年（一八一〇）舉人，主講海陽瑞光書院、龍湖書院。迫於家計，赴選授清遠訓導，非己好，即引疾歸。旋病卒，年四十六。著有《警枕詩集》。（《潮州志·藝文志》）

范秉元於本年中副榜。

范秉元，字彝甫。三河鎮内人。嘉慶十五年（一八一〇）副榜。後任信宜教諭，升瓊州府學教授。旋以憂歸。子錫朋，以廩生佐幕，疊充閩省委員，奏派日本横濱正理事官，隨委任漳州知府。饒鼎華《匯山遺雅》有傳。

莫兆瓊於本年成貢生。

莫兆瓊，字瑶昭，一字玉峰。新會人。嘉慶十五年（一八一〇）優貢生。著有《石泉詩草》。凌揚藻《國朝嶺海詩鈔》卷二一有傳。

李兆槐於本年成副貢生。

李兆槐，字繼庭，一字□山。新會人。嘉慶十五年（一八一〇）副貢生。著有《古嘯齋詩草》、《玉煙堂駢體文鈔》。凌揚藻《國朝嶺海詩鈔》卷二一有傳。

伍崇曜生。

伍崇曜（一八一〇～一八六三），原名元薇，字紫垣，又字良龥。後名紹榮，外稱伍浩官，室名粤雅堂、遠愛堂。南海人。秉鑒第三子。道光十三年（一八三三），崇曜繼其兄任廣州十三行怡和行行主及十三行總商，販賣鴉片，私運白銀，壟斷外貿，遂成巨富。十八年（一八三八），林則徐來粤禁煙，崇曜私通英國駐華商務監督義律並建議採取措施對抗。二十一年，陪同欽差大臣琦善與義律於虎門蛇頭灣談判。英軍攻佔廣州城各炮臺，陪同廣州知府余保純與義律談判，簽訂向英方繳"贖城費"之停戰協定。翌年七月上旬，崇曜奉調往南京參與中英交涉，然未抵達而《南京條約》已簽訂。二十九年（一八四九）春，英國公使文翰要求允許英人入廣州城經商，遭廣州人堅決反對，兩廣總督徐廣縉命崇曜向英人表示如强要入城，行商將停止與英國貿易，終使英人決定暫不入城。咸豐四年（一八五四）廣東洪兵起義，廣州遭紅巾軍圍攻，帶頭捐資並向各富戶勸捐，得十餘萬元招募丁壯數千守城。七年（一八五七），英法聯軍攻陷廣州，奉廣東巡撫柏貴派遣與英軍議和。因感粵省書版絕少，出資延聘同邑譚瑩編訂《楚庭耆舊遺詩》七十三卷，又彙刻先賢著述如《嶺南遺書》等數百種。後刊刻《粤雅堂叢書》二二二種，一二五七卷，爲藝林所重。（《南海名人數據庫》）

陳澧生。

陳澧（一八一○～一八八二），字蘭甫（浦），號止齋、東塾、江南倦客。室名學海堂、菊坡精舍。番禺人。道光十二年（一八三二）舉人，河源縣訓導。九歲能文，復問詩學於張維屏，問經學於侯康。凡天文、地理、樂律、算術、篆隸無不究。中年讀經疏、子、史及朱子書，日有課。初著《聲律通考》十卷、《切韻考》六卷、《外篇》三卷、《漢志水道圖說》七卷、《漢儒通義》七卷、《東塾讀書記》二十一卷、《憶江南館詞》一卷。爲學海堂學長數十年。至老，主講菊坡精舍。光緒七年（一八八一），粵督張樹聲、巡撫裕寬以南海朱次琦與澧皆耆年碩德，奏請給五品卿銜。八年卒，年七十三。著有《說文聲表》十七卷、《水經注提綱》四十卷、《水經注西南諸水考》三卷、《三統術詳說》三卷、《弧三角平視法》、《琴律譜》、《申范》、《摹印述》、《東墅集》六卷、《漢儒通義》、《東塾讀書記》等百餘種，後人輯有《東塾先生遺詩》一卷。趙爾巽《清史稿》卷四八二有傳。

徐灝生。

徐灝（一八一○～一八七九），字子遠，自號靈洲山人，原籍浙江錢塘，先世遊幕居粵，遂入籍番禺。十歲而孤，年十八佐南海縣幕。咸豐七年（一八五七），按察使周起濱以重禮聘入幕，奏請立案穀米永不抽捐，論者以為利國利民，凡節府大政莫不諮以策畫。改官同知加知府銜，後署柳州府通判、陸川縣知縣、慶遠府知府，皆有政聲。光緒五年（一八七九）卒，年七十。灝平生致力於小學，著有《說文部首考》、《象形文釋》、《說文箋注》、《通介堂經說》、《律樂考》、《通介堂文集》、《靈洲山人詩錄》、《名法指掌圖》、《九數比例》、《算學提綱》、《蠶桑譜》、《洞淵餘錄》、《攬雲閣詞》等。生平著述皆刊入《學壽堂叢書》。（《徐氏家傳》、《徐君墓碣銘》）子紹楨，曾於一九二三年任廣東省長；紹桓為舉人，授知州；紹樾，授四川巡警道；紹穗，授江蘇特用道。（《徐氏家傳》）

許瑤生。

許瑤（一八一〇～一八九〇），字澄齋。澄海人。道光諸生。博極群書，於理學研究不遺餘力。督學李文園盛稱之。著有《論語集說》等。（《潮州志・藝文志》）

潘定桂生。

潘定桂（一八一〇、一八一一～一八四〇），字子駿，一字駿坡。番禺河南龍溪人。恕弟。諸生。卒年三十。道光十八年（一八三八）於龍溪建三十六村草堂。著有《三十六村草堂詩鈔》。（《楚庭耆舊遺詩》）

潘恕生。

潘恕（一八一〇～一八六五），字子羽，一字夢蓮，號鴻軒。番禺河南龍溪人。正衡子。附貢生。好佛、好客、好書、好畫、好笛、好花，讀書尤熟於史部。著有《十國春秋摘要》、《雙桐圃文鈔、詩鈔》、《燈影詞》等。（張維屏《藝談錄》）

李賁生。

李賁（一八一〇～?），號孝義。梅縣人。十三成貢生。道光六年（一八二六）進士，授江西知縣。（光緒《嘉應州志》）

釋能蔭生。

釋能蔭（一八一〇～一八九三），東莞人。二十一歲出家資

福寺，以苦行著稱。咸豐間托缽四方招募，歷時五年，新建金剛塔，人稱重興初祖。（宣統《東莞縣志》卷七四）

胡蘭枝卒。

胡蘭枝（？～一八一〇），字楚香。興寧人。諸生。著有《調杏山房詩鈔》。胡曦《梅水匯靈集》卷六有傳。

清仁宗嘉慶十六年　辛未　一八一一年

本年老廷光之篆刻始就規矩。

老廷光，字青田。其篆刻始就規矩在嘉慶十六年（一八一一），其後益進步。自序云："道光辛丑（二十一年，一八四一），英夷肆擾。余惟閉門靜坐，誦《般若心經》"心無掛礙""無有恐怖"二句，覺心之窒然者，竟渙然而冰釋……"。道光十九年（一八三九）己亥，嘗刻《壽竹齋印譜》全册。冼玉清《冼玉清文集》上編有傳。

本年徐相暉初謁霍時茂於廣州六榕寺。

霍時茂，字諫果，號雲寄山人。南海人。著有《莊子鈔》。冼玉清《冼玉清文集》下編有傳。

本年大饑，陳偉桐獨出粟數百石賑救飢民，並捐三千緡建橋兩座。

陳偉桐，號鳳崗。化州人。郡庠生。平生樂善好施。（《化州縣志》卷九）

本年吳瑶光序釋覺海詩集，後光緒二十二年（一八九六）丙申十月南詔孫寶章又序之。

釋覺海，字虛舟。南海霍氏子。增城海門寺僧。冼玉清《冼玉清文集》下編有傳。

本年釋崇俊契偉主席潮州開元寺。

釋崇俊契偉（一七五五～一八二六），福建汀州長汀人。俗姓曾，脫白於本縣羅漢寺，受記於言祖。嘉慶十六年（一八一一）主席，兩任宗綱，不憚辛勞。道光六年（一八二六）丙戌五月初一日子時涅槃，春秋七十有二，初二日荼毗。乾隆乙亥（二十年，一七五五）九月十三酉時生，數十載住山，拼血汗於叢林，循戒規於佛制，弘願滿座，善就□方。（故《志》）（《開元寺傳燈錄》）

黃玉衡於本年中進士。

黃玉衡，字伯璣，一字在庵、儀徵，號小舟。順德人。嘉慶十六年（一八一一）進士，由翰林授浙江道監察御史。二十五年歸粵，歿於信州途次。著有《安心竟齋詩集（鈔）》。凌揚藻《國朝嶺海詩鈔》卷二一有傳。

汪鳴謙於本年中進士。

汪鳴謙，字益齋。番禺人。嘉慶十六年（一八一一）進士，官太原府知府，調首府一日，無病暴卒。張維屏《藝談錄》卷下有傳。

胡秀枝於本年補諸生。

胡秀枝，字南屏。興寧人。諸生。嘉慶十六年（一八一一）商城程鶴樵侍御取入學，頗賞其文。胡曦《梅水匯靈集》卷六有傳。

何其謀生。

何其謀（一八一一～一八五七），字貽益，號鄭野。高要人。道光十五年（一八三五）舉人，歷署仁化、三水縣教諭，任增城教諭。著有《含清閣詩鈔》。（宣統《高要縣志》附志下）

居巢生。

居巢（一八一一～一八六五、一八九九），一作居仁，字梅生，號梅巢、今夕庵主。祖籍江蘇寶應，其先世任官嶺南，遂定居番禺隔山鄉。廉族兄。自幼喜愛詩文書畫，曾任廣西按察使張敬修幕僚，在廣西期間曾受宋光寶等影響，所作花鳥注重寫生，回粵後與其弟廉一同對景寫生，作品多寫蔬果野花，輕描淡寫，澹逸清華，開嶺南畫派先河，所作尤得江山之助。山水、花卉、鳥禽，皆雅秀，草蟲尤精。書法規模惲壽平，工詩詞。著有《昔邪室詩》、《煙語詞》、《今夕盦讀畫絕句》及題畫詩、《今夕庵詩鈔》。弟仁，字叔鴻。著有《菜花草堂詞》。長女慶，字玉徵。廣西于晦若母。能詩，工花卉。著有《宜春閣吟草》。慶妹瑛，字佩徵。工詩、畫，有詠梅三十首，爲人傳誦。（《留庵隨筆》）

康國器生。

康國器（一八一一～一八八四），字交修，號友之。南海丹竈銀塘蘇村人。年少孤貧，充督署小吏。道光末年保奏任江西贛縣桂源司巡檢，募兵參與鎮壓太平天國。咸豐、同治年間，轉戰於江西、浙江、福建和廣東等省，奪饒州、樟樹、臨江、湯溪、餘杭、杭州、龍岩與嘉應（今梅縣）等十多城，官至廣西布政使、廣西護理巡撫。同治十年（一八七一）回京另候簡用，因病不復出。告歸後，置義倉，修社學，督修南海、三水大路圍。（《中國近現代人物名號大辭典》一一五四頁）

黎四貴生。

黎四貴（一八一一～一八五四），陽春人。家財值毫銀六十萬兩。咸豐三年（一八五三）出資密募反清義軍，聯繫新興、雲浮、恩平等地天地會首領。翌年七月十二日起事，不廢一矢取陽春。後清知縣糾合兩陽官兵反撲，於閏七月大戰於河西，義軍棄城轉戰陽春、羅定。九月初五日，四貴於羅定殉難。（《陽春縣志》）

羅大綱生。

羅大綱（一八一一、一八〇四～一八五五），原名亞旺。揭陽（一作順德、或作廣西）人。道光二十七年（一八四七）在廣西組織天地會。咸豐元年（一八五一）率部加入太平軍，歷任軍師、總制、將軍、指揮。三年（一八五三）太平天國建都天京（南京）後，率軍攻克鎮江，奉命固守。次年受命西征，轉戰皖浙邊區。八月蕪湖之戰負傷，十月回天京後不治身亡。追封奮王。（《中國近現代人物名號大辭典》七七六頁）

清仁宗嘉慶十七年　壬申　一八一二年

七月十六日，陳夢照攜弟從事李光昭遊白雲山，後作《遊白雲山記》。（陳夢照《遊白雲山記》）

陳夢照，番禺人。學海堂學生。

李光昭，字秋田、闇如。嘉應（今梅州）盤龍橋人。廩生。閉門讀書垂二十年。嘉慶十一年（一八〇六）始出遊，曾至羅浮山、白雲山等地，均有詩。曾協助溫汝能編輯《粵東文海》、《粵東詩海》等書。與宋湘、溫汝能、吳蘭修交往唱和。辟海聲堂，奉祀自張九齡至黎簡等二十六位大家。詩頗有奇氣，風格接近宋詩一路。時人稱光昭爲龍頭，徐青爲龍腹①，顏崇衡爲龍尾，合爲一龍，稱程鄉三友。著有《鐵樹堂詩集（鈔）》。妻號紅閼主人，善詩。

謝有文於本年補諸生。

謝有文（一七八八～一八一八），字蔚林。番禺人。嘉慶十七年（一八一二）諸生。十八年，粵秀書院甄別超等首列。二十三年（一八一八）鄉試，力疾入場。是年臘月卒，年三十一。著有《綠香堂文稿》、《娛暉閣詩鈔》、《燕遊草》。張維屏《國朝詩人徵略二編》卷六二。

朱國雄生。

朱國雄（一八一二～一八六五），字掞夫，號鳴岡。東莞人。道光二十年（一八四〇）武舉。咸豐六年（一八五六）守廣州雞翼城，擊退英軍。（宣統《東莞縣志》卷七一）

洪仁政生。

洪仁政（一八一二～一八六四），一作仁正。花縣（今花都）人。秀全堂兄。參加洪秀全拜上帝會，後隨秀全赴廣西參加金田

---

① 徐青，字又白。嘉應人。廩生。老而未遇。詩深得韓愈詩神髓而自比孟郊。著有《聿修堂詩稿》。

起義。咸豐三年（一八五三），建都天京後，封國宗。五年（一八五五）與韋志俊鎮守武昌，次年撤出。十年，爲王宗壹天將，與賴文光攻佔江蘇江浦。同治元年（一八六二）封恤王，掌管洪秀全衣服、廚房。天京淪陷後，護幼主出走，在江西石城爲清兵所俘，旋殉難於南昌。有供詞《洪仁政自述》。（《清史稿·洪秀全傳》）

郭廷集生。

郭廷集（一八一二～一八八○），名紳。海陽（今潮州）人。同治間協助潮州總兵方耀清鄉辦積案、圍海造田、修橋築路。曾主持疏浚梅溪、修築韓江南堤，並於汕頭置鋪屋出租，以租金爲潮州金山學堂經費。晚年援例捐授福建補用知府。（《庵埠鎮志·人物》、民國《潮州志·大事記》）

葉藩宣生。

葉藩宣（一八一二～一八九一），字虎臣。東莞人。精通醫術，外科尤有名。（宣統《東莞縣志》卷七四）

張華昌生。

張華昌（一八一二～一九○四），梅縣人。家境貧困，早年喪偶。同治元年（一八六二）親爲其妻書寫碑文，至今墨蹟清晰。（張森發《林塘張氏族譜》）

清仁宗嘉慶十八年　癸酉　一八一三年

夏，黄釗賦《夜光木歌》詩云：

　　癸酉夏，河水驟漲，村人沿隄拾竹葦。得枯木，攜歸充爨，皮膜剝盡，根株拳曲。入夜，輒有光，如積雪然。余異之，爲作歌。

夜光木，乃産自陰山，斲自冰谷。初疑變晝之草出拘彌，又疑四照之花號迷谷。樵蘇拾得置薪舍，入夜晶光透茅屋。我思汝木上稟太陰精，當其韜晦叢莽、曜光厓麓。膏節晶熒，枯根熠煜。雷火不敢燒，螣蛇不敢逐。寒宵炯炯閃驪頷，幽黭森森張鬼目。將竝照乘，珠生煙玉。珊瑚樹十丈，雲母屛九曲。夜明簾照織成來，水精宮伴湘娥宿。太乙仙人取之作藜杖，龍宮神女刻之作華燭。胡爲漂流泗没下長江，小兒拉之當濕葦，漁人燃之等枯竹。君不見柯亭之箭焦尾桐，入爨猶聞老龍哭。況爾萬古積雪、千年老冰，結成夜光木。

又賦《閲邸抄感作　詠癸酉林清之變》四首、《閒居雜詩》七首（以上五律）、《水仙》七絶二首、《蕭齋》七律、《和東坡歲暮　三首》、《九日遊長潭自雙門闖八鉢溪口　同遊錦亭伯父、左秋浦師、張梅初表兄》（以上五古）、《憑闌》五律、《仙人橋三首》五古三首、《憶舊遊》七律、《秋夜獨坐》五律、《題家香曇　清蒼厓鐵笛圖》七古。

初秋，宋湘停船武漢鸚鵡洲上，緬懷古事，賦《鸚鵡洲》七律吊漢末禰衡。（陳永正《嶺南歷代詩選》四二七頁）

本年宋湘外放雲南曲靖府知府，後在滇服官十三載。

本年何紀呈薦，旋被擯，齎恨卒。

何紀（？～一八一三），字義方，號星甫。香山人。郡諸生。著有《星甫詩稿》。何天衢《欖溪何氏詩徵》卷七有傳。

本年李星父喪，服闋，仍赴貴州。

李星，字旭明。英德人。援例捐同知，分發貴州，歷任下江、歸化等縣。嘉慶十八年（一八一三）父喪。服闋，仍赴貴州。二十五年（一八二〇），調署獨山州，多行義舉。旋調湄潭令。道光五年（一八二五）去官歸隱。（《韶州府志》卷三四）

本年曾積堂應拔萃科。

曾積堂，初名瓊珠，字石鄰。曲江人。四歲喪母，事父孝。家貧，以善書寄食於吏。恣力攻書，手不釋卷。應嘉慶十八年（一八一三）拔萃科，遊京師，名滿公卿門下，考充鑲白旗官學教習。丁父艱，回籍守制，服闋回京供職。偃蹇二十年，授浙江於潛令，清廉自矢，勤於政事。保薦烏鎮同知，抵任不久卒。（《韶州府志》卷三二、光緒《曲江縣志》卷一四）

本年鄭丙昌任澄海縣訓導。（阮元《廣東通志》卷五十《職

《官表》四一）

　　鄭丙昌，字穎超，號曉園。香山人。廩貢生。澄海縣訓導。工詩畫。與伊墨卿、張藥房、黎二樵、黃虛舟、宋芷灣爲道義交。著有《叢書閣遺草》。汪兆鏞《嶺南畫徵略》卷五有傳。

　　劉廣禮於本年中舉人。

　　劉廣禮，字德亨，一字寅甫，號月鋤。番禺人。嘉慶十八年（一八一三）舉人。著有《少遊詩草》。凌揚藻《國朝嶺海詩鈔》卷二一有傳。

　　梁元於本年中舉人。

　　梁元（約一七九一～一八六〇），字以貞，一字純勳，又字一峰。三水人。嘉慶十八年（一八一三）舉人，歷任瑞安、平陽、永嘉、縉雲等知縣。著有《無自欺齋詩略》、《詠春軒草》。凌揚藻《國朝嶺海詩鈔》卷二一有傳。室李如蕙，自號桂泉女史。香山人。父異凡，以任俠累戍四川，生桂泉於戍所。長能詩，善書畫。川中人士爭欲以重金聘之，拒弗許。及父賜環，乃攜之里。順德盧萊贈之詩。汪兆鏞《嶺南畫徵略》卷十二有傳。

　　馮斯偉於本年中舉人。

　　馮斯偉，字振基，一字小山。南海人。嘉慶十八年（一八一三）舉人。凌揚藻《國朝嶺海詩鈔》卷二一有傳。

　　何烈於本年中舉人。

　　何烈，字執之。番禺人。嘉慶十八年（一八一三）欽賜舉人。年八十無疾而卒。著有《白竹山房詩集》、《丹溪詩集》。凌揚藻《國朝嶺海詩鈔》卷二一有傳。

　　林步程於本年中舉人。

　　林步程，字圖南。興寧人。嘉慶十八年（一八一三）舉人，官澄海訓導。胡曦《梅水匯靈集》卷五有傳。

　　周序鸞於本年中舉人。

　　周序鸞，字拜嘉，號孟朔（翔），室名梅花書屋。東莞人。嘉慶十八年（一八一三）舉人。道光三年（一八二三）任陝西知縣。母喪歸，絕意進取，與龍沙僧不齊交友酬唱。性愛梅，種數百本。工詩，畫梅有宋元人筆法，好藏金石、法書、名畫。著有《梅花書屋詩鈔》一卷。汪兆鏞《嶺南畫徵略》卷七有傳。

盧二秩於本年中舉人。

盧二秩，字披門。東莞人。嘉慶十八年（一八一三）舉人，山西趙城知縣。辛於湖北歸州知州任。（宣統《東莞縣志》卷七〇）

李步堯於本年中舉人。

李步堯，字熙勳。信宜人。嘉慶十八年（一八一三）舉人，歷任陝西富平、保安、靖邊、安塞、咸陽知縣。（光緒《信宜縣志》）

蘇月桂於本年中舉人。

蘇月桂，字樨堂。信宜人。嘉慶十八年（一八一三）舉人。有才華，性好戲謔、詼諧。（民國《博羅縣志》卷七）

吳懋基於本年中舉人。

吳懋基，字角峰。吳川人。懋清弟。嘉慶十八年（一八一三）舉人，官至番禺教諭。罷官歸，與李玉茗、李偉光等倡建川西書院，設鄉會試士子津貼。著有《四書得》等。（《吳川縣志》）

歐相安於本年中舉人。

歐相安，字文思。樂昌人。十四歲應童子試，爲學使所重。嘉慶十八年（一八一三）舉人，三上公車不第。後以親老掌教昌山書院。（《樂昌縣志》）

譚蛟於本年中舉人。

譚蛟，花縣（今花都）人。嘉慶十八年（一八一三）舉人，官大荔、定邊知縣。（民國《重修花縣志》卷八）

潘正匭於本年中舉人。

潘正匭（綿）（一七八六～一八二六），字韻石。番禺河南龍溪人。有量子、有爲嗣子。嘉慶十八年（一八一三）舉人，官候

選郎中。著有《暹圃詩存》。（潘儀增《番禺潘氏詩略》、《番禺縣續志》卷三一）

何鶚於本年中副榜。

何鶚，字爲參，號扶齋。香山人。武學生。以年例，賜文林郎。子應漢，亦年逾八十，嘉慶十八年（一八一三）欽賜副榜。何天衢《欖溪何氏詩徵》卷二有傳。

何應漢於本年中副榜。

何應漢，以字行，號倬峰。香山人。嘉慶十八年（一八一三）欽賜副榜。與其父合著《晚香詩鈔》。何天衢《欖溪何氏詩徵》卷三有傳。

何大邦於本年中副榜。

何大邦，字作屛，號爲齋。香山人。嘉慶十八年（一八一三）欽賜副榜。何天衢《欖溪何氏詩徵》卷三有傳。

鄭灝若於本年成貢生。

鄭灝若，字萱坪。番禺人。嘉慶十八年（一八一三）拔貢生。著有《榕屋詩鈔》、《吟秋草》。劉彬華《嶺南群雅》卷二集二有傳。

彭泰來於本年成貢生。

彭泰來（一七九〇～一八六七、一八六六、一八六八），字子大，號春洲，室名詩意堂、昨夢齋等。高要人。父輅。少受知於翁方綱、錢大昕。乾隆四十二年（一七七七）拔貢生①，任英德教諭。罷歸，遂絕意進取，村居數十年，著書立説，憤時感事。泰來於嘉慶十六年（一八一一），爲粤督座上客，能詩善書。著有《詩義堂集》、《詩義堂後集》六卷、《昨夢齋文集》四卷、《端州（一作高要）金石略》四卷、《讀史臠筆》六卷、《端人集》四卷、《南雪草堂詩鈔》三卷。國史館《清史列傳》卷七三有傳。

---

① 一説嘉慶十八年（一八一三）拔貢生。

吳恩綸於本年成貢生。

吳恩綸，字竹君，一字菊裳。嘉應人。嘉慶十八年（一八一三）優貢生。著有《其山草廬詩録》。劉彬華《嶺南群雅》卷補下有傳。

倪明進於本年成貢生。

倪明進（一七九一～?），字千傑，號晋三。海陽人。嘉慶十八年（一八一三）拔貢生，官河南知縣，歷任沁陽、夏邑、鎮平、桐柏等縣。著有《中州初、續集》。李長榮《柳堂師友詩録》有傳。

江楫才於本年成貢生。

江楫才，字次舟。鎮平（今蕉嶺）人。嘉慶十八年（一八一三）拔貢生。著有《小吟齋詩草》、《前、後北遊草》。張煜南、張鴻南《梅水詩傳》卷十有傳。

劉德謙於本年成貢生。

劉德謙，號虛如。河源人。嘉慶十八年（一八一三）拔貢生，主講槎江書院。（《河源縣志》）

何元於本年成貢生。

何元，字叔度，號玉屏。高要人。嘉慶十八年（一八一三）歲貢生。善作詩，與仲兄彬齊名。著有《江上萬峰樓詩鈔》。（《國朝嶺南文鈔》卷十八）

梁爲紀於本年成貢生。

梁爲紀，字維之，號敬亭。海康人。嘉慶十八年（一八一三）拔貢生。善繪畫，尤以畫虎爲佳。（《海康書畫人物紀要》卷十八）

李文彥生。

李文彥（一八一三～一八九〇），字虛谷。東莞人。咸豐四年（一八五四）設平康社學，合百餘村辦團練，以拒紅巾軍。同治九年（一八七〇）副貢。中法戰爭起，辦理魚珠鋭字營軍務，獎國子監學正。光緒十四年（一八八八）東江水災，設法賑濟。

（宣統《東莞縣志》卷七三）

冼斌生。

冼斌（一八一三～一八七七）原名倬邦，號雲樵。南海人。道光二十一年（一八四一）進士，歷任工部都水司郎中、湖廣道監察御史、山西學政、福建道御史、吏科給事中、禮科掌印給事中、安徽廬州知府等職，任內勤政愛民。同治九年（一八七〇）引疾歸里，主講三湖書院，業者近千人。自少至老，無一日離筆硯，所作詩書畫皆有獨到之處。著有《養雲廬遺草》、《諫草焚餘》等。（《南海縣志》卷十四）

鐵橋三生。

鐵橋三（一八一三～一八八六），原名梁坤。南海人。年幼嗜武，到處尋訪名師。後遇洪拳鉅子、福建莆田少林寺覺因和尚，對其武功非常景仰，遂拜爲師，入廣州白雲山能仁寺帶髮修行。在寺中學藝七年，得悉心教誨，盡得師真傳，遂爲洪拳傳入廣東後之代表人物之一。（《廣東近現代人物詞典》四〇三頁）

釋仁智生。

釋仁智（一八一三～一九〇二），俗姓蔡，名隆。南澳人。少出家，遠遊參學，曾任鎮江江天寺首座。道光末返鄉創疊石禪寺①，爲潮汕黃蘗派開山祖。後至江蘇，重興常州、宜興之顯親寺，徒眾至四百餘人，歷爲各大叢林方丈。晚年重返疊石巖。（民國《南澳縣志》卷九）

袁應卒。

袁應（？～一八一三），字大中，號致堂。番禺人。工屬文，兼通岐黃、堪輿家言，乾隆五十三年（一七八八）戊申舉於鄉，嘉慶十三年（一八〇八）戊辰大挑二等，選四會教諭。十八年癸

---

①　南澳島疊石巖，位於雄鎮關西側約二公里山中，由釋仁智於道光二十五年（一八四五）左右創建，系海內外潮人黃蘗法脈祖堂。後由趙樸初會長題巖名，爲南澳縣文物保護單位，於一九九三年九月由定根住持重興擴建告竣，後經住持弘禮、當家達隆再擴建，規模宏偉。

酉終於學署。（謝蘭生《袁致堂小傳》）

清仁宗嘉慶十九年　甲戌　一八一四年

正月，復開捐例。閏二月，江西胡秉輝爲亂，以阮元爲江西巡撫率師討平之。（蔡冠洛《清代七百名人傳》附《清代大事年表》）

七月十三日夜，吳蘭修填《卜算子》詞。（陳永正《嶺南歷代詞選》一四五頁）

本年學使彭公[①]試嘉應經古，黃銓奎以擬潘安仁《秋興賦》、《展重陽賦》受知學使。

黃銓奎，字書使。嘉應人。嘉慶十九年（一八一四）學使彭公試嘉應經古，銓奎以擬潘安仁《秋興賦》、《展重陽賦》受知學使，名噪一時。張煜南、張鴻南《梅水詩傳》卷二有傳。

梁藹如於本年中進士。

梁藹如，字遠文，號青崖。順德人。嘉慶十九年（一八一四）進士，官內閣中書。著有《無懈怠齋詩集》。張維屏《國朝詩人徵略二編》卷五七有傳。

吳祖昌生。

吳祖昌（一八一四～一八七五），原名啟清，字鄂秀，號繩甫。南海人（一說廣西桂平人）。道光二十一年（一八四一）進士。歷任兵部主事、郎中，山西、四川道監察御史，江西撫州、南昌知府等職。曾上書清廷，陳述鎮壓太平天國、收復江南之策十四條。任監察御史時，不避權貴，曾劾兩廣總督玩忽海疆及廣西藩司虛糜軍餉、臬司防守不嚴等。任撫州知府，修城壕，儲倉穀，募勇丁，辦書院。針對當地溺害女嬰陋習，設立專門機構收養棄兒。同治七年（一八六六），任南昌知府兼督糧道時，被稱

---

① 查阮元《廣東通志》卷四三：彭邦疇，江西南昌人。乙酉進士，嘉慶十八年（一八一三）任廣東學政。

爲循吏。旋因母逝歸鄉終老。著有《三樹堂詩文集》。（宣統《南海縣志》卷十四）

林福祥生。

林福祥（一八一四～一八六四），字亮予，號季薇（或作季眉）。原籍香山（今中山），生於澳門。出身於書香門第，好爲詩文，喜讀兵略。生長於澳門。道光二十一年（一八四一）至廣州求見知府余保純，提出戰守方略，未被採納。轉投粵督祁墳，委派招募水勇爲“平海營”，任管帶。參加三元里抗英鬥爭，上書請戰。後任江西贛州定南廳同知，南昌、撫州、饒州知府、吉安贛寗兵備道、浙江布政使，參與對太平軍之戰。咸豐十二年（一八六一），太平軍攻克杭州，被俘，又被釋放。後被左宗棠捕殺。著有《平海心籌》二卷。（《中國近現代人物名號大辭典》七六二頁）

柯有榛生。

柯有榛（一八一四～一八六四），字雲虛，自號里木山人。南海人。畫山水、花卉、人物，各體皆工，尤善摹古。主南海伍氏粵雅堂有年。譚瑩稱其畫埒三王。精刻印，有《里木山房印譜》、《里木山房印存》。（《南海縣志》、《翦淞閣隨筆》）

洪秀全生。

洪秀全（一八一四～一八六四），原名（小名）火秀，字（名）仁坤，建國後自稱洪日。花縣人。道光二十三年（一八四三）創拜上帝會。道光三十年十二月起事於廣西桂平，建號太平天國，稱天王。咸豐三年（一八五三），建都南京，改稱南京爲天京。同治四年（一八六五）十二月太平軍悉滅於嘉應，被兵十九省，歷時十六年。著有《太平詔書》、《洪秀全集》等。余祖明《廣東歷代詩鈔》卷三有傳。

陳享生。

陳享（一八一四～一八七五），字典英，號達亭。新會人。道光三年（一八二三）投拜至善大師門徒李友山（新會七堡人），友山擅長棍法和腿功。七年（一八二七）往羅浮山白鶴觀拜蔡福（即青草和尚，花名爛頭和尚）爲師。十九年（一八三九）至二十年，協助林則徐訓練義勇水師。鴉片戰爭爆發，率領眾弟子投虎門水師衙門，英勇抗擊外來侵略者。（《廣東近現代人物詞典》二六二頁）

張復興生。

張復興（一八一四～一八六四），原名亞新。五華人。三十五歲偕妻赴香港，以工積資，經營小本生意。咸豐元年（一八五一）在港入基督教，命禮名復興。翌年領受教會之發書職，兼傳道員，回鄉傳教，發展了一批教徒。又在樟村修設福音堂，使此地成爲東、梅江基督教會之發祥地。（《五華縣志》卷八）

麥乃球生。

麥乃球（一八一四～一八七五），字務耘，號飛駝山人。香山人。醫家。立方精審，頗有醫名。著有《傷寒法眼》。（《中國近現代人物名號大辭典》三四七頁）

楊永衍生。

楊永衍（一八一四～一八九三），字蕃昌、椒坪、叔平，自號添茅老人。番禺河南瑤溪人。漢陽孚後裔，有議郎孫子小印。家居白鶴洲，顏曰鶴洲草堂，闢小圃曰半圃。性愛客，喜收藏書、畫，工詩詞，選刻《粵東詞鈔》。編有《瑤溪廿四景詩録》，著有《添茅老（小）屋詩草》，詞附。畫墨山水，蒼潤儁秀，師查士標，善用濕筆。（《剪淞閣隨筆》、《五百石洞天揮塵》、《留庵隨筆》）子其光，字命西。著有《花笑樓詞》。（《中國近現代人物名號大辭典》三六二頁）

蘇仁山生。

蘇仁山（一八一四、一八二一～約一八五〇、一八六一），字靜甫，號長春，又自署嶺南道人，別署教圃，又號菩提再生身尊者、魝潺等。順德人。七歲習畫，十二歲畫名噪閭里。道光九年（一八二九）負笈羊城。後以科場不售，專注於繪畫。工人物、山水、花卉，擅勾勒法，善書法篆刻。後被其父以"不孝"爲名扭送入縣獄，約道光三十年（一八五〇）在獄中病逝。（《中國近現代人物名號大辭典》三九三頁）

羅惇衍生。

羅惇衍（一八一四、一八一三～一八七四），字星齋，號椒生。順德人。道光十五年（一八三五）進士，選庶吉士，授編修。十七年，督四川學政。二十三年（一八四三）大考一等，擢侍講。二十六年，督安徽學政。三十年（一八五〇），咸豐帝即位，應詔陳言。咸豐二年（一八五二），署吏部侍郎，授左副都御史。五年，以父憂歸。七年，英人陷廣州。八年，命爲團練大臣。同治元年（一八六二），遷戶部尚書。八年（一八六九），以母憂歸。十三年卒，謚文恪。學宗宋儒，立朝正色。著有《集義編》、《百法百戒》、《庸言》、《孔子集語》等。趙爾巽《清史稿》卷四二一有傳。

清仁宗嘉慶二十年　乙亥　一八一五年

本年黃釗賦《寄農部林訒斯先生》詩云：

壬申予奉諱南旋，農部以詩送別，並呈古琴江先生。迨予星奔抵家，越一日，琴江暴亡。予時讀禮家山，未暇寄書。距今三年矣，因賦二詩奉懷代簡。

賣賦當年媿自媒，敝車羸馬客金臺。飢驅但索侏儒米，棄置爭嗤擁腫材。豈有高名如短李，與誰佳興賞官梅。司農下直餘清暇，東閣偏憐爲我開。

不堪念舊話潮州，琴江官潮州教授。宿草蕭蕭士一邱。嶺外青山才鬼葬，馬前紅樹旅人愁。歌從易水難爲別，笛到山陽易感秋。最是當時腸斷句，曉風殘月過蘆溝。

又賦《詠古》七絕六首、《讀五國故事》七絕十二首、《題家虎巖　炳似我非我圖》、《閨怨篇》七古四首、《族叔署白河縣尹補堂別駕死事詩　公名衷》七古。

　　本年至明年，黃釗作詩如下：《北上述懷示仲弟笙調叔弟琴展》五古、《儲潭》七絕、《過十八灘》五古、《舟行晚泊》七律、《彭蠡湖櫂歌》七絕四首、《大姑山　俗名鞋山》七古、《江行雜詩》五律八首、《發蕪湖》、《烏江》二首（以上七絕）、《江東》七律、《抵龍江關口阻風》五古、《謁方正學祠》五律、《謁海忠介祠》七古、《櫂歌行》五律、《秦淮》七律、《雞鳴寺待雪》五律、《冬夜即事》七律、《夢伍雲兄》七絕、《臺城篇》七古、《金陵訪古》七絕四首、《板橋春望》七律、《清明書感》、《白門》二首、《雞鳴埭》（以上七絕）、《京邸寓吳鑒庵少宰園林六首卻寄仲弟笙調叔弟琴展》五律六首、《雜詩》三首、《題顏亦樵　德貽蓮海歸真遺照》七絕二首、《送劉心香先生出都》七律二首、《哭林兀厓師》五律、《秋感》六首、《長椿寺哭家敬之先生訃》（以上七律）、《題碧血録》、《題天水冰山録》（以上七古）、《落葉》四首、《題戲蝶圖》二首（以上七律）、《滑縣令强忠烈殉難詩》七古、《詠懷》五古四首。（以上《讀白華草堂詩初集》卷之二　乙亥至丙子）

　　本年直隸總督顏檢坐事奪職，發往烏魯木齊，途中賦《巴裡坤》、《博克達山》五律詩等。（陳永正《嶺南歷代詩選》四三六、四三七頁）

　　吳如孝生。

　　吳如孝（約一八一五～？），名汝孝。嘉應（今梅縣）人。早年爲廣州十三行商人當會計，後入廣西經商。咸豐元年（一八五一）參加金田起義，授左一師帥。三年（一八五三）太平天國攻克武昌，升木一總制，統領左一軍。克江蘇鎮江後，與羅大綱同守鎮江。五月大敗江南提督鄧紹良部，擢殿左一指揮。七月升殿左五檢點。六年（一八五六）春江蘇巡撫吉爾杭阿圍攻鎮江，與秦日綱內外配合，破清圍師，攻克揚州，擊斃吉爾杭阿。翌年撤出鎮江回師天京。八年（一八五八）隨陳玉成等攻佔廬州，遂鎮守該城。十一月參加安徽三河會戰，配合玉成全殲湘軍李續賓部。次年升前軍主將，後會合撚軍攻定遠、盱眙。十年（一八六〇）隨玉成回援天京，摧毀江南大營，旋與定西主將吳定彩帶兵至鳳陽援助撚軍張樂行部。次年與各軍數次救安慶，均失利。安慶失陷後引軍返回，後封爲顧王。同治二年（一八六三）與愛王黃崇發出師北江，破清軍李世忠營，攻克浦口。四月，占江浦、橋林。後事跡不詳（一說陣亡）。（《廣東近現代人物詞典》一九六頁）

葉殷光生。

葉殷光（一八一五～一八五〇），號蓉舫。化州人。道光二十九年（一八四九）拔貢。次年入京朝考，卒於京邸。著有《麗彝詩集》。（《化州縣志》卷九）

馮栻宗生。

馮栻宗（約一八一五～一八八五），字越生。南海九江下北鐵浩人。咸豐十一年（一八六一）舉人，同治四年（一八六五）進士。以主事選用，分派刑部貴州司。充刑部要差，總辦秋審處。曾赴吉林理刑議，敍得四品銜。光緒六年（一八八〇）自京護其弟靈柩歸，不復出。應聘主講西湖書院，誘掖後進，博覽書史。好爲詩、古文、詞，晚年手不釋卷。曾厘訂黎春曦撰《九江鄉志》五卷成《九江儒林鄉志》二十一卷。又倡修《桑園圍志》，書成爲之序。卒年七十。

馮雲山生。

馮雲山（約一八一五～一八五二），又名乙龍，號紹光。花縣人。曾參加科舉考試，後設館授徒，以塾師爲業。道光二十三年（一八四三）與洪秀全共創拜上帝會。次年與秀全同往粤北及廣州鄰縣宣傳拜上帝會，入八排山區，轉赴廣西貴縣發展組織。秋，隻身入桂平紫金山區，在燒炭工及貧農中發展會眾，協助秀全設立拜上帝會總機關。二十九年（一八四九）七月，隨秀全重回紫荆山區，與楊秀清、蕭朝貴等結爲異姓兄弟，形成領導核心。次年與秀全往平南花洲組織團營。道光三十年十二月參與領導金田起義，任前導副軍師，領後軍主將。十二月，在永安（今蒙山）被封爲南王，七千歲。創製《天曆》，還負責訂立了《太平軍目》、《太平官制》、《太平禮制》等。咸豐二年五月，攻佔全州時中炮受傷，於蓑衣渡因傷勢惡化犧牲。（《中國近現代人物名號大辭典》一八〇頁）

黄炳生。

黄炳（一八一五～一八九四），字雲渠，又號雲嶼，一作雲漁、灣海居士。南海人。善書畫，尤擅梅鳥。工製陶，製品流傳甚廣，爲石灣陶工一代宗匠。孫麗寧，亦善製鴨。（《中國近現代人物名號大辭典》一一一一頁）

彭應鯉生。

彭應鯉（一八一五～一八六〇），字禹門，別字伯龍。化州人。仲芳子。任羅田知縣，後補蘄州兼羅田縣，與其父組織民團鎮壓太平軍。與太平軍陳玉成部屢次鏖戰，攻克蘄水、英山、黄州、羅田、九江等府縣，賞戴花翎。咸豐十年卒於故里。（《化州縣志》卷十九）

曾天誥生。

曾天誥（一八一五？～？），後改名添誥。原籍歸善（今惠陽），生於廣西潯州（今桂平）。天養弟。參加金田起義，年約四十，身材魁偉。太平軍自廣西轉戰至南京，與天養同處一軍。咸豐三年（一八五三）四月封爲功勳。七月升殿左二十七指揮，隨石達開經略安徽。治軍執法如山，與士卒同甘共苦，爲部眾所愛戴。次年三月，與韋俊等進軍兩湖。天養在岳州城陵磯戰死，天誥全軍歸武昌。九月，武漢失守，向田家鎮撤退，守磨盤山。十月，田家鎮要塞失陷，隨秦日綱退守九江、湖口，力遏敵鋒，卒破敵軍。（《廣東近現代人物詞典》五一四頁）

清仁宗嘉慶二十一年　丙子　一八一六年

本年湯貽汾來遊羅浮，題江本源生壙。

　　江本源，字瀛濤，號松竹山人。番禺人。能詩文，與張維屏、黃培芳遊。嘗主酥醪觀，辟佛子陳途徑，築玉液亭，爲義漿以濟行者。又以白雲山蒲澗安期生嘗采藥其間，於嘉慶十八年（一八一三）復倡築安期生祠。晚營生壙於羅浮。嘉慶二十一年（一八一六）丙子，湯貽汾來遊，題其生壙曰："江瀛濤藏於此。"吳道鎔《廣東文徵作者考》卷十二有傳。

　　黃言蘭於本年中舉人。

　　黃言蘭，原名湘蘭，字秋圃（浦）。番禺人。嘉慶二十一年（一八一六）舉人，四川知縣。著有《味鐙樓遺稿》。伍崇曜《楚庭耆舊遺詩》卷續十三有傳。

　　區昌豪於本年中舉人。

　　區昌豪，字光賢，號偉川。番禺人。嘉慶二十一年（一八一六）舉人，廉州府訓導。著有《葆天爵齋詩文集》。張維屏《國朝詩人徵略二編》卷五七有傳。

　　吳家樹於本年中舉人。

　　吳家樹，字石屏。番禺人。應昌子。嘉慶二十一年（一八一六）舉人，瓊山縣訓導。著有《遊瓊草》。張維屏《藝談錄》卷下有傳。

　　招子庸於本年中舉人。

　　招子庸（一七九三、一七八九、一七八六～一八四五、一八四六、一八四七），原名爲功，字銘山，號明珊居士。南海人。嘉慶二十一年（一八二六）舉人，大挑知縣，分發山東。道光二十年（一八四〇）任濰縣知縣，勤於吏職，單騎下鄉，不飲民間勺水，後被劾收納逃犯落職。平素擅騎射，精曉音律，擅畫蟹與蘭竹。所畫螃蟹，平沙淺草，著墨無多，風致爲前人所未有。所寫蘭竹，或雪幹霜筠，或纖條弱篆，俱能得其生趣。性放蕩不羈，好與順德溫遂之作珠江遊。輯著《粵謳》一卷，錄歌詞一二六首。被尊爲"粵謳鼻祖"。英國人金文泰曾把《粵謳》譯爲英文，題名《廣州情歌》。汪兆鏞《嶺南畫徵略》卷七有傳。

劉熊於本年中舉人。

劉熊，字南遠，一字湘華。番禺人。嘉慶二十一年（一八一六）舉人。著有《仿舫詩草》。梁九圖、吳炳南《嶺表詩傳》卷十三有傳。

陳一峰於本年中舉人。

陳一峰，字遠山。興寧人。嘉慶二十一年（一八一六）舉人。著有《闓苑稿》。胡曦《梅水匯靈集》卷五有傳。

曹同書於本年中舉人。

曹同書，字荔裳。嘉應人。嘉慶二十一年（一八一六）舉人，嘗襄校羅蘿村浙江學使幕。張煜南、張鴻南《梅水詩傳》卷三有傳。

蔡顯原於本年中舉人。

蔡顯原，字祺資，號蒙泉。香山人。嘉慶二十一年（一八一六）舉人，六試禮闈不第。著有《銘心書屋詩鈔》。余祖明《廣東歷代詩鈔》卷三有傳。

張元祥於本年中舉人。

張元祥，石城（今廉江）人。嘉慶二十一年（一八一六）舉人，歷任山東歷城、萊陽、陽信等縣知縣，升福建興化、汀州、泉州、福寧等府知府，擢福建督糧道。咸豐間上司以軍功請獎，授記名按察使，賞戴花翎。八十七歲卒於官。（光緒《石城縣志》）

溫承悌於本年中舉人。

溫承悌（？～一八五四），號秋瀛。順德人。父汝适（？～一八二一？），字步容，號篔坡。乾隆進士。官至兵部右侍郎。生平嗜藏書。詩詞氣韻和平，像其人品。著有《曲江集考證》、《曲江年譜》、《攜雪齋詩文鈔》、《咫聞錄》、《韻學紀聞》、《日下記遊略》。承悌中嘉慶二十一年（一八一六）舉人，道光元年（一八二一）因父卒恩賜進士，歷官刑部主事，乞假歸鄉，終不復出。在家潛心詩文。陳澧題其詩境曰："清樾碧陰"、"蔚然隱

秀"。咸豐四年卒。(《順德縣志》)

羅升棓於本年中舉人。

羅升棓，字瑄琳，號次桓。陽春人。嘉慶二十一年（一八一六）舉人，二十四年進士，授浙江常山令，官至夔州知府。六十九歲致仕，建半山書院及觀察第。著有《兀兀集詩鈔》。(《陽春縣志》卷十)

顏以燠於本年中舉人。

顏以燠，字斂五。連平人。嘉慶二十一年（一八一六）舉人，授覺羅宗學教習、內閣中書幫辦台疆事務、文淵閣檢閱侍讀、軍機處行走，官至河東河道總督，授資政大夫。(《連平州志》)

劉國瑞於本年中武舉人。

劉國瑞，字祥兆。連平州（今連山）人。嘉慶二十一年（一八一六）武舉人，翌年武進士，任潮州協左營千總，升湖南衡州府協鎮。(《連平州歷科文武科甲》)

顏崇衡於本年成貢生。

顏崇衡，字湘帆。嘉應程鄉（今梅縣）人。嘉慶二十一年（一八一六）優貢。著有《綠萍山館詩鈔》，惜光緒時失傳。

宋維屏生。

宋維屏（一八一六～一八五三），字建侯。花縣人。道光二十三年（一八四三）舉人，二十五年（一八四五）恩科進士，以即用知縣分發安徽。充二十六年、咸豐二年（一八五二）江南鄉試同考官。初補五河，調補蒙城。咸豐三年四月，太平軍攻陷蒙城，率隨身兵丁守城被殺。部議加贈知府銜，世襲雲騎尉。(民國《重修花縣志》卷九)

胡亞基生。

胡亞基（一八一六～一八八○），又名璇澤、玉機，字瓊軒。番禺黃埔人。其父在新加坡開一家食品公司，專賣牛肉、麵包、蔬菜等。十五歲南來新加坡，幫忙其父經營生意。父去世後繼承家業，將公司管理得井井有條。由於公司名為"黃埔公司"

（Whampoa & Co），人稱其爲"黄埔先生"。熱心公益。曾任立法議員，且獲英女皇獎章。（《中國近現代人物名號大辭典》八八二頁）

陳蘭彬生。

陳蘭彬（一八一六～一八九五、一八九四），字荔秋。吴川人。咸豐元年（一八五三）進士。同治十一年（一八七二），以留學監督率領首批留學生三十人赴美。光緒四年（一八七八），以太常寺卿出使美國、西班牙、秘魯；後奉調回國，歷任兵部、禮部侍郎及會試閱卷大臣等職。晚年歸里，先後主編《高州府志》、《吴川縣志》，著有《使美紀略》、《泛槎詩草》、《重次千文》、《毛詩劄記》、《治河芻言》等。（《中國近現代人物名號大辭典》六七六頁）

曾秉忠生。

曾秉忠（一八一六～一八六三），字允堂。吴川人。行伍出身，因隨軍鎮壓湖南、湖北、福建及兩廣之太平軍有功，官至福建陸路提督，署江南全省提督。後因洙涇戰敗免職，發放曾國藩部。卒於軍。（《吴川縣志》、《吴川文史》）

劉炳藜生。

劉炳藜（一八一六～一九〇〇），字召卿，一字青幌。南海人。同治元年（一八六二）舉人，選瓊州定安訓導，加太常博士銜。曾上《平黎策》，爲馮子材接納。著有《紫微花屋詩集》等。（宣統《南海縣志》卷十五）

釋燦明生。

釋燦明（一八一六～一八八五），字澄心。四會人。廣寧福壽寺①僧。工書善畫，所畫羅漢、花鳥、墨獅龍虎均佳，藏留寺

---

① 福壽寺在廣寧城外西南里許，青雲橋右山麓（今廣寧中學），其寺曾爲祀聖習儀所，後又曾爲朔望宣講聖諭處，以供焚修祝聖兼供香燈灑掃。寺之前側，有萬壽亭，亭内懸掛徑尺銅鐘一口，其音清越，異於他鐘。每月朔望，僧酣擊之，冷韻幽聲，聳然動聽。

中。遊歷都市三十年，寺因年久傾圮，以賣畫積資修復。（《嶺南畫徵略》續錄）

清仁宗嘉慶二十二年　丁丑　一八一七年

二月初二日，黃釗賦《二月初二夜夢敬之先生志痛》詩云：

生別我難留，死別子誰送。嗚呼我於子，不及撫棺慟。得書腸已裂，答書腹更痛。我胡不少留，少留亦何用。子年望五十，德器本端重。飲食亦善調，剖瘥詎能中。我爲萬里行，子身寡親從。行亦即歸耳，正好朝夕共。胡天不憖遺，折我屋之棟。早麥雖及收，晚稻且未種。頗聞易簀時，室內仍屢空。我留固無益，或可視含贈。此緣何太慳，此恨向誰控。九天虎豹關，九地鬼幽洞。顏色不可親，魂魄來入夢。

我家大河曲，舊有長隄恃。楊柳垂毿毿，千百鹽船艤。往年逢水災，隄決至壩尾。築復需萬金，此費誰經始。維時善籌災，趙公賢刺史　趙名康，同官人。問隄決之由，乃責舟人子。輸費築復隄，著令勿停止。近來狙詐徒，損人以肥己。利或致鯨吞，舟竟同鱷徙。子也訴長官，經歲始得理。群狙最巨信，齟齬復多技。竊恐吾子歿，此輩復橫矣。昨夜來夢中，顏色似歡喜。我因急叩之，子云無慮此。我心亦覺安，不謂乃夢耳。覺來天未明，鄰雞啼不已。安得吾子生，金隄衛桑梓。

又賦《桃花》七律二首、《天寧寺塔歌》七古、《小病偶占一首》七律。

三月十六日，黃釗賦《三月十六日李十一職方　涵生辰賦長句簡之》詩云：

男兒三十未卿相，起舞中宵聽雞唱。男兒三十尚飢驅，可憐局促真轅駒。君年長我四百日，舊紙同鑽未得出。我今爲養亦爲貧，君已讀書兼讀律。初生乳虎氣食牛，廿年磨折氣轉道。人生不朽自有在，草頭朝露非所求。君不見石崇王愷豪奴耳，李志曹蜍何足齒。立身須占千百年，合眼可無萬餘子。長安三月桃李

開，朝天汕壁聲如雷。兵曹乞假得閒放，慕古直上黃金臺。當時
燕昭安在哉，春雲礙石空徘徊，我方搔首思龍媒。千金上壽不可
得，誰當醉子葡萄醅。

又賦《都中自春至夏不雨而旱風間作》七律、《梨園伎》、
《方丈僧》（以上七古）、《望雨戲作》五古、《健兒行》、《俠客
行》（以上五絕）、《亢旱行》七古、《題汪少海　仲洋出棧圖》
五律、《雜詩》五古三首

立秋日，黃鉁賦《立秋日登見山樓因憶去秋亦樵西樵小巖小
鐵質守共聯詩課忽已一載亦樵於去冬病逝西樵小巖小鐵皆已出都
惟余與質守昕夕相對歎逝傷離率成一律》詩云：

此日足可惜，哀蟬催上樓。停雲官舍渺，西樵在遷安，小巖在真
州，小鐵在灤州。斜日殯官秋。亦樵寄厝長椿寺。與子共懷抱，何人重
唱酬。傷離更傷逝，相對不勝愁。

又賦《余近頗懷秋善愁魯輿以詩相勸作此奉答》七律、《疊
前韻奉酬蔡師山　奎壬見和之作即以奉贈》五律、《藤花館即事
用魯輿見示原韻》七律、《秋日漫興》五律二首、《棄婦詞》五
古二首、《始皇》七絕、《宣武門外道場祭幽歌》七古、《北郭》
五律、《古意》五絕三首、《送妹壻鍾望子歸博羅》七律二首、
《小園》五律、《天末》五律、《羈愁》七律、《亦樵旅櫬南歸同
魯輿至長椿寺殯宮詩以祝之》五古二首、《贈王魯之　懷曾》五
律、《即景寫懷》五古、《魯輿三十生辰詩以頌之》七古、《讀晉
書偶詠》五古七首。

八月底，黃鉁賦《余以耽吟廢舉業魯輿常以此規余矢以得詩
百篇後今歲當不復作忽忽秋深而債仍未了魯輿期以九月朔日爲余
戒詩因念菊花開時不可無詩而戒限已促姑先借題抒詠詞意皆無倫
次聊以足百篇之數云爾》詩云：

蒯緱一劍走風塵，低首陰符術未神。自笑名心太癡絕，願將
卿相換詩人。

一年清課百篇詩，未了須償莫負之。籬畔有花傳葉語，向儂

賒取落英詞。

香草文章屬楚騷，紉蘭搴芷太無聊。何妨借汝思公子，紫蟹黃橙慰寂寥。

長椿寺里花千本，吟舄閒遊記舊年。今日街頭看蓓蕾，一叢初放雁來天。

苦憶當年病婦容，銀鐙背影怯西風。蟄寒蝶瘦看如許，墓草蕭蕭共一叢。余先聘蕭氏女，年十三病瘵。蕭僑寓浙江嘉善城內，余家吳下，來就醫，匝月歿，後先君函其骨歸葬。今十八年矣。

不堪離別蹙雙蛾，獨對秋花喚奈何。縫向枕囊醒客夢，寒香較少淚痕多。別時聞人口菊枕一貝。

京國緇塵掃不清，風沙簌簌撲疏櫺。水仙配食何人薦，一盞寒泉貯膽瓶。

琴尊茗椀送秋光，客里情懷浣俗腸。我便無花也瀟灑，秋齋相對瘦東陽。謂所質守。

懺除綺語屢相規，從此鈔書少作詩。側耳秋蟲聲亦歇，四山落葉乍寒時。

又賦《題林辛山　聯桂孝廉珠江鼓棹圖》五律二首、《松筠庵拜楊忠湣公像》七古。

歲暮，黃釗賦《歲暮感懷》詩云：

囊空屢歎酒無錢，冷坐惟餘舊日氈。書劄未容干宰相，金銀亦足困神仙。時魯興亦以歲事窘迫。相憐但有燈花好，增悶翻嫌爆竹連。一事夜深堪喜慰，市聲閙熱是豐年。

又賦《歲暮懷溫翰初　肇江》、《寒鐘》、《寒柝》、《寒鐙》、《寒硯》（以上七律）、《冬夜獨坐懷盛子履　大士》五律、《禁城雪夜》七律、《殘臘雪霽後寒甚適子履以江亭消夏圖冊屬題用東坡聚星堂雪韻》七古、《愁來》七律。（以上《讀白華草堂詩初集》卷三　丁丑）

十二月十九日，陳曇偕鄭灝若、儀克中拜蘇文忠公生日，屬杜衡摹笠屐小像，又爲曇畫《仙館論詩圖》。

杜衡，字芳洲。蘇産，寓廣久，遂爲番禺人。工人物寫生，癖嗜董畫。嘉慶二十二年（一八一七）十二月十九日，陳曇偕鄭灝若、儀克中拜蘇文忠公生日，屬衡摹笠屐小像，又爲曇畫《仙館論詩圖》。汪兆鏞《嶺南畫徵略》卷六有傳。

除夕，黄釗賦《除夕思親作》詩云：

征衣線憶手縫時，三載辭家斗柄移。空使高堂勞遠夢，誰憐遊子悮歸期。鄉書認押平安印，春帖先攤吉利詞。看到歲朝圖畫好，白頭扶杖共嬰嬉。

本年釗又賦《寓樓晴望》五律、《晚過長椿寺》七律、《重過長椿寺瞻菩薩聖像》七古有序。（以上《讀白華草堂詩初集》卷三 丁丑）

本年劉世馨任陸豐縣訓導。（阮元《廣東通志》卷四九《職官表》四十）

劉世馨（一七五二～一八三七），字德培，號蘚谷。陽春人。乾隆四十五年（一七八〇）優貢，署番禺縣訓導，嘉慶二十二年（一八一七）任陸豐縣訓導。馮敏昌稱其工詩，嘗與黎簡唱和，又善畫蘭竹山水。著有《粤屑》四卷。汪兆鏞《嶺南畫徵略》卷四有傳。

倪濟遠於本年中進士。

倪濟遠（一七九五、一七八六～一八三二、一八三三），字孟杭、秋槎，號秋查。南海人。嘉慶二十二年（一八一七）進士，令廣西之北流、恭城、荔浦、賀縣。論者謂其詩自張錦芳、黎簡後，卓然自成一家。俸滿入都，南歸道卒。著有《味辛堂詩存》四卷、《茶嵫舍詞稿》（《茶嵫精舍詞鈔》）一卷。國史館《清史列傳》卷七三有傳。

譚敬昭於本年中進士。

譚敬昭（一七七四～一八三〇），字子晋，號（字）康侯。陽春人。少年時以詩賦受知於學使，尤以樂府知名。嘉慶二十二年（一八一七）進士，官户部主事。翁方剛督學粤東，極賞其詩，與張維屏、黃培芳並稱"粵中（東）三子"，又與段佩蘭等稱"嶺南七子"，博通群籍，兼工文辭。著有《聽雲樓詩鈔》十卷、《聽雲樓詞鈔》。番禺黃玉階以譚敬昭、張維屏、黃培芳詩合編成《粵東三子詩鈔》。國史館《清史列傳》卷七三有傳。

馮賡颺於本年中進士。

馮賡颺，字子皋，一字拙園。南海人。嘉慶二十二年（一八一七）進士，官翰林院庶吉士、山東汶上縣知縣。緣事鐫職，於濟南城外購得荒園，日與二三朋舊殤詠其中，數年病卒。著有《拙園詩草》。伍崇曜《楚庭耆舊遺詩》卷續十二有傳。

梁序鏞於本年中進士。

梁序鏞，字健昌。南海人。嘉慶二十二年（一八一七）進士。著有《耘門山人詩草》。凌揚藻《國朝嶺海詩鈔》卷二二有傳。

龍元任於本年中進士。

龍元任，字仰衡，號莘田。順德人。嘉慶十三年（一八○八）舉人，二十二年（一八一七）進士，翰林院編修，督山西學政，官詹事府庶子，大考左遷中允，卒官，能文工詩善畫。著有《春華詩集》一卷。汪兆鏞《嶺南畫徵略》卷七有傳。

區拔熙於本年中進士。

區拔熙（一七九一～？），字理魁，號谷樵。高明人。嘉慶二十二年（一八一七）進士，歷任四川知縣，後升河南信陽等知州，補山東遺缺知府。著有《見吾善者機軒詩鈔》一卷。彭泰來《端人集》卷三有傳。

林飛鶴於本年中進士。

林飛鶴，陸豐人。嘉慶二十二年（一八一七）進士，任肇慶府教授。（《惠州府志》）

周植於本年中進士。

周植，號湘園。遂溪人。嘉慶二十二年（一八一七）進士，任江西吉水知縣。忤上司辭官回鄉講學，著書自娛。著有《四書

解說》、《五經解說》、《懷堂家禮》等。（民國《遂溪縣鄉土志》）

陳瓊光於本年中武進士。

陳瓊光（一七九九～一八二一），興寧人。嘉慶二十二年（一八一七）年方十八中武進士，欽點花翎侍衛，朝官三品。（一九八九年《興寧縣志》）

熊景星於本年中舉人。

熊景星（一七九一～一八五六），字伯晴，號笛江、篷江、荻江。南海人。流寓番禺河南潘氏園報影廬。嘉慶二十二年（一八一七）舉人，官開建訓導，後任學海堂學長，分修《廣東通志》。騎射技擊，無不講求。屢試不第，藉書畫以自娛。卒年六十六。著有《吉羊谿館詩鈔》三（一說二）卷。國史館《清史列傳》卷七三有傳。

黃榮威生。

黃榮威（一八一七～一八八二），字翼生，號炳垣。花縣人。道光二十七年（一八四七）隨林則徐戰英國殖民者於東洋。咸豐四年（一八五四）率部解太平軍廣州、德慶州之圍，拔升把總。光緒元年（一八七五）升補千總，恩加一級，誥授武德騎尉。著有《武備志節要》、《虎鈴經補正》、《武略紀事釋》。（民國《重修花縣志》卷九）

黃鶴儀生。

黃鶴儀（一八一七～一九〇八），字可康，又名存初，號羽仙。化州田佳村人。同治三年（一八六四）歲貢，主講石龍、碑頭書院。光緒十二年（一八八六）因不滿知縣主纂之《化州縣志》，自纂《羅江外紀》。著有《武靈‧頑志》、《自警錄》、《理學》、《准字仰錄》、《皇輿核要》、《藝譜》、《紙上談經》、《養蒙韻學》、《心耕堂》等。（《化州縣志》）

蘇海生。

蘇海（一八一七～一八五七），字開燎。番禺人。道光二十一年（一八四一）統水勇防禦英軍，以功得六品頂戴。二十三年捐鑄火炮，得把總銜。咸豐二年（一八五二）以功戴藍翎。六年於虎門獅子洋等地抗擊英法聯軍，累功補平海營守備，換戴花翎。翌年於德慶陣亡，年四十一。世襲恩騎尉職。（同治《番禺縣志》卷四八）

清仁宗嘉慶二十三年　戊寅　一八一八年

正月初一日，黃釗賦《元旦試筆》詩云：

鋪就鸚棧研麝煤，新年吉語自心裁。榜花次第秋開遍，慈竹平安日報來。願有異書供眼福，兼求奇境鬪詩才。團圞家慶無須祝，遙指紅雲認嶺梅。

又賦《新正之獲鹿途中卻寄都門諸同好》詩云：

匹馬淳沱渡，冰霜耐別顏。煙中薊門樹，雪後井陘關。舊侶幾人念，新鴻一帶還。征衫重檢看，剩有酒痕斑。

又賦《郭隗故里》七古、《蓬轉》、《定州道中》、《正定寫望》（以上七律）、《過淳沱》五律、《幕中吟》五古三首、《鷦鴣》七絕。

三月，黃釗賦《春暮感懷》詩云：

三十又過二，客中當暮春。誰能愬杯酒，相與酹花神。白髮試嘗我，青山來瞰人。捲簾看燕子，去住汝何因。

又賦《春興》五律、《井陘口弔淮陰侯》雜言、《過本願寺》五古、《竹詩四首》七律四首、《高臥》五律、《檢古琴江先生光廷遺集感賦》五古長詩。

清明，黃釗賦《清明日追感益齋兄二十六韻》詩云：

飄泊愁征雁，淒涼拜杜鵑。怕看池畔草，隔斷墓門煙。腹痛餘今日，心酸憶往年。垂髫同弟學，上塾得兄憐。慘綠衣親整，膳紅墨代研。晨呼靧面水，晝給點心錢。盛暑教寬坐，嚴冬令早眠。獎勤兼激勸，捷過亦矜全。遂使終童志，思搖祖逖鞭。梅花循嶺路，竹箭駛江船。燕羽由來弱，鴻毛未遇便。先人餘白屋，誡我守青氈。期望情何切，殷勤眼幾穿。上竿催進取，刻楮督精

專。詎料成人日，偏慳一見緣。遺言尚嗚咽，劇病已延綿。慟絕
肝腸碎，淒其涕泗漣。孤兒三尺藐，寡嫂百憂煎。從此傷門户，
何堪問舍田。鴒原悲已矣，馬鬣况蕭然。昨得書傳到，爲云墓已
遷。相鄰先塚側，還近故山巔。麥飯荒寒節，梨花黯淡天。無由
奠魂魄，空復滯幽燕。惘惘過三十，迢迢阻八千。何時能載筆，
表誌立新阡。

又賦《讀家虛舟先生鴻雪齋詩集用東坡聚星堂雪韻題寄家太
史在庵　玉衡》七古、《子履以詩見懷奉和原韻一首》七律、《白
丁香絕句》七絕、《老君洞》五律、《自題煙波過客畫册用吴瀹齋
其濬修撰題後詩韻》七絕二首、《獲鹿幕中作》五律二首。

三月十五日，黄釗賦《三月十五日即事》詩云：

黄沙蔽白日，土囊刮乾風。夜來占箕宿，哆口光熊熊。此間
久不雨，自秋已徂冬。入春兩番雪，土脈尚未融。譬如肺焦久，
津潤難爲功。灾黎坐枯槁，守土憂藴隆。齋壇事祈請，哀吁呼天
公。百呼尚一應，不應天豈聾。北方地高燥，舉碻山皆童。草木
尚不生，雲雨何由濛。蹄涔一勺水，乃欲興蛟龍。非龍不行雨，
雲薄變化窮。坐思天南方，蓑笠披村農。山田夜泉决，濕霧朝煙
濃。尚恐春漲來，隄防當其衝。四年别鄉國，塵土面目蒙。關心
在桑梓，側身隨梗蓬。此邦非吾土，地異民則同。詎能無休戚，
亦代謀豐芃。刑獄官自恧，疏奏吾能工。爲文檄社鬼，請命求靈
霳。庶幾澤下尺，讙聲齊奔洪。

又賦《讀余忠宣公集》七古長詩、《魯興典試蜀中過獲鹿境
於傳舍抵足作竟夕談黎明别去至徐溝寄詩見懷郵和四首》五古四
首、《松林店道中》五律、《方順橋》七絕、《琉璃河鐵篙行弔王
彦章》、《示衣阪弔顔忠節公》（以上七古）、《題徐秋士　元潤小
廬峰館詩集》七律、《梁蓼圃　炅奉祖諱南歸迂道來别時余以京
兆榜發被放益愴然於懷因成五十韻敘别》五古長詩、《博浪椎》、
《銅雀瓦》（以上雜言）、《守謨兄書來述近倩雲谷山人作據梧聽
讀圖命余作詩余未見圖也寄題一首》七古、《日行疾》、《高氏

女》（以上雜言）、《憶白門兼寄温翰初　肇江馬芷生　沅》七律、《奉答何子真弟見懷一百韻》五言長律、《唐李寶臣紀功載政碑　碑在正定府察院》七言古詩、《效阮亭詠史小樂府　讀元史》五絕十二首、《讀哥舒翰傳》七絕。

十一月十八日，釗賦《班禪額爾德尼與達賴喇嘛皆間年入貢嘉慶二十三年十一月十八日班禪遣使堪布羅布藏索巴等至京過獲鹿　釗出東關觀焉作詩恭紀》詩云：

皇威震讋來遠夷，合康衛藏連三危。粵有班禪長西陲，越四萬里經險巇。歲與達賴朝京師，厥貢曰包非秬秠。彼國所産多䅯秕，貢其上物隨土宜。其長曰額爾德尼，上尖下大帽式奇。帽色尚黃弗尚緇，內衣半臂蔽體肌。外衣偏單帛交施，概以毯氀羊毹爲。或著錦韡或履皮，喇嘛服飭則效之。戴綳碟巴分等差，松綠璊璫兩耳垂。厥帽平頂短纓綏，絨緞狐沿所不羈。獺皮覆頸毛鬈鬌，手持念珠語溫吪。噶布倫亦同蕃廝，驪騵騮黃騂雒駈。從馬百匹疾不遲，貢車百兩裝重輜。亦有餘包別以私，與中國市獲原貲。我聞彼俗略可稽，刑法慘酷嗟爛糜。蠍螫豵食分行屍，油沸刄裂加以錐。淫兇殘悍誰得治，獨於喇嘛皆皈依。我朝定鼎宏丕基，班禪占測先來歸。熬茶遣使瞻丹墀，純皇聖武式九圍。與其慕義誠若斯，錫之金冊輝虹楣。祥輪寶地奎章披，猗嗟聖德追黃義。獻雉貢象爭航梯，豈羨烏弋誇黃支。區區漢唐陋可嗤，迎佛拜佛求降釐。何如我皇文德綏，活佛匍匐瞻天威。

又賦《野望》五律、《夜坐》七絕、《客懷》七律、《題王荊公集後》七絕。

冬，釗賦《冬夜即景》詩云：

冷氣逼銀井，天光閃一庭。怪禽磔枯樹，野犬吠寒星。境寂詩難索，宵長夢易醒。霜風鳴四壁，蕭瑟共誰聽。

釗又賦《題焚椒録後》、《書雲林遺事後》（以上七古）、《夢至羅浮古梅花村作》五律、《黃昏》七律、《寒碪》五律。

歲暮，黃釗賦《歲暮懷都門諸同人詩》詩云：

孝章兩鬢巳星星，老向王孫授一經。曾向宣南圖舊侶，背琴肩酒上江亭。盛子履廣文。

仙吏初傳服豸冠，胎禽風骨最高寒。不知屋外西山雪，可抵梅花畫本看。家在庵編修，時記名御史。

索米長安客尚愁，妒他金屋儘綢繆。頗聞閒日紅窗底，戲誦風詩愛好仇。仇典堂孝廉。

工詩何必定求名，不飲還能見性情。惆悵燕臺吟老將，一杯熱酒話平生。麗子芳孝廉。

絕世聰明貫九流，著書嘔血祇牢愁。養生論與延年術，應遣相如渴病瘳。張儀坡屯部。

稻蟹茭魚爲甚酥，同年常擾大官廚。誰知貧宦原寒士，客散空甗乏米珠。蔡樹百署正。

投轄留賓飲興濃，耽耽百榼與千鍾。平生自負狂鯨吸，無奈當筵遇酒龍。李燕軒選部。

雪屋寒光透朔風，冬官滋味似冬烘。謗臺未築通難避，且造車船送五窮。古海初虞部。

午直歸來擁一氈，悽涼寶瑟巳無絃。憑誰過訪維摩室，與説天花不了緣。葉鹿坡農部。

參苓滿籠峽船歸，可有漁洋蜀道詩。料得青衣江上過，一天寒翠斂峨眉。顏魯輿編修。

瑯琊兄弟盡翩翩，阿大聰明早悟玄。愛煞紅鵝曡礥搨，銀鉤團扇寫遊仙。王魯之、小雲昆季。

風神如向玉山行，合住蓬萊最上清。記否花牋雙管下，一篇瑤瑟答瓊笙。吳瀹齋修撰。

冰銜暫借白雲司，檢罷爰書更檢詩。同是歐陽門下士。同出姚秋農師門，都官端不媿覃思。蔡槐卿比部。

送竃同吟隔歲詩，他鄉情味膌殘時。燈花巳負刀鐶約，添得閨人鏡聽詞。顏菘陵孝廉。

白雪陽春郢客歌，綠雲深處泣湘娥。芙蓉冷落梅花瘦，紙帳生寒別怨多。何子真上舍。

頻年烏帽困黃塵，獨與君家伯仲親。莫怪諸郎同弟畜，師門我是受恩身。花思、白次、江金三昆季。（以上《讀白華草堂詩初集》卷四　戊寅）

本年澳門普濟禪院經三年重修落成。（章憎命《澳門掌故》（二七），《澳門日報》，一九五九年十月二十九日）

本年張吐書已七十九，行走不扶杖，望重鄉鄰。

張吐書，字粵麟，號玉峰。龍川人。貢生。秉性孝友，仗義疏財。（《龍川縣志》）

本年陳氏已八十七歲。

陳氏，龍川人。黃天植繼配。天植官修職郎。助夫賑饑三次，不吝千金，封八品孺人。（《龍川縣志》）

本年崔造慶已八十六歲。

崔造慶，字善德。龍川人。孝友篤學。家傳急救丹，服毒得蘇者甚多，謝金錢不受。（《龍川縣志》）

本年曾祖庭已八十六歲。

曾祖庭，字士槐，號蔭園。龍川人。事親極孝，友愛二兄。遇歲歉，捐粟周濟。創建橋亭，不惜重資。族鄰爭訟者，必多方排解。嘉慶二十三年（一八一八）已八十六歲，被推爲“升平人瑞”。（《龍川縣志》）

本年丁曻任茂名訓導。（阮元《廣東通志》卷五二《職官表》四十三）

丁曻，又名皓曻，字升初，一字辰山。番禺人。廩貢生。嘉慶二十三年（一八一八）官茂名訓導。著有《不忮求齋詩草》。凌揚藻《國朝嶺海詩鈔》卷十八有傳。

梁懷文於本年中舉人。

梁懷文，字國楨，一字佩堂。南海人。嘉慶二十三年（一八一八）舉人。凌揚藻《國朝嶺海詩鈔》卷二二有傳。

溫颺於本年中舉人。

温飂，字仲道，號陶舟。德慶人。嘉慶二十三年（一八一八）舉人。著有《宜善堂集》。彭泰來《端人集》卷三有傳。

嚴顯於本年中舉人。

嚴顯（一七九七～?），字時甫。順德人。嘉慶二十三年（一八一八）舉人。山水秀整，又工詩。寫蘭竹，疏逸有風致。汪兆鏞《嶺南畫徵略》卷七有傳。

潘正琛於本年中舉人。

潘正琛（一七八六～一八四七），字谷香。番禺河南龍溪人。有科子。嘉慶二十三年（一八一八）舉人，官揭陽教諭，轉刑部安徽司員外郎。著有《北遊草》。潘儀增《番禺潘氏詩略》有傳。

謝晉慶於本年中舉人。

謝晉慶，嘉應人。嘉慶二十三年（一八一八）恩科欽賜舉人，國子監助教。張煜南、張鴻南《梅水詩傳》卷九有傳。

張應秋於本年中舉人。

張應秋，字伯辰，號清湖。順德人。如芝長子。嘉慶二十三年（一八一八）舉人。詩書畫具工，尤善山水，間亦作花卉，寫蘭竹及梅尤工。汪兆鏞《嶺南畫徵略》卷四有傳。

羅春元於本年中舉人。

羅春元，字挺宇，號南宮。東莞人。嘉慶二十三年（一八一八）舉人。張其淦《東莞詩録》卷四八有傳。

何觀瀾於本年中舉人。

何觀瀾，號鏡川。東莞人。嘉慶二十三年（一八一八）舉人，英德縣教諭。張其淦《東莞詩録》卷四八有傳。

梁尚舉於本年中舉人。

梁尚舉，字祖南。香山人。嘉慶二十三年（一八一八）舉人，羅定州學正。著有《蒲山詩草》。黃紹昌、劉熽芬《香山詩略》卷八有傳。

陸殿邦於本年中舉人。

陸殿邦，字磐石，一字達泉。番禺人。嘉慶二十三年（一八一八）舉人，吳川訓導，母老不就，課徒以養母。總督祁耳其名，以禮延訪，爲畫海防之策。咸豐四年（一八五四）紅匪之亂，與贊善何若瑤議設局平賊，擢教授。六年餘匪乘夷變據彬江，率鄉勇擊賊，盡焚賊舟。選高州教授，賊圍城，課諸生不輟，人心堅定，城卒不陷。老告歸，尋卒。著有《大學臆》、《中庸通論》、《孟述》、《四書故》，凡十卷；《維心亨室文集》一卷。吳道鎔《廣東作者文徵考》卷九有傳。

孔繼勳於本年中舉人。

孔繼勳（？～一八四二），原名繼光，字開文，一字熾庭。南海人。曾國藩師。嘉慶二十三年（一八一八）舉人，道光十三年（一八三三）進士，授翰林院編修。林則徐抗英，捐資九千兩銀軍用。道光二十二年（一八四二）守獵德炮臺病故。著有《濠上觀魚軒集》、《嶽雪樓詩存》。凌揚藻《國朝嶺海詩鈔》卷二二有傳。

朱汝衡於本年中舉人。

朱汝衡，字平臺。博羅人。嘉慶二十三年（一八一八）舉人，任山東鄒平等四縣知縣。著有《平臺文集》。（民國《博羅縣志》卷七）

陳文傑於本年中舉人。

陳文傑，原名定文，字旭齋。博羅人。嘉慶二十三年（一八一八）舉人，充國史館謄錄，授儀徵知縣，加知州銜。（光緒《惠州府志》卷三三）

溫澤明於本年中舉人。

溫澤明，字雪舫。順德人。嘉慶二十三年（一八一八）舉人，選授廣寧教諭，郡中創尊經閣，建敷文書院，皆首倡捐款。道光十八年（一八三八）以貧病終於任署。著有《讀我書齋詩集》。（《順德縣續志》）

鍾林於本年中舉人。

鍾林，字翹舉，號榮圃。東莞人。嘉慶二十三年（一八一

八）舉人，官國子監學正。築十全書室，振興東莞文教。倡修黄沙埔大橋，方便行人。（宣統《東莞縣志》卷七〇）

錢兆銮於本年中舉人。

錢兆銮，字方璧。東莞人。嘉慶二十三年（一八一八）舉人，在本縣北柵教書，拒收賄賂七百金。晚年官興寧縣訓導，捐俸修文廟、學宫。道光二十六年（一八四六）大旱，勸人賑災。官至瓊州府教授。（宣統《東莞縣志》卷七〇）

蕭酉鄰於本年中舉人。

蕭酉鄰，原名良翰，字宸垣。東莞人。宗茂子。嘉慶二十三年（一八一八）舉人。體察父志，倡建蕭氏義倉、義學。（宣統《東莞縣志》卷七〇）

崔翼周於本年中舉人。

崔翼周，電白人。嘉慶二十三年（一八一八）舉人，任安徽來安縣知縣。著有《周易觀玩編》，參與纂修《電白縣志》。（民國《電白縣志新志稿》）

黎應南於本年中舉人。

黎應南，字見山，號斗一。順德人。僑居蘇州。嘉慶二十三年（一八一八）舉人，歷任浙江麗水、平陽知縣。精研數學，爲李鋭入室弟子。鋭之《開方説》亦由續成。（龔自珍《己亥雜詩》）

梁觀光於本年成貢生。

梁觀光，字耿堂，號鳳池。龍門人。嘉慶二十三年（一八一八）歲貢。卒年五十五。（咸豐《龍門縣志》卷十三）

李春元生。

李春元（一八一八～一八七八），字雪村，號培三，又號培山。陽江人。同治十二年（一八七三）恩貢。生平淡於榮利，授徒講學，造就頗多。咸豐四年（一八五四）主辦“合山局務”，爲地方治安籌策。著有《雪村吟草》。（《陽江詩鈔》）

李濟瀛生。

　　李濟瀛（一八一八～一八九八），字鶴帆。和平人。廩貢生。
分發教諭，議敍六品。（《和平縣志》）

　　馮子材生。

　　馮子材（一八一八～一九〇三），字南幹，號萃亭。欽州
（今屬廣西）人。咸豐間從向榮、張國樑鎮壓太平軍，同治間累
擢廣西提督。中法戰起，起用爲廣西關外軍務幫辦，大敗法軍於
鎮南關，攻克文淵、諒山，重創法軍司令尼格里，授雲南提督。
甲午戰爭間奉調駐守鎮江，官終貴州提督。治軍四十餘年，寒素
如故。卒諡勇毅。（《中國近現代人物名號大辭典》一七九頁）

　　張金臺生。

　　張金臺（一八一八～一八八四），字冕光，號仿仙。東莞人。
道光諸生。咸豐四年（一八五四）率鄉兵攻打紅巾軍受傷。同治
元年（一八六二）隨官軍圍剿信宜、羅定農民軍，以功官訓導。
善吟詠，晚年教寫詩。著有《敏古堂詩鈔》。（宣統《東莞縣志》
卷七一）

　　賴漢英生。

　　賴漢英（一八一八、一八一三～一九〇八、一九〇九、一八
五六），花縣九間鄉四角圍村（或炭步賴屋）人。洪秀全妻賴惜
英弟。初於廣西行商並行醫，與堂弟文鴻①、文光②五人一同參

---

　　①　賴文鴻（？～一八六四），花縣（一說廣西）人。咸豐八年（一八五
八）頃封隆天福，隸韋志俊部。次年十月，志俊於池州降清，旋被派往攻蕪湖，
即與劉官芳、古隆賢等拒不從命，並得楊輔清之助奪回池州。十年（一八六〇），
與劉官芳等自銅陵、青陽進占南陵，後參與摧毀清江南大營之役。同治元年（一
八六二）封匡王。三年（一八六四）留守浙江湖州。八月城陷戰死。（《廣東近
現代人物詞典》五二七頁）

　　②　賴文光（一八二七～一八六八），花縣（一作廣西）人。封遵王。同治
三年（一八六四）天京失陷後，文光把本部太平軍與撚軍合併，成爲撚軍首領之
一，後來撚軍一分爲二，文光爲東撚軍首領，七年（一八六八）兵敗受重傷被
俘，在獄中撰《賴文光自述》，慷慨陳詞，後被殺。（《廣東近現代人物詞典》五
二六頁）

加金田起義。咸豐二年（一五五二）年底帥太平軍水師自武昌攻佔南京，任夏官副丞相。後率曾天養、林啟榮同任西征先鋒，攻佔江西全境，僅南昌久攻不下，召回天京，授予刪去儒經等工作。後又領軍北攻佔揚州。太平天國失敗後回花縣隱居，與妻湯氏同葬於炭步四角圍五馬嶺，再遷葬於今炭步鎮民主水庫左側。（新編《花縣志》）

清仁宗嘉慶二十四年　己卯　一八一九年

四月，黃釗賦《首夏家在庵編修招盛子履廣文　大士譚康侯農部　敬昭吳秋航解元林辛山　聯桂張南山　維屏兩孝廉家香石明經　培芳同集古藤書屋分得同字》詩云：

櫻桃上市芍藥紅，燕臺四月吹晴風。城南士女騁遊轂，衣香扇影黃塵蒙。欲尋僻境事吟憩，且喜詩老傳遺蹤。海波寺街古藤屋，幽寓昔住鴛湖翁　朱竹垞舊宅。敦槃一代已陳跡，韻事繼起歸吾宗。吾宗太史詞場雄，招邀朋輩攄懽悰。酒龍詩虎逞豪快，解衣岸幘忘疏慵。薜蘿在眼蒼翠隱，煙嵐入手丹青濃　謂子履作畫。紫藤花密午陰靜，鬧晴屋角喧遊蜂。卻思諸老懽讌處，疑有古魄吟風松。吾儕尚友幸不隔，眼前況復苔岑同。九州萍聚得勝侶，百年花事追群公。誰云江鄉風景勝，佳日豈得常相從。朋簪之慶同遭逢，莫因潦倒疑詩窮。明年花發當更醉，出門大笑聯青聰。

又賦《同子履南山出右安門至金園小憩》七律、《秋航工詩而嬾尤憚作書昨與在庵索書甚急因得其詩計欲緩此圍也次韻調之》五古、《送子履出都》七律二首。

五月初五日，釗賦《端午日大雨宿魯興寓齋用吳秋航留在庵臥廬印山同宿古藤書屋詩韻》詩云：

荔熟蒲香節序過，客邊風雨不妨多。醉山短榻雲連枕，夢里平田水拍坡。好事襟懷圖笠屐，思鄉情話及蠶禾。誰知此夕藤花屋，一樣聯床有嘯歌。

又賦《都門消夏八詠》五律八首、《豐臺花　弔曼殊也》七絶四首、《月夜登陶然亭》、《四川營　詠秦良玉事》（以上七古）、《戲詠唐樂府》雜詩三首、《秋蟲》五律。

七月初七日，黃釗賦《七夕大風雨宿魯興寓齋》五古。

釗又賦《鄉愁一首簡南山》七律、《秋霽同魯興看山如畫樓小坐》五律、《讀魏晉宋人詩得十一首》五古、《玉簪花同康侯辛山南山賦》七律、《題文姬歸漢圖》七絶二首、《題陳上舍　體元居庸踏雪圖》七古、《瀹齋典試粵東回京喜晤戲成二十八字》七絶。

冬，黃釗賦《寒夜憶内》詩云：

燈影怯淩兢，茶聲自沸騰。冬心閒味雪，春夢薄融冰。舊筆憐眉史，清齋惱髮僧。香篝空爾負，衾冷久生稜。

又賦《苦寒歎》七古、《雪霽登陶然亭望西山》五律、《在庵擢臺諫甫數日秋航即以詩責言次韻一首》七律、《落葉詩》五古二首、《東海義士行　徐名慶超》、《雪彌勒歌》、《黑小子歌》（以上七古）、《題朱彥甫睡心室圖》五絶六首。

十二月十九日，黃釗賦《臈月十九東坡生日在庵招同秋航康侯辛山香石南山集安心竟齋賞雪》詩云：

主人隔夜籌雅集，設局消寒除斗室。清晨客至盛衣冠，謂與東坡作生日　康侯、辛山、南山來，始憶是日爲東坡生日。東坡生日年年有，我輩偶逢卻非偶。嶺雲海霧暗枒槤，難得春明共樽酒。天公娛客作玉戲，似代東坡勸客醉。瓊樓玉宇不勝寒，今日群仙正高會。酒酣雪大詩膽熱，青眼浩歌睡壺缺。八百年來一瓣香，還似聚星堂畔設。夜深舞鶴歸瑤臺，庭前積素光曭曃。客車散去如沉雷，余亦夢中騎蝶回。道逢玉局羅浮來，報我萬本梅花開。

又賦《余忠宣公元魄護心鏡歌　鏡有篆書八字銘其背云："碩大坎盤，風火無虞"》七古。（《讀白華草堂詩初集》卷五己卯）

本年阮元督粵，延才士纂修《廣東通志》，馮之基應聘採訪。

馮之基，字植園。南海人。太學生。生平以琴書自娛，竟以採訪潮州積勞致疾歸，卒於家。張維屛《藝談録》卷下有傳。

本年黃釗賦詩如下：《定州觀東坡雪浪石即用其韻》七古、《讀唐人詩文集偶詠》八首、《送劉竹湄侍御出守曹州》三首（以上五古）、《夢遊净慈寺》五律、《戴金谿先生招飲歸後作長句奉呈》七古、《憶竹》七律二首、《題黎楷屛明府　應鍾浮山艮泉圖次張南山　維屛韻》七古、《夢遊五首》七絶、《雨中偶成》七律。（《讀白華草堂詩初集》卷五 己卯）

本年順天鄉試何曰恕被挑取謄録生，補國史館校録。

何曰恕，字德行，號烺之。香山人。何天衢《欖溪何氏詩徵》卷七有傳。

本年黃培芳讀書北京太學，賦《燕郊秋望》五律，直逼盛唐，爲其五律壓卷之作。（陳永正《嶺南歷代詩選》四六五頁）

本年吳香佩與招畫埜，在知縣王勳臣及秦沅倡導下，重修《茂名縣志》。

吳香佩，茂名人。邑孝廉。主講高文書院。（光緒《茂名縣志》）

招畫埜，茂名人。邑孝廉。嘉慶二十四年（一八一九），與吳香佩參與重修茂名志，任分纂，不遺餘力，數月而成。（光緒《茂名縣志》）

饒芝於本年中進士。（阮元《廣東通志》卷七七《選舉表》十五）

饒芝，字商山。大埔人。嘉慶二十四年（一八一九）進士，即用知縣。著有《商山文稿》、《北征詩集》。陳融《讀嶺南人詩絶句》卷十有傳。

劉霈於本年中進士。（阮元《廣東通志》卷七七《選舉表》十五）

劉霈，字永溥。番禺人。嘉慶二十四年（一八一九）進士。歸侍老親，不復出。倡議合十七鄉爲深水社。年三十九卒。著有《綠蔭堂古近體詩》。（同治《番禺縣志》卷四七）

林一銘於本年中進士。

林一銘，原名崢嶸，字謙山，號小岩，又號玉峰。饒平人。家貧力學。嘉慶二十四年（一八一九）二甲進士，授湖北東湖知縣，升宜昌直隸州知州，損俸給書院，文風大振。歷知陝西邠州、乾州、山東德州，兩任寧陝廳同知，與修《寧陝廳志》。道光十六年（一八三六）歸休，卒於家，年六十七。善書法，能詩文。著有《硯田軒詩抄》。（《潮州志·藝文志》）

趙光蕙於本年中進士。

趙光蕙，增城人。嘉慶二十四年（一八一九）進士。父陽況，字次嵩。邑諸生。爲人樂善好施。適該地蠱毒爲害，遂捐資送藥。災荒年時出粟賑恤。有子六人，長子光濃，拔貢，官河南通判。光蕙爲其第三子。（《增城縣志》卷二十）

廖翱於本年中解元。

廖翱（一七八五～一八三六），字鵬興，一字羽皋。南海人。嘉慶二十四年（一八一九）省試第一，越八年舉進士第，出爲江西定襄知縣。卒於省邸，年五十有二，時道光十六年（一八三六）正月也。著有《詩繹》、《尚書繹》、《四書繹》、《秦隴行紀》。《學海堂叢刻》卷九有傳。

簡均培於本年中舉人。

簡均培，原名厥良，字進思，一字夢嚴。順德人。嘉慶二十四年（一八一九）舉人。著有《覺不覺軒詩鈔》。伍崇曜《楚庭耆舊遺詩》卷後七有傳。

黃釗於本年中舉人。

黃釗（一七八七、一七八八～一八四五、一八五三），字谷生，一字香鐵。鎮平人。嘉慶二十四年（一八一九）舉人。先授大姚縣知縣，後官潮陽教諭，除翰林院待詔。負詩名，與陽春譚敬昭、吳川林辛山、順德吳秋航、黃小舟、番禺張維屏、香山黃香石等人爲文字之交，有“粵東七子”之稱。在嘉應州與宋湘、李黼平齊名，被譽爲“梅詩三家”。著有《讀白華草堂詩鈔初集》

九卷、《二集》十二卷、《苜蓿集》八卷、《讀白華草堂文集》。所編纂《石窟一徵》爲客家重要典籍。吳道鎔《廣東文徵作者考》卷九有傳。

方恒泰於本年中舉人。

方恒泰，字象平，一作橡坪。番禺人。嘉慶二十四年（一八一九）舉人。著有《暖紅閣詩鈔》。凌揚藻《國朝嶺海詩鈔》卷二三有傳。

何炳然於本年中舉人。

何炳然，字踐聖，號槐庭。香山人。嘉慶二十四年（一八一九）舉人。著有《蒙生詩草》。黃紹昌、劉熽芬《香山詩略》卷八有傳。

蔡勳於本年中舉人。

蔡勳（一七八九～一八三五），字勒最，號槐卿。東莞人。嘉慶十八年（一八一三）癸酉拔貢，七品京官。二十四年（一八一九）順天舉人，官江西吉安知府。與伍元芝、元華交契最深，嘗留寓番禺河南伍氏萬松園。著有《養雲書屋詩鈔》。張其淦《東莞詩録》卷四八有傳。

黃志超於本年中舉人。

黃志超，字啟圖，一字毅甫，又字踐庵。南海人。嘉慶二十四年（一八一九）舉人。著有《存夜氣庵詩草》附詞、《陰符經注》。伍崇曜《楚庭耆舊遺詩》卷續十九有傳。

陳履恒於本年中舉人。

陳履恒，字以和，號心農。南海人。嘉慶二十四年（一八一九）舉人。著有《四書蠡説》、《潁川文獻略》、《碧樓存稿》。朱次琦、朱宗琦《朱氏傳芳集》卷外有傳。

顏敍適於本年中舉人。

顏敍適，字磬舟，號伯士。南海人。嘉慶二十四年（一八一九）舉人，官樂會縣儒學教諭。著有《磬舟遺稿》。李長榮《柳堂師友詩録》有傳。

林漢喬於本年中舉人。

林漢喬，字星舫。嘉應人。嘉慶二十四年（一八一九）舉人，官江西廣豐縣知縣，署蓮花廳同知，年未及艾，遽以勤勞卒於官。著有《古香堂詩存》。張煜南、張鴻南《梅水詩傳》卷三有傳。

佘啟祥於本年中舉人。

佘啟祥，字春帆。順德人。嘉慶二十四年（一八一九）舉人，與華縣駱秉章同榜。少通六法，與同邑呂翔方旦夕過從，論畫極契。汪兆鏞《嶺南畫徵略》卷九有傳。

呂培於本年中舉人。

呂培，字植之，號荔帷。順德人。工詩賦篆隸，精摹印，又善畫。嘉慶二十四年（一八一九）舉人。嗜酒，醉後作蘭竹，頃刻百餘紙。汪兆鏞《嶺南畫徵略》卷六有傳。

許祥光於本年中舉人。

許祥光（一七九九～一八五四），字賓衢。番禺人。父賡揚，閩人，入籍番禺。嘉慶二十四年（一八一九）舉人，道光十二年（一八三二）壬辰進士，歷任廣西按察使、布政使。咸豐四年（一八五四）卒於梧州任上，年五十六。子七人：應騤、應鈿、應鏘、應鏜、應鑾、應綜、應鐠、應鎔，均中舉，稱“七葉衍祥。”著有《選樓集句》。（盧延光《廣州第一家族》四二頁）

葉安濟於本年中舉人。

葉安濟，原名宏濟，字方楫，別字桂艅。東莞道滘人。少時以孝敬父母聞名。嘉慶二十四年（一八一九）中第三十一名舉人後在鄉中授徒自給。鄉中建書院、置義倉、修大墈、築防洪堤等義舉及輸納國課，尤為踴躍。道光六年（一八二六）帶頭捐銀，主修大墈，使此著名古跡得留存至今。知縣題匾曰：“型仁講讓賦先”。十五年（一八三五）以大挑二等，授臨高教諭。（宣統《東莞縣志》卷七〇）

李翰昌於本年中舉人。

李翰昌，字墨卿。德慶人。嘉慶二十四年（一八一九）舉
人，道光十三年（一八三三）進士，授河南嵩縣知縣，官十年，
橐無餘金。（《德慶州志》）

林鶴齡於本年中舉人。

林鶴齡，字仙嶼。吳川人。嘉慶二十四年（一八一九）弱冠
中舉人，殿試不第，卒於京邸，年僅二十七歲。著有《水經注
圖》、《漢書節略》。（《吳川縣志》）

潘湘白於本年成貢生。

潘湘白，字務滋。順德人。嘉慶二十四年（一八一九）恩貢
生。後絕意官場，鑽研天文地理，博古通經。開館授徒，提倡考
據實學。著有《周易刪要》、《周易蠡測》等。（《順德縣續志》）

何芳生。

何芳（一八一九、一八一八～一八五六），字子茂，號瑤圃。
東莞虎門赤岡人。父龍光，官陽江右營守備。芳年十七，任水師
提轅巡捕。道光二十一年（一八四一），隨關天培守靖遠炮臺，
斃敵甚眾。戰後補守備，調碣石左營遊擊。三十年（一八五〇）
回防虎門，任水師提督中軍參將，旋升瓊州鎮總兵。咸豐六年，
惠州三點會攻汕尾炮臺，自焚死。曾倡建虎門鳳鳴書院。宣統
《東莞縣志》卷七一有傳。

陳泰遂生。

陳泰遂（一八一九～一八七〇），字履之，號藝軒。番禺人。
仲良第四子。咸豐十一年（一八六一）中舉人，未放榜而母卒，
哀毀過度，勉赴禮部應試，不售，後不復仕。慕羅浮幽勝，每年
恒居數月讀書其間。同治九年（一八七〇）因病自羅浮歸，卒年
五十二。泰遂除讀書外，無他嗜，於天文、算術尤精。夜恒數起
以測天象，又推步算作彝器，故自號藝軒。嘗制機碓、機磨數
種，以三人一牛之力，日可碾米二十餘石。後又改爲平地激水法
以省牛力，人皆歎其精巧。著有《抱注淺說》、《機輪磨碓圖說》、
《墾荒水利策》，惜多已散失；《周禮尚書析疑》、《藝軒經解》、

《藝軒算術》、《藝軒古文詩稿》若干卷，則藏於家。（陳之鼎《陳氏家傳》）

張薇生。

張薇（一八一九～一八九二），字省卿。大埔西河人。三十四歲中進士。從宦廿餘年，在閩、豫八任知縣。升直隸知州，辭官歸里。著有《且庵吟草》。（《客家名人錄》）

淩十八生。

淩十八（一八一九～一八五二），名才錦、君相，號仙洲，排行十八。信宜人。農民出身。道光二十七年（一八四七）於廣西桂平入拜上帝會，與洪秀全、馮雲山結爲兄弟，後受託回信宜起事。三十年（一八五〇）春在邑率眾拜旗起義，以王晚爲軍師，淩二十八爲先鋒。次年率數千人進廣西陸川、郁林，擬往潯州（今桂平）與太平軍會師，由於清兵重兵圍堵，被迫孤軍轉戰兩廣。後堅守羅定羅鏡圩，憑險佈防。後由於力量懸殊及部下叛變，咸豐二年（一八五二）六月被廣東巡撫葉名琛派兵攻破，跳井自殺。（《信宜縣志》編委會《信宜人物傳略》）

鄒伯奇生。

鄒伯奇（一八一九～一八六九），字特夫。南海人。精研天文、曆算、輿地之學及儀器製造，薈萃中西之說而貫通之。與陳澧最契。咸豐七年（一八五七）補學海堂長。作《春秋經傳日月考》、《深衣考》、《戈戟考》、《學計一得》二卷、《甲寅恒星表》、《赤道星圖》、《黃道星圖》。又手繪《皇輿全圖》，著《測量備要》四卷、《補小爾雅釋度量衡》、《格術補》、《對數尺記》、《乘方捷術》三卷、《存稿》一卷。刊行有《鄒徵君遺書》。國史館《清史列傳》卷六九有傳。

賴錦榮生。

賴錦榮（一八一九～一八五〇），字畫堂。英德人。援例署廣西賀縣縣丞、太平土州同知。道光二十九年（一八四九）以公幹赴南寧，值李沅發起事，奉令率兵迎戰於貴州水口墟，手刃沅

發部將萬雲龍，義軍潰退。翌年三月，義軍再次進攻，馳至鎮壓，被殺。（《韶州府志》卷三四）

清仁宗嘉慶二十五年　庚辰　一八二〇年

四月初二日，黃釗賦《四月初二日同楊蔚林同年　秀拔家虎巖　炳遊崇效寺》詩云：

疏磬閟深閣，定香聞遠林。客稀僧亦冷，樹古寺常陰。微雨薰花性，高雲見佛心。鄉賢有碑碣，寺有區海目碑。訪古意同深。

又賦《出都留別諸同好兼憶南歸諸子》七古、《潞河始發》五律、《秋航出宰蒙陰寄贈四首》五古四首、《舟過楊柳青有作》七古、《雜詩》五古六首、《舟中消夏八詠同林迪園太守　紹光家在庵侍御作》五律八首。

五月二十九日，黃釗賦《五月二十九日舟過東昌值在庵生辰醉作長句奉呈》詩云：

我不能持千金壽魯仲連，又不能攜一石酒醉淳于髡。聊城城邊一棹過，望古空泝三千年。古人已往不可作，我輩清狂尚如昨。凌風舒嘯入遙天，疑是橫江兩黃鶴。昨日讀君詩，東坡生日君拜之。昨在庵以所作《丙子拜東坡生日》詩見示。今日醉我酒，君之生日我拍手。人生何者爲千秋，會須高視六合橫九州。仰天大笑蘇張儔，但能竊取金印欺王侯。男兒要作天下士，豎子齷齪殊可羞。不然亦當遍遊三島凌十洲，腳踏桃浪掀鼇頭。珊瑚十丈同海榴，鐵網一撒天爲收。人生似此亦快意，但遇生朝便當醉。眼前客是人中豪，身後名非天外事。飲我酒，爲君壽，古人今人皆不朽。不信但看客星今夜入青齊，歲在庚辰五月日廿九。

又賦《舟中一首呈在庵》七律、《魚臺道中》五律、《大風望微山湖》五古、《舟過淮陰與子履翦燈夜話得詩四首》七律四首、《題子履南徐嶺樹圖卷》七絕二首、《高郵道中》七律、《維揚詠古》七絕二首。

七月，黃釗賦《清河節母詩　有序》詩云：

節母，宏農楊氏女，爲清河張氏側室，早寡。大婦年五十餘，性悍妬，淩虐媥雛，至不能安居。時吾母太孺人居吳門，憐之，爲賃屋，紡績度日，以其餘緡囑先大人代爲存息。太孺人以庚申九月南歸，張氏子已十二歲。庚辰七月，余自京國歸，道出吳門，重訪節母於北寺後街。家既小康，因爲余設榻於家，殷勤備至，爲賦詩以紀。

女蘿依松柏，高蓋覆其身。百年根葉盛，霜霰廻陽春。宏農有賢媛，儀一心則均。少小適清河，心嚼當宵晨。青年賦寡鵠，白首羞奔鶉。自惟命不猶，敢學愁蛾顰。吁嗟倉庚炙，難望鴟鴞仁。毀巢逐子母，悲鳴寄籬根。誰能爲卵翼，縈我母夫人。我母值家難，流寓來吳門。宏農忝同姓，呼作阿姨親。細詢清河氏，家亦粤海濱。可憐厄閨楊，得遇忘憂萱。艱難爲賃廡，紡機度晨昏。一匹復一匹，一年復一年。日月如擲梭，積此十千緡。殷勤託我母，貧家止短垣。謹防在夜候，胠篋抉籬藩。我母謹收藏，出與我翁言。何不假市賈，爲伊贏子錢。一年復一年，十千復十千。榆莢亦易盛，萍梗亦易分。我母將南歸，遠送及滸關。臨歧各悲咽，淚漬白羅巾。江中有鯉魚，尺素可相煩。嶺頭有鴻鴈，帛書亮匪難。丁寧復丁寧，別去河聲呑。日月如擲梭，日月如跳丸。倉龍已三次，參商不相連。我從京國歸，來吳訪慈顏。登堂大慰喜，亟呼兒來前。鬑鬑已有鬚，呼我爲阿昆。偕我遊北寺，爲我掃東軒。歸來至中庭，肴饌紛羅駢。沈沈燭影長，灩灩杯光妍。笑語過夜半，但見秋月圓。清晨方啟户，盥水已榻前。殷勤謝阿姨，轉使儂弗便。阿姨復權笑，此意何足申。自從別而母，饘糒亦苟完。前年娶新婦，鼓吹頗喧闐。生兒尚伶俐，自幸今有孫。時常念而母，來往勞夢魂。而母素康强，鬒髮寧似銀。齒牙當無恙，祇須勸加餐。尚望阿昆賢，來吳作好官。而母得迎養，儂亦得盤桓。慚顏謝阿姨，私願如是云。浮萍有時合，但看風水皺。寒藤有時翠，但看雨露勻。貞木多榮蔭，惡水多枯柟。

又賦《五人墓》五古、《虎邱三首》七律、《橫塘哭陳丈成玉墓三首》五古、《西湖雜感》七律四首、《吳山》七律。

八月初四日，黃釗賦《八月四日許玉年　乃谷春伯　華身兩上舍招同張翰山編修　嶽崧家在庵侍御滿覺壠看桂集理安寺早飲回定慧禪院看虎跑泉歸賦一首簡諸君子》詩云：

晨出清波門，全湖看如畫。南屏隱天光，空碧忽然隘。紆迴歷田壠，盤折轉山砦。筍輿時低昂，坐受塔禮拜。未叩玉版禪，已抵金粟界。千百分化身，色香示不壞。主人有佛性，爲客破花戒。相攜入招提，松顛閣名。耳澎湃。煙雲擁衛中，一飯劇清快。吾儕性喜遊，應造行腳債。湖山知信美，苦惜輿夫憊。歸途跡泉孔，隔嶺來梵唄。安能區禪宗，聊復證詩派。

又賦《雨中偕顏伯士　敘適家子信　允恂笏山　允瑛尹虹允琨昆季至湖上小憩胡山神廟》、《曉霧入七里瀧》、《嚴灘遇雨》、《嚴江雨後看諸峰雲氣作》（以上五古）、《蘭谿舟中》五律、《舟夜聞螫輾轉不能成寐枕上成一首》五古、《微雨舟行晚望》五律、《玉山旅店懷驤雲弟》七律、《信州謁謝文節祠》七古、《訪茶山寺》五古、《一杯亭弔趙忠定》七律。

九月初七日夜，黃釗賦《九月初七夜　時在庵病逝舟中》詩云：

野煙如夢暗孤舟，歸盡林烏剩浦鷗。殘月依人猶怯影，冷螢背我各言愁。可堪生死傷離別，況復關河歎阻修。雪涕未能燈愈苦，笛聲何事水西頭。

次日，釗又賦《九月初八日登一杯亭》詩云：

莽莽寒雲萬疊山，悲來滿目盡榛菅。風霜道路添華髮，生死交遊減醉顏。幻影浮嵐空起滅，忘情沙鳥自飛還。傷離歎逝兼秋盡，早晚登臨涕泗潸。

第三日，釗又賦《九日獨行信州北郭》詩云：

九日未見黃花黃，獨行北郭悲北邙。壞堞斷如折屐齒，荒墳擠似開蓮房。天涯酒人正愁悴，地下詩客應感傷。秋風作意警霜骨，紅樹滿山非夕陽。

釗又賦《自廣信至瑞洪得詩十二首》五律、《自南昌抵贛州雜成十八首》五古、《百家》五律、《發贛州西關作》五古、《來鴻》七律、《簸箕潭覆舟紀事》五古二首、《檢在庵畫幀感賦四首》七絕、《梅嶺》五古、《謁張文獻祠》七古、《夜宿彈子磯》五古、《觀音巖》七古、《韶石》、《大廟峽》、《滇陽峽》（以上五古）、《夜過中宿峽》五律、《將至廣州檢在庵遺稿哭之以詩》七古、《海珠寺》、《深井》、《舟中望羅浮》、《野泊》（以上五律）、《晚行擬抵大尾墟不得宿釣魚翁》、《南歸雜述》十四首、《到家五首》五首（以上五古）。（《讀白華草堂詩初集》卷六 庚辰）。

　　本年黃培芳自京南還，來到距廣州僅百里之清遠，賦《過清遠》七絕詩。（陳永正《嶺南歷代詩選》四六六頁）

　　馮詢於本年中進士。

　　馮詢（一七九二～一八六七），號（字）子良。番禺人。嘉慶二十五年（一八二〇）進士，江西永豐、浮梁知縣、吳城同知，候補知府，升南昌知府。初宰永豐，居官克承治譜，分守吳城，十年不調，意恬如也。其詩才大筆超，格高氣逸。著有《子良詩存》十六卷。李長榮《柳堂詩友詩錄》有傳。

　　吳家懋於本年中進士。

　　吳家懋，號（字）菊湖。番禺人。應昌次子。嘉慶二十五年（一八二〇）進士，翰林院庶吉士，散館改知縣，歷直隸鄗城知縣，終廣西龍勝州知州、順和知州。著有《欣所遇齋詩存》。李長榮《柳堂詩友詩錄》有傳。

　　勞光泰於本年中進士。

　　勞光泰，字靜庵。南海人。嘉慶二十五年（一八二〇）進士，官湖北蒲圻知縣，累官至武昌同知。落職，以軍功開復原職，再以帶勇潰散罷歸。喜任事，尤熟於河防水利。吳道鎔《廣東文徵作者考》卷九有傳。

　　朱子儀生。

　　朱子儀（一八二〇～一八六三），花縣人。道光二十一年（一八四一）率本邑天地會眾加入平英團，在牛欄崗大敗英軍。

受通緝後流亡，任三水范湖武館師傅，成立天地會全勝堂。咸豐四年（一八五四）六月與陳金釭等在三水起義，爲副元帥。七年（一八五七）在懷集建大洪政權，封安國公。十一年（一八六一）攻佔信宜縣城。後被叛將鄭金殺害。（《廣東近現代人物詞典》八九頁）

莫仕揚生。

莫仕揚（一八二〇～一八七九），名維俊，號彥臣。香山（今屬珠海）人。早年在廣州經商，精明强幹，因商務所需，結識十三行洋人，粗通英語，熟諳洋務。咸豐十年（一八六〇）後赴香港經商。同治九年（一八七〇）任香港太古洋行首任買辦後，憑著與港穗工商界密切關係，迅速打開局面，太古洋行輪船公司在華業務不斷擴展。至本世紀初，洋行已擁有十多艘客貨輪，分支機構除上海、廣州外，還有廈門、漢口、九江、寧波、天津、安東、大連等通航商埠，中國沿海的海運與長江、珠江內河航運幾乎全爲太古洋行所壟斷。隨著太古洋行的拓展，也積累了巨額財富，不斷輸資納官，光耀門庭。（《廣東近現代人物詞典》四〇〇頁）

陳金釭生。

陳金釭（一八二〇～一八六三），三水人。太平天國起義爆發後，金釭於鄉組織全勝堂秘密反清。咸豐四年（一八五四）在鄉起事，占蘆苞，與陳開、李文茂等聯攻廣州，未果。乃經清遠、英德、韶關、仁化、樂昌入湖南，後被湘軍王鑫部所阻。回師廣東，越清遠，占懷集。咸豐七年（一八五七）建大洪國，自稱南興王。又占開建、封川、信都及桂賀縣，兵力十餘萬。桂、湘清軍圍攻，義軍敗。同治二年，廣東陸路提督昆壽攻信宜，叛將鄭金殺金釭降清。（《懷集縣志》）

高楚香生。

高楚香（一八二〇～一八八二），原名廷楷，字宗實，別名滿華、媽和、姆華。澄海人。早年赴暹羅謀生，後積極自辦企業。同治十年（一八七一）創高元發火礱廠，首開華僑辦機器碾米廠先河。經二十二年奮鬥，遂成暹羅米業巨擘。繼在香港、新加坡、汕頭等地開廠設店。其開創之高氏家族事業至第二三代時達到全盛，號稱富甲潮汕九縣，在暹羅也爲屈指可數之巨富。（《澄海人物志》、《汕頭文史》第五輯、《海外潮人史料專輯》）

梁瓊生。

梁瓊（一八二〇～一八七五），字挺芳，號佩玉。東莞人。咸豐間從軍，先後於兩廣、江西等地與農民軍作戰，以功官守備。四年於梅縣圍攻汪海洋。因傷發，死於署欽州參將任。（宣統《東莞縣志》卷七二）

梁樹功生。

梁樹功（一八二〇～一八六二），字藹仁，號豆村。南海人。縣學生。性廉静，一介不苟。讀書聰敏，家藏書數千卷，皆能記誦。體弱發疾，乃習藝事以自怡悦。尤善書、畫，書法蒼勁，畫樹石作古篆勢。見《東墊集》、《竹實桐華館談畫》。（《中國近現代人物名號大辭典》一一六七頁）

潘斯濂生。

潘斯濂（一八二〇～一八八〇、一八八一），字兆端，號蓮舫。南海西樵百西黎村人。道光十九年（一八三九），以詞賦受知於學使戴熙，二十四年（一八四四）成舉人。二十七年（一八四七）進士，選庶吉士，授職編修，充武英殿協修官、國史館纂修官。尋以養母請假歸。值紅巾事起，出資五千募勇辦團練，敘功得旨賞花翎五品銜。同治二年（一八六三）還京，充實録館協修官，轉補江南道御史，充順天武鄉試官。七年（一八六八），升户部給事中，遷光禄寺少卿。九年，督學山東，每試，坐堂校閱，嚴束丁役，不尚煩苛，夙弊一空。光緒元年（一八七五）偕温宗翰典試官，充會試磨勘官、殿試彌封官，典浙江試。三年，升順天府府丞，職司校士。五年（一八七九）奉派稽察右翼宗學，調奉天府丞兼學政。旋充順天文武鄉試提調官、武鄉試校射

大臣。次年四月，充考試奉天漢教習閱卷大臣。（《南海名人數據庫》）

劉國賢生。

劉國賢（一八二〇～一八九四），字禮岩。和平人。道光二十九年（一八四九）拔貢，官直隸州州判。掌教龍溪書院。書法右軍。著有《有清音齋詩鈔》。（《和平縣志》）

劉麗川生。

劉麗川（一八二〇～一八五五），香山人。曾以傷科醫生爲業。道光二十五年（一八四五）參加天地會，二十九年（一八四九）至上海。咸豐三年（一八五三）三月太平軍攻克南京時，於滬成立小刀會，佔領上海，殺知縣袁祖德，建號大明國，自稱統理政教招討大元帥，上書洪秀全，共圖反清。又攻克寶山、南匯、川沙、青浦等縣，堅持十八個月。五年（一八五五）二月十七日突圍，於虹橋激戰中犧牲。（《中山文史》）

李定邦卒。

李定邦（？～一八二〇），吳川人。任吳川營把總。嘉慶二十五年（一八二〇）督師巡洋，風雨大作，士卒多投岸逃生，定邦獨力維持，終舟覆人亡。次日家人得其屍，官印猶掛於臂。（《吳川縣志》）

清宣宗道光元年　辛巳　一八二一年

清明，黃釗賦《清明日獨遊紫竹庵繞湖山腳行里許小憩水仙古廟得詩三首》詩云：

招提瞰湖西，地勢兼村郭。水光濯石魄，雲氣抱佛腳。旋螺一徑穿，積翠粘屐落。洞天本生成，亭榭此焉託。牟尼紉九曲，出頂天始拓。稽首禮盤陀，解衣坐磅礡。

榕筋裂石膚，骨斷不肯死。吁爾石兄頑，崛強非人理。連岡亂群羊，穿冢壓萬鬼。當時亭與臺，陵谷悲蒿里。惟余孽窠書，苔蘚駁青紫。知非諛墓文，豈屑翁仲比。拜之不能言，草蟲咽叢葦。

　　鬼蝶扇東風，壓朧開紅棉。陳人臥石榔，冷節愁芳妍。傍有牧羊人，抱頭藉花壇。榕陰覆石角，古廟祠水仙。春塘約綠膩，鴨唼浮萍圓。靈風颯然來，吾方薦寒泉。

　　又賦《登鳳皇臺放歌》、《潮州賽神詞》、《神絃二首》（以上七古）、《叩齒庵雨夜簡顏藥孫》五律、《讀楞嚴經二首》五古、《香無隱龕小坐雜成》四首、《廣濟橋閒望》、《韓山拜陸丞相祠公墓在南澳海嶼中》（以上五律）。

　　五月初四日，黃釗賦《端陽前一日追憶去年與在庵潦河登舟時事愴然於懷時未得其眷屬回粵消息因成一首寄詢其家》詩云：

　　又見登筵角黍盤，隔年懷舊淚丸瀾。陳人白簡心肝析，宿誓丹雞血肉乾。尚憶拜章辭闕下，不堪歸櫬殯江干。傔伶八口知何似，早晚經過十八灘。

　　十五日，釗又賦《五月十五日得望子臘月十四日京邸來書答寄二首》詩云：

　　七千里外悵離居，纔得京華一紙書。雪屋梅花新霽後，水亭荷葉早涼初。我憐博士騎羸馬，望子已補景山教習。君笑頑仙蹋鯉魚。露白葭蒼人宛在。來書云：聞大風覆舟，不勝駭異。然露白葭蒼，伊人宛在，夫復何憂，待來抄史續河渠。

　　驚波駭浪猝騎危，真有狂風似簸箕。覆舟於簸箕潭。厄運詩書爭水火，去冬文穎館災，所繕《治河方略全書》俱毀於火，覆舟時失去詩一冊。窮途人鬼怯蛟螭。時在庵柩船亦幾被覆。厚亡或議多藏患，所帶書畫淹漬被損，虎巖來書以爲多藏厚亡之報。小劫終歸普救慈。余落水，食頃始掀篷援起。當日招魂惟用酒，濕衣燎寵洗深巵。

　　釗又賦《苦雨》五律、《虛堂》五古、《潮居雜詩》五律五首、《蘇文忠昌黎伯韓文公廟碑》七古、《舟中望陰那》、《封礦行》（以上五古）、《艾壩晚眺》五律、《泛長潭》五古、《延惠知客齋雜興》五律八首、《琴娘詩　並序》七律四首、《大野》五律、《寄楊海梁廉使　國楨滇南並懷陝榆觀察顏魯興》五古、《保

康復　爲保康縣典史蕭水清作。蕭，平遠人。嘉慶元年楚匪陷保康，闔門殉難》七古、《司諭樞　爲平遠茂才林坦作》七古、《漳門渡　悲平遠貞婦梅氏也》古詩三解、《白頭新婦吟　爲平遠小柘村李氏婦張氏作》五古。

九月初九日，黃釗又賦《重陽日至潮州時笙調在廣州作此寄之並寄琴宬》詩云：

間關盼斷廣州書，可嘆飢來亦絕裾。九日山川供道路，百年兄弟愧樵漁。黃花酒漫思開酌，白髮人應尚倚閭。予季登高勞遠望，海雲多處雁行疏。

釗又賦《九日至潮仍僦居叩齒庵城南山長鄧均甫　彬來訪邀至齋中作重九》詩云：

別庵未三月，到庵逢九日。寒僧喜相迎，露頂捉襟出。重開香積廚，復掃維摩室。殷勤地主心，一晌知真率。庵中妙吉祥，花木亦清吉。前時同舍郎，病起百擾失。伸眉一笑謝，醫藥費周卹。乾鵲噪簷端，問訊一何切。花鳥尚多情，何況同龕佛。

西鄰鄧夫子，與我素心諧。此來消息大，一笑開空齋。繩床待拂拭，茶竈粗安排。匆匆未及話，邀我過西街。書堂設屏几，燦燦秋英佳。今日作重九，復此同朋儕。新涼酒沁骨，小別花牽懷。人生幾懽會，悠然與之偕。歸庵夜已深，微雨霏苔階。

釗又賦《韓江》七律、《徐紉香索題蛺蝶便面》七絕、《赴潮陽舟中作》七律、《沙汕頭夜泊》、《曉起渡海汐》（以上五律）、《蚶市》、《登寶光寺塔望海》（以上七律）、《宋三大忠祠》七古、《弔謝皋羽　文山五坡之敗，皋羽匿潮陽民間，倉卒別文山去》五律、《弔黃定公　有序》、《余前作韶石詩苦未能逼肖讀孫文定公南征記不覺四十九峰移置眼前續成一首》、《張苣園蹔尹紹先以所集蘇詩二卷名曰真一酒見示奉題二首》五古、《月夜懷鍾海飇　標錦》五律、《黃將軍歌　虎門鎮總兵，名標》七古、《暮由竹林汛至門壁借宿觀音堂》五古、《晚登潮州城》、《寄答吳菊裳　敬綸》、《冬夜叩齒庵獨坐》（以上五律）、《簡張苣園》、

《銅盤洲》（以上五古）、《歎逝詩三首》五絕、《鄉園雜述仿俳諧體》五律九首。

本年黃釗賦《自白渡放舟出小河口因憶丙寅冬月同伍雲赴潮州經此不勝愴然於懷》七絕、《韓江樓讀宋芷灣先生題壁詩作長句奉懷》七古。（以上《讀白華草堂詩初集》卷七 辛巳）

本年大饑，容撫方以穀賑濟，存活二百餘人。十年大旱，賑濟如前。

容撫方，字峻樓。茂名人。捐職貢生。（光緒《茂名縣志》）

本年頃何曰愈補四川會理州吏目。

何曰愈（一七九三～一八七二），香山人。道光初補四川會理州吏目，旋捐升知縣，總督委辦西藏糧臺。留三載，還省，補岳池知縣。咸豐三年（一八五三）署屏平縣。六年服闋，委參建昌鎮總兵占泰軍事。同治元年（一八六二），以子璟授安徽盧鳳道，迎養入皖。十一年，卒於家。著有《存誠齋文集》十四卷、《餘甘軒詩集》十二卷、《退庵詩話》十六卷。《清代粵人傳》卷十三有傳。

本年鄭乃憲舉孝廉方正，辭不就。

鄭乃憲，字仲欽，號柏山。文昌（今屬海南）人。因諸生垂二十年，益自奮勵。主講瓊臺五年。道光元年（一八二一）舉孝廉方正，辭不就。明年中舉人。年六十八卒。著有《柏山集》。

本年鄧淳舉孝廉方正。

本年頃王嶸舉孝廉方正。

王嶸，字曉園。興寧人。道光初舉孝廉方正。南中音學頗鮮師傳，取百數十種韻書鉤考排列，閱三十載，定為《切韻條貫》、《審體正編》、《發用》三卷。胡曦《梅水匯靈集》卷六有傳。

道光初，黎二樵畫最有名，古董商時乞釋智度以所仿者闌入。

釋智度，長壽寺僧。性曠逸，工山水，尤長於臨摹。道光初，黎二樵畫最有名，人爭購之，骨董估時時乞所仿者闌入，多不能辨，於是求畫者日眾。癖喜蒔植，以畫理參之，於水仙花尤出新意。中歲移錫花埭鷲峰寺，寂寥人外垂三十年，地接水雲，復饒花藥，騷人奇士多與往還。晚年苦耳聾，猶不廢撰述。年八十餘，圓寂於鷲峰。汪兆鏞《嶺南畫徵略》卷十一有傳。

劉廣智於本年中舉人。

劉廣智，字德明，一字智孫，又字愚谷。番禺人。道光元年（一八二一）舉人，署澄邁學訓導。著有《簾青書屋詩鈔》。伍崇曜《楚庭耆舊遺詩》卷後八有傳。

李雲鸞於本年中舉人。

李雲鸞，字應樞，一字嘯臺。德慶人。道光元年（一八二一）舉人。著有《花萼山房詩鈔》。凌揚藻《國朝嶺海詩鈔》卷二三有傳。

陳其銘於本年中舉人。

陳其銘，字新三，號心山。番禺人。其錕從兄。道光元年（一八二一）舉人。十五年大挑一等，四川南川縣知縣，卒於官。著有《心山詩稿》。張維屏《國朝詩人徵略二編》卷六〇有傳。

黃位清於本年中舉人。

黃位清（一七七四～？），字瀛波、（一說號）春帆。番禺人。道光元年（一八二一）舉人，官國子監學錄。工制藝，晚年精究日者之術，藉此自給。刻有《聖廟祀典錄》。著有《松風閣詞鈔》、《詩異文錄》、《詩緒餘錄》。（陳澧《黃位清墓誌》、《番禺縣續志》卷二八）

李光彥於本年中舉人。

李光彥，字子迪，初名熾昌。番禺人。道光元年（一八二一）恩科舉人，二十一年進士①，授翰林院檢討。丁內外艱歸里，延主韓山、越華等書院。服甫闋，遽卒。著有《易鑰》、《職思齋文集》。朱慶瀾《廣東通志稿》有傳。

---

① 一說嘉慶十六年（一八一一）進士。

區慕濂於本年中舉人。

區慕濂，字周翰，號静齋。高明人。道光元年（一八二一）舉人，官樂昌縣訓導。著有《敦雅堂詩鈔》。彭泰來《端人集》卷三有傳。

何鯤於本年中舉人。

何鯤，字雲衢，一字耘劬。東莞人。道光元年（一八二一）舉人。家貧，授徒奉母。邑萬頃沙爲香山勢家據，鯤等謀規復。勢家擄鯤等刑禁之，構訟六七年，勢家饋萬金求罷，不爲動，卒成一邑美利。咸豐元年（一八五一）紅條罷考案發，借事誣構，指爲黨魁，親友門人奉之居河田鄉，尋卒。張其淦《東莞詩録》卷五六有傳。

丁炳於本年中舉人。

丁炳，字應周。東莞草塘人。道光元年（一八二一）舉人。教書爲業，老而好學。曾倡修學宫、興文社。宣統《東莞縣志》卷七一有傳。

楊龍元於本年中舉人。

楊龍元，字雨田。茂名人。道光元年（一八二一）舉人。十四年（一八三四）知縣黄榜移建近聖書院，首延主講席。（光緒《茂名縣志》）

林德泉於本年中舉人。

林德泉，字恭溥。香山人。道光元年（一八二一）舉人，官安徽石埭知縣，調太湖知縣。二十二年（一八四二）英軍入侵吴淞口，調赴上海軍營，復調防禦江東，皆竭力抗擊。旋任涇縣、蕪湖、青浦等縣知縣，以同知銜升用。後調廣西、安徽軍營任事。年七十五卒於官。著有《公餘墨記》、《涇川偶得録》。（光緒《香山縣志》）

姚材於本年中舉人。

姚材，番禺人。道光元年（一八二一）舉人。嘗與蘿崗鍾景雲捐金置田數十畝，以爲石岡書院經費。二十年（一八四〇）辦

團練以禦外夷，又捐資置炮械。獎授六品頂戴。（同治《番禺縣志》卷五〇）

張璐於本年成貢生。

張璐，字伊珮，號漁石。東莞人。道光元年（一八二一）歲貢。粵督阮元重修《通志》，事採訪無遺。年逾七十始歿。著有《海氛紀聞》、《桑梓識（志）》佚、《漁石初稿》、《續稿》、《文稿》，刻《廣東元墨》。張其淦《東莞詩録》卷五一有傳。

鄧宜揚於本年成貢生。

鄧宜揚，字謹堂。茂名人。道光元年（一八二一）貢生，選樂昌教諭，未赴任卒。（光緒《茂名縣志》）

嚴文楷於本年成貢生。

嚴文楷，字漳濱。四會人。道光元年（一八二一）歲貢生。十赴省試，屢薦不售。年五十，屏跡林泉。著有《漳濱詩集》。（光緒《四會縣志》）

曾廣具於本年成貢生。

曾廣具，號用皆。和平人。道光元年（一八二一）恩貢，歷任長樂、仁化縣教職。嘉慶四年（一七九九）協修學宫，二十四年（一八一九）續修志，駐局任分修。（《和平縣志》）

何殿春於本年成副貢生。

何殿春，字寶錫，一字（號）紅藥。新會人。道光元年（一八二一）恩科副貢。攻盧氏濫祀鄉賢一案，尤爲名教負氣。著有《晚香草堂集（詩鈔）》。言良鈺《續岡州遺稿》卷七有傳。

方舉贊生。

方舉贊（一八二一～一九〇六），香山（今中山）人。原爲流動打鐵匠。但不滿於此，而去"跑單幇"，從滬販雜貨至粵，又從粵販咸魚至滬。又因與英商老船塢頭目爲同鄉，得到買賣老船塢舊銅皮、銅釘等機會賺錢，於是同别人合夥開打鐵小作坊。同治五年（一八六六）與孫英德在上海創辦發昌機器廠，成爲中國首家民族資本企業創辦人。（《廣東近現代人物詞典》三一頁）

吳全美生。

吳全美（一八二一～一八五八），字碧山。原籍順德，世居番禺河南龍溪鄉。道光二十九年（一八四九），廣東洋面海盜猖獗，應募爲團練目，屢獲巨盜，升補海安營千總。咸豐元年（一八五一）署龍門營都司，賞戴花翎。翌年署水師遊擊，三年加總兵銜，六年加提督銜。同治九年（一八七〇）調署瓊州鎮總兵，防禦法軍入侵。光緒十年卒於任。（《番禺縣續志》卷二一）

范氏生。

范氏（一八二一～一九一七），梅縣人。鄧欽奎妻，其夫誥封直奉大夫。心地善良，樂善好施。享年九十七歲，積閏百有一歲。一九一七年由中華民國政府依例頒獎"周年百歲五代同堂"匾額。（《鄧氏家譜》）

崔晉良生。

崔晉良（一八二一～一八五〇），字樹三。南海人。官光祿寺署正。居京師十餘年。書學二王，畫宗宋元。（《南海沙頭崔氏譜》）

鄔錫勳生。

鄔錫勳（一八二一～一八五八），番禺人。咸豐五年（一八五五），累功以外委留營拔外。次年自請撥歸增城營，從征粵西，屢戰皆捷，以把總升用，換六品頂戴。（同治《番禺縣志》卷四八）

黃武賢生。

黃武賢（一八二一～一八九八），又名瓊林，字侯光。潮陽人。出身行伍，積功至西寧總兵、雲南提督，封建威將軍，參與圍剿太平天國及收復新疆諸役。（《潮陽縣志·人物》、《汕頭日報》一九八六年六月二十四日四版）

梁耀金生。

梁耀金（一八二一？～？），字玉閨。茂名人。歲貢李樹滋室，贈職彥琦女，舉人龍光母。性溫良，待翁姑娣姒敬順無猜。

貧親窮鄰，時資助之。善琴工詩，偕隱甚樂。年七十六卒。著有《玉閨女史詩選》。冼玉清《廣東女子藝文考》有傳。

練恕生。

練恕（一八二一～一八三八），字辛福，號伯穎。連平州人。七歲隨父江浙讀書，九歲讀完《五經》，爾後攻讀《史記》、《漢書》等史學名著及諸子，十二歲已通諸經及三史，十四歲讀完《通鑑》。編著《後漢公卿表》、《年代地理考》、《北周公卿表》、《西秦百官表》、《後漢書注刊誤》、《明諡法考》等史學著作及治史雜文，其中前四種被收入《二十五史補編》。道光十八年（一八三八）病卒，年僅十八歲。（《連平縣概況》）

羅清生。

羅清（一八二一～?），字雪谷。番禺人。以詩畫自娛，足跡行遍大江南北。喜蓄貓犬，與同眠食，愛如妻子。同治中棄家遊日本。工指頭畫，作畫時指甲中藏棉花少許，揮指運墨，變幻神奇，瀟灑超然。所作蘭竹，雨染煙烘，頗得秀潤之致，梅石亦有古香古豔之妙。所畫山水胸襟寬闊，空靈靜逸，韻厚獨絕，別有意趣，尤擅勝場，運筆用墨，得奚岡靈靜逸之趣。同治九年（一八六二）遊京師，都下名士爭與往還，一時紙貴。七十五歲時雙目失明，仍能指頭畫蘭竹。（《中國近現代人物名號大辭典》七八六頁）

清宣宗道光二年　壬午　一八二二年

二月十二日，黃釗賦《二月十二日攜子玉遊紫竹庵至水仙古廟小憩登韓江樓北望作詩示之》詩云：

家居如醯雞，甕天守己隘。不有山水胸，焉拓文字界。潮州古名邦，韓公蹟猶在。當時諫佛骨，來此開草昧。汝年過十五，知識尚未逮。今攜汝與遊，正非討幽怪。置身千秋間，放眼六合外。

城西紫竹庵，湖山共輝映。仙巖跡幽邃，佛屋諦清淨。樓閣何參差，俯視兩明鏡。泉眼塞荒榛，石骨出奇橫。陰陰水仙祠，紅棉糝滿徑。東望韓江樓，三盤踞石磴。鱷溪萬古流，鼇柱一隅正。

我年七八歲，亦時好出遊。伊時隨大父，流寓居蘇州。每當二三月，挈輿登虎邱。懸崖擘窠字，略識能窮搜。百年祇一瞬，鬱鬱悲松楸。汝生在丁卯，大父嘗噢咻。白雲不可留，撫景雙淚流。

大母尚在堂，倚閭望逾切。汝今隨我遊，固亦非遠別。韓江日千帆，候風一齊發。風從南方來，溫煦蓄和悅。吹入大母懷，庶以舒鬱結。知兒衣不寒，願兒學不輟。北望望陰那，慈雲起天末。

又賦《越王走馬坪　在海陽縣北十里，南漢劉銀祖安仁為潮州長史時所築，孫隱僭王南越，追封南越王》七古。

十八日，黃釗賦《二月十八日獨遊韓山》詩云：

海霧釀紅棉，山神拜杜鵑。遠春如昨夢，近客又今年。南食方尋譜，西來不叩禪。閒摩白鸚鵡，片石話因緣。

又賦《贈鄭玉湖》五古。

二月，黃釗賦《得子履書並見懷詩即事寄答》詩云：

仲春客潮郡，得我家弟書。書中裹君劄，斷爛兼泥汙。封緘略可認，小印泥鈐朱。書言得我劄，知我歷崎嶇。驚波竟覆溺，險被龍伯屠。侍御疾不起，傷逝重嘻吁。書末綴長韻，慰唁勞虛譽。獨怪紙破缺，有似月蝕餘。家弟書中言，君劄來敝廬。墮地豕銜去，嚙損檢寄余。此事誠可異，占測須神巫。侍御魂已妥，匪載鬼一車。如何白日間，見此豕負塗。我夢亦免羆，險脫波濤巔。豈煩白蹢豕，渡河勸公無。尋思書中語，此兆或庶乎。託選侍御詩，踐諾能不渝。自非食言肥，信已及豚魚。君懷亮金石，生死當無殊。交情念輿桑，高誼感范徐。答書謝君貺，兼以詢起居。

三月，釗賦《春暮寄懷子履》詩云：

雨色暗簾旌，籜花落地輕。懶雲留宿夢，時鳥老春聲。遠道
斑雛悮，新愁白髮生。江南歎蕭瑟，猶有庾蘭成。

又賦《懷雲泉山館寄康侯香石南山》五律、《兩字旌》、《四
門學》（以上七古）、《自訟齋一首》五古、《雨仙謠》雜言、《鸛
塘哀　爲海陽烈婦張順娘作》雜言、《章漠妻》七古、《石臼烈》
雜言。

五月初六日，黃釗賦《五月初六日自紫金圍至丙村過裙摺望
銅鼓嶂諸峰》詩云：

肩輿向天行，百轉不到地。嶺雲冒火焰，林木黑煙熾。异丁
病欲逃，遊子鬱生畏。憂心況如焚，揮汗若揮淚。猋猋鳥落毛，
惴惴猿引臂。心知惡客無，尚冀虎狼避。野僧持斧來，令我觸疑
忌。山腰採樵女，豈有防身智。舉頭日過午，飢火滾腸胃。望雲
懸吾親，萬慮姑且置。

釗又賦《貞婦松》五律、《由大坑入風車紐谷中小憩》五古、
《徐鐵生　起夔坐耕圖》七古、《送少華省試》五律。

秋，黃釗賦《秋聲》詩云：

波濤空際落明河，露葉霜條促改柯。江上龍鼉翻鼓角，山中
猿鶴奏笙歌。鬼神訣蕩青鐙肅，天地蕭騷白髮多。莫認商聲成變
雅，九天風到送鳴珂。

釗又賦《秋色》、《秋晴》、《秋陰》、《夜坐雜感　龍湖院中
作》五律六首、《側聞》五律二首、《讀東坡除夜病中贈段屯田詩
龍鍾三十九勞生已強半歲暮日斜時還爲昔人歎自注樂天詩行年三
十九歲暮日斜時鄙意歎老傷窮詩家習氣然亦何必作此頹唐語余今
歲三十有六尚逐公車較白蘇二公所遇真有未可同年語者然自顧壯
心未損如寢方興因次東坡詩韻一首》、《將解館復戲次前韻一首》、
《東坡倅杭時年三十有六余今歲亦如之希蹤古人緬懷往蹟復次前
韻一首》（以上五古）、《得星房書知在庵幽壙尚未買就遺稿檢定
無力付梓感賦一首》七律、《無題（前闕）》四首。（以上《讀白
華草堂詩初集》卷八　壬午）

　　九月十八日約晚十時，廣州西關大火，後溫訓作《記西關火》，全文僅二百餘字，卻將西關大火過程及後果交代得清清楚楚：

　　道光壬午秋己丑夜漏下乙，西關火。火作而風，始於第七鋪餅肆，夜中逾打銅街，庚寅晨，及十三行；日晡及杉木欄。是日風甚，其夜愈甚。越翼日辛卯食時風息火潛。凡毀街七十餘，巷十之，房舍萬餘間。廣一里、總七之。焚死者數十人，躂而死於達觀橋者二十七人。於火之作也，粵之吏，無小大，無文武，無敢不奔救。救火之具，無有不備。風甚，卒莫能禦。余時館河南，睹鬱攸之狀、聆號泣之聲，心慘慄而不能已。粵故踞海，通夷舶，珠貝族焉，西關尤財貨之地。肉林酒海，無寒暑，無晝夜。一旦而燼，可哀也已。粵人不惕，數月而復之，奢甚於昔。（仇江《嶺南歷代文選》三六二頁）

　　本年黃釗賦詩如下：《上黃田岰至松翠亭小憩》五古、《仙橋八詠》五絕、《天馬山歌》七古、《下篷辣灘》七絕。（以上《讀白華草堂詩初集》卷八 壬午）

　　本年東壩永定橋始由賴炳督修建造。

　　賴炳，河源人。郡增生，封奉政大夫。道光二年（一八二二）東壩永定橋始由炳督修建造，五年告竣。二十八年（一八四八）協同士紳於城北龍津渡口岸合施渡船以濟往來。（《河源縣志》）

　　呂龍光於本年中狀元。

　　呂龍光，字慕津，一字賓南。歸善（今惠州）人。道光二年（一八二二）進士第一，歷官四川永寧、峨嵋知縣，捐金創峨山書院膏火，編《峨山志》。八年（一八二八）、二十九年（一八四九）充四川同考官。（光緒《惠州府志》卷三三）

　　潘楷於本年中進士。

　　潘楷（一七九三～一八六二），字（號）小裴。順德人。嘉慶二十三年（一八一八）舉人，道光二年（一八二二）進士。厚重寨言，長於決獄，在比部十餘年，多所平反。官至貴州按察使。咸豐九年（一八五九）春致仕歸里，主講鳳山書院。善詩。著有《馴鶴墅文集》、《馴鶴墅詩鈔》。何日愈《退庵詩話》卷二有傳。

周日新於本年中進士。

周日新，字起彪，一字暉（輝）谷。番禺人。道光二年（一八二二）進士，分發湖南署臨湘知縣。居官未百日，投檄歸奉母。凌揚藻《國朝嶺海詩鈔》卷二三有傳。

張維屏於本年中進士。

張維屏（一七八○～一八五九），字子樹，號南山、珠海老漁、松心子。番禺人。父炳文，官四會訓導。嘉慶九年（一八○四）舉人，至都，翁方綱曰："詩壇大敵至矣。"道光二年（一八二二）進士，分發湖北，署黃梅縣，調補廣濟縣。丁艱服闋，援例爲同知，分發江西，署南康知府。未一載，罷郡，道光十六年（一八三六）請假歸，自號珠海老漁、松心子，築聽松園。總督林則徐訪，曰："毋開邊釁。"不用，既而英人果攻穗。晚年耳目聰明，讀書日有課，爲學海堂長。性好遊，築室白雲山居之，又遊羅浮、桂林。詩出入漢魏唐宋諸大家。精醫術而不著書。咸豐九年（一八五九）卒，年八十。輯有《國朝詩人徵略初編》六十卷、《二編》六十四卷，最有功於文獻。著有《松心草堂詩文集》、《聽松廬詩鈔》十六卷。國史館《清史列傳》七三有傳。次女彥端，或作秀端、（字）蘭士。錢邦彥室。咸豐間人。著有《香雪巢詩》、《碧梧樓詞（詩）鈔》。陳融《讀嶺南人詩絕句》卷十五有傳。

黃德峻於本年中進士。

黃德峻，字景嵩，一字琴山。高要人。道光二年（一八二二）進士，官泉州府知府，署福建糧儲道、延建邵道。著有《樵香閣詩鈔》、《三十六鴛鴦館詞》。伍崇曜《楚庭耆舊遺詩》卷續十六有傳。

羅文俊於本年中進士。

羅文俊（一七八九、一七九一～一八五〇），字泰瞻，號蘿村先生。南海南莊鎮人。道光二年（一八二二）進士，以探花及第授翰林院編修，記名以御史用。十三年（一八三三）升左春坊左庶子，補翰林院侍講學士，轉侍讀學士，授通政司副使、詹事府詹事，累官工部左侍郎。派查東陵工程，冒寒得病，歸里調養，卒年六十一。著有《綠蘿書屋文集》，訂有《詁經精舍文集、續集》。鄒魯《廣東通志稿》卷二九有傳。

溫葆深於本年中進士。

溫葆深，字明夜。嘉應人，寄籍上元縣。道光二年（一八二二）進士，官侍郎，通籍後假歸原籍。張煜南、張鴻南《梅水詩傳》卷三有傳。

黃樂之於本年中進士。

黃樂之，字愛廬。順德人。道光二年（一八二二）進士，吏部主事。善山水、蘭竹，嘗攜羅浮蝶蘭至京師，旋出二蝶，都下傳觀，繪圖徵詠。又精鑒賞，藏明名家真跡。出爲貴州遵義知府。終年八十二。汪兆鏞《嶺南畫徵略》卷七有傳。

曾望顏於本年中進士。

曾望顏（？～一八七〇），字瞻孔，號卓如、冠山。香山人。嘉慶二十四年（一八一九）舉人，道光二年（一八二二）進士，翰林院編修，轉御史，遷順天府尹，累擢陝西巡撫。咸豐九年（一八五九）署四川總督，以鎮壓川黔反清起義屢戰屢敗，被劾罷。旋被召入都，授內閣侍讀學士。乞歸。光緒六年（一八八〇），陝甘總督左宗棠奏請於西安建專祠祀之，並將政績宣付史館立傳。工書，畫蘭石極秀勁之致。卒年八十一。汪兆鏞《嶺南畫徵略》卷八有傳。

陳龍安於本年中武進士。

陳龍安，號雲亭。東莞人。道光二年（一八二二）武進士。黃文寬《嶺南小雅集》卷三有傳。

謝念功於本年中舉人。

謝念功，字堯山。南海人。道光二年（一八二二）舉人。著有《夢草草堂詩集》、《北遊詩》。伍崇曜《楚庭耆舊遺詩》卷續二〇有傳。

張其翰於本年中舉人。

張其翰，字鳳曹。嘉應人。道光二年（一八二二）舉人，官漳州知府。著有《詠花書屋賦鈔》。胡曦《梅水匯靈集》卷六有傳。

李中楷於本年中舉人。

李中楷，字桐巒。嘉應人。道光二年（一八二二）舉人。胡曦《梅水匯靈集》卷六有傳。

黃綸誥於本年中舉人。

黃綸誥，字宸臣。嘉應人。道光二年（一八二二）舉人，廉州府教授。張煜南、張鴻南《梅水詩傳》卷三有傳。

黃俊於本年中舉人。

黃俊，字义卿。嘉應人。道光二年（一八二二）順天舉人，考取教習，分發山西知縣。張煜南、張鴻南《梅水詩傳》卷九有傳。

李從吾於本年中舉人。

李從吾，字聲仲。嘉應人。道光二年（一八二二）舉人。著有《實庭詩鈔》。黃紹昌、劉熽芬《香山詩略》卷九有傳。

鄧景隆於本年中舉人。

鄧景隆，字瑞堂。長樂（今五華）人。道光二年（一八二二）舉人。精通三禮，授徒甚眾。（《長樂縣志》）

崔自超於本年中舉人。

崔自超，本名群，字睦堂。番禺人。道光二年（一八二二）舉人，二十四年大挑二等，授靈山縣訓導。（同治《番禺縣志》）

劉汝棣於本年成貢生。

劉汝棣，字萼樓。嘉應人。道光二年（一八二二）優貢，官教習。因疾卒於鑲藍旗教習官舍，年僅三十有四。著有《叢桂山房詩》。胡曦《梅水匯靈集》卷六有傳。

顏其庶於本年中鄉試副榜。

顏其庶，字筱汸。連平人。道光二年（一八二二）中鄉試副榜，官至南康知府。（《連平州歷科文武科甲》）

劉椿年於本年成副貢生。

劉椿年，電白人。道光二年（一八二二）欽賜副貢。著有《觀臺詩草》。（光緒《高州府志》）

洪仁玕生。

洪仁玕（一八二二～一八六四），字益謙，號吉甫。花縣人。秀全族弟。道光二十三年（一八四三）參加拜上帝會。金田起義後，曾被捕，脫險後轉至香港。咸豐九年（一八五九）輾轉抵天京，被洪秀全封為“精忠軍師”、“幹王”，總理太平天國朝政。執政時作《資政新篇》。又策劃組織東征與西征，取得某些進展，終未成功。資歷不深，驟膺高位，難得眾將支持；又因與秀全觀念頗有異同，引起猜疑。秀全死後，雖輔佐幼天王，卻已無力回天。天京陷落，與幼天王輾轉於皖、浙、贛，擬與侍王李世賢會合。兵敗石城，與幼天王等相繼被俘，於南昌被殺。著有《英傑歸真》、《軍次實錄》、《太平天國己未九年會試題》等。（《中國近現代人物名號大辭典》九三七頁）

陳開生。

陳開（一八二二～一八六一），南海佛山人。天地會首領。水手出身。咸豐四年（一八五四）七月在佛山起義，成立紅巾軍。後與李文茂等會合，任盟主，率十數萬眾圍攻廣州，歷時十月。次年兵敗，撤圍而去。入廣西，克潯州（今桂平），建大成國，年號洪德，自稱洪德王（又稱鎮南王、平潯王）。咸豐十一年（一八六一）八月，循州失陷，被捕就義。（《南海縣志》）

盧慶雲生。

盧慶雲（一八二二～一八八二），號杏樵。順德人。寄籍順天府大興。光緒五年（一八七九）中舉人，翌年登進士。歷官屏南、晋江、浦城縣令。二十二年（一八九六），法軍攻打馬江，辦理兵差巡防，民心始定。（《順德縣續志》）

楊一枝卒。

楊一枝（？～一八二二），字維綱，號月林，人稱書癡。高明人。廩生，屢試不第。以明經任河源、揭陽教諭。著有《滴翠山房課稿》。（《高明縣志》）

清宣宗道光三年　癸未　一八二三年

夏，高涼林聯桂爲陳璸撰聯曰：“官以去時而徵愛戴，人以死後而薦馨香。”（龍鳴《清初儒臣陳璸在臺灣》二五六頁）

九月，吳蘭修爲溫訓序其《登雲山人文稿》。（吳蘭修《登雲山人文稿》序）

本年胡汝開捐資爲雲南府經歷。

胡汝開，字淪泉。順德人。道光三年（一八二三），捐資爲雲南府經歷，歷官四川德陽、華陽知縣，直隸州知州。晚年歸故里，倡築桂州堡堤圍預防水患。（《順德縣志》）

鮑俊於本年中進士。

鮑俊（一七九八、一七九七～一八五一、一八四三？），字宗垣，號逸卿、石谿生，室名之也堂、榕堂等。香山人。道光三年（一八二三）進士，官翰林院庶吉士、刑部主事，即用郎中。詩詞書畫制藝皆工。著有《榕塘吟館詩鈔》、《倚霞閣詞鈔》、《鮑逸卿書法》等。張維屏《國朝詩人徵略二編》卷六一有傳。

林丹雲於本年中進士。

林丹雲，字絢階。嘉應人。道光三年（一八二三）進士，官四川大竹知縣，署越巂廳同知。著有《滌冰齋詩文集》。張煜南、張鴻南《梅水詩傳》卷二有傳。

黎攀鏐於本年中進士。

黎攀鏐，字伯慈，號半樵。東莞人。道光三年（一八二三）

進士，官戶部主事，擢員外郎，除湖廣道御史，因粵東積弊。疏陳十事，請嚴禁鴉片。官至江南河庫道，以親老乞歸。著有《詒蔭堂奏議存》、《鸎門集》。吳道鎔《廣東文徵作者考》卷九有傳。

張惟勤於本年中進士。

張惟勤，原名大業，號梅琴。連州高良（今連南）人。道光三年（一八二三）進士，初授五臺縣，旋調陽曲縣，再署大同府事，曾任山西鄉試同考官及鄉試提調。後病歿太原。著有《惜陰齋見聞錄》。（同治《連州志》卷七）

丁日昌生。

丁日昌（一八二三～一八八二），字禹生，又作雨生，號持靜。豐順人。八歲隨兄至太平寺就讀。道光二十二年（一八四二）中秀才，次年補廩生。以廩貢生治鄉團，數卻潮州會黨關忠恕。選瓊州府學訓導，錄功補江西萬安知縣，轉知廬陵，參曾國藩幕。李鴻章治軍上海，檄主機器局，積勳至知府。江寧既下，除蘇淞太道，調兩淮鹽運使。同治六年（一八六七）擢江蘇布政使，授巡撫。光緒元年（一八七五）起授福建巡撫，兼督船政，至臺灣，多善政。四年，赴福州理烏石山教案。逾歲，還里。明年，加總督銜，令駐南洋會辦海防，水師統歸節度，復命充兼理各國事務大臣。八年卒。好藏書，成《持靜齋書目》五卷。著有《巡滬公牘》、《撫吳公牘》、《百蘭山館詩集》、《西洋兵略》等。子五人，惠康最著，好學，有《丁徵君遺集》。趙爾巽《清史稿》卷四四八有傳。

朱國安生。

朱國安（一八二三～一八九九），字搖夫，號治平。東莞人。隨堂兄國雄征戰，剽悍善鬥。光緒二十一年（一八九五）署南韶連總兵。（宣統《東莞縣志》卷七二）

沈世良生。

沈世良（一八二三～一八六〇），字伯眉，一作伯眉。原籍浙江山陰（今紹興），生於番禺。貢生。咸豐八年（一八五八）任學海堂學長，同治間授韶州訓導，未到任病卒。擅詞，與譚瑩等結詞社，得陳澧賞識。與汪瑔①、葉衍蘭稱粵東三家。著有《小摩圍閣詞鈔》二卷、《楞華室詞鈔》二卷。與許玉彬合輯《粵東詞鈔》。

姚詩雅生。

姚詩雅（一八二三～一八七二），字致堂，又字仲魚，室名景石齋。粵東人。初在河南布政使爲幕。後官懷慶知府。（《中國近現代人物名號大辭典》九五四頁）

桂文燦生。

桂文燦（一八二三～一八八四），字子白，又字昊庭，室名潛心堂。南海人。道光二十九年（一八四九）舉人。同治元年（一八六二）獻所著《經學叢書》。二年正月應詔陳言四十條。光緒九年（一八八三），選湖北鄖縣知縣，留江夏治獄。十年，海上事起，長江戒嚴。建議宜增槍隊，練軍法。履任未及期年，以積勞卒於任。著有《朱子述鄭録》二卷、《禹貢川澤考》四卷、《釋地》六卷、《周禮通釋》六卷、《今釋》六卷、《四書集注箋》四卷、《論語皇疏考證》十卷、《群經補證》六卷、《經學博採録》十二卷、《廣東圖説》九十二卷、《潛心堂文集》十二卷等數十種。國史館《清史列傳》卷六九有傳。

張國樑生。

張國樑（一八二三～一八六〇），名嘉（家）祥，字殿臣。高要（或作花縣）人。曾在廣西貴縣參加天地會。道光二十九年（一八四九）被招降，任清軍把總。咸豐元年（一八五一）參與鎮壓廣西左右江天地會，擢升千總。是年秋，設伏殺太平軍首領顔品瑶。二年隨廣西提督向榮破太平軍桂林之圍，升廣西都司。

---

①　女兄鞠生，字玉簧。汪瑔《隨山館旅談》云：姊適盧秋坪洲，生二子而寡，遂絶不作詩。陳融《讀嶺南人詩絶句》卷十五有傳。

三年隨向榮移師南京孝陵衛，建江南大營，屢敗太平軍，再升湖南永州營遊擊。四年（一八五四）攻陷安徽太平府，升廣東三江協副將，翌年擢福建漳州鎮總兵。六年隨向榮圍殲太平軍於南京楊家壩一帶，殺戮萬餘，獎加提督銜。六月，太平軍石達開、秦日綱反攻。營破，國樑左足傷，退守丹陽，與清將和春重建江南大營，再圍天京。七年（一八五七）擢湖南提督，率清兵再破揚州，調江南提督。後浦口大營爲太平軍攻破，“下部議處”。十年，太平軍陳玉成摧毀江南大營，國樑逃至鎮江收集殘兵，自率萬三千人至丹陽，設防黃橋。太平軍追至，於丹陽城外被太平軍截擊，渡河時溺斃。清廷於閲江樓東側建有“張忠武公祠”祀之。（《中國近現代人物名號大辭典》六一二頁）

張敬修生。

張敬修（一八二三、一八二四、一八二二～一八六四），字鑒中、德圃，號德甫。東莞人。應蘭五子。年二十三捐府同知，以在籍修炮臺功官廣西，平思恩巨盜，升慶遠同知，歷官柳、梧州等地。時桂林等地亂，敬修屢著勞績，升知府。道光二十九年（一八三九）以移師會剿議不被採納，遂以弟喪歸，始建可園。三十年，洪楊事起，詔赴軍前。咸豐元年（一八五一）正月，率三百莞勇往桂。五月，授潯州知府，次年補右江兵備道。後擬入湘助曾國藩籌辦水師，被奏留。五年，授廣西按察使，六年（一八五六）五月戰敗回莞。十月，第二次鴉片戰起，屢挫兇鋒。九年（一八五九）二月，督軍東江，大戰梅州，以功官江西按察使。十年赴任，次年兼布政使，七月病退，以可園爲休憩之所。同治三年正月卒，年四十二。著有《可園遺稿（草）》。宣統《東莞縣志》卷七二有傳。子振烈，字芬揚、桂生。軍功保舉中書科中書。學詩於羅秋浦。著有《綠綺樓詩鈔》。陳融《讀嶺南人詩絕句》卷十二有傳。

梁融生。

梁融（一八二三～一八八六），字鴻材、祝明，號荔浦。南

海人。同治十年（一八七一）進士，署理東鄉縣事，得丁葆楨賞識。（宣統《南海縣志》卷十四）

葉衍蘭生。

葉衍蘭（一八二三～一八九八、一八九七），字蘭臺，一字南雪。番禺人。父英華，字蓮裳。工詩詞，善花卉、人物，與漢軍子璞郡丞（秀琨）諸人結畫社，有題自畫拜月美人詞。著有《斜月杏花屋詩鈔》四卷、《花影吹竹詞》二卷。衍蘭於咸豐六年（一八五六）中進士，改翰林院庶吉士。散館改主事，分户部，累擢郎中。值樞垣二十餘年，惟與輦下名流吟嘯爲樂。忤某邸告歸，無長物也。晚年主講越華書院。刊《黎二樵批點李昌谷詩》一冊，人皆寶之。與汪瑔、沈世良並稱粤東三家。著有《海雲閣詩》一卷、《秋夢庵詞（鈔)》二卷、續一卷。吳道鎔《廣東文徵作者考》卷十一有傳。

温子韶生。

温子韶（一八二三～一八九七），字厱園。順德人。其球父。自幼悉心研究西洋機器，有聞其名，委試輪船，事成即任軍裝機器局總辦。曾試用木殼船安裝洋炮，又仿製西洋蚊子船，節約公款二萬餘兩。兩廣總督張樹聲具其功以奏，升從一品。光緒十一年（一八八五）因事被張之洞革職，勒鉅款。後總辦製造局，於黃埔創設無煙藥廠。晚年力營地方公益事業，倡建聯濟善堂，興築水閘。（《順德縣續志》）

清宣宗道光四年　甲申　一八二四年

本年張維屏賦《新雷》、《夜行》七絶詩。（陳永正《嶺南歷代詩選》五〇七頁）

本年李明徹得兩廣總督阮元資助，在漱珠崗（原名豬鬃崗、萬松崗）創建純陽觀，建觀天象之朝斗臺（廣東首座天文臺），崗東建漢議郎楊孚南雪祠，西有宋丞相崔菊坡祠，今兩祠已毀。

何蘭芳於本年成貢生。

　　何蘭芳，字鎔紉秋，號佩印。香山人。道光四年（一八二四）歲貢生。何天衢《欖溪何氏詩徵》卷七有傳。

　　伍元蕙生。

　　伍元蕙（一八二四～一八六五），更名葆恒，字良謀，又號儷荃、南雪道人、迂庵主人。番禺人。道光間布衣。性好書，收藏甚富。陳其錕、羅天池、桂文燦稱之。刻有《南雪齋藏真帖》十二卷、《澄觀閣摹古帖》。冼玉清《冼玉清文集》上編有傳。

　　朱以鑒生。

　　朱以鑒（一八二四～一八八六），字寶珊。澄海人。諸生。積功至藍翎知府。同治三年（一八六四）署福建澄州，參與鎮壓太平軍，例調延平府，以道員用。嗣落職，赴臺灣辦鹽務。十二年（一八七三）開復，歷江西南康、九江知府，攝廣饒九南道事，以疾卒於任所。（《潮汕文物志》）

　　侯純戴生。

　　侯純戴（一八二四～一九○○、一八九九），原名位錦，字勉忠，號鴻山。清遠人。早年跟從譚敏等習武。咸豐三年（一八五三）在農村以同慶堂為基地，秘密組織天地會。次年參與攻打清遠縣。又配合李文茂、陳顯良等圍攻廣州週邊戰鬥。五年（一八五五）回師清遠，大敗官軍。七年（一八五七）大洪國建立，受封左都元帥，又被太平天國封為列侯。九年（一八五九）因內訌率部加入北江天地會鎮國公陳顯良部，並與石達開部下周春花旗部活動於連州、清遠、英德、四會等縣。後降清，官至虎門提督。光緒十年（一八八四）參加中法戰爭，獲“技勇巴圖魯”稱號，官至瓊州鎮總兵、記名提督，從一品將軍。晚年解甲歸田。（《廣東近現代人物詞典》三八七頁）

　　陳銘珪生。

　　陳銘珪（一八二四、一八二五～一八八一、一八八二），字京瑜，一字友珊。東莞鳳涌人。年十六始就塾，逾年即能詩文。年二十失怙，旋補諸生，肄業粵秀書院，院長蘇廷魁器重之，梁廷枏、譚瑩、陳澧、李文田俱與之遊。咸豐二年（一八五二）壬子鄉試，主司抑之副榜首。四年（一八五四）甲寅五月紅巾軍陷東莞，聞訊急告變。巡捕黃者華率兵馳剿，敗賊前鋒。秋，東莞令華廷傑追賊至中堂墟，延辦團練，督諸鄉勤操防，清內匪，擒殺無算。何六陷增城，主事陳維嶽邀之謀劃，逾月城復。後家居授徒爲養，何息深、張其淦、徐夔颺俱出其門。好山樓，築梅花仙院於羅浮，祀趙師雄。又修復酥醪觀，與門弟子讀道其中，陳澧、李文田遊羅浮，並視爲東道主。光緒七年冬，母歿，水漿不入口逾月，遂以毀卒，年五十八。著有《花春道教源流》。《西遊記》中地理人物世多不解，並詳考無遺。又著有《荔莊隨筆》、《荔莊詩文存》。子伯陶，字子礪，尤盛名。光緒五年（一八七九）己卯解元，十五年（一八八九）己丑考取內閣中書，十八年壬辰探花，授編修，充雲南、貴州、山東副考官、文淵閣校理官等，擢江寧提學使，兩署江寧布政使；仲夔，字子淑，光緒二十年（一八九四）甲午舉人，候選教諭。孫祖蔭，字讓甫，工部虞衡司主事。冼玉清《冼玉清文集》下編有傳。

麥文震生。

麥文震（一八二四～一八八〇），原名廷儀，號抑卿、省庵。香山小欖人。監生，援例納粟以知府分省試用。後以知府升用，調署廣西思恩府百色同知，遂以在任知府加三級，請正二品封典。後歸里，居粵秀山麓。工草書，學米襄陽；師石谷山水，尤善畫松。（《欖溪麥氏族譜》）

張炎生。

張炎（一八二四？～？），新會人。少時拜蔡李佛拳鼻祖陳亨爲師，盡得其真傳，後被派赴佛山蔡李佛拳分館。咸豐元年（一八五一）接管該館，更名鴻勝館收徒授藝，門人遍及海內外。（《廣東近現代人物詞典》二三四頁）

楊頤生。

楊頤（一八二四～一八九九），字子異，又字蓉浦。茂名人。

天資聰穎，九歲通經史，十歲能文，十六歲被戴熙賞識，補爲生員。咸豐二年（一八五二）壬子順天鄉試中舉，回鄉辦團練。同治四年（一八六五），赴京會試，爲第四十四名進士，欽點翰林院庶吉士，因辦團練"剿匪"有功，奉旨加賞五品銜。七年（一八六八）任日講起居注官、實錄館總校、文淵閣校理、武英殿總纂、國史館纂修。十年及光緒二年（一八七六）兩科會考同試官。三年，因任皇帝起居注官及實錄總校有功，加四品銜。八年（一八八二）任鄉試正考官，授詹事府左右贊善、翰林院侍講、侍讀。十年八月，任順天府丞兼學政，翌年任順天鄉試武科校射大臣。十三年（一八八七）正月，授大理寺少卿，次年任江蘇提督學政。十七年（一八九一）任光祿寺正卿、太常寺正卿，次年任都察院左副都御史。二十二年（一八九六）五月，行兵部右侍郎，次年任兵部左侍郎兼工部右侍郎，充武鄉試校射大臣，覆勘試卷大臣。二十四年三月兼署工部左侍郎，估勘東陵工程，知戊戌科武會試貢舉。任職期間，參劾曾國荃、李鴻章、劉坤一等。請假回鄉省親，病逝家中。著有《觀稼堂詩鈔》、總纂《高州府志》、《茂名縣志》。《清史稿》有傳。

　　鄧奮鵬生。

　　鄧奮鵬（一八二四、一八二六～一八八九、一八九〇），字摶雲。東莞人。咸豐初，隨水師征剿，授外委，六年（一八五六）移師攻碣石、海豐等，平葉養秀，旋以巡洋捕務功，署守備。同治二年（一八六三）陽江被圍，馳師解圍。翌年赴福建會剿，克永定城。越年，洋面海事起，追剿獲勝，遷香山右營守備，以都司補用。六月破龍川。因長樂陷，汪海洋困連平，免職留軍。七月，隨軍克長樂，解連平圍。十月克上坪。十二月以功復原職，以遊擊補用。七年（一八六八），委爲省河緝捕署佛山右營都司。十年升水師後營遊擊。光緒元年（一八七五）以建造炮臺竣工，填補遊擊，後以參將補用。四年歸。中法戰事起，以署守海防功，十三年（一八八七）賜副將銜。（宣統《東莞縣

志》卷七二）

鄭藻如生。

鄭藻如（一八二四～一八九四），字志翔，號豫軒，又名玉軒。香山人。咸豐元年（一八五一）辛亥恩科第三十名鄉試舉人。獲內閣中書銜，得曾國藩、李鴻章賞識，致爲幕僚，官累升內閣侍讀學士、鴻臚寺卿、通政司副使、光祿寺卿，並獲賜賞花翎二品。光緒七年（一八八一），以三品官銜出使美國、日斯巴尼亞（今西班牙）、秘魯三國。次年美國國會通過排華法案，向美國總統提出抗議。出使凡四年，至十二年（一八八六）因患病請辭回國養病。（《中山文史》總十一輯）

清宣宗道光五年　乙酉　一八二五年

六月初一日，黃釗賦《六月朔日同人泛舟荔支灣集長日臨流亭子啖荔歸至光孝寺小憩》詩云：

闌風伏雨海西頭，六月涼生鬼子樓。一笑苧衣人似鯽，趁潮齊上白蘋洲。

長日臨流興未闌，水亭開到荔支殘。卻來跣足潮頭立，呼取龍宮赤玉盤。

虯珠百顆勝瓊漿，灌頂甘鮮沁齒香。認取前身皆荔佛，水羅松界綠荷鄉。

昌華故址已依稀，紅藕香中一棹歸。且與劉郎爭片土，昔人以荔支灣爲昌華苑①故址，近有以爲唐荔園者。金塗塔下問斜暉。

訶林衣鉢渺雲煙，初地來參六祖禪。同向風幡堂里坐，問誰心動木樨前。

叢書搜到漢唐時，鼠盡蟬枯佛亦疑。一樣宰官稱好事，高風

---

①　五代時南漢於唐荔園故址修建之苑囿，在今廣州市內。清阮元有詠《唐荔園》詩，其子阮福《唐荔園記》云：“廣州城西荔支灣，舊謂劉漢昌華苑。”今已修復。

應拜仲翔祠。

釗又賦《光孝寺東鐵塔歌　寺有東西二塔，東塔劉鋹造，西塔則龔澄樞造，西塔造於大寶六年》七古、《答溫伊初　訓》四首、《家尹虹邀集三元宮即事賦呈同集諸君》（以上五古）。

六月十三日，釗賦《六月十三夜學海堂賞月同謝澧浦太史吳雁峰孝廉石華學博蔡春帆明經》詩云：

五百年留此月來，好將清影共徘徊。人間定境空珠海，天上奇書借玉杯。笛客自生鸞鶴想，詞仙多是蠹魚才。禦風遊戲真無跡，十萬煙檣約夢回。

又賦《讀芷灣先生近集敬題二律》七律二首、《題何惕庵同年　其傑詩文集後　惕莽精岐黃》七絕二首。

七月初七日，釗賦《七夕寄內》詩云：

露葉風枝策策鳴，紅墻一角欠分明。星河古語疑無據，兒女今宵信有情。天上文章勞手織，仙家夫婿羨躬耕。離多會少翻憐我，又擬迢迢萬里程。

又賦《獅子橋寓園二首》五古、《夢遊羅浮歌簡粵嶽子》七古、《讀蓮鬚閣集》、《讀嶠雅》（以上七律）、《登浴雲樓觀安期生像作》七古。

二十四日，釗又賦《七月二十四日安期生日同人集雲泉山館即事成長歌一首》詩云：

白雲一別秦安期，二千年來祇自怡。其間東坡偶一到，菖蒲已換占卜師。粵嶽道人古好事，依山關館謀於斯。翩然而來巾笠隨，約我濟勝行無遲。是時白雲照春海，遊人蜂擁仙翁祠。飛霞一觀隱淙碧，綠沁毛髮寒鬚眉。忽聞笑語入松籟，隔院疑有仙人棋。入門一笑即呼酒，不問主客人為誰。謝澧浦太史先偕數客治具於此。髯翁骨瘦清且奇　謝澧浦，黃緣白羽飄霜髭。東方詼諧本仙吏，要是先帝之所遺。我亦不復憐鶴饑，青霞一吸千玻璃。傭奴販婦入圖畫，流觴列坐同懽嬉。蘭亭右軍豈有此，盤谷隱者宜居之。梁鴻賃廡願虛設，謝安賭墅來何時。春猿秋鶴漫嘲笑，留銘作記多文辭。白雲在山自怡悦，此意未要紅塵知。道人打鐘日正午，仙霞一朵蒲團垂。

又賦《啟秀山房秋集》五古、《九曜石歌二首》、《南漢故宫》（以上七律）、《雜詠》五古四首、《同家文緣　元章梁柘坡炯家澹泉　文海李繡綠　清華仇典堂　效忠漱珠橋食海鮮飯後至海幢寺方丈茶話》五言排律、《赤墈舟中》、《恩平學廨喜晤楊蔚林同年　秀拔》二首（以上五律）。

九月，釗賦《恩平雞啼營謁外曾大父仁珍公外大父文悦公墓》五古詩三首，其一首句云：乙酉秋九月，其日惟乙巳。

釗又賦《過新會訪何秋梧　鳳兼晤紅藥　殿春留飲江干即事》、《即事有贈》（以上七律）、《三十六江樓　在三水縣江口》二首、《峽山寺》（以上五律）、《滇陽道中見其山水奇絢適英德候吏來送閣部白公於江上因成一首》、《觀音巖倒用滇陽道中韻》、《過梅嶺小憩雲封寺》（以上五古）、《贛州發家書用涪翁贛上寄余洪范韻即仿其體》七律、《螺亭》七絶、《發贛上遇風雪戲作》五古、《余未至贛即得北來峽風下山虎東去灘石浮鼻牛二語抵贛北風大作雪甚灘不得下以爲詩讖也因作轉語以祝之並用前韻》、《舟中一首呈小山閣部》（以上七律）。

歲暮，黄釗賦《珠磯晚泊》詩云：

帆落檣鴉去，潮廻渚雁還。凍霞寒蠡水，晴雪定廬山。煙靄湖神夢，雲嵐玉女顏。僕僮初逆旅，歲暮憶鄉關。

立春日，黄釗賦《江行立春即事》詩云：

東皇整轡來，萬物静以俟。元氣浮空江，相距不盈咫。小姑肅珮環，秉笏立水涘。須臾動微颸，候雁已群起。心知消息真，意爲氣機使。我舟遠迎來，兩月三千里。春風不我私，過嶺見梅蘂。計此兩旬中，渡江日有喜。軟塵催看花，晴雪送行李。北去望前途，已入陽春里。

又賦《北行舟中雜詠》七絶七首。

本年黄釗賦詩如下：《入長潭至馬蓼坑口觀春漲》五古、《黄

木灣望海》五律、《古越臺行》七古。（《讀白華草堂詩二集》卷
一乙酉）

本年宋湘升湖北督糧道。

本年潮州知府黃安濤以疏治韓江水道下問，鄭昌時獻策具圖
說進。

鄭昌時，又名重暉，字平階。海陽（今潮州）人。弱冠補博
士弟子員。學問廣博，於本州地理、風俗，尤了然指掌。道光五
年（一八二五），潮州知府黃安濤以疏治韓江水道下問，昌時獻
策具圖說進。嘉慶十五年（一八一〇），上書知府陳鎮與知縣徐
一麟，具論治都里事宜，所論皆條理精明。巡撫祁墳臨潮，進權
宜時務萬言策，巡撫奇之，辟爲幕府。能詩文，喜著述。著有
《四書要典》、《說隅》、《開方考》、《韓江聞見錄》、《豈閒居吟
稿》等。（光緒《海陽縣志》卷四十、《韓江聞見錄》卷六）

邱起雲於本年中舉人。

邱起雲，原名泰，字東麓。鎮平人。道光五年（一八二五）
舉人，官清流知縣。著有《笛聲樓詩稿》。胡曦《梅水匯靈集》
卷六有傳。

李閎中於本年中舉人。

李閎中，字秋畬。嘉應人。道光五年（一八二五）舉人，官
電白教諭。著有《榕屋詩鈔》五卷。張煜南、張鴻南《梅水詩
傳》卷四有傳。

湯振畿於本年中舉人。

湯振畿，字京山。高州人。道光五年（一八二五）中舉人，
大挑一等，分發任直隸知縣，政績顯著。（光緒《茂名縣志》）

鄭玉麟於本年中舉人。

鄭玉麟，電白人。道光五年（一八二五）舉人，補安徽直隸
州州司，後歷任含山、建德知縣。著有《四書韻錦》、《吳楚遊
草》、《省吾堂集句》等。光緒《高州府志》）

廖售於本年中舉人。

廖售，字儲閣。博羅人。道光五年（一八二五）舉人。家貧力學，課徒得束脩，悉以奉母。鄉有尤、李二姓謀不軌，事平，請其產於有司，收所入爲鄉人應試之資，名曰興賢莊，復於其地建書院。著有《讀書隨録》、《味學軒文稿》。（光緒《惠州府志》卷三八）

顏爾枃於本年中舉人。

顏爾枃，字敬甫，號蒔鞾。連平人。道光五年（一八二五）舉人。考取咸安宮教習，大挑一等，即用河南西華知縣，後歷任温縣、新榮、杞縣、鄢陵、克山、商水知縣。著有《四書典考》、《思復時堂詩文》等。（《連平州歷科文武科甲》）

陳鳳來於本年中武舉人。

陳鳳來，清遠神逕堡（今屬佛岡）人。清遠學武生。道光五年（一八二五）中武科舉人。（《佛岡廳志》）

李詞芳於本年成貢生。

李詞芳，字芸曹。嘉應人。道光五年（一八二五）優貢。張煜南、張鴻南《梅水詩傳》卷九有傳。

饒雲翔於本年成貢生。

饒雲翔，號雁賓。三河城内人。道光五年（一八二五）拔貢。長於古詩。饒鼎華《匯山遺雅》有傳。

徐友仁於本年成貢生。

徐友仁，號蘭生。三河城内人。道光五年（一八二五）拔貢，朝考畢，官東陵監工。工竣，加國子監典簿。歸里養親，杜門不出。饒鼎華《匯山遺雅》有傳。

曾釗於本年成貢生。

鄧尚義於本年成貢生。

鄧尚義，字方溪。曲江人。道光五年（一八二五）拔貢。工書法，善繪事，精樂律，通醫術。（《韶州府志》卷三二）

成子剛於本年成貢生。

成子剛，懷集人。道光五年（一八二五）拔貢。著有《碻圍

集》。（民國《懷集縣志》卷三二）

李梓瑤於本年成貢生。

李梓瑤，字碧琴。徐聞人。道光五年（一八二五）拔貢，任會同教諭、澄邁訓導。喜書法，融顏、歐，有“大字壓雷瓊”之譽。其師張嶽崧、陳昌齊薦諸朝廷，嘉慶帝批曰：“楷法絕倫”。（新編《徐聞縣志·人物編》）

謝溥傑於本年成貢生。

謝溥傑，電白人。道光五年（一八二五）拔貢，任海康教諭。著有《雲陽鴻爪》。（民國《電白縣新志稿》）

林一任於本年成副貢生。

林一任，字覺宇，號容江。東莞人。道光五年（一八二五）副貢生。① 授徒五十年，邑中名士多出其門。張其淦《東莞詩錄》卷四九有傳。

蕭善元於本年成副貢生。

蕭善元，號伯仁。東莞人。道光五年（一八二五）副貢生，國子監典簿。黎簡堂嘗繪《紅袖添香圖》，徵人題詠，名列第三。張其淦《東莞詩錄》卷五八有傳。

鄧銘元於本年成副榜。

鄧銘元，字心佩。茂名人。道光五年（一八二五）副榜，深得舉人楊廷桂贊許。（光緒《茂名縣志》）

吳小姑生。

吳小姑（一八二五～一八五二），號海山仙人。瓊山人。邱玉珊室。與李長榮有詞學交遊。著有《唾絨詞（餘草）》（又稱《海山仙人詞》）一卷，收入《小檀欒室匯刻閨秀詞》。

吳祖同生。

吳祖同（一八二五～一八九五），字紹存、逖生。四會人。自幼客居上海，好與士大夫交遊。子佺追憶所聞教誨語，成《倫

___

① 一作道光二十九年（一八四九）副貢。

常家訓》。（光緒《四會縣志》）

林鳳祥生。

林鳳祥（一八二五～一八五五），揭陽人①。咸豐元年（一八五一）在廣西永安（今蒙山）參加太平軍，任御林侍衛。三年初，克武昌，率先登城，升天官副丞相。三月攻南京，首破儀鳳門。建都天京後，與李開芳、羅大綱率軍攻克揚州、鎮江。同年五月，與李開芳、吉文元等爲北伐主將，率精兵二萬餘人在揚州誓師北伐，經安徽、河南、山西，攻入直隸，在臨洺關（今永年）擊潰清直隸總督納爾經額部萬餘人，封靖胡侯。繼續率軍由深州（今深縣）下滄州，抵楊柳青，直逼天津，攻克靜海。旋因孤軍深入，糧草不繼，又屆寒冬，漸入困境。次年南撤，退至阜城，吉文元戰死，又退至東光連鎮。五年清軍急攻連鎮，督師苦戰，屢創敵軍。三月受傷被俘，後解至北京被磔就義。追封求王。（《廣東近現代人物詞典》三一七頁）

陳芳生。

陳芳（一八二五～一九〇六），字（名）國芬。香山（今屬珠海）人。第一次鴉片戰爭後，離家至香港、澳門等地學習經商。道光二十九年（一八四九）二十四歲時隨叔父到檀香山經商，從商店學徒開始，後自立門戶，經營甘蔗種植及制糖業，而成爲華僑首位百萬富翁，被譽爲"商界王子"。咸豐七年（一八五七）娶夏威夷國王妹爲妻，被選舉任夏威夷國會議員。光緒七年（一八八一）被清朝欽命爲駐檀香山總領事。十六年變賣六十萬美元家產歸國，在澳門興辦酒店，養殖荷蘭牛。在家鄉建造房屋時，花費鉅資整理村容。清光緒帝曾賜其"樂善好施"旌碑。後逝於澳門，歸葬於鄉。（《廣東近現代人物詞典》二六一頁）

陳壽祺生。

陳壽祺（一八二五～？）字仁山。歸善人。少師從舅父韓榮

---

① 　一作廣西武緣（今武鳴）人；又説廣西桂平人。

光。咸豐十年（一八六〇）任新興訓導。著有《護萱草堂詩鈔》
四卷。

　　黃玉清生。

　　黃玉清（一八二五～一八九七），字荊山。和平人。貢生。
歷任廣寧、始興教諭，南雄學正。（《和平縣志》）

清宣宗道光六年　丙戌　一八二六年

　　春月，由釋紹法默圓重刊出自天然函昰和尚編撰《青原頌古
摘珠》① 一書之《開元寺傳燈錄》，增補了由明清之交空隱道獨
至道光六年第四十一世善勤契習的法眷名號及傳法因緣，凡約百
五十年，並作序。

　　正月，去年被委任爲湖北督糧道之宋湘，遊漢陽琴臺，以竹
葉蘸墨，書《伯牙琴臺題壁》雜言古詩，一時傳誦。（陳永正
《嶺南歷代詩選》四三〇頁）

　　正月初一日，黃釗賦《元日安慶舟中》詩云：

　　江天雲樹入新年，已見陽和得氣先。岸上臘梅安慶路，座中
春酒太平船。銀沙鳧雁團晴雪，玉鏡芙蓉透紫煙。昨夢九華山頂
立，一枝綵筆絢青蓮。

　　　附閣部和作　白鎔

　　臘鼓聲殘又隔年，春光透露一枝先　舟中有盆梅二株。太平景色
笙歌地，安穩行程書畫船。柏酒椒盤聯氣誼，黃山白嶽辨雲煙。
遙知兒女團圞夕，繡佛燈前拜綵蓮。京師元正供佛，翦綵爲蓮花燈。

　　釗又賦《過采石磯》五律、《將抵金陵用涪翁韻》五古、
《西楚霸王墓》、《汶上》（以上五律）、《平原道中》五古、《瓦橋
關口占》七絶、《開府顏公七十生辰時魯興新擢臬使公就養陝中
寄呈一詩奉祝》七律、《馮烈姑詩》三言詩五解、《泰雲篇》四
言詩、《同凌蔭塘　朝薦陳岱友　瀛俊遊灅泉寺望大明湖》五律、

① 所記從第一世六祖慧能至第三十三世空隱道獨，囊括九百餘載。

《趵突泉》五古。

夏，釗又賦《濟南遣夏雜詩》五古詩十首。

釗又賦《公玉帶明堂圖歌》、《千佛山石刻羅漢歌》、《平陵東弔翟文仲》（以上七古）、《濟南二首答望子》五律二首、《夢登泰山作》五古、《旅懷六首》七律。

七月初七日，黄釗賦《秋夕有感》詩云：

錦瑟年華似水流，帶虹衣鵲欸粧樓。譜殘一段紅橋夢，冷月涼蛩共寫秋。

釗又賦《吳秋航宰禹城未得一見適寄近作見示兼惠其所刻晦亭遺集晦亭與在庵》詩。

十七日，黄釗又賦《七月十七日泛舟大明湖即事》詩云：

黑雲亂湧千佛山，客心急繫明湖間。麈風荷葉百萬柄，沉魚走獺驚潺湲。鵲華橋畔乍招手，一艇刺入菰蘆灣。湖邊古寺暫延佇，城陰高閣纔躋攀。居民置産種蓮芰，澤國擅利歸蒲菅。平鋪地衣翦綠錦，不令明鏡開湖顔。生平野鷗心浩蕩，對此坐惜煙波慳。沉雷漸近雨腳疾，亟趁水鴨沿波還。天公好奇客好事，回頭一笑斜陽殷。

釗又賦《客意》五律。

八月十八日，釗又賦《八月十八夜坐月　自中秋至是夕始見月》詩云：

桐葉警虛坐，桂花參定禪。秋光團鵲露，夜氣入蛩煙。償我在今夕，依人同昔年。不知金粟佛，可羨玉真仙。

又賦《得子履書卻寄》七古、《明湖秋望》七律、《寄驤雲弟》五律四首、《秋夜即事》五古。

九月初九日，黄釗又賦《九日憶笙調吳門》詩云：

眼底風煙黯旅愁，經年書劄尚沈浮。樽前白墮難成醉，歷下黄花自送秋。客路豺狼多阻梗，南贛近多盜賊，爲商旅患。故鄉雞犬幾存留。時聞家鄉水災。知君亦墮登高淚，一樣江湖悔浪遊。

有賦《秋興》五律、《絶塞》五律四首、《見落葉作　時西戎末靖》五律。

十月二十四日，黃釗賦《十月二十四日得家書作》五古詩。

釗又賦《寄張蕓巢鹽院》、《魯興開藩陝中奉寄》（以上五古）。

十一月二十五日，宋湘於其生日卒。

十二月初八日，黃釗賦《食臘八粥》詩云：

清齋到官廚，塵客啜佛粥。當時設道場，此日遍風俗。妙法卻葷蕘，素風糝芊菽。胡桃及蕈筍，釘餤入杭玉。修成七寶供，種來百合福。隨例稱吉祥，動念轉愁慼。偏災在枌榆，饑寒慘啼哭。粃糠淅矛頭，藜莧折鐺足。呼雞見隔籬，瞻烏寄誰屋。九州荷皇仁，屢賑太倉粟。五城增粥廠，來往踵相屬。中原與嶺嶠，覆載共仁育。胡爲益稷臣，艱食不陳告。齋宮祈太平，先爲豐年祝。一飽何足云，調和望玉燭。

又賦《曉起對雪》五律詩。（以上黃釗《讀白華草堂詩二集》卷二 丙戌）

本年何有應門人楊雲翯請爲其先人起元詩集作序。

何有，番禺人。任內閣中書。道光初主講惠州豐湖書院。

本年鄉人訪得梁佩蘭墓，釀金重修，吳榮光爲作《重修詩人梁藥亭先生故墓碑記》。（吳榮光《重修詩人梁藥亭先生故墓碑記》）

本年李乘雲選授韶州府訓導。

李乘雲，字臥齋。化州人。貢生。道光六年（一八二六）選授韶州府訓導後親老，致仕歸里，孝母養子。置書近兩萬卷，稱高郡藏書第一。著有《臥齋文稿》、《雲海詩鈔》。（《化州縣志》卷九）

林聯桂於本年中進士。

林聯桂（一七七三～一八三五），原名家桂，字道子，一字辛山。吳川人。嘉慶九年（一八〇四）舉人，道光六年（一八二六）易今名，成進士。授即用知縣。久客京邸，連不得志於有司，恬澹自怡。著有《見星廬詩集》。凌揚藻《國朝嶺海詩鈔》卷二三有傳。

陳同於本年中進士。

陳同，字鎮常，一字小鄭。順德人。道光六年（一八二六）進士，即用知縣。著有《陳小鄭詩》。陳同《楚庭耆舊遺詩》卷後九有傳。

陳其錕於本年中進士。

陳其錕，字吾山，號棠溪。番禺人。嘉慶二十三年（一八一八）舉人，道光六年（一八二六）進士，以知縣用，改禮部主事。丁外艱歸里，母老乞養，遂不復出。主講羊城書院垂三十年，勤於課士，譚瑩等皆所識拔。於廣州創議設惠濟義倉。著有《陳禮部文集》，詩有《含香》、《循陔》、《載酒》等集凡十六卷，詞有《月波樓琴言》三卷。吳道鎔《廣東文徵作者考》卷九有傳。

何守謐於本年中進士。

何守謐，字孟當。香山人。道光六年（一八二六）進士，甘肅環縣、禮縣、西和知縣。著有《星郊詩草》。黃紹昌、劉熽芬《香山詩略》卷九有傳。

雲茂琦於本年中進士。

雲茂琦，文昌人。道光六年（一八二六）進士。江蘇沛縣知縣，多德政。考最，入覲，改兵部郎中，又改吏部。未幾，告養歸。家居十數年，置田贍族，主講課士有法。卒祀名宦。趙爾巽《清史稿》卷四七八有傳。

張肇飛於本年中進士。

張肇飛，字昭宇、寅卿。四會人。道光六年（一八二六）進士，赴四川任知縣。其性和平，文如其人。著有《隆溪草堂詩集》。（光緒《四會縣志》）

陳士荃於本年成貢生。

陳士荃，字侶衡。蕉嶺人。道光六年（一八二六）歲貢，保

舉訓導。著有《竹右山房賦鈔》、《試律賦稿》等。(《蕉嶺文史》第七輯)

吳乾藩生。

吳乾藩（一八二六～一九一〇），海陽（今潮安）人。善泥塑，尤長於塑造戲曲人物。(《潮州文史》第六輯)

何德業生。

何德業（一八二六～一八九五），南海人。欣榮長子。克承父業，喜愛讀書。於桑園與竹園間建書舍，命爲綠竹齋，與昔茶溪社學同一中軸線。享年六十九歲。著有《綠竹齋詩稿》。

崔佐生。

崔佐（一八二六～一八八〇），字翼勤，號槐階。南海人。同治十年（一八七一）進士，歷署山西沁水、崞縣知縣。著有《葫蘆詩集》。(宣統《南海縣志》卷十四)

鄒漸鴻生。

鄒漸鴻（一八二六～?），字儀可。博羅人。咸豐十一年（一八六一）舉人，由內閣中書充方略館校對。光緒七年（一八八一）授福建鹿港同知，治行爲全臺灣之冠。十年（一八八四）秋，法人犯台，奉命督運，無有遺誤，敘功以知府用。光緒十二年（一八八六）告老養歸。(民國《博羅縣志》卷七)

清宣宗道光七年　丁亥　一八二七年

五月二十三日，黃釗賦《五月廿三日家霽青太守　安濤招集郡齋小木天館出消寒雅集圖見示爲賦二絕》詩云：

綠榕丹荔蔭鳴蟬，消夏閒來小木天。談到歲寒梅社證，氈爐高會有群仙。

莊襟老帶寫從容，槃敦風流悵未同。若侍十三人末座　圖中凡十三人，首將家法質涪翁。

又賦《題家退庵先生馴鹿莊圖》五古、《題家子未　若濟百藥山房圖》、《吳石華桐花館填詞圖》、《贈別陳登之　延恩並訂重九爲湖山之遊即題其韓江歸舸圖》（以上七古）。

九月初九日，釗賦《九日集湖山即席分得世字》詩云：

莊生逍遥遊，落想出人世。冞輪禦空行，天風挹衣袂。登高誰見呼，飛騰已鳳契。湖山況信美，瘴鄉久開霽。下見堞齒環，上有石骨瘦。人煙萬井低，口山樓臺勢。丹楓開吟社，紫竹 ^庵名合僧奇。仙佛夫何名，遠塔示超詣。

釗又賦《同人集湖山適霽青太守來登高茶話片時即事》七律詩、《金山憤　弔馬發也》、《錢澳悲　弔張達也》（以上七古）、《菊花四首》七律四首、《楊桂山觀察　振麟招至西園觀拔荷小酌即事賦呈》、《來鶴堂》（以上七古）、《清遠室》五古、《湘橋釣師圖爲子未題》七古、《雨夜不寐》七律、《翁邃庵學使藥洲訪石圖歌寄題》、《儀墨農上舍　克中以其尊甫研田翁三十首詩冊屬賦奉題》、《南宋樂府》七首（以上七古）、《題桃源問津圖　時眷屬已將抵潮》七絕。

歲暮，黃釗賦《退燕居歲暮聯句》詩云：

嚴飈振寒空，壽生，斜照翳庭樹。簿領差蕭閒，霽青。朋舊得親附。促席蟬聯談，香鎮。撫景蛇尾赴。煮茶呼山童，子未。掃葉開石路。曲室新氾除，壽。文窗略廻互。短簷背南榮，霽。小海蓄東注。丁丁鐘自鳴，香。裊裊篆微炷。鑿空楹書藏，未。薰修龕佛塑。寒花靜娟娟，壽。煖研陽煦煦。罇罍間瓶盆，霽。鉛黃雜油素。琴理通枯禪，香。畫手屏寒具。卷軸牛腰勝，未。屏障蠅點悮。軟褥鋪方枰，壽。隱囊抵橫梧。臥遊良復佳，霽。坐忘亦成趣。燕燕此息居，香。鹿鹿我追步。障簾忙抽身，未。扶床欣起痼。漸思親杯杓，壽。恍喜擻章句，時香鎮甫解館。欸門踅然來，霽。設局留小住。最難佳日閒，香。豈易殘年晤。詩腸擣冰壺，未。鐺腹抽凍芋。鳴姜沃烹蟳，壽。擷芹配醢兔。銀刀膾蘆鰻，霽。金屑霏桂蠹。肉紅檄刌皮，香。牙黃蕉剝跗。玉面文貍香，未。珠胎海蛤吐。江瑤極鮮腴，壽。山鷓亦豐嫮。食單議嫌繁，霽。殺戒持未固。夢甘羊蹴園，香。醉笑酒入務。聊憑二簋設，未。莫限三爵

數。祭竈訪土風，壽。伏臘徵典故。炙冷更番溫，霽。僕倦左右
顧。聚蚊已收雷，香。獨鶴仍警露。聯吟類女紅，未。短晷勤夜
作。明知此間樂，壽。猶爲彼民懼。少年競椎埋，霽。豪右縱淫
酗。抗糧虎負嵎，香。亡命蝨逃綺。奇貨橫攫人，未。詭計潛發
墓。火攻蠻觸爭，壽。李代流傭雇。桀驁未易馴，霽。顓蒙亦難
諭。使君下車來，香。次第令甲布。出郭追胥頻，未。讞獄平反
屢。威惠風草行，壽。面目塵坌汙。任重愁力單，霽。局定識心
苦。久道期化成，香。尚德致刑措。走險無鹿鋌，未。涵恩若魚
呴。訟庭可張羅，壽。窮橺悉含哺。爾時東閤闓，霽。我輩南烹飪。
嬉春更延秋，香。從朝還及暮。官醅清滿缸，未。蠻花燦盈圃。一
洗寒士寒，壽。同作寓公寓。此願天或償，霽。即事吾能賦。體贗
石鼎奇，香。句借紗籠護。先呼十手抄，未。傳牋寄長孺，壽謂墨農。
（以上《讀白華草堂詩二集》卷三　丁亥）

　　本年黃釗賦詩如下：《禹城留別秋航》五古三首、《送朱平臺
進士　汝衡作令清平》、《宿岱麓用少陵望岱韻》、《羊流店曉發》
（以上五律）、《途中作時同近堂漕帥自山左赴淮》、《淮上晤子履
話舊敘別率成一律》（以上七律）、《題盛小雲茂　徵璵嘯雨山房
遺集　小雲爲子履長子，以嘔血卒》五律、《梅花嶺弔史閣部》、
《渡揚子江》（以上七律）、《泛舟橫塘遊靈巖天平支硎諸山歸過
楓橋作》五古三首、《虞山官舍同張厚齋明府　敦道夜話》五律、
《虎邱題壁》、《孫武子祠題壁》、《過鴛湖　己未春遊此，距今三
十年矣》（以上七絕）、《舟過臨平》五律、《徐星溪都督邀遊西
湖泛舟至放生池即事》五古、《西湖雜詩》七絕十首、《漢壽亭侯
玉印歌　印藏西湖侯祠中，上刻高宗御製詩》七古、《過嚴子陵
祠》五律、《蘭溪謠》三言詩三解、《雨中過龍遊》七律、《常山
道中》五律、《夜抵廣信泊舟驛亭下追感在庵》五古、《進灘》
七律、《南安峽》五律、《佛山口占》七絕、《曉起望羅浮作歌》
七古、《朝雲墓》五律、《牽羊坬謁韓文公祠》五古、《高陽池落
成修禊詩爲襄陽太守周薈皋師作》七古。（以上《讀白華草堂詩

二集》卷三　丁亥）

劉旭於本年中舉人。

劉旭，字曦初。澄海人。道光七年（一八二七）舉人，官河陽知縣。卸任，客海南會同縣溫泉學署。著有《易經遵傳易簡錄》。（《潮州志‧藝文志》）

林德馨於本年成貢生。

林德馨，字惟悟。和平人。道光七年（一八二七）歲貢生。嘉慶四年（一七九九）協修學宮，二十四年（一八一九）續修縣志，駐局任分修。（《和平縣志》）

李一貫生。

李一貫（一八二七～一八六五），原名坤，字本厚，號一貫。信宜人。與李克鍾輔佐陳金釭天地會義軍，封爲都督。後失敗，爲營救被捕之克鍾，被知縣黎正春拘捕，同被殺。（《信宜人物傳略》）

陳旭年生。

陳旭年（一八二七～一九〇二），又名毓宜。海陽人。早年喪父，十七歲出洋謀生。道光二十四年（一八四四），冒險躲進紅頭船，隻身抵達柔佛國（今馬來西亞柔佛州）。初與眾多潮籍鄉親於原始森林披荆斬棘，開山墾荒，後改以販布爲業，因發現新錫礦受到嘉獎。致富後結識柔佛貴族阿布加（華僑稱爲天猛公，傳其母爲潮州人），並與結爲兄弟。同治三年（一八六四）阿布加繼任柔佛蘇丹，將把境內十個港口交旭年管理。七年（一八六八）起，旭年成爲南洋最著名富商，被柔佛蘇丹封爲“甲必丹”（華僑領袖），授予“資政”頭銜。後逐步將事業重心南移至新加坡，建成被該國列爲國家第五古建築之“資政第”。晚年告老還鄉，頤養天年，後卒於故里。（《馬來亞潮僑古今人物志》）

區作霖生。

區作霖（一八二七～一八八九），字雲甫。順德人。道光二十四年（一八四四）舉人。咸豐八年（一八五八）隨欽差羅惇衍

辦理夷務，升同知銜。光緒十年（一八八四）在鄉委辦團練。晚年倡修玉帶圍四千餘丈等。（《順德縣續志》）

曾敏行生。

曾敏行（一八二七～一八九二），字燮堂。吳川人。咸豐間隨軍攻打太平軍，由行伍歷官至提督銜，署咸寧鎮、古州鎮總兵。（《吳川縣志》）

清宣宗道光八年　戊子　一八二八年

正月初四日，黃釗賦《春正四日城南院中坐雨有懷仲弟笙調叔弟琴宸》詩云：

爐甎紅情熱，階除綠意新。風寒萬間廈，雨足一家春。作客同妻子，爲儒異賤貧。池塘剛屋後，相憶此吟身。

又賦《退燕居四詠霽青太守屬賦》五言六句、《寄楊海梁中丞兼呈太保開府公》、《寄懷子履兼簡郭頻伽》、《讀霽青太守詢治韓江水患策賦呈一首》（以上五古）、《明天潢小裔墓詩　有序》七絕六首、《西園坐雨二首》五律。

三月初三日，黃釗賦《三月三日湘橋禊集邀子未同作並訂波羅園之遊》詩云：

湘橋煙雨暗漁蓑，盡敞紅窗酌碧螺。四座裌衣寒士少，六篷春水麗人多。冶遊儔侶迷花絮，風浴閒情到鴨鵝。見說平泉饒竹石，何時聯騎一經過。前約波羅園之遊，至日始移樽於此。

又賦《總憲姚文僖師訃至泣成二十韻以誌哀感》五言排律、《閱奏捷知逆裔張格爾就擒恭賦四律誌喜》五律四首、《芷灣先生歸道山已年餘繙讀行狀感成一首》、《徐烈婦詩》（以上七律）、《得林西園　翰訊兼寄示陳雲竹遺詩數首感賦》、《長句奉簡張梅初　先》（以上七古）、《明經略翁襄毅墓》七律、《贈少師吳順恪墓》七古、《哀兩生　有序　》五律、《雙忠廟》七古、《西園絕句》七絕四首、《用昌黎符讀書城南韻示兒子　玉珏》、《懺馬詩》、《城南四首》（以上五古）。

夏，黄釗賦《城南消夏絕句》詩云：

方塘一鑑漾圓波，瓦影沈沈織水梭。尚覺湘江斑竹密，綠窗齊換武夷羅。武夷羅似京師冷布，而較精細。

杜門跣足更科頭，大扇頻揮且汗流。不信狪邪人不熱，矮燈團膝鬼樊樓。

竹所榕陰此客寮，山妻村女足逍遥。菩贏茶即《廣東新語》步驚樹。勝雞蘇散，閒向松風試急籤。潮州白泥茶銚，吾鄉呼爲急籤，以其急沸，且沸時聲如風過籤，故名。亦東坡瓶笙之意也。

天明粥熟就東家，散學歸來日未斜。松口荔支纔飽惠，又擔新到達濠瓜。

枇杷樹裂遽薨薨，鮮血香膚嚼不勝。但向盤中鑽腐臭，潮州蚊笑惠州蠅。諺語。

束髮嬌兒甫受詩，乃兄階下訓咿呀。竹床石枕縱橫放，合是拋書午夢時。

刀翦無聲刺繡停，鳴蟬如煮火雲蒸。童孫三歲偏岐嶷，抱得西瓜嬲鏤燈。

廚媼偷閒學績麻，晚涼呼取灌盆花。來朝待造仙人凍，預囑凌晨汲井華。京粉草俗呼爲仙人草，《廣東新語》所謂仙人凍，即此。

墙角纔飛一點熒，露涼抹麗有濃馨。臥聽兒女談天象，新識河邊水鴨星。

通宵蛙鼓與蜚更，仿佛江村候水耕。一事家人差駭異，撼床初聽地牛鳴。地牛形如甗黿而小，而聲最宏如雄牛。

又賦《石室傳經圖爲翁潛虛先生　謙咸題　先生爲海州司鐸，石室即宋石延年種桃處》七律二首。

六月初二日，黄釗又賦《六月初二日霽青太守招同鍾澹齋湹顧子壽　兆芝集韓江東樓即事》七古詩。

釗又賦《哭林西園明經》五律二首、《謝孝子　瓊詩》、《黄烈婦詩》、《寄高臺令古藥欄姊丈兼懷開府楊公時齋及方伯顏魯輿》、《讀王文成平宸濠紀功碑題後》（以上七古）。

秋，樊封鄉試對策引《紫光閣功臣畫像》，一一枚列，主試者懼有舛誤，置之。

樊封（一七八九～一八七六），字昆吾。廣州駐防漢軍正白旗人。諸生。道光初阮文達督粵，嘗使纂輯《三朝御製詩注》，分校《皇清經解》。道光八年（一八二八）鄉試對策引《紫光閣功臣畫像》，一一枚列，主試者懼有舛誤，置之。曾與曾釗同居粵督祁墳幕，建議於虎門外築堤捍潮，圍沙田二百餘頃，召佃耕墾，以其租給軍儲。咸豐四年（一八五四）甲寅，土匪起，請開局鑄火器，選丁壯，協同戰守。同治九年（一八七〇）庚午恩賜副貢，充學海堂學長。著有《論語注商》、《讀孟稽疑》、《海語閣日記》、《樸庵筆記》、《續南海百詠》、《樸學山房文集》、《轍北帆南艫尾詩集》等。吳道鎔《廣東文徵作者考》卷十有傳。

九月初九日，黃釗又賦《九日金山頂登高》七律詩

冬，黃釗又賦《消寒四詠》詩云：

寒雞

長鳴敢詡羽毛豐，且向寒窗耐北風。老圃漸忘蟲得失，華軒冷看鶴氄氄。神仙但恃丹能熱，食客深慚氣不雄。唱破嚴宵遲浴日，算渠饒有補天功。

寒犬

瑞雪天街攪作團，往來馳報老農懽。平原見獵黃衫俊，遠道傳書翠袖寒。門巷蕭條終戀主，貂蟬暖燠敢彈冠。殘年寇賊縱橫甚，賴汝周防邏夜闌。

凍蠅

癡絕當時觸熱場，可知人世有炎涼。朱門酒肉廚中冷，白屋窗櫺雪後光。畫筆曾憐寫生乎，梅花未是返魂香。何方噓汝薨薨活，冰語從頭與誦莊。

凍雀

籬頭墻角抱冬心，雪片飛來深又深。清絕竟無煙火氣，饑來嬾作喈喈音。白翎冷唱霜飛塞，翠羽清愁月在林。比似紆於山尚

好，梅花國里過重陰。

釗又賦《題呂荔帷同年　培畫蘭》七絕、《寄懷何子貞即用其送予由沛上急歸韻》五古、《憶前歲南歸子毅子敬皆有詩寄送因用前韻奉答一首》五古、《高樓》、《冬來》、《梅花四首》（以上七律）。

十月十三日，釗又賦《十月十三日馮默齋教授　奉初招同林蒂南殿撰　召棠屈天閑學博　龍驤楊介亭公子集鳳凰臺》詩云：

如此江山合有詩，眼前況與列仙期。龍頭瀉酒消虹渴，鼇背乘風當鶴騎。三萬日中須痛飲，一千年後費沈思。多君懷抱能高寄，拍遍闌干笑撚髭。

釗又賦《讀陳玉珊丈　海霖近著奉呈二律》五律二首、《得仲弟笙調訃將匝月隱恨填胸無由述痛窮陰悶坐觸境哀傷始放聲哭之》五古八首、《東坡生日日集霽青太守蕉舫拜惠州石刻笠屐圖像用本集松風亭下梅花盛開韻》七古。（以上《讀白華草堂詩二集》卷四 戊子）

本年淮揚大水，方雲龍代行海陵州事三月有余，始將災務辦妥，大憲深器重之。

方雲龍，字獻圖，號躍淵。香山人。官婁山主簿。著有《公餘詩》。張維屏《國朝詩人徵略二編》卷五八有傳。

林謙於本年中舉人。

林謙，號若谷。香山人。道光八年（一八二八）舉人，大挑一等，以知縣分發直隸，告終養歸。十一年（一八三一）辛卯米貴，效朱子社倉法行於鄉。二十年（一八四〇），英人以禁煙啟釁，告縣集眾於雲衢書院，立章程，嚴攻保，東鄉賴以安。甲辰、乙巳（二十四、二十五年）間，三合會煽惑東鄉，悉破獲。丁未、戊申（二十七、二十八年），西粵賊起，先期為備。咸豐四年（一八五四）秋，賊果破港，率鄉團星馳至。六年（一八五六）以團練功加同知銜，保舉孝廉方正。年八十尚能燈下作小楷。著有《增輯周易觀象》四卷圖一卷、《類學訓蒙》四卷、

《耄覺庵筆記》、《退思錄》十卷、續編一卷、《國地異名錄》、《退思雜文》四卷、續編四卷、《退思日覽》、《聰聽堂訓言》。潘楳元、譚瑩《廣州鄉賢傳》卷續有傳。

李薦於本年中舉人。

李薦，字蘭士，一字湘人。新會人。道光八年（一八二八）舉人。髫年工詩，矢口成詩。未弱冠補弟子員，旋舉於鄉。不及會試而卒。著有《小瀟湘館集》。言良鈺《續岡州遺稿》卷八有傳。

徐若瀾於本年中舉人。

徐若瀾，字星航。嘉應人。道光八年（一八二八）舉人。張煜南、張鴻南《梅水詩傳》卷四有傳。

宋澍於本年中舉人。

宋澍，字蕚樓、潤生。花縣（今花都）人。由拔貢朝考一等，道光八年（一八二八）經魁，以大挑試吏山東，歷署高密、掖縣知縣，有德政。年六十四卒於官。著有《養正篇》、《源泉集》、《盈科集》、《放海集》。（民國《重修花縣志》卷九）

高風清於本年中舉人。

高風清，原名虞，字桐門。潮陽人。道光八年（一八二八）舉人，官東臺知縣，能詩。著有《潮陽竹枝詞》。（《前賢詩萃》）

桂文耀於本年中舉人。

何碩於本年成經元。

何碩，字頎年，號竹醉。香山人。道光八年（一八二八）經元。性穎悟，工六書。何天衢《欖溪何氏詩徵》卷七有傳。

梁梅於本年成貢生。

梁梅，字錫什（升），號子春。順德人。道光八年（一八二八）優貢。工駢文。阮元以蓮鬚閣黃牡丹詩紀事課學海堂，有“可憐賓主皆奇節，獨愧當年校藝人”句，元大加贊賞。貢成均，歸途遍遊諸勝。受知於曾燠，禮爲上客。精於鑒古。著有《寒木齋詩》二卷、《文》二卷。吳道鎔《廣東文徵作者考》卷九有傳。

黄焕於本年成副貢生。

黄焕，字季登，號蕭雲。南海人。道光八年（一八二八）副榜貢生，二十年舉人。工書善畫，尤精院體。好茶嗜酒。後以主講連山，感瘴而亡。汪兆鏞《嶺南畫徵略》卷七有傳。

黄虞臣於本年成副貢生。

黄虞臣，字典謨，號姚卿。香山人。道光八年（一八二八）副榜貢生。黄紹昌、劉熽芬《香山詩略略》卷九有傳。

汪瑔生。

汪瑔（一八二八～一八九一），字玉泉，一字越人，號芙生、谷盦、無聞子。番禺人。祖籍浙江山陰（今紹興）。幼隨父宦遊，寄籍番禺。成年後歷佐郡縣幕。遊曲江縣幕時，法軍圍城近一年，獻計焚敵舟，城賴保全，遂聘入藩司幕。時潮州災，有司發庫銀二千兩賑濟，然慮於部例，久未敢報，以“稅契奇多積餘，非正賦，可以備非常時期之用”爲由上報，朝廷果不問。光緒初，入總督劉坤一幕，主辦外事交涉十年，均能剛柔相濟，不卑不亢。後入張樹聲幕。著有《隨山館集》、《無聞子》、《松煙小録》等。（《廣東近現代人物詞典》二二五頁）

居廉生。

居廉（一八二八～一九〇四），字士剛，晚署老剛，號（一作字）古泉，居番禺河南隔山鄉，自號隔山老人。善寫生，畫花卉、翎毛、草蟲及人物，設色妍麗，筆致工整。嘗作《二十四番花信圖》，爲嶺南派之先河。建十香園（又名隔山草堂）埋頭作畫及設帳授徒傳藝，高劍父、陳樹人等爲其入室弟子。兄巢（一八一一～一八六五，一作一八九九），字梅生，號梅巢，顔所居今夕庵，工花卉、草蟲，筆致工秀。工詩詞，爲畫名所掩。著有《昔邪室詩》、《煙雨詞》。余祖明《廣東歷代詩鈔》卷四有傳。廉與兄巢後世稱“二居”，畫花卉、翎毛、草蟲皆稱能事，尤長指頭畫，亦能寫真，嘗作《二十四蕃花信圖》。巢子燧，字小梅工畫，有家學。汪兆鏞《嶺南畫徵略》卷十有傳。廉有繼室袁順，字漪蘭，善寫蘭。巢女慶，字玉徵。吏部左侍郎賀縣于文和公式枚母。能詩詞。花卉仿惲草衣自題畫緋桃扇面。著有《宜春閣吟草 詞附》。夫廣西于丹九，子于式枚。慶女弟瑛，字佩徵。性慧異，工詩畫，有《詠梅三十首》，爲時傳誦。許字林明仲進士國贊，未婚，年十七，無疾趽趺而逝。陳良玉悼之以詩。汪兆鏞《嶺南畫徵略》卷十二有傳。

胡日初生。

胡日初（一八二八～一九〇〇），字正元，號旭齋。南雄人。咸豐六年（一八五六）中鄉舉。同治、光緒年間歷充文武鄉試監試官。署福建省分巡兵備道，清正廉明。告退時，士民贈“萬民轎”、“萬民衣”、“萬民傘”等。病故，誥授正二品資政大夫，贈三代封典。一生好讀書，以俸銀購書二三百櫃，傳之後代。（一九九一年新版《南雄縣志》）

唐廷植生。

唐廷植（一八二八～一八九七），字建安，號茂枝。香山唐家村（今屬珠海）人。廷樞胞兄。早年入讀於香港馬禮遜學校，道光二十八年（一八四八）任香港華人戶籍司翻譯。咸豐十一年（一八六一）任上海海關首席翻譯，與其弟廷樞共同編撰中國第一部英語辭典及教科書《英語集全》。同治十二年（一八七三）接替廷樞出任怡和洋行總買辦。光緒十年（一八八四）任招商局局董，投資一系列公司，爲我國近代早期民族資本主義發展做出過貢獻。（《廣東近現代人物詞典》四一九頁）

容閎生。

容閎（一八二八～一九一二），字達萌，號純甫。香山人。七歲跟隨父往澳門，入讀馬禮遜紀念學校。道光二十二年（一八四二），隨校遷往香港繼續學業。二十七年，勃朗牧師返美，帶閎及黃寬、黃勝三人前往留學。三十年（一八五〇）考入耶魯學院。咸豐二年（一八五二），入籍美國。四年，獲文學士。後回國，曾在廣州美國公使館、香港高等審判廳、上海海關等處任職，後爲上海寶順洋行經營絲茶生意，旋投入洋務運動。十年（一八六〇）至天京（今南京），向洪仁玕建議七條。同治二年（一八六三），受曾國藩委派，爲籌建江南製造局赴美采購機器。回國後以同知候補江蘇。五年，向清政府提出以選派幼童出洋留學等四項條陳。九年（一八七〇）任"幼童出洋肄業局"副委員，兼任留學事務所副監督。十一年（一八七二）奉命率學生三十人赴美留學，任學生監督，兼任駐美副使。光緒元年（一八七五），任出使美國、西班牙、秘魯三國副大臣。八年（一八八二）僑居美國。光緒二十年（一八九四）中日甲午戰爭時，介紹孫中山向李鴻章上書，並向張之洞提出籌款購艦以長期對日作戰。戊戌變法時期，在北京與維新派密切往還，變法失敗後避居上海租界。二十六年（一九〇〇）唐才常之自立會在上海改稱"中國國會"，被推爲會長。自立軍被鎮壓時，遭清政府通緝，輾轉流亡美國。後漸趨支持孫中山。（《中國近現代人物名號大辭典》一〇七八頁）

黃寬生。

黃寬（一八二八～一八七八、一八七九），名傑臣，號綽卿。香山（今中山）人。家境貧寒，於道光二十一年（一八四一）至澳門就讀馬禮遜學堂六年。後在美國獲得文學學士學位。三十年（一八五〇），轉往英國，考入愛丁堡大學學習醫學，經七年學習，獲醫學博士學位。咸豐八年（一八五八）回國，在廣州沙基金利埠（今六二三路）接辦惠愛醫館，親授生徒四人，以協助其醫務。十年（一八六〇）首先在我國施行胚胎截開術。醫術精湛，擅長外科。博濟醫局成立後，常至醫院爲病人施行外科手術。同治元年（一八六二），應李鴻章之聘至其幕府任醫官，然不及半年辭職。六年（一八六七），博濟醫院首次進行屍體解剖，由寬操刀剖驗。離婚後與姊同住，生活簡單，患項疽，於穗而逝。（《中國近現代人物名號大辭典》一一一五頁）

清宣宗道光九年　己丑　一八二九年

正月初一日，黄釗賦《元旦城南講院偶成》詩云：

酒意酣如雨意酣，宿醒初醒問餘甘。過門客去留名刺，同舍生來接茗談。朝暮鹽虀安樂菜，吳越風俗，獻歲以蘿葡、栗核桃、花生、荸薺諸果蔬，共爲安樂菜。青紅兒女合歡柑。鞭羊笑比鞭牛快，趕過年頭四十三。余以丁未生，是日立春，故戲及之。

二十日，釗又賦《正月二十夜孤姪正至城南》詩云：

拭眼禁酸鼻，牽裾匐藐孤。燈前悲瘦影，泉下慟長途。弱小齊揮涕，團圞豈足娛。飢寒何待問，且喚近紅爐。

種種嗟余髮，煢煢看汝身。伶俜纔五尺，涕泣忍重陳。廢宅荊先莠，新墳草不春。紙錢曾掛未，風雨莽蕭晨。

釗又賦《霽青太守與蘇子由同日生潮之人士皆未之知也道光九年是月日潮人以扶輪堂事定案德之作栗主以寓長生之祝且殺羔稱兕躋公堂以獻媚焉太守招余至郡齋樂飲至醉翌日用東坡子由生日韻作長句奉呈》七古。

清明，黄釗賦《清明風雨書感》詩云：

冷到青糍暖到餳，但餘客淚落清明。白楊悽斷紅桐死，猶向池塘盼草生。

又賦《悼李繡綠同年　清華》七律、《寓齋種竹二十竿昨得風雨喜成十韻》五古、《六篷船四十四韻》長篇五言排律、《莆田鄭香祖上舍以所獲工伯瓵木瓿二器拓本見示囑賦長句》七古、《羅浮春夢圖爲言寶侯題》、《子履得霽青太守書知余在潮州消息寄詩問訊依韻奉答》二首（以上七絕）、《欲築一小樓名曰鐵畊先以詩乞霽青太守書牓》七古。

三月十三日，黄釗賦《三月十三日曉起至西園偶成》詩云：

蠅噪蝦跳又一春，萍衣開處想垂綸。橫波柳似臨粧女，解籜篁如釋褐人。宿雨濃煙能作瘴，舊家喬木易成鄰。園爲前明綱庵宗伯別墅。不應更觸流觴興，回首雲亭跡已陳。甲申三月展上巳，同人禊集問字山房。

釗又賦《曾籲雲茂才　驤留宿城南即和其感懷原韻》七律、《積雨六首》五古、《書館偶成用望子見懷韻並寄》七律三首。

五月初三日，黃釗賦《五月初三日爲笙調生朝振觸悲懷率成二絕》詩云：

草草生朝過四旬，刈來菖葉共芝焚。從今添副離憂淚，哭到三閭便哭君。

黴篋愁翻絕筆書，天涯海角未窮途。草堂此日歸來未，魂黯終南送妹圖。笙調十月來書，以望子選得電白教諭，倩其明年護妹之任。笙調以家居窘乏，正欲囊筆出遊，欣然諾之，未半月而遽病逝，翻篋得此，爲之愴絕。

釗又賦《羅浮蝶詩》七絕六首、《羅浮煙雨圖卷陳雪漁　在謙作》五律、《寓齋所種竹已添新筍數竿竹醉日以酒澆之戲成一首》、《雨窗即景》二首（以上五古）、《讀古歌謠八首》雜言、《寄懷吳菊裳桂林》七絕二首、《韓昌黎祠白鸚鵡賦碑拓本》、《普同墖　墖在潮州西湖山。順治十年郝尚久叛，耿藩以兵臨之。城破，屠殺無算，有僧收遺骸，合葬山下，名曰普同墖云》、《鐵犀行　在韓江廣濟橋面》（以上七古）、《雨後西園曉坐》五律二首、《讀山谷演雅戲仿其六言體四首》、《西園》七律、《送鍾澹齋泩北上謁選別駕》七古、《劉壯士歌》雜言、《宋孝子詩》雜言、《樷拂》、《羽扇》（以上五古）、《題李易安酴醾春去圖》七絕、《夜坐池上亭》、《得邸抄題名見驤雲弟以字行捷南宮喜賦一律》（以上七律）、《食松口荔支用東坡初食荔支韻》七古。

六月初十日，黃釗賦《六月初十日同人集西園觀荷》詩云：

一片風蟬咽夕陽，安排爐銚換壺觴。鷺鷗福分消閒日，花葉精神聚晚涼。好事且憑蘭作合，是日同人爲撒蘭之會。論園還有荔堪償。何時水竹三分里，略仿紅欄闢草堂。

八月十五日，釗又賦《湖山小憩　八月十五日守謨兄、廷元弟、姪正、次兒玨同遊》詩云：

亭臺懸綴疑蜂窠，洞天旋曲如盤蛇。碧山人來酌清酒，高閣客去餘落花。榕髯榕乳自併合，石角石面爭谽谺。更思濯足向湖水，且復騰身看海霞。

十九日，釗又賦《潮郡缺雨八月十九日霽青太守甫出示斷屠爲壇致禱至宵分甘雨如注喜賦一詩呈霽翁》詩云：

朝一盂黃雞粥，午一頓花豬肉。官廚例食鎮肥膿，已變當時莧藜腹。忽聞禁帖懸通衢，太守祈雨朝斷屠。農人飢腸作牛吼，腐儒此腹亦何有。正愁五日不雨至十日，坐使菜根黤盡百無。盍不知天公憐我憐農人，宵來傾盆一雨幾達晨。農人失喜蹋破甕，腐儒吟詩遞急送。遙知屋角響淋浪，齋閣先成喜雨頌。

九月初九日，黃釗賦《九日同里諸子招集韓江酒樓風雨橫江酣飲至夜因成一首》詩云：

年例登高又及辰，佛緣終讓世緣親　初約集紫竹庵。煙波畫舸新遊女　座中侑酒妓，新自羊城來，風雨江樓舊酒人。此會雲萍仍逆旅，何時蓑笠伴閒身。醉歌一曲蒼涼甚，落盡簷花動鬼神。

十八日，釗又賦《九月十八日桂山觀察招集西山紫竹庵即席用霽青太守九日讌集元韻》詩云：

衙鼓轅鈴閟曉昏，閒來煙郭瞰江村。百年未算榕髯古，一品無如石丈尊。曲宴笙歌敞蓮幕，小山猿鶴守松門。謝公自有軙碁輿，落帽風流詎足論。

細馬輕轝結隊行，宰官真似佛多情。妙香已入祇林界，美饌同遊護世城。灑雨楊枝餘喜色，浹旬已得甘雨。向風槲葉作歡聲。酒龍詩虎誰降伏，高會靈山一鬥爭。

釗又賦《西山之集余依韻先成二律呈觀察次日王嘯雲　慶曾家子未　若濟皆以佳什見示自慚率爾之作無當大雅復成二首用原韻呈觀察並簡諸君》二首、《呂小伊學博　玉璜見和前詩復疊成二首奉酬》二首、《邱雪松　秉剛來遊潮州過訪城南適陳仙航士蓮家虎巖先後來潮因招同小集仍用前韻二首》二首（以上七律）、《陳忠烈錦巖硯歌　硯鐫"錦巖吟硯"四字篆書，欸"陳邦彥"三字真書》七古、《園菊》、《巖桂》、《桂山觀察招同朗峰總戎霽青太守汪司馬朱山人夜宴來鶴堂》二首（以上五律）、《桂山觀察權轉運使成長句奉懷》七古。

十二月初八日，黃釗賦《臘八日霽翁招同壽生子未集一琴軒因憶詩娛室集中羔羊退食閒無事蟋蟀驚寒讌有名之句即用其韻賦呈一首》詩云：

得閒便恐負詩盟，棋局纔欣換一枰 時霽翁權觀察使任。小飲亦須官作主，消寒仍借佛爲名。啜來料粥思田米，聽到春禽切友聲。自是太平無箇事，公餘聊復訓廚兵。

除夕前夕，黃釗賦《偪除將近挈眷回里度歲呂小伊用昌黎別趙子原韻賦詩見貽即用其韻奉答》詩云：

自我盡室來，避風似爰居。城南有講舍，一住兩載餘。頗慚作學究，友朋尠交娛。君家盛琳瑯，插架多奇書。往往一瓻借，坐船得珍珠。時復示新篇，雜珮瓊瑰俱。儒以文爲富，非君其誰歟。自從與君交，信非甘醴如。君亮古或有，我迂今則無。豈必誓丹雞，久要能不渝。頃聞當小別，捧榼來長鬚。市人重黃金，喜怒同群狙。迂儒別有嗜，與眾應差殊。圓璣百餘顆，開緘璨階除。玖贈君孔殷，李報我當圖。安能罄欵欵，聊用鳴區區。贈處夫如何，相期學愈愚。

釗又賦《錢沙夜泊同內子望月》、《螺砦舟夜》（以上五律）、《韓江歸舟二十首》七絕。（以上《讀白華草堂詩二集》卷五 己丑）

本年南海被水，崔樹良載錢米散給族人。

崔樹良，號心齋。南海人。舉人。道光九年（一八二九）南海被水，崔樹良載錢米散給族人。十三年復被水，猶命賑給不輟。年三十七卒。《學海堂叢刻》卷十一有傳。

本年陳定泰因母病尋訪醫生於羊城。

陳定泰，字弼臣。新會人。道光九年（一八二九）因母病尋訪醫生於羊城（廣州），後遇王昭孚，見到王清任之《醫林改錯》。友人胡琴川紹介其訪友梁璘山，又偕其訪問洋醫。洋醫出示解剖圖本，厚約二寸，圖有數百，層層繪圖，十分精細。乃對照洋圖，考證王清任說法及古傳臟腑經絡圖，而真僞判然，遂於二十四年（一八四四）撰成《醫談傳真》二卷，自稱此書與前所編著《醫學總綱》大不相同。此外尚著有《風月樓醫談》二卷、《症治辨源》四卷、《醫一貫》一卷，因家貧而未能付印，光緒元年（一八七五）僅將《醫談傳真》印行。晚年在穗教授，有學生數十人。其子綏尊、績尊（一作緩芳、績芳），孫茂楠、茂梧均承其學。（《廣東近現代人物詞典》二九一頁）

王選於本年中進士。

王選，字貢斯，號銓卿。東莞石岡人。道光五年（一八二五）乙酉拔貢，本科解元，九年（一八二九）進士，官吏部文選司主事。張其淦《東莞詩錄》卷五〇有傳。

馬福安於本年中進士。

馬福安，字聖敬，又字止齋。順德人。嘉慶二十四年（一八一九）舉人，道光九年（一八二九）進士，改翰林院庶吉士，散館，授四川犍爲知縣。丁內艱歸，服闋，署福建順昌縣。後因獲巨盜劉三妹，題沙縣知縣，委署詔安縣。後署漳浦，彌兩姓械鬥。丁外艱，服闋引見，奉旨發安徽，至省邸，病卒。年五十八。阮元創學海堂，選學長八，與焉。著有《鑒語經世編》十六卷、《明代名臣傳贊》十二卷、《止齋文鈔》二卷、《貞冬詩存》、《鑒古錄》。朱慶瀾《廣東通志稿》有傳。

何瑞榴於本年中進士。

何瑞榴，字霞暉，號星園。香山人。道光九年（一八二九）進士，浙江嵊縣知縣。著有《青棠山館文集》四卷、《青棠山館詩集》一卷。何天衢《欖溪何氏詩徵》卷十有傳。

桂文燿於本年中進士。

桂文燿（一八〇七～一八五四），字子淳，（號）星垣。南海人。道光九年（一八二九）進士，官編修，轉湖廣道監察御史，出爲常州知府，調蘇州，擢淮海道。丁艱歸，尋卒。官御史時疏言州縣官任重權輕，州縣無兵，束手待斃，尋廣西賊起，蹂躪半天下，州縣殘破如所言。著有《席月山房詞》等。吳道鎔《廣東文徵作者考》卷九有傳。

司徒照於本年中進士。

司徒照（一八〇三～一八五八），字子臨。開平人。道光九年（一八二九）進士，官至陝西布政使。著有《羊城詩草》等。（《開平縣志》）

楊兆彝於本年成貢生。

楊兆彝，字銘庵。興寧人。道光九年（一八二九）歲貢。曾手錄嘉應州屬各志爲《纂要》，又著《消炎錄》。胡曦《梅水匯靈集》卷六有傳。

葉廷眷生。

葉廷眷（一八二九～一八八六），字顧之。香山（今中山）人。咸豐六年（一八五六）任山陽縣丞，十年（一八六〇）被派委江北團練，參與鎮壓太平天國，作戰驍勇，得賞識。同治三年（一八六四），受李鴻章委派主持上海會捕局，制訂《中外會捕章程》，加強法紀，使上海治安有所改善。六年（一八六七），任上海知縣，旋調南匯知縣。在任期間，多次輸資以解民困，對外國侵略者罪惡行徑，亦能予以抵制。光緒四年（一八七八）晉淞海同知候補道三品銜，授榮祿大夫贈内閣學士。旋丁憂返鄉建榮祿第，創辦學校，修葺古跡，凡有益於鄉者即立捐款項以資所需，鄉人均感其德。起復後奉派總辦各省海運，督辦輪船招商局務，因其工作練達，熟悉洋務，十二年（一八八六）受詔與法國特使共同勘劃中越、中緬邊界，冒暑遄往，因水土不服，又受瘴氣而病逝於任。（《廣東近現代人物詞典》五五頁）

張嘉謨生。

張嘉謨（一八二九、一八三〇～一八八七），字鼎銘，號梅耶。東莞莞城博廈人。咸豐初棄舉子業，隨叔父督軍西粵，克任其勞，捐資爲府同知，候補知府。性嗜古，鐘鼎、彝器、篆隸、古刻賞鑒不少誤。精畫花卉，傳其術於門弟子居廉。著有《墨蘭詩集》、《靜娛室題畫詩》、《靜娛室雜存》。冼玉清《冼玉清文集》上編有傳。子崇光，號（字）子勉。光緒廩生。工書善畫，不衫不履，饒有晉人風韻。多屬人題畫之作，亦清雅有趣。篆刻承家學，受徐三庚影響，功力甚深。民國初年曾爲東莞中學教員。張其淦嘗過其故居，賦詩悼之。又有子蝶聖，號子才。城外道富巷人。光緒廩生。張其淦《東莞詩録》卷六三有傳。

　　卓興生。

　　卓興（一八二九、一八二八～一八七九），又名花開，字傑士。揭陽人。早年孤苦，浪跡江湖。道光間於欽州從軍，驍勇善戰，曾參與圍剿陳金釭軍及太平軍餘部，屢立戰功，歷任平鎮營都司、潮州鎮總兵、虎門水師副提督，受賜“格良吐巴圖魯”名號、三代一品封典。潮州中山路尚存其府第。同治七年（一八六八）以病辭歸。（《揭西縣志》）

　　何昆玉生。

　　何昆玉（一八二九～一八九八），字伯瑜。高要人。幼習篆刻，初學浙派俞曼庵，後師從番禺學海堂學長陳澧，致力金石篆刻碑帖研究。對古物真贋鑒別、鍾鼎器拓制、古碑摹刻，均有較高造詣，與江蘇陽湖（今常州）人李錦鴻並稱於時。晚年客山東濰縣陳介祺家，賞奇析疑，見聞益廣，鑒別尤精。著有《樂石齋印譜》、《吉金齋古銅印譜》、《百舉齋印譜》等。弟瑗玉（一八四〇～?），字蘧庵，號蓮身居士，官翰林待詔，富收藏，亦精鑒別，少負奇氣，曾遊歷吳、越、燕、齊，登羅浮、泰、華、天台、天目絶頂。寫墨梅秀逸天成，花卉學上海葉敷，亦明豔。善摹印。著有《書畫所見録》、《漢印精華》等。（《中國近現代人物名號大辭典》五二〇頁）

　　招雨田生。

　　招雨田（一八二九～一九二三），南海人。出身貧苦，十四歲往香港謀生。積資與人合夥開創祥和號，其後業務擴展，商號多達百餘家，分佈於國內及海外各地，以香港之廣茂泰爲大本營。東華醫院及香港大學均爲其所倡建，並曾捐助家鄉南海中學。宣統年間獎授五品同知銜。民國四年（一九一五）獲頒四等嘉禾章。卒於香港。（冼氏《佛山忠義鄉志》卷十四）

鄧琳生。

鄧琳（一八二九～？），字文石，號鼉陽居士。陽江人。道光二十六年（一八四六）舉人。後屢試不第，乃鄉居。創南恩書院，主講濂溪書院多年。篤愛孫過庭草書，書名甚著。著有《神思帖》及《詩學便讀》等。（《陽江志》卷三十）

盧禮屏生。

盧禮屏（一八二九～一八八四），名賡揚，又名五根。東莞人。二十歲赴美，獲八百餘萬金。二十六歲回鄉。未半月，至香港開儀安店，自此生意弘開。同治時爲省港知名富豪。光緒四年（一八七八）酬組保良局，廣開善業。十年卒，年五十六。事見民國《盧氏家乘》及香港報章。

蕭裔靈生。

蕭裔靈（一八二九～一八五八），字鴻開。番禺人。販魚爲業。咸豐八年（一八五八），英法聯軍攻陷廣州，強買魚菜，凌虐市人，裔靈持魚刀斬之。英法當局勒令地方官交出兇手，裔靈慨然自首，被刑而死。（同治《番禺縣志》卷四八）

清宣宗道光十年　庚寅　一八三〇年

閏夏月夜，黃培芳作《記汪瑚事》文。（黃培芳作《記汪瑚事》）

臘月，黃培芳與友溫颺、徒楊汝正宿白雲山雲泉山館，賦《庚寅臘月與溫陶舟楊泉琴同宿雲泉山館遍遊山中諸勝》五律八首。（陳永正《嶺南歷代詩選》四六六頁）

正月初四日，黃釗賦《新正四日左秋浦師張梅初　先邱雪松秉剛東麓　秦徐鷗南　嵩過訪新居即事》七律詩云：

竹屋梅簷暖意烘，眼前師友一尊同。偶然有此故鄉樂，安得便為田舍翁。新疊燕芹遲舊雨，山堂難黍話家風。酒酣莫問謀生事，已是勞薪尚轉蓬。

又賦《過酒醉灘　在松口墟頭》、《木棉絕句》（以上七絕）、《中年》、《一畝》（以上七律）、《鐵畔樓成乞顏藥孫隸書領鶴二字作樓門牓藥孫以詩來調如數和之》七絕三首、《小樓西偏有屋如船扁之曰五百斛舟兒子玉求其義因作長句示之》七古、《奉和霽翁月蝕夜喜雨一首》五律。

二月二十日，黃釗賦《二月二十日壽生寶田招陪霽翁子未集一琴軒即事一首》詩云：

琴聲能淡鶴能馴，竹里行廚炙凍春。南國梅仙文字飲，西方檀佛宰官身。和平詩厚非庸福，懽喜緣多是勝因。笑向樽前看醉影，黑頭公亦二毛人。

又賦《粵海春寒曲》、《唐儀鳳琴歌》（以上七古）。

三月初三日，黃釗賦《上巳日集一琴軒　同集霽翁、壽生、子未、菽田，以“麗日屬元巳”為韻，分得日字》詩云：

數數蝶撚鬚，唔唔蜂釀蜜。綠交雲覆簷，紅亂風翻帙。瓶笙籟有無，葉音中琴瑟。詩思止無邪，齋袚慎吾筆。苦吟瀹甘茗，紆抱展佳日。眼中有數君，趣與風人匹。府公出扶頭，霽翁出陳酒餉客。車子呼接膝。蠻語笑娖隅，良會樂真率。

又賦《霽翁以集趙文敏法華經殘本字詩見示且預訂浴佛日為西山之會作長句戲呈》、《霽翁復集字見和十二韻用前韻奉答》、《潮郡亢旱連日禱雨用東坡和李邦直沂山祈雨有應詩韻賦呈霽翁》（以上七古）、《旱春二首》七絕、《子未前以董子祈雨法行之潮郡果有驗復用東坡和李邦直韻簡之》七古。

四月初七日，黃釗賦《四月初七日開元寺謝雨呈霽翁》詩云：

今日天心許，淒然憫我農。號來萬家佛，聽到五更鐘。官閣眠巢鶴，齋壇起鉢龍。明朝須浴水，喜得十方供。

又賦《喜雨謠和霽翁》七古詩三首。

初八日，黃釗賦《四月八日霽翁招集紫竹庵設伊蒲饌仍用前韻》詩云：

楊枝水止一滴多，净瓶當有龍象訶。山門雨足占農和，湖西度水雲如鵝。宰官身現同檀那，伊蒲設饌侵晨過。僧房嵌洞如蜂窩，碧眸赤髮多黃魔 時山頂方塑神佛諸相。莊嚴相是慈仁他，布金捨宅訛傳訛。曷怪老少爭奔波，此間詎有師姓何。眼中僧鬢空挪抄，趨走不顧苔滑韈，導客更上層層坡。畫壁惜少盧稜伽，珊瑚碧樹看周阿。垂髫自敬阿輸迦，山腹老枬，五百年前物。供我婆娑兼醉哦。歸途一碧鋪煙莎，諸天雨尚霏曼陀。

又賦《題張曉初　杲拓缽圖》七絕二首。

閏四月初二日，釗賦《閏月二日吕小伊招同鄭平階　昌時顏藥孫　崇衡廖寅谷　日昌成文銘　嘉量集波羅園即事》詩云：

撇竹觴花讓比隣，敞門有客盡儒巾。每思燊敦追前輩，常代園林作主人。此會依然無事飲，吾儕還算自由身。三年風雨相過慣，未免當筵一愴神。時余將有羊城之行。

釗又賦《雨生弟假歸匝月仍將渡台來潮話別率成一首》七律、《河源懷司訓楊心泉　其淵》五律、《宋高宗真草孝經殘碑拓本　碑在廣州府學》、《寶幢寺觀孔雀開屏作》（以上七古）、《香石以扶胥黃氏園所産荔名玉環香見餉索詩爲吾宗贈荔譜佳話余舊以松口所産荔爲緑珠可稱雙絕並索香石畫香石香山人》七絕、《四君詠》五律四首、《讀吳鶴村同年　松遺稿成二絕句》七絕二首、《桂山都轉權廉訪次鄭老口奉呈二律》七律二首、《茗園道中》、《鐵岡舟夜》（以上五律）、《過惠州得二絕句》七絕二首、《舟晴》五古、《三王寨》、《宿白馬潭戲用讖體寄錢品三》（以上五律）、《短篷》七律、《秋熱》五律、《將軍硤》七律、《長樂》、《潮州別霽翁》五首、《大塘夜泊》（以上五律）、《到家》、《惠陽舟中寄內》（以上七律）、《觚庵讀書圖爲屠修伯　秉題　時西陲不靖，與修伯酒樓痛飲後賦此》七古、《題修伯榕屋譚詩圖兼呈霽翁》七絕二首。

十一月十六日，釗賦《城西紀遊二首　十一月十六日香石文綠同遊》詩云：

銅壺屹雙門，金鐘表丹觀。城西遠市囂，頓覺意紓散。入門見五仙，列座設帷幔。香燈祈順成，久荷道力贊。火種穀早登，石幻羊不爛。長揖丁未仙，一笑凡骨換。

先代業牛醫，亦有牧羊兒。眼前皆曾孫，人世同笑嬉。荷鋤者誰子，種菊誇滿籬　家蒼厓。不俗即仙骨，此語亮匪欺。我輩但醫俗，安用餐黃芝。壚南有韓康，隔宿曾相期。烹狗亦佳耳，求仙妄言之。

又賦《題譚康侯同年詩箋後》五古三首、《過花埭》七絕二首、《訶林餞別圖爲桂山都轉題》七古、《維舟峽山寺陪桂山都轉帶玉堂早飯》五律、《滇陽道中阻風》七律、《推篷》五律。

十六日夜，黃釗賦《十六夜望月作》詩云：

此是故鄉月，相隨到贛州。深杯還酌汝，爲我照高樓。夢熟嬌兒被，香寒思婦篝。天涯同不寐，歲晚獨扁舟。

又賦《至贛州發家書復占二十八字寄玉兒》七絕。

除夕日，黃釗賦《歲除前一日吉江道中作》詩云：

閉置真同車憊論，推篷始覺辨朝昏。野航雨雪渡仍渡，墟樹霏煙邨復邨。儘有重裘知厚薄，豈無醇酒念寒溫。途長歲晚難排遣，苦憶田家老瓦盆。（以上《讀白華草堂詩二集》卷六 庚寅）

本年灾荒，陳昌宇捐鉅資賑救。

陳昌宇，字熙臺，號泰然。化州人。道光十年（一八三〇）、咸豐六年（一八五六）水灾、饑荒，皆捐鉅資賑救。咸豐初年及同治元年（一八六二），曾捐資鎮壓義軍。（《化州縣志》卷九）

黃子高於本年成優貢第一。

黃子高（一七九四～一八三九、一八三七），字叔立，一字（號）石谿。番禺河南石溪人。少以詞章擅名，留心掌故，考證金石，藏書甚富。年二十八補縣學生。道光十年（一八三〇），翁心存督學粵東，以《南海對》試諸生，立就千餘言。心存驚異，遂取爲優貢第一。總督阮元拔爲學海堂學長。重鄉邦文獻，多手録本。尤工篆隸。著有《石谿文集》二卷、《知稼軒詩鈔》九卷、《續三十五舉》、《粵詩蒐（搜）遺》四卷、《知稼軒集》附詞。餘事作畫。汪兆鏞《嶺南畫徵略》卷八有傳。

陳維嶽生。

陳維嶽（一八三〇～一八八三），字喬宗，號廉夫。番禺人。維崧弟。光緒三年（一八七七）進士，官工部主事。四年歸鄉，主講潮州金山書院，以水土不宜，返廣州。九年疾卒，年五十四。著有《有文詩（詞）稿》等。（陳之鼎《陳氏家傳》）

黄勝生。

黄勝（一八三〇、一八二七～一九〇二），名達權，小名勝，字平甫。香山（今中山）人。幼年就讀於倫敦傳道會所創辦馬禮遜紀念學校，後與容閎及黄寬一同獲選到美國留學，返港後先後於《德臣西報》及英華書院印刷所等地從事印刷及翻譯工作，曾參與創辦《中外新報》、《華字日報》及《迴圈日報》，及與王韜合作編譯《火器說略》一書。勝爲香港首位獲港府認可爲陪審員之華人。同治九年（一八七〇）參與創立東華醫院，後曾協助清廷率領第二批學童出洋留學美國。光緒十年（一八八四）至十六年（一八九〇）獲委爲定例局（即立法局）非官守議員，是該局歷史上第二位華人議員，另外也是首批獲委爲潔淨局（後稱市政局）非官守議員華人。勝亦曾從商，在香港通過買賣土地致富。（《廣東近現代人物詞典》四三五頁）

馮瑞光生。

馮瑞光（一八三〇～？），字吉雲。南海人。國子監生，記名道員用。寓上海，闢南園，有花竹之勝。善以泥金寫蘭花，風韻秀絶，畫蘭之所曰祖香堂。兄焌（峻）光（一八三〇～一八七八），字竹儒。咸豐五年（一八五五）乙卯順天舉人。① 以父玉衡謫戍伊犁，發憤治經世學。入曾國藩幕，保舉同知，累官蘇松太道。玉衡卒戍所十餘年，焌光兩次奔喪，皆阻回亂不達。至是乞解官，求父柩，運之南行，沿途哭泣，甫至滬上而卒。（吳道鎔《廣東文徵作者考》卷十一、汪兆鏞《嶺南畫徵略》卷八）

劉慧娟生。

劉慧娟（一八三〇～？），字湘舲。道光十年庚子②生於香山縣。年二十一適順德舉人梁有成。工詩詞，善作賦，並精術數。幼嘗刲股療親。于歸後侍上和下，持家井井有條。子榮熙，進士，知縣；步雲，諸生。慧娟結褵三十年，夫死，欲以身殉，子婦環跪苦勸，始息。晚號幻化女史。著有《曇花閣集》四卷。冼玉清《廣東女子藝文考》有傳。

關鎮國生。

關鎮國（一八三〇～一八八三），字輔臣。博羅人。咸豐元年（一八五一）應募赴廣西從軍，因功升把總。九年（一八五九）參與鎮壓英德紅巾軍，升千總。翌年復仁化、南雄，至江西解安遠之圍，擢都司。同治元年（一八六二）從撫軍辦理浙江軍務，破紅巾軍於五虎門。三年駐溫州，敗反清之臺灣人萬生，署汀州鎮總兵。光緒二年（一八七六），移鎮漳州，署福建提督。（民國《博羅縣志》卷七）

清宣宗道光十一年　辛卯　一八三一年

三月十四日，黃釗賦《三月十四日遊慈相寺憩面壁窩酌半月泉》詩云：

吳興山寸區，餘不尤紆曲。沿溪鼓櫂行，言尋北山麓。菜花匝地黃，桑條抱城綠。當年松雪居，舊址何處築。僧寮頹紅垣，

---

① 一作咸豐三年（一八五三）中舉人。
② 道光十年干支爲庚寅，庚子爲道光二十年。

鬼棲起白屋。松桂流天風，笙簫蕩空谷。斷碑雜荒榛，次第訪遺躅。眉山爲泉來，東萊依舅宿。猿吟與鶴笑，世界一金粟。平岡接低岫，煙霞中具足。何時面壁僧，一窩享禪福。我來啜甘茗，望古動遐矚。爲憐月半規，長貯水一掬。

又賦《前溪即事四首》五古、《偶成》七律四首、《寓蔡谷山學士家見羅浮蝶爲賦長句》七古。

四月，黃釗賦《初夏德清南郭郊行》詩云：

蠹山娟妙雪溪澄，抱郭桑疇覆豆塍。流水落花啼鳥路，販茶挑筍養蠶僧。頗思若下尋沽去，尚憶禾中小住曾。消得西吳風物美，秋來還約采湖菱。

又賦《雨窗絕句》七絕、《讀姜堯章平生子姚子貌古心甚儒句有懷盛子履射陽即用堯章韻一首奉寄》五古、《慈相寺半月泉蘇文忠題名石刻》七古、《久雨》七律、《食魚有感》七古、《苕居雜詩》五律十首、《寄懷何藜閣司馬　太青》七古、《消夏雜詩》七絕十首、《越女謠》、《吳娘曲》（以上五古）、《明皇幸蜀圖》、《題桐花閣葉小鸞眉子硯詞後》四首（以上七絕）。

九月初九日，黃釗賦《九日冒雨扶病買舟至德清東門外文明塔下登臨江閣小坐》詩云：

黃葉聲中一磬懸，耳邊無漏訊初禪。江湖小病歸蓬鬢，風雨重陽臥菊船。天意清寒惟釀水，僧廚冷淡自團煙。鶴猿鷗鷺勞相問，銀鹿攜來茗自煎。

釗又賦《杭州試院定香亭與子貞夜話　時余將北上》七絕、《子未自嶺嶠歸里余迂道就訪菖涇喜晤即事賦贈一首》、《題仇十洲蘇米揮毫圖》（以上七律）。

本年黃釗賦詩如下：《過樟樹鎮王文成誓師處》五律、《湖干雜詩》十首、《貴溪道中》（以上七律）、《晚泊河豚塘　距桃花渡十里》七絕、《重過龍潭寺悼在庵》五律、《過山四首》四首、《下瀨四首》四首（以上五古）、《桐江舟中》七律、《湯雨生都督　貽汾招飲署齋即事》七絕二首、《斷釵行爲湯雨生都督母楊太夫人作》雜言、《晚餐》七絕、《題湯雨生都督琴隱圖　弓首有道服小像》七古、《餘干雜詠》七絕十四首、《蔡孝女詩》七古。（以上《讀白華草堂詩二集》卷七　辛卯）

何閏章於本年中舉人。

何閏章，字成秋，號幕施。道光十一年（一八三一）舉人。何天衢《欖溪何氏詩徵》卷十有傳。

范如松於本年中舉人。

范如松，字君喬。番禺人。道光十一年（一八三一）舉人。翌年會試挑取謄錄。著有《書三昧軒詞稿》。許玉彬、沈世良《粵東詞鈔》卷一有傳。

范如祖於本年中舉人。

范如祖，原籍浙江上虞，久旅於粵，遂入籍番禺。道光十一年（一八三一）舉人。工填詞。（吳道鎔《范氏家傳》）

黃亨於本年中舉人。

黃亨，號嘉圖。南海人。道光十一年（一八三一）舉人，嘉應州學正。著有《仰高軒詩集》。李長榮《柳堂師友詩錄》有傳。

劉慶父於本年中舉人。

劉慶父，平遠人。道光十一年（一八三一）恩科舉人，官山東嶧縣知縣。胡曦《梅水匯靈集》卷六有傳。

楊懋建於本年中舉人。

楊懋建，字掌生。嘉應（今梅縣）人。道光十一年（一八三一）恩科舉人，官國子監學正。年十三即受知於阮元，肄業學海堂，淹貫經史，貫串百家。年十六著《求自慊齋聲譜》。十三年（一八三三）癸巳春闈，已中會魁，以卷中多《說文》字，填榜時撤去。遂放蕩不羈。性好博，千金到手，一夕輒盡。在京時曾著有《長安看花記》、《丁年玉筍志》、《辛壬癸甲錄》、《夢華瑣簿》。十七年（一八三七）丁酉，竟以科場事遣戍楚南。放歸後，徙居連州。晚與方夢園方伯最稱莫逆，方伯官粵，聘校藏書、家集，並延主陽山講席，優遊以終。尚有《留香小閣詩詞鈔》。胡曦《梅水匯靈集》卷六有傳。妻古瑤華，亦嘉應人。懋建戍楚南，有《送外詩》。陳融《讀嶺南人詩絕句》卷十五有傳。

李輝光於本年中舉人。

李輝光，字萬選，號堯陛。東莞人。道光十一年（一八三一）舉人。張其淦《東莞詩錄》卷五〇有傳。

龍元儼於本年中舉人。

龍元儼，字望如。順德人。元僖弟。道光十一年（一八三一）舉人，二十七年（一八四七）進士，官戶部河南行走。（《順德縣續志》）

何文瀾於本年中舉人。

何文瀾，字學海。信宜人。道光十一年（一八三一）舉人，歷任海豐教諭、福建德化知縣，調霞浦，升用同知。有才略，襄辦軍務，籌畫捐輸，不辭勞瘁。（光緒《信宜縣志》）

梁卓英於本年中舉人。

梁卓英，字愛蓮。高明人。道光十一年（一八三一）舉人，翌年進士，任雲南鹽提舉。因病歸里，詩文自娛。著有《耐軒詩文集》、《集句詩》。（光緒《高明縣志》）

廖升進於本年中舉人。

廖升進，字徵吉，號造秀。龍門人。道光十一年（一八三一）舉人，一赴春試即歸養母。主講星岡書院四十餘年，增城、龍門、河源、博羅有成之士，多出其門下。卒年六十四。（咸豐《龍門縣志》卷十三）

謝作高於本年中武舉人。

謝作高（？～一八六〇），號蓬山。高要人。道光十一年（一八三一）武舉人，歷官至順德協副將。咸豐十年（一八六〇）在籍率鄉兵與紅巾軍作戰，卒於橋頭坑。輯有《兵機紀略》、《河洛精粹》。（宣統《高要縣志》卷十八）

謝輝揚於本年中武舉人。

謝輝揚，字鏡臣。連平州人。道光十一年（一八三一）武舉

人，歷官惠州協提標中營守府、石龍頭千總。（《連平州歷科文武甲科》）

容廷華於本年成貢生。

容廷華，字秀石。東莞人。道光十一年（一八三一）貢生，官廣東長樂訓導。（宣統《東莞縣志》卷七一）

朱庭森於本年成副貢生。

朱庭森，原名澄湘，字廷琛，號普存。番禺人。道光十一年（一八三一）副貢，就職直隸州州判，分發教諭。朱次琦、朱宗琦《朱氏傳芳集》卷正有傳。

吳文起於本年成副貢生。

吳文起，字子瑜，一字鶴岑。鶴山人。嶽子。道光十一年（一八三一）副貢。學海堂初次專課生。同舉者陳澧、朱次琦、李能定、侯度、金錫齡、徐玉彬等十人，皆知名士。咸豐間以防紅巾賊敘功，授直隸州判。宗漢學，治《大戴禮記》。著有《大戴禮記考》、《周初洛邑宗廟考》、《西行雜錄》、《鶴岑詩鈔》。吳道鎔《廣東文徵作者考》卷九有傳。

梁國瑚於本年成副榜貢生。

梁國瑚，字筆珊。番禺人。信芳子，國珍從兄。道光十一年（一八三一）副榜貢生，署澄海縣教諭。十九年（一八三九）舉人，二十一年進士，歷官翰林院編修、功臣館纂修。著有《聽琅玕館詩鈔》。（《楚庭耆舊遺詩續集》）

何博眾生。

何博眾（一八三一～一八九一），號仙儔，行四，人稱博眾四。番禺人。善作曲及彈琵琶，以“十指琵琶”著稱，演奏技法靈活，指法靶式層出不窮，好畫水墨牡丹，創作有廣東音樂《雨打芭蕉》等。孫柳堂、與年，得其指點燻陶，作《群舟搶渡》、《小苑春回》，皆粵曲名作。（一九九〇年《番禺縣人物志》）

林合生。

林合（一八三一～一九〇八），字瑞初。歸善梁化圩（今屬

惠東）人。少時酷愛武術。十七歲隨福建少林寺和尚黃連驕學拳
十年。同治元年（一八六二）在梁化創立林家武館，廣授徒眾。
後赴羅浮山拜廣進禪師為師，苦練三年，為廣東白眉拳宗師。後
繼續在林家武館授藝。（《廣東近現代人物詞典》三一二頁）

陳旭生。

陳旭（一八三一～一九○六），字印波。東莞人。年十六，
棄儒從商。遇劫投軍。咸豐十年（一八六○）太平軍陷杭州，隨
清軍出戰，克淳安，升千總。明年秋，杭州再被圍，率數百孤軍
冲入輸送糧草。同治元年（一八六二），左宗棠軍入浙，以其帶
管廣濟左軍炮船。二年，連克數縣，升守備，加都司銜。旋調錢
塘江，大勝，加遊擊銜。三年，奉命血戰三日夜，晋遊擊，薦保
參將，加副將銜。後克南田，補副將，加總兵銜。七年（一八六
八），代定海中營遊擊，捐俸設延陵書院。光緒三年（一八七
七），代任鎮海參將。十年（一八八四），中法戰起，於鎮海架炮
擊退法艦，因功記名總兵，加提督銜。二十九年（一九○三），
辭海軍及緝私等事。三十一年歸，明年卒，年七十六。宣統《東
莞縣志》卷七三有傳。

張其光生。

張其光（一八三一～一八九五），又名信千，字奎垣。新會
人。青年時募集壯丁結隊投軍，編入左宗棠所統水軍，調至浙江
鎮壓太平軍。咸豐十年（一八六○），奉命率廣東船艇扼守富陽、
淳安，被太平軍擊傷。十二年（一八六二）春，傷愈回營統率廣
濟右軍陸勇兼水師紅單船，收復紹興、桐鄉、蕭山等縣。同治二
年（一八六三）賞戴藍瓴，記名參將。四年（一八六五），任記
名總鎮，署乍浦協統帶、浙江巡洋紅單船艇，賞換花翎，升任定
海鎮總兵；七年欽賜振勇巴圖魯名號，記名提督銜；十一年任護
理浙江提督軍門。十二年（一八七三）三月，任福建、臺灣掛印
總兵。十三年，日寇侵襲臺灣後山，率兵戍守南路，駐兵於枋
寮，扼守隘寨。後著手開辟蠻洞，開通臺灣南路。光緒元年（一

八七五），調浙江任總兵。五年任福甯鎮總兵。七年實授浙江提
督。十年，法國派兵侵犯福建馬江以及臺灣基隆，力任守禦，盡
力籌措。

黃涵清生。

黃涵清（一八三一～一八九八），號鏡溪。和平人。有義俠
氣。光緒十七年（一八九一）倡捐，得款四成建考棚。建橋鋪
路，頗多善舉。（《和平縣志》）

梁濟時生。

梁濟時（一八三一～一八九六），號雉山。和平人。任約正，
人服其公。光緒十七年（一八九一）協創考棚。二十年（一八九
四）倡建古鎮文場及獅子山茶亭。（《和平縣志》）

溫肅廷生。

溫肅廷（一八三一～一八八九），號藻裳。順德人。同治六
年（一八六七）中舉，翌年連捷進士，授戶部主事。旋以母老乞
歸，居家授徒，主鄉事二十餘年。（《順德縣續志》）

潘師徵生。

潘師徵（一八三一～一八九四），字諫卿、廷獻。番禺人。
正煒子。淡名利，家産悉讓予昆季。善畫梅，時人珍之。（《翦淞
閣隨筆》）

清宣宗道光十二年　壬辰　一八三二年

三月十九日，黃釗賦《三月十九日花之寺看海棠追憶古藤吟
社舊遊》詩云：

長安三月復三月，朋輩九州空九州。吟社漫從海北海北寺街順
德館，即朱竹宅雙（紫）藤書屋。續，看花又作城南遊。好山簾額客青
限，止水井眉僧白頭。百年人事幾回醉，十丈紅塵嘶紫騮。

又賦《謁薦主家樹齋先生留飲即事竝呈郭羽可　儀霄張亨甫
際亮》五古、《帝京雜詠》七絕百首。

五月二十九日，黃釗賦《五月廿九日徐廉峰編修　寶善家樹

齋先生招同端木鶴田　國瑚李禾叔　孚忠兩中翰溫明叔檢討　葆淳季仙九編修　芝昌嚴問樵　保庸曹艮甫　懋堅李石梧　星沅三庶常蘇賓嵋　孟暘王慈雨　欽霖兩吏部溫翰初　肇江馬湘帆　沅兩戶部戴雲帆　絧孫工部陳登之　延恩別駕潘四農　德輿解元林紉秋　滋秀艾至堂　暢許珊琳　槤林稼軒　寶辰四孝廉苗仙露　學植張亨甫　際亮兩明經江亭消夏即事》七古詩。

　　又賦《讀顧秋碧　槐三然松閣詩文集賦贈一律》七律、《送馬芷齋同年　福安由庶常出宰犍爲　時余座主花曉亭師爲四川臬使》七古。

　　五月，黃釗賦《賀雨詩》詩云：

　　維歲壬辰，節過仲夏。畿輔亢旱，赤地若炙。雨無其徵，懼傷我稼。圭璧既徧，澤久不下。皇帝焦思，首詔肆赦。澤猶不下，皇帝修省。皇帝深宮，豈有嬖幸。皇帝孝慈，堯舜可竝。皇帝敬天，皇帝勤民。省實無愆，致灾何因。御史上言，刑獄宜恤。惟司寇臣，愼茲丹筆。皇帝曰俞，當輟冤抑。御史上言，督撫欺蔽。厥象爲蒙，澤不下達。皇帝曰吁，因循之弊。皇帝手詔，至再至三。澤久不下，下民何堪。御史上言，亟籌荒政。皇帝有詔，粟出以罄。京尹集議，是宜酌劑。皇帝曰嘻，朕爲民計。皇帝爲民，躬祀方澤。澤仍不下，焦思未得。皇帝焦思，遠及泰嶽。維嶽興雲，澤宜沾渥。乃命親藩，詣嶽祭禱。爾廚爾傳，毋騷毋擾。皇帝一念，宜格蒼昊。澤仍不下，農事孔亟。節已大暑，朝不及夕。爲民請命，效湯奚惜。諏日大雩，步禱至壇。命大宗伯，具儀以聞。宿齋在室，危日壬寅。皇帝齋畢，步出午門。赤日照闕，天無纖雲。皇帝至壇，淵默以俟。自辰至戌，目惟天視。奔濤驅來，快風驟起。雲興龍屬，雷揮電使。百萬銀槍，羽林激矢。簷溜齊鳴，蹕塵載洗。臣民抃慶，皇帝載喜。恭惟皇帝，至誠感神。昊天其子，以慈以仁。雨珠雨玉，維寶維珍。皇帝還宮，默思昊貺。跪告聖母，仰荷太上。惟天祖考，實胙匕鬯。仰惟皇帝，勤咨博訪。陰奚以伏，陽曷致亢。惕厲憂勤，奉三執兩。自致和甘，豈縈卿相。

　　釗又賦《東蔡樹百同年　蕙清》五律、《送海颿出宰黔中》五古、《邱節母詩　節母姓徐，曲周令贊嗣母》、《題陳煥巖徧遊五嶽圖》、《寄呈舊士師》（以上七古）、《苗仙露明經　學植以所藏漢河間獻王君子館塼王陵唐開元瓦拓本見示爲賦二絕》七絕、《題莊西樵農部罷鍛圖》、《岳武穆王精忠硯歌　山右宋氏藏，云得自槀城徐中山王裔》、《寄漁圖爲莊八　心庠題》、《端木鶴田國瑚太鶴洞天石歌》（以上七古）、《張亨甫以博陵登城圖索題時亨甫秋試報罷將出都》七律、《乞許珊林　楗書仍未識字齋額並求苗仙露跋》五古、《題聽泉圖》、《端木鶴田以其尊甫樸山丈清溪坐隱圖屬題爲賦》（以上七律）、《奚虛白山人　疑歸雲曳杖圖鶴田屬賦》、《潘四農　德輿煙雨課耕圖》（以上五古）、《葉潤臣　名灃風雨懷人圖》七絕、《汪端明　立信贈文信國硯　硯側有信國自題字：京湖制置使汪立信贈　天祥　咸淳十年甲戌文氏家藏硯。背鐫信國像。下方有明楊文忠廷和刻信國衣帶中贊語並跋。硯今藏漢陽葉東卿家》七古、《張淵甫　履静觀齋四圖》五古六句四首、《和子貞從淵甫乞顧南雅侍講畫梅橫幅作用朱某堂副憲韻》七古、《次韻和陳敬山同年　興禮對雪之作》、《次前韻和馮子良同年　詢》、《敬山子良皆於寓廬邀同年作消寒近局即事次對雪韻一首並簡何心如　敬中駱籲門　秉章兩同年》（以上七律）、《陳登之以罷讀圖屬題時亨甫已出都瀕行屬題其翠微讀書圖未有以應也故竝及之》五古、《丸熊圖爲沈退甫母李孺人題　退甫爲淵甫姻親》雜言古詩、《送子良歸沛上》七古、《題潘紱庭　曾綬睡香花室詞稿》七絕。

　　九月十五日夜，吳蘭修同儀克中陪同程恩澤登越秀山看月，同填《水龍吟・壬辰九月十五夜同儀墨農陪程春海祭酒登越王山看月》詞。（陳永正《嶺南歷代詞選》一五一頁）

　　冬，黃釗賦《消寒四詠　紱庭屬和》詩云：

　　栩栩入園裏，苦將春夢尋。抱香憐晚節，學道悟冬心。金粉畫圖裡，丹青花樹深。羅浮天正暖，消息問梅林。寒蝶。

東野千年後，酸吟汝亦勞。怨誹宗小雅，幽憤祖離騷。人静壁燈暗，霜濃窗月高。壯心消未得，併入曉雞號。寒蛩。

辛苦蘇卿節，流亡鄭俠圖。入關隨鼓角，失路逐江湖。識字多憂患，能鳴或歡呼。年年如作客，來往未窮途。寒雁。

脱葉共凄颯，黄昏一陣還。江淮檣尾趁，風雪樹頭閒。擘海愁金翅，幽宫怨玉顏。忍飢仍噤口，乞肉自來艱。寒鴉。

十二月二十七日，黄釗賦《臘月廿七日陳海虹　文濬生朝邀來小酌歲暮懷人藉慰岑寂用成一律》詩云：

臘鼓鼕鼕歲向闌，與君隔夕試辛盤。醇醨春酒蘄多壽，冲澹冬心慰寡懽。故國早梅遲夢熟，荒郊修竹倚天寒。瓦盆自有田家樂，兩地相思幸少寬。

本年黄釗賦詩如下：《金閶》七律、《横塘重拜陳丈　成玉墓墓在横塘鎮對岸藥匙灣内》七絶、《過淮安晤子履》五古四首、《羅浮仙蝶圖爲家愛廬吏部　樂之題》七律。（以上《讀白華草堂詩二集》卷八　壬辰）

本年戴熙參與編修縣志，序跋多出其手。

戴熙，號穆齋。始興人。教授生徒，不辭艱辛。（民國《始興縣志》卷十二）

本年黄培芳移任海南陵水教諭，培芳九歲時曾隨父至海南，此次重遊故地，賦《瓊島》七律。（陳永正《嶺南歷代詩選》四六八頁）

本年周宗濂大挑一等，以知縣用。

周宗濂，號可臣。化州人。二十二補弟子員。二十八歲爲廩生，列優等。道光十二年（一八三二）大挑一等，以知縣用，籤分直隸，改教授廣東定安縣儒學，主講石龍、文光、石城、松明、梅菉、同文各書院。六十六歲再上公車，病卒京都。（《化州縣志》卷九）

蔡錦泉於本年中進士。

　　蔡錦泉，字文淵，號春帆，室名聽松山館。順德人。道光十二年（一八三二）進士，翰林院編修，十六年（一八三六）官湖南學政。能山水，從婦翁謝蘭生（里甫）學，用青綠則稍變其法。亦工詩文。著有《聽松山館集》、《春帆詩鈔》。道光辛卯中式第一名舉人。過目不忘，資稟穎異。張維屏《國朝詩人徵略二編》卷六二有傳。

　　莊心省於本年中進士。

　　莊心省，番禺人。有信族孫。道光十二年（一八三二）進士，官戶部郎中、軍機章京。（《廣州府志》卷一三〇）

　　陳澧於本年中舉人。

　　溫訓於本年中舉人。

　　儀克中於本年中舉人。

　　儀克中（一七九六～一八三七），字協一，號墨農、姑射山樵。番禺人。其先山西太平人，以鹽運使司知事分發廣東，落籍番禺。道光十二年（一八三二）舉人。嘗入粵撫祁恭恪公幕，值官窰大水堤決，建言浚靈洲渠以殺其勢。與曾釗相度水勢，三月工成。又請建惠濟倉，經畫周年，積勞病卒。修省志時採訪金石，多翁氏《金石錄》所未及。著有《劍光樓詩鈔》四卷、《文鈔》、《劍光樓詞》一卷。吳道鎔《廣東文徵作者考》卷九有傳。女兄寶華，谷登衢吏目室。山水明麗，真書韶秀。早卒。汪兆鏞《嶺南畫徵略》卷十二有傳。

　　黎昱於本年中舉人。

　　黎昱，字竹園。嘉應人。道光十二年（一八三二）舉人，官寧化知縣。胡曦《梅水匯靈集》卷七有傳。

　　林廷式於本年中舉人。

　　林廷式（一七九二～一八七五），初名模，以字行，號端甫。信宜人。道光十二年（一八三二）舉人，任國史館謄錄，後任湖南益陽、衡陽縣知縣，剪除惡蠹，興利除弊，政績卓著，有"林青天"之名。後調龍陽縣知縣，升靖州直隸州知州，署郴州直隸

州知州。同治元年（一八六二）任湖南省壬戌鄉試同考官，升用知府，候補道，加四級。（光緒《信宜縣志》）

邱對勤於本年中舉人。

邱對勤，字雨田。瓊州人。道光十二年（一八三二）舉人。數上南宮不第，遂掌教瓊臺書院以終。尤工駢體及詩、古文辭。著有《怡雲山房文鈔》。朱慶瀾《廣東通志稿》有傳。

李徵霨於本年中舉人。

李徵霨（？～一八七六、一八七八），原名鳴韶，號阮庵。南海九江大同人。少依母課讀，勤於學，早有文名。道光十二年（一八三二）舉人。二十四年（一八四四）大挑，補高要教諭，加內閣中書銜。後截取知縣，以母老不赴選。隱居鄉里，整飾鄉規。曾充學海堂學長，並續修《南海縣志》，所編列傳，多出其手。光緒初，參修《廣州府志》，未竟而卒，年七十。生平精研四部，偶有所感輒成詩。與朱次琦交最篤，次琦擬輯其遺文付梓。（吳道鎔《廣東文徵作者考》卷九）

李善元於本年中舉人。

李善元，字積誠，號健庵。四會人。年十四讀《十三經》。十八入庠。道光十二年（一八三二）舉人，翌年會試，後以母老不赴禮闈。設教省垣，從遊者眾。著有《健庵講義》、《四書講義》、《寄愁集》等。（光緒《四會縣志》）

黃其表於本年中舉人。

黃其表，號雲峰。南海泮塘人。道光十二年（一八三二）進士，以知縣發湖南。咸豐元年（一八五一）擢靖州知州，四年署永順知府。（《廣州府志》卷一二九）

王復元於本年成副貢生。

王復元，字葉瑞，號圓沙。東莞人。道光十二年（一八三二）副貢，署陸豐縣教諭。張其淦《東莞詩錄》五〇有傳。

潘仕成於本年成副貢生。

黎芳於本年補諸生。

　　黎芳，字澤芳，號信圃。南海人。道光十二年（一八三二）
被選録進縣庠，後久困科場。咸豐間參與倡辦鄉團對抗紅巾。善
詩文。（《南海縣志》卷二十）

　　孔廣陶生。

　　孔廣陶（一八三二、一八五一～一八七四、一八九〇），字
懷民，一作鴻昌，號（字）少唐，又號少唐居士。南海人。孔子
七十代孫，繼勳子。以鹽業起家，又以監生分部郎中。廣鏞、廣
陶藉乃父遺緒，好學嗜古，築嶽雪樓以藏名跡。吳氏筠清館、潘
氏聽颿樓珍物多歸之。著有《嶽雪樓書畫録》。冼玉清《冼玉清
文集》上編有傳。

　　李鴻文生。

　　李鴻文（一八三二～一八八五），字羽逵。化州人。同治六
年（一八六七）舉人。先後於同治三年（一八六四）與光緒六年
（一八八〇）辦團練。主講石龍、文光等書院。（《化州縣志》
卷九）

　　吳日升生。

　　吳日升（一八三二～一八八五），字曉帆，號照葵。南海人。
咸豐三年（一八五三）中秀才，同治十二年（一八七三）中舉
人，光緒三年（一八七七）進士，欽點翰林院庶吉士，授職檢
討。因母年屆古稀，遂請假歸鄉，設學授徒。數年後，與雅瑶孝
廉何濟芸在廣府學宮設教。雖身體瘦弱，但仍諄諄訓導，遊其門
者多獲成材，江孔殷太史即出其門下。

　　唐廷樞生。

　　唐廷樞（一八三二～一八九二），初名傑，字建時，號景星、
鏡心。香山唐家村（今屬珠海）人。胞兄廷植（茂枝），族兄弟
瑞芝、國泰（翹卿），均爲聞名買辦。侄傑臣、侄孫紀常承之。
僅怡和洋行爲時達半個多世紀。廷樞早年在香港馬禮遜教會學堂
受教六年。咸豐元年（一八五一）起，在香港英殖民政府作過七
年翻譯，後又在上海海關任三年高級翻譯。十一年（一八六一），

在怡和洋行代理生意，兩年後，接任買辦。同治九年（一八七〇）主持怡和洋行船務部。十二年（一八七三）由李鴻章委派爲輪船招商局總辦。光緒二年（一八七六）籌辦開平煤礦，十一年（一八八五）以後專管開平煤礦。同治元年（一八六二）曾著《英語集全》。（《中國近現代人物名號大辭典》一〇七一頁）

陳紹生。

陳紹（一八三二～一八七一），字亮臣。吳川人。歷官至黃岩鎮總兵，提督銜。熟悉海道，善水戰，屢建軍功。後因戰艦於浙江黃岩海邊擱淺陣亡。贈太子少保，諡勇烈。（《吳川縣志》）

黃深貴生。

黃深貴（一八三二？～?），開平人。咸豐四年（一八五四）參加陳開、李文茂領導之天地會起義。次年遭追捕逃港。十年（一八六〇）赴美國。十二年至加拿大發展洪門。同治三年（一八六四）創設洪順堂，爲加拿大中國洪門創始人。宣統元年（一九〇九）又創辦《大漢公報》。（《廣東近現代人物詞典》四六二頁）

梁耀樞生。

梁耀樞（一八三二～一八八八），字冠祺，號斗南。順德杏壇光華村人。同治十年（一八七一）狀元，授翰林編修。官至侍讀學士、參事府詹事。中狀元後在北方做過主考官，升翰林院侍講，改任侍讀。耀樞不僅文才好，且長得眉清目秀，氣度非凡，得兩宮太后關注。欽孝皇太后曰：“梁耀樞是一位‘金玉君子’也!”朝中傳開，耀樞被百姓稱爲“金玉狀元”。（《廣東近現代人物詞典》四九五頁）

彭玉生。

彭玉（一八三二～一八八三），字子珩。吳川人。行伍出身，歷官大鵬協副將，碣石、陽江、瓊州鎮總兵。（《吳川縣志》）

關鎮邦生。

關鎮邦（約一八三二～一八六五），字弼臣。博羅人。少隨

兄從軍，屢拒太平軍。同治四年（一八六五）與太平天國康王汪海洋激戰，五月八日戰死。（民國《博羅縣志》卷七）

羅光燦陣亡。

羅光燦（？～一八三二），字炳煌。東莞人。以戰功官三江協左營守備。曾多次奉命回籍，查獲大盜林九尾等人。道光初率兵救廣州西關大火，幾遇難。以惠州協中軍都司鎮壓連陽八排瑶族，陣亡。（宣統《東莞縣志》卷七一）

清宣宗道光十三年　癸巳　一八三三年

春，黃釗賦《早春偶成》詩云：

河冰將泮雪消殘，宮樹參差轉綠看。金屋烘晴花性悦，玉堂催曉鳥言歡。自來帝里春常早，共說恩波海並寬。酒滿床頭書滿架，可容傲舍作朝官。

正月初四日，黃釗賦《正月四日家樹齋先生招同徐廉峰編修　張茶農　深嚴問樵　保庸兩明府史梅叔明經　密集飲席間題畫龍障子》詩云：

紅日東升紫煙起，九陛龍顏識天子。朝回召客舉春觴，正報狼烽銷鹿耳。時台警報捷。回頭壁上波連空，衙衙頭角蟠雲龍。滿堂動色訝奇誦，墨戲髣髴陳所翁。鱗開爪舒裂帛去，瞬息風雷隨所遇。酒腸詩膽爭攫挐，徑欲騰身入煙霧。君不見去年旱暵環帝闉，連番封事陳諫臣。齋宮圭璧感孚速，已見甘澤流浹旬。太平潤色非無本，霖雨蒼生尚有人。

初七日，黃釗又賦《人日出遊自天橋至永定門》七律詩。

釗又賦《節母汪孺人秋鐙課子圖爲程鎮伯　葆題》七絶、《廬陵王孝子詩　孝子諱殿墀，號立齋，王霞九太守尊甫。事見《旌孝錄》本傳。太守祖光昇，號乙垣，亦孝子，並受旌》雜言、《青鐙課兒圖爲王霞九太守　贈芳題　太守視學楚北，時取放翁詩句"青燈有味似兒時"校士，蓋太守失怙後，其母夫人課督成立，追維母訓，因繪爲圖》七絶二首。

四月，黄釗賦《初夏偶成》詩云：

櫻熟紅苞稔，藤長綠蔓紛。酒懷風善豁，花事雨能勤。漸老思行樂，常勞肯息筋。卷舒隨運好，閒看帝鄉雲。

又賦《子毅招同淵甫小飲時淵甫已就廣文將出京疊顧丈題畫梅韻》七古、《寄答朝鮮李藕船　惠吉》七絕、《保陽四首》五律、《同魯興方伯翼勤齋小飲即事》、《讀衍慶堂詩全集敬題一律於卷末　《衍慶堂詩全集》乃宮保岱雲開府作，公自作蠅頭小楷書之，裝爲十四軸》、《徐石林孝廉　夒典莊寄漁明經　心庠邀同人讌集借樹軒即事》、《林石笥孝廉　從炯見和借樹軒同集之作次前韻奉簡》（以上七律）、《題林石笥珠江買醉圖　時同客保陽藩署》七古、《徐石林以西谿丙舍圖屬題感賦》七絕四首、《顏魯公名印歌　魯興方伯官陜右時所得》七古、《遊古蓮花池作》五言排律、《客居四首》四首、《魯興方伯以所藏聚珍版見贈謂售此可營負郭田作歸計感其高誼作此奉謝》（以上五古）、《得玉兒家書頗爲慰喜覆示一首》、《將留鬚矣戲成一首》（以上七律）、《暑窗即事》七絕十首、《宮保開府顏公輓詞》五律四首、《攬鏡》七律二首、《過張桓侯井里》五律、《題淵甫樂志圖》七律、《簡鶴田中翰》五律二首。

秋，陳仲舟等遊海珠寺，賦《癸巳秋海珠紀遊》六首五律。（陳曇《鄺海師友錄》第五冊抄本）

陳仲舟，字笠漁。潮陽人。候選訓導。著有《疊石山房詩草》。（陳景鐒《海珠古詩錄》二三八頁）

八月初五日，黄釗賦《八月五日樹齋先生招同徐玉厓　仁本張淵甫梅伯言　曾亮艾至堂　暢徐犖生　卓凌厚堂　堃集飲寓齋有懷郭羽可　儀霄張亨甫》詩云：

辣句酷嗜梅公酸伯言。及門況有徐師川。犖生。東鄉至堂。水味傍雙井，支派分出西江寬。文潛淵甫不偶賦歸隱，仲車玉厓教授俱能賢。暫時主客亦千古，烏程厚堂釀美杯從乾。是時秋深暑已闌，井梧老綠巖桂丹。似聞今年收獲熟，江鄉紫蟹先登盤。儒生論説半述古，縱談時事皆空言。生平懷抱有稷卨，封事一出人爭傳。江湖廊廟各有事，眼前文酒同流連。九州人才自可數，一室讙聚非徒然，吁嗟乎九州一室非徒然。君不見中州二子亦可憐，軺車載去看河山。羽可、亨甫並客中州學幕。

釗又賦《遺薪詩》七絕二首、《潘星齋　曾瑩夢遊靈巖圖》五律、《題淩厚堂注經廢書二圖》七絕二首。

九月初九日，釗賦《重九日樹齋先生邀同艾至堂陳東之　潮潘星齋袁希黼　脩謙及先生令嗣子幹　秩林集飲江亭》詩云：

秦川對酒佳公子，燕市酣歌不遇生。痛飲讀騷當此日，登高能賦若為情。金膏玉醴歸文席，雁雨蠻煙羃帝城。又向江亭作重九，不堪久客話蓴羹。

釗又賦《潘星齋花影吹笙詞意圖》七絕四首、《星齋以紅蕉館詩集見示題贈一律》七律、《送張翰山宮詹之楚藩任》五排、《奉和芝軒相國槐園四詠》五律四首、《子貞於琉璃廠書攤購得翁覃溪學士手書詩稿一本屬賦》七古、《星齋以琇卿夫人秋海棠蛺蝶畫幀見貽賦謝》七絕二首。

冬至，釗賦《長至日樹齋先生邀同徐廉峰編修王琴查農部寅戴雲帆水部　綱孫艾至堂孝廉史梅叔明經龔木民明府　潤森潘星齋待詔集飲分得侵覃鹽咸通韻成長句一首》七古詩。

釗又賦《輓林紉秋別駕　滋秀》五律二首、《題湯海秋儀部鵬浮邱閣詩集即乞其題松下譚玄圖》七律、《手鑪　消寒作》五律、《雪窗即事》七律、《奉鄭親王教》五律四首、《嚴寒憶樹百同年作此簡之》五古、《雪中星齋以素絹畫花鳥見貽為賦二首》、《題丁芝仙夫人蝴蝶花畫幀即次子萱韻》（以上七絕）。（以上《讀白華草堂詩二集》卷九　癸巳）

本年西潦盛漲，李逢春所屬硝廠淹沒。

李逢春（？～一八五〇），字際泰，號孚亭。南海人。國學生，詹事府主簿。道光三十年庚戌八月十七卒，年五十八。著有《孚亭詩草》。張維屏《國朝詩人徵略二編》卷六二有傳。

本年大水漂失陶克昌所著《不如不來齋稿》，學者惜之。

陶克昌，字綏之。番禺人。縣學生，詩文多見於《學海堂集》。其重刊《海雲禪藻集》，多載明遺老事，爲功甚著。（《學海堂初集》）

吳林光於本年中進士。

吳林光，字佩芳、叔壬，號秀玲。南海人。道光十三年（一八三三）進士，歷署江西吉水、南康縣事，十七年（一八三七）出任鉛山縣知縣。宰鉛八年，清正廉明，兩袖清風，體恤民情，注重文教，深得民眾愛戴。欽加知州銜。後因養母告歸，卒於鄉。（《佛山忠義志》卷十四）

伍元菘於本年中舉人。

伍元菘（一八○六、一八一六～一八三四、一八四三），字良弼，一字秋舲。南海人。秉鑒第四子。道光十三年（一八三三）欽賜舉人。官內閣中書、戶部員外郎。著有《池西草堂詩稿》。伍崇曜《楚庭耆舊遺詩》卷續引有傳。

余承玠生。

余承玠（一八三三～？），原名觀潮，字次襄。東莞人。十五補諸生。捐刑部主事。同治十二年（一八七三）舉人。光緒四年（一八七八）任福州知府。屢任海防局總辦、厘稅總局提調。八年署福寧知府，捐千金予近聖書院，增設義學。卒於任。著有《居官一得錄》、《知非子詩剩》。《東莞歷史人物》有傳。

李氏生。

李氏（一八三三～？），南海訓導長榮女，番禺梁寶庸室。生於道光十三年。著有《寫韻軒遺詩》。文樹臣於七夕過柳堂，閱其詩，爲之擊節。陳融《讀嶺南人詩絕句》卷十五有傳。

何庚生生。

何庚生（一八三三～一九二七），字夢星。南海人。曾爲官浙江數十年。工書畫。辛亥後以賣書畫自給。（《中國近現代人物名號大辭典》五一五頁）

陳菱洲生。

陳菱洲（一八三三～？），番禺人。梁顯庸妾。生道光十三年。善詩文。《憐秋集》已亡，其《爐餘草》則侄宮翼輯鈔本。冼玉清《廣東女子藝文考》有傳。

倫常生。

倫常（一八三三、一八三四～一八八九），字棣卿。東莞人。倫明、倫敘父。咸豐十一年（一八六一）舉人，曾任江西崇仁知縣。喜藏書。任內增建毓秀書院。精通醫術。（《中國近現代人物名號大辭典》二四四頁）

廖錫恩生。

廖錫恩（一八三三～一八八七），字樞仙（垣）。博羅人。咸豐十一年（一八六一）拔貢，八旗官學教習。光緒三年（一八七七），從何如璋使日本，任神戶正理事官兼管大阪有關事務。五年（一八二五）奏保知縣。十一年（一八三一）從鴻臚寺卿鄧承修勘定中越邊界，勞績甚著，授四川崇寧知縣。嗜墨，藏數百擺。（民國《博羅縣志》卷七）

賴長生。

賴長（一八三三～一八八四），字雲亭。普寧人。出身行伍，歷官楚軍參將、總兵。參與鎮壓太平軍、西北回民軍諸役。精西式後膛槍炮，統領楚軍安武軍。光緒四年（一八七八）設計水力傳動織呢機，受左宗棠委派創辦蘭州機器織呢局，爲中國首座官辦機器毛紡織廠。十年法國攻打福州，受命前往福建主持船政。尋因病告假回鄉，病故。（《半飽文存》）

清宣宗道光十四年　甲午　一八三四年

正月十五日，黃釗賦《正月十五夜作》詩云：

金線壓貂裘，禁寒人倚樓。篆痕縈月婉，酒力托春柔。撷笛心情慧，燒燈院落幽。劇憐明鏡滿，正掛柳梢頭。

清明前五日，黃釗賦《清明前五日種花作》、《是日復移柳一株於墙東》（以上五古）。

钊又赋《種瓜》五古、《江州總管詩　總管李，名黼。汝寧人。泰定四年狀元及第。至正十二年徐壽輝破江州，總管死之，贈淮南江北行省左丞，隴西公，謚忠文》七古。

寒食日，黃钊賦《寒食日作》詩云：

柳芽纔長燕新雛，風軟如塵雨似酥。絕好年光作寒食，韭泥芹雪醉當壚。

薜蘿門巷席籬墙，比似盧家玳瑁梁。留得餘寒試新火，一簷銀葉護濃香。

三月初一日，黃钊賦《三月一日梅伯言郎中　曾亮易晴江編修　長楨潘木君樞部　鐸馬湘帆農部　沅同過翰初農部明叔檢討寓齋會飲即事》詩云：

雅集奚煩折柬招，捉𪛃攜酒近相邀　晴江、湘帆攜肴佐飲。會中主客皆真率，日下鶯花未寂寥。休暇豈妨文字飲，蹉跎有媿聖明朝。下車傾蓋從懽笑，翰初昆季、湘帆皆舊好，木君、伯言去歲始定交，晴江是日甫識面。已覺年來鄙吝消。

又賦《春城夜話圖　爲梅伯言郎中、陸萊臧司馬、顧杏樓工部、溫明叔檢討題圖歸，陸攜回閩中》七絕二首。

十一日，黃钊賦《與翰初同車至崇效寺[①]訪牡丹　三月十一日》

招提舊徑未曾歧，下馬同尋海目碑。佛示因緣都有著，花能富貴不嫌遲。齋廚尚冷餘僧蕈，净室常空待客棋。記向長干孤塔路，廿年彈指鬢俱絲。

又賦《寄盛子履用丁丑冬夜奉懷韻》五律。

---

①　崇效寺，爲北京名刹之一。唐代幽州節度使劉濟舍其住宅建爲寺。歷代屢建屢毀，僅存殿宇數處。清初詩人王士禎稱之爲棗花寺，因其寺曾植棗樹千株，已無存。寺內牡丹、芍藥極爲著名，有姚黃、魏紫、黑色諸異種。寺內又珍藏盤山僧智樸所作青松紅杏圖，自王士禎以下均有題詠。春夏之際，遊人如織。（《佛學大詞典》）

上巳日，黄釗賦《上巳日至魚藻池散步作》詩云：

又到風詩被禊天，依稀溱洧謔前川。春人臨水思盤馬，冶妓當門識數錢。自昔苑花推殿腳，魚藻池本金時瑤池。祇今時樹出墻肩。圜丘壇在其南。少陵老去羞華髮，步屧閒來憶惘然。

又賦《道州書系歌贈子貞及群季》七古、《龍陽尉　嚴韋川《溇華隨筆》：青文勝，字質夫。蜀大寧人也。洪武間以貢士為龍陽縣典史。龍陽故濱洞庭，歲罹水患，田去賦存，計年徵三萬七千有奇．民竄徙，無以為生，公愀然憫之，乃詣南都奏聞。疏三上，不報，遂自經於登聞鼓下。明太祖嘉其忠，詔免龍陽租二萬四千餘石，永不起科，龍民思其德，立祠以祀，區曰忠惠。後蒙卹典，諡惠烈，至今祠額猶新云》七古、《柳枝詞》七絕二首、《西直門至海淀作》五律、《春夜四首》五古、《春夜懷鶴田中翰》五律、《伯言木君湘帆翰初明叔數相過從輒輪流作食其居皆近市因成一絕戲簡伯言》七絕。

四月初一日，黄釗賦《首夏朔日行園作》詩云：

春餘膏始潤，冒雨小園開。稚綠正當齒，老紅垂下胎。柳花魚唼去，棠梗鵲銜來。認取香泥逕，彎彎印淺苔。

又賦《庭槐》、《園椿》、《霽夜即景》五古、《劉星軺比部萬程新除侍御奉簡》七律、《樹百聞訃後以京累星奔未得感賦》五律二首、《芍藥》七絕二首、《月前鶴田約至崇效寺看花彼此後先探花消息未及期或過期皆左始歎我輩之不能趨時類如是夫余往探牡丹時鶴田適赴園考差因戲及之》七古、《寄琴宸弟》七律。

五月初一日，黄釗賦《端一日徐廉峰家樹齋先生招同劉青原師陸梅伯言艾至堂王琴查李蘭屏　彦彬史梅叔李和叔馬湘帆集飲江亭陳少府　文煒彈琴高山人　起鵬作圖》詩云：

良會屢見招，茲辰暢琴酒。西山適朝霽，濃雲積猶厚。空亭涼意生，萬態僉以受。琴理已有倫，酒德亦無咎。座中同志多，海內知名久。文人沿結習，所托期不朽。作圖紀雅集，端一續重九　去歲重九讌集於此。

七月十五日天中節，黃釗賦《天中德壽詞》七絕詩十首。

又賦《由潞河至津門計離京三宿矣悵然成詠》、《自德州起旱作》（以上五律）、《由王利集至蘭陽驛》五古、《陳橋行》七古、《唐將軍歌　《祥符志》：唐琦，開封人。紹興衛士也。高宗南渡，金將海金琶八追至浙江，紹興太守李鄴以城降。一日，鄴方與琶八並馬行，琦持二大覽，登市閣上，祝曰："願天相我，一擊殺此兩賊。"覽飛下，中鄴馬。琦被執，因罵鄴曰："我月請官一石米，且不負國，汝受方面之寄，甘心降虜，尚有人心耶？"琶八怒曰："汝欲何以死？"琦曰："我願以布裹屍，灌以脂，焚三日。"琶八如其言，焚之三日。琦恐琶八追及高宗，焚月以緩其程，越人義之，有唐將軍祠》、《讀曹勛錄》（以上七古）、《大梁臬署遣興》七律二首、《郭羽可以畫竹及詩集見貽賦謝即送其返京師》二首、《遊梁雜詩》十二首（以上七絕）、《艮嶽歡》、《于忠肅鐵犀行》（以上七古）、《讀陳留汝南穎川人物志雜詠》五絕十六首、《周小湖侍御　作椶督學中州事竣還朝賦送二律》七律、《送高琴舫　渥奉母夫人諱旋楚》五律。

冬，黃釗賦《冬夜即事簡錢鏡軒比部　相》詩云：

鈴閣清嚴異直廬，一燈閒共閉門居。梅心數點疏星際，麥意連番小雪初。得好樸材如善馬，聽通人論似奇書。雲司風憲　桂山廉訪皆朝彥，顧影空憐短髮梳。

又賦《冬夜對月有憶》、《冬日偶成》二首（以上七律）。

釗又賦《姜子醇　慶成望雲丐米圖》七古、《仕隱》、《感興》、《消寒四首》、《冬夜得雨喜呈桂山廉訪》、《銀海》（以上七律）、《大雪自滎澤出溝道渡河至平皋口》五律、《汲縣道中》、《比干墓》、《淇縣》、《湯陰岳忠武王故里》（以上五律）、《鄴中懷古》七律、《邯鄲道中夜過呂仙祠》七絕、《柏鄉旅舍同李新塘檢討　蓴》五律。（以上《讀白華草堂詩二集》卷十 甲午）

徐兆麟於本年中武解元。

徐兆麟，字銘閣。博羅人。道光十四年（一八三四）武解元。歷官把總、守備、中軍都司。攻羅定，進廣西，戰績赫然。辭官歸里，下馬步行，遇尊長必遜讓，見鄉人必詢勞苦。（民國《博羅縣志》卷七）

吳彌光於本年中舉人。

吳彌光（一七八九～一八七一），字章垣，一字樸園。南海人。道光十四年（一八三四）舉人。著有《芬陀羅館詩鈔》、《芬陀羅庵詞》。梁九圖、吳炳南《嶺表詩傳》卷十四有傳。

陳堯於本年中舉人。

陳堯，字軼輪，號愚谷。高要人。道光十四年（一八三四）舉人。著有《觀妙堂詩詩草》。彭泰來《端人集》卷二有傳。

羅清熙於本年中舉人。

羅清熙，原名清史，字愚谷。興寧人。道光十四年（一八三四）舉人，官清遠教諭。著有《思藻樓集》。余祖明《廣東歷代詩鈔》卷三有傳。

張其翻於本年中舉人。

張其翻，字彥高。嘉應州（今梅縣）人。道光十四年（一八三四）舉人，官陝西紫陽、臨潼知縣，引疾歸。汪鳴鸞視學廣東，奏舉積學耆儒，賞四品卿銜。讀書有專功，尤精中西演算法。著有《春秋前漢三統閏朔表》、《後漢四分閏朔表》、《兩漢日月徵信》、《演算法統宗》、《難題衍述》、《方程正負定式》、《量倉入法》等。其說經訂史，則有《兩漢提要劄記》、《三國志討論》、《南樓讀書雜記》、《辯貞諒室文稿、賦稿》。吳道鎔《廣東文徵作者考》卷十有傳。

何星榆於本年中舉人。

何星榆，字靜濤，號月賓（寶）。東莞人。道光十四年（一八三四）舉人。咸豐四年（一八五四）甲寅之亂，募勇防堵，親冒矢石。倡建義倉，以供養寡婦。著有《薔薇館詩鈔》。張其淦《東莞詩錄》卷五二有傳。

楊廷桂於本年中舉人。

　　楊廷桂，字天馥，一字嶺隅，有署冷漁。茂名人。道光十四年（一八三四）舉人。咸豐末年廉州賊張阿春、李士葵犯境，謁郡守馬麗文，告以舉行團練法，合郡鎮定。後髮逆陳金釭陷信宜，又與郡守蔣立昂誓死守，城危獲安。回邑出任高文書院、近聖書院主講。性穎悟，擅詩文，博覽群書，尤潛心經世之學，一生著述甚豐，據清光緒《茂名縣志·藝文》、民國《茂名縣志稿·藝文志》載有《考定禮記》六卷、《大學箋》二卷、《中庸箋》五卷、《論語詳箋》十五卷、《古文准》三十二卷、《駢文准》四卷、《北行日記》和《南還日記》共三卷、《嶺隅詩存》一卷、《嶺隅文存》一卷、《嶺隅吟餘賸詩詩稿》一卷。其中《北行日記》和《南還日記》由著名學者高廉巡道陸民源作序，今藏廣東中山圖書館。又著有《論語靖箋》十五卷、《大學平箋》二卷、《中庸平箋》五卷、《嶺隅詩存》。享年八十歲。（《清史稿·文苑傳》、國史館《清史列傳》卷七三）

　　孟鴻光於本年中舉人。

　　孟鴻光，字蒲生。番禺人。道光十四年（一八三四）舉人。少強記，讀書每日摘抄貼壁上，日閱一遍。同郡侯康、陳澧畏服之。爲詩文屬對工巧，好小學及金石文學，能爲篆隸書，尤善治印。著有《錄劍真人詩抄》、《梅雪軒印譜》。宣統《番禺縣續志》卷十九有傳。

　　何大璋於本年中舉人。

　　何大璋，字達卿。順德人。道光十四年（一八三四）舉人。以知縣分成武縣。咸豐五年（一八五五）隨龍元僖返順德收復邑城，設團練局。九年奏留會辦團練局務。在鄉出鉅款，扶持青雲文社，熱心公益。終年八十三。（《鳳城識小錄》）

　　許應鑅於本年中舉人。

　　許應鑅，番禺人。道光十四年（一八三四）甲午舉人。（盧延光《廣州第一家族》四二頁）

　　鄧嗣沅於本年中舉人。

邓嗣沅，原名嗣禹，字芷川。電白人。道光十四年（一八三四）舉人。咸豐三年（一八五三）大挑一等，以知縣發安徽試用，於赴任途中卒。著有《讀書撮要錄》等。（光緒《高州府志》）

何鳳飛於本年中舉人。

何鳳飛，號梧岡。高要人。道光十四年（一八三四）舉人。考選知縣，分發雲南，歷知羅茨、劍川、麗江、中甸，代知麗江府，均處戰亂，不以軍務廢民事。（宣統《高要縣志》卷十八）

何家聰於本年中舉人。

何家聰（？～一八七二），原名，字秋九。高要人。道光十四年（一八三四）舉人，考取覺羅官學教習。後至安徽知英山縣、六安直隸州、徽州府，率眾與太平軍、捻軍作戰。為政清廉。（宣統《高要縣志》）

余用賓於本年中舉人。

余用賓，字昌澤，號蘋波。潮陽人。道光十四年（一八三四）舉人，主講東山書院。連選乳源、新會教諭，俱引疾乞休。年七十二卒。著有《三益軒詩草》。（民國《潮州志·藝文志》）

梁汝瑛於本年中舉人。

梁汝瑛，字竹君。茂名人。仲光子。道光十四年（一八三四）舉人，新興訓導。著有《享帚集》。（光緒《茂名縣志》）

吳方翱於本年成貢生。

吳方翱，字羽賓，號雲圖。道光十四年（一八三四）優貢。年四十七卒。著有《亦雲軒稿》、《辨文譜》四卷、《綴珠毯》、《雅懷集》十種。許汝韶《高涼耆舊文鈔》卷十三有傳。

吳梅脩於本年成貢生。

吳梅脩，嘉應人。道光十四年（一八三四）歲貢。胡曦《梅水匯靈集》卷七有傳。

梁廷栩於本年成副貢生。

聶廷襄於本年中副榜。

聶廷襄，字麇墀。博羅人。道光十四年（一八三四）副榜，歷官吳川、翁源、陽山訓導，連州學正。歸里，修府城，建登峰學院，廣收士子。（光緒《惠州府志》卷三八、民國《博羅縣志》卷七）

黃如金於本年中副榜。

黃如金，字玉堂，號玉珊。連平州人。道光十四年（一八三四）欽賜副榜。十九年（一八三九）恩科欽賜解元。二十一年會試中進士，授翰林院庶吉士。（《連平州歷科文武甲科·詞林·侍衛官宦鈔》）

王兆麟生。

王兆麟（一八三四～一九一一），字杞山。東莞人。文冕曾孫。咸豐貢生。出外教書，喜夜行誦經。著有《書經文法》、《達情詩草》。（宣統《東莞縣志》卷七三）

方耀生。

方耀（一八三四～一八九一），原名輝，字照軒。普寧人。咸豐初從軍，累官至南詔連鎮、潮州鎮總兵、廣東陸路提督、水師提督，賜號展勇巴圖魯。住潮州九年，辦積案，清逋賦，修堤浚河，興辦鄉校書院，開韓江書局校刻書籍，多有治績。（《廣東近現代人物詞典》二八頁）

李文田生。

李文田（一八三四～一八九五），字畬光，一字仲約，號若農。順德人。年十八，縣試第一，補縣學生。咸豐六年（一八五六）舉人，九年進士，廷對一甲三名，授編修。同治間，官翰林院侍讀學士。時皇太后擬修圓明園，具摺諫止。隨乞歸養，主講應元書院。光緒三年（一八七七），北江潦漲，清遠石角圍決口，建議修補舊堤，粵督劉坤一韙之，文田躬親督工，修築鞏固。十一年（一八八五）還朝，累擢禮部侍郎，入直南書房。二十年（一八九四），倭夷犯順，疏請起用恭親王，又奏請暫停皇太后萬壽點景。歷充會試總裁，川、浙、江南鄉試考官，順天、江西學政。二十一年疾殁京師。生平尤與潘祖蔭以考訂文字相切磋，稱莫逆交。淹通博雅，收藏宋元明槧本爲多，名所居曰泰華樓。書專學率更，兼探北魏之秘，間畫山水。尤熟西域、蒙古地理，著有《元秘史注》、《元聖武親征録校注》、《元史地名考》、《塞北路程考》、《和林金石録》諸書，又有《四庫提要進書表注》、《撼龍經注》。宣統初番禺梁鼎芬在毓慶宮行走，疏陳其生平事跡，賜謚文誠。子淵碩，字孔曼。羅浮酥醪觀道侶，號圓虚。擅擊劍，知醫。著有《智劍廬詩》、《宗伯詩文集》。余祖明《廣東歷代詩鈔》卷七有傳。孫曲齋（一九一六～一九九六），世居西關多寶坊，幼承家學，才思敏捷，詩文書法，用功尤勤，士林咸推爲當代書壇宗匠。汪兆鏞《嶺南畫徵略》卷九有傳。

　　陳啟源生。

　　陳啟源（沅、元）（一八三四～一九〇三），名如琅，字芝馨，號啟元，又號息心老人、息心居士。南海人。少涉獵諸子百家、星象輿地諸書。咸豐九年（一八五九），前往越南經商，經營致富。一度在暹羅（泰國）經商，籌辦法國產繅絲機器。同治十一年（一八七二），回鄉於南海簡村創辦繼昌隆繅絲廠，採用了當時世界上先進之機器技術，獲利豐厚，產品暢銷歐美和東南亞各地。光緒八年（一八八一），繼昌隆一度遷往澳門。數年後又回鄉開辦全部機械化之世昌綸繼續經營。著有《毛詩稽古編》三十卷、《桑蠶譜》、《周易理數會通》、《陳啟源算學》等。子廉伯（一八八四～一九四五）、廉仲（一八八九～？）。廉伯曾任廣州商團團長。兄弟均建有豪華公館。時廣州洋務、工商界頭面人物組織之“荔灣俱樂部”設在陳氏兄弟公館内。庭園面積達一千多平方米之陳廉仲公館，既有仿羅馬、希臘柱式及拱門，又有由峰巒、岩洞、亭臺、路橋組成之著名石山“風雲際會”，石上有樹，石下有池，池水曾通荔灣湖，遊艇可至石山腳下。該公館今已辟爲荔灣博物館。（《中國近現代人物名號大辭典》六八八頁）

　　鄧蓉鏡生。

鄧蓉鏡（一八三四、一八三一、一八三二～一九〇〇、一九〇三），字上選，號蓮裳。東莞人。同治三年（一八六四）舉人，十年（一八七一）進士，授翰林院編修。光緒二年（一八七六）分校禮闈。尋升詹事府左贊善，遷右中允。十三年外放爲江西督糧道，署按察使司。十九年（一八九三）冬解組。二十三年（一八九七）爲廣州廣雅書院第四任山長。著有《續國朝先正事略》、《知止堂隨筆》、《邑志稿》、《誦芬堂詩草》、《誦芬堂文存》等。（《廣東近現代人物詞典》四一頁）

湯錫錡生。

湯錫錡（一八三四～一八九三），字鼎卿，號柘岡、雀庵。饒平人。同治元年（一八六二）舉人。光緒六年（一八八〇）福建閩侯候補，後知河陽縣。（《饒平縣志》）

蘇桂森生。

蘇桂森（一八三四～一九〇八），字香巖。東莞人。咸豐十年（一八六〇）隨軍於江浙攻打太平軍，升都司。同治初年起守福建、臺灣凡三十餘年。累官署臺灣總兵。因割台予日本，憤然以足疾辭職歸里。好讀書，工楷書。（宣統《東莞縣志》卷七三）

清宣宗道光十五年　乙未　一八三五年

本年鄧廷楨擢兩廣總督。（《清史稿》卷三六九《鄧廷楨傳》）

正月初一日，黃釗賦《元日甘林硯齋試筆》詩云：

美婦得之雙白璧，異書購以萬黃金。平安節節竹如意，富貴年年花稱心。星子臨池澄澹墨，雪兒吹鼎和清吟。侍臣詞賦推枚馬，珍重甘泉與上林。

又賦《簡夢巖同年　鈞培得金冬心所畫蕉林清暑圖卷屬題》五律、《江亭小集同包慎伯　世臣潘彥輔　德輿凌仲訥　堃劉孝長　淳陳東之　潮》七律、《過潘彥輔圓通道觀寓舍小飲　各成二詩》、《連夕與慎伯談懽甚慎伯將之官西江因成二首即以送行》

（以上五律）、《醉重五圖　有序》七古。

夏，黃釗賦《夏日感懷》詩云：

篋中南海香，衣上東華土。臣里亦云美，君門一何阻。館舍
如蜂房，各自開牖戶。蟻夢當侯王，槐柯日當午。片雲帶微涼，
何方適行雨。伊余睠美人，空欲托神女。皿中聚毒蟲，蠕蠕已成
蠱。旱久恐爲蝗，所憂在禾黍。林間梅當酸，路旁李當苦。青門
瓜蔓長，樂志有農圃。

又賦《贈仲訥》五律、《竹屋對床圖蔡樹百同年屬題》、《詩
夢》（以上七律）、《雨窗早起》、《曉晴》（以上五律）、《雜言》
五古九首、《至廠肆見陳章侯所畫紅棉急購歸爲題其幀》、《明宣
宗畫獼猴圖歌　畫一母猴縋縫伸左趾，鈎取金環，幀端押宣德宸
翰璽，旁書賜楊士奇》（以上七古）、《雨夜》、《綠夢軒》、《天橋
酒座獨酌》、《冰窖衚衕館中坐雨簡同舍諸君》、《寄内》、《涼
宵》、《郭羽可新除中翰賦簡》、《寄叔子琴宬　時自電白歸里，以
鈒香草堂詩寄質》、《詠蟬四首》（以上七律）。

閏八月初五日，黃釗賦《閏月初五夜坐月作》詩云：

星初齊後約初更，蛩語如詩字字清。愛不奈何憐不是，碧翁
翁看月兒生。

叫哥哥與叫姑姑，眷屬秋來聽不孤。老手雕蟲難討巧，閒將
花草鏤葫蘆。

初六日夜，釗又賦《初六夜作》七絕二首。

釗又賦《爲潘彥輔題岱峰晴雪圖即送其歸淮上》七古、《偶
成二絕句》七絕、《晚香玉》、《秋懷四首和家樹齋先生韻》四首
（以上五律）。

七月初七日，黃釗賦《七夕即事》詩云：

碾粉團香夕，雞醒鵲睡晨。篆煙熏艾蒳，花露酌茵陳。漏自
聽河鼓，家原近析津。十年淪謫恨，未敢拜星辰。

釗又賦《蒿燈曲》七古、《秋夜感懷》五古、《秋感四首》
七律。

十月初一日，釗又賦《十月朔日過鶴田翁寓齋同至善果慈仁兩寺歸途重訪潘翁少白談至晡率成三首簡兩翁》五古詩三首。

釗又賦《飛蝗歎》雜言七解、《讀子貞家書遊衡山詩闈作時子貞已領解爲之狂喜賦二十八字示群季》七絕。

十六日，黃釗賦《十月望後一日仇典堂同年邀子毅子敬子餘同集槐市斜街寓齋歌詠竟日子毅昆季皆作書畫贈典堂要余爲詩因成一律紀事》詩云：

兄袁弟灌兼師誼，酒賦琴歌況盛筵。腕底雙鉤新婦帖，眼前五馬夜郎天。追懽爪跡留鴻雪，耐冷心期托麝煙　子毅畫叢桂及叢菊。三十年來一彈指，玉笙吹老舊嬋娟。

又賦《江亭看山圖爲葉潤臣題》五古、《懷人詩二首》七律。

十一月十五日，黃釗賦《十一月望日家鴻臚先生招集寓齋消寒作》七古詩。

又賦《楊朗山比部　熙見訪賦贈兼寄懷其尊甫海梁中丞》七律、《羽可爲龍門畫懸厓竹爲題二十八字》七絕、《龍門以歙硯所易畫屬題爲賦一律》七律、《顧橫波小像羅子馨比部　禮蘭屬題》七絕二首。

十二月十九日，釗賦《臘月十九日立春莊西樵農部　心省劉半農孝廉　興敏顏藹輅明府　爾栻淞舲侍讀　以燠家弟雨生同集聘海棠屋拜東坡生辰》詩云：

生且作嶺南人，飽且喫惠州飯。公身距今七百年，一樽應喜粵人勸。粵人辭粵來帝京，峨嵋西望春煙橫。維公精靈眼前是，詎藉白鶴來相迎。剛逢春日春盤釘，爲公介壽從申敬。見説當年過子由，老人亦自簪幡勝。見《夢華錄》。影泡露電一彈指，子霞歸去知何似。同是羅浮山下人，寒泉鳳薦西湖水。爲仙爲佛總情多，禦風應向湖頭過。七千里外梅花發，一曲南飛譜翠娥。

立春，黃釗賦《立春日題家蓉石　玉階所藏東坡硯拓本》七古詩。

釗又賦《宜黃家鴻臚先生招同葉筠潭少卿郭羽可中翰曹艮甫

比部艾至堂孝廉簡夢巖同年集寓齋爲春盤之會即席以盤出高門行白玉爲韻分得門字》七古、《吳菊裳粵西來書知補荔浦令賦二十八字代簡》、《梁昭明太子讀書臺》二首（以上七絶）、《文信國公鐵如意歌　杭僧六舟藏器》、《錢武肅王投太湖龍簡拓本》、《鄭親王作附錄《香鐵先生以錢武肅投太湖龍簡墨本竝大製見貽賦此爲謝》（以上七古）。（以上《讀白華草堂詩二集》卷十一　乙未）

唐金鑒於本年中進士。

唐金鑒，字二羅。新會人。道光十五年（一八三五）進士。博通經史。少讀書羅浮山寺，有煙霞泉石之癖，凡羅浮名勝皆有題詠。又手辟羅漢洞，外列十景，自爲記序，並各紀以詩，一時名流和者甚眾。何日愈《退庵詩話》卷三有傳。

蘇廷魁於本年中進士。

蘇廷魁（一八○○～一八七八），字賡堂。高要人。道光十五年（一八三五）進士。選庶吉士，授編修。二十年（一八四○）選御史。海疆兵事方亟，疊上疏論列，請築虎門炮臺及燕塘墟等諸要隘。二十三年春，抗疏數千言，大旨言時政乖忤，歸過樞相穆彰阿輩，立請罷黜，勸下罪己詔，開直諫門，帝覽奏動容，特旨嘉獎。與陳慶鏞、朱琦稱“道光三御史”，又爲“諫垣三直”，又與金應麟，世稱“四虎”。道光末季丁父憂。服闋，主越華書院。有旨召擢掌刑科給事中。咸豐元年（一八五一）上《謹始疏》，帝嘉納之。四年，紅巾匪起，或議借外兵，以鋪捐爲餉，力爭罷其議。八年（一八五八），英法聯軍踞廣州，倡設團防局，清絶漢奸。太平軍熾，有旨命在籍辦團練，募勇數萬，聲言戒期攻城。敵師出，擊斬百餘級。同治二年（一八六三）奉召入都，以給事改河南候補道，擢布政使，累遷河道總督。十年（一八七一）八月，河自蘭江決口灌運入南旺湖，奏撥款堵口築堤。尋回籍。著有《守柔齋行河集》三卷、《守柔齋詩鈔續集》四卷。（鄒魯《廣東通志稿》）

羅惇衍於本年中進士。

莫鴻猷於本年中恩科第二名舉人。

莫鴻猷，字宣三。陽江人。道光十五年（一八三五）恩科第二名舉人。旅京十餘年，充景山官學教習，後歸邑主講濂溪書院。尤致力於邑中政制事宜，本邑改廳及籌建考棚事，均有力焉。嘗築水壩於鳳凰村以灌溉。（《陽江志》卷三〇）

金錫齡於本年中舉人。

金錫齡（一八一一～一八九二），字伯年，號芝堂，室名劬書室。番禺人。菁華子。少受業於同邑林伯桐。及冠，肄業學海堂，為錢儀吉所賞重，與侯康、侯度、朱次琦、陳澧等同為專課生。道光十五年（一八三五）舉人。同治初元力辭孝廉方正，截取知縣，至班不赴，得國子監丞。舉學海堂學長、禺山書院山長。光緒中汪鳴鑾督學粵學，以積學耆儒保奏，賞加光祿寺署正銜。著有《周易雅訓》、《毛詩釋例》、《禮記陳氏集說刊正》、《左傳補疏》、《穀梁釋義》、《理學庸言》、《劬書室集》。吳道鎔《廣東文徵作者考》卷十有傳。子俊基，光緒二十年（一八九四）舉人。事見民國《番禺縣志》卷十六。佐基，字鏡如。與兄俶基同中舉人。官廣西北流縣知縣，殉節。何藻翔《嶺南詩存》卷四有傳。

丁熙於本年中舉人。

丁熙，字桂裳。番禺人。道光十五年（一八三五）舉人。中書銜，新興縣教諭。才長命短，士論惜之。張維屏《藝談錄》卷下有傳。

侯康於本年中舉人。

侯康（一七九八～一八三七），字君謨。番禺人。道光十五年（一八三五）舉人。少孤，母稱貸買《十七史》，讀之，遂通史學。及長，精研經疏，時人比之孔廣森、汪中。與陳澧交最久。著有《春秋古經說》二卷、《穀梁禮證》二卷、《後漢書補注續》、《三國志補注》，補撰隋以前十史《藝文志》，自注之。

十七年卒，年四十。國史館《清史列傳》卷六九有傳。

侯度於本年中舉人。

侯度（一七九九～一八五五），原名廷樁，字子琴，室名述古軒。番禺人。康弟。道光十五年（一八三五）舉人，署廣西河池州知州。廣西賊起，伐木爲柵，因山勢聯絡，堅固可守。賊退，以病告歸，至家卒，年五十七。洽熟經傳，尤長《禮》學，時稱“二侯”。趙爾巽《清史稿》卷四八二有傳。

郭光於本年中舉人。

郭光，字照堂。揭陽在城人。道光十五年（一八三五）舉人，歷任連州、羅定州、恩平、陽江縣儒學。年六十四，賦詩端坐而逝。著有《鐸音集》四卷等。朱慶瀾《廣東通志稿》有傳。

周寅清於本年中舉人。

周寅清（約一七九三～約一八七五），原名以清，號（一作字）秩卿、典三。順德舊寨人。少時肄業學海堂。道光十五年（一八三五）順天鄉試舉人。二十四年（一八四四）成進士，簽掣山東知縣。丁母憂，去官，遄賦山積。旋里，主講鳳山書院，充學海堂學長。分纂《廣州府志》，僅就緒而卒。著有《典三剩稿》十二卷、《耀廊經義》、《月課文存》、《典三雜著》。朱慶瀾《廣東通志稿》有傳。

招敬常於本年中舉人。

招敬常，原名鏡蓉，字心臺。南海人。道光十五年（一八三五）舉人，十八年進士，授陝西興平知縣，有政聲。後授京都北城兵馬司正指揮，得保薦以同知升用，分發廣西，補慶遠同知，署柳州知府，官至思恩府知府。於剿賊戰中卒於軍。工詩文，負時譽。（《南海縣志》）

謝蘭省於本年中舉人。

謝蘭省，字渠閣。英德人。道光十五年（一八三五）舉人，二十五年進士，授直隸密雲知縣。下車除弊，以賢吏聞。尋授贊皇知縣，善斷獄，民稱“神君”。解任之日，民爲勒德政碑。上

官廉其能，調豐潤縣，未至而卒，年四十五。府志存詩一首。（《韶州府志》卷七、《英德縣志》卷九）

方文炳於本年成副貢生。

方文炳，字榮君，號瑚洲。東莞人。道光十五年（一八三五）副貢。爲明倫堂控制萬頃沙，不避艱辛。晚年好道，與陳銘珪入住羅浮酥醪觀。（宣統《東莞縣志》卷七一）

盧維球於本年補諸生。

盧維球，字惠屏，號夔石。南海人。道光十五年（一八三五）以邑試第一，補縣學生。咸豐二年（一八五二）以優行貢赴廷試，以訓導用。著有《愛護草堂集》、《忠孝神誥》。（《南海縣志》卷十九）

王觀士生。

王觀士（一八三五～一九二二），清遠人。師從黎振康習洪拳，又向兩廣諸名師學藝，集各種武功於一身。後又入光孝寺習武，也善跌打醫術。（《廣東近現代人物詞典》一五頁）

李蓉舫生。

李蓉舫（一八三五～一九二七），梅縣人。早年隨堂兄往印尼謀生，經營十餘年成富商，於南洋各地及美國、加拿大、香港、潮汕均有企業。曾爲同盟會捐鉅款，將松口家中書齋闢爲革命志士活動據點，並熱心支持家鄉文化教育事業。（《梅縣文史資料》第十四輯）

梁垣光生。

梁垣光（一八三五～？），字星堂。諸生。光緒二十年（一八九四）甲午，徐琪囑刻玉章爲俞曲園壽，刻字凡百四十二。冼玉清《冼玉清文集》上編有傳。

陳永錫生。

陳永錫（一八三五～一九一四），字聲爵，號達三（之）。海陽（今潮安）人。少遷新加坡，後積資創永合成布店、萬成順土產行等。歷任新加坡諮詢局委員、中華總商會協理。（《馬來亞潮

僑古今人物志》）

　　陳喬森生。

　　陳喬森（一八三五、一八三三～一九〇五），原名桂林，字一（頤）山、木公。遂溪人。同治初始遷居雷州府城。天資聰穎，被譽爲雷州才子。咸豐十一年（一八六一）中舉人，任戶部主事，官至中憲大夫。能書擅畫，山水仿釋石濤道濟，頗有粗頭亂服、蒼莽自喜之致，尤善作蘆蟹。興之所至，不乏花鳥人物佳作。入仕後見官場文恬武嬉、貪賄盛行，毅然回鄉教書，淹滯雷陽書院掌教三十年。著有《海客詩文雜存》十卷、《亭榕垞文集》。（《中國近現代人物名號大辭典》六七九頁）

　　盧爲霖生。

　　盧爲霖（一八三五～一八七五），字沛然，號雨人。東莞人。咸豐三年（一八五三）隨叔父應翔鎮壓太平軍、上海小刀會。同治二年（一八六三）官川沙營都司。傷病歸養，兩年後復出，於石浦口擊敗洪仁政。七年圍剿撚軍。十二年（一八七三）調臺灣，署奉山副將，以先殺後撫對付高山族。病卒營中。能詩，善畫墨梅。著有《壯遊圖冊》等。（宣統《東莞縣志》卷七二）

　　劉建發生。

　　劉建發（一八三五～一八八五），海陽（今潮安）人。早年赴沙撈越，後創義順公司，經營進出口貿易，又辦廠礦，承辦煙酒稅，遂爲當地華人三巨富之一。（《庵埠鎮志》）

　　潘仕釗生。

　　潘仕釗（一八三五～一八九五），字國英，號翰墀。南海人。出身農家。同治十年（一八七二）進士。歷任功臣館、國史館協修及纂修。在河南時，曾對治黃有積極建議，又倡弛賭禁以裕國用，被採納，亦招物議。光緒十六年（一八九〇）奉旨照原官降一級，賞四品服。數年後卒於家。（宣統《南海縣志》卷十四）

清宣宗道光十六年　丙申　一八三六年

二月十五日後，黃鈁賦《答子貞花朝見懷之作》五古詩二首。

十七日夜，鈁又賦《二月十七夜得雨喜賦一律呈大京兆曾卓如同年　望顏》詩云：

三白方虞下尺稀，喜聞甘雨灑郊圻。焚香心事天堪告　時虔禱已三日矣，緯未農時帝不違。萬井煙霏新翠幰，九門塵土舊青旂。嶽雲既出殊膚寸，好向銀河認浴稀。

立夏後一日，鈁賦《立夏後一日程春海少司農招同俞理初　正燮陳大冶　世鎔溫雲心　啟封孫柳君　衍慶集棗花寺看牡丹分韻得棗字》詩云：

抽牙憐桑稚，生鬚速麥老。大農念田疇，清遊展紆抱。城南地稍僻，土鬆澁蹄道。招提白紙坊，丁庫踵唐造。尋碑海目指，看花天眼齊。拙公二百年，神貌尚完好　拙庵上人《紅杏青松卷》，康熙庚午年繪。同觀合蘭心，異饌分菊腦。居然六客寮，證此三空寶。曾聞沙伏城，白象樹如棗。纍纍歎昔垂，離離感新掃。人天種鳳根，富貴可常保。熱塵豈足汗，真修自能葆。詩成且呈佛，倖免支郎惱。

四月初四日，黃鈁賦《丙申四月四日家樹齋先生暨葉筠翁兩鴻臚徐廉峰家槩卿　琮兩編修汪孟慈　喜孫陳頌南　慶鏞兩農部招同人讌集江亭仿蘭亭四十二人之數孟慈出所藏宋刻右軍褉帖裝潢成卷將送之古棗花寺中溫翰初繪江亭展褉圖於其次爲賦二絕》詩云：

千五百年至今日，四十二人追昔賢。地曠天清作何想，此間亭子本陶然。

鼠鬚珍重歷人間，婺尾殷勤勸阿蠻。一笑風流等佳話，司徒捨宅武邱山。

又賦《徐鐵孫應春官試來都下納姬旅舍姬甫入門而南宮報捷

踵至詩以艷之》七絕二首、《天橋茶座即景》五律、《次孫蕖田孝廉　鏽鳴留別韻寄答》七律、《祝嫁詞送徐鐵孫之官浙（疑應爲浙）中》四言三解、《宋慈聖曹太后玉印歌》七古、《禮堂授經圖汪孟慈同年　喜孫屬題　禮堂爲孟慈尊甫儒林容甫先生傳經舍》五律。

七月初七日，黄釗賦《七夕》詩云：

深慳淺醉可憐宵，今夕今生恨易銷。羊蠟無煙鴛粟沸，臥看纖手剔銀簫。

槐階襪剗露華輕，鵲睡雞醒近五更。攜手雙星同一笑，幾人私語到天明。

又賦《羽可爲潤臣畫竹屬綴數語爲賦二絕》七絕。

十九日，黄釗賦《七月十九日梅伯言農部王慈雨銓部馬止齋大令徐鏡希戴雲帆兩水部孔宥函比部姚秋士樞部酬江亭展禊主人於龍樹寺兼爲羽可及余作餞即事賦呈諸君子》詩云：

群公抱雅尚，禊事追昔賢。嘉賓喜相酬，清秋啟長筵。繫余與老可，將歸並華顛。豈無戀闕情，況復文字緣。江湖儼在目，蘆葦聲蕭然。僧樓看山翠，澹澹疏眉連。風景當不殊，後會知何年。同時觴詠人，聚散先可憐。四十二人，出都者過半矣。舸棱迴金碧，凝望生晴煙。蒼龍翼紫軟，白鶴飛青天。

八月十四日夜，黄釗賦《八月十四夜作》詩云：

紅墻銀漢星初合，碧海青天月再圓。鳳誓前修兩難問，祇教注在丙申年。

九月初九日，黄釗賦《燕九日葉筠潭少鴻臚招陪家樹齋先生郭羽可中翰曹艮甫秋曹　棌堅簡夢巖同年艾至堂孝廉同遊白雲觀歸飲筠翁白鶴山房即席以別有天地非人間爲韻分得天字》詩云：

南粵土俗初秋天，白雲山祀安期仙。我嘗跂履拜遺像，莊襟老帶風脩然。目離羊城滯幽燕，紅塵何地棲倨佺。都人相沿作燕九，白雲又落城西偏。仙官蕭散有筠叟，飈車召客升青煙。長春宮觀本太極，金元舊事誰爲傳。吉斯皇帝虎符勑，彷彿尚記龍兒年。元太祖自奈曼國遣近侍致聘邱眞人。龍兒年奏：奉吉斯皇帝勅，赴經數十國，始達雪山，賜之虎符璽書。長松島上一桃唅，得無滄海悲桑田。金大定時常召見長松島，賜上林桃，取其一唅之。我來瞻像亦隨俗，欲訪古器無由箋。承華琴斷貞祐燼，金古琴二：春雷、玉振，在承華殿。貞祐之變，已爲長春所得。秋葉鏡蝕宣和鐫，元至正間，羽士丈室有古鏡，狀似秋葉，背有金刻"宣和御寶"四字。屠沽傭販已雜沓，黃冠羽衣從乞錢。神仙狡獪豈難識，譙邱之樂何人專。燕九日，都人攜榼於此，謂之譙邱。仙官一笑迴雷輧，山房爲客開瓊筵。

又賦《心庵學士復以詩並苔紙二十番東扇二摺留別奉酬一首》五古、《酬文壺觀從事　泳用原韻》七律、《竹陽壺觀兩從事將別皆索詩贐行各賦一首》五古二首、《次韻答葉潤臣上舍》七律。

同日，黃釗賦《重九日鄭邸賜餞應教》詩云：

玉梅香里觀藏帖　癸年冬月在邸，得徧觀名帖古鐘鼎，金菊叢中賜別筵。短髮整冠趨九日，禿毫授簡憶三年。江湖雁去違塵海，風雨龍吟隔洞天。挾瑟重來事難定，感恩垂老自悽然。

又賦《邯鄲旅店隔舍聞歌悵然有作》、《重過呂仙祠作》（以上七絕）、《邯鄲道中早發至杜林鋪尖》、《計程》、《過正陽十方院見漢徵君叔度故里碑》、《登黃鶴樓》（以上五律）、《曉登武昌觀音閣　即古頭陁寺，北齊王筠有記》、《黃鵠磯瞻太白像》、《鄂渚》（以上七律）、《呂仙亭同道士茗談　道士安，吳人，師弟皆善琴》五律、《過黃州赤壁見蘇眉山祠堂作》七律、《散花洲守風》五古、《自鄂州抵江州雜成五首》七絕五首、《溢口》五律、《臨川道中》七絕。

十二月十五日夜，黃釗賦《臘月望夜有憶》詩云：

寶月上時寒碧定，玉煙橫際暖紅生。可憐霧縠冰花聚，人在金魚鏡面行。

小閣熏籠帖地鑪，名花香茗供來無。二分春在梅梢逗，印到消寒第四圖。

又賦《自汀州買舟至上杭》五律二首、《白頭磜》七絕、《自上杭抵巖前作》五律、《途中口占》六言絕二首、《哭玉兒》十首、《京旋雜述》二十首（以上五古）。

本年黃釗賦詩如下：《五十初度》七律二首、《以端溪硯酬朝鮮副使趙心庵學士　斗淳箋扇之贈即送其東歸》七古、《贈朝鮮伴使宋竹陽從事　源壁》七律、《心庵學士以其國駙馬洪海居顯周詩集見貽爲系二十八字》七絕。（以上《讀白華草堂詩二集》卷十二　丙申）

本年吳繩澤任英德教諭。（阮元《廣東通志》卷四八《職官表》三九）

吳繩澤，字麗川，號雨蒼。順德人。乾隆舉人，官英德教諭。著有《搶榆小閣詩略》。陳融《讀嶺南人詩絕句》卷七有傳。

徐榮於本年中進士。

徐榮（一七九二、一七九一～一八五五），原名鑒，字鐵孫。漢軍正黃旗人，駐防廣州。道光十六年（一八三六）進士。歷官浙江臨安知縣、玉環廳同知、紹興知府，署杭州府。升福建汀漳龍道，未赴任，以統兵征徽州匪（太平軍），轉戰至漁亭，歿於陣。精隸書，尤善寫梅。曾受阮元賞譽，拔爲學海堂學長。著有《日新要錄》、《大戴禮補注》、《懷古田舍詩鈔》三十三卷。國史館《清史列傳》卷七三有傳。

梁同新於本年中進士。

梁同新（一八〇〇、一七九九～一八六〇），原名綸機，字應辰，又字矩亭、旭初。番禺人。道光十六年（一八三六）進士，選翰林院庶吉士，授編修。二十六年（一八四六），授湖南學政。三十年，補山東道御史。咸豐二年（一八五二）以禮科給事中任陝西副考官，四年擢內閣侍讀學士。五年十月，以皇太后喪儀事剴切上陳。七年，晉順天府尹。十年卒，年六十一。著有《碧山草堂詩文集》、《圖書奧義》等書。子肇煌，孫慶桂。梁慶桂《番禺梁氏兩世傳狀》有傳。

龍元僖於本年中進士。

龍元僖（一八〇九、一八一〇～一八八四），字蘭簃。順德人。道光十六年（一八三六）進士，官編修。大考一等，擢翰林院侍講學士，官至太常寺卿。乞養歸，督辦團練。咸豐八年（一八五八）戊午，奉旨偕羅惇衍、蘇廷魁辦理廣東防務，年七十五卒。吳道鎔《廣東文徵作者考》卷十有傳。

陳淦於本年中舉人。

陳淦，字九（乃）方、麗生。嘉應人。道光十六年（一八三六）舉人。著有《化柔堂集》。陳融《讀嶺南人詩絕句》卷十一有傳。

陳良玉於本年中舉人。

陳良玉，字朗山、鐵禪。廣州駐防漢軍。道光十六年①（一八三六）舉人。曾於廣西任知縣，保升直隸州知州。歸爲學海堂學長及同文館總教習。著有《梅窩詩詞鈔》。陳融《讀嶺南人詩絕句》卷十一有傳。

鄭高文於本年成貢生。

鄭高文，字蘭池。吳川人。道光十六年（一八六三）歲貢。苦心向學，兼習諸子百家及天文。著有《五經音訓》等。（《吳川縣志》）

李啟隆生。

李啟隆（一八三六、一八三九～一九一一、一九二〇），字裹文，一字留庵，番禺人。諸生。刑部主事。事母孝。能詩，畫山水，仿吳鎮，用墨參董其昌法，蒼潤渾秀，花卉師沈周、陳淳。論者謂粤中自尺岡草堂（陳璞）後幾無抗手。喜收名畫古瓷，鑒別精審。嗜鼻煙，藏煙壺多精品。辛亥後盡出所藏，散之不稍戀。旋卒，年七十六。著有《留庵詩存、隨筆》。（《懺盦隨筆》）

---

①　一說十七年。

吳慶騰生。

吳慶騰（一八三六～一九一四），又名合弟。海陽人。十七歲往新加坡，經商有年成巨富。曾參與創設新加坡醉花杯俱樂部。光緒間多次捐資賑濟祖國災民及興辦公益事業。（《馬來亞潮僑古今人物表》）

洪全福生。

洪全福（一八三六～一九一〇），原名春魁，字其元，一字梅生。秀全族侄。花縣正徑村（今花山鎮）人，後轉籍東莞鳳崗鎮黃洞洪屋圍村。幼隨秀全生活廣西。太平天國革命爆發後，隨秀全揮師北上，轉戰桂、湘、鄂、皖、蘇、浙各省，晋封左天將、瑛王，人呼“三千歲”。同治三年（一八六四），太平天國失敗，全福逃匿洪屋圍，族長不入祠堂，即於象山東劈地，蓋十間屋，自建小宗祠，成家立室。後逃香港，曾自賣為苦力至古巴，匿跡外輪充廚師，掛名於香港義和堂航業會所。結識孫中山，為運輸武器。航行達四十年後隱居香港，懸壺自贍。後加入洪門會黨，被推為首領。光緒二十七年（一九〇一）八月十四日，與謝纘泰、李紀堂等於謝寓謀劃，聯絡洪門會黨在廣州起義，建大明順天國，被推為大明順天國南粵興漢大將軍，主持制定建國綱領等。次年改名全福，十二月底在廣州發動起義，不幸事泄失敗。匿居九龍，尋逃至新加坡，後因喉病返香港就醫，宣統二年（一九一〇）七月病故。（《東莞市志》一四一九頁）

清宣宗道光十七年　丁酉　一八三七年

九月初九日，黃釗賦《九日登蓮花峰拜張魯庵墓》詩云：

魯庵名奐初，宋末避地居此，講易授徒，文信國嘗登此望帝舟，魯庵蓋亦同時。宋亡後，屢辟不起。今其墓在焉。墓北有祠祀信國，以魯庵配，顏曰蓮峰書院。

少年勒馬溟海東，薊門碣石秋煙封。平山頂上作重九，獨尋薇蕨追孤蹤。辛未隨吳鑒蕶宗伯至永平，試院在平山頂地，為孤竹故墟。溟海在府南一百六十里，碣石峙立海旁。九日，登平山巔，望首陽，宗伯邀同幕諸君會飲山堂，距今二十七年矣。邇來蓬轉作匏繫，蕭然一畝棲儒官。蘭羞菊醞誰見餉，海邦佳節欣初逢。海門山畔蓮花峰，削成菡萏疑鬼工。擎天雙壁石瓣上鐫此四字。合體魄，石芙倒影搖青銅。當年遺民此築室，幼安皂帽同高風。橫琴目睹過雁白，講易心識啼鵑紅。峰頭望帝血同盡，運邁陽九丁其終。儒生自砥匪石節，丞相獨抱填海東。爾時從遊二三子，筮易得遯將毋同。我來肅拜想高躅，士義豈復慚臣忠。至今年代幾陵谷，不令墓碣埋蒿蓬。眼前天水空復空，登高弔古思無窮。厓門碣石近相望，遼海一氣風雲通。

釗又賦《賢母篇》五古、《魯興（興）巡撫滇南奉寄》五排。

本年黃釗賦詩如下：《懷人詩三十首》五言六句、《季弟琴宬歿已百日矣檢其遺詩始得哭之》五古五首、《聞呂小伊學博之訃寄輓》七律。（以上《讀白華草堂詩·菖蓿集》卷一 丁酉）

本年洪秀全落第還鄉，佯狂賦《無題》、《劍詩》七律。（陳永正《嶺南歷代詩選》五三一、五三二頁）

本年編纂《佛岡廳志》，朱品三任採訪。

朱品三，字南金。佛岡人。廩生。道光十七年（一八三七）編纂《佛岡廳志》，任採訪。咸豐元年（一八五一）廳志付梓，亦參與其事。（《佛岡廳志》）

本年編纂《佛岡廳志》，朱裕佳任採訪。

朱裕佳，佛岡人。道光十七年（一八三七）編纂《佛岡廳志》，任採訪。咸豐元年（一八五一）廳志付梓，亦參與其事。（《佛岡廳志》）

本年編纂《佛岡廳志》，朱裕科任採訪。

朱裕科，佛岡人。道光十七年（一八三七）編纂《佛岡廳志》，任採訪。咸豐元年（一八五一）廳志付梓，亦參與其事。（《佛岡廳志》）

本年編纂《佛岡廳志》，朱遐椿任採訪。

朱遐椿，佛岡人。道光十七年（一八三七）編纂《佛岡廳志》，任採訪。咸豐元年（一八五一）廳志付梓，亦參與其事。（《佛岡廳志》）

本年編纂《佛岡廳志》，劉家焕任採訪。

劉家焕，佛岡人。道光十七年（一八三七）編纂《佛岡廳志》，任採訪。咸豐元年（一八五一）廳志付梓，亦參與其事。（《佛岡廳志》）

本年編纂《佛岡廳志》，李時中任採訪。

李時中，佛岡人。廩生。道光十七年（一八三七）編纂《佛岡廳志》，任採訪。咸豐元年（一八五一）廳志付梓，亦參與其事。（《佛岡廳志》）

本年編纂《佛岡廳志》，李濟嘉任採訪。

李濟嘉，佛岡人。生員。道光十七年（一八三七）編纂《佛岡廳志》，任採訪。咸豐元年（一八五一）廳志付梓，亦參與其事。（《佛岡廳志》）

本年編纂《佛岡廳志》，李濟顏任採訪。

李濟顏，佛岡人。廩生。道光十七年（一八三七）編纂《佛岡廳志》，任採訪。咸豐元年（一八五一）廳志付梓，亦參與其事。（《佛岡廳志》）

本年編纂《佛岡廳志》，李浩然任採訪。

李浩然，字養軒。佛岡人。廩生。道光十七年（一八三七）編纂《佛岡廳志》，任採訪。（《佛岡廳志》）

本年編纂《佛岡廳志》，李蔚然任採訪。

李蔚然，佛岡人。廩生。道光十七年（一八三七）編纂《佛岡廳志》，任採訪。咸豐元年（一八五一）廳志付梓，亦參與其事。（《佛岡廳志》）

本年編纂《佛岡廳志》，宋繼商尚爲幼童。

宋繼商，佛岡人。道光十七年（一八三七）編纂《佛岡廳志》，尚爲幼童。《藝文志》録其七絶。（《佛岡廳志》）

　　本年編纂《佛岡廳志》，宋繼潼尚爲幼童。

　　宋繼潼，佛岡人。龔耿光、宋章錫於道光十七年（一八三七）編纂《佛岡廳志》，尚爲幼童，然頗能詩，因録其五律三首、七律二首。（《佛岡廳志》）

　　本年編纂《佛岡廳志》，宋章錫任編輯兼採訪。

　　宋章錫，佛岡人。有文才。道光十七年（一八三七）編纂《佛岡廳志》，任編輯兼採訪。咸豐元年（一八五一）廳志付梓，亦參與其事。今存詩九首。（《佛岡廳志》）

　　本年編纂《佛岡廳志》，宋章瑯任採訪。

　　宋章瑯，佛岡人。有文才。道光十七年（一八三七）編纂《佛岡廳志》，任採訪。咸豐元年（一八五一）廳志付梓，亦參與其事。今存詩三首。（《佛岡廳志》）

　　本年編纂《佛岡廳志》，宋善餘任採訪。

　　宋善餘，佛岡人。有文才。道光十七年（一八三七）編纂《佛岡廳志》，任採訪。咸豐元年（一八五一）廳志付梓，亦參與其事。今存七古詩一首。（《佛岡廳志》）

　　本年編纂《佛岡廳志》，録宋膺統所撰《生水橋記》一文。

　　宋膺統，佛岡人。庠生。（《佛岡廳志》）

　　本年編纂《佛岡廳志》，陳明東任採訪。

　　陳明東，佛岡人。道光十七年（一八三七）編纂《佛岡廳志》，任採訪。咸豐元年（一八五一）廳志付梓，亦參與其事。今存七律一首。（《佛岡廳志》）

　　本年編纂《佛岡廳志》，歐陽榮任採訪。

　　歐陽榮，佛岡人。道光十七年（一八三七）編纂《佛岡廳志》，任採訪。咸豐元年（一八五一）廳志付梓，亦參與其事。今存七律一首。（《佛岡廳志》）

　　本年編纂《佛岡廳志》，鄭培元任採訪。

　　鄭培元，佛岡人。諸生。道光十七年（一八三七）編纂《佛岡廳志》，任採訪。咸豐元年付梓，亦參與其事。（《佛岡廳志》）

本年編纂《佛岡廳志》，黃邦傑任採訪。

黃邦傑，佛岡人。廳文學。道光十七年（一八三七）編纂《佛岡廳志》，任採訪。（《佛岡廳志》）

本年編纂《佛岡廳志》，黃深明任採訪。

黃深明，佛岡人。道光十七年（一八三七）編纂《佛岡廳志》，任採訪。咸豐元年（一八五一）廳志付梓，亦參與其事。（《佛岡廳志》）

本年編纂《佛岡廳志》，黃澄溪任採訪。

黃澄溪，字靜巖。廳優生。佛岡人。道光十七年（一八三七）編纂《佛岡廳志》，任分輯兼採訪。咸豐元年（一八五一）廳志付梓，亦參與其事。（《佛岡廳志》）

本年編纂《佛岡廳志》，廖明佐任採訪。

廖明佐，佛岡人。文學。道光十七年（一八三七）編纂《佛岡廳志》，任採訪。咸豐元年（一八五一）廳志付梓，亦參與其事。（《佛岡廳志》）

劉士忠於本年中舉人。

劉士忠，字以孝，一字希夏。廣東駐防漢軍鑲黃旗人。道光十七年（一八三五）舉人。馮國倚掌教八旗義學垂三十年，從遊最久。丁巳之役，效力惟多。著有《綠珊軒詩草》。李長榮《柳堂詩友詩錄》有傳。

吳昭良於本年中舉人。

吳昭良，字憲德，號善庵。順德人。道光十七年（一八三七）舉人，官英德訓導，署惠州府教授，加國子監學正銜。著有《周易端倪》、《易學》、《先天理數纂要》、《月巖詩鈔》二卷。李長榮《柳堂詩友詩錄》有傳。

侯柱臣於本年中舉人。

侯柱臣，字展高，號石甫。嘉應人。道光十七年（一八三七）舉人，官安徽大和縣，保升待用道，旋以剿撚陣亡。著有《博習親師齋詩》。張煜南、張鴻南《梅水詩傳》卷四有傳。

楊新蘭於本年中舉人。

楊新蘭，字秋畹。嘉應人。道光十七年（一八三七）舉人。胡曦《梅水匯靈集》卷七有傳。

楊緝光於本年中舉人。

楊緝光，號熙庵。寄籍臺灣。道光十七年（一八三七）舉人，歷任長泰、南平兩縣教諭。張煜南、張鴻南《梅水詩傳》卷九有傳。

莫來儀於本年中舉人。

莫來儀，號韶階。東莞人。道光十七年（一八三七）舉人。張其淦《東莞詩錄》卷五八有傳。

鄭步雲於本年中舉人。

鄭步雲，字作梅，一字月朋。香山人。道光十七年（一八三七）舉人，官廉州府學教授。黃紹昌、劉熽芬《香山詩略》卷九有傳。

王鑒心於本年中舉人。

王鑒心，字德元，號茹泉。南海人。道光十七年（一八三七）舉人。咸豐初經辦秀水局團練，獲六品頂戴，得太常博士。執教文瀾書院五十年，卒年九十。著有《匪不可齋講義》等。（宣統《南海縣志》卷十五）

楊晃岱於本年中舉人。

楊晃岱，字東屏。遂溪人。道光十七年（一八三七）舉人，選普寧縣教諭。（道光《遂溪縣志》）

李紹同於本年中舉人。

李紹同，號小平。化州人。道光十七年（一八三七）賢書。持躬正直，訓子有方。（《化州縣志》卷九）

吳昭育於本年中舉人。

吳昭育，字善庵。順德人。道光十七年（一八三七）舉人，歷官英德訓導、海豐教諭，兼主捷勝、敦仁兩書院。著有《格物說》三篇、《月巖詩鈔》。（《朱九江集》）

張祥晉於本年中舉人。

張祥晉，字賓嵋。番禺人。維屏子。道光十七年（一八三七）舉人，以海疆捐輸議敘員外郎，分發工部營繕司行走，選刑部江蘇司員外郎，轉江南道監察御史。咸豐元年（一八五一）河決豐北，請以漕米三十萬石賑災，從之，存活甚衆。後夷寇陷廣州，偽爲商賈潛回廣州，與督撫、欽差謀復城之計。時方盛暑，感疾卒於西關，年四十二。（同治《番禺縣志》卷四八）

黃東雲於本年中舉人。

黃東雲，字沛之。茂名人。道光十七年（一八三七）舉人，任職海康學署。曾設法擒獲悍匪，又助知府馬麗文辦團練鎮壓太平軍。年六十五猝死。（光緒《茂名縣志》）

李能定於本年中舉人。

李能定（？～一八九五），字碧玲，室名花南軒。番禺人。道光十七年（一八三七）舉人，學海堂學長。工詩善畫。著有《花南詩文稿》四卷、《筆記》二卷。吳道鎔《廣東文徵作者考》卷十有傳。

陳大勳於本年成貢生。

陳大勳，字宸甫。興寧人。道光十七年（一八三七）拔貢。著有《若稽有秋堂稿》。余祖明《廣東歷代詩鈔》卷三有傳。

李信能於本年成貢生。

李信能，字薌史。興寧人。道光十七年（一八三七）拔貢。張煜南、張鴻南《梅水詩傳》卷九有傳。

何基祺於本年成貢生。

何基祺（一八〇三～一八七四），號（字）介山。陽江人。道光十七年（一八三七）拔貢，歷任河南商城、南陽、祥符知縣，升開封府下南河同知。咸豐甲寅，調宰南陽，將行，適撚匪數千至，與新令疇畫守禦，登陴凡十晝夜。宦豫三十餘年，卒於官，年七十一。著有《務時敏軒詩文稿》。朱慶瀾《廣東通志稿》有傳。

楊翊於本年成貢生。

楊翊，字叔芳。遂溪人。鱣弟。道光十七年（一八三七）拔貢，陽山教諭。咸豐時爲太平軍所殺。（民國《遂溪縣鄉土志》）

余廷槐於本年成貢生。

余廷槐，又名彥昭，字欣章，號竹嚴。新寧（今台山）人。道光十七年（一八三七）拔貢。二十三年（一八四三）副榜，翌年經魁，例銓江蘇知府。才華過人。（《新寧縣志》）

顏培喬於本年成貢生。

顏培喬，字鶴山、晴峰。連平人。道光十七年（一八三七）拔貢。二十年舉人，授清遠縣訓導，後任肇慶府教授。（《連平州歷科文武科甲》）

譚楷於本年成副貢生。

譚楷，字幹年，號穀山。興寧人。道光十七年（一八三七）副貢，候選同知。工書畫，通中西醫學。年八十強。著有《攬芳園詩鈔》。陳融《讀嶺南人詩絕句》卷十一有傳。

王德榜生。

王德榜（一八三七～一八九三），字朗青。東莞石排菁心村人。行伍出身。咸豐二年（一八五二），隨兄與太平軍作戰，十多年間率軍轉戰湘、贛、浙、皖、閩等地。同治四年（一八六五），補用福建布政使，賞穿黃馬褂。次年返里。十年（一八七一），隨陝甘總督左宗棠督軍“進剿”，身負重傷。次年，總統甘南四百餘營滅當地狼患，導回民開渠引水灌溉，得良田百餘萬畝。旋因母喪歸家。光緒六年（一八八〇），奉命馳赴新疆，率部取道蒙古草原繞赴張家口。次年，奉命教練火器營健銳營。同年，法軍侵安南（今越南），奉命督師駐廣西鎮南關。九年，清廷派兵到安南抗擊法軍。次年三月，署理廣西提督。十一年正月，法軍炮火毀壞鎮南關，幫辦軍務提督馮子材在鎮南關築長牆三里，築壘扼守。二月八日，馮子材親自督戰與法軍大戰，德榜率部於甫谷布下伏兵，大勝法軍。十三日，收復邊界。清軍欲進攻北寧，法軍震懾，罷戰議和。三月，德榜等撤回鎮南關。十六年（一八九〇），補貴州布政使。後卒於任。（《東莞市志》一四一八頁）

李貴陽生。

李貴陽（一八三七～一九二四），字譽文，號賓隅。香山（今中山）小欖人。附貢生，敘選儒學，授儒林郎，候選直隸州州同。工草書。詩宗陸劍南、姜白石。（《荊園師友錄》）

葉亞來生。

葉亞來（一八三七～一八八五），又名德來。亞來為其任馬來西亞吉隆坡甲必丹（當地最高掌權人）時所用名，也有人稱葉來。歸善人。為馬來西亞首都吉隆坡開埠功臣。同治八年（一八六九）吉隆坡第二任甲必丹劉壬光傳位亞來，成為吉隆坡甲必丹，也被稱為吉隆坡王，冊封儀式由蘇丹代表拉慈瑪赫蒂主持。光緒九年（一八八三）清例授中憲大夫葉茂蘭敕贈三代。至今吉隆坡仍保留葉亞來街及其塑像。（《廣東近現代人物詞典》五四頁）

張蔭桓生。

張蔭桓（一八三七～一九〇〇），字樵野（埜），又字皓巒。南海佛山人。應童子試不遇。同治三年（一八六四），捐山東知縣，巡撫閻敬銘、丁寶楨器重之，招致幕中掌文書公牘。七年（一八六八）保薦道員，分赴湖北，遊總督李瀚章幕，總辦營務七年。十三年（一八七四）調回山東，薦登、萊、青道員。歷官山東鹽運使、蕪湖關道員、安徽按察使。光緒十一年（一八八五）為總理衙門大臣，賞三品卿銜，補太常寺少卿，放直隸大名道員。旋調回京，派充出使美等三國大臣。差內補太常寺少卿，升通政司副使，轉太僕寺卿。十六年（一八九〇），復充總理衙門大臣。次年，升大理寺卿、都察院副都御史兼署禮部右侍郎。十八年，升戶部右侍郎，轉戶部左侍郎，仍兼署禮部。二十年（一八九四），賞尚書銜，授為全權大臣，出使日本。二十三年

（一八九七）二月，出使英國。翌年，主辦鐵路總礦務局。戊戌變法期間，與康有爲來往甚密。變法失敗後，被革職充軍新疆。二十六年，義和團事起，被誣通俄，斬於戍所。著有《三洲日記》、《英軺日記》、《鐵畫樓詩文稿》、《荷戈集》等。冼玉清《冼玉清文集》上編有傳。

楊瑞石生。

楊瑞石（一八三七～一九〇八），番禺人。出身泥水建築世家。自幼刻苦習畫，遂成聞名遐邇壁畫藝人。番禺、順德、南海之祠堂、廟宇、門樓等，多其創作。光緒三十四年（一九〇八），市橋白鶴社重修社壇，時年七十二，受聘繪《柳燕》圖，從高處跌下，因傷而病亡。（一九九〇年《番禺縣人物志》第三章）

劉永福生。

劉永福（一八三七～一九一七），字淵亭。欽州（今屬廣西）人，祖籍博白東平。早年當水手。咸豐七年（一八五七）後加入反清義軍。同治六年（一八六七），在越南保勝（今越南老街）創建黑旗軍。十二年（一八七三），法軍進攻越南河內等地，應越方要求率黑旗軍與越軍聯合作戰，大敗法軍，斬法軍首領安鄴等數百人，收復河內。次年，越南國王授予三宣副提督。光緒九年（一八八三），法軍占領越北南定省，率兵三千在河內城西紙橋激戰，大勝，斃法軍司令李維業以下數百人。受封一等義勇男爵，任三宣提督。次年，法軍五千大舉進攻越南，占領紅河三角洲，又進攻臺灣基隆港。清廷被迫向法國宣戰，授予記名提督，率黑旗軍與清軍聯合進攻，圍宣光，十一年三月伏擊法援軍，又在臨洮大敗法軍，清將馮子材亦於鎮南關重創法軍。清廷下令停戰，同法國簽訂條約。冬，率黑旗軍回國。二十年（一八九四），甲午戰爭爆發，奉命率黑旗軍赴臺灣。次年，清廷同日本簽訂《馬關條約》。臺灣士紳成立“臺灣民主國”，任大將軍。日軍登陸，爆發乙未戰爭，“總統”唐景嵩逃廈門後，永福接任“總統”，對外仍稱幫辦，指揮黑旗軍且戰且退，步步設防。失敗後潛回大陸。二十八年（一九〇二），任廣東碣石鎮總兵。辛亥革命後，曾被推爲廣東民團總長。尋告老還鄉。（《廣東近現代人物詞典》一〇六頁）

清宣宗道光十八年　戊戌　一八三八年

本年授林則徐欽差大臣，赴廣東查辦鴉片。次年春至粵。（《清史稿》卷三六九《林則徐傳》）

春，黃釗賦《李石梧學使與其配笙愉夫人聯吟初輯梓成見寄奉題二首》七絕二首。

二月，黃釗賦《仲春宣講駐和平鄉代令尹吳雲帆同年督開渠之役即事》詩云：

杏耒榆鋤橫復艭，海潮界處嶺雲濛。社公權偶司靈雨，田父談仍帶古風。川上縈萍慚宦跡，隴邊環諸借儒官。年來蓑笠全抛卻，又向溪頭作釣翁。

又賦《和平開渠之役陳笠漁學博　作舟以詩來頌賦此奉答》五古、《縣齋一首呈雲帆同年》七律、《濠浦陳烈婦詩》雜言八解、《東山逭暑即事》七律。

七月初一日，黃釗賦《七月朔予夜夢一美婦至前欲有所訴叩之作吟諷語數四醒後猶記其十字因足成之》詩云：

情多失清淨，夢少得歡娛。秋水驚鴻影，春風飼鶴圖　十字夢中語。誰貽躅忿草，自種報恩珠。老去私憐惜，丹砂乞鮑姑。

又賦《龍眼詞八首》七絕、《余爲諸生時受知錢塘陳公舉京兆出富陽周公門下申酉二年兩公相繼薨逝燕山閩海仰杖無由含淚濡毫用誌哀感》五古二首、《程春海少司農輓詩》五古、《哭王慈雨吏部》、《堂坳》、《學使者按臨諸廣文連日招遊宜園雅集二首》（以上五律）。

九月初九日，釗賦《九日獨遊湖山歸途遇廖寅谷茂才翌日作詩簡之》詩云：

亭高磴曲下遲遲，紺舊丹新又一時。別後山疑真面改，適逢

人是凰心期。世間合藥昇雞犬，天上司文策豹貍。一瓣香從仙吏
爇，知君遊亦爲尋詩。湖山新葢藥王殿，舊有梓潼帝君座。

十月，刱賦《哭女阿馨 女適廣福鄉鍾廷成，七載而廷成病
卒。一女甫五歲，以其從兄之子爲嗣。今歲十月十五日嬰疾卒，
嗣子尚幼，而一女亦未嫁也。計守節十一年，例得旌》詩云：

汝昔爲寡鵠，時年二十四。我時客海陽，吞聲劇酸鼻。汝今
化杜鵑，相距十一載。我又官潮陽，舉目無親在。汝爲未亡人，
嗣子汝能撫。熒熒漆室燈，恤緯爲嫁女。女今尚未嫁，兩小將誰
依。汝魂定慘傷，我又不能歸。尊章不逮事，事夫我所知。侍疾
一千日，跬步不敢離。汝母未令知，我自摧肝腸。去年我生朝，
汝來奉乳羊。（以上《讀白華草堂詩·苜蓿集》卷二   戊戌）

本年陳榮光偕邑紳方瑚洲、何耘劬、陳雲亭與香山爭萬頃
沙田。

陳榮光，字秀標。號百木。東莞人。道光諸生。與人同香山
爭萬頃沙田，遭劫掠，汹水逃出，上控構訟三年，卒維持作公
產。張其淦《東莞詩錄》卷五八有傳。

黄樹賓於本年中進士。

黄樹賓（？～一八五〇），曾名之驤、詢、棟昌，字孟騰，
號修存。吳川人。道光十八年（一八三八）進士，歷官靈邱、交
城、太原、鳳臺、介休知縣。著有《慎六生齋剩稿》。（《吳川縣
志》）

梁國琮於本年中進士。

梁國琮，字儷裳。番禺人。信芳子，國珍從兄。道光十八年
（一八三八）進士，歷官翰林院編修、國史館纂修。（《楚庭耆舊
遺詩續集》）

龍耀河於本年成貢生。

龍耀河，字臥子。英德人。道光十八年（一八三八）貢生。
著有《臥子詩集》。（《英德縣志》卷九）

林宜烜於本年成太學生。

林宜烜，字睿圖。高明人。廩生。道光十八年（一八三八）成太學生。畢生從事教育，以立志、端品、勤業、敦誼誨諸生。弟子登科甲、列庠序者達二百餘人。四至五年（一八二四、一八二五），地方不靖，倡建團練，六堡賴安，受六品封銜。（《高明縣志》）

何如璋生。

何如璋（一八三八～一八九一），字子峩。大埔人。不滿十三，因家貧，輟學牧牛。咸豐十一年（一八六一）舉人，時年二十四。同治四年（一八六五）乙丑，汀守朱以鑒聘襄戎幕，敍克城功，保五品銜知縣。七年（一八六八）戊辰進士，改翰林院庶吉士，散館授編修。治桐城古文，而知世變已亟。入詞館，尤究心當世之務。嘗謁直督李鴻章，一見大異之。光緒元年（一八七五），鴻章等以使才薦。二年丙子，晋侍講，加二品頂戴，充出使日本大臣。居東四年，日人翕然推之。雖篤邦交，尤爭國權。於琉球、朝鮮事，多有良策。歸國，一歲四遷至詹事。法越事起，上封事六條，鴻章以督福建船政。十年（一八八四）甲申五月，法艦潛入馬江。七月三日，斃法帥孤拔。後與張佩綸同戍軍臺。在戍成《管子析疑》三十六卷。十四年（一八八八）戊子秋歸，粵督李瀚章延主韓山講席。先是在戍得腳氣病，十七年辛卯八月復發，卒於韓山院舍，享年五十四。著有《使東述略》、《使東雜詠》、《使日函牘》、《管子析疑》三十六卷及《塞上秋懷》、《袖海樓詩鈔》等。在日時所辟僚佐如黃遵憲、楊樞、楊守敬等，皆一時之選。子五人：壽昌，歲貢生；壽朋，光緒二十四年（一八九八）戊戌進士，官吉林府知府，民國時選爲參議員。鄒魯《廣東通志稿》有傳。（《中國近現代人物名號大辭典》五一二頁）

卓宴春生。

卓宴春（一八三八～一九〇〇），字子義。惠来人。弱冠補博士弟子員。曾設館授徒。工詩。著有《紅蕉吟館詩鈔》。（《惠

來風物談》、民國《潮州志·藝文志》）

姚良材生。

姚良材（一八三八～一九〇九），字有光，號嵩生。揭陽人。年三十補學附生。好學能文。著有《養志堂家訓》、《磐溪治事》。（《秋園文鈔》卷三）

徐潤生。

徐潤（一八三八～一九一一），又名以璋，字潤立，號雨之，別號愚齋。香山人。十五歲時隨叔父榮村至滬入英商寶順洋行當學徒，漸升副買辦、總買辦。同治七年（一八六八）在上海開設寶源祥茶棧，後又在湘、鄂產茶區增設多處茶棧。十二年（一八七三），任上海輪船招商局會辦。光緒四年（一八七八），成立濟和水火險公司。十年（一八八四），在房地產上投入資本已達二百多萬兩銀，擁有地產三千多畝。十二年（一八八六），合並組成仁濟和保險有限公司。翌年秋，首次出關勘礦。投資十五萬兩銀興辦開平煤礦，還投資十多處礦產，並創辦格致書院、仁濟醫院、中國紅十字會等。又創辦同文書局，陸續影印了《二十四史》、《古今圖書集成》、《資治通鑑》、《佩文韻府》、《全唐詩》、《康熙字典》等典籍。（《中國近現代人物名號大辭典》一〇三五頁）

陳模生。

陳模（一八三八～一九〇七），字肇楷。五華人。咸豐十一年（一八六一）拔貢，朝考授七品京官，歷任福建永春知州、泉州府知府。（《五華縣志》）卷八）

麥寶常生。

麥寶常（一八三八～一九〇五），字慎先，號蘊碩。南海人。同治十三年（一八七四）進士，官吏部文選司主事，供職六年告歸。光緒十年（一八八四），彭玉麟督師廣東，上防海七策，受嘉獎，委辦團練。張之洞督兩廣，奏加四品頂戴。（宣統《南海縣志》卷十四）

張應奎生。

張應奎（一八三八～一八九六、一八八五），字静徽，號魚門。東莞人。工醫，尤長於兒科，番禺沙灣、市橋等鄉鎮以神仙目之。光緒二十一年（一八九五）乙未、二十二年（一八九六）丙申間疫起，出秘方制藥施贈，活者甚衆。著有《自適軒醫案》、《保赤良篇》。（《中國近現代人物名號大辭典》六〇六頁）

潘光瀛生。

潘光瀛（一八三八～一八九一），字宗治，號珏卿。番禺河南龍溪人。恕子，入嗣定桂。附貢生。著有《梧桐庭院詩鈔、詞鈔》。（廖鶴年《潘氏家傳》）

清宣宗道光十九年　己亥　一八三九年

春，黃釗賦《即事呈雲帆同年》五律、《西舍八詠》五絶。

三月初三日，黃釗賦《三月三日集東山曲水口修禊坐雨僧樓即事》詩云：

朱樓擁蜃雲，白塔入魚霧。口口曲磴梯，可似山陰路。飛泉亭角轟，溜崩雨如注。蔬觴事口口，水激尚無怒。儒官馬作齋，緣豈坐僧慕。沉沉寶口開，隱隱化城護。紅棉萬綠叢，撐此珊瑚樹。巨富豪士笑，絶艷麗人爐。自從展禊來，甲申年事。二八年光赴。新知良脈脈，舊侶僅堪數。泉石幾醉醒，鐘魚自朝暮。天海同一色，何處點鷗鷺。

又賦《姚貞女詩》七絶六首。

十八日，黃釗賦《三月十八日集白牛巖》五古詩。

夏，西江水暴漲，珠江三角洲灾情嚴重，朱次琦奔赴抗灾前線，組織護堤，堤基多塚墓，鄉人不敢動土，次琦曰：“堤決地亡，枯骨何保？鬼如不諒，有禍我自當。”終修復九江大堤，修堤後賦《七月十四夜大堤上作》七律詩。（陳永正《嶺南歷代詩選》四九一頁）

四月二十一日，黃釗賦《四月廿一日再遊白牛巖》七絶詩

八首，

二十六日，釗賦《四月廿六日雨中邀蔣稻薌　川胡畫堂　蓄姚百存　崇禄集東山紫云巖僧房即事》詩云：

舊雨復今雨，入雲看出雲。灑如禪味悦，茶亦妙香聞。舄岸海頭没，梯田山腳耘。儒風同衲素，欸客少羶葷。

曲水流觴處，飛泉奏築琴。何人是東道，此地即山陰。邱壑幼輿志，江湖少伯心。越中賢俊在，吾欲笵黄金。

又賦《雲扶甥　仲鵬來潮陽讀書告歸將偕其伯兄　孟鴻應秋賦作此送之》五律二首。

二十五日，黄釗賦《五月廿五日陳蕓皋茂才集同人西巖》詩云：

龍首牛腰次第攀，清遊月月向禪關。櫻珠榴瑙誇多寶，又簇籃輿上塔山。

僧國詩盟孰主持，宗風曾授藥山師。朗州歸後空雲水，可有人談李習之。

海眼潛通井應潮，不須淘洗問參寥。茗旗一陣清風過，又聽午雞啼客寮。

鰕鱔門生夙議成，齋廚休鬭五侯鯖。尋常貓筍同雞葦，法饌偏傳護世城。

練江一白近浮杯，紫翠青紅海色開。漫道東巖好溪洞，此山還有祖師苔。

又賦《夏杪有羊城之役途中寄懷雲帆同年》五律二首。

七月，欽差大臣林則徐行觀風試，羊城書院以何仁山爲冠。（林則徐《日記》）

何仁山（一八一一～一八七四），字頤貞，號梅士、寄山人，室名草堂、草草草堂。東莞新沙坊人。鯤猶子。道光十九年（一八三九），欽差大臣林則徐行觀風試，以爲冠。二十九年（一八四九）解元，主司何紹基深賞其才。因咸豐元年（一八五一）"紅條罷考案"不得與會試。四年，石龍紅巾軍起事，組鄉團衛莞城。七年，英法聯軍陷廣州，募團練捍東莞。薦爲直隸知州，以親老不赴，主講寶安書院。年六十五卒。著有《草草草堂詩草》。《東莞歷史人物》有傳。弟仲山，號崧甫。邑庠生，候選訓導。子慶和，號子穆。邑庠生。張其淦《東莞詩錄》卷六一有傳。

十三日夜，黃釗賦《月夜宿珠寶石　七月十三夜》詩云：

濺珠穿一寶，泄雨復蒸雲。客睡涼難得，泉鳴細亦聞。綠蘿風動幕，碧簟水生紋。石氣林香互，微吟到夜分。

又賦《安東孫小菴明府　槃以名進士出宰長樂因王慈雨吏部知余名已亥七月遇於羊城邀至禺山第一樓小集即事》七律。

八月十六日，黃釗賦《中秋後一日李西耘　天任陳敬山　興禮招諸同年聚粵秀山三元宮即事》詩云：

仙宮啟娜嬛，窗戶互金碧。山嵐染尊彝，海色浮几席。道人恕齋初平孫，清譚喜豪客。當年詠霓裳，玉兔記同日。海雪戲群鴻，復此留爪跡。瓊笙上界聞，仙饌行廚設。青童同金壺，但覺飛觴疾。清景良難摹，高會豈易得。一昨聚仙湖，欯扉叫奇絕。風雨合羅浮，大笑縱浮白。余初至省垣，未暇訪諸齊年。一日大風雨，至仙湖街，思避雨，因叩冼卿雲同年寓齋欯扉，見諸同年皆在座，始知卿雲與鍾輝山會諸同年於此集飲，遂入席暢飲，盡醉而散。吾儕半疏野，所喜在通脫。仙官縱高貴，朝天尚袍笏。何如躡屩人，登山始磬折。眼中花塔孤，境外苔岑結。登山復下山，海天霞一抹。

又賦《禺山酒樓即事》、《羊城晤蔚林同年別後寄憶》（以上七律）、《次韻奉酬孫小菴明府》五古、《羊城喜晤家菽田　慶澄半畊　志淳昆季別後奉懷兼寄霱翁子末》五首、《東江曉發》七絕五首、《河源道中》五律。

十月二十七日夜，黃釗賦《重宿珠寶石　十月廿七夜》詩云：

山靈應喜我，詩思抹微雲。雙堞寒燈出，孤篷夜雨聞。新泉鍾石乳，舊礣澀苔紋。又向煙林宿，宵長好夢分。

又賦《悼徐鷦南　嵩》七律、《官塘夜泊》五律、《早發官塘晚抵松口泊得詩六首》七絕六首、《下蓬辣灘》、《三河壩》、《夜宿葛布塘》（以上五律）、《坡公生日胡畫堂招同人集口口拜笠屐像用聚星堂雪韻》七古、《兒曹從棟口獲二斑鳩百存見而悅之即以奉贈》五古、《畫堂以稻蟹蜜柑遼東蝦瓜山東蔥見餉爲餽歲也復伴四詩如數答謝》七絕四首。（後原缺）（以上《讀白華草堂詩·首蓿集》卷三 己亥）

本年潘定桂賦《己亥感事歌》七古詩。（潘定桂《三十六村草堂詩鈔》）

本年林則徐巡視澳門，駐蓮峰廟，於其日記中有記載。（姜伯勤《石濂大汕與澳門禪史》四八八頁）

本年賴介山下榻城中鳳臺新社，一日識袁顯芬於城西隅市肆中。

袁顯芬，號芝階。東莞人。張其淦《東莞詩錄》卷五五有傳。

本年王振高謫戍新疆。

王振高，字本彥。番禺人。由行伍拔補外委，捐都司，署香山協左營等。道光十九年（一八三九）以禁煙案謫戍新疆。三年後赦歸，復六品頂戴。（同治《番禺縣志》卷四八）

本年華昺灼出資建桂山書院。

華昺灼，始興人。監生。道光十九年（一八三九）出資建桂山書院，學人稱之。（民國《始興縣志》卷十二）

本年總督林則徐嘉屈超群之勇，拔補千總。

屈超群，字載光。番禺人。由馬戰兵補把總。道光二十三年（一八四三）補左營千總，署右營守備。世襲恩騎尉職。（同治《番禺縣志》卷四八）

本年麥廷章署提標左營遊擊。

麥廷章（？～一八四一），鶴山人。十八歲從軍，歷任把總、千總、守備、都司等職。道光十九年（一八三九），署提標左營遊擊，時林則徐在廣州查禁鴉片，乃奉命率水師在九龍山巡防。英國領事義律強求遞書辯論，曲爲開導，英軍竟開炮起釁，遂迎頭回擊，予敵重創。二十一年（一八四一）初隨水師提督關天培扼守靖遠炮臺，再次重創敵軍，加封參將，賞戴花翎。二月，英軍從橫檔登陸，率兵奮勇抵抗。因琦善聞警不發援兵，彈盡力竭而遇難。道光皇帝降旨賜謚忠節，入昭忠祠奉祀，撥官銀撫恤其家屬，並在虎門建專祠以表彰。（《廣東近現代人物詞典》一三六頁）

李載熙於本年中解元。

李載熙，字採卿。嘉應州（今梅縣）人。道光十九年（一八三九）解元，翌年連捷進士，授編修，升御史，任國史館協修、實錄館纂修，遷廣西學政。著有《青草堂前、後集》。（光緒《嘉應州志》）

何培昌於本年中舉人。

何培昌，字振浩，號蘭池。香山人。道光十九年（一八三九）舉人。何天衢《欖溪何氏詩徵》卷十有傳。

呂洪於本年中舉人。

呂洪，字福瑜，一字拔湖。道光十九年（一八三九）舉人，官韶州府訓導。著有《呂廣文遺稿》，詞附。許玉彬、沈世良《粵東詞鈔》卷二有傳。

廖松於本年中舉人。

廖松，號夢生。南海人。道光十九年（一八三九）舉人，官永安訓導，署東安訓導。著有《睫巢吟草》。張維屏《國朝詩人徵略二編》卷六四有傳。

朱士琦於本年中舉人。

朱士琦，字贊虞，號畹亭。南海人。道光十九年（一八三九）舉人。以弟次琦贈山西襄陵知縣。著有《南順十一堡禦盜方略》、《谷泉吟草》、《北行集》、《南還集》、《鴻爪集》、《西行集》、《留都集》、《息鞅集》、《怡怡堂集》、《畹亭文存》等。朱次琦、朱宗琦《朱氏傳芳集》卷正有傳。

廖亮祖於本年中舉人。

廖亮祖，字伯雪。道光十九年（一八三九）舉人，授徒廣州，從者數百。著有《東岸草堂詩文集》二卷、《東岸草堂隨筆》。吳道鎔《廣東文徵作者考》卷十有傳。

黎耀宗於本年中舉人。

黎耀宗，字庭蓀，號煙篷。羅定人。道光十九年（一八三九）舉人。著有《聽秋閣詩鈔》等。陳融《讀嶺南人詩絕句》卷十一有傳。

傅光斑於本年中舉人。

傅光斑，字玉墀。興寧人。道光十九年（一八三九）恩科舉人。著有《聽秋閣詩鈔》。胡曦《梅水匯靈集》卷七有傳。

楊炳南於本年中舉人。

楊炳南，字時南、秋蘅，號舜琴。嘉應州（今梅縣）人。道光十九年（一八三九）舉人，歷任安定、白水、固鎮知縣。著有《海錄》。余祖明《廣東歷代詩鈔》卷三有傳。

黎炳燐於本年中舉人。

黎炳燐，原名宗昉，字秋蘅，號枚臣。嘉應人。道光十九年（一八三九）恩科舉人。會試因事掛誤，改名炳麟。張煜南、張鴻南《梅水詩傳》卷四有傳。

張祥鑒於本年中舉人。

張祥鑒，字韶臺。番禺人。維屏子。道光十九年（一八三九）順天鄉試舉人。工詞，善繪事。娶臨川李芸甫秉綬女。閨房翰墨相賞，見稱於時。汪兆鏞《嶺南畫徵略》卷八有傳。

黃承謙於本年中舉人。

黃承謙，字以受，號益齋。香山人。道光十九年（一八三九）舉人，官內閣中書。著有《觀自在齋詩鈔》。余祖明《廣東歷代詩鈔》卷三有傳。

明之綱於本年中舉人。

明之綱，字禹書，號立峰。南海九江上東沙人。道光十九年（一八三九）舉人，咸豐二年（一八五二）進士。以知縣分發直隸，未赴任，以父卒母老請辭，絕意仕進。居鄉興利除弊，造福鄉梓。三年，西潦暴漲，桑園圍崩塌，指揮搶險，使堤得復完。太平天國事起，與進士馮錫鏞等集資募勇，設局辦團練，屯丁巡邏。糧差到鄉催徵，開場聚賭，之綱密緻書縣署，出示嚴禁。又喜獎掖人才，為應試生童籌置卷資旅費，經理籌建震亨書院，重建儒林書院。卒年七十四。（《南海縣志》卷十四）

孔繼貞於本年中舉人。

孔繼貞，字眘操。香山人。道光十九年（一八三九）舉人，咸豐三年（一八五三）授始興教諭，尋任鎮平教諭。同治四年（一八六五）調任總兵康國器部文牘機要官。六年（一八五六）補昌化教諭兼單周書院主講。（民國《香山縣續志》）

寧象雍於本年中舉人。

寧象雍，字守毅。信宜人。道光十九年（一八三九）舉人。著有《和齋時文稿》。（光緒《信宜縣志》）

朱偉昭於本年中舉人。

朱偉昭，字龍洲。茂名人。道光十九年（一八三九）舉人。（光緒《茂名縣志》）

楊康於本年中舉人。

楊康，字乂東。順德人。道光十九年（一八三九）舉人。咸豐間於鄉創立東關保良攻匪會，多年辦理邑局、沙局、東局等各地團練局。後改韶州教授。光緒二十三年（一八九七）獲賜鹿鳴宴，賞四品銜。卒年八十九。著有《淡香吟館詩鈔》。（《順德縣續志》）

湛露滑於本年中舉人。

湛露滑，河源人。道光十九年（一八三九）舉人，任浙江富陽知縣。（《河源縣志》）

廖祖亮於本年中舉人。

廖祖亮，字伯雪。順德人。道光十九年（一八三九）舉人。教書三十餘年，出其門者，知縣賜其匾曰"人范經師"。著有《東岸草堂詩文鈔、隨筆》。（《順德縣續志》）

潘亮功於本年中舉人。

潘亮功，字伯雪。順德人。道光十九年（一八三九）舉人。二十一年（一八四一）英軍侵犯，總督琦善爲取石填海計，欲鑿石礪山，力陳利弊得保全。咸豐四年（一八五四）與沙茭鄉紳謀辦團練，選主沙茭、岡尾兩局事，復議建貢南書院，歷官湖北羅田知縣、隨州知州加同知銜。卒年六十九。（《尺岡草堂文集》卷三）

關兆熊於本年中武舉人。

關兆熊，字夢樓。順德人。道光十九年（一八三九）武舉人，二十五年（一八四五）成武進士，以守備用，粵督葉名琛奏保爲水師守備。（《順德縣續志》）

黃仲宣於本年中副榜。

黃仲宣，字荊樓。嘉應人。道光十九年（一八三九）副榜、二十三年（一八四三）舉人。張煜南、張鴻南《梅水詩傳》卷四有傳。

李鸞儀於本年中副貢。

李鸞儀，字藻彬，號紫亭。香山（今中山）人。道光十九年（一八三九）副貢，歷任吳川、開建教諭。後以賑災得力，獎主事，充兵部武庫司行走。咸豐初以母老歸邑。同治元年（一八六二）恩科舉於鄉。晚年與弟其儀重宴鹿鳴。卒年八十三。（民國《香山縣續志》）

沈懷禮於本年補廩生。

沈懷禮，字履敬，號和甫。番禺人。二十五歲入邑庠，授徒三十餘年。道光十九年（一八三九）補廩生，二十三年（一八四三）舉人。因母疾失明，隨不赴省試，就職教諭。（《番禺縣續志》卷十九）

張善慶生。

張善慶（一八三九～一八八二），字積堂。東莞人。家貧，以捕蛇為生。從軍後參與攻打太平軍、捻軍、貴州苗族義軍。因傷復發，卒於惠州副將任。（宣統《東莞縣志》卷七二）

黃禧生。

黃禧（一八三九、一八一四～一八八一），本名在禧，字恩綿，號（字）緝甫。番禺人。與李文田、潘恕①等友善。著有《蓮（連）居閣吟草》四卷、《採漁試帖》及《詞鈔》各一卷。其《遊純陽觀》作於光緒元年（一八七五）。冼玉清《冼玉清文集》上編有傳。

黃真寧生。

黃真寧（一八三九～一八九八），東莞人。少時俠義，好鳴不平。上羅浮黃龍觀修道，戒殺生。居中堂墟，以星卜為生。（宣統《東莞縣志》卷七四）

鄭英傑生。

鄭英傑（一八三九～一九〇八），清遠人。邑庠生。因才受廣東水師提督鄭紹忠賞識，入其幕。後因功升即用知州，歷任臺灣基隆煤礦局總辦、借補澎湖通判署理同知。中法戰爭因澎湖失守，福建提督左宗棠將其革職充軍奉天（今遼寧）。曾協助奉天將軍司理文案，嗣得其保舉復職。旋以侍老歸里。後病卒。（《廣東近現代人物詞典》三六三頁）

清宣宗道光二十年　庚子　一八四〇年

本年第一次鴉片戰爭爆發，中國進入近代史階段。

七月三十日，釋虛雲生。

---

① 潘恕，番禺河南龍溪人。貢生。女麗嫻，字勵閑，一字素蘭。咸豐間人。施華封室。性孝友，博覽群書，工詩詞，作花卉仿佛草衣。年二十九寡，以節孝聞。著有《崇（素）蘭館詩（詞）鈔》、《飲冰詞》。冼玉清《廣東女子藝文考》有傳。麗嫻女弟慧嫻，工花鳥。汪兆鏞《嶺南畫徵略》卷十二有傳。

釋虛雲（一八四〇、一八四六、一八五二、一八七一～一九五九），俗姓蕭，名古巖。出家後法名演徹，字德清，晚號虛雲、幻遊。湖南湘鄉人，生於泉州。幼時，從師讀儒書，十七歲離湘至閩，十九歲至福建鼓山湧泉寺出家，拜常開爲師。次年依妙蓮（一八四四～一九〇七）受戒。光緒十八年（一八九二）受臨濟宗衣鉢於妙蓮和尚，受曹洞宗衣鉢於耀成和尚。二十七歲離鼓山，先後在江浙名山大刹參訪耆宿，研習經教，參究禪宗。此後又參訪秦終南山、川峨眉山、拉薩，由西藏至印度、錫蘭（今斯里蘭卡）、緬甸等國朝禮佛跡。由緬回國，朝拜滇西雞足山，經黔、湘、鄂等地，禮皖九華山，再至揚州高旻寺參加禪七法會，在赤山法忍和尚處獲悟。光緒二十七年（一九〇一）至終南山結茅潛修兩年。後至雞足山主持缽盂庵，並往南洋等地募緣建寺。宣統元年（一九〇九）自北京請得《龍藏》全部回雞足山，敕改缽盂庵爲護國祝聖寺。民國建立，出現逐僧毀寺風潮。滇軍師長親自督軍上山捉拿，隻身與其講理而折服之。民國七年（一九一八），自南洋請玉佛回祝聖寺，並重建廟宇。後應滇、粵、閩軍政大員之請，曾移錫昆明華亭寺，住持鼓山，重興南華寺。三十一年（一九四二）冬赴重慶主持護國息灾大悲法會，歷時三月餘。次年冬，規劃重興粵北雲門山大覺寺。三十五年十月蒞臨潮州，弘法開元寺七晝夜。一九五二年四月離雲門北上，十一月在北京出席中國佛教協會發起人會議，被推爲首席發起人。次年六月三日中國佛教協會正式成立，被選爲名譽會長。是年，被聘爲全國政協委員。一九五九年十月十三日，於江西雲居山真如寺圓寂。（《中國近現代人物名號大辭典》一一四六至一一四七頁）

八月十九日，黃釗賦《八月十九日同張南山太守家香石監簿蓉石比部陪醇士學使遊白雲寺集雲泉山館》五古詩二首。

又賦《硯齋聯吟圖爲家蓉石比部葉潤臣孝廉題》七古。

二十八日，黃釗賦《八月廿八日張南山邀同馮虞階太僕　贊勳家香石蓉石譚玉生明經　瑩遊花埭東園移舟至南墅集飲即事六首》五律詩。

九月十七日，黃釗賦《九月十七日同張茶農大令　深家香石蓉石學海堂雅集》詩云：

一徑筍輿上，紛敷蘭桂叢。林巒堆晚翠，亭館綴秋紅。天影畫邊蟹，海聲絃外鴻。眼前浩蕩意，都在玉壺中。

四十萬匹馬，張公歟賞殊。時茶農分校鄉闈，甫撤棘。當時養筋骨，比地闢榛蕪。花木敬開府，雲煙娛老夫。峴山今健在，片石已爭摹。堂有芸臺相國石刻像。

又賦《輓羅子馨太守　禮蘭□子馨由兵馬司正指揮驟遷至刑部員外郎，監督倉差，京察一等，簡放安徽鳳陽府知府，未抵任卒，年僅四十》七律、《余自出國門其明年即聞鶴田凶問今歲夏秋疊得四農子毅噩耗臨風一痛幾於哭不成聲率成二詩以志哀感》二首、《送孫小葯大令假旋》二首（以上五律）、《故太常少卿許公輓詩》、《故江西布政使座主花公輓詩》、《贈太子少保戶部尚書座主何文安公輓詩》（以上五古）、《嶽屏秋雨圖册許明經　炳章作》五絕、《家蓉石比部以杭州所得閨秀汪琬雲手臨佛遺教經洛神賦册屬題爲賦四詩》、《許菊存　溶以尊甫藏之丈洛溪書屋圖屬題爲賦四詩》（以上七絕）、《倭芙蓉行寄魯興總督閩浙》七古、《簡蔡春帆編修　錦泉》、《寄駱門侍御同年》、《感事一首寄呈冒卓如京兆同年》（以上七律）、《贈蕭欖軒　思諫並題其誼閣吟稿》五律二首、《題西神山詩鈔　山人丁姓，字采之，名玉藻。梁谿人》七絕二首、《題唐子畏畫秋窗讀易圖》七律、《廣州晤仇典堂同年　典堂任貴州遵義太守，時口譁歸里》五古、《自廣州抵老龍舟中雜成十二首》五律、《里中諸故人詩》十首、《自白馬潭轉桂沙至青溪山廻水抱明舊澄瑩口占二首》（以上七絕）。

十月初五日，黃釗賦《密州夜泊　冬月初五夜》詩云：

水影嫋如許，月光嬌可憐。蟄吟遺冬夜，雁宿當去聲。春天。守堠微懸火，征衣欲卸縣。寒沙覺清淺，有夢到林邊。

又賦《嘉慶己巳余初北上置一哈拉套袍四十年中船板車箱未

離片刻今暫輟矣念其相從久而得力最不能無詩以勞之因成四首》、《魚頭灘至將軍硤》（以上五古）、《還家視玉兒改葬》五律。

歲暮，黃釗賦《歲暮回潮陽學舍》詩云：

戶自蠨蛸掃，階無蛺蝶飛。一官何落落，雙犬尚依依。架惜薔薇弱，園欣苜蓿肥。對床兄弟盡，猶子忍相違。時魁士、魁緒隨至學舍。

又賦《聞顏菘陵太守權江南巡鹽觀察寄簡　菘陵由內閣中書從威勇公相經略西陲，旋入直軍機，洊陞侍讀，出守即權觀察使》七律。（以上《讀白華草堂詩·苜蓿集》卷四　庚子）

本年譚錫朋以防海敘功。

譚錫朋，字燕嗣，號百峰。新會人。恩貢生，候選同知。喜談兵略，妙擅史才。張維屛爲篆聯曰："儒生獨抱元龍氣，著述能兼司馬才。"著有《十國掫言》、《將略輯要》、《文廟從祀錄》、《偶瞥隨筆》、《六橋詩集》等。李長榮《柳堂師友詩錄》有傳。

本年黃釗賦詩如下：（前原缺）《無題》五古、《潮陽宦績錄樂府五首》、《畫堂邀集榕瓢餕春作》七絕二首、《莊貞姑詩》雜言七解、《謝氏一門孝烈詩》雜言、《哀石榴》雜言、《弔菊娘》三言、《弔姚霽雲》七古、《畫堂積酒病滿余以川樸貽之賦詩見謝依韻奉答》五古、《窳道人只摩青山圖　畫堂別號惰窳庵主》七絕二首、《團扇曲　扇畫美人手拈水櫺一枝，斜倚月窗，窳道人屬題》七古、《贈蔣稻翁》、《贈胡窳公》（以上五古）、《自潮陽挈眷回里途中作》五律八首、《題江次舟　樨才北遊前後稿時同舟赴羊城》七律、《戴醇士學使以所著訪粵集見示奉題三首》七絕三首。（以上《讀白華草堂詩·苜蓿集》卷四　庚子）

本年汪爾麟所輯《論因方論集要》刊行。

汪爾麟，字石來。海陽（今潮安）人。（《中醫圖書聯合目錄》）

本年招廣濤倡辦團練，抵禦洋船入侵。

招廣濤，字月航。南海人。歲貢生，歷署連山教諭、鶴山訓

導。任内倡修書院，褒獎士類，爲諸生擁戴。後居家不仕。（《南海縣志》）

梁國珍於本年中進士。

梁國珍，字希聘，一字玉臣。番禺人。道光十二年（一八三二）舉人，二十年（一八四〇）進士，官内閣中書。著有《守鶴樓詩稿》。伍崇曜《楚庭耆舊遺詩》卷續二八有傳。

李載熙於本年中進士。

李載熙，字採卿。嘉應人。道光十九年（一八三九）己亥解元、二十年（一八四〇）進士，入翰林。深諳方略，勝克齋統師河朔，一切機宜，皆出其手。旋放廣西學政，髮逆圍桂林，力保危城。事平，按試鬱林，中道病卒。著有《詩草》。張煜南、張鴻南《梅水詩傳》卷四有傳。

韓錦雲於本年中進士。

韓錦雲，字紫東。文昌（今屬海南）人。道光十五年（一八三五）乙未舉人、二十年（一八四〇）進士。未幾丁外艱，服闋，散館改刑部主事。咸豐四年（一八五四），補浙江道監察御史。六年十二月授户科掌印給事中。疏劾粤督葉名琛，疏入兩月，粤東果陷。直聲震天下，時論以海忠介後一人稱之。八年，授四川茶鹽道兼署按察使司。同治四年（一八六五），任雲南督糧道。時雲南棼亂，内守以布政、按察兼任，日夜防禦，卒解省圍。十二年（一八七三），全滇肅清，賞二品頂戴。著有《白鶴集》二卷。海南書局《海南叢書》卷九有傳。

梁紹獻於本年中進士。

梁紹獻（一八〇五～一八六五），字國梁（一作樂），一字槐軒。南海人。道光十二年（一八三二）舉人，二十年（一八四〇）進士，改翰林庶吉士，散館授編修、國史館協修、纂修官。三十年（一八五〇），轉江南道監察御史。咸豐二年（一八五二）告假回籍，掌西湖、羊城書院。四年，紅巾亂作，不辭勞瘁。六年，設教佛山，傾所有建家廟。同治四年十一月卒，年六十一。

著有《四書集解》、《怡雲山房詩文集》。朱慶瀾《廣東通志稿》有傳。

洪國治於本年中進士。

洪國治，番禺人。應晃從子。道光二十年（一八四〇）進士，授户部主事。（《廣州府志》卷一三一）

梁金榮於本年中解元。

梁金榮，字蕃之，號聖襃。香山小欖人。道光二十年（一八四〇）鄉試第一，掌教桂山書院。著有《依綠園詩草》。陳融《讀嶺南人詩絶句》卷十一有傳。

何瑞芝於本年中舉人。

何瑞芝，字仁顯，號靈生。香山人。道光二十年（一八四〇）恩科舉人。何天衢《欖溪何氏詩徵》卷十有傳。

唐金華於本年中舉人。

唐金華，字羽階。新會人。道光二十年（一八四〇）舉人。久寓江門，掌教書院。張維屏《藝談録》卷下有傳。

陳殿桂於本年中舉人。

陳殿桂，字鏡巖。新會人。道光二十年（一八四〇）舉人，即選知縣。與弟香浦同在圍城中，晝夜守禦，卒能化險爲夷。張維屏《藝談録》卷下有傳。

朱堯勳於本年中舉人。

朱堯勳，字瑞占，號辰階。新會人。道光二十年（一八四〇）舉人。著有《周易例》、《孟子評》。朱次琦、朱宗琦《朱氏傳芳集》卷正有傳。

葉其英於本年中舉人。

葉其英，字蓉史。嘉應人。道光二十年（一八四〇）恩科舉人。胡曦《梅水匯靈集》卷七有傳。

劉淞簡於本年中舉人。

劉淞簡，原名湘簡，字筠卿。嘉應人。道光二十年（一八四〇）舉人。著有《詩繩》前、後集、《詩韻正》。張煜南、張鴻南《梅水詩傳》卷五有傳。

葉鏡江於本年中舉人。

葉鏡江，字鶱遠，號秋帆。東莞人。道光二十年（一八四〇）舉人，署福建永定知縣，調永福，有政聲。（宣統《東莞縣志》卷七一）

宋蔚謙於本年中舉人。

宋蔚謙（？～一八五七），字毓臣。花縣人。道光二十年（一八四〇）舉人，咸豐二年（一八五二）恩科進士，欽點刑部主事，捐升郎中。六年十月知縣張起鯤擢其勞績，詳文請以知縣歸部遇闕即選。翌年正月二十三日，與太平軍作戰被殺。（民國《重修花縣志》卷九）

張人傑於本年中舉人。

張人傑，字萬青。化州人。道光二十年（一八四〇）舉人。性愛習靜，博覽群書。爛熟《四書》、《五經》，隨時講解，無需翻閱。主持石龍、文光書院及各義學講席，門生多有成就。（《化州縣志》卷九）

陳元楷於本年中舉人。

陳元楷，字玉珊。順德人。道光二十年（一八四〇）舉人。三十年（一八五〇）進士，改庶吉士、軍機章京等。曾捐百萬募勇，隨官軍收復被天地會所占縣城。（《順德縣續志》）

傅作霖於本年中舉人。

傅作霖，號雨巖。四會人。道光二十年（一八四〇）舉人。鴉片戰時國人多怵於洋人船堅炮利，作霖獨居深念，恍然大悟製造輪船之法，並設法阻擊敵船。後因守城有功，保舉知縣。著有《五經類論》、《讀史類鈔》。（光緒《四會縣志》）

范榮懷於本年成貢生。

范榮懷，號尚一。大埔人。道光二十年（一八四〇）選貢，通經史。著有《儀禮注》。（民國《潮州志·藝文志》、《大埔縣志·藝文志》）

　　黎熾遠於本年成貢生。

　　黎熾遠，字靜廬。順德人。道光二十年（一八四〇）優貢，三年後中舉。咸豐時因避天地會暫居九江鄉，爲九江部署團勇薪餉奔忙。後入縣團練局。（《鳳城識小録》）

　　李士周生。

　　李士周（一八四〇～一八八八），字廷楨，號濟。化州人。十五歲被聘爲私塾執教，十七歲補庠生。咸豐九年（一八五九）進士。久留京師服官，後補蘇州道臺。光緒十三年（一八八七）參修《化州志》。（陳士富《化州人物志》）

　　林貞元生。

　　林貞元（一八四〇～一八八三），原名占春，號梅初。化州人。同治十二年（一八七三）舉人。工書法、善詩歌文辭，曾主講石龍書院。著有《風宇硯歌》、《古錢行》。（《化州縣志》卷九）

　　范汝增生。

　　范汝增（一八四〇～一八六七），歸善（今惠陽）人。[①] 十一歲參加太平軍。後爲侍王李世賢部將，授討逆主將，封進天義。咸豐十一年（一八六一）進軍浙東，與黃呈忠連克奉化、餘姚，十二月又克寧波。次年五月，英法要太平軍撤出寧波，與黃呈忠嚴辭拒絕，抵抗清軍、英法炮艦進攻。寧波失陷後，退守餘姚。九月克慈溪，擊斃率常勝軍來犯之華爾，以功封首王。同治三年（一八六四）九月，保護幼天王至安徽建口，戰敗負傷，渡長江參加賴文光、任化邦所統撚軍。後在山東壽光彌河之戰犧牲。（《廣東近現代人物詞典》三三二頁）

　　洪和元生。

　　洪和元（一八四〇？～一八六四），花縣（今花都）人。仁發長子。隨父參加太平天國金田起義。咸豐十一年（一八六一）

---

　　① 一作廣西平南人。

封巨王。天京失陷後，隨李秀成護幼天王突圍出城，戰死於天京東南之湖熟鎮。（《中國近代史詞典》）

梁鑾麒生。

梁鑾麒（一八四〇？～一九三二），瓊山（今屬海南）人。早年習瓊劇，擅演武鬚生，功架扎實，青年時聞名於粤。二十年代兼扮文戲鬚生。曾隨瓊漢班至南洋演戲。又曾與著名文净林發麒搭演，有"兩麒一起，珠聯璧合"之譽，被稱爲嶺海第一武末。主演過《楊令死節》、《歷城除暴》、《陳宫罵曹》、《薛仁貴歸天》等。（《廣東近現代人物詞典》四九三頁）

張振勳生。

張振勳（一八四〇、一八四一～一九一六），字弼士，號（一説原名）肇燮。大埔人。十五歲至印尼謀生。後涉足酒、種植、藥材、采錫、船運業，生意做至新、馬、泰、越、菲律賓，成爲東南亞首富。光緒十八年（一八九二）後歷任清駐檳榔嶼首任領事、新加坡總領事、中國通商銀行總董、粤漢鐵路總辦、佛山鐵路總辦。二十年（一八九四）後在國内投資興辦煙臺張裕葡萄釀酒公司、廣廈鐵路公司、廣西三岔銀礦、惠州福興玻璃廠、雷州墾牧公司等。二十九年（一九〇三）獲賞侍郎銜，三品京堂候補。三十一年（一九〇五）賞頭品頂戴，補授太僕寺正卿，繼任商部考察外埠商務大臣、督辦鐵路大臣。宣統二年（一九一〇）任全國商會聯合會會長。民國元年（一九一二）後，任袁世凱總統府顧問、工商部高等顧問、南洋宣慰使、華僑聯合會名譽會長等。四年（一九一五）發起組織赴美實業考察團，籌辦中美銀行。平生熱心捐資辦學。（《中國近現代人物名號大辭典》六二七頁）

彭國柱生。

彭國柱（一八四〇～一九二二），東莞人。早年加入同盟會，捐款萬餘元資助革命。同盟會、國民黨古巴支部及各分部歷年皆推爲其名譽部長。民國十一年夏，籌辦組織國民黨大沙華分部；

八月中旬病逝。（《民國人物大辭典》一〇九一頁）

劉廷鏡生。

劉廷鏡（一八四〇～一九〇一），字梅蓀。南海人。同治十三年（一八七四）進士，歷任如皋、甘泉知縣。辭官後任教於西樵山三湖書院。（宣統《南海縣志》卷十四）

張清齡殉國。

張清齡（？～一八四〇），五華人。道光間任虎門千總、大鵬營守備。道光二十年（一八四〇）冬於鴉片戰爭中與英軍血戰殉國。（《五華縣志》卷八）

清宣宗道光二十一年　辛丑　一八四一年

二月初五日，英國軍隊進攻虎門炮臺，清廣東水師提督關天培率軍死戰，兩廣總督琦善竟不發救兵。

初六日，天培戰死，虎門失陷。敗訊傳來，桂文燿填《揚州慢》詞。

二十九日，三元里之戰爆發。後張維屏賦《三元里》七古詩。（陳永正《嶺南歷代詞選》一七八、五〇八頁）

清明，黃釗賦《清明日同書堂作》詩云：

百五韶光蝶夢闌，尋常花片已飛殘。海邊春遠紅棉熱，地下人多碧草寒。我爲粥餳憐節序，君甯兒女擾心肝。眼前薄醉仍堪共，同坐團焦說餅團。書堂邀食餅。

又賦《陝西布政使楊公輶詩》七律、《次韻和書堂破曉枕上聞雷作》、《齋中坐雨作》（以上五律）、《以香蘭二枝貽書堂時方納姬書堂來詩戲及用韻奉答》、《書堂復以姬操土音見調依韻答之》（以上五古）、《苦雨二首》五律。

四月，王韶光捐資組成義勇，參加三元里抗英戰鬥。

王韶光，又名天富，字春埜。嘉應州（今梅州）人。早年到廣州經商，並受石行會館聘充書房，業訟師，遂定居廣州城北圍下田，落籍番禺。道光二十一年（一八四一）年四月，三元里人民抗英鬥争時捐資組成義勇，督率東北六路客民，殲斃夷匪多名，獲夷人軍械，事後得賞六品軍功頂戴。後又出資製造軍械，請教習、邀生員充當六社團練頭目，附屬於升平社學與公所，並捐銀八千兩。翌年十一月廣州人民燒毀英人商館後，將東北六路義勇擴充到萬餘人，挑選其中五千五百名，與高梁材等地方士紳創建東平公社、社學，與已建立之升平社學、公所互為犄角，在反入城鬥争中發揮了積極作用。後歷任山西鳳臺、榮河、汾陽等縣知縣、永寧州知府、汾陽府通判，並以鎮壓撚軍升潞安府同知，晚年告老回鄉，終年七十餘歲。（《廣東近現代人物詞典》二一頁）

初四日夜半，新安縣武舉人庾體群，以火舟三隊，自穿鼻洋乘潮攻洋船於虎門，轟其後艙，雙桅飛起空中，全船俱毀，餘船皆棄碇竄遁。（《廣東近現代人物詞典》四七四頁）

五月，英軍占領越秀山上之四方炮臺，圍廣州，清靖逆將軍奕山乞降，簽訂《廣州和約》。

十五日，黃釗賦《五月十五日邀蔣稻薌胡畫堂周雪吟　鳳章顧建吾　錕吳雲帆同年姚百村續紅棉吟社於東山講院》詩云：

花神約雖違，山靈盟堪續。天海浮清涼，雨風解煩溽。蒼姬三鬈松，蔣稻翁、周雪翁、吳雲翁系同出自姬，皆美鬈．翠嫣兩瘠竹。胡畫堂、姚百村系同出自嫣，體修而羸。微吟集虛堂，宴坐響空谷。彥先健吾古吳俊，風流躪前躅。揮扇對師朋，行炙念廚僕。同爲永日歡，各話流年速。紅棉鬱壯心，於世傲朱綠。雕欄富貴花，媿此瘴鄉木。風來聖之清，暑去吏非酷。遽憐美蔭佳，群坐作社福。暑移當午停，節近抵庚伏。擬鋪黃琉璃，來捉紅蝙蝠。

初伏日，黃釗又賦《初伏日復邀畫堂健吾百村小集種龍養鳳之窠疊前韻一首》五古詩。

又賦《畫堂邀食水角同健吾百村既飽成長句一首》五排。

本月底，陳棠應約率一千多工人參加三元里抗英鬥争。

陳棠，廣東人。廣州織工。道光二十一年（一八四一）曾帶領數百名絲織工協助清軍防守炮臺，抵抗英軍。五月底又應約率千餘名絲織工投入三元里人民抗英戰鬥。後參加廣東天地會首領陳開、李文茂的紅巾軍起義。不知所終。（《廣東近現代人物詞典》二六五頁）

六月初一日，黄釗賦《六月初一日爲玉兒生辰感賦一首》詩云：

> 月朔荷花現，兒從此日生。佛緣重過去，老淚尚縱橫。露電今何夕，芙蓉舊有城。人間無限事，地下若爲情。

初六日，釗又賦《六月六日節大暑值鬼宿諺所云鬼打節也果有颸應之成詩一首》五古詩。

釗又賦《遣夏雜詩》四首、《聞蔚林同年訃哭成四首》（以上五律）、《輓李燕軒太守》七律。

九月初九日，黄釗賦《九日同畫堂百村東山登高集飲景賢樓有懷雨生弟》詩云：

> 愁里烽煙不可言，漫開倦眼望川原。鶴猿騰笑彌山隴，雞犬平安幾海村。尚有菊英尋舊社，且同蕉荔潔新樽。潮俗以九日爲昌黎伯誕辰。窰臺一客登高望，雨生近奉命提督兩廠。醉後應來入夢魂。

釗又賦《小恙數日畫堂治酒肴爲余起病自榕瓢返學舍漏二下矣涼飈動林月明如畫用畫堂秋分病中作成一律呈謝》、《展重陽日邀鄭石楸明經暨同學諸子西舍小集》、《聞浙中警報畫堂設素食於榕瓢銜盃相對感成一首用前韻》、《雨中至榕瓢畫堂設餅小酌即事》（以上七律）。

十月初六日，黄釗賦《十月六日及門諸子東山講院雨集即事》七律詩。

又賦《冬日雜成》五律八首、《姚蓮第　鼎科以菊花六盆相餉賦詩酬之》七絶二首、《漫成》七律六首。

十月十五日，黄釗賦《適讀韓昌黎畫記畫堂走僕以觀演春燈謎劇畫索題戲仿韓文爲長句應之》七古。

又賦《感事》五絶四首、《窮陰久雨庭前月季猶花不絶爲賦一首》五律、《一粟吟館消塞（寒）第一集分詠七絕四首》、《種龍養鳳之窠消寒第二集分詠五律二首》、《功夫茶消寒第三集作》七古、《蓮第以折枝梅花見貽賦答二十四字》七絕。

歲暮，黃釗賦《歲暮松石至潮陽相訪頻行擬倩人作鐵石梅花圖屬老鐵賦詩》詩云：

鑄錯已空六州鐵，補天尚待五色石。梅花簪角不復笑，石縱能言鐵難熱。天陰海獸誰敲門，襆被籠燈疑夢魂。忍飢一日凍兩日，急呼煮粥湯先温。石腸一沃冰雪化，翦燭開談到深夜。鐵心已似地爐灰，幾日東風桃杏嫁。松石有北上之想。梅花梅花識得無，是鐵是石皆頑徒。無有是處亦無漏，長老沙彌德不孤。

十二月十九日，黃釗賦《臘月十九日健吾邀同人集榕瓢拜東坡翁生辰歡讌竟日爲賦長句以紀》詩云：

我生爲口腹，荷公數醉飽。自從鴻雪齋，嘉慶己卯家在庵侍御招同人集鴻雪齋拜公生日。南飛望鴻爪。後來小木天，笠屐現林表。衣冠拜堂下，幾輩詩孫小。公當饗詩祖，小子皆有造。道光戊子家霽青太守招同人拜笠屐像於小木天館。邐來宦潮陽，菜根亦可齩。榕瓢胡道士，齋廚我常擾。每值公誕辰，瓣香同拜禱。拜已笑留客，飯侉毳與晶。今年顧子敦，肉案列腥槀。爲公慶生朝，折柬召同好。數見恐不鮮，斗室躬灑埽。設醴潘長官，治具張吉老。知公素不飲，此酒客能了。自辰直至酉，酣嬉盡傾倒。觥政集公句，公客復不少。三十九賢人，方外雜黎媼。健吾及晝堂、百村，共集公詩句爲酒籌六十，余取公賓友、弟子、方外、老媼三十九人爲之，共足成九十九籌。是皆藉公傳，千古稱壽考。吾儕百年中，正恐腐同草。酒須儲桑菊，詩望富梨棗。大福未可期，微名亦爲寶。公如憐其愚，遊戲示音兆。觥政拈酒籌皆暗合風趣。此間歲寒堂，花事得春早。仙佛自多情，士女皆不佻。像前供水仙、佛桑、蜜梅、寒桂。小子盡狂狷，未晚或聞道。既醉歌太平，鼓腹共食麨。將圖後會常，未覺前塵杳。

又賦《消寒第四集詠水仙佛桑蜜梅寒桂同尖叉韻》五律四首。（以上《讀白華草堂詩・苜蓿集》卷五　辛丑）

本年英吉利犯邊，沿海七省皆設備，粵督祁墳聘梁漢鵬教標下將士以陶鑄槍炮、合造火藥之法，奏請給六品銜。

梁漢鵬，字南溟。番禺人。尤酷好算書。又於陶鑄五金之法、辨別鳥獸之性。道光末病卒番禺。著有《夕桀解》。鄒魯《廣東通志稿》有傳。

本年英軍入侵，鄒夔颺鄉中有餘財以禦外侮，居民賴安。

鄒夔颺，字佐勤，號偕石。番禺人。家饒財，倡議廣積公款以備不虞之需。道光二十一年（一八四一）英軍入侵，鄉中有餘財以禦外侮，居民賴安。（李光廷《鄒夔颺行狀》）弟鈞颺，號闓石，咸豐間辦團練，毀家紓難，以安鄉閭。（鄒寶權《闓石公事略》）

本年慶宇守橫檔島炮臺，抗擊英軍，陣亡。

慶宇（？～一八四一），番禺人。（一九九〇年《番禺縣人物志》）

本年英軍擾三元里，劉榮率眾抵禦之。

劉榮，字湛沂，號麗泉。番禺人。道光二十一年（一八四一）英軍擾三元里，率眾抵禦。咸豐四年（一八五四）拔補守備。（劉釗《武德公傳》）

本年英軍搶掠三元里，顏浩長與義勇冒雨追殺英軍，於雜葬崗下親手殺死英軍少校軍需官畢霞。

顏浩長，一名永長（祥），綽號定拳長。番禺人。喜習武藝，性沉默寡言。道光二十一年（一八四一）與義勇冒雨追殺英軍，於雜葬崗下親手殺死英軍少校軍需官畢霞。不願往衙門邀功，畢霞首級遂由同鄉小商人持往領賞。咸豐四年（一八五四）加入天地會紅巾軍，失敗後復回鄉耕田，終年八十餘。（一九九〇年《番禺縣人物志》第四章）

本年李景雲首倡捐金建邑考棚。

李景雲，字慶星。河源人。熱心公益。縣無考棚，童試不便，道光二十一年（一八四一）僉議增建考棚於書院兩旁，因工

程浩大，人多有難色，首倡捐金，他人亦踴躍捐助，乃成。他如修通衢、賑饑備荒等善舉，莫不盡心。（《河源縣志》）

本年鴉片煙禁，夷人滋擾，陳希獻與鄉紳籌防周密。

陳希獻，字述甫，晚年更名慎三。番禺人。初習白沙之學，晚歲服膺呂東萊、朱子。道光二十一年（一八四一）鴉片煙禁，夷人滋擾，與鄉紳籌防周密，民賴以安。贈醫施藥，開局修府志，皆總理經費。卒年八十餘。著有《先儒語要》等。（陳景周《希獻事略》）

本年英軍進犯廣州，梁廷棟集合十二社學及大批農民，於四方炮臺一戰役大挫英軍。

梁廷棟，字雲西。南海人。道光二十一年英軍進犯廣州，集合十二社學及大批農民，於四方炮臺一戰役大挫英國侵略者。後二年，與廣州城北百多鄉鄉民於石井建升平社學。卒年八十四。（同治《南海縣志》）

本年虞世珍與弟世恩等帶兵守東塱炮臺，以功保升廣州府教授。

虞世珍，字志匡。連山人。初任東安教諭，後掌教省城粵秀各書院。時廣東久患水災，參與疏通金山河道，並籌設惠濟等倉。（清《連山鄉土志》）

本年姚麟以千總拔補

姚麟（？～一八五六），字榮爵。番禺人。爲人儒雅好讀書，能詩擅書公牘。由武生入營爲馬戰兵，總督盧坤令以記委頂戴教習各營。道光二十一年（一八四一），以千總拔補。二十三年，補永靖營把總，調署大瀝汛把總。二十五年，補四會營廣寧城守千總。二十六年，擢羅定協西寧守備。咸豐元年（一八五一）補高州都司，六年，調守鎮江下蜀街，在鎮壓太平軍戰鬥中被殺。（同治《番禺縣志》卷四八）

本年謝澤森辦團練阻擊英軍，獎七品頂戴。

謝澤森，字玉攀。番禺人。卒年七十五。（《番禺縣續志》卷

二四）

顏培瑚於本年中進士。

顏培瑚，原名堉瑚，字鐵珊，號夏（廈）廷。惠州府連平州人。道光二十一年（一八四一）恩科進士，翰林院檢討，江蘇淮徐揚海道，加按察使銜。二十三年癸卯主講惠州豐湖書院，越廿六年同治七年（一八六八）戊辰，重主是席。古今體專學香山，書臨內史。嘗有句云："詩編長慶集，帖寫永和年。"著有《自怡齋詩草》。李長榮《柳堂師友詩錄》有傳。

何若瑤於本年中進士。

何若瑤，字群玉，號石卿。番禺大石人。道光八年戊子（一八二八）舉人，二十年（一八四〇）庚子大挑二等，選海康訓導，二十一年（一八四一）進士，翰林院編修。二十八年戊申補授右春坊右贊善。翌年己酉丁父憂，服闋回京。咸豐三年（一八五三）癸丑丁繼母憂，遂不復出。次年甲寅紅匪作亂，幾被害。走會城，圖剿賊。時賊氛正熾，乃與梁綸樞請於制府，開局城西，籌餉募勇。五年（一八五五）乙卯正月，力集謀定，遂同官軍進攻，不三日一掃蕩平。次年丙辰延主禺山講席，總纂邑志，未成書而卒。著有《公羊注疏質疑》、《兩漢考證》、《海陀華館詩文集》。鄒魯《廣東通志稿》有傳。

徐臺英於本年中進士。

徐臺英（？～一八六三），字明釗，號佩韋。南海人。道光十二年（一八三二）舉人，二十一年（一八四一）進士，歷官湖南華容、耒陽知縣，以交代虧空雜款去官。同治初元，特旨召用，分發浙江。時左文襄撫浙，奇其才，爲捐升同知，委署台州府知府。未到官卒。著有《鉛刀集》。吳道鎔《廣東文徵作者考》卷十有傳。

楊欽翰於本年成貢生。

楊欽翰，電白人。道光二十一年（一八四一）歲貢。著有《尚書詁解》。（光緒《高州府志》）

李勳生。

李勳（一八四一～一八八七），字鏡儂，號贊歈。澄海人。光緒十一年（一八八五）舉人。著有《蕙綢山莊詩集》、《金剛經註釋》。（《潮州志・藝文志》）

崔芹生。

崔芹（一八四一、一八四五～一九一五），字詠秋，一字鳴周，別署鶴山山樵。鶴山人。何翀高弟。畫法亦仿新羅（華岩），秀逸有士氣。（《中國近現代人物名號大辭典》一一五〇頁）

葉錦標生。

葉錦標（一八四一～一八九九），字彩昭，號杏橋。東莞人。同治七年（一八六八）武進士。光緒二十年（一八九四）任廣西柳慶鎮左營守備。（宣統《東莞縣志》卷七三）

鄧承修生。

鄧承修（一八四一～一八九二、一八九一），字伯納、德安，號梅生、鐵香。歸善人。咸豐十一年（一八六一）舉人。官至鴻臚寺卿、總理衙門大臣。以直言敢諫著，時稱鄧鐵漢。晚年主將豐湖書院，創崇雅書院。由於獻款朝廷，賢才自薦任郎官，就職刑部，後任御史、給事等職。受命先後至天津助李鴻章與法人談判，代表中方抵越南與法國殖民者談判劃界，簽訂相關條約，歷盡艱辛。著有《語冰閣奏議》及手寫遺詩一卷。《清史稿》有傳。第三女夢湘，字慧史。同邑任蕎雲室。有詩云：“借得桃園且避秦，漫拋心力作詞人。憂國憂家無窮憤，如此囂晨患有身。”陳融《讀嶺南人詩絕句》卷十五有傳。

龍恒銳卒。

龍恒銳（？～一八四一），番禺人。道光二十一年（一八四一）英軍犯廣州，三元里人奮起抗擊，恒銳於戰鬥中犧牲。（一九九〇年《番禺縣人物志》）

李蘇卒。

李蘇（？～一八四一），番禺人。道光二十一年（一八四一）

英軍犯廣州，三元里人奮起抗擊，蘇於戰鬥中犧牲。（一九九〇年《番禺縣人物志》）

達邦阿陣亡。

達邦阿（？～一八四一），番禺人。道光二十一年（一八四一），守橫檔島炮臺抗擊英軍，陣亡。（一九九〇年《番禺縣人物志·英烈志士表》）

李蘊卒。

李蘊（？～一八四一），番禺人。道光二十一年（一八四一）英軍犯廣州，三元里人奮起抗擊，蘊於戰鬥中犧牲。（一九九〇年《番禺縣人物志》）

李才產陣亡。

李才產（？～一八四一），番禺人。道光二十一年（一八四一）英軍犯廣州，三元里人奮起抗擊，才產於戰鬥中陣亡。（一九九〇年《番禺縣人物志》）

李文昭陣亡。

李文昭（？～一八四一），番禺人。道光二十一年（一八四一）英軍犯廣州，三元里人奮起抗擊，於戰鬥中陣亡。（一九九〇年《番禺縣人物志》）

嚴怡章犧牲。

嚴怡章（？～一八四一），番禺人。道光二十一年（一八四一）英軍犯廣州，三元里人奮起抗擊，於戰鬥中陣亡。（一九九〇年《番禺縣人物志》）

何景才陣亡。

何景才（？～一八四一），番禺人。道光二十一年（一八四一）英軍犯廣州，三元里人奮起抗擊，於戰鬥中陣亡。（一九九〇年《番禺縣人物志》）

張來興犧牲。

張來興（？～一八四一），番禺人。道光二十一年（一八四一）英軍犯廣州，三元里人奮起抗擊，於戰鬥中犧牲。（一九九

○年《番禺縣人物志》）

彭社應犧牲。

彭社應（？～一八四一），番禺人。道光二十一年（一八四一）英軍犯廣州，三元里人奮起抗擊，於戰鬥中犧牲。（一九九○年《番禺縣人物志》）

林信豐陣亡。

林信豐（？～一八四一），番禺人。道光二十一年（一八四一）英軍犯廣州，三元里人奮起抗擊，於戰鬥中陣亡。（一九九○年《番禺縣人物志》）

易東陣亡。

易東（？～一八四一），番禺人。道光二十一年（一八四一）英軍犯廣州，三元里人奮起抗擊，於戰鬥中陣亡。（一九九○年《番禺縣人物志》）

周華犧牲。

周華（？～一八四一），番禺人。道光二十一年（一八四一）英軍犯廣州，三元里人奮起抗擊，於戰鬥中犧牲。（一九九○年《番禺縣人物志》）

凌芳陣亡。

凌芳（？～一八四一），番禺人。道光二十一年（一八四一）守橫檔島炮臺抗擊英軍，陣亡。（一九九○年《番禺縣人物志》）

黃良義陣亡。

黃良義（？～一八四一），番禺人。道光二十一年（一八四一）英軍犯廣州，三元里人奮起抗擊，於戰鬥中陣亡。（一九九○年《番禺縣人物志》）

龔尚登陣亡。

龔尚登（？～一八四一），番禺人。道光二十一年（一八四一）英軍犯廣州，三元里人奮起抗擊，於戰鬥中獻身。（一九九○年《番禺縣人物志》）

謝恒標陣亡。

謝恒標（？～一八四一），番禺人。道光二十一年（一八四一）英軍犯廣州，三元里人奮起抗擊，於戰鬥中獻身。（一九九○年《番禺縣人物志》）

黎友陣亡。

黎友（？～一八四一），番禺石馬人。道光二十一年（一八四一）英軍犯廣州，三元里人奮起抗擊，於戰鬥中獻身。（一九九○年《番禺縣人物志》）

翟長齡犧牲。

翟長齡（？～一八四一），字虎臣。東莞人。官把總。道光二十一年（一八四一）在沙角炮臺與英軍作戰犧牲。（一九九○年《番禺縣人物志》）

黎丁桂陣亡。

黎丁桂（？～一八四一），番禺石馬人。道光二十一年（一八四一）英軍犯廣州，三元里人奮起抗擊，於戰鬥中獻身。（一九九○年《番禺縣人物志》）

黎勤有陣亡。

黎勤有（？～一八四一），番禺石馬人。道光二十一年（一八四一）英軍犯廣州，三元里人奮起抗擊，於戰鬥中獻身。（一九九○年《番禺縣人物志》）

黎燕翼陣亡。

黎燕翼（？～一八四一），番禺人。道光二十一年（一八四一）英軍犯廣州，三元里人奮起抗擊，於戰鬥中陣亡。（一九九○年《番禺縣人物志》）

清宣宗道光二十二年　壬寅　一八四二年

穀雨日，黃釗賦《穀日偶成》詩云：

歲歲祈年驗穀滋，家家開甕介春祺。老來飲食方知節，閒過昇平但紀時。生世久同人日好，命宮暫覺酒星移。思量別署蕭齋牓，觀易於今取養頤。

又賦《東隴舟中大風雨遲魯興總制不至》五律、《魯興總制奉詔罷秩歸自閩南晤於東隴舟中作信宿談感賦》七律、《雨中槧潮抵門闢宿觀音堂》、《西舍之西有屋兩間從販茶戶收回拓而充之小有更置成二詩紀之》、《予年三十已見二毛四十又六髭留非復玄之又玄今又十載矣玄日以素鬐弗能復爲之諱爰表而出之頷》（以上五律）。

三月底，釗賦《春莫（暮）獨往東山並至東巖紅棉落盡春山黯然與石巖僧慈香話數刻而歸》詩云：

夢裏梨花出粉墻，眼中軟草襯毯場。勃姑啼遍春山黯，魂斷荒邱蔡尾娘。路傍有石碣，書前明蔡尾娘墓。

桃花上已悵征帆，吟興荒涼思不堪。蔣詡稻翁閉門胡杲畫堂嬾，紅棉落過紫雲巉。

伊蒲饌美記依稀，重昇籃輿陟翠微。添得石巖僧一個，替他牝虎守禪扉。

雲構依山極自然，何當逃暑共逃禪。碓房開拓齋廚便，擬換茅龍改數椽。

五月，陳化成於吳淞口力戰英軍，七處負傷陣亡。後張維屏賦《三將軍歌　並序》，詠唱抗英犧牲的陳化成、陳連陞與葛雲飛。（陳永正《嶺南歷代詩選》五一二頁）

秋，黄釗賦《秋霖不止入夜聞聲勢甚猛感作》詩云：

倒盡天河水，如何不洗兵。缸殘愁海氣，鐵冷怯篝聲。破屋茅難補，譙樓鼓嬾鳴。頻年沉悶意，伏枕百憂生。

七月初七日，黄釗賦《七夕作》詩云：

老妻歸我四十年，入門對鏡羞嬋娟。中間七夕僅十度，雙星下顧亦可憐。青群蒼鬢邁自喜，薄有田園看孫子。當時弱墻今老夫，尚有閒情弄犀齒。一官自詡安樂窩，匏瓜有匹樂則那。黄姑織女未渡河，小妻雙雙拜床婆。姚姬年十九，丁姬年十五。

七夕後，釗賦《七夕後晴霽用畫堂連夕暴雨韻漫成一首》詩云：

银浦云流学水奔，已干华顶洗头盆。雁来空碧情天老，鸭睡生红气海温。仙阙尚馀金马梦，佛香初返木犀魂。披幧应惹床婆笑，礼俗从人酹鬓樽。潮俗七月七日祀床婆。

钊又赋《秋初至石巖卓锡金顶诸寺示石巖僧慈香》五古、《东山紫云巖中元道场作》、《秋初邀书堂暨诸同僚集饮东山书院用书堂韵》（以上七律）、《学圃中草木杂成十二首》五绝、《武夷茶二首》七绝、《石巖为白牛小隐夏间同陈仲羽　履丰姚莲第鼎科海秋　占鳌梅丞　弼贤诸子游此约共筑一楼以为春秋佳日风咏之所初冬落成颜其楼曰文起并赋长句以记》七古、《连日觞客石巖山楼戏成一律》七律、《去秋移一石置花台上乃浛洭产今冬复移一洞庭产与之耦为赋此诗》五律、《榕瓢食蟹戏成二十八字呈窳道人》七绝。

十月，黄钊赋《初冬雨夜即事》诗云：

淅沥空阶闪烁糯，布襜寒拥数严更。少听江雨情同昨，老看灯花眼独明。二妾联床似兄弟，一僮依案亦师生。卅年旅馆萧条况，换得而今梦寐清。

又赋《冬夜与紫荃紫翘二姬小饮作》、《冬日漫成》四首（以上七律）、《初四夜作》、《次夕用前韵一首》（以上五律）、《方冬五首》五古、《寒夜杂感》四首、《东廨书事》、《静观四首》（以上七律）、《醉竹图为书堂题》七古、《輓左秋浦师》五律二首。（以上《读白华草堂诗·苜蓿集》卷六 壬寅）

本年黄庆元擢游击。

黄庆元，字善之。南澳人。荫袭云骑尉，归标效力，积劳补守备，旋迁都司。道光二十二年（一八四二）擢游击，二十四年晋参将，翌年调署顺德协副将，二十九年（一八四九）升琼州镇总兵。曾参与查缉鸦片、抗击英军诸役。（民国《南澳县志》卷九）

伍廷芳生。

伍廷芳（一八四二～一九二二），本名敍，字文爵，又名才，號秩庸，後改名廷芳。新會人。朝樞父。出生於新加坡，三歲隨父回廣州芳村定居。早年入香港聖保羅書院。同治十三年（一八七四）自費留學英國，入倫敦學院攻讀法學，獲博士學位及大律師資格，後回香港任律師，成爲香港立法局首位華人議員。光緒八年（一八八二）入李鴻章幕府，任法律顧問，參與中法談判、馬關談判等。二十二年（一八九六）任駐美國、西班牙、秘魯公使，簽訂近代中國第一個平等條約《中墨通商條約》。主持修訂法律。辛亥革命爆發後，任中華民國軍政府外交總長，主持南北議和，迫使清室退位。南京臨時政府成立後任司法總長。民國六年（一九一七）赴廣州參加護法運動，任護法軍政府外交總長、財政總長、廣東省長。十一年，陳炯明叛變時因驚憤成疾，逝世於穗。葬越秀山。（《中國近現代人物名號大辭典》二三一頁）

　　吳應鳳生。

　　吳應鳳（一八四二～一八八〇），字芷舲。揭陽人。道光諸生。擅畫蘭。所畫筆墨秀潤，疏密有致，構圖新穎。著有《畫蘭集》。（《廣東畫人錄》）

　　陳如嶽生。

　　陳如嶽（一八四二～一九一四），字峻峰，號鎮南。南海大富保蓮塘鄉（今屬佛山）人。幼時從學於朱九江，研習經史論著及八股文。同治十一年（一八七二）舉人，光緒九年（一八八三）進士，任翰林院編修。旋奉旨至貴州任舉子試主考官。後辭官歸里，批註古籍，撰述詩文，教育子弟，並兼營陳太吉酒莊。病逝於佛山。除批註校訂《西廂記》、《桃花扇》、《三國演義》、《水滸》等外，還有詩集傳世。又擅書法。（《廣東近現代人物詞典》二八〇頁）

　　黃雲紀生。

　　黃雲紀（一八四二～？），字禹銘（明）、譽聞，號遐釋，晚號清遺、忍齋。南海人。工詩歌，通篆隸，精治印。專攻浙派，出入陳曼生、陳秋堂諸家。亦工書法。著有《百忍齋印稿》、《忍

齋百忍印譜》。（《廣印人傳補遺》）

梁鴻鸁生。

梁鴻鸁（一八四二～？），字翰臣，號羽逢。三水人。光緒八年（一八八二）中舉人。次年舉進士，授翰林院庶吉士，歷任四川鹽源、太寧、黔江、巫山等縣知縣，任內興辦教育，改革吏治。宣統元年（一九〇九）回鄉隱居。著有《入蜀紀程》、《綠榕軒詩草》等。（《廣東近現代人物詞典》二九一頁）

鄭觀應生。

鄭觀應（一八四二～一九二一、一九二二），本名官應，字正翔，號陶齋、羅浮偫鶴山人。香山人。同治七年（一八六八）赴上海學經商，曾任買賣。後經營公正輪船公司。十二年（一八七三），參與創辦太古輪船公司。光緒六年（一八八〇），任織布局總辦，旋任上海電報局總辦。中法戰争爆發，前往廣東，總辦湘軍營務處事宜。二十二年（一八九六）五月，任漢陽鐵廠總辦。三十二年（一九〇六）三月，爲廣東商辦粵漢鐵路有限公司總辦，主持募股集資工作，旋因守制去職。宣統元年（一九〇九），三入招商局任董事。民國以後傾力辦教育，並兼招商局公學住校董事、主任、上海商務中學名譽董事等職。著有《盛世危言》等。（《中國近現代人物名號大辭典》八三五頁）

廖廷相生。

廖廷相（一八四二、一八四四～一八九七、一八九八），字子亮，又字澤群。南海人。光緒二年（一八七六）進士，官翰林院編修。尋父憂歸，自是家居著書不復出。先是，陳澧講學粵秀山學海堂及菊坡精舍，往見之，遂留受業，篤守師法。博觀約取，尤精三《禮》，編《三禮表》。治《說文》，謂段玉裁分古音十七部爲適中。陳澧著《切韻》成，囑之校勘。十五年（一八八九），詔修會典，行取各省輿圖，廣東開局纂修圖志，總其事，確考精繪，以進於朝。自著書甚富，已成者有《禮表》十卷、《群經古今文家法考》、《粵東水道分合表》二卷、《順天人物志》

六卷、《廣雅答問》六卷、《讀史劄記文集》。後見時艱日亟，外侮紛至，因著《安攘錄》。在籍嘗繼陳澧爲學海堂及菊坡精舍學長，又歷主金山、羊城、應元、廣雅各書院。廣雅爲大學士張之洞督兩廣時所建，專以經、史、理學及經濟、詞章分科課士，廷相主講席，所教授宗旨純正。佚名《清代粤人傳》卷十一有傳。弟廷福，字錫茲。從陳澧遊菊坡精舍，月課曾爲澧所激賞，拔列第一。著有《紅荔山房詩稿》二卷。吳道鎔《廣東文徵作者考》卷十二有傳。

清宣宗道光二十三年　癸卯　一八四三年

正月初一日，黄釗賦《春正餉橘甚富且甘美異常成二詩示紫荃、紫翹兩姬》詩云：

江上租庸收萬户，山中奴婢擁千頭。橘官更比鹽官富，老渴安心作醉侯。

十二朱盤映翠觴，三人求橘説緐祥。三人求橘本焦氏《易林》。安州漫詡千房蜜，甜到中邊手愈香。

初四日夜，黄釗賦《初四夜觴客喜雨有作》詩云：

夜酒正酣時，簷聲落四垂。十分和夢足，五色助春爲。已有太平象，未妨開歲遲。去冬即望雨澤。明朝囑園吏，檢取籜籠移。

又賦《學椽鄭霖廢圃中有慎火樹今春遍身綻粒開花如榴子詩以詠之》七絶四首、《次韻奉酬錢古坤同年　景唐並訂上巳之遊》七律二首、《題占坤海山行腳小影》七古。

二月，詩人黄玉階、許玉彬相邀結越臺詞社，陳澧填《鳳凰臺上憶吹簫》詞，大受稱賞，被目爲真詞人。玉彬亦填《鳳凰臺上憶吹簫》詞，各有勝處。（陳永正《嶺南歷代詞選》一八四、二三二頁）

許玉彬，又名馥，字璘甫，又字伯皋，號青皋。番禺人。曾從吳蘭修學詞。番禺河南溪峽伍氏延致萬松園爲子弟授業。著有《冬榮館遺稿》，附詞。又與沈世良合輯《粤東詞鈔》。

初四日，梁信芳等泛舟番禺河南瑶溪，以詩和張維屏，賦《癸卯仲春四日泛舟窘溪次張南山韻》七律二首。（梁信芳《桐花館詩鈔》卷五）

三月十六日，黃釗賦《三月望後一日同人爲壺楪會於紫雲僧舍古坤書堂皆有詩二律因成五古一首》五古詩。

穀雨後二日，釗賦《穀雨後二日史實甫　致華招同人續遊東山古坤倒疊書堂前韻二首見示奉和》七律。

又賦《菘畦紀夢圖爲楊硯芬觀察題》、《李雪樵太守　敦業西涼撫番圖》（以上七古）、《珠海泛槎圖爲雪樵太守題》、《舜華夫人畫牡丹》二首、《哭吳梅莊茂才　廷蔚》六首、《奉和張茶農明府山樓集飲原韻》（以上七律）。

立秋前一日，釗賦《立秋前一日雨至中元節夜仍不止率成二詩》云：

五日沉酣盡插秧，臥聞簷角尚淋浪。老夫著屐自歡喜，新種棧欄高出墻。

羹飯衣錢待施孤，黑風盲雨攪來無。九幽亦有監門者，應上曹司句業圖。

又賦《將之羊城順道挈二姬回里夜泊後溪守風潮作》七絕二首、《急水塔》五律、《廣濟橋　去歲被水，衝圮過半，尚未修復》五律、《自韓江至艾埧雜成十五首》五絕、《孤舟夜泊興寧水口下里許》五律、《七都河》五古、《自七都至崎嶺雜成》七絕十首、《雲帆同年攝篆嘉應順道就謁留宿州廨抵崎嶺後奉寄》七律。

八月十四日，黃釗賦《八月十四夜舟抵惠州登合江樓拜坡仙像作》詩云：

舊居合江樓，樓懸坡仙舊居額。新居白鶴峰。首尾勢相顧，蜿蜒如翔龍。雙城斷腰脊，玉帶橋聯虹。新居舊有亭，肅公坐其中。烏雲間紅日，明月當清風。亭中舊有侯官劉心香先生令歸善時集公句楹帖。舊居近新焕，江樓復祠公。靈籠夙莫極，磨蠍初移宮。我來值中秋，天水搖清空。公如照鬢眉，定爲百坡翁。漁火見深夜，三五明星紅。譙樓睡老卒，棋院醒青童。神仙自多情，應在豐湖東。

又賦《十五夜下南舟中賞月》五律、《夜泊牛欄圍》七古、《登粤秀山應元道觀感賦》七律、《羅浮藤杖歌爲家笏山　撟雍教授雙壽作》七古、《秩滿赴驗小住穗城已將匝月清遊雅集幾無暇日歸舟廻溯雜成十二詩以誌爪跡》七絕、《東江二首》、《聞溫翰初農部之訃慟成二首》（以上五律）、《哭雨生弟　雨生殁於官，京師久無信來，聞臺灣已得信》五古長詩、《入龍源江舟行戲詠所經由塘舖》五絕八首、《夜泊將軍硤下雨聲竟夕不寐間作》五律、《陳侶薌得端石硯六因搆一軒貯之顔曰六友屬賦》五古、《胡畫堂以清修圖屬題爲賦二詩》七絕、《奉懷雲帆同年四首》五律、《坡公生日設笠屐像於學舍西偏之頤齋供饌留客集飲適得余除授待詔之信賦詩及之》五絕四首。（以上《讀白華草堂詩·苜蓿集》卷七　癸卯）

黎如瑋於本年中舉人。

黎如瑋，字方流。順德人。道光二十三年（一八四三）舉人。以母老不赴禮部試，講學廣州城南獅子林僧舍。晚年歸居昌教鄉，讀書處曰自在庵。精醫學。著有《養蠶辭》。畫宗沈石田（周）。汪兆鏞《嶺南畫徵略》卷九有傳。

饒褒甲於本年中舉人。

饒褒甲，號翼雲。大埔人。道光二十三年（一八四三）舉人，連捷南宮，分發陝西，即用知縣。到省未久，即以病告歸。博學多才，罕有其匹。卒年未滿五十。朱慶瀾《廣東通志稿》有傳。

石衡於本年中舉人。

石衡，字寶田。番禺人。道光二十三年（一八四三）舉人，官直隸涿州知州。汪兆鏞《嶺南畫徵略》卷八有傳。

李鑒之於本年中舉人。

李鑒之，字玉田。香山人。道光二十三年（一八四三）舉人，官德慶州教諭。黃紹昌、劉燻芬《香山詩略》卷十有傳。

許應鑅於本年中舉人。

許應鑅（？～一八八六），字昌言，號星臺。番禺人。道光二十三年（一八四三）舉人。以阻英人入城互市，奉旨特獎主事。咸豐三年（一八五三）進士，官江西按察使、浙江布政使，護理巡撫，興水利，弭水患。收藏晉磚甚富。著有《晉磚吟館詩文集》、《習是編》、《衍祥堂述聞》。黃紹昌、劉燻芬《香山詩略》卷十有傳。

陳泰初於本年中舉人。

陳泰初，字健之，又字見田，室名問月樓。番禺人。仲良長子。道光二十三年（一八四三）舉人，二十五年進士，翰林院編修，選廣西平樂府知府。時廣西盜賊躁躪，咸豐八年（一八五八）抵任，剿賊積勞，病歿營次，贈太僕寺卿。著有《問月樓詩文稿》。畫效梅道人（吳鎮）、沈石田（周）。汪兆鏞《嶺南畫徵略》卷九有傳。室關婉容，字孟嫺。南海人。工設色花卉。汪兆鏞《嶺南畫徵略》卷十二有傳。

丁燕，字桂裳。番禺人。道光二十三年（一八四三）舉人。家居不仕。堂弟照，字鑒湖。貢生，官揭陽訓導，擢知縣，加同知銜。事見《松軒隨筆》。

何壯猷於本年中舉人。

何壯猷，字高翻，號桐圃。番禺人。道光二十三年（一八四三）舉人。遇事膽決有爲。咸豐二年（一八五二）以軍功保舉知縣，集眾團練以保鄉。編纂《番禺縣志》，未成而卒。（同治《番禺縣志》卷四八）

張佩璣於本年中舉人。

張佩璣，號玉衡。博羅人。道光二十三年（一八四三）舉人。無心官場，誠習家傳祖醫，學而益精。就診者一視同仁，免貧者診金。（同治《博羅縣志》卷七）

陳松於本年中舉人。

陳松，字鶴喬，號樗木散人，晚號蒼野。順德人。道光二十三年（一八四三）舉人。咸豐間天地會起，在鄉辦團練。羅惇衍等奉詔回鄉督辦廣東團練，聘爲襄贊，不辭勞苦，加內閣中書銜。同治間在鄉創建敦和書局，倡築永安、懷新兩堤圍。著有《蒼野書室遺稿》、《詩韻正字》。（《鳳城識小録》）

林恒亨於本年中舉人。

林恒亨，字居墾，號笠舫。海陽（今潮安）人。道光二十三年（一八四三）舉人，以功獎候補知縣，授新會教諭，旋調番禺，任職三年歸。卒年六十八。（《庵埠鎮志》）

錢時新於本年中舉人。

錢時新，字景徵，號曉垣。東莞人。道光二十三年（一八四三）舉人。（宣統《東莞縣志》卷七一）

郭見鑾於本年中舉人。

郭見鑾，字竹坡。清遠人。道光二十三年（一八四三）舉人，主鳳城書院講席。咸豐五年（一八五五），以鄉紳克復縣城，以功授潮陽縣教諭。卒於官。能詩文，邑志存詩文數則。著有《四書講義》、《時行堂文集》，已佚。（《清遠縣志》卷六）

梁蒲貴於本年中舉人。

梁蒲貴，字次谷。高要人。道光二十三年（一八四三）舉人。咸豐五年（一八五五）以辦團練克復肇慶城，以功保舉以知縣用。先後任江蘇昭文、寶山知縣、海防同知。（宣統《高要縣志》卷十八）

賴子猶於本年中舉人。

賴子猶，字雪舟。順德人。道光二十三年（一八四三）舉人。咸豐三年（一八五三）回籍，在龍元僖屬下辦團練局務。曾與父捐修龍山近九江千餘丈堤圍，時人呼爲“保康圍”。（《鳳城識小録》）

葉静山於本年中武舉人。

葉静山，字性存。東莞道滘葉氏六房人。道光二十三年（一八四三）中癸卯科第二十六名武舉人。（宣統《東莞縣志》卷四八）

陳慈黌生。

陳慈黌（一八四三～一九二一），又名步鑾。饒平人。少接管其父業務。同治十年（一八七一）於泰京曼谷創設陳黌利行專營出入口貿易，陸續創設各火礱於曼谷。與族人集資創設陳生利行（後改陳元利行）於新加坡，聯泰國、新加坡、香港、汕頭經營於一環。六十一歲時回鄉，捐資修橋築路，倡建新村，創辦成德學校。（《澄海人物志》）

葉紉蘭生。

葉紉蘭（一八四三～一九〇五），原名茗，字小茗。南海人。光緒二年（一八七六）舉人，署寧海縣事，有政聲，百姓稱之爲君子官。光緒三十一年卒於杭州。著有《廣東文獻袖珍》、《中日戰事始末記》等。（宣統《南海縣志》卷十五）

楊模生。

楊模（一八四三～一九〇二），字曙升。英德人。咸豐十一年（一八六一）拔貢，同治元年（一八六二）舉人，主講會英書院，歷任四川納溪等三縣知縣。光緒二十一年（一八九五）致仕家居。咸豐間參修《韶州府志》。著有《文澤堂詩集》。（《韶州府志》卷七）

鄧景廷生。

鄧景廷（一八四三～一九〇五），原名增。新會丹灶鄉（今屬江門）人。咸豐十年（一八六〇）從戎。同治元年（一八六二）後在浙江一帶參加鎮壓太平軍，旋升花翎遊擊，加參將銜。繼入陝、甘鎮壓回民暴動，迭任副將、總兵，獲賜博克德恩巴圖魯號。光緒十一年（一八八五）任新疆伊犁總兵。十五年（一八八九）奉調鎮守甘肅西寧道西寧城，任内鎮壓韓文秀起事。二十二年（一八九六）擢陝西提督。二十六年（一九〇〇）八國聯軍入京，慈禧太后挾光緒帝逃西安避難，奉令侍衛護送，後獲光緒帝賜書"虎"字。卒於陝西提督任内。（《廣東近現代人物詞典》四一頁）

鄧蔭南生。

鄧蔭南（一八四三、一八四六～一九二三），原名松盛，字有相、蔭南，排行三，又稱鄧三。開平人。開平公學堂及檀香山華文學院肄業。經營農場、蔗園，成爲檀香山富商。與孫眉交往甚密。同治二十年（一八九四）與孫中山見面，加入興中會。次年變賣家財充革命經費，回國參與籌劃廣州起義，失敗後避居澳門。二十四年（一八九八）與宮崎寅藏等在廣州設東亞同文會，協助陳少白於香港創辦《中國日報》。二十六年（一九〇〇）於廣州策應惠州起義，任民軍總司令。後協助史堅如刺謀兩廣總督德壽，失敗後隱居新界。二十八年（一九〇二）與洪全福謀廣州起義，事泄失敗後隱居。同盟會成立後，在香港發展組織，籌款支援西南邊境及黄花崗起義。宣統三年（一九一一）在新安（今寶安）組織民軍響應武昌起義，任新安民軍監督、開平民團總長。次年底任稽勳局名譽審議。後參加討袁、護法、逐莫（莫榮新）諸役。民國六年（一九一七）任海陸軍大元帥府參議、陸海軍大元帥府軍事委員會委員。十年（一九二一）任中華民國總統府參議、内政部農務局局長、東莞縣縣長、開平縣縣長。翌年陳炯明叛變，舉兵於開平聲援，並籌款資助孫中山討伐。病卒於澳門。追授陸軍上將。遺著編入《蔭南文存》。（《中國國民黨史稿》卷五）

鄭心經生。

鄭心經（一八四三～一九〇二），號醉六，晚自署樗散老人。海陽（今潮安）人。光緒末年補博士弟子員。設帳課徒多年。好爲竹枝詞，所作輒婦孺傳誦。兼擅書畫，尤精蘭竹。詩論警俗，人稱鄭斧。著有《鷓鴣吟館詩鈔》、《印譜》。（《潮州府志略·人物》、《潮汕書畫史略》）

清宣宗道光二十四年　甲辰　一八四四年

春及夏初，黃釗賦《七載》七律、《教諭積俸十餘年推升內秩可得翰林待詔余去年以報效得之劉生　泰初寄詩來賀賦答》七絕四首、《武林李桐村　方煦先世從龍入關以武功著至桐村乃好文學長於詩久客都門骨肉彫喪遂不能歸道光乙酉卒於京邸寄園友人吳雲帆　均經紀其喪卒歸櫬武林葬焉遺稿皆雲帆爲之蒐輯繕寫將謀付梓蠅頭楷書不下千餘首聞桐村人品超越凡庸然如延陵君高義亦無遜乎掛劍之風矣》二首、《縣齋下榻即事寄簡稻翁瓻盦》二首（以上五律）、《老相公祠》、《大將軍廟》（以上七古）、《寄懷西岡別墅主人　魯輿開府歸連平後築別業於西郭居之》七絕四首、《潮陽得雨》五律二首、《石巖張公祠成》七律、《苦雨》五律、《喜晴》七絕二首、《雨仍不止感作》七律、《雨中雜詠小園卉木四首》七絕、《汝陰大人行》七古。

五月初五日，黃釗賦《重五日蓮第倩人畫鍾馗見貽》詩云：

畫貓日主金危危，穴鼠無敢窺琉璃。唐家武舉能食鬼，華清圖像雄鬚眉。說夢此豈癡人癡，前身版築非公誰。流傳至今爭繪絲，五月五日日午時，繼道子作研隃糜。褒衣博帶儒而武，手搖扇乃從高麗。朱砂蝙蝠飛相隨，福善之意吾知之。姚生好古兼嗜奇，風義尤篤友與師。貽我此幅醉重五，相對快酌黃金卮。掃除六合同斗室，爾我夙志今甯驒。日神月將冕執戣，看公腰劍韔虎皮。

又賦《蓮第讀書秋樹根小影》七絕、《白荷花四首》七律。

六月初二日，黃釗賦《六月二日蓮第約至紫雲巖水簾亭逭暑》七古詩。

又賦《解組後攜二姬移榻種龍養鳳之窠簷翠周遮鳴蟬四合疏星入櫺涼雲著几是小安樂行窩也得消夏詩十四首》七絕、《自信》五律八首、《石巖過茶農張公祠感作》七絕。

七月，黃釗賦《初秋稍涼檢理舊篋得盛子履贈秋浦師五言古詩一紙愴然於懷因次其韻以誌感傷》詩云：

盛君昔奄逝，得自彥輔書。往年得潘彥轉書，始知其逝。頻年斷音問，無因詳起居。夫子惜其終，美其能永譽。未知子若孫，可能鋤與畬。夫子近徂謝，梁木歌痛余。尚喜櫝硯留，文孫傳緒餘。人稱通德門，我頌承明廬。我今將六旬，少壯百念虛。師友多古人，懷抱盆不舒。近始獲投簪，安能復曳裾。聞雞想膠膠，夢蝶來蘧蘧。朝來理陳篋，讀此幾漣如。秋風催脫葉，颯颯鳴階除。潘兄亦長往，不朽空躊躇。

初七日，黃釗又賦《延秋小集詠七夕》詩云：

欲渡詎無梁，翹翹鵲喜忙。河邊自兒女，殿上共君王。瓜果何年設，人天此會長。蜘蛛聊戲爾，風露昨宵涼。

女織男耕義，齒風流火時。寓言天帝詔，本事我公詩。鶴埋三年別，鴉巢一木支。填橋同網戶，附會等傳奇。

十五日，又賦《七月十五夜作》詩云：

爲按摩耶腹，從披玉局肝。幢邊金粟界，江上水晶盤。夜覺光明苦，人方衣食難。多情定仙佛，集福仰齋壇。

十七日，又賦《七月十七先嚴忌日志痛》詩云：

三十三年慟，呻吟負藥湯。體遺已斑白，名隱憾焚黃。生我天垂老，成人日掩光。眼前仍獨立，涕泣向蒼茫。

幼女幾霜鬢，鍾氏妹。孤兒早雪髭。百年剩兄妹，兩地哭嚴慈。骨肉庭闈引，孫曾世代推。屈婆歸到未，徐氏姊今四月病逝。膝下定追隨。

又賦《勿藥庵曉坐　引疾後易齋名爲勿藥庵》五律、《秋早》二首、《枕上戲成二首》二首、《補陀僧奉大士像航海至潮陽募化既設香花供養感系以詩》四首（以上七絕）、《二姝詠》七律二首、《躕躇行爲任月坡明府　荃作》五古、《題徐韻生孝廉　維城西湖放歌圖》雜言長歌。（以上《讀白華草堂詩·菭蓿集》卷八甲辰）

本年陳澧四應會試不第，南歸，經贛江十八灘，填《齊天樂》詞。（陳永正《嶺南歷代詞選》一八九頁）

本年張殿銓倡建螺陽七約社學，民皆懷其德。

張殿銓，字鑒湖。番禺人。家室經商，殿銓於廣州城西十三行街創辦隆記茶行，貿易致富。平居喜讀《通鑑》，手不釋卷。（《岐山張氏族譜》）

馮譽驥於本年中進士。

馮譽驥（一八二二～一八八三），字仲良，號展雲。高要人。道光二十四年（一八四四）進士，累官至陝西巡撫。罷官，僑寓揚州。吳道鎔《廣東文徵作者考》卷十有傳。

張金鑒於本年中進士。

張金鑒（一八一二～一八五七），字卓英，號子銘。東莞人。道光十九年（一八三九）己亥鄉薦，二十四年（一八四四）進士，禮部主事。捐修寶安書院。咸豐四年（一八五四）甲寅之亂，率鄉勇屢破賊，事平以郎中升用。主講寶安書院，諄諄誘掖。未幾卒，年四十八。張其淦《東莞詩錄》卷五二有傳。

林燕典於本年中進士。

林燕典（？～一八五九），原名英級，字賜階，號躋堂。文昌（今屬海南）人。道光十一年（一八三一）辛卯鄉薦，二十四年（一八四四）進士。懷英捧檄，肇始豫章；元亮爲官，最宜彭澤。未幾，丁母憂歸。服闋，初署崇義，旋補永豐。咸豐三年（一八五三）癸丑復遭太翁喪，力辭歸，當道延主雁峰蔚文講席。又以邑志重修，二載成書。九年己未六月偶染痢卒。海南書局《海南叢書》卷九有傳。

馬儀清於本年中進士。

馬儀清，高要人。道光二十四年（一八四四）進士，曾任翰林院編修、江蘇候補道。（宣統《高要縣志》卷十八）

朱潮於本年中進士。

朱潮，字海門。香山（今中山）人。道光二十四年（一八四四）進士，官直隸知縣。黃紹昌、劉熽芬《香山詩略》卷九有傳。

楊鱣於本年中進士。

楊鱣，號槐庭。遂溪人。晃岱堂弟。道光二十四年（一八四四）進士，官直隸井陘知縣，數月告歸。掌教雷陽書院，勉後學以端品力行。（民國《遂溪縣鄉土志》）

譚瑩於本年中舉人。

譚瑩（一八〇〇～一八七一），字兆仁，號玉生。南海人。道光二十四年（一八四四）舉人，官化州訓導，升瓊州府教授、肇慶府教授，加內閣中書銜。少受知於粵督阮元，與侯康交莫逆。又與熊景星、徐良深、徐榮、梁梅、鄧泰、鄧萊結西園吟社，後為學海堂堂長。博考粵中文獻，凡粵人著述，搜羅而讀之。罕見者告其友伍崇曜匯刻之，曰《嶺南遺書》五十九種，曰《粵十三家集》百八二卷。選刻近人詩，曰《楚庭耆舊遺詩》七十四卷。復博採海內書籍罕見者匯刻之，曰《粵雅堂叢書》百八十種。尤工駢體文，沈博絕麗。著有《樂志堂詩集》十二卷、《續集》、《文集》十八卷、《續集》二卷。又續編潘楳元之《廣州鄉賢傳》。卒年七十二。國史館《清史列傳》卷七三有傳。

唐承恩於本年中舉人。

唐承恩，字希禹，號芝房。東莞人。道光二十四年（一八四四）舉人。粵督阮元創學海堂，以漢學課士，復慕之，專究六書之學。張熙元昆仲與為艸角交。博施濟眾。年七十一卒。張其淦《東莞詩錄》卷五二有傳。

袁梓貴於本年中舉人。

袁梓貴，字仲芳，一字琴知。高要人。道光二十四年（一八四四）舉人。後家居授徒，在城南構小潛樓，且耕且讀。少即工書，中年益進。所作蠅頭小楷有孿窠勢。詩文沉博絕麗。間作閨清豔體，亦精工。文賦格調亦俏勁。又研易經天文，曾制天球，著有《天文圖考》數十萬言，《小潛樓集》十二卷。梁振芳輯其詩四卷、文四卷付梓。（《廣東文徵作者考》卷十）

馮譽驄於本年中舉人。

馮譽驄，字鐵華（驊）。高要人。譽驥弟。道光二十四年（一八四四）甲辰舉人，官博羅縣教諭，署衢州、處州、金華知府。咸豐十年（一八六○），太平軍攻克杭州，奉令回粵請餉。嘗謂清廷大吏用人，"喜諧悅而不論其才，治事喜虛飾而不求其當。屬吏就其所喜而避其所惡，風氣既成，相率為偽，此浙江之所以為太平軍所破也。"著有《說文諧聲表》、《廣韻切語》、《雙聲疊韻譜》、《鈍齋詩存》等。陳澧序其詩集。（宣統《高要縣志》卷十八）

蘇錦麟於本年中舉人。

蘇錦麟，字素初。茂名人。道光二十四年（一八四四）舉人。每逢大比，族中不能應舉者多所饋贈。（光緒《茂名縣志》）

林澤芳於本年中舉人。

林澤芳，字芝園。順德人。道光二十四年（一八四四）舉人，翌年進士，官內閣中書。回籍後與修邑志。（《順德縣志》）

黃敬佑於本年中舉人。

黃敬佑，字秋繁。南海人。道光二十四年（一八四四）舉人。終身以書畫自娛。（《南海縣志》）

梁國璜於本年中舉人。

梁國璜，番禺人。信芳子，國珍從兄。道光二十四年（一八四四）舉人，授候選訓導。（《番禺縣續志》卷十九）

陳六徵於本年成貢生。

陳六徵，石城（今廉江）人。道光二十四年（一八四四）歲貢。著有《四書旁瀋》等。（民國《石城縣志》）

胡曦生。

胡曦（一八四四～一九〇七），一名晓岑，字晓辰、明曤，号壸園。興寧人。同治十二年（一八七三）二十九歲考取拔貢，與黃遵憲、丘逢甲稱晚清嘉應三大詩人。工書。著有《粘此心齋詩話、文集》、《興寧圖志考》、《枌榆碎事》、《廣東民族考》等。輯有《梅水匯靈集》。（一九八九年《梅州人物傳》）

陳景鎏生。

陳景鎏（一八四四～一八九九），初名景濂，通籍後改今名，字蚧徵，號翊溪。番禺石樓村人。武舉大元孫、舉人龍韜侄。同治十一年（一八七二）鄉試第二名舉人。光緒六年（一八八〇）進士，選庶吉士，散館授編修。家世務農，素熟農事，居近水，堤薄，颱風時多潰決，為之增高疏浚，得以無患而歲常有盈。任職詞館本屬清閒，唯閉門讀書，無所干謁。侍御安維峻諫慈禧太后，獲罪戍邊，臥病數月，聞之矍然起，親送上道，且送厚賻。在翰林院十多年，不獲升遷。二十三年（一八四三）八月，充順天鄉試同考官。翌年議敘得道府，賞加鹽運使銜。二十五年九月，授福建興泉永道。十月，將出都，得寒疾，誤服藥而卒。年五十六。（《番禺縣續志》卷二一）

袁經濟生。

袁經濟（一八四四～?），字旋甫。和平人。邑廩生，院試屢列前茅，文名大噪。（《和平縣志》）

葉璧華生。

葉璧華（一八四四、一八四一～一九一五），字潤生，別字婉仙，自稱古香閣主人。嘉應（今梅縣）人。曦初女，李採卿子婦，李蓉舫妻。葉衍蘭女弟子，李景鑾母，與黃遵憲妻為姊妹行。遵憲年十五六即聞其能詩，及歸自美利堅始見面，嘆其詩清麗婉約。璧華自幼聰穎好學，十多歲即可題詩作對。咸豐七年（一八五七），英法聯軍進犯廣州，隨父回鄉避難。後與翰林李載熙四子蓉舫①成婚。蓉舫於光緒十三年（一八八七）病卒，十八年春，璧華得本家衍蘭關照，至廣州設館授徒。次年拜衍蘭爲師。甲午戰爭爆發，回嘉應。兩廣總督張之洞慕其名，聘爲家庭教師。戊戌維新失敗後，離穗返梅縣，於三十二年（一九〇六）②在梅城創辦懿德女校，任總教習。生平創作大量詩詞，大都言之有物，清新可誦。於詞功力尤深。著有《古香閣全集》四卷。冼玉清《廣東女子藝文考》有傳。

陸佑生。

陸佑（一八四四、一八四七～一九一七），本姓黄，名佑，小名如佑，字弼臣，號衍良。鶴山人。自幼喪母，少時至新會陸家當童工，後改姓陸。十六歲被賣"豬仔"至馬來亞謀生，在錫礦當礦工多年。後在新加坡開設"興隆號"。又往馬來亞開拓創業，承頂廢棄之"舊龍口"錫礦，發展成大礦。後發展橡膠業、椰子業、咖啡業，集種植與制煉於一體，兼營水泥業等，成爲"錫礦大王"、"橡膠大王"。又開設了十多家"東興隆"。又在吉隆坡開設廣益銀行發行銀票，一躍而成"金融鉅子"。佑富而好善，捐資改建吉隆坡馬路和市容；捐資將文冬、關丹兩鎮建設成現代化都市；捐資辦學辦醫，創辦了養正學校、尊孔學校、萊佛士學院、醫學院、圖書館、同善醫院、老弱院、中華大會館等。積極捐款支持孫中山民主革命，中華民國成立，榮膺六等嘉禾章。香港大學之陸佑堂，爲陸佑捐資百萬所建。病逝於吉隆坡。（《廣東近現代人物詞典》二五六頁）

張嘉言生。

張嘉言（一八四四～一九一四），字仁揚，號怡生。東莞人。熙元子。致力醫學，活人甚衆。光緒間組織商會徵收商稅以推行

---

① 李蓉舫，字學恒，咸豐六年（一八五六）丙辰補科舉人。九年，其父熙載出任廣西學政，赴任途中身亡。蓉舫多次參加鄉試不中，設館潮州、粵西、廣州，光緒十三年（一八八七）病卒。

② 一說光緒二十四年（一八九八）。

警務，曾妥善解決蠶繭出口及飢民搶米問題。著有《欣遇園藥草》。（《東莞張氏族譜》卷十）

馮紹琮生。

馮紹琮（一八四四～一九〇三），字昆山。原籍順德，生於遂溪麻章（今屬湛江）。早年追隨馮子材，在廣西、瓊州等地剿匪，參加過中法戰爭，曾任補用直隸州知州、廣西儘先補用知縣。光緒二十五年（一八八九）應邀在籍辦團練並任團總，組織團練抗擊法軍入侵遂溪，年底隨蘇元春避於廣西龍州。嗣回粵，卒於廣州，歸葬麻章。（《廣東近現代人物詞典》七七頁）

蔡忠生。

蔡忠（一八四四～一九四三），原名世昌。雷州海康人。八歲而孤，十一歲便入戲班學藝。十四歲被送至福建南少林寺專攻武術，兩年學成，重返戲班。二十二歲又離開戲班，前往新加坡謀生。曾拜少林名徒洪熙官第四代弟子新錦爲師，盡得武技醫術之奧秘，於新加坡以醫濟世。所創制之跌打妙藥"萬花油"，暢銷東南亞，贏得醫藥界好評。光緒二十四年（一八九八），回歸祖國，定居廣州，仍以行醫爲業，在越秀南路開設跌打骨科醫院，由於醫術高明，評價甚佳。民國三十二年（一九四三）春南返故鄉。同年秋病逝。（《海康文史》一九八八年第一期）

清宣宗道光二十五年　乙巳　一八四五年

夏，廣州提學署前演戲，不慎火灾，死者三千餘，虞必芳擬《清明祭共塚文》數千言，時人以比汪中《哀鹽船文》。

虞必芳，字子馨。番禺人。凡七應提學試，録取古學再，終不得爲士子而卒，年三十二。（《楚庭耆舊集》）弟必崧，字子常。番禺人。工詩文，善畫。張維屏、譚瑩、陳澧皆讚譽之。（《留庵隨筆》）

本年王錕隨張維屏學詩。

王錕，原名寶書，字森玉，別字眉生。浙江山陰人，寄籍番禺。早工綺語。後枯禪説偈，隨感俱空。著有《退學吟庵詩鈔》。
李長榮《柳堂師友詩録》有傳。

張鴻儀於本年中進士。

張鴻儀，花縣人。道光二十五年（一八四五）歲貢生。咸豐
間幫辦清鄉，克復縣城有功，奏保直隸州判。（民國《重修花縣
志》卷八）

郭志融於本年中進士。

郭志融（一八一〇～一八六〇），字藕舡。清遠人。道光十
四年（一八三四）舉人，二十五年（一八四五）進士，歷官大足
縣令、成都知縣、敘州同知、安慶知府。咸豐三年（一八五三）
母喪，服闋，調補揚州府，未赴任。時廣東洋務起，受命參贊軍
務，親駐虎門督兵。兩廣總督黃宗漢又奏爲隨員，辦理洋務，多
有功績。後任泰安兵備道，加按察使銜。卒於官，年僅四十九
歲。爲詩專意學社，尤工五古。著有《甌餘詩草》、《棧雲草》、
《握水草》、《聽波草》、《噫塵草》、《竊蠅草》、《拾餘草》、《藕
舡詩草》、《郭觀察詩集》等。子香祖，户部主事；蕙祖，松溪知
縣。（張維屏《談藝録》、何曰愈《退庵詩話》、《廣州府志》）

吳克玉生。

吳克玉（一八四五～？），字式如。揭陽人。富紳，捐從二品
通奉大夫。光緒十年（一八八四）創老玉春香、中玉春香、三玉
春香潮戲班，前二者皆爲名戲班。（《揭陽文史》第五集）

徐金龍生。

徐金龍（一八四五～一九三一），號焕輝，字文卿。惠陽人。
生於南洋。早年業錫礦。光緒十九年（一八九三）回鄉設育才學
塾。二十六年（一九〇〇）助鄭士良襲擊清軍，敗走南洋。三十
一年（一九〇五）創辦文華學校，自任總理。三十四年（一九〇
九）在當地設同盟會機關，任會長。武昌起義後聯合全島華僑在
武陵舉辦慶祝大會。民國十年（一九二一）被聘爲華人代表及名
譽礦務顧問。十四年（一九二五）荷蘭女王授一等採玉徽章。

（《民國人物大辭典》七一二頁）

　　鄭蒃生。

　　鄭蒃（約一八四五～一九一八），字侶泉，亦作磊泉，號蠹公、林溪逸叟。順德人。辛亥革命前與潘達微等合辦《時事畫報》、《平民日報》，專作諷刺漫畫與詩歌，極盡嘻笑怒罵之能事。抨擊時政，爲當局不容，《時事畫報》被迫遷香港，蒃亦逃香港，曾任主編。清朝滅亡後回穗，從事教畫授徒及戲劇改革，曾與何劍士等創辦優界改良社。嗣赴滬，協助高劍父創辦《真相畫報》。軍閥龍濟光治粵，大捕革命黨人，再次出走香港。晚年窮極潦倒，嗜酒，醉則悲歌，命筆作畫。作品題材多針砭時弊，間作山水亦佳。著有《人鑒》一書，圖文並茂，感世傷時。（《中國近現代人物名號大辭典》八三五頁）

　　蘇勝生。

　　蘇勝（一八四五～一九〇四），字仁章，號朝英，一説朝章，號傑生，一作潔星。香山人。買辦商人，曾赴日經商，爲蘇曼殊養父。柳亞子編《蘇傑生年表》訂明曼殊生母爲賀哈傢，世所謂河合仙者，實爲勝妾，撫曼殊生長而非其生母。（《中國近現代人物名號大辭典》三九五頁）

清宣宗道光二十六年　丙午　一八四六年

　　上巳日，劉嘉謨招同仁集海幢寺松雪堂修禊，賦《丙午上巳招同人集海幢松雪堂修禊》七律詩。（《春秋佳日詩話·修禊詩》）

　　劉嘉謨，字簡臣。香山人。著有《聽春樓詩鈔》、《春秋佳日詩話》。（陳景鍇《海珠古詩録》二八四頁）

　　長至日，張維屏序釋相益之《片雲行草》。

　　釋相益，字純謙，號（字）涉川。端州高要人。郭姓。主海幢寺。所居名就樹軒，其詩名《片雲（行草）集》。海幢多詩僧，如契清澄波①之有《水雲集》、相潤琇琳②之有《竹庵集》，契生隱禪③之有《慧海集》，先後《香初》、《蓮初》等等，悉以海雲爲宗，海幢爲派。涉川詩韻遠神清，人稱嶺南第一僧。冼玉清《冼玉清文集》下編有傳。

本年吳漢星與秋闈，得而復失。

吳漢星，字仙槎。嘉應人。諸生。爲人豪邁，素嫻詞賦。張煜南、張鴻南《梅水詩傳》卷六有傳。

陳子清於本年中舉人。

陳子清，一名之清，字季腴，號玉壺，室名證真畫齋。香山人。道光二十六年（一八四六）舉人。工詩善畫山水，家貧，賣畫自給。著有《證真畫齋詩鈔》一卷。汪兆鏞《嶺南畫徵略》卷九有傳。

彭紹銓於本年中舉人。

彭紹銓，字穎仙。嘉應人。道光二十六年（一八四六）舉人，官工部主事。張煜南、張鴻南《梅水詩傳》卷五有傳。

黃振成於本年中舉人。

黃振成，字韶九。歸善人。道光二十六年（一八四六）舉

---

①　釋契清，字澄波，號（字）江月。番禺張村張氏子。唐文獻公後也。主海幢方丈，駐幢隱廬，江蘇吳縣進士吳慈鶴顏其額並爲其五律二首。前交黎二樵（簡），後交平水，故其詩思路詞彩，兩兼其勝，蔬筍之氣頗能剪除。其徒爲相潤琇琳。陳融《讀嶺南人詩絕句》卷十六有傳。

②　釋相潤，字秀林，一字琇琳，號竹莽。釋今無後第七代海幢寺僧。本姓朱。詩格清妙，畫宗石濤、石谿。時喜作焦墨山水，嘗以學《易》遊黃培芳之門。培芳題其畫曰："翠濕萬古，雲飛六合，盤結胸中，發此奇鬱。"與張墨池交善，藏墨池畫最多，以一冊贈黃香石，香石跋之。著有《竹莽吟卷》。汪兆鏞《嶺南畫徵略》卷十一有傳。

③　釋契生，字隱禪。南海九江關氏子。幼孤貧，捨身事佛，未嘗從師受業。剃髮後始讀書識字，漸解文理。讀諸古德詩詞偈語，遂學爲詩。在海幢寺，自居高座及退院休閒，皆手一編。奉養八十餘齡老母，顧恤兄弟所遺兩孀居與一幼侄女，皆供給無缺，復爲其兄弟置產立繼。築室東郊，爲退隱之所，顏曰"慧海別墅"。有詩一卷曰《慧海小草》。冼玉清《冼玉清文集》下編有傳。

人，官至道員，加三品銜。於惠州西湖畔築怡園，吟詩寫畫其中。卒年六十一。著有《怡園詩集》。（光緒《惠州府志》卷三三）

江葆齡於本年中舉人。

江葆齡，字子佩，原名仲瑜。番禺人。道光二十六年（一八四六）舉人，授湖南知縣。著有《擲余堂詩草》。（《番禺縣續志》卷三二）

宋廷桂於本年中舉人。

宋廷桂，字西周。花縣人。道光二十六年（一八四六）舉人。咸豐十一年（一八六一）授江蘇金壇知縣，參與鎮壓太平軍，得保以府同知用，視事一年，以年老呈請開缺。終年八十。（民國《重修花縣志》卷九）

陳培桂於本年中舉人。

陳培桂，字香根。高要人。道光二十六年（一八四六）舉人。咸豐三年（一八五三）考取咸安官學教習，以辦團練功，授福建永福、福鼎、沙縣、龍溪等縣、南平通判。後任臺灣淡水同知。（宣統《高要縣志》卷十八）

韓廷傑於本年中舉人。

韓廷傑，番禺人。懋林子。道光二十六年（一八四六）舉人，官廣寧學教諭。（韓日華《韓氏家傳》）

黃觀瀾於本年中舉人。

黃觀瀾，陸川人。道光二十六年（一八四六）舉人，任新寧教諭。（《惠州府志》）

梅夢雄於本年中舉人。

梅夢雄，號覺樓。順德人。璿樞子。道光二十六年（一八四六）五十三歲鄉試第一，後屢試不中，一生執教，主講香山翠微、鳳池、順德桂洲、桂山等書院。工駢體，爲詩淺顯曉暢，格近白香山。著有《劬書軒詩鈔》。父璿樞，號中環。幼隨母舅溫汝适讀書柳塘別墅，性瀟落，不屑生產。著有《艾蒳香齋詩鈔》、

《海族百詠》。（《順德縣續志》）

曹文傑於本年中舉人。

曹文傑，番禺人。秉浚父。道光二十六年（一八四六）舉人，官教諭。（《曹氏家譜》）

梁國璸於本年中舉人。

梁國璸，番禺人。國珍從兄。道光二十六年（一八四六）舉人，授化州訓導。（《番禺縣續志》卷十九）

梁葆訓於本年中舉人。

梁葆訓，原名寅，號芷卿。南海人。道光二十六年（一八四六）舉人。咸豐七年（一八五七）募勇士駐廣州北門外高崗抗擊英軍，英人懸金購其首。平生積蓄多以購書，藏書數萬卷。（宣統《南海縣志》卷十五）

廖敦行於本年中舉人。

廖敦行，南海人。鶴年父。道光二十六年（一八四六）舉人，官德慶州教諭。（《番禺縣續志》卷二二）

黃龍韜於本年中武舉人。

黃龍韜，字卓賢，號小姜。東莞人。道光二十六年（一八六四）武舉。咸豐元年（一八五一）加入東勇軍，鎮壓太平軍，後升守備。四年率兵於廣州北郊大戰紅巾軍，轉戰佛山。光緒十三年（一八八七）以署南韶連總兵歸里。（宣統《東莞縣志》卷七一）

陳尚翔於本年成副貢生。

陳尚翔，字鳳岡。石城（今廉江）人。道光二十六年（一八四六）歲貢。著有《四書摘要》、《五經旁注》等。（光緒《石城縣志》）

李文燦於本年成副貢生。

李文燦，字占榮，別字綺成。南海人。道光二十六年（一八四六）副貢，咸豐二年（一八五二）壬子科解元。盧同伯一見驚嘆，書唐詩爲楹聯贈之，曰；"到門不敢題凡鳥，看竹何須問主

人。"著有《玉蘭花榭詩存》。（李長榮《柳堂師友詩録》）

鍾仲鵬於本年補副榜。

鍾仲鵬，字雲扶。① 鎮平人。道光二十六年（一八四六）貢榜，候選教諭。中年失志有司，遯而好佛。鎮平難後，再出任事。著有《鎮雅堂稿》，又有《詠史》截句二百餘首。胡曦《梅水匯靈集》卷七有傳。

程選於本年成副貢生。

程選，字蕭樓。順德人。道光二十六年（一八四六）副貢。在鄉教學四十餘年，學生數千。咸豐五年（一八五五）辦理小灣堡團練，在舊寨北約創建石角炮臺，又在南涌鄉建安靖炮臺。年八十五卒。（《順德縣續志》）

李丹麟生。

李丹麟（一八四六、一八四〇～一九一六、一九〇一），字仁藪，號星閣、羅浮琴客。博羅人。善畫工詩。著有《六雅堂詩集》等。（民國《博羅縣志》卷七）

陳宜禧生。

陳宜禧（一八四六、一八四四～一九二九、一九三〇），字暢庭。新寧（今台山）人。咸豐十年（一八六〇）移民赴美國，曾就讀鐵路夜校。同治四年（一八六五）參與修築美國中太平洋鐵路，凡二十年。光緒十四年（一八八八），另辦廣德號。三十一年（一九〇五）回國，成立新寧鐵路公司，任總理兼總工程師。民國九年（一九二〇）三月第三期工程竣工。十六年（一九二七）四月被迫返鄉避居，兩年後病卒。（《新寧鄉土地理志》）

黃修健生。

黃修健（一八四六～一九〇一），字洺瀾。番禺人。同治十二年（一八七三）舉人，光緒十五年（一八八九）大挑一等，以知縣用，簽分陝西。十九年署陝西商南知縣，升候補直隸州知

---

① 一作名雲扶，字仲鵬。

州。二十五年（一八九九）補授武功縣知縣。二十六年賞戴花翎加四品銜。（《番禺縣續志》卷二三）

梁浣春生。

梁浣春（一八四六～一九四九），原名錦榮。梅縣人。曾祖爲嘉慶進士；祖爲舉人；父友琴，篤學有成。浣春自幼得母鍾愛，當男孫教育，隨堂兄入塾肄業。十歲，祖母命其還大家閨秀本色。在家一面練習縫紐針織，一面繼續攻讀古今名著，文章、學識益進。十五歲與黃眉（字少初）成婚。眉研習中國醫藥脈理，常爲人治病。夫妻性情相篤，常在書齋吟詠唱和，賞奇析疑，縱談世事。光緒十八年（一八九二）眉就新加坡總領事黃道憲之聘，赴新加坡任同濟中醫院院長。不二年，在新加坡病逝。二十九年（一九〇三），美國天主教會來梅籌辦醫院，徵求女助理，欣然應徵，即被錄用。三十一年（一九〇五）在曾氏耕雲小築別墅開辦女子學校。三十三年，開辦公立嘉善女校，聘爲校長，任職六年間還兼任曾氏婦女進修班教學。民國元年（一九一二）與城西公學合辦暑期婦女工藝傳習班，翌年又在東街攀桂坊辦私立桂里女子學校。四年（一九一五）梅縣創設縣第一女子高等小學，聘爲校長。（《梅州人物傳》）

勞佐文生。

勞佐文（一八四六～一九三二），字嘉祥。海康人。光緒二十五年（一八九九）歲貢生，官立高等小學堂教習。民國九年起任《海康縣續志》分纂。二十一年，以八十六高齡病歿。（宋銳《舊人新志》）

鄧益順生。

鄧益順（一八四六～一九一九），大埔人。潮海關庵埠關巡丁。擅外江樂。光緒初年與庵埠同人創詠霓裳儒樂社，廣收學徒，赴潮汕各地傳藝。（《潮州市民間音樂志·傳略》）

鍾木賢生。

鍾木賢（一八四六～一九二二），字國柱，號瑞養。五華人。

十七歲爲契約華工赴南洋，期滿後至美國茂宜從事種植業。光緒四年（一八七八）與土王瑪莉結婚，成爲大種植園主。十年移居檀香山經商爲巨富，被舉爲檀香山商會會長、國安會館主席。二十九年（一九〇三），介紹孫中山入國安會，助孫脫困。民國三年（一九一四）回鄉，捐資興建一批水利工程，並創辦益智小學。（《五華縣志》、《五華文史》第三輯）

譚宗浚生。

譚宗浚（一八四六～一八八八），原名懋安，字叔裕，號止庵、荔村，室名希古堂、荔村草堂。南海人。瑩次子。八歲作《人字柳賦》，爲時所誦。年十六，中咸豐十一年（一八六一）舉人。同治十三年（一八七四）成進士，以一甲第二人及第，授翰林院編修，充國史館協修、纂修。光緒二年（一八七六），督學四川。八年（一八八二），充江南鄉試副考官。十一年（一八八五），京察一等，記名道府。時方奏修國史儒林、文苑傳，派充總纂，旋簡放雲南糧儲道。在滇兩載，多有惠政。兩權按察使，於積案多所平反。服官於滇，鬱鬱獨居，遂嬰痼疾。十四年二月，復請開缺。瀕行時，貧不能辦裝，上游令志書局給千金，始成行。登程後，濕熱鬱蒸，足疾增劇，行至廣西隆安卒，時三月二十八日也。著有《遼史紀事本末》十五卷（毀於火）、《希古堂文甲集》二卷、《乙集》六卷、《荔村草堂詩鈔》十卷。鄒魯《廣東通志稿》有傳。

清宣宗道光二十七年　丁未　一八四七年

九月十五日夜，陳澧與許青皋、桂皓庭登越秀山，次道光十二年（一八三二）壬辰九月程恩澤、吳蘭修等原韻，填《水龍吟》詞，似更高於原唱。

十九日，桂皓庭召集學海堂，陳澧又填《水龍吟》詞。（陳永正《嶺南歷代詞選》一八六、一八七頁）

本年潘慶任香山協千總。

潘慶，字鳴威，號甫莊。羅定人。年青時從軍。道光二十七年（一八四七）任香山協千總。征戰有功，先後在陸師、水師官都司、參將、副將。咸豐九年（一八五九）任陽江鎮總兵，次年任廣西提督，三年退職。（《清代職官年表》）

何璟於本年中進士。

何璟（一八一六～一八八八），字伯玉，號小宋，室名筆餘軒。香山人。日愈子。道光二十七年（一八四七）進士，官編修，轉御史，累官至閩浙總督。中法之變，閩疆告急，馬江敗衂，以不能援救被議。解任，主應元書院以終。著有《春秋大戰錄》、《通鑑大戰錄》、《奏議》十五卷、《事餘軒詩》十卷。吳道鎔《廣東文徵作者考》卷十有傳。

朱次琦於本年中進士。

冼斌於本年中進士。

冼斌（一八一四～一八七七），名倬邦，號雲樵。南海南莊羅格人。道光十七年（一八三七）舉人，二十一年（一八四一）進士，初任工部都水司主事，薦升員外郎、郎中。咸豐元年（一八五一）補軍機章京。紅巾軍起義佛山，毀家辦團練抗拒。十年（一八六〇）七月，英法聯軍逼北京，文宗逃避於熱河，斌與尚書何某約同死難。十月，赴熱河換班。次年轉補湖廣道監察御史。八月，放山西學政。同治元年（一八六二）四月，按試蒲州府。次年六月，奉旨稽查北新倉，拒不受賄。三年掌京畿道，歷署江南道，掌福建道御史、吏科給事中，禮科掌印給事中。次年，授安徽廬州府知府，隨安徽巡撫籌辦營務七年。九年，引疾歸里，主講三湖書院，提倡風雅，肄業幾及千人。光緒三年卒，年六十四歲。一生風骨峻拔，不趨權貴，對下屬和氣可親。曾說為官要清慎勤和。與滿洲寶鋆、山右喬松年、湘鄉曾國藩、同里羅文俊、花縣駱秉章、香山何和、高要蘇廷魁等相交好。自少至老，未嘗一日離筆硯，詩書畫有獨到處。手臨篆、隸、真、草碑帖三十卷。著有《養雲廬遺草》四卷和《諫草焚餘》兩卷。汪兆鏞《嶺南畫徵略》卷十有傳。

盧日新於本年中進士。

盧日新，字敬修，號小銘。東莞人。道光二十七年（一八四七）進士，工部主事。與張金鑒友善，金鑒字子銘，時有二銘之目。官京師，杜門讀書十餘年。尋以親老歸。設教於里。光緒初，父母相繼亡，毀瘠逾恒人，遂卒。著有《愛蓮軒詩鈔》。張其淦《東莞詩錄》卷五二有傳。

莊心庠於本年中進士。

莊心庠，番禺人。心省弟。道光二十七年（一八四七）進士，官江陰等縣知縣。（《廣州府志》卷一三〇）

蔡應嵩於本年中進士。

蔡應嵩，字嶽生、少彭。歸善（今惠州）人。道光二十七年（一八四七）進士，官江西安義、臨川、豐城知縣。旋知袁、贛州二府，授山東登州知府。同治三年（一八六四）署吉南贛寧道，任廣饒九南道。卒年五十。著有《少彭文集》。（光緒《惠州府志》卷三三）

周良玉生。

周良玉（一八四七～一九二〇），字意高，又字葆真。高要人。同治十三年（一八七四）進士，歷任安徽蕪湖、繁昌等縣知縣，以同知銜充江南鄉試同考官。入京任北城兵馬司正指揮，出都至甘、陝任知縣、直隸州知州。光緒二十九年（一九〇三）辭職回鄉，與人於肇慶星巖書院創立高要縣立中學堂，任校長七年。（宣統《高要縣志》）

胡其煥生。

胡其煥（一八四七～一九二八），字鳳笙。羅定人。少時苦讀，酷愛文學，兼習詩畫。成縣學生員，後進廣州廣雅書院就讀三年，考取拔貢。畢生從事教育，曾創辦縣立高等小學、女子高等小學，並任校長，又任本縣勸學所長，兼任羅定中學教員、羅定修志館副總纂。研究文史，撰述數十萬字。研究天文學，向學生傳授天文知識，曾自製天體星宿儀兩個。善於畫上題詩，擅長水墨畫。所撰文稿生前未能付梓，所作詩畫世間則有留存。（民國《羅定縣志》、《羅定文史》第九輯）

區鳳墀生。

區鳳墀（一八四七～一九一四），本名逢時，字錫桐，號穡叟。南海（一作順德）人。幼年入私塾後受洗，信奉基督。攜眷赴香港後，爲英人聘爲西席，襄助譯《聖經》，編著有關注釋。光緒十一年（一八八五）任香港東區倫敦傳道會灣仔堂主任。在港結識孫中山，後奉派至廣州傳教。十四年（一八八八）至德國柏林任中國語文教授。返國居廣州。二十年（一八九四），孫中山返港，召與陸皓東等籌組興中會總部。次年加入興中會，參加廣州起義。失敗後與陳少白去香港，旋任香港華民政務司署華文總書記等職。著有《道鄉漁樵》。（《民國人物大辭典》八二二頁）

陳南枝生。

陳南枝（一八四七～一九二五），又名鑒山。生於海豐，青年時移居妻家揭陽。自幼酷愛武術，刻苦學習家傳武術。成年後投福建泉州南少林寺雙禪法師何岩師父第三代傳人杉先生門下，盡得所傳南少林絶技，後經融會貫通變化，自成一派，世稱"南枝拳"，爲十大南拳流派之一。藝成後，長住揭陽榕城（今榕城區）收徒傳藝。光緒五年（一八七九）曾被丁日昌聘爲府中武術教師。曾先後到過今揭東之新亭、玉湖、曲溪，揭西之河婆、棉湖及潮安之歸湖等地傳授拳藝。崇尚武德，以藝服人。所傳有徒手拳和器械，套路甚多。（《廣東近現代人物詞典》二九二頁）

黃飛鴻生。

黃飛鴻（一八四七～一九二四），南海西樵禄舟村人。祖泰，父麟英，均爲武林高手。飛鴻五歲隨父習武，十二歲即隨父於佛山、廣州當街售藥賣藝。後飛鴻遇廣東十虎之一鐵橋三首徒林福成，學得鐵橋三之鐵線拳及福成之絶技飛砣。後飛鴻隨父在廣州第七甫水腳邊開設武館，名"務本山房"，招徒售藝。因擊退不少踢館挑釁之徒，前來求藝者日衆。飛鴻擅單雙飛砣、子母刀、羅漢金錢鏢、七星連環扣、四象標龍棍、五郎八卦棍、瑤家大耙、鐵線拳、羅漢袍無影腳、月影鬼腳、單雙虎爪及伏虎拳等，尤其精虎形諸勢，得"虎癡"雅號。先後被聘任廣州"三欄"（菜欄、果欄、魚欄）武術教練、廣州水師武術教練，提督陳泰均推薦爲記名提督吳全美之技擊教練，又被抗法名將劉永福聘爲軍中技擊教練及廣東民團總教練。曾於光緒二十年（一八九四）八月隨劉永福率九營福字軍至臺灣抗擊日寇五個月。後潛回廣州，在仁安里開設寶芝林藥店，出售膏丹丸散，所售成藥"通脈丹"，與時粵跌打名醫周雄光、李錦全、蘇乞兒稱廣東"四大門檻"。民國十三年（一九二四）八月，寶芝林藥店因廣州商團之亂而毀於火，即於是年冬卒。（《南海名人數據庫》）

　　張寶雲生。

　　張寶雲（一八四七～一九〇八），號縵如。香山人。拔貢兆鼎長女。許字同里何棣橋，棣橋未婚而歿。寶雲十二通書史，工吟詠，所作傳誦鄉里。嗣子漸長，督課尤勤。孀居四十年，得心疾赴水死。著有《梅雪軒集》。（《中山文史》）

　　梁庭楷生。

　　梁庭楷（一八四七～一九二三），字國長，號直生、孝則。陽江人。同治十年（一八七一）捐戶部郎中，後又捐得二品封典。光緒十一年（一八八五），與姜自驤等在陽江創設書年社。十八年，捐銀千兩，恢復陽江"育嬰堂"。倡議於陽江縣設蠶桑公司，承擔大半經費。宣統元年（一九〇九），廣東成立咨議局，被舉爲陽江議員。民國六年（一九一七），用自藏圖書辦陽江圖書館。該館藏書達十萬多冊，爲廣東私辦圖書館四大館之一，卒後其子紹榘等改名孝則圖書館。八年，創建中國紅十字會陽江分會。軍閥混戰時期，舉家避亂澳門，後病逝於澳門。（《陽江文史》）

梁達宸生。

梁達宸（一八四七～一九二〇），字達行。南海人。致力書法五十餘年，草書寫十七帖，真書習朱熹折釵體。家境貧寒，輒爲人代筆，因之本人書名不彰。（《楓園畫友録》）

蘇培桂生。

蘇培桂（一八四七～一九〇八），字丹墀。陽春人。光緒十一年（一八八五）拔貢。三十三年（一九〇七）倡議改陽春試院爲陽春縣立中學堂。翌年又與嚴兆梯、莫鴻漸等倡議將黃泥灣昌平社學改建爲菁蘋高等小學堂，自任堂長。宣統元年（一九〇九），主持重修春灣通真岩。歷任陽春縣"賓興局"局長、陽春縣師範講習所所長、陽春縣立高等小學堂校長、陽春縣立中學籌備處副主任。（新編《陽春縣志・人物篇》）

清宣宗道光二十八年　戊申　一八四八年

本年學海堂季課，李中培以《朱子不廢古訓》發題，卷第一。

李中培，字根五。嘉應州人。年十六補州學。博採朱子書，成書十六卷，自爲序。吳道鎔《廣東文徵作者考》卷十有傳。

本年户部咨行清釐，巡撫葉名琛囑陳其鋭治其事。

陳其鋭，字奏廷。番禺人。其錕從弟。應試不售，出爲幕客，精治錢糧。道光二十八年（一八四八）户部咨行清釐，巡撫葉名琛囑治其事，積累豁然。卒年六十五。（《東塾集・知縣陳君墓表》）

本年蔡本江著成《地理辨正求真》。

蔡本江，字岷山。澄海人。嗜究經史地理。（民國《潮州志・藝文志》）

劉錫鴻於本年中舉人。

劉錫鴻，原名錫仁，字雲生，官稱劉光禄。番禺人。道光二十八年（一八四八）舉人。初從按察使張敬修策畫兵事，積功保

刑部員外郎。丁憂，服闋，入都補官。光緒二年（一八七六），
擢光祿寺少卿，副郭嵩燾為出使英國大臣。議多不合，調德國正
使。五年（一說四年）差竣，奏進築造炮臺模式，復奏籌海軍劃
一章程，後次第施行，又奏購械委員浮報牟利。七年（一八八
一）奏劾直督李鴻章，有"帝制自為"句，梁鼎芬亦以劾李相降
調。由是坐廢，居京師數年卒。有小印，鐫"儒俠"二字。著有
《英軺日記》、《劉光祿遺稿》。吳道鎔《廣東文徵作者考》卷十
有傳。

桂文燦於本年補諸生。

桂文燦，字子蕃，一字海霞。南海人。出譚瑩、陳澧門。年
十八補諸生。盧坤督粵，設學海堂專課，文燦與焉。少能誦《史
記》全書，晚年為學海堂學長。著有《鹿鳴山館駢文詩稿》。吳
道鎔《廣東文徵作者考》卷十有傳。

李晉熙生。

李晉熙（一八四八～一九一〇），幼名阿慶，字春卿，號芸
友。海康人。曾祖斐然，字成之，道光貢生；祖父暾曤，字靜
川，咸豐貢生；父李杜，字傑夫，廩貢生，瓊州試用訓導。晉熙
於同治二年（一八六三）十五歲入館為附生。九年（一八七〇）
鄉試已擬錄為舉人，後因誤寫一字入副榜。光緒十一年（一八八
五）才中舉人，十六年（一八九〇）成進士，入翰林院選庶吉
士。散館後，授工部主事，充任則例館纂修，補虞衡司主事，記
名候缺，待命知府，留任農工商部主事。平生講究氣節，不喜趨
炎附勢。著有《瀟雲齋詩存》等。（《高雷文獻專輯》）

胡禮垣生。

胡禮垣（一八四八、一八四七、一八五五、一八四六～一九
一六、一九一五），字榮懋，號翼南，晚號逍遙遊客。三水人，
生於香港。肄業香港皇仁書院，畢業後留校任教，曾創辦《粵
報》，又譯《英例全書》。協助英商在南洋北般島修建商埠，後與
英商赴南洋開發北般島。回港後，於光緒二十年（一八九四）遊

歷日本，被僑民推舉爲神户領事館代理領事，竭力維護僑民正當
利益。與何啓共同發表《曾論書後》、《新政論議》、《新政始
基》、《康説書後》、《新政安行》、《前總序》、《後總序》等論文，
後彙集爲《新政真銓》一書，對中國改革維新提出一整套理論與
實施方針。辛亥革命後，曾致函孫中山，提出了"銷兵弭戰"、
"廣營工商"等建議。晚年研究佛學。著有《胡翼南先生全集》
等。（《中國近現代人物名號大辭典》八八一頁）

梅伯顯生。

梅伯顯（一八四八～一九三五），新寧（今台山）人。早年
以經營鮭魚罐頭廠起家，後繼續擴大商務，系北美華僑巨富之
一。光緒三十二年（一九〇六）任駐波特崙埠代辦領事，專理俄
勒岡、華盛頓、蒙大拿、愛達華等州華僑事務。曾捐資建立波特
崙僑民學堂，并任總理。一九三三年九月波特崙副領事館成立，
被委爲代理領事。（《廣東近現代人物詞典》四二九頁）

黄遵憲生。

黄遵憲（一八四八～一九〇五），字公度，號人境廬主人。
嘉應州（今梅縣）人。光緒二年（一八七六）中舉人，次年隨駐
日大使何如璋出使日本。駐日期間，撰寫《日本國志》，該書於
十三年（一八八七）成書，四十卷，五十餘萬字，詳細論述日本
變革經過及其得失。駐日期間，針對日本早在光緒元年（一八七
五）派兵占領琉球，建議對日本採取強硬政策。八年（一八八
二），調駐美國舊金山總領事，盡力保護中國僑民。十六年（一
八九〇），以分省補用道任駐英國二等參贊，次年任駐新加坡總
領事。中日甲午戰爭期間，被召回國，任江寗洋務局總辦。翌年
參與上海强學會，與梁啓超、譚嗣同等創辦《時務報》，任湖南
長寶鹽法道，後署理湖南按察使。戊戌變法期間輔佐湖南巡撫陳
寶箴大力推行變革，倡立湖南保衛局，將近代警政引入中國。二
十四年（一八九八）八月，被任命爲出使日本大臣。變法失敗
後，被列爲"從嚴懲辦"之維新亂黨，由於外國駐華公使等干

預，允許辭職還鄉。回鄉後仍熱心推進立憲、革命等工作，並潛心新體詩創作，被譽爲“詩界革命鉅子”。又熱心家鄉教育事業，創立嘉應興學會議所，自任會長，積極興辦新學堂。著有《人鏡廬詩草》、《日本國志》、《日本雜事詩》。弟遵楷，長妹珍玉。（《中國近現代人物名號大辭典》一一二二頁）

鄭老山生。

鄭老山（一八四八～一八九三），字鴻章。大埔人。同治元年（一八六二）移居普寧。著名鐵匠。其鍛造“鄭老山”牌菜刀，刀刃鋒利，工藝精湛，飲譽潮汕、東南亞各地。（《普寧縣人物傳》、《普寧縣名特産·白馬菜刀》）

譚汝儉生。

譚汝儉（一八四八～一九三八），字荔垣。南海人。廩生出身。光緒二十三年（一八九七）任廣州《嶺學報》主筆，倡導維新。二十六年（一九〇〇）後歷任《安雅記局世説編》、《商務日報》、《養城日報》等報主筆、編輯，力主立憲。民國建立後，任廣州《華國報》、《國報》主編，支持袁世凱稱帝。民國十三年（一九二四）廣州商團叛亂，撰文詆毀孫中山。二十七年（一九三八）廣州淪陷，避居鄉間餓死。著有《四十七年來廣東報業史概略》。（《民國人物大辭典》一六四三頁）

關蔚煌生。

關蔚煌（一八四八～一九一六），字家瑞，號掞生，別號慎獨，室名慎獨齋、樹德堂。南海人。光緒二年（一八八六）舉人，大埔縣教諭（一説訓導）。（《中國近現代人物名號大辭典》二九五頁）

羅鼎生。

羅鼎（一八四八～一九二三），初名廣文，別名元昌，字梅臣。遂溪人。光緒十一年（一八八五）舉人，任羅州司訓。善寫詩，尤工古近體。著有《玉露堂詩集》。（《湛江文史資料》第六輯）

清宣宗道光二十九年　己酉　一八四九年

八月二十二日，沈亞米趁澳門總督亞馬喇到關閘附近打鳥之機，將其刺殺。

沈亞米（？～一八四九），原名米，字志亮，香山（今澳門三盞燈）人。原籍福建，祖輩經商閩粵間，後定居香山，靠捕魚種菜爲生。道光十六年（一八三六），佔據澳門的葡萄牙人爲開闢道路，強令龍田村一帶居民拆遷祖墳，沈家祖墳亦遭平毀。二十六年（一八四六），葡人亞馬喇新任澳督，於二十八年（一八四八）強制取消我國在澳門海關徵稅，並出兵占望廈村；次年三月，派兵拆除中國海關，摧毀清政府駐澳門衙門、稅口，並驅逐清駐澳官員。亞馬喇還經常策馬馳騁於望廈、龍田等村落間，打鳥取樂，恣意踐踏當地居民莊稼，沈家菜地亦常被蹂躪。亞米與村人郭金堂等六位青年組織沈米義士軍，於翌年八月二十二日，趁亞馬喇至關閘附近打鳥之機將其刺殺。外國侵略者震動極大，迭向清政府交涉，強令“緝凶”嚴辦，英、法、美三國也助紂爲虐，向兩廣總督提出抗議。清政府迫於壓力於九月十二日在順德將亞米抓捕，十五日被秘密殺害於前山鹿仔山下。（《廣東近現代人物詞典》二二八頁）

冬，蘇三娘率領兩千多人至武宣縣東鄉墟加入太平軍，被封爲女軍師。

蘇三娘，茂名人。早年隨父習武，後嫁天地會首領蘇三。蘇三犧牲後，率餘部繼續反清。道光二十九年（一八四九）冬，率兩千多人至武宣縣東鄉墟加入太平軍，被封爲女軍師。後隨洪秀全轉戰桂、粵、黔、滇、閩等省。咸豐三年（一八五三）三月底，率八百多人與羅大綱等攻克鎮江，後轉戰沙場，所向披靡，戰功顯赫。定都天京後，不知所終（一說嫁羅大綱）。（《中國近現代名人大辭典》、《中國婦女著名人物》、《廣東近現代人物詞典》一五二頁）

　　十二月，梁廷枏於粵秀書院之有所不爲齋序釋展宏之詩集。

　　釋展宏，號北溪野衲，順德慧雲寺僧。著有《北溪吟草》。冼玉清《冼玉清文集》下編有傳。

　　本年前後黃仲畬受雇於英國駐華使館漢文副使威妥瑪，任漢文教師並協辦文案。

　　黃仲畬，字（又名）宗畬，號東耘，化名張彤雲，或作章桐雲，室名心字香館。新會人。道光二十九年（一八四九）前後，受雇於英國駐華使館漢文副使威妥瑪，任漢文教師並協辦文案。後被兩廣總督葉名琛重價雇用，兼充外探。英法聯軍北犯大沽時曾隨行。後經天津鹽商薦於欽差大臣桂良，在中英和議中居間傳話。咸豐八年（一八五八）《中法天津條約》簽訂後，授候選知縣，賞同知銜。繼在天津談判及北京和議中，先後受桂良、奕訢差委與英軍聯繫。十年《中英北京條約》簽訂後，以候補直隸州知州補用。後歷署天津府同知，慶雲、天津等縣知縣。（《中國近現代人物名號大辭典》一〇九頁）

　　丁熊於本年中舉人。

　　丁熊，字荔裳。番禺人。道光二十九年（一八四九）舉人，福建鹽課大使。張維屏《藝談錄》卷下有傳。

　　張麟定於本年中舉人。

　　張麟定，字眉叔。嘉應州（今梅縣）人。道光二十九年（一八四九）舉人，官湖北京山縣知縣，升同知直隸州，加知府銜。任滿引疾歸，主培風講席。平生駢體文尤工。著有《亦傭剩草》。張煜南、張鴻南《梅水詩傳》卷五有傳。

　　梁心鏡於本年中舉人。

　　梁心鏡，字鑒三（之）。嘉應州人。道光二十九年（一八四九）舉人。① 張煜南、張鴻南《梅水詩傳》卷五有傳。

　　溫世京於本年中舉人。

---

　　①　一作嘉慶十六年（一八一一）進士，由中書升任禮部祠祭司郎中。

温世京，字鳳樓。嘉應州人。道光二十九年（一八四九）舉人，官江蘇陽湖知縣，升用知府。張煜南、張鴻南《梅水詩傳》卷五有傳。

許應騤於本年中舉人。

許應騤，字筠笙。番禺人。祥光子。道光二十九年（一八四九）舉人，刑部郎中。作花鳥山水皆有韻致，嘗著題畫絕句百首。汪兆鏞《嶺南畫徵略》卷九有傳。

黃振成於本年中舉人。

黃振成，字韶九。嘉應人。道光二十九年（一八四九）舉人，官江西知府。畫山水作麻皮皴，水墨秀雅。汪兆鏞《嶺南畫徵略》卷九有傳。

賀穗聯於本年中舉人。

賀穗聯，號香九。三河城內人。道光二十九年（一八四九）舉人。潮人爭聘至家教授，英俊多資造就。晚築城南"拙哉別業"，攜妾老焉。《秋柳詩》有漁洋風度。饒鼎華《匯山遺雅》有傳。

范衍堂於本年中舉人。

范衍堂，道光二十九年（一八四九）舉人，任湖北廣濟縣，蒞任開倉賑濟饑民。饒鼎華《匯山遺雅》有傳。

黃以宏於本年中舉人。

黃以宏，字子謙。南海人。道光二十九年（一八四九）舉人。咸豐二年（一八五二）壬子會試留京，獨居蕭寺，有隱於燕市之意。嘗撰《詩中篇名解》三首。鄒魯《廣東通志稿》有傳。

丁杰於本年中舉人。

丁杰，字仲文。道光二十九年（一八四九）舉人，佐長樂縣幕。咸豐七年（一八五七）以直隸州州同分發福建。後旋里掌教韓山書院，尋入按察使幕。有華工在洋界殺洋人十多名，及廉州北海戕委員二案，獲犯數十名，為分別在場、不在場定之。著有《天說》、《陰符經直解》、《蛾術齋詩章》七卷。

吳炳南於本年中舉人。

吳炳南，字韶微、星儔，號華溪。順德人。道光二十九年（一八四九）舉人。工書畫、精琴弈。修有《三續華州志》十二卷，輯《合刻華州志》。著有《華溪詩鈔》。（《中國近現代人物名號大辭典》四九二頁）

何冠梧於本年中舉人。

何冠梧，號鳳曾。高明人。道光二十九年（一八四九）舉人，大挑一等，歷任文縣、禮縣、安定知縣。值回民暴動，乃商戰守，撫流亡，民賴以安。因功加知府銜。著有《竹醉山房吟草》。（《高明縣志》）

黎嘉騏於本年中舉人。

黎嘉騏，字子超。東莞人。攀鏐次子。道光二十九年（一八四九）舉人。以福建候補同知帶兵征剿土匪，累官署興化知府。（宣統《東莞縣志》卷七一）

黃錫圭於本年成貢生。

黃錫圭，字介垣，號禹廷。博羅人。道光二十九年（一八四九）歲貢，以硯田爲業。重修《惠陽紀勝》，補吳騫《惠陽紀勝》所未備。（光緒《惠州府志》卷三八）

蔣理祥於本年成貢生。

蔣理祥，字汝宸，號吉雲。東莞虎門海南柵人。道光二十九年（一八四九）選拔，咸豐二年（一八五二）中舉人，明年進士，選庶吉士。四年，石龍紅巾軍起，募靖康團練。五年（一八五五），激戰黑松林，大破紅巾。同治三年（一八六四）特授翰林院編修，尋主講龍溪書院，創建本鄉同善堂、虎門育嬰堂。助潘仕成輯《海山仙館叢書》，檢校幾二十年。卒年五十。長孫光鼐，爲抗日名將。（宣統《東莞縣志》卷七二）

劉汝言於本年成貢生。

劉汝言，字簹初。鎮平人。道光二十九年（一八四九）拔貢。胡曦《梅水匯靈集》卷七有傳。

　　龍葆誠於本年成貢生。

　　龍葆誠，原名驤，字躍衢。順德人。道光二十九年（一八四九）拔貢，咸豐元年（一八五一）舉人。咸豐、同治間隨族叔元僖襄理團防局。（《順德縣續志》）

　　朱潤芳於本年成貢生。

　　朱潤芳，字晴宕。清遠人。道光二十九年（一八四九）拔貢，同治元年（一八六二）舉人，歷署甘肅禮縣、兩當縣，補授金縣令，升撫夷通判。著有《九老詩集》。（《清遠縣志》卷六）

　　張兆鼎於本年成貢生。

　　張兆鼎，字殿開，號紫封。香山（今中山）人。道光二十九年（一八四九）拔貢生，次年廷試二等，以知縣用，歷任福建仙遊、順昌、建陽、長汀等縣知縣。咸豐七年（一八五七）太平軍攻閩，陷建陽，督兵復之，擢同知。同治初丁艱回籍不復仕，教授後進。著有《退閒軒詩集》。（民國《香山縣續志》）

　　顏佑曾於本年成貢生。

　　顏佑曾，連平人。道光二十九年（一八四九）優貢生，任正藍旗教習。期滿，以知縣用江蘇，補用直隸州知州，授雲南大理府知府。（《連平州歷科文武甲科》）

　　顏培咸於本年成貢生。

　　顏培咸，原名培豐，字筱魯。連平人。道光二十九年（一八四九）拔貢生，授浙江候補知縣，加同知銜。著有《蛩吟軒詠草》。（《連平州歷科文武科甲》）

　　黃仲安於本年成副貢生。

　　黃仲安，字薰仁。嘉應州人。道光二十九年（一八四九）副貢生。掌教東山書院並潮屬各書院，成就後進甚多。張煜南、張鴻南《梅水詩傳》卷五有傳。

　　潘仕炳於本年成副貢生。

　　潘仕炳，字紹文，一字霞泉。嘉應州（今梅縣）人。道光二十九年（一八四九）副貢，官候補員外郎。著有《籾苣軒吟稿》。

潘儀增《番禺潘氏詩略》有傳。

　　李宗岱於本年成副貢生。

　　李宗岱，字山農。南海人。道光二十九年（一八四九）副榜貢生（一說貢生），山東候補道員，署山東鹽運使、布政使。善畫，作山水筆氣蒼勁，一如其人之慷慨而有俠氣。汪兆鏞《嶺南畫徵略》卷補有傳。

　　沈佩欽於本年成副貢生。

　　沈佩欽，道光二十九年（一八四九）副貢。饒鼎華《匯山遺雅》有傳。

　　莫雲梯於本年中副榜。

　　莫雲梯（一七九九～一八五四），字橋燕，號月卿。新會人。副貢生。道光二十九年（一八四九）中副榜。咸豐二年（一八五二）壬子選新興教諭。天性孝友，宅心敦厚。咸豐四年（一八五四）甲寅土匪之亂，縣令入山搜捕，賊乘虛入城，躬率士民，奮勇殺賊，即日收復縣城，時七月九日也。生於嘉慶四年己未，卒於咸豐甲寅，春秋五十有六。著有《注西銘館詩鈔》。張維屏《國朝詩人徵略二編》卷六四有傳。

　　李再榮生。

　　李再榮（一八四九～一八九五），字念生、學高。信宜人。精古文。赴鄉試不中，隨堂兄於外任職，受知府銜即選通判，後回鄉著述。與梁安甸編纂《重修信宜縣志》，著有《信宜忠孝節義錄》、《李氏剩馥集》等。（《信宜人物傳略》）

　　李麟昌生。

　　李麟昌（一八四九～一九二四），字載慶，號功譜。香山人。光緒十七年（一八九一）舉人，二十四年（一八九八）進士，授福建閩清知縣。辛亥革命爆發，避之海上。與楊守敬、康有為友善，嘗爲《捫虱談》數萬言，傾動朝野。乙卯（一九一五）南歸。受聘纂修《香山縣續志》。書法瘦硬如其人。（《香山縣續志》）

呂翰生。

呂翰（一八四九、一八五三～一八八四），字廝堂。鶴山人。同治八年（一八六九）入福州船政學堂後學堂學習駕駛。十三年（一八七四）畢業後隨船航行各處口岸，為沈葆楨賞識，擢帶"振威"練船，駐防澎湖。光緒元年（一八七五）調"揚武"練船，遊歷南洋群島及日本等處，授守備，加遊擊銜，復以防護臺灣案，晉都司。次年任"飛雲"兵船管帶。翌年，任北洋"威遠"兵船管帶，兼駕駛練生教習。以三次至臺灣後山剿平加禮番社，功升遊擊。十年（一八八四），任船政後學堂教習，統帶"福勝"、"建勝"兩炮艦。馬江海戰中，驅船近敵，中彈艦沉，力戰身亡。旨照二品例優恤，入祀昭忠祠，給雲騎尉世職，事蹟付史館立傳。（《廣東近現代人物詞典》八六頁）

冼寶幹生。

冼寶幹（一八四九～一九二五），字雪耕。南海人。少年喪父，苦讀詩書，十九歲在堂兄寶楨所辦私塾教授學生，二十五歲在戴氏家開設教館，文名遠播。同治十二年（一八七三）中舉人，光緒九年（一八八三）進士，欽點為即用知縣，歷任湖南祁陽、永興、平江、沅陵知縣。每到處，輒興利除弊，平反冤案，甚得讚譽。其中尤以平江政績顯著，離任時為立德政碑。五十四歲時辭官回佛山奉母，並潛心著述。著有《說文部首音義》、《易學體例圖說》等多種著作，並總纂《佛山忠義鄉志》，修撰《嶺南冼氏族譜》。（《廣東近現代人物詞典》三五四頁）

洪天貴福生。

洪天貴福（一八四九～一八六四），初名天貴，後加"福"字。登極後，玉璽於名下橫刻有"真主"二字，清方又誤稱為"福瑱"。花縣人。秀全長子。從小誦習拜上帝會經籍。咸豐十年（一八六〇）起，以幼主名義發布詔旨。一八六四年六月六日（太平天國甲子十四年四月二十四日，同治三年五月三日）繼位登極稱"幼天王"。七月十九日天京失陷。次日凌晨為李秀成等護送出城，尋由洪仁玕等送至安徽廣德（今宵國東北），繼被黃文金等迎入浙江湖州。八月復回廣德，趨宵國，旋走浙江昌化、開化、常山，轉江西玉山、廣豐、鉛山、新城（今黎川）、廣昌。十月九日夜，在石城楊家牌被清軍所襲潰散，二十五日被俘。十一月十八日於南昌殉難。有供詞《洪福瑱自述》。（《中國近現代人物名號大辭典》九三七頁）

韋玉生。

韋玉（一八四九～?），字寶珊。香山人。生於香港。中央書院肄業。同治六年（一八六七）赴英國利歇時達學校。十一年（一八七二）畢業回香港，任職有利銀行。光緒六年（一八八〇）保良局成立，爲創辦人之一。次年任東華醫院總理。九年任掌法紳士。十九年（一八九三）任團防局紳。廣東軍政府成立後，胡漢民聘爲總顧問官。一九一四年在上海加入中華革命黨。一九二三年任大本營秘書。一九二六年任國民政府外交部宣傳局局長。（《民國人物大辭典》六二八頁）

陳華順生。

陳華順（一八四九～一九一三），綽號“找錢華”、“爪錢華”。順德人。清末詠春宗師梁贊入室弟子。於佛山公開教授詠春拳。早年於佛山米店做工，曾在錢莊做帳房先生，人稱“找錢華”。三十九歲始拜梁贊爲師，由李華教授其詠春拳。光緒十五年（一八八九）李華去世後又由梁贊教授，同時習醫術以診治病人。一生收徒十六位。除其子汝棉外，還有雷汝濟、陳錫侯、黎厚培、黃露茵、何漢侶及吳小魯、仲素兄弟與封門弟子葉問。

劉長意生。

劉長意（一八四九～一九一五），海陽（今潮安）人。喜曰子。新加坡萊佛士學院畢業，歷任新加坡華人參事局局員、保良局董事。晚年回鄉定居。（《庵埠鎮志》）

劉燗芬生。

劉燗芬（一八四九～一九一三、一九一二、一九一一），字小衡，一作筱衡，室名小蘇齋、蘇齋、怡令堂。香山隆都人。光緒附貢生，選訓導。博覽嗜學，金石圖書無不搜尋。工古文，尤長於詩，畫蘭亦楚楚有致。著有《貽令堂文集》、《小蘇齋詩鈔》、《小蘇齋詩話》、《苇鶗詞刊》、《縣人陳子清遺作》，與黄紹昌同輯《香山詩略》十二卷。（《中國近現代人物名號大辭典》二八七頁）

鄧世昌生。

鄧世昌（一八四九～一八九四），原名永昌，字正卿。番禺人，祖籍東莞懷德鄉。父焕莊，專營茶葉生意，嘗於廣州及津、滬、漢、港、秦皇島等地開設祥發源茶莊，始建鄧氏家祠。少時隨父移居上海，從西人習算術、英語。同治六年（一八六七）六月，沈葆楨（林則徐女婿）至福州馬尾船政學堂任職，從粤招來世昌等十餘人。十年（一八七一），被派至“建威”艦練習航海。十三年（一八七四）畢業，獎以五品軍功任命爲“琛航”運船管帶，次年任“海東雲”炮艦管帶。時值日軍侵台，世昌奉命扼守澎湖、基隆等要塞，得補千總。又調任振威炮艦管帶，代理“揚武”快船管駕，升守備，加都司銜。光緒六年（一八八〇）調入北洋水師，先後擔任“飛霆”、“鎮南”蚊炮船管帶和“揚威”艦、“致遠”艦管帶。光緒二十年（一八九四）九月在中日甲午黄海海戰中壯烈犧牲。謚壯節公，追封太子少保銜。母爲紀念愛子，將祖屋擴建爲鄧氏宗祠，一九九四年建爲鄧世昌紀念館。（《清史稿》卷四六〇）

戴欣然生。

戴欣然（一八四九、一八四七～一九一九），又名春榮，一字忻然。大埔人。因家貧往南洋謀生。義和團以後，清政府下旨各省興辦學堂，捐資辦潮州、大埔、新加坡等地十多所學校，在北京、大埔等地設立醫局施藥。光緒三十二年（一九〇七）大埔饑荒，從各地運回幾十萬石大米救濟百姓。其他諸如修橋補路等，幾乎有求必應。先後兩次被推爲駐檳榔嶼領事兼新加坡總領

事。（一九九二年《大埔縣志·人物》）

清宣宗道光三十年　庚戌　一八五○年

十二月初十日，花縣洪秀全起兵廣西桂平，綿延十四年之久太平天國農民革命爆發。廣東四大名園之一東莞可園由張家玉之後張敬修建成。

正月十一日，杜遊等宴集海幢寺就樹軒，作七律詩和涉川和尚。（杜遊《庚戌元月十一日宴集海幢寺就樹軒和涉川和尚》）

二月十八日，杜洪疇卒，年三十三。

杜洪疇，字乾光，號葆初。番禺人。國學生。著有《求可知齋詩鈔》。張維屏《國朝詩人徵略二編》卷六四有傳。

秋，何名科率三千餘人於信宜起兵。

何名科（？～一八五一），信宜人。本為天地會首領。道光三十年（一八五○）秋率三千餘人於信宜安莪村起兵，轉戰信宜、高州、廣西容縣、貴縣，多次擊敗官軍圍剿。後於貴縣被捕殺。（《信宜人物傳略》）

本年桐城姚瑩於廣西襄辦軍務，以書招陳南緒往，未至而姚歿。

陳南緒，字鳳池。興寧人。官福建經歷。善書喜詩，有述作之志。桐城姚瑩雅相愛重，洪逆初亂粵西，姚襄辦軍務，以書招往，未至而姚歿，竟流落桂管二十年以終。胡曦《梅水匯靈集》卷七有傳。

本年番禺河南瑤溪劉彤（字子言）於其生長之地，區別名目，得二十四景，每景撰一小序，綴五絕一首，成《瑤溪二十四景詩》一卷。里人楊永衍、居巢、居廉、楊文桂（湘舲）、楊文杓（子明、星輪）、陳紹榮（竹屏）、潘飛聲、伍延鎏、鶴山呂鑒煌、馮世謙（貞石），高要羅信芳（穀香），南海蕭馥常、周衍光（熾庭），番禺李晉昌、范惠芳（稼伯）、蘇道芳（心畬）、區鼎安（茝裳）、釋寶筏等，先後唱和，為番禺河南詩壇一時盛事，

楊永衍輯爲《瑤溪二十四景詩録》。（陳景鎬《海珠古詩録》二八七頁）

劉彤，字子言。番禺人。自署河南種茶之農，名其堂曰獨笑，讀書於人外山房，好爲詩。（《番禺河南小志》）

伍延鎏，字全泉，號少谿。番禺河南溪峽人。收藏書畫甚豐，名其室曰松苔，號松苔館主。著有《松苔館詩》。

釋寶筏，字蓮西。海幢寺僧。著有《蓮西詩存》。

本年葉常青擢蘇松崇明鎮總兵。

葉常青，原名子芳，號筠亭。羅定人。道光初由行伍升香山協把總。鴉片戰爭時截獲鴉片數十船。道光三十年（一八五○）擢蘇松崇明鎮總兵。參與鎮壓太平軍，陣亡，時年六十八。（民國《羅定縣志》卷七）

本年洪秀全圍攻鬱林三周月，城幾破，李慶福用大炮轟擊，斃數十人，圍以解，保升知縣。

李慶福（？～一八五三），字祝年。英德人。援例署廣西梧州府經歷、鬱林州判。道光三十年（一八五○）洪秀全圍攻鬱林三周月，城幾破，親用大炮轟擊，斃數十人，圍以解，保升知縣。咸豐三年（一八五三）之興業縣。五年，調桂平，補西隆知州。五月，李文茂率太平軍圍潯州（今桂平），力籌守城。八月糧盡援絕，城陷身死。敕世襲雲騎尉職。（《韶州府志》卷三四）

本年洪仁達赴廣西參加金田團營及太平天國起義。

洪仁達（？～一八六四），花縣官禄村（今屬花都）人。洪秀全次兄。早年在鄉務農。道光三十年（一八五○）赴廣西參加金田團營及太平天國起義。咸豐六年（一八五六）楊韋事變後，封福王，參與政事，挾制石達開。次年達開出走後，削王爵，改封天福，後又封勇王，專橫暴虐，貪汙腐化。天京淪陷時，爲清軍所浮，後被殺。（《中國近代史詞典》）

本年洪宣嬌由家鄉走廣西桂平。

洪宣嬌，花縣人。洪秀全幼妹。幼習武。道光三十年（一八五〇）由家鄉走廣西桂平，旋嫁蕭朝貴，翌年參加金田起義。朝貴犧牲，撫養遺孤。後隨軍至天京（今南京），居西王府，尊為王姑、西王娘。一說為楊雲嬌，廣西桂平（或宣武）人。秀清妹，朝貴妻。被洪秀全認為義妹。或說並無其人。（《廣東近現代人物詞典》三九三頁）

　　本年張瀚升守備。

　　張瀚（？～一八七一），字文瀾。曲江人。由行伍拔補佛岡營千總。道光三十年（一八五〇）升守備。咸豐四年（一八五四）擢督標守備，署始興遊擊，次年卸任。奉調督帶拖船，由香港放洋，隨軍鎮壓太平天國，保升都司，轉遊擊，加參將銜。同治三年（一八六四）移防丹徒。九年升龍門副將。翌年卒於任。（歐樾華《韶州府志》卷三二）

　　許其光於本年中榜眼。

　　許其光，字懋昭，號涑文。番禺人。道光三十年（一八五〇）榜眼，授編修，轉御史。劾某親王，歸原衙門行走，尋值大考，擢侍講。以京察出為桂林遺缺知府，補思恩府。升道員，署廣西左江道，改省直隸，未及補官而卒。晚曾為學海堂學長。吳道鎔《廣東文徵作者考》卷十有傳。妹小蘊，工詩畫，能文，精刺繡。年二十歸庠士張熊光。與娣江西趙淑芳唱和韻語甚富。年二十七，熊光卒，無同胞昆弟，隻身勤服孀姑得歡心。哀夫泣哭，不忍令姑見聞。迨姑卒，年四十七，不食而死。著有《柏香山館詩》，詩凡百三十四首。冼玉清《廣東女子藝文考》有傳。

　　沈史雲於本年中進士。

　　沈史雲，字少韓。番禺人。懷禮子。道光三十年（一八五〇）進士，授編修。為越華書院掌教凡九年。張維屏《藝談錄》卷下有傳。

　　許應騤於本年中進士。

　　許應騤（？～一九〇三），字筠庵。番禺人。父拜庭。應鑅從弟。道光三十年（一八五〇）進士，咸豐二年（一八五二）壬子選庶吉士，授檢討，累遷吏、戶、兵部侍郎，總督倉場，督學順天、甘肅，迭主鄉會試，李鴻藻尤相推重。尋擢禮部尚書、總理各國事務大臣。光緒二十四年（一八九八）戊戌變政，御史宋伯魯、楊深秀以迂謬阻撓糾參。遵旨覆奏，劾康有爲聯絡臺諫，混淆國事，請罷斥回籍。旋以劾王照奪職。逾月，康有爲得罪，起家授閩浙總督，在任五年，留意將才，二十六年庚子之變，海疆晏然。罷歸，卒於家。著有《許尚書奏議》。其裔孫崇智，官至粵軍總司令；崇清，三次入主中山大學；廣平，以嫁文豪魯迅而名揚天下。吳道鎔《廣東文徵作者考》卷十有傳。

黃經於本年中進士。

黃經（？～一八五九），字叔濟。號確泉、郝存。順德人。道光三十年（一八五〇）進士。[1] 由翰林補御史，前後疏凡十九上，切要者皆關大計，而薦湯金釗、林則徐一疏，尤爲當務之急。尋擢河東道，著《艖務錄》、《鹽池記》。升按察使，抵任旋卒。吳道鎔《廣東文徵作者考》卷十有傳。

黃統於本年中進士。

黃統，字伯垂。順德人。道光三十年（一八五〇）二甲第一名進士。咸豐二年（一八五二）以編修出任貴州學使。常與陳款泉、何藻屏等共研醫學。凡有效之方、醫案，則隨手筆錄，咸豐元年積成《經驗良方大全》（一作《內外十三科驗方五十種》），王士雄於同治間續編。又與龔自璋合編《醫方易簡新編》六卷（又名《家用良方》），後經吳輝模增訂，易名爲《增訂醫方易簡》十卷。（《中國近現代人物名號大辭典》一一一二頁）

李可琳於本年中進士。

李可琳，字禹階、輝珊。歸善（今惠州）人。道光三十年（一八五〇）進士，官兵部主事。假歸，主講觀瀾書院。卒年五十七。（光緒《惠州府志》卷三八）

---

① 一作道光二十四（一八四四）進士。

梁巍於本年中進士。

梁巍，字思煥。信宜人。道光三十年（一八五〇）進士，欽點翰林院庶吉士。著有《琉璃仙館詩文集》。（光緒《信宜縣志》）

許炳章於本年中舉人。

許炳章（？～一八六六），字九霞。曲江人。道光二十年（一八四〇）優貢，三十年（一八五〇）順天鄉試舉人，湖南知縣。主講相江書院，安徽巡撫唐訓方貽書勸仕，弗答。顏所居曰遁圍。汪兆鏞《嶺南畫徵略》卷九有傳。

萬青錢於本年成貢生。

萬青錢，英德人。道光三十年（一八五〇）歲貢生。著有《一笑子語錄》。（《韶州府志》卷七、卷三九）

董百慶於本年成貢生。

董百慶，字蘋初，字衍之。香山小欖人。幼聰穎，二十歲受聘於邑學任教，以文學深奧，研究經學認真見著。為人正直，嚴於律己，時香邑所出士大夫，如咸豐十年（一八六〇）進士、官至太史之黎翔，同治元年（一八六二）進士、官至直隸大順廣道、領二品銜之黃槐森，皆其門下士。與朱海門、張西銘、羅獻其、盧澍谷以道德文章琢磨，世稱香邑五子。後百慶成道光三十年（一八五〇）恩貢生，光緒十五年（一八八九）欽賜舉人，選授西寧縣教諭。任滿回里，課子自娛。善畫，尤工葡萄，亦喜書詩。好遊歷，八十歲時仍重遊泮水。與妻鍾氏同壽百歲。遺著有《正心堂文集》、《正心堂詩集》、《中外弦孤句股數學》、《太乙經世合編》等。（《香山縣志續編》）

方挺芳於本年補廩生。

方挺芳，字荔生，號蓮村。惠來人。道光三十年（一八五〇）廩生。設教四十餘年，成就甚多。著有《蓮村文集》。（《潮汕人物辭典》）

王曉滄生。

　　王曉滄（一八五○～?），原名恩翔。嘉應州人。拔貢。曾在海南儋耳爲官。丘逢甲內渡，曉滄即與之往來。光緒二十四年（一八九八），曉滄奉檄至募捐賑饑，與在東山書院講學之逢甲唱和，得詩兩百，删訂存百五十，編爲《金城唱和集》。二十六年，曉滄之《鷓鴣村人詩稿》面世。（羅可群《廣東客家文學史》二○三頁）

　　左秉隆生。

　　左秉隆（一八五○～一九二四），字子興，祖籍瀋陽，駐防廣州正黄旗漢軍人。秉隆幼聰穎，習漢滿文，十五歲入廣州同文館習英文、數理，光緒二年（一八七六）任北京同文館副教習，四年曾紀澤爲出使英法大臣，派充駐英使署翻譯官。七年派充新嘉坡正領事官，八月到任，爲僑民服務朝夕勤勞，不遑寧處。以爲保僑之道，莫過於振興文教、創設義塾，開辦文會（會賢社），主持英語雄辯會。又關心民瘼，取締販賣豬仔，保護良家婦女，破獲海盜組織，對勞苦小民，尤加愛護，有古循吏風范。二十九年，卸職歸國，新加坡人贈萬民傘，上德政碑。三十一年，清廷遣五大臣赴東西洋考察政治，秉隆充頭等參贊官，遊歷日、美、英、法、比、德、奧、義等國，英牛津大學贈名譽學士學位。三十三年，派駐新加坡兼轄海門等處總領事官。宣統二年（一九一○）辭職，仍寓新加坡。民國五年（一九一六），遷居香港九龍，旋回穗定居。十三年卒。工詩擅樂。撰有《勤勉堂詩鈔》七卷。（《廣東近現代人物詞典》五○頁）

　　李朋杜生。

　　李朋杜（一八五○～一九三一），字少懷。河源人。少年中秀才，設館教學。邑中名士，多出其門。負笈羊城，考入廣州政法學校，攻讀之餘兼學畫。宣統元年（一九○九）欽點廣西候補知縣，翌年授桂龍勝廳分府知事。辛亥因病辭官歸里。著有《知守軒詩詞集》。（《河源人物志》）

　　陳三九生。

陳三九（一八五〇～一九二四），號濟雲。四會人。出身貧苦，曾於澳門從事修補業。青年時曾營救過孫中山，後參與革命活動。（《四會文史》第七輯）

梅光達生。

梅光達（一八五〇～一九〇三），台山人。澳洲華僑領袖。早年隨其叔父等遠渡重洋，在養母影響下成爲基督徒，協助養父管理礦場。光緒八年（一八八二），開設了進口商行與百貨公司。由於當地限制華人移民，於是開始了護僑活動。澳洲等二十國領事自動承認其爲事實上之中國總領事，清廷授其"五品軍功"銜並藍翎頂戴。二十年（一八九四），清廷授其"四品軍功"銜。（《台山文史》第八輯）

黃笠鄉生。

黃笠鄉（一八五〇～一九二三），原名霖澤。海陽（今潮安）人。承父業營金鋪。後致力書畫收藏及研究，爲嶺南第一收藏鑒賞家，兼擅書法，有輯所藏印信而成之《銘雀硯齋印存》刊行。（《潮汕書畫史略》）

鄭仲生。

鄭仲（一八五〇～一九二二），又名汝仲，字錕賢，號侶忠。香山南屏街（今屬珠海）人。早年去檀香山經商，後與孫眉（孫中山胞兄）在當地合辦畜牧場。光緒二十年（一八九四），參加興中會，與孫眉、孫中山義結金蘭。二十一年（一八九五）歸國省親、完婚及照理澳門物業，適逢孫中山發動廣州起義失敗，從香山唐家灣化妝逃澳門時，由仲安排住在澳門原婢女順霞家裏。三十一年（一九〇五）與孫眉等乃在檀島轉爲同盟會員。後與孫眉因將牧場變賣資助孫中山革命，結伴回國，返南屏定居。民國元年（一九一二）孫中山視察前山時，發動南屏鄉民前往歡迎。孫中山爲勘探鐵礦事到南屏時，爲嚮導在將軍山探測礦務。仲長子結婚時，孫中山贈喜幛禮物爲賀。後在家鄉病逝。（《廣東近現代人物詞典》三五六頁）

鄺新華生。

鄺新華（一八五〇～一九二三），原名殿卿，字敬偕。開平人。出生於粵劇家庭，父明演大淨行當，曾支持李文茂起義，時清廷對粵劇藝人進行血腥鎮壓，使粵劇瀕於人亡行減絕境。同治十年（一八七一）粵劇解禁後，籌資創辦八和會館，被推爲會首。宣統元年（一九〇九）領班至南洋演出，集體參加同盟會。一九一三年組織藝人義演籌款支援孫中山反袁。晚年經商。借鑒京劇以豐富粵劇表演藝術，特別欣賞京劇泰斗譚鑫培唱做藝術，並吸收京劇唱腔精華，自創"戀檀腔"。戲路寬廣，首本戲有：《蘇武牧羊》、《太白和番》、《李太白醉倒騎驢》、《李密陳情》、《劉備過江招親》、《孫武子獻十三篇》、《殺子報》、《王祥臥冰求鯉》、《胡迪罵羅》等，其中的出頭戲《李密陳情》和正本戲《劉備過江招親》等尤爲著名。又率先把《甘露寺》、《李密陳情》、《殺子報》等灌製成唱片，使粵劇唱曲得以廣泛流傳。（《廣東近現代人物詞典》八二頁）

嚴老烈生。

嚴老烈（一八五〇～一九三〇），原名興堂。廣東人。通音律，能作曲，擅長揚琴。以右手奏重音，左手奏輕音或助音，通常稱爲"右竹奏法"，並以此創作了《旱天雷》、《倒垂簾》、《連環扣》等曲，在上世紀二十年代後期及三十年代初期極爲流行。其作品富於新時代生活氣息，反映了中國在辛亥革命前後人民大眾要求革新上進思潮，令人耳目一新。其徒弟羅綺雲之揚琴獨奏《倒垂簾》所錄唱片至今流傳。（《廣東近現代人物詞典》一九一頁）

翟韞文卒。

翟韞文（？～一八五〇），原名虎變，字綉谷。東莞人。累官撫標左營守備。道光三十年（一八五〇）招募鄉勇千人隨粵督葉名琛往來英德，鎮壓胡黃、毛五起事，在蘭村山谷被殺。（宣統《東莞縣志》卷七一）

清文宗咸豐元年　辛亥　一八五一年

四五月，吳三率會眾及飢民千餘人加入淩十八之義軍。

吳三（？～一八五一），化州人。道光末往廣西爲傭工，入拜上帝會。回鄉後，在民眾中宣傳拜上帝會思想，農民在其宣傳組織下結盟拜會遍及化州。咸豐元年（一八五一）四五月，率會眾及飢民千余人加入淩十八之義軍，轉戰信宜、懷鄉，殺高州守備滕之龍，總兵楊冒泗棄輜重而逃。七月，義軍被清兵圍困，吳三單獨突圍出走，再次遭伏擊包圍，與部眾七百餘人陣亡。（陳士富《化州人物志》）

本年張驥應薦，已入彀矣，旋復撤去。

張驥，字子良。嘉應州人。諸生。工制藝，咸豐元年（一八五一）辛亥應薦，已入彀矣，旋復撤去，鬱悒以歿。張煜南、張鴻南《梅水詩傳》卷六有傳。

本年髮匪之亂，胡瑤與團局諸人捐資防禦。

胡瑤，字西池。興寧人。太學生，中書科中書銜。早歲棄舉子業，頗事吟詠。咸豐元年（一八五一），髮匪之亂，與團局諸人捐資防禦，部署一切。胡曦《梅水匯靈集》卷七有傳。

本年羅惇衍上《請崇儉禁奢疏》。（羅惇衍《請崇儉禁奢疏》）

本年李鴻勳率鄉勇從官軍剿何明科、淩十八。

李鴻勳（？～一八五五），茂名蕩平（今屬高州）人。本爲書生，習兵法，可日行二百里。咸豐元年（一八五一）率鄉勇從官軍剿何明科、淩十八。翌年投總兵張國樑，屢立戰功，升遊擊。四年擢參將，加副將銜。次年（一八五五）中炮卒。（光緒《茂名縣志》）

本年陳開順率眾前往馬來西亞柔佛厝港墾殖，任港主。

陳開順，海陽（今潮安）人。早年往新加坡謀生。咸豐元年（一八五一）率眾前往馬來西亞柔佛厝港墾殖，任港主。後爲當

地洪門組織新山義興公司首領。（《國際潮訊》第五、六期合刊）

本年陳煥榮創設乾泰隆行於香港。

陳煥榮，字宣衣，外號佛。饒平人。初爲船工，後自購帆船行走天津、青島、上海、汕頭、香港及南洋，從事販運，人稱船主佛。咸豐元年（一八五一）創設乾泰隆行於香港，爲華人在港最早設立之出入口貿易商行，也是香港現存最古老之南北行商店。（《澄海人物志》）

本年美國派東印度艦隊司令伯利率艦隊往日本議約，羅森參與此事。

羅森，字向喬。南海人。早年與來華傳教之馬禮遜結識。咸豐三年（一八五三）香港英華書院發行其《日本日記》。又著有《治安策》、《南京紀事》。（鍾叔河《走向世界叢書‧日本日記》）

本年周永鎬舉孝廉方正。

周永鎬，號鄂林。高要人。道光歲貢。咸豐元年（一八五一）舉孝廉方正。授徒數十年，遇貧者免其學費。著有《龍頂山房吟草》。（宣統《高要縣志》卷十八）

本年潘恂舉孝廉方正。

潘恂，字訒如。順德人。楷弟。歲貢。咸豐元年（一八五一）舉孝廉方正。五年授光祿寺署正銜。終年六十有九。著有《四書管見》、《訓鶴別墅文稿》、《守拙軒詩鈔》。（《順德縣續志》）

陸芳培於本年中舉人。

陸芳培，字湘蘅。南海人。咸豐元年（一八五一）辛亥舉人，官仁化訓導。著有《繞梅書屋詩鈔》，詞附。許玉彬、沈世良《粵東詞鈔》卷二有傳。

陳璞於本年中舉人。

陳璞（一八二〇～一九二一），字子瑜，號古樵、尺岡歸樵。番禺人。咸豐元年（一八五一）辛亥舉人[1]，官江西安福知縣。

---

[1]　一作道光二十四年（一八四四）舉人。

丁艱歸，不再出。舉學海堂學長，主安良局事，爲某太守引重。言者劾太守並及璞，乃閉門卻掃，於所居村南築息園，自號息翁。爲文雅潔，工詩書畫，世稱三絕。粵人以黎簡、謝蘭生、陳璞爲"畫家三傑"。又與陳鼎、陳鏞稱"三陳"。著有《尺岡草堂遺詩》八卷、《文》四卷，並存。又著有《繆篆分韻補正》一卷。吳道鎔《廣東文徵作者考》卷十一有傳。女曉芬，南海諸生伊鳴殷室。工山水，花卉有家法，署款每鈐"撫桐閣"小印。順德馬季立明經貞榆家有其畫扇，流傳頗少。汪兆鏞《嶺南畫徵略》卷十二有傳。

關士瑒於本年中舉人。

關士瑒，字樹揚，號璞軒。南海人。咸豐元年（一八五一）舉人。朱次琦、朱宗琦《朱氏傳芳集》卷外有傳。

何應圖於本年中舉人。

何應圖，字春華，號劍生。新會人。年十五，以經古文受知於學使王植。既補博士弟子，試輒高等。咸豐元年（一八五一）辛亥恩科舉人。美風儀，工小楷。春官報罷。道光十六年（一八三六）丙申七夕，應圖隨尊甫掞翁及百峰、月槎集李長榮家小紅樓。著有《遺草》一卷。李長榮《柳堂師友詩錄》。

李綸光於本年中舉人。

李綸光，字芸齋，號笠山。嘉應州（今梅縣）人。咸豐元年（一八五一）辛亥舉人，官南海教諭，加內閣中書銜。著有《笠山詩草》。綸光登賢書後，曾主講韓山講席，勤於課士。司鐸南海，與李子黼交，子黼輯其詩入《柳堂師友詩錄》。張煜南、張鴻南《梅水詩傳》卷五有傳。

李鏗載於本年中舉人。

李鏗載，原名龍孫，字湘賓。嘉應州（今梅縣）人。咸豐元年（一八五一）辛亥恩科舉人。著有《綠雲山館詩、詞鈔》。工詞賦，擅音律，屢受知學使顧耕石、白小迂。晚年得張壽荃延主韓山講席。曾譜《綠葉夢傳奇》，乞座主萬藕舲尚書爲序。張煜南、張鴻南《梅水詩傳》卷五有傳。

黃基於本年中舉人。

黃基（一八三一～一八九〇），字簀山。嘉應州（今梅縣）人。咸豐元年（一八五一）辛亥舉人，光緒九年（一八八三）癸未進士，官禮部主事，分發江蘇知府。詩學杜工部，書法摹二王，畫入大癡室。又著算書數種。僅存《覆瓿詩草》若干首，又有《萬事好盧詩傳》等。（《廣東近現代人物詞典》四三五頁）

梁光熙於本年中舉人。

梁光熙，字墨林。嘉應州（今梅縣）人。克亭解元子。咸豐元年（一八五一）辛亥恩科舉人，官西寧學。會試留京數載，與長安諸公唱和極富。少年時辟詩社，拈題分韻迭唱，名曰淡香齋詩課。張煜南、張鴻南《梅水詩傳》卷五有傳。

葉應魁於本年中舉人。

葉應魁，字星初。嘉應州人。咸豐元年（一八五一）辛亥科舉人。少負文名，掌教江西、廣西、潮府各書院。垂老未得一官，抱憾而卒。著有《繫蒲集詩鈔》。張煜南、張鴻南《梅水詩傳》卷九有傳。

鄧華熙於本年中舉人。

鄧華熙（一八二七、一八二六～一九一六、一九一七），字筱赤。順德人。咸豐元年（一八五一）辛亥舉人。籌餉議敘員外郎，分刑部。咸豐十年（一八六〇）庚申之變，京師設巡防處，充辦事員。條陳數千言，爲恭邸激賞，晋郎中。轉御史，屢上封事，皆奉諭旨。出知雲南府，升迤南道。擢滇臬，清理積案，平反冤獄。轉蘇藩，浚河建堤。尋授安徽巡撫，稅增而民不擾。調貴州，值拳禍派攤賠款，不以加抽病民。移病歸。宣統三年（一九一一）辛亥重逢鄉舉，加太子少保銜。國變後屏跡韜晦，年九十餘卒。賜諡和簡。著有《奏議》六卷、《納楹書屋偶存》二卷。吳道鎔《廣東文徵作者考》卷十一有傳。

梁肇煌於本年中舉人。

　　梁肇煌（一八二七～一八八六），字振侯，別字檀浦（圃），室名思誠齋。番禺人。父經國（同新），道光十六年（一八三六）丙申翰林，官順天府尹。咸豐元年（一八五一）辛亥，年二十五，補邑庠生，是歲中舉人。三年癸丑成進士，改翰林院庶吉士，散館，授編修，大考，升侍講。歷官侍讀、左右春坊庶子、侍讀學士、詹事府詹事、順天府府尹。同治十一年（一八七二）壬申水災，疏請傾倉賑恤，全活甚眾。尋丁內艱，起復，再補府尹。外除福建布政使，調補江寧。光緒十二年（一八八六）丙戌夏，在江藩任，陳請入覲，奉旨留京簡用。疾發，乞歸。十一月終於家。距生道光七年，享年六十。著有《讀書撮要》二卷、《讀史擇錄》四卷、《思誠齋文集》二卷。娶順德太常寺卿龍元僖女。子十一人：次慶桂，字小山。光緒二年（一八七六）丙子舉人，官學部參議、內閣侍讀。著有《式洪室詩文》。慶衍、慶楹、慶壽、慶鏘，光緒二十年（一八九四）甲午舉人。女十一人，長適南海舉人崔牲。梁慶桂《番禺梁氏兩世傳狀》有傳。

　　伍蘭徵於本年中舉人。

　　伍蘭徵，字霞川。順德人。咸豐元年（一八五一）舉人，官滇南姚州同知。著有《宦滇紀略》。（《順德縣續志》）

　　向陽於本年中舉人。

　　向陽，字葵生。清遠人。咸豐元年（一八五一）舉人。四年，太平軍攻克縣城，辦團練助官軍攻打太平軍。著有《寸草堂詩集》。（《廣州府志》）

　　周夢菱於本年中舉人。

　　周夢菱，字湘漁。順德人。少承家學，工文詞。咸豐元年（一八五一）舉人。著有《古智囊》、《周氏易譜》、《環球志略》、《梅雪廬詩鈔》。（《順德縣續志》）

　　袁體崇於本年中舉人。

　　袁體崇，花縣（今花都）人。咸豐元年（一八五一）舉人，以清鄉得力，保舉兵部主事。（民國《重修花縣志》卷八）

梁炳漢於本年中舉人。

梁炳漢，號星池。高要人。咸豐元年（一八五一）舉人，六年進士，分充刑部主事。紅巾及太平天國起事時在籍，廣西大吏委以勸軍中肇慶籍人投誠，以功知泗城府。與馮子材友善，越南之役被邀助軍謀，以克復憑祥功，調四川任道員、知府，途中病逝。著有《省心錄》。（宣統《高要縣志》卷十八）

曾貫忠於本年中舉人。

曾貫忠，號一峰。花縣（今花都）人。少年家貧力學，文藝卓越。十六歲進庠，二十五歲補廩，三十六歲中咸豐元年（一八五一）恩科舉人，保舉教諭，淡於仕進，不求聞達。創建聯平書院，門生前後以千人計。著有《學庸析義》、《論語指要》、《師竹心齋文集》、《一篷釣叟詩集》、《戒欺堂警語》等。（民國《重修花縣志》卷九）

譚澧於本年中舉人。

譚澧，花縣（今花都）人。咸豐元年（一八五一）舉人，官南豐、新城知縣，以克復南豐縣城有功，授奉政大夫。（民國《重修花縣志》卷八）

楊漢輝於本年舉孝廉方正。

楊漢輝（？～一八五五），字倬階。曲江人。副貢生。曾捐設白沙義渡，修葺小坑石路。咸豐元年（一八五一）舉孝廉方正。（《韶州府志》卷三二）

李煜堂生。

李煜堂（一八五一、一八五〇～一九三六），名文奎，以字行。新寧（今台山）人。同治七年（一八六八）隨父兄出洋經商。後返香港，創辦金利源、水利源兩藥材行。甲午戰爭後，先後興辦廣州電力公司、河南機器磨面公司及泰生源出入口貨行等，成效不顯。光緒二十八年（一九〇二）組織聯益保險公司，旋又創辦康年、聯泰、羊城、聯保四家保險公司，分店遍設國內口岸及南洋諸島。三十一年（一九〇五），聯絡廣州、香港工商學報界組織拒約會，又聯合何啟、曹善允等與美商代表談判，並達成“十二條款”草案。又入香港同盟會。辛亥革命前，把金利源藥材店作爲革命活動秘密聯絡點。廣東光復後，被舉爲財政部長，在職六月。後又設香港廣東銀行、上海新新百貨公司、漢口穗豐紡織公司、哈爾濱置業公司等。曾多次捐助廣東教育交通慈善事業，創辦嶺南大學及肇慶醫院。多次聯絡港商，籌措餉糧，支持討袁、護法及北伐。一九三一年被選爲國難會議議員。翌年“一·二八”事變期間籌款支援十九路軍。曾任大元帥府參議、總統府參議、中央財政委員會委員、廣東實業集團董事等職。著有《九國遊記》。（《中國近現代人物名號大辭典》四三七頁）

　　林國祥生。

　　林國祥（一八五一？～一九〇八），又名瑞喜。原籍新會，生於馬來西亞檳榔嶼檳城。自小在檳城讀書，諳熟英語，青年時與三弟國裕、五弟國禧回國學中文。同治六年（一八六七），與鄧世昌等入讀福州船政學堂，畢業後登“建威”練船實習。光緒元年（一八七五）又上“揚威”艦爲練生。分配海軍任職，積功至守備，後調任廣東水師管帶“廣乙”艦。二十年（一八九四）參加甲午海戰，激戰一小時二十分鐘，“廣乙”艦受傷多處，傷亡亦重，因下令駛向東北方向逃避。北洋水師全軍覆沒後，被革職。旋被起用。二十二年夏，奉命與海軍宿將程璧光、譚學衡等前往英國監造訂購海天、海圻兩艘巡洋艦，至二十五年製成回國。後南歸廣東，在廣東水師提督李准屬下任艦隊左翼分統。三十三年（一九〇七）夏，李准奉命率伏波、琛航兩艦南巡西沙群島，委爲航海指揮。每巡察一海島，即標誌命名，其中有一島嶼，以國祥巡海有功而將其命名爲新會島。卒歸葬於新會北洋鄉。（《廣東近現代人物詞典》三二三頁）

　　莫梓園生。

　　莫梓園（一八五一～一九二四），名世墉，字作勤，以號行。南雄人。光緒二十八年（一九〇二）赴廣州求學，頗受康有爲、梁啓超影響。與邑人集資購地，倡辦實業學堂，後因資金不足而停辦。宣統元年（一九〇九），創辦啓蒙學堂。民國二年（一九一三），推行新學制，改辦高等小學，自任校長。四年（一九一五），被省立南雄中學聘爲教員。晚年與人組織雪社，廣購書籍，講學授徒，爲地方文化教育事業出力頗多。（一九九一年《南雄縣志》）

梁贊生。

梁贊（一八五一？～一九一八），鶴山人，出生於佛山。父開設贊生堂藥材店，精通岐黃醫術。父逝後，始在店中行醫，人稱“佛山贊先生”。少時喜習武，父生時曾廣聘名師傳授武功。繼承父業後更求深造，得友人梁佳介紹，先後禮聘詠春拳術傳人黃華寶、梁二娣來佛山傳技多年，贊遂於光緒初於贊生堂內收徒傳技，除子璧外，得衣缽真傳者有陳華順、陳桂、梁奇、雷汝濟等。（《廣東近現代人物詞典》四七七頁）

張銘勳生。

張銘勳（一八五一～一九一六），字研香。博羅人。任提標中營盡先補用分府。中法之役，以功賞三品銜。光緒十年（一八八四）統領馬介棠調用管帶介字營後哨。宣統三年（一九一一）統率民軍，由同盟會派楊耀燊指揮，入龍門，擊潰清兵。民國三年（一九一四）當選縣議會副議長。（民國《博羅縣志》卷七）

張榕軒生。

張榕軒（一八五一、一八五〇～一九一一），名煜南，嘉應（今梅縣）人。年少時隻身往南洋荷屬蘇門答臘謀生，初投大埔籍華僑鉅賈張弼士（振勳）門下任職員，後初立門户，在荷屬蘇門答臘棉蘭經營商業、墾殖業及開辦銀行等企業，並招其弟耀軒前往，協助發展事業。光緒四年（一八七八），投鉅資與張弼士在爪哇日惹合辦笠旺墾殖公司，經營橡膠、椰子、咖啡和茶葉，地廣百餘里，擁有職工數千人。後又與弼士合資創辦一家日裏銀行，以調劑全埠金融。歷經十餘年鋭意經營，成爲該埠華僑中之巨擘。荷蘭殖民當局以張氏兄弟開埠有功，授予其爲雷珍蘭、甲必丹之職。二十年（一八九四），清朝駐新加坡總領事黃遵憲舉薦榕軒爲清朝駐檳榔嶼副領事，上任後友邦親善，備受僑民欽敬。樂善好施，捐建學校安醫院。病逝於棉蘭。著有《海國公餘輯録》、《海國公餘雜著》。（《廣東近現代人物詞典》二五四頁）

程友琦生。

程友琦（一八五一～一九〇八），字洛儒。南海人。曾肄業學海堂。光緒八年（一八八二）中舉人。二十年（一八九四）舉進士，選庶吉士，授編修，歷任國史館協修、編書處協修、記名御史，曾補山東道監察御史。三十四年（一九〇八）病假歸里，旋卒。（《廣東近現代人物詞典》五〇五頁）

鄭智勇生。

鄭智勇（一八五一～一九三五），原名義豐，又名禮裕，別號二哥豐。祖籍潮安，生於泰國。十餘歲在泰國加入以大哥莽爲首之洪門天地會，後當上二哥。大哥莽死後繼位，世人以其乳名義豐而稱之二哥豐。得勢之初，恰逢泰王朝財政困難，五世王決定開賭徵稅，需私派組織出面，由其承擔，遂在各地遍設花會廠，形成龐大開賭徵稅網路，手下人員上自司庫、總管，下及批腳（收賭款人員）、保鏢、侍者，不下數千人，爲王朝徵收了大量稅款，本人也成爲巨富及勢力最大華僑領袖。後發展了多方面事業，包括航海、銀莊、當押、出入口商行、報紙、印務局等，其分支機構遍及南洋諸國、日本、香港及中國上海、青島、廈門、汕頭等地。五世王封其"坤拍"（伯爵）頭衔，賜其家族暹籍姓氏爲鄭差哇尼，並賜地建中國式大夫第，將嗫叻附近一公路賜名爲鄭差哇尼路。發跡後曾捐資支持孫中山民主革命，在家鄉興辦智勇學校，曾免費招收附近村鄰子弟入學。一九一八年潮州發生地震，危及韓江堤防，撥鉅款，並用其來往汕頭至曼谷之五福輪船公司輪船運來大批物資，修築南堤、北堤和東堤。事成，北堤迎亭，南堤樹碑。臨終立遺囑將在曼谷大夫第連同大批地皮

獻給暹羅政府。在曼谷逝世，靈柩歸葬家園。（《廣東近現代人物詞典》三六六頁）

潘祥初生。

潘祥初（一八五一～一九一一），梅縣人。同治六年（一八六七），隨鄉人至爪哇巴城（今印尼雅加達）謀生。先後在南洋各埠及港、澳地方開設商店，經營出入口百貨、炮竹等商號不下數十間。二十世紀初，與堂叔潘立齋在香港合資開設商號"萬安通記"。光緒二十八年（一九〇二），又與立齋捐資在家鄉南口寺前村興建毅成學校（今安仁學校前身），又捐資建造兩座鐵橋及村石灰路。三十四年（一九〇八），又與立齋合資建築"永發街"，於街道兩旁興建了十六間兩層樓房店鋪，出租給鄉人經營，將這些商店租金收入悉用作安仁中學辦學經費。還投入數十萬元，在家鄉建造南華廬及南華又廬等梅州著名客家民居。曾捐鉅資支持孫中山，為表達謝忱，曾親筆題寫"博愛"條幅相贈。（《梅州文史》二十一輯》）

蕭鳳翥生。

蕭鳳翥（一八五一～？），字仙渠。潮陽人。拔貢、舉人。授江西直隸州知州、繼升知府，赴省候補，未就。後赴日本東京遊歷，回國任本縣學務公所所長等。創辦東山高等小學堂、文昌第一官立小學堂等四所學校。一九一二年任縣議會議長、縣教育會會長。次年被選為眾議院議員。國會解散，回里創辦縣立中學校，任校長。一九一六年第一次國會恢復，仍任眾議員。次年任護法國會眾議員。著有《東遊考察政學紀略》。（《民國人物大辭典》一五九三頁）

簡朝亮生。

簡朝亮（一八五一～一九三三），字（一作號）竹居，一字季紀。順德簡岸鄉人，學者稱簡岸先生。附貢生，為九江朱次琦弟子。平日恪守師說，作《講學記》。早年與康有為同學。入縣學後，五赴鄉試不第，遂絕意仕進，專心問學，中年後在鄉設讀書草堂講學。時人評價朱門兩高徒，認爲有爲“思借治術使孔道昌明”，朝亮“思借著述使孔道燦著”。國變後，年逾八十，杜門著述，足跡罕入城市。一九三三年在廣州病逝。著有《尚書集注述疏》三十五卷、《論語集注補正述疏》十卷、《孝經集注述疏》一卷、《禮記子思子言鄭注補正》四卷、《讀書堂集正、續》十三卷、《讀書草堂明詩》等。吳道鎔《廣東文徵作者考》卷十二有傳。

羅海生。

羅海（一八五一～一九二一），別名衍昌，字珊洲。遂溪人。鼎弟。光緒十五年（一八八九）舉人，任遂溪縣教諭。民國後改任遂溪縣勸學所所長。能詩善畫，並精書法，熱心辦學及公益事業。（《湛江文史資料》第六輯）

鄧鴻勳卒。

鄧鴻勳（？～一八五一），一名雄勳，字捷卿。南海人。眼科醫家。早年得師傳授。編有《眼科啟明》二卷。（陳玉堂《中國近現代人物名號大辭典》一二七頁）

清文宗咸豐二年　壬子　一八五二年

四月，洪仁玕潛居東莞塘廈牛眠埔張彩廷家。

張彩廷（？～一八六四），東莞塘廈人。咸豐二年（一八五二）四月，洪仁玕潛居牛眠埔彩廷家，後逃亡香港，尋仁玕又潛回張家，改名洪好，於永培書室任私塾先生。八年（一八五八）仁玕被天王洪秀全委以重任，後仁玕以黃緞一幅，親書“王窟”兩大字封贈塘廈牛眠埔，並召彩廷至天京，封戶部尚書，稱六千歲，出鎮杭州。太平天國失敗，殉難於杭州。

夏五，朱次琦作《淡泊齋記》。（朱次琦《淡泊齋記》）

冬，陳旦序石華九《南雪草堂詩鈔》。（陳旦《南雪草堂詩鈔》序）

陳旦，字孟晨，號扶初。高要人。府學生員。與彭泰來友善。著有《讀我書堂文鈔、詩鈔》。

本年江西泰和縣中漕案起，其勢洶洶，鄧章從容籌劃，數日事定，民樂更生。

鄧章，字絅堂，號鼇山。三水人。官江西泰和縣丞。在任十數載，愛民息訟。咸豐二年（一八五二）壬子，縣中漕案起，其勢洶洶，從容籌劃，數日事定，民樂更生。次年土匪猝發，與令爲仇，獨不肯害君，且羅拜稱好官焉。養疴乞返，杜門罕出。率意偶吟，皆鳴天籟，有“淡煙疏雨過黃梅”句。著有《鼇山存真草》。李長榮《柳堂師友詩録》有傳。

本年楊石秀率眾於黃土嶺起兵。

楊石秀（？～一八五五），河源人。咸豐二年（一八五二）率眾於黃土嶺起兵，攻打地主李日雅，奪其錢糧槍支，擴軍數千。攻蔡莊、順天等鄉，應長寧陳幫濤義軍，兩次擊敗清軍，擒河源知縣。次年十一月，進攻柳城及龍川之義都，擊斃龍川知縣劐布倫。五年，清廷調福建兵勇三千餘人入粵，義軍失敗，石秀與幫濤及馮阿元等皆被殺。（《河源縣人物志》）

本年戴文英隨高州鎮總兵福興征淩十八部，升千總。

戴文英（一八二八～一八五八），字達揚，號劍泉。羅定人。咸豐二年（一八五二）由行伍從剿淩十八有功，擢千總。次年，從向榮援江寧，偕張國梁潛襲雨花台後，大敗之，賜色固巴圖魯。四年，剿七橋甕，往來衝鋒，又偕總兵德安破敵營。五年，戰高資，皆以勇鋭稱，累擢惠州營都司。六年，攻鎮江，戰京峴山，擢南詔營遊擊。從國梁援金壇，解圍。清兵克東壩，平寶堰，率茅村團練獨當一路，斬獲多，擢淮安營參將。七年（一八五七），從國梁攻鎮江，駐紅花山，太平軍大敗，擢江南督標中軍副將。冬，攻克鎮江府城，記名總兵。八年，克秣陵關，授直隸通永鎮總兵。時江寧長圍漸合，從國梁四面兜剿，直抵外壕，焚毀望樓。皖北太平軍陷溧水，偕張玉良復之。會提督鄧紹良在寧國爲賊所困，馳援，遇賊於灣沚，連戰皆捷，而賊至愈眾，力

竭，歿於陣。予騎都尉世職，謚武烈。入祀北京昭忠祠。（《羅定縣志》卷七）

本年戴佐英隨高州鎮總兵福興征淩十八部。

戴佐英（？～一八六〇），字家猷，號壁林。羅定人。咸豐二年（一八五二）從軍，隨福興征淩十八部。後又隨同追擊太平軍，以攻佔上海、江浦、丹陽黃大橋、句容、鎮江等處有功，賞戰勇巴圖魯號。九年（一八五九）升副將，加總兵銜。翌年戰死丹陽南門外。（民國《羅定縣志》卷七）

李應田於本年中進士。

李應田，字研卿。順德人。咸豐二年（一八五二）壬子進士，官候補道。凡制藝、駢體及詩詞，當其興之所至，文如舒錦。出爲觀察。張維屏《藝談錄》卷下有傳。

李光廷於本年中進士。

李光廷（一八一二～一八八〇），字著道，一字恢垣。番禺人。道光二十九年（一八四九）己酉拔貢，咸豐元年（一八五一）辛亥舉人，翌年壬子進士，以吏部主事用。三年癸丑假歸，值粵中盜起，與里中紳士辦團練，總沙茭局事，鄉里賴安，補員外郎。八年（一八五八）戊午入都供職。十年庚申天津之役，人情洶懼，獨留不去，入部治事如故。翌年辛酉事大定，乃乞養歸，主講禺山書院，爲學海堂學長，復掌端溪書院。修《廣州府志》。終養，竟不復出。從事編簡，二十年如一日。年六十九卒於端溪書院。著有《宛湄文集》十卷，別有詩集。善言地理，著《漢西域圖考》七卷、《廣元遺山年譜》、《北程考實》二卷。朱慶瀾《廣東通志稿》有傳。

何瑞丹於本年中進士。

何瑞丹，字應時，別字少直。香山人。咸豐二年（一八五二）壬子進士，改翰林院庶吉士，由候補道加四級授資政大夫。四年甲寅之亂，縣令密函約舉兵衛鄉里。一日方飲，械二酋至，喝斬之，眾相視失色，大怒，奮刃殺賊，噴血淋漓杯酒間。後亂遂定。著有《毋自欺齋詩集》。何天衢《欖溪何氏詩徵》卷十有傳。

司徒驥於本年中進士。

司徒驥，字良卿。開平人。咸豐二年（一八五二）壬子進士，點御前花翎。得劉坤一、張之洞器重。駐廣州時守海防要地，升署督標水師營參將。（民國《開平縣志》）

張文泗於本年中進士。

張文泗，字斐如，號子芳。祖浙江人，嘉慶間來粵為粵海關官庫，久之，遂入籍番禺。咸豐二年（一八五二）壬子進士，以主事簽分刑事。淡於榮利，歸養。人重其聲望，延聘主道南書院講師。改捐直隸州知州，分發江西，歷署諸州縣，權南昌府知府。（《番禺縣續志》卷二十）

楊承謨於本年中舉人。

楊承謨，字次典，號藕塘。咸豐二年（一八五二）壬子舉人。鄉闈主試為孫文節公，得其卷激賞之。授徒羅陽，裁成甚眾。著有《友石山房詩鈔》。張煜南、張鴻南《梅水詩傳》卷五有傳。

楊啟宦於本年中舉人。

楊啟宦（？～一八五九），字柳泉。嘉應州（今梅縣）人。咸豐二年（一八五二）壬子舉人，銓選知縣。九年己未髮賊撲城，與友壯烈慷慨，率眾登陴，固守十餘日，食盡援絕，城遂陷，率團丁及弟侄輩數十人巷戰，力竭陣亡。著有《詒燕堂詩草》。張煜南、張鴻南《梅水詩傳》卷五有傳。

張麟寶於本年中舉人。

張麟寶，字稼孫，號拙庵。嘉應州人。咸豐二年（一八五二）壬子舉人，盡先知縣保升知州。為鳳曹太守長嗣，辦團練力任艱巨。倡建崇實書院，仿學海堂專課經史。著有《勸戒紀實》五卷、《拙庵詩草》。

馬源清於本年中舉人。

馬源清，字甘泉。順德大良人。咸豐二年（一八五二）舉人，授嘉應州學正。捐薪俸購桑秧數十萬株，教婦孺植桑養蠶，有政聲。光緒十二年（一八八六）薦知縣，遽卒於任，年六十二。（《順德縣續志》）

呂祥麟於本年中舉人。

呂祥麟，字吉士。海陽人。咸豐二年（一八五二）舉人。能詩。著有《漱綠心房詩稿》。（光緒《海陽縣志》卷四〇）

朱桂芳於本年中舉人。

朱桂芳，花縣人。鳳翔孫。咸豐二年（一八五二）經魁。（民國《重修花縣志》卷九）

伍紹棠於本年中舉人。

伍紹棠，字仁基。南海人。崇曜長子。咸豐二年（一八五二）由監生欽賜舉人，官至刑部山東司郎中。著有《守雅堂詩話》等。補《粵雅堂叢書》六十種。（伍綽餘《〈萬松園詩〉注》）

黃乃琮於本年中舉人。

黃乃琮，字方卿。茂名人。咸豐二年（一八五二）舉人，選海豐教諭，未任卒。（光緒《茂名縣志》）

謝麟閣於本年中舉人。

謝麟閣，號牧田。高要人。咸豐二年（一八五二）舉人。紅巾軍攻佔肇慶時，辦團練以對抗。以功舉福建莆田縣，改就澄邁教諭。著有《養怡齋詩草》。（宣統《高要縣志》卷十八）

潘鳴球於本年成貢生。

潘鳴球，字韶石。順德人。咸豐二年（一八五二）恩貢。其書取法趙松雪，參以圓勁。與羅傳球、黃允球齊名，時有"鳳城三球"之稱。曾講學省城文瀾書院。因母喪悲傷過度而亡。著有《寸草山房詩鈔》、《硯琍堂文稿》。（《順德縣續志》）

潘會祖於本年中鄉試副榜。

潘會祖，號茹薌。順德人。年十二童試，咸豐二年（一八五二）鄉試副榜。天地會起事，奉命招集鄉團，入縣團練局、省團練局協理事務。後選授新興教諭，升韶州府教授，未任而卒。（《順德縣續志》）

王隱林生。

王隱林（一八五二～?），原名飛龍。肇慶人。少時家貧入佛門，拜星龍長老爲師，攻習少林正宗拳法。後廣東南拳大俠李鬍子從四川雲遊至粵，在肇慶鼎湖山慶雲寺掛單，把俠家拳傳予，隱林遂至穗還俗，在黃沙兼善街開武館授徒，把十二支橋、小羅漢、虎鶴相鬥、大羅漢、俠家刀、槍棍等拳械套路傳給王漢榮、王倫（王敬初）、蔡懿恭、王林開、潘鑒等徒弟。穗洪家拳師鄧龍對俠家拳表示欣賞，便讓子錦濤拜王倫爲師，錦濤傳其子鎮江。隱林在穗傳授七高徒，其中王林開一脈傳給吳肇鐘，吳肇鐘發揮了俠拳鶴形特點，分爲白鶴派；蔡懿恭一脈向海外發展，稱龍長老爲喇嘛，故又分爲喇嘛派。王倫一脈鄧龍、鄧錦濤，傳鄧鎮江、周沛宏、鄧滿、王紹儀、潘富、祖小旺、梁毅剛等。俠拳剛烈威猛，長橋大馬，大開大合，剛柔相濟，長短結合，有“棉里針”之稱。後隱林與黃澄可、蘇黑虎、黃麒英、周泰、譚濟筠、黎仁超、陳鐵志、蘇燦、梁坤稱廣東十虎。（《廣東近現代人物詞典》二〇頁）

石德芬生。

石德芬（一八五二～一九二〇），原名炳樞，一字悝庵。番禺人。母史能詩，著有《芙蓉館稿》。德芬舉同治十二年癸酉（一八七三）鄉薦，屢上公車不第，以知府分發廣西，改四川，擢道員。講授里中垂三十年，梁啟超曾從受業，弟子數百人，成就甚眾。國變後客京師，授徒以終。著有《悝庵遺詩》八卷、《繪春詞》。吳道鎔《廣東文徵作者考》卷十一有傳。

李和生。

李和（一八五二～一九三〇），三水人。同治六年（一八六七）考入福州船政學堂。畢業分派海軍任職，積功至都司銜補用守備。光緒十五年（一八八九）升署北洋水師前營都司，委帶鎮南炮艦。十八年（一八九二）升署北洋水師後軍前營都司，調帶平遠快船。二十年（一八九四）參加甲午海戰。北洋水師在威海全軍覆沒後，被革職。後赴英國任駐威克斯船廠監造員，簡授海軍正參領。宣統三年（一九一一）十二月任廣東軍政府海軍司海防辦事處幫辦（後改稱司令），翌年任北京政府海軍部參事、海軍軍官學校代理校長，授海軍少將。一九一三年在英國訂購肇和巡洋艦，被派出國監造，同年十一月代理海軍部次長。次年五月晉升海軍中將，兼任海軍部總務廳廳長。一九一五年奉調總統府任侍從武官。一九二四年任將軍府將軍。一九二八年，國民政府新設立全國軍港司令，出任首任司令。（《廣東近現代人物詞典》一五六頁）

李南興生。

李南興（一八五二～一九二六），信宜人。出身貧苦，少拜師學藝，二十歲學成出師。精雕塑，善壁畫，作品栩栩如生，千姿百態。（《信宜人物傳略》）

吳錫銓生。

吳錫銓（一八五二～一九二五），字鈞選。梅縣人。光緒六年（一八八〇）為駐日使署文案。後調駐美舊金山副領事、紐約領事、秘魯二等參贊。辛亥後被選為廣東臨時議會議長兼兩廣師范學校校長等。（《梅州文史資料》第十輯）

黃熾雄生。

黃熾雄（一八五二～一八八七），號石峰。花縣人。從番禺學者陳澧遊。以博士弟子員遊庠。光緒元年（一八七五）以古學受知於吳子實學使。著有《經世文編》、《詠霓山館詩草》及文稿六卷、賦四卷。（民國《重修花縣志》卷九）

梁炎卿生。

梁炎卿（一八五二～一九三八），名國照，字怡軒，又字彥青。南海佛山人。為英商怡和洋行天津分公司買辦、英商高林洋行買辦，與泰來洋行王銘槐、太古洋行鄭翼之及滙豐銀行吳調卿，合稱清末天津四大買辦。十八歲至香港皇仁學院讀書，學習商業及英語。二十歲至上海怡和洋行當練習生，頗得英商器重。同治十三年（一八七四）調英商怡和洋行天津分公司任大寫（即高級職員），光緒十六年（一八九〇），任怡和洋行正買辦，從事航運、工業、碼頭倉儲、金融、保險、股票、房地產、進出口貿易等業務。家住天津英租界一幢花園式住宅，擁有財產約兩千萬元，堪稱"廣幫首富"。（《廣東近現代人物詞典》四八七頁）

黃錫銓生。

黃錫銓（一八五二～一九二五），字鈞選。嘉應州（今梅縣）人。光緒六年（一八八〇）應何如璋聘任駐日公署文案。在日本二年餘，時駐日公使黃遵憲編修《日本志》，爲其得力助手。八年，任駐美國舊金山副領事，參與調查排華事件。十二年（一八八六）調往秘魯任二等參贊代辦公使事。後請病歸國。宣統元年（一九〇九），掛冠而去。返鄉後，創種桂公司以救貧瘠。次年，廣東諮議局公選選爲總督署參事會議紳。病逝於北京寓所。（《中國近現代人物名號大辭典》一一二〇頁）

清文宗咸豐三年　癸丑　一八五三年

二月，太平天國洪秀全之太平軍攻破南京，以之爲都，改稱天京。

二月，賴鎮海隨香山都司陳國泰去福建，攻克廈門。

賴鎮海，字盤洲。東莞道滘昌平洲人。咸豐三年（一八五三）隨香山都司陳國泰去福建，攻克廈門。後授記名提督，署福建水師提督、陸路提督。因居官廉正，歸鄉時一貧如洗，或周濟之，亦不收，後卒於家。（宣統《東莞縣志》卷七二）

本年何祿奉洪秀全之命回粵活動。

何祿（？～一八五六），別名六。順德人。咸豐三年（一八五三）奉洪秀全之命回粵活動。翌年於東莞石龍率眾起兵，參加包圍廣州之戰。五年轉戰湘南，佔領郴州、桂陽等地，並與天地會蕭發元、許玉晶部會師。翌年被湖南巡撫駱秉章擊敗，於郴州毛粟墟被捕殺。（《近代史資料》）

本年招健升遊廣州。

招健升，字麗揚，號香浦。南海人。少受學於馮經，與凌揚藻、吳應遠同窗。咸豐三年（一八五三）遊廣州，張維屏、陳澧等均有詩詞贈答。卒年八十六。著有《自怡堂詩集、續刻》。（同治《南海縣志》卷十九）

本年太平軍圍長沙八十日，清將駱永忠等守禦。

駱永忠（？～一八五四），初名炳文，字虎臣，謚滑烈。曲江人。幼孤，育於兄嫂。行伍出身，官守備。道光間調征排猺，升鎮標都司、佛山都司、九江守備，遷湖廣督標都司，擢遊擊、參將，升湖廣督標中軍。咸豐三年（一八五三），太平軍圍長沙八十日，永忠守禦。後轉戰湘鄂，四年（一八五四）於黃州一役墜馬而死。（《韶州府志》卷三二、光緒《曲江縣志》卷一四等）

本年簡湘舉鄉飲正賓，壽九十四。

簡湘，字蓉浦。番禺人。博通經史，屢試不售。在鄉設梯云文社，扶植後進。潛心醫學，貧者悉爲贈藥。（《番禺縣續志》卷二四）

本年泊承升由崖州協鎮特簡總鎮狼山。

泊承升，號荷亭。陸豐人。咸豐三年（一八五三）由崖州協鎮特簡總鎮狼山。五年元旦攻佔上海，七年又攻佔鎮江。（《陸豐縣志·附錄》）

黎兆棠於本年中進士。

黎兆棠（一八二七～一八九四），字召民，號鐵庵。順德人。咸豐二年（一八五二）壬子舉人，翌年癸丑聯捷進士，官南安知府、臺灣兵備道、津海關道，授光祿寺卿。曾捐款重修新會陳白沙釣臺。無事手不釋卷。享壽六十七。子國康、國廉，皆領鄉薦。有詩稿。民國《順德縣志》卷十八有傳。女春熙，字文綺。

同治間人。龍澤鼇室。著有《静香閣詩存》。陳融《讀嶺南人詩絕句》卷十五有傳。

廖正亨於本年中進士。

廖正亨，字匡渠。高要人。咸豐三年（一八五三）癸丑進士，官户部主事。著有《遜敏堂文集》、《愛吾廬吟草》。（宣統《高要縣志》卷十八）

陳嶠於本年成貢生。

陳嶠，字子僊。興寧人。咸豐三年（一八五三）癸丑歲貢，署南海教諭。制藝有心力，亦喜詞賦。九年己未登高大會，得胡曦卷，甚賞之。光緒十三年（一八八七）丁亥重遊泮水，年八十余。胡曦《梅水匯靈集》卷七有傳。

何聘珍於本年補諸生。

何聘珍，字琮生。南海人。咸豐三年（一八五三）補諸生，翌年與邑人組團練對抗紅巾軍，因功奏保訓導。六年中舉人，九年成進士，授内閣中書，以親老告歸。後於羊城設館授徒。（《南海縣志》卷十八）

王國憲生。

王國憲（一八五三～一九三八），原名國棟，字用五，號堯雲，晚號更生老人。瓊山（今屬海南）人。光緒二十年（一八九四）部試第二名，曾任樂昌縣教諭、廣東省議會議員。平生專攻文史，發掘整理海南地方文獻、志書。晚年掌教瓊臺書院，民國十二年（一九二三），與馮官堯、鍾衍林等創建私立瓊海中學（今海南中學前身），任校董、總務主任、國文教師等。曾修纂《瓊州府志》、《瓊山縣志》、《瓊崖耆舊志》等。（《廣東近現代人物詞典》一七頁）

朱啟連生。

朱啟連（一八五三～一八九九），字跂惠，號棣坨。番禺人。原籍浙江蕭山。汪兆鏞姊昭夫。執信父。性敏介，與世落落寡合。工詩古文，善草隸書，能琴。與番禺陶邵學至善。卒年四十七。著作有《隸坨集》四卷、《隸坨選帖序目》、《隸坨碑帖序目》等。子執信（？～一九二〇），名大符，以字行。淵源家學，筆致翩翩。著有《工餘談藝》。吳道鎔《廣東文徵作者考》卷十二有傳。

汪文炳生。

汪文炳（一八五三～一九一六），字冠時，號伴樵。香山石岐南門人。光緒二年（一八七六）丙子科舉人，六年（一八八〇）庚辰科進士，殿試二甲第九十三名，授吏部主事，選授浙江富陽知縣，署理錢塘知縣，升候補知府。遷任庚子科浙江鄉試同考官，乙酉科順天鄉試彌封官，賞花翎，鹽運使銜。晚年歸隱，與邑中名士李贊辰、林星舫、梁璧珊、鄭鼐、李達盧等人，組成"仿白香冊九老會"於南門迎陽石，唱遊爲樂。（《中國近現代人物名號大辭典》五四一頁）

吳道鎔生。

吳道鎔（一八五三、一八五二～一九三六、一九三五），原名國鎮，字玉臣，號用庵、澹庵。番禺人。原籍浙江會稽。學鈞子。光緒六年（一八八〇）進士。入翰林，散館授編修。遽歸，不復出。歷主潮州韓山、金山，惠州豐湖，三水肄江，廣州應元、越秀書院講席。歷任兩廣高等學堂監督、學部諮議官、廣東學務公所議長。著有《明史樂府》、《澹庵詩存》、《澹庵文存》，續修《番禺縣志》、《廣東文徵》二四〇卷、光緒《海陽縣志》、宣統《番禺縣續志》。余祖明《廣東歷代詩鈔》卷五有傳。

吳鑒堯生。

吳鑒堯（一八五三～一九一三），字蓋臣。和平人。歲貢生。光緒二年（一八七六）以院試第一名入庠。於省城開惠和茶林，自光緒至民國初年本邑赴省應試、求學、經商者多寓於此。（《和平縣志》）

林竹筠生。

林竹筠（一八五三～一九二九），原名紹斐。梅縣人。弱冠往廣州作工，後投蘇元春部爲文案。光緒十一年（一八八五）隨元春會同黑旗軍首領劉永福抗擊法軍，攻克諒山。後受命招安陸榮廷、莫榮新，歷官寧明同知、憑祥知縣、龍州廳知州。一九一三年與榮廷分任廣西軍政長、民政長，兼任軍政府參謀長、秘書長及潯州鎮守使。一九一五年任將軍府文威將軍。一九二四年任軍事善後委員會秘書長。（《梅縣文史》二一輯）

胡楷生。

胡楷（一八五三～一九二一），字淡秋，號怡綿。潮州人。幼師詹雲習畫，後學惲壽平筆法，專攻花卉，尤擅畫蝴蝶。其作品曾於宣統二年（一九一〇）參加南洋勸業會展覽，獲農工商部頒發之銀牌獎。有《百蝶圖》存世。（《潮汕書畫史略》）

莫榮新生。

莫榮新（一八五三～一九三〇），字日初。原籍東莞，生於廣西桂平。同治十一年（一八七二）赴貴州進攻苗族義軍。光緒十年（一八八四），參加中法戰爭。二十六年（一九〇〇）後肆行剿殺遊勇、會黨，升鎮南營幫帶、管帶、遊擊等。宣統元年（一九〇九）爲廣西巡防隊幫統，駐兵梧州。武昌起義後爲大勢所逼，遂在慶遠宣佈獨立，委爲慶遠府長、梧州府長、廣西陸軍第一師第二旅旅長、桂平鎮守使。一九一六年初春，響應討袁護國，任護國軍第三師師長兼肇慶衛戍司令；十月兼廣惠鎮守使；十二月任廣東第二混成旅旅長。次年十一月任廣東督軍。一九一八年八月廣東軍政府改組後，兼任陸軍部部長。一九二〇年十月被孫中山領導之粵軍驅走。後蟄居上海，化名高崇民。一九二二年二月北京政府授爲騰威將軍。一九二八年秋離滬回桂平。（《廣東近現代人物詞典》四〇一頁）

張子標生。

張子標（一八五三～？），廣州人。早年喪父。同治七年（一八六八）至上海一家傢俱廠當學徒，一年後提升爲工頭。十二年（一八七三）開設仁立昌油漆號，生意逐漸發展。光緒七年（一八八一）在上海開設虹口鐵廠，爲中國最早的民族機器廠之一。中法戰爭時破產。後從事投機事業，常獲巨利，遂重操舊業。（《廣東近現代人物詞典》二三七頁）

楊仕添生。

楊仕添（一八五三～一九一〇），原名元增，號澤臣。海陽（今潮安）人。同治八年（一八六九）至新加坡謀生，後積資設添發珠寶行，不數載集資達百萬。年四十餘歸國，援例捐封中憲大夫，賞戴花翎，晋正二品資政大夫。晚歸鄉養疴，卒於鄉。（《庵埠鎮志》）

黎家本生。

黎家本（一八五三～一八七五），字延禧，號麗川。高明人。同治間隨父於南洋習西學，後回閩應選，派學天文地理駕駛等，歷任長勝、振威兵船管帶官。同治十三年（一八七四），日軍侵臺灣，被派赴台，忠於職守，賞戴花翎，以守備留閩補用。光緒元年卒於官。（高明《黎氏家譜》）

潘寶鐄生。

潘寶鐄（一八五三～一八九二），字鳳鏘，號椒堂。番禺河南龍溪人。師徵長子。同治十二年（一八七三）舉人。光緒二年（一八七六）進士，授翰林院庶吉士，散館爲編修，兼功臣館纂修。假歸，居禺山、粤秀諸書院講席。著有《瓊仙館詩鈔》。（桂坫《潘寶鐄墓誌》）

駱樹猷生。

駱樹猷（一八五三～一九三〇），號宣廷。和平人。光緒二十年（一八九四）鄉試薦卷，選二十三年（一八九七）拔貢，就職直隸州州判，專務裁成。後於宣統三年（一九一一）創立四約高小，任校長。一九一九年任縣立小學校長，是年秋本縣創立中學，奉委校長。年老家居，手不釋卷，舊縣志流傳甚少，特親手抄寫全部存於家。（《和平縣志》）

戴鴻慈生。

戴鴻慈（一八五三～一九一○），字光孺，號少懷，晚號毅庵。南海人。光緒二年（一八七六）進士，選翰林院庶吉士，散館授編修。五年督學山東，任內回佛山奔父喪，值中法戰爭發生，在佛山倡辦團練。中日甲午戰爭期間累劾李鴻章誤國。後遷翰林院侍講學士，督學福建。二十五年（一八九九）遷少詹事。翌年，遷內閣學士兼禮部侍郎銜，後轉戶部右侍郎，充考試試差閱卷大臣、江南鄉試正考官。三十三年（一九○七），充舉貢考試閱卷大臣。十月，光緒、慈禧相繼去世，力疾視事。宣統元年（一九○九），賞給一等第三寶星章，充報聘俄國專使大臣。歸國途經東北三省，目睹日、俄在東北拓地殖民，深感憂慮，奏請拓邊墾荒，振興林業。是年八月，以尚書在軍機上行走。十一月，升協辦大學士，賞穿戴素貂褂。次年正月逝世，年五十八，賞加太子少保，謚文誠。（《清史列傳》卷六四）

邱懋勳卒。

邱懋勳（？～一八五三），字愛侯。茂名人。監生。曾任團練長。咸豐三年（一八五三），廣西太平軍謝八自化州入縣西境，與所率練勇相遇，激戰陷陣死。贈雲騎尉世職。（光緒《茂名縣志》）

清文宗咸豐四年　甲寅　一八五四年

六月，伍百吉於高要縣起事。

伍百吉，高要人。道光、咸豐間天地會骨幹。咸豐四年（一八五四）六月於縣內蓮塘率眾起義，自稱太平天國都元帥。七月十二日攻取肇慶。堅守至次年四月初六被清軍所敗。（宣統《高要縣志》）

同月，紅巾軍攻打廣州，屈金率部留守新造，主籌備糧草等事。

屈金，番禺人。家世務農。咸豐四年（一八五四）參加紅巾軍，是年六月攻打廣州，率部留守新造，主籌備糧草等事。五

年，紅巾軍受阻，轉移廣西，蹤跡不詳。（一九九〇年《番禺縣人物志》第二章）

七月，陳輝龍於湖南岳州（今岳陽）陣亡。

陳輝龍（？～一八五四），字靈川。吳川人。由行伍歷拔山東登州鎮總兵。咸豐四年（一八五四）協助曾國藩鎮壓太平天國。七月，於湖南岳州陣亡。（同治《番禺縣志》卷四八）

同月，天地會首領陳松年、呂瑞俊於江門起義，趙泰來因與瑞俊交好，便執掌書記，謀劃行動。

趙泰來（？～一八五四），字梅皋。新會人。廣州學海堂出身。天地會首領陳松年、呂瑞俊於咸豐四年（一八五四）七月在江門起義，泰來因與瑞俊交好，便執掌書記，謀劃行動，且藉宗族關係發動三江趙氏族人參加。起義軍攻新會縣城數月，廣州守備黃彬率清兵解圍，泰來被俘。九月，被殺於新會小校場。著有《絮香閣詞鈔》。（徐續《嶺南古今錄》）

同月，陳榮在高要縣境聚眾起事，後攻佔肇慶府城，率部駐羅定大灣。

陳榮（？～一八六四），肇慶人。初系當地三合會首領。咸豐四年（一八五四）七月在高要縣境聚眾起事，後攻佔肇慶府城，率部駐羅定大灣。次年春，北上助攻韶州，未克。後入湘，據郴州、茶陵，轉至江西永寧、泰和。六年同石達開佔吉水，尋克吉安，遂加入太平軍，任指揮。次年冬獨立行動，後往浙、閩、湘、桂。十年（一八六〇）與譚星等脫離達開東走，爲左隊前精忠先鋒。尋轉戰粵、湘、贛邊境，至閩，取武平。次年四月抵江西，與李世賢會合，隸其麾下，轉戰於浙江。七月自常山西進江西德興九都、新建，擬攻皖南，遇阻退回浙江開化華埠，旋據義烏，時爲崇天安。同治元年（一八六二）走嚴州，後封感王。次年夏，進屯江西湖口，復退皖南建德，合黃文金等圍青陽，解圍走石土隸。尋往浙江孝豐。後被俘犧牲。（《廣東近現代人物詞典》二六三頁）

八月，何丙傷重被俘殺。

何丙（？～一八五四），高明人。咸豐四年（一八五四）六月，伍百吉於高要縣起事，丙加入爲將。七月攻取肇慶，任高要縣令。八月，清軍襲擊，義軍退守七星岩，百吉叛變引清兵夜襲，丙傷重被俘殺。（《肇慶府志》）

同月，高要紅巾軍伍百吉、釋碧青率義軍進攻肇慶，陳翰洸爲內應。

陳翰洸（？～一八五四），又名榮，稱化名韓洸。羅定人。咸豐時聚集天地會眾，受招撫爲肇慶防軍哨目。咸豐四年（一八五四）八月高要紅巾軍伍百吉、釋碧青率義軍進攻肇慶，爲內應使破城。旋轉回西寧（今鬱南）、羅定、東安（今雲浮），集部眾數千克羅定州城，分兵克雲浮縣城。旋清兵反撲，被殺。（民國《羅定縣志》卷九）

冬，洪仁玕自香港赴上海，欲至天京投奔太平軍，因沿途兵阻，被迫折回香港，賦《回港舟中》① 七律詩。（陳永正《嶺南歷代詩選》五三四頁）

本年洪楊之亂，鄔繼樞與叔父夔颺等籌設團練，閭里賴安。

鄔繼樞，號星甫。番禺南村人。咸豐四年（一八五四），洪楊之亂，與叔父夔颺等籌設團練，閭里賴安；並倡建廣益會。兵後歲兇，再竭餘資，親走陳村轉運穀米回鄉平糶，存活者眾。精青烏術，自爲生壙。所至芒鞋竹杖，攜酒自娛。嗜書畫金石，搜羅富而鑒別精，陳澧昔年嘗客其家，書其廬曰"樂耕草廬"，題其軒曰"評茶讀畫之軒"。冼玉清《冼玉清文集》上編有傳。

本年紅巾攻新會，邑令陳應聘邀陳殿蘭勸團務。

陳殿蘭，號香浦。新會人。諸生，保舉訓導。少知兵。咸豐四年（一八五四），紅匪攻新會，邑令陳應聘邀勸團務，保垂破之危城，長揖歸田。著有《插菊軒詩鈔》。李長榮《柳堂師友詩

---

① 一題《甲寅四年冬自上海乘海輪返香港》。

錄》有傳。

本年紅巾猝起，馮培光督辦鄉團。

馮培光，字晉藩，號嘯巖。順德人。附貢生，候委訓導。尊甫客粵西三十餘載，卒於瑤峒，聞訃，間關千里，負骸骨歸葬。咸豐四年（一八五四）甲寅，紅巾猝起，督辦鄉團，以功邀敘。與倪雲臞、溫筠樓合刻詩稿《江村題襟集》，著有《倚魚山閣詩集》。李長榮《柳堂師友詩錄》有傳。

本年鄉中紅巾亂起，陳次壬手平內難。

陳次壬，字蔭田，原名祐。南海人。候選員外郎。居西樵，曰樵山草堂。咸豐四年（一八五四）甲寅，鄉中紅巾亂起，手平內難，見義必為。於客次築遇園，所至賢豪，題襟解榻，賦詩為樂。酷愛嶺南三大家詩，特為翻刻。七律力迫獨漉。著有《樵西草堂詩鈔》。陳融《讀嶺南人詩絕句》卷十二有傳。

本年潮匪滋擾，百姓皇皇，舉林建勳董團練。

林建勳，字澹川，號書鄉。揭陽在城人。家貧，學為吏，縣主王皆春一見奇之。咸豐四年（一八五四），潮匪滋擾。百姓皇皇，舉建勳董團練，部署條條如老行間者。與二百金，援例入京，至中途，颶風夜發，乃淪落而歸，家居凡八年。後官福建迎仙白沙司巡檢、同安縣尉，有賢聲。同治間潮州鎮方耀辦潮州積案，預襄其事，事竣，褒獎同知銜。同治四年（一八六五）乙丑歲饑，出穀分賑。刻善書十餘種。卒年五十九。著有《樵蔗吟草詩》。子鳳耋，增生。鳳翮，中書銜。鳳翔，廩生。朱慶瀾《廣東通志稿》有傳。

本年與明年，土寇、髮逆交訌縣中，林顯榮舉辦團練，日夜襄事。

林顯榮（一八一六～一八九九），字晦閣。揭陽在城人。由附貢報捐訓導。誨人以孝弟為本，常謂四書五經句句皆切日用。咸豐四、五年（一八五四、一八五五）甲寅、乙卯，土寇、髮逆交訌縣中，舉辦團練，日夜襄事，又請兵防堵險要，邑賴以安。

潮普貴嶼局延爲董事，數月間爲了事百二十餘件。暮年益孜孜於
善，勸人爲親慶壽。卒年八十三。著有《廿四孝詩》、《尚書秘
鑰》、《課孫四書串義》。子樹棠，廩生。拱棠，附生。朱慶瀾
《廣東通志稿》有傳。

本年城北李文茂與鴉湖甘先、沙亭崗周春等聚衆江村，至黄
婆洞拜會豎旗，決意反清。

李文茂（？～一八五八），鶴山人。粤劇藝人出身。咸豐四
年（一八五四）在廣州北郊聚衆數萬，響應陳開於佛山起義，聯
合南海、番禺、花縣等地義軍，稱統領水陸兵馬兼理糧餉大元
帥。同年秋，令各路義軍攻廣州。翌年隨陳開進廣西，占潯州
（今桂平），建大成國，稱平靖王兼陸軍總管。後率部攻佔象州、
柳州等地。八年（一八五八）攻桂林不克，退黔桂邊境，於廣西
懷遠（今三江）山中病故。（《佛山市文藝志》）

甘先（？～一八五五），字文高。番禺人。早年入天地會爲
首領。後因叛徒告密被俘。咸豐五年（一八五五）被殺於廣州天
字碼頭。（一九九〇年《番禺縣人物志》）

周春，又名亞春、培春，綽號豆皮春。番禺人。廣東三合會
首領之一。三合會爲天地會別稱，以“反清復明”爲宗旨。咸豐
四年（一八五四），率衆起義，進攻廣州、韶州（今韶關），苦戰
數月未取。次年入湘、贛加入太平軍。六年任指揮。次年，升總
制。後隨石達開出走。十年（一八六〇）初，與譚星等離達開東
走，轉戰於粤、湘、贛邊境。次年，與侍王李世賢部會合，隸其
麾下。後封懷王。同治二年（一八六三）三月，同章王林紹璋等
自皖南經江蘇句容，會合丹陽陳時永等逼鎮江，謀北渡長江，爲
清兵所敗，退回句容。四月，聯合李世賢部再逼鎮江，仍受阻。
後不詳。（《中國近現代人物名號大辭典》八一六頁）

本年丁太陽參加起事。

丁太陽，潮州人。初系廣東三合會（即天地會）成員。咸豐
四年（一八五四），參加起事，圍攻韶州，未下。次年夏，往湖

南，尋至江西加入太平軍。七年頃，隨石達開遠征，自贛赴浙、閩、湘、桂。十年（一八六〇）一月，與譚星等脫離達開東走，轉戰粵、湘、贛邊境。十二月，入福建，占武平。次年四月，抵江西，與李世賢會合，隸其麾下。後隨軍轉戰浙、皖，封天將。同治三年（一八六四）春，謀取糧就食江西。六月，敗於安仁（今錦江）鄧家埠、貴溪鷹潭，遂走東鄉。天京陷後，占雩都。十月，往瑞金，與林正揚部會合入閩，取武平，抵永定。次年六月降清，授守備，隨清將劉典圍攻汪海洋於嘉應（梅縣）。（《平賊紀略》）

本年李正春起事，毛阿福任軍師。

李正春，五華人。先組織反清復明秘密會黨。咸豐四年（一八五四）在軍師毛阿福等輔助下，組織二三千人響應太平軍，因頭纏紅巾，稱紅巾軍，自任大元帥。七月廿七日攻佔長樂縣城，殺知縣，釋囚犯，賑平民，義軍發展至萬餘。八月攻興寧城不下，被迫放棄長樂。後被左宗棠部擊潰，逃亡江西（一說往南洋）。（《五華文史》第一輯）

毛阿福，五華人。道光時組織反清復明秘密會黨。咸豐四年李正春起事，任軍師。失敗後被俘殺。

本年李洪英與小欖三合會首領於香山小欖發動三合會起兵反清。

李洪英（？～一八五五），一名搭棚英。香山欖都大欖村人。南海三合會首領。咸豐四年（一八五四）與小欖三合會首領盧靈飛（暉）、黃庚三、朱鬼晚、李大蕙在小欖發動三合會反清起義，與黃圖、黃福等號稱西義軍，一舉佔領小欖，以之為大本營，與順德"東義軍"呼應，曾三攻香山縣城。翌年三月二十六日紳士何瑞丹、劉汝球率鄉勇收復小欖。五月一日，洪英從九江率船百餘由沙口順流而下，復攻小欖，佔據炮臺。清兵大量增援，義軍彈盡援絕，悉數被擒殺。（光緒《香山縣志》）

本年何應志捐米救民。

何應志，字光遠。順德人。同治三年（一八六四）運米至高州救饑。卒年七十六。（《順德縣續志》）

本年土匪焚燒螺陽社學，張殿經率眾抵禦，遇害。

張殿經，原名官葉，字應中。番禺人。殿銓從弟。授布政使司理問職銜。（《岐山張氏族譜》）

本年陳八作爲合約工人至牙買加。

陳八（？～一九〇二），新安（今寶安）人。咸豐四年（一八五四）作爲合約工人至牙買加。合約期滿，於當地開設咸頭雜貨行，爲當時首富。光緒十七年（一八九一）與其他華僑成立牙買加中華會館，任副理。二十五年（一八九九）回國，後在香港去世。（《寶安文史》）

本年縣多冤獄，陳訓行力爲辯護平反。

陳訓行，字懿圃。吳川人。景清子。二十九歲方爲諸生。咸豐四年（一八五四）縣多冤獄，力爲辯護平反。又言於官，得免濫收漁戶稅銀。（《吳川縣志》）

本年陳顯良率部於番禺新造起兵。

陳顯良，番禺人。紅巾軍首領。咸豐四年（一八五四）率部於番禺新造起兵，眾至萬餘人。翌年在清軍夾擊下，轉入廣西。十年（一八六〇）復從贛南至粵北，活動於連州、英德等地。後其蹤跡不詳。（一九九〇年《番禺縣人物志》第二章）

本年羅嘉蓉集合壯丁守城，防止紅巾軍襲擊。

羅嘉蓉，字載徽，號秋浦。東莞人。諸生。工草隸書，好遊覽吟詠。晚年教學生學詩。著有《雲根老屋詩鈔》、《芝梼文稿》、《石船山人筆談》。（宣統《東莞縣志》卷七二）

本年袁承泰組織護安社

袁承泰，號纘堂，又字昌期。東莞人。少時隨父經商。咸豐四年（一八五四）組織護安社。精通醫術，爲窮人送醫贈藥。好讀書，以見聞寫成《道貫錄》。（《茶山鄉志》卷四）

本年高建興隨陳顯良於新造起義。

　　高建興，番禺人。紅巾軍首領之一。咸豐四年（一八五四）隨陳顯良於新造起義，任水軍千夫長，屯駐官涌，負責轉運糧秣等後勤工作。鑿通官涌慶雲堂至大龍龍橋堂之間通道，便人往來；又開挖水圳千餘米，以利農田灌溉。翌年突圍爲前部先鋒，使紅巾軍得順利入桂。（一九九○年《番禺縣人物志》第二章）

　　本年收復佛山、新造、順德、肇慶，崔連升俱有功。

　　崔連升（？～一八五八），字包裕。番禺人。家世文學。連升獨從軍，以功任撫標右營把總，升千總，充撫院武巡捕。咸豐四年（一八五四）收復佛山、新造、順德、肇慶，俱有功，改五品頂戴以守備用。八年征廣西平南陣亡。（同治《番禺縣志》卷四八）

　　本年廣州受擾，曾麟書奉命設防。

　　曾麟書，號瑞草，番禺人。咸豐四年（一八五四），廣州受擾，麟書奉命設防，有“北門保障”之譽。薦賞府經歷銜，賞戴六品藍翎。曾創建安和書院。（《番禺縣續志》卷二二）

　　本年翟火姑組織天地會於三棟揭竿起事。

　　翟火姑（？～一八五七），歸善東平（今屬惠州）人。咸豐四年（一八五四）組織天地會在三棟揭竿起事，攻佔三角湖、馬安等鄉，率數萬人圍攻惠州府、縣兩城，不克。復攻佔海豐、河源、博羅縣城。翌年遭清提督昆壽部進攻，乃北上，克和平縣城。後轉戰江西定南、信豐。七年三月，於信豐陣亡，所部加入太平軍石達開部，仍保持自己旗幟及組織系統，稱“粵東花旗”。（光緒《惠州府志》卷十八）

　　本年潘鑒榮倡辦鄉團對抗紅巾。

　　潘鑒榮，號琴生。南海人。精於《易經》。年逾三十始補諸生，後屢試不第。曾受聘八旗官學教習五年餘，因老辭歸。著有《周易輯略》。（《南海縣志》卷十九）

　　本年朱興隆參加廣東天地會起義。

　　朱興隆，清遠人。初系廣東三合會成員。咸豐四年（一八五四）參加起事，圍攻韶州府，未克。次年夏往湖南，尋至江西加入太平軍。七年（一八五七），隨石達開獨立行動，自贛赴浙、閩、湘、桂。十年（一八六〇）與譚星等脫離石達開東走，轉戰於粵、湘、贛邊境。十二月入閩占武平。次年抵江西，與李秀成會合，隸其麾下，隨軍戰於浙、蘇，並參與救援安慶之役，封利王。同治三年（一八六四）同林紹璋等援常州，又取福山，逼無錫，敗常勝軍。五月與劉肇鈞等抵浙江昌化，走皖南入贛，戰敗。尋同李世賢會合。八月與汪海洋在撫州許灣爲敵所敗，轉占新城，走南豐、瑞金。十月，圍寧都，轉入汀州境，據濯田，後取平和、永定。次年克詔安，尋敗退粵大埔。六月，在嘉應州龍虎圩降清，改名朝安。（《廣東近現代人物詞典》九一頁）

本年譚星參加反清起義。

譚星，廣東人。初系廣東三合會成員。太平天國侍王李世賢屬下大將。咸豐四年（一八五四）參加起事，圍攻韶州未克。次年夏，往湖南，旋至江西，加入太平軍。約於七年（一八五七）後，隨石達開獨立行動，後赴浙、閩、湘、桂。十年（一八六〇）一月，與陳榮等脫離石達開東走，爲右隊後後永忠先鋒，旋戰粵、湘、贛邊境。十二月入閩，戰武平。次年四月抵江西，與李世賢會合，隸其麾下。尋隨軍取浙江遂安、金華。六月，率部占蘭溪。七月，西進江西，擬反攻皖南，旋遇阻退回浙江開化華埠鎮。後升主將。同治元年（一八六二）春，戰於江山，失利而退。尋擢天將。十一月，進援湯溪，受挫。次年三月，走浦江、桐廬，趨皖南徽州。後封沛王，屯祁門。三年二月，往浙江，復走皖南婺源，入江西，至玉山，進軍廣信。三月，圍撫州，取南豐，旋受傷。四月，據新城，後不詳。（《廣東近現代人物詞典》五四五頁）

本年譚富參加反清起義。

譚富，廣東人。星弟。初系廣東三合會成員。太平天國侍王李世賢屬下大將。咸豐四年（一八五四）參加起事，圍攻韶州不克。次年夏，往湖南，尋至江西，加入太平軍。約於七年（一八五七）後，隨翼王石達開獨立行動，自贛赴浙、閩、湘、桂。十年（一八六〇）一月，與其兄譚星等脫離石達開東走，旋轉戰粵、湘、贛邊境，十二月入閩，戰武平，次年四月抵江西，與李世賢會合，隸其麾下。後隨軍戰於浙江，守嚴州。同治元年（一八六二）爲忠劻朝將。次年一月初，走浦江，後升天將。三年（一八六四）春，爲取糧進江西，戰於建昌，攻宜黃，尋封陪王，由贛至閩。次年五月敗於永定劍灘，隨後入粵，守鎮平，八月叛降清朝，並更名德恩。（《廣東近現代人物詞典》五四五頁）

本年利輝圍剿紅巾軍，官守備。

利輝，字燦庭（然）。東莞龍眼村人。咸豐四年（一八五四）農民起事，從軍，因破獲有功，官千總，又立戰功升守備，至嶺東追剿。後義軍西進，平西王陳開踞潯州，分兵攻陷許多州縣。隨官軍溯流攻打，出戰屢勝。咸豐十一年（一八六一年）在廣西桂平燕子磯攻打義軍船隊有功，升水師遊擊。翌年（同治元年）委署督標水師參將，留廣西統率師船。積功晉順德副將，歷任海口營參將、崖州副將。中法戰爭中海防告緊，受委堵塞魚珠沙路河道，增造紅單船，召募水勇駐守內河，賞總兵銜。（宣統《東莞縣志》卷七二）

本年陳安泰由守備帶兵攻佔海豐。

陳安泰（？～一八五九），字履書。陸豐人。咸豐四年（一八五四）由守備帶兵攻佔海豐。九年在安徽六合被太平軍擊殺。（《陸豐縣志·附錄》）

本年賴鎮邊隨兄與太平軍作戰，以功官副將。

賴鎮邊（？～一八八八），字磐石。東莞人。鎮海弟。同治四年（一八六五）回粵，追捕海盜麥昌有、陳喜福等。中法戰爭時任碣石總兵，卒於任。（宣統《東莞縣志》卷七二）

本年姚國慶署陝州知州。

姚國慶，字雲屏。番禺人。國子監生，以知縣分發河南試用。咸豐四年（一八五四），署陝州知州。八年，調署光州。所至，擴建試院，廣設義學，文教大興。累保花翎，以道員升用。以勞疾卒於官。著有《忠節志》。（《國史館循吏傳稿》、《番禺縣續志》卷二一）

鄒宇馨於本年成貢生。

鄒宇馨，石城（今廉江）人。咸豐四年（一八五四）歲貢，任臨高訓導。輯有《麗句偷雲集》八卷。（民國《石城縣志》）

孔沛然生。

孔沛然（一八五四～一九四五），原名廣漢。番禺人。晚清附貢生。父繼溶爲名醫。光緒十三年（一八八七），汪柳門至廣東主考，設“醫學經古”一科取士，沛然欣然應考得中。又入南華醫學堂學習，獲學士學位。後入兩粵醫學校就讀至畢業。診症雖以中醫藥爲主，但提倡中西醫結合。每味用藥量二三錢，但卻甚有療效，故有“孔小劑”之稱，與名醫陳伯壇（“陳大劑”）同時揚名省港澳。一九一二年間曾受廣東陸軍速成學堂之聘，任軍醫長兼醫學教習，主講生理學及急救法。一九三八年移居香港，在梨園街開設醫館。病逝於香港。（《廣東近現代人物詞典》四四頁）

余葵陽生。

余葵陽（一八五四～一九二五），子昶階。和平人。宣統元年（一九〇九）恩貢生。就職按察司經歷，工制藝，文選入《嶺南校士錄》。喜吟詩，時與朋輩唱和。自本邑設立高等小學即充教員，後任縣立中學教員、校長，致力教育垂三十年。（《和平縣志》）

杜南生。

杜南（一八五四～一九三九），字南山，號鼎如。順德人。弱冠後於河南設帳招收生員，後復爲美國教會培英書院聘爲教習，爲美國人教粵語。未幾，駐粵美領事邀其同往檀香山，教授當地美政府人員習粵語及中文，並任華文學校教授。又設夜學，教授華僑生。光緒二十三年（一八九七）易名南山，避往越南，後赴吉隆坡，亦教授華文爲生。創設中華巡迴電影，創造串音新字母，加入同盟會，創設中和講堂。辛亥後創辦振武戒煙社等。一九一三年任尊孔學校義務校長。尋專心致力於自行機之創造卅載。著有《青年女學詩歌》及三十七個串音新字。（《民國人物大辭典》二三五頁）

宋居仁生。

宋居仁（一八五四～一九三七、一九三一），香山人。光緒七年（一八八一）到檀香山僑居，後結識孫中山，積極宣傳革命。二十年（一八九四）十一月，協助孫中山組織興中會，被選爲值班。後奉派至茄荷雷建立以孫眉爲主席之興中會分會。次年回國，隨鄧蔭南、尤列奔走兩廣從事革命活動，多次在廣州等地組織參加反清武裝起義。三十一年（一九〇五）曾主持同盟會香港分會。宣統三年（一九一一）參加辛亥革命，令長子少殷率敢死隊二十三人光復南頭城，次子少逵率敢死隊三百餘人光復東莞城。病逝廣州。（《民國人物大辭典》四四三頁）

孫眉生。

孫眉（一八五四～一九一五），字德彰，號壽屏，尊稱眉公，化名黃鎮東。香山人。中山長兄。幼年家境貧苦。同治十年（一八七一）赴檀香山做工，後在茂宜島墾荒，經營農牧業，兼營商業，數年後成爲當地首富，被稱“茂宜島王”。光緒四年（一八七八）寄信請其母偕弟孫文（孫中山）至檀香山協助經商，中山志在讀書，眉欣然送其求學。孫中山兩次回國在香港、廣州讀書，不斷匯款資助其生活及求學費用。二十年（一八九四）十月，捐款贊助孫中山成立興中會，爲最早會員。次年廣州起義急需經費，以平賤價錢出售牲畜以捐充軍餉。三十年（一九〇四）孫中山在檀香山發行債券，眉將千多頭牲畜變賣認購債券。三十三年（一九〇七）眉因傾家支持革命，將在檀香山數十年經營事業全部結束，與母親楊太夫人等舉家回香港九龍居住。後接受孫

中山委派，秘密潛入廣州灣（今湛江）。宣統元年（一九〇九）
冬籌備廣州新軍起義失敗，從穗回香港，在九龍聯絡會黨。次年
九月被香港政府驅逐出境，赴檳城參加會議。宣統三年（一九一
一）移居廣州灣任同盟會南方支部副部長，組織民軍收復雷州半
島各地。一九一三年秋移居澳門。（《中國近現代人物名號大辭
典》三三六頁）

　　張錦芳生。

　　張錦芳（一八五四～一九二一），字荔園。高州人。成年投
筆從戎。先在邊防軍任文書，後辭職扮商人，深入越南內地察其
山川險要，繪畫地圖。光緒七年（一八八一）廣西提督黃桂蘭招
爲部屬，派其扼守興安、水東等處。翌年法軍侵犯南定，錦芳先
發制人，初戰失利而回，後任嶽營管帶，駐防越南北甯助黑旗
軍。九年，法軍攻迫越南簽訂《順化條約》。十二月，大舉進攻
清軍，中法戰爭爆發，山西、北甯失守。撤退時法軍中錦芳埋
伏，死傷無數，江水爲之不流。十一年（一八八五）正月，法軍
犯鎮南關，馮子材命錦芳爲關外軍務幫辦。所領嶽營改巡勇小
隊，隸蘇元春部。二月初七日起，中、法兩軍在鎮南關展開激
戰，錦芳隨馮子材、蘇元春等將躍出長牆，與敵短兵相接，斃敵
千餘人，取得鎮南關大捷。又乘勝追擊，一舉攻克文淵，光復諒
山。時劉永福率黑旗軍亦於雲南節節勝利，法軍全線崩潰。然清
政府下令停戰撤軍，簽訂《中法越南條約》。錦芳隨後任五軍參
贊，留越收集舊抗法部隊達七年之久，直至二十年（一八九四）
歸國從政，先後出任知縣、知府、道尹等職，民國六年至七年
（一九一七至一九一八）任廣東代理省長，後於香港病逝。（《廣
東近現代人物詞典》二五三頁）

　　淩鶴書生。

　　淩鶴書（一八五四～一九一八?），字夢徵。番禺人。光緒十
四年（一八八八）選學海堂專課肄業生，次年中舉人。曾師從朱
次琦，後自樹一幟。專研經史，長於詩文。畢生從事教育，勤於

筆耕。曾參與番禺、英德縣續志之編纂。著有《瀛海論箋》、《國文學講義》、《歷史講義》等。（《廣東近現代人物詞典》四二三頁）

潘立齋生。

潘立齋（一八五四～一九二六），梅縣人。年十三因父國文棄養，輟學奔喪，家居二年，往舅父家繼續學業。喜《左傳》，工書法，善刻印，常制百印圖懸掛家中。年十九以家境日非，彙筆於瓊州、羊城、梧州等地，爲書傭或刻印自給。兩年後乘木船南渡爪哇吧城（今雅加達），初爲人店傭，以勤樸誠信深受店東及環近店鄰信任與贊許，與蕭鬱齋意氣相投，合資開設增興號於吧城大港唇。又與堂侄祥初合資開辦兼營出口、匯兌及旅店三業之商號萬通安記於香港。旋又設增興分號於泗水，並組織綸昌號於吧城。後逐步擴大投資范圍，被公選爲中華總商會會長。（《梅縣文史》二一輯）

林光隆陣亡。

林光隆（？ ～一八五四），番禺人。紅巾軍首領。咸豐四年陣亡。（一九九〇年《番禺縣人物志》）

陳良驥陣亡。

陳良驥（？ ～一八五四），字德斯。番禺人。由武生入伍，補外委，征連州有功，拔補新會左營把總。復征大雁山，以功調順德左營把總，記名以千總擢用。咸豐四年（一八五四）於廣州城北牛欄岡陣亡。（同治《番禺縣志》卷四八）

褚汝航陣亡。

褚汝航（？ ～一八五四），字一帆，廣東（一作江蘇吳縣）人。道光二十八年（一八四八），捐職布政司經歷，發廣西。粵匪倡亂，汝航於金田及新墟等處剿擊出力，累功擢知府。應曾國藩招，至湖南，與夏鑾督造戰艦，練水軍。咸豐四年（一八五四），率所部復岳州、湘潭。賊犯城陵磯，汝航偕鑾分路進擊，奪賊前船，殲偽丞相汪得勝等，追殲殆盡。捷聞，以道員選用。

尋賊由擂鼓臺上竄，汝航督兵迎擊，敗之。賊復以船伏城陵磯，夾洲爲誘敵計。汝航偕鑾暨都司楊載福等督兵直逼城陵磯，賊眾未及抄截，被水陸官軍分途擊潰，夾洲泊船亦被毀。以汝航膽力俱壯，奏獎鹽運使銜。嗣統師船於下游一帶與總兵陳輝龍等水師排陣合攻，多所殲斃，並火其舟。其時群賊下竄，風逆船膠，賊艘復集，官軍陷入重圍，輝龍及遊擊沙鎮邦等俱陣歿。汝航等督軍馳救，均被鉅創，死之。汝航條理精密，爲國藩所重，及死，尤痛惜焉。（《廣東近現代人物詞典》五三五頁）

清文宗咸豐五年　乙卯　一八五五年

本年張維屏選錄馮昕華遺集撰序。

馮昕華，字暢彥，號曉巖。番禺人。布衣。與會常陪末座，恂恂不發一語，負詩名，兼精篆刻。咸豐五年（一八五五）乙卯，張維屏選錄其遺集撰序。著有《巢雲山房詩鈔》。李長榮《柳堂師友詩錄》有傳。

本年李遠繼任承宣。

李遠繼，廣西藤縣（一作廣東花縣）人。參加太平軍，咸豐五年（一八五五）任承宣，十年（一八六〇）升營天義，參與破江南大營。同治元年（一八六二）封佑王，後戰於皖、贛。三年（一八六四），援浙江嘉興，退守湖州，撤往孝豐，護洪天貴福自浙入贛，至石城遭襲擊，走閩。次年，至廣東嘉應州（今梅縣）。後不詳（一説被俘）。（《廣東近現代人物詞典》一七〇頁）

劉伯芙於本年中舉人。

劉伯芙（一八一四～一八七二），字實（石）吾。鎮平（今蕉嶺）人。咸豐五年（一八五五）乙卯順天舉人，官刑部主事。慷慨負奇氣，與劉三山、陳仲卿一流。鎮平自同治三年（一八六四）甲子疊遭兵燹，適以事興大獄，累謫戍，道潯陽（今九江）卒。刻《小鐵樓爐餘雜著》數卷。胡曦《梅水匯靈集》卷七有傳。

蘇應庚於本年中舉人。

蘇應庚，字西垣。順德人。咸豐五年（一八五五）乙卯舉人。工畫梅。嘗館於鳳城碧鑒小柴桑園龍氏，園中梅樹甚盛，花開日輒作畫題詩，得七言絶句百首。著有《友石山房詩集》。余祖明《廣東歷代詩鈔》卷四有傳。

楊近光於本年中舉人。

楊近光，番禺人。榮緒子。咸豐五年（一八五五）舉人。内閣中書。（《番禺縣續志》卷二十）

張清華於本年中舉人。

張清華（？～一八七三），原名兆甲，字蘭軒。番禺人。維屏孫。咸豐五年（一八五五）舉人，以主事用，籤分工部。同治四年（一八六五）進士，改翰林庶吉士，散館授編修，充國史館協修，卒於官。（《番禺縣續志》卷二一）

梁嶸椿於本年中舉人。

梁嶸椿，號茂生。高明人。咸豐五年（一八五五）舉人。同治十三年（一八七四）進士，歷任山東范縣、披縣、清平、觀城知縣。（《高明縣志》）

黎方昕於本年成貢生。

黎方昕，字旭之。清遠人。咸豐五年（一八五五）貢生。能詩文，與麥瑞芳、朱潤芳等唱和於瑞峰書院。著有《文法舉隅》、《澹園吟草》、《唐詩金針》。（《清遠縣志》）

丁韻初生。

丁韻初（一八五五～一九二〇），名鴻臚。揭陽人。日昌孫，乃潛子。少能詩。歷任縣府科長、局長。著有《問樵詩草》。（《揭陽書目敘録》）

朱印山生。

朱印山（一八五五～一九三三），梅縣人。早年於南非經商致富。同盟會改組爲國民黨時，南非成立總支部，被選爲總支執行委員。二次革命時，撰《請澄宇内》文，揭露袁世凱罪行。一

九一五年任中華革命黨南非支部副部長。（賴紹祥《客籍志士與辛亥革命》）

李漢四生。

李漢四（一八五五～一九〇三），字宗善。五華人。同治末年在香港開設福信建築公司，承建水廠、電車路、海堤、鐵路路基等工程爲首富。（《五華縣志》卷八）

吳桂丹生。

吳桂丹（一八五五～一九〇一、一九〇二），字萬程，號秋舫。高要人。光緒五年（一八七九）舉人，十五年（一八八九）進士，選庶吉士，十八年（一八九二）散館授編修。中日甲午戰爭，在籍倡辦團練，大量購置軍械作抗戰準備。時廣州發生瘟疫，開辦衷聖醫局，贈醫施藥，並贈棺木予窮人。二十二年（一八九六）赴京任國史館協修、功臣館纂修等職。戊戌變法時認爲變法有害於國，拒絕與康有爲見面。李鴻章署理兩廣總督，廣東賭風熾，賭商謀開白鴿票禁，聯合京中粵籍官員止之。二十六年（一九〇〇）八國聯軍陷北京，流落京郊，次年病死寓中。（宣統《高要縣志》）

林幼鴻生。

林幼鴻（一八五五～一九三八），名晉逵，以字行。吳川人。召棠孫。貢生。民國間三次出任吳川縣長，每任先平冤案、減賦稅、修堤圍。素清貧，精醫術。（《吳川文史》）

張寶珊生。

張寶珊（一八五五～一九三九），別名鐵生。香山人。出身奉儒守官之家，精通經史辭章，寫詩刻意求工。隨父宦遊，飽覽閩粵風光，多有佳作。自福建歸里，凡當地文會，每一藝出，輒冠其軍。著有《聽香閣詩集》，世稱奇才女子。（《中山文史》第二十二輯）

陳永天生。

陳永天（一八五五～？），潮陽人。光緒五年（一八七九）僑

居南洋。九年（一八八三）赴新加坡，初營建築業，後從事墾
殖。一九一九年增資擴充廠務，居南洋香油廠之冠。（《民國人物
大辭典》一〇一九頁）

陳汝松生。

陳汝松（一八五五～?），字墨樵，號娛園老人、龍岡臥月樵
者。羅定人。縣學生員。長期從事教學。工詩駢文，組瀧聲詩
社。著有《課綠簃詩草》。（《廣東文徵續編》）

陳伯陶生。

陳伯陶（一八五五～一九三〇），字象華，號子勵（礪），晚
年更名永燾，又號九龍真逸。東莞中堂人。幼年從陳澧執經問
業。光緒五年（一八七九）己卯解元、十八年（一八九二）壬辰
探花，授編修，歷充國史館協修，滇、黔、魯鄉試副考官。三十
一年（一九〇五）入直南書房，修國史儒林、文苑傳。次年學部
派赴日本考察學務，旋署江寧提學使、兩署江寧布政使，後補江
寧提學使。母老乞歸。記聞賅洽如杭大宗、齊次風，下筆千言立
就。夙志用世，能洞審中外時局而究悉其利病。三十二年（一九
〇六），參與創辦暨南學堂（今暨南大學前身）。宣統三年（一九
一一）任廣東教育總會會長。晚遘國變，遁跡九龍，因就其地辟
瓜廬，著書以終，自號九龍真逸。晚年將藏書捐置羅浮酥醪觀。
卒予謚文良。著有《瓜廬文剩》、《瓜廬詩剩》、《孝經說》、《宋
東莞遺民錄》、《明東莞五忠傳》、《勝朝粵東遺民錄》等，輯有
《袁督師遺稿》，主編宣統《東莞縣志》。吳道鎔《廣東文徵作者
考》卷十二有傳。

陳庭鳳生。

陳庭鳳（一八五五～一九一一、一九一〇），蕉嶺人。光緒
十五年（一八八九）舉人。平生博覽群書，精通數學、醫學。不
求仕進，足不進衙門，在鄉設館教學，除講授經史，還授數學、
醫學、物理、化學等。光緒二十二年（一八九六），登門拜訪丘
逢甲。二十四年春，新任鎮平縣令朱懷新親赴新鋪約見庭鳳，藉

故外出避而不見，懷新藉故打擊，遂攜子湘南出南洋，飄泊馬來亞多年，爲推翻清廷奔走。後來因積勞而雙目失明，宣統三年（一九一一）六月病故於婆羅洲。著有《數理精本》。（一九八九年《蕉嶺縣志》）

　　許南英生。

　　許南英（一八五五～一九一七），號蘊白、允白、窺園主人、留髮頭陀、龍馬書生、昆舍耶客、春江冷宦等。祖籍揭陽，生於臺灣府城（今台南）。地山父。光緒十六年（一八九〇）中進士，官兵部主事，自請回台墾土"化番"。甲午戰爭期間，率衆抗擊日軍，終因局勢難挽，二十一年（一八九五）舉家遷回大陸，先於廈門小住，後轉潮汕。二十三年（一八九七）由吏部主事改任廣東即用知事。二十五年（一八九九）潮汕鎮總兵黃和庭（金福）聘至惠潮嘉辦理"清鄉"事務。後於粵爲官十數年，曾任鄉試閱卷官、稅關總辦、知縣等。一九一七年底客死印尼棉蘭市。著有《窺限留草》一卷。擅畫梅，書法頗得王羲之神韻，秀麗飄逸。所書《許春熙墓誌銘》碑，爲潮汕金石瑰寶。（《中國近現代人物名號大辭典》三一七頁）

　　張焕池生。

　　張焕池（一八五五～一九一三），南海人。僑居越南，任河內粵東會館書記。光緒二十九年（一九〇三）孫中山由日本赴河內組織興中會，委以主持會務。欽廉上思之役、廣西鎮南關之役、雲南河口之役，均參與起草軍書及傳達消息。民國成立，委爲越南支部長。遭忌，被驅逐出境。抵粵病卒。（《民國人物大辭典》九六〇至九六一頁）

　　黃映奎生。

　　黃映奎（一八五五～一九二九），字仲照，號（字）日坡。香山（今中山）人。學海堂專科生。光緒二十七年（一九〇一）廩生。宣統元年（一九〇九）粵中舉貢會考，被選送京城任職，未成，乃遊關外諸勝而歸。梁鼎芬倡議修《廣東通志》，受聘任通志局分纂，修《藝文略》十二卷。並創辦時中國文專科學校，授徒達三十餘年。晚年入羅浮酥醪觀爲道士。生平勤於著述，遺著有《續廣東通志藝文略初稿》、《國朝嶺南駢體文鈔》、《山堂思舊集》、《感書雜詠匯存》等。另著有《杜齋詩録》四卷，詞附。（《廣東近現代人物詞典》四五八頁）

黄遠謨生。

黄遠謨（一八五五～一九一六），字尊瓊，號愧庵。文昌（今屬海南）人。父爲名醫。光緒十二年（一八八六），修業蘇泉、瓊臺書院。十五年，學使樊君看考取優行，薦入京師，應京兆鄉試。二十三年（一八九七），舉丁酉科副魁（會試第二名），因母病亡，返里守禮。其間創辦文山書院，先後在瓊山鏡泉書院、定安尚友書院執教主講。二十四年（一八九八）春，邀族人籌建"黄文强祖祠"，主持"聯派修譜"，請康有爲題寫"黄氏家譜"四字。同年，受官爲郎，主事工部，旋破例遷禮部主事。後辭官歸里。維新變法後官復原職，進員外郎銜，備宮廷顧問及差遣事。辛亥革命後，再度居鄉。著有《傷寒論注輯要》、《精選古文詩詞讀本評注初次集》、《名人書劄讀本評注上下編》、《愧庵雜存》、《梟塘集雅録》，主纂《黄氏家譜》等。

曾汪源生。

曾汪源（一八五五～一九一五），番禺人。僑居秘魯，掌握橡膠種植術，即攜種子歸國，於英德試種，因氣候不適失敗。光緒三十年（一九〇四），復與子金城往巴西採集橡膠種，至海南成立"僑興有限公司"，組成僑植墾務公司，試種橡膠。由於技術不足，成活率很低。民國元年（一九一二），再次與子金城由南洋攜帶橡膠樹苗十多萬株，往海南島種植，終獲成功。四年，汪源因病回鄉，病逝。（一九九〇年《番禺縣人物志》第四章）

楊襄甫生。

楊襄甫（一八五五～一九一九），番禺人。光緒五年（一八七九）在廣東倫敦會第七甫宣道所慕道，經湛羅弼牧師施洗入教。先後主持佛山走馬堂八年，主持廣州沙基堂（惠愛堂前身）十四年，孫中山常來沙基堂與相敘。志在人格建國，在城西設大光書樓，廣收學子，還組織買書團分佈於仁化、樂昌等十縣。提倡華人自養自傳，通過募捐、變賣家產等方式籌款興建叢桂新街禮堂，於三十二年（一九〇六）自立，為廣州市教會自養之始。三十四年（一九〇八）起，任廣州慈善會總理；次年受封為牧師，與謝恩祿等組織廣州青年會。宣統三年（一九一一）與劉子威等組建光華醫院。一九一五年任協和神學院教授。常引用儒釋之說與物理化學知識，以證道釋理，對知識份子很有吸引力。著有《釋疑彙編》、《四教創世考》、《舊約聖經綱要》、《大秦景教碑文頌考正》、《兩粵水災善後策》等。在廣州去世。（《廣東近現代人物詞典》一五一頁）

韓文舉生。

韓文舉（一八五五、一八六四～一九三七、一九四四），字樹園，號孔庵。番禺人。監生。光緒十六年（一八九一）入廣州萬木草堂，師從康有為，協助有為編著《新學偽經考》、《孔子改制考》等。後任萬木草堂學長，號長興里十大弟子之一。後任湖南長沙時務學堂教習、澳門《知新報》撰述。戊戌政變後流亡日本，協助梁啟超辦《清議報》、《新民叢報》及橫濱大同學校。二十六年（一九〇〇）參加自立軍起義。民國初年，在廣州辦南強公學、覺是草堂。晚年留寓香港。病歿於九龍。著有《樹園先生遺集》。（《中國近現代人物名號大辭典》一二〇四頁）

劉學詢生。

劉學詢（一八五五～一九三五），字問芻。香山人。水竹居（俗稱劉莊）主人。二十四歲中舉人，又十三年中進士。後在廣州辦“闈廠”成富豪。光緒二十五年（一八九九），奉命出使日本，與孫中山多次秘密會談。翌年曾策動李鴻章獨立。後與革命黨人疏遠，於杭州西湖建成劉莊隱居。著有《遊歷日本考查商務日記》。（《中國近現代人物名號大辭典》二七二頁）

謝爲章生。

謝爲章（一八五五～？），又名錫榮。海陽（今潮安）人。早年赴新加坡，創長源號商行，經營珠寶、洋雜貨、海産、橡膠園、米業、糖廠等成巨富。爲新加坡端蒙學校發起人之一，任新中華總商會名譽會長。（《庵埠鎮志·華僑人物介紹》）

李群嘉被殺。

李群嘉（？～一八五五），始興人。咸豐五年（一八五五）與邑人陳奇文、陳國光、劉汝霖等召集義士百餘人，應太平天國在縣城西銅鐘寨聚義。紅兵（太平軍頭縈紅巾，故稱紅兵）進軍始興，一同攻打縣城，縣令汪彥直挾印宵遁，縣城被佔。南雄知府派重兵馳援，群嘉等揮兵迎敵，終因寡不敵眾敗北。戰鬥中劉汝霖犧牲，群嘉負重傷後被俘遇害。奇文、國光藏匿家中，後被逮捕殺害。（新編《始興縣志》）

陳鈺戰死。

陳鈺（？～一八五五），字冠寶。博羅人。監生。咸豐五年（一八五五），翟火姑軍入縣地，鈺率民團與抗，累戰皆勝，急追至天罡圍，火姑以兵斷其後路，縱兵衝殺，鈺戰死。（民國《博羅縣志》卷七）

周振鑣被殺。

周振鑣（？～一八五五），字雲驤。番禺人。由行伍拔補外委，加六品銜。未幾以侍養父母，辭歸。後紅巾軍起，高州鎮總兵慶寅招之受命。咸豐五年從政永安，被義軍殺死。（同治《番禺縣志》卷四八）

曹文聲戰死。

曹文聲（？～一八五五），番禺人。甘先軍師。咸豐五年（一八五五）於花縣戰死。（一九九〇年《番禺縣人物志》）

清文宗咸豐六年　丙辰　一八五六年

六月，淦江異漲，城內外廬舍漂沒無數，林培泰施粥飢民，

且借宅棲之，全活甚眾，鄉人稱道。（光緒《茂名縣志》）

本年龍仁壽之《佽魯錄》毀於兵燹。

龍仁壽，四會人。諸生。以守城功，保爲訓導。（光緒《四會縣志》）

本年林正揚赴江西加入太平軍。

林正揚，或云伯燾、彩新。傳系廣東人。太平天國侍王李世賢屬下大將。封列王。初系廣東惠州三合會成員。約咸豐四年（一八五四）參加起事。六年赴江西加入太平軍。次年隨石達開獨立行動。後自贛往浙、閩、湘、桂。十年（一八六〇）與譚星等脫離達開東走。旋轉戰粵、湘、贛邊境。入閩，占武平。次年抵江西，與李世賢會合，隸其麾下。繼隨軍戰於浙、蘇，封天將。同治三年（一八六四）經皖南往浙江昌化、淳安、遂安，復同譚星等走皖南婺源，入江西，擬取糧回救天京，至玉山，進向廣信。尋克金溪，圍撫州，取南豐，占新城，入閩據建寧、將樂、寧化，返南豐，旋復至寧化，又回江西石城，克瑞金，進占福建武平，抵永定。次年敗於永定劍灘。隨後合陸順得入粵取鎮平，走平遠，轉至江西長寧①，復在廣東龍川戰敗。占長樂，叛變，執陸順得獻於清軍，改名英彪。（《廣東近現代人物詞典》三一七頁）

饒軒於本年中進士。

饒軒，字輶史。嘉應人。咸豐六年（一八五六）進士，官廣州教授十年，卒。尊人復甫先生應坤由進士官戶部主事。著有《周易意言》、《易雜說》、《諸書難》、《易居齋詩文集》。胡曦《梅水匯靈集》卷七有傳。

鍾孟鴻於本年中進士。

鍾孟鴻，字遇賓。原籍蕉嶺，生於博羅。少年回鄉應童子試中秀才。咸豐六年（一八五六）進士，官福建道監察御史，以直

---

① 一說戰敗，同治三年（一八六四）溺水而亡。

諫著稱，被譽爲“鐵筆御史”。擅書法，與宋湘並稱，名爲返童體，有鐵畫銀鉤之譽。晚年主講韓山書院。著有《柳風館存稿》。（《蕉嶺文史》第四輯）

謝景龍於本年中舉人。

謝景龍，字慎初。興寧人。咸豐六年（一八五六）舉人。張煜南、張鴻南《梅水詩傳》卷六有傳。

張道亨於本年中舉人。

張道亨，字蔭南。興寧人。咸豐六年（一八五六）丙辰補行乙卯科舉人，官福建沙縣知縣。著有《紫藤花館詩》。張煜南、張鴻南《梅水詩傳》卷六有傳。

黄鴻藻於本年中舉人。

黄鴻藻，字雁賓。興寧人。咸豐六年（一八五六）丙辰補行乙卯科舉人，官户部主事，改官廣西，署思恩府知府。著有《退思書屋詩草》。張煜南、張鴻南《梅水詩傳》卷六有傳。

朱履端於本年中舉人。

朱履端，字杏林。茂名人。咸豐初邑中不靖，當道延辦防剿事，疊平亂。咸豐六年（一八五六）舉人。應會試，卒於京師。（光緒《茂名縣志》）

李太恒於本年中舉人。

李太恒，字臺門。四會人。咸豐六年（一八五六）舉人。著有《易學心源》。（光緒《茂名縣志》）

曾伯塤於本年中舉人。

曾伯塤，字稚香。博羅人。咸豐六年（一八五六）舉人，工部主事，假歸，不出。主講登峰書院，善衡文，守禮法，族黨周旋，不驕不吝。官京師與南昌梅啓照友善，啓照守惠，造廬訪塤，伯塤知無不言，然未嘗干以私，足稱廉介。（民國《博羅縣志》卷七）

王邦傑生。

王邦傑（一八五六～一九三〇），又名遠。海陽（今潮安

人。幼家貧，僅讀私塾二三年。同治十年（一八七一）乘帆船至
新加坡。初爲店員，三十餘歲創怡興布店於十三行後街，續創怡
豐匯信兌局，嗣於同址開創瑞興洋雜店、厚豐香汕郊、怡裕號米
郊。又創長興號於麻六甲，與人發起開設新加坡亞洲保險有限公
司。爲端蒙學校及中華女學校發起人之一，任端蒙學校第五屆副
總理；又爲新加坡中華商務總會發起人之一，任該會協理及歷任
會董；與陳樹南、鄭聘庭同倡組織振武善社以勸戒鴉片；又任同
濟醫院和陳篤生醫院董事。對家鄉歷次風災、水災盡力捐題救
濟。後被新加坡政府委爲太平局紳、參事局員、保良局董事、棋
樟山視察員及第一次歐戰後人息稅諮詢員等職。卒於新加坡。
（《廣東近現代人物詞典》一四頁）

　　李賢偉生。

　　李賢偉（一八五六～一九二七），始興人。光緒五年（一八
七九）諸生，十七年（一八九一）補博士弟子員。屢試不第。宣
統元年（一九〇九）始成恩貢。後與邑人陳模、陳及時等結社辦
學，設館授徒。民國九年（一九一八）首任始興縣議長。十二年
（一九二一）南北軍閥激戰，縣令出逃，被推爲臨時縣長。旋被
敗兵所擄，得鄉民搶救脫險。從此息影家園，參與採訪、編輯
《始興縣志》。（新編《始興縣志》）

　　淩俊章生。

　　淩俊章（一八五六～一九一七），號德卿。和平人。增貢生。
民國初年創設植紀兩等小學，任校長。又任貝墩保衛團董，以正
直稱。（《和平縣志》）

　　淩福彭生。

　　淩福彭（一八五六、一八五九～一九三一），原名福添，字
仲桓，號潤臺。番禺人。叔華父。出身翰苑，光緒十九年（一八
九三）舉人，二十一年（一八九五）與康有爲同榜進士，歷任戶
部主事兼軍機章京、天津知府兼天津工藝局及習藝所督辦、保定
知府、天津道長蘆鹽運使、順天府尹代理、直隸布政使。宣統三

年（一九一一）後曾任約法會議議員、參政院參政。精於詞章、酷愛繪畫，曾與齊白石、姚茫父、王雲、蕭厔泉、周啟祥、金城、王夢伯、陳半丁、陳寅恪等過從甚密，組織北京畫會。創建北洋工藝學堂、天津商務公所，並改革獄政及司法體制，試辦地方自治等。（《中國近現代人物名號大辭典》一○八二頁）

　　黃煥南生。

　　黃煥南（一八五六～一九三六），香山（今中山）人。早年赴澳大利亞謀生，開設廣生和雜貨店，曾資助梁啟超保皇募款活動。一九一三年攜款回國，被馬應彪聘爲廣州先施公司司理。一九一七年上海先施公司開張，爲董事兼首任正司理，後任公司滬行監督。一九二五年“五卅慘案”後參加上海罷市鬥爭，並逐步增加國貨銷售。在滬病逝。（《廣東近現代人物詞典》四六二頁）

　　曾述經生。

　　曾述經（一八五六～一九一八），字譔甫，一字月樵，後更名彭年。揭陽人。光緒十五年（一八八九）與弟習經同科舉人。曾參與公車上書題名。二十八年（一九○二）以知縣分發福建，歷充閩浙總督文案、泉州鹽厘局、上杭縣令，有政聲。宣統二年（一九一○）謁告歸家，以道學爲鄉里倡。其詩文雍容雅健。著有《曾甫先生集》。（《秋園文鈔》中卷、民國《潮州志·藝文志》）

　　楊發利生。

　　楊發利（一八五六～一九三八），字秉元。五華人。早年僅讀過幾年私塾，被迫走香港做打石工與建築工。長於庶務，得老闆信任，因得港府委派工程。旋創建發利建築公司，先後承建皇家馬路、兵房、渠務、水務等工程，聲望頗高。後任新界、元朗、博愛醫院總理等職。（《五華文史》第五輯）

　　潘寶琳生。

　　潘寶琳（一八五六～一九○三），字仲瑜、鳳標。番禺人。師徵次子。光緒十五年（一八八九）進士。十六年補應殿試，改

翰林院庶吉士，散館授編修，主講粵秀書院。（《龍溪潘氏族譜》）

蘇若瑚生。

蘇若瑚（一八五六～一九一七），字器甫，號簡園。順德人。文擢祖，李文田弟子。光緒五年（一八七九）舉人，官成安宮教習，文田稱其爲“絕大聰明人”。對西北歷史，尤其蒙古史有精深而廣博研究，協助文田編著《元秘史注》等著作。其書法，尤其楷書，內含魏唐古碑神韻，精氣內斂，望之觀止。光緒年間廣東七十二家陳姓族人聯合建成陳氏大宗祠，祠堂落成之日，以白銀二百兩，請若瑚題“陳氏書院”幾大字，至今高懸。（《中國近現代人物名號大辭典》三九五頁）

饒芙裳生。

饒芙裳（一八五六、一八五七～一九四一），原名趙曾，又名集蓉，別名松溪老漁。梅縣人。光緒舉人，曾任海南瓊崖道、民國國會議員、廣東教育司長等。曾參與編修光緒《嘉應州志》。與鄉賢黃遵憲、溫仲和、謝益卿等來往甚密，因興新學、辦教育而與仲和同負盛名。著有《辛廬吟稿》。（《中國近現代人物名號大辭典》九二四頁）

劉佛良生。

劉佛良（一八五六～一九三四），梅縣人。早年被賣往檀香山爲契約華工，終成華僑富商。慷慨資助孫中山革命，投資援建粵漢、潮汕鐵路，捐鉅款賑濟家鄉飢民並修橋補路。（《梅縣文史資料》第八輯）

羅明魁生。

羅明魁（一八五六～一九一二），南雄人。少年立志習武，苦練武術。後又遍延名師，苦練技擊及多種兵器攻防技法。光緒二十六年（一九〇〇）參加院試、鄉試，中式武舉，任南雄千總。性格直率，不媚權貴。旋丟官居家，帶徒授藝。後加入同盟會。民國元年（一九一一），與本縣籍同盟會員於縣城開展剪辮子、打菩薩活動，引起仇視。次年積憤病逝。（一九九一年《南

雄縣志》）

嚴世垣陣亡。

嚴世垣（？～一八五六），南澳人。行伍出身。積功累升碣石鎮標中營遊擊。咸豐六年（一八五六）陣亡於海豐汕尾，追贈參將。（《南澳縣志》卷九）

清文宗咸豐七年　丁巳　一八五七年

本年英法聯軍攻陷廣州，兩廣總督葉名琛被俘，押往印度囚禁。

冬，英法聯軍五千餘人進逼廣州，瘋狂炮擊城內，陳澧賦《得藕江書卻寄》五律詩。[①]（陳永正《嶺南歷代詩選》五二七頁）

十月，陳華澤歿於佛山。

陳華澤（？～一八五七），以字行，號礪甫。南海人。諸生。與兄春山上舍霖澤幼孤，事母以孝聞。其家陳李昌藥肆百餘年世業，與陳李濟並行於時。咸豐七年丁巳十月，歿於佛山。著有《竹筠書屋詩鈔》。李長榮《柳堂師友詩錄》有傳。

十一月，澳門普濟禪院始由釋暢瀾（活）主持重修。（章憎命《澳門掌故》（三〇），《澳門日報》，一九五九年十月三十一日）

十二月二十九日，廣州失守，陳澧舉家出走，避居南海橫沙村，賦《自橫沙過泌涌》七絕詩。

本年斗米值錢千八百文，周雪溪首捐米五十石賑荒。

周雪溪，號荻秋。揭陽在城人。少孤，事母以孝稱。與人交，有古任俠風。咸豐七年（一八五七）丁巳，斗米值錢千八百文，首捐米五十石賑荒。同治四年（一八六五）乙丑春夏之交，糧價騰貴，時髮匪破詔安，與潮州毗連，人心惶惶，亟商諸邑令

---

① 郭志融，號藕江。清遠人。官四川知府。

吳保瀚，倡辦平糶。十年（一八七一）辛未歲歉，適丁日昌寓揭陽，與邑令周士俊倡粥廠，竭力匡助，全活甚多。嘗作《勸義文》、《辦義論》及《治潮州械鬥撞門法》。性喜吟詠，著有《壽萱堂詩》。援例得同知銜。同治庚申①，潮州鎮方耀懲辦積案，舉令襄事。事竣，奏保歸部選用。子易，拔貢生，官廣西知縣。朱慶瀾《廣東通志稿》有傳。

本年盧滿江投軍。

盧滿江（？～一八九五），字晏溪。東莞人。宰牛爲生。咸豐七年（一八五七）投軍，於江浙、兩廣攻打太平軍，以功官都司。中法戰爭時，刺探軍情，押運軍械糧餉往雲南、廣西。卒於水師副將任。（宣統《東莞縣志》卷七三）

本年歲大饑，鄔鼐捐粟賑濟，徵爲宣義郎，給冠帶。

鄔鼐，字臺輔，號公相。番禺人。（《鄔氏族譜》）

本年大饑，餓殍載道，李啟祥出資煮粥。

李啟祥，博羅人。監生。性慈和，好善舉。咸豐七年（一八五七）大饑，餓殍載道，出資煮粥，遠近多來就食，生還者眾。（民國《博羅縣志》卷七）

本年大饑，餓殍載道，鄒夢奇以粥施賑有名，閭里稱之。

鄒夢奇，博羅人。增貢生。和睦鄉鄰，獎勵後進，好善樂施。咸豐七年（一八五七）大饑，餓殍載道，以粥施賑有名，閭里稱之。（民國《博羅縣志》卷七）

本年宋萱謙抵福建，奉命赴軍營襄辦糧務。

宋萱謙，字懋堂。花縣人。由監生補授福建福寧府經歷，任福鼎、壽寧、霞浦、寧德知縣。咸豐七年（一八五七）奉命赴軍營襄辦糧臺事務，後以福寧府經歷提補。歷任十五年，不以閑曹自逸。辭官歸，年六十四卒於家。（民國《重修花縣志》卷九）

本年蕭賢舞倡議成立新加坡茶陽會館。

---

① 查年表，同治僅有九年庚午，姑從原文。

　　蕭賢舞，又名鵬博。大埔人。往新加坡墾荒種植，與福建人劉金榜、潮州人金連城同爲僑領，時稱十二幫頭人，賢舞爲客幫長。咸豐七年（一八五七）倡議成立新加坡茶陽會館。次年落成，被推爲大總理。（一九九二年《大埔縣志·人物》）

　　本年洪春元封國宗。

　　洪春元（？～一八六三？），花縣（今花都）人。參加金田起義。咸豐七年（一八五七）封國宗，十一年（一八六一）封對王。後轉戰皖、蘇。同治二年（一八六三）夏，隨李秀成攻廬江，轉攻雨花臺，兵敗處死。[1]（《中國近代史詞典》）

　　本年英軍攻陷廣州，藍斌與總督葉名琛同時被俘。

　　藍斌，高要人。以千總供職兩廣總督署。咸豐七年（一八五七）英軍攻陷廣州，與總督葉名琛同時被俘，禁於英輪。曾示意名琛潛水逃走，不聽。後同被押解印度，卒於國外。（宣統《高要縣志》卷十八）

　　本年英軍攻陷廣州城，黎炳瑞以局勢不可收拾，乃混跡黃冠以寄志。

　　黎炳瑞，字儔石。番禺人。所居曰茆軒。善度曲，尤好山水。於鄉間首倡團練，創蓼水社。著有《香草齋草》。（《番禺縣續志》卷二二）

　　漆葆熙於本年補諸生。

　　漆葆熙，字少臺。番禺人。咸豐七年（一八五七）補縣學生。家貧，授徒自給，館於廣州河南潘家。肄業於菊坡精舍，精《說文》及輿地學。張之洞選入廣雅書院，屢列高第，補齋長。光緒十七年（一八九一）舉人，主長寧縣桂峰書院、廣雅書院分校講席，舉學海堂學長。著有《篤志堂集》。（《番禺縣續志》卷二三）

　　朱玗生。

------

　　① 一說是年秋由常州、宜興、金壇經丹陽攻鎮江未成，不知所終。

朱玷（一八五七～一九二七），號楚白。花縣人。光緒二十一年（一八九五）舉人，連捷進士，官刑部主事，以母老歸養，十年不仕。服闋入都，充法部統計纂修官，遷京師高等審判廳推事、民事審判庭庭長。熟遼金元史，曾注《元朝秘史》蒙古文原本。某王邸特辟與圖館於總理衙門，使任編輯，期年間成《中俄交界圖說》等十九種。一九一九年出任河北安平縣知事。（民國《重修花縣志》卷九）

吳滿生。

吳滿（一八五七～一九五〇），又名玉棠。南海人。童年時就以採藥及捕蛇爲樂，人稱"蛇仔滿"。時佛山成藥商如保滋堂、兩儀軒等，始用蛇制藥，常供蛇膽給制藥商，收入頗豐。後於廣州開蛇店，店名"蛇王滿"，開創出售蛇膽供群眾制病，並賣給制藥商，研製三蛇膽陳皮、三蛇膽油等，蛇膽成藥遠銷國內外。還發現蛇肉對風濕病有良好療效，改進食蛇方法，令食蛇之風盛行一時。

林樸山生。

林樸山（一八五七～一九二四），名鶴年。吳川梅菉人。光緒十四年（一八八八）入廣雅書院，師從梁鼎芬、廖廷相等名儒。後任梅坡書院院長、兩廣優級師範學堂教席。曾任《廣東文徵》搜採、《廣東通志》編纂。病逝於澳門。通經史，工詩文。著有《四庫全書表文箋釋》、《居思草堂詩鈔》等。（《廣東近現代人物詞典》三一九頁）

林鶴年生。

林鶴年（一八五七～一九二四），字樸山。吳川人。早年操舉子業，不第，遂潛心經史。光緒十四年（一八八八），就讀廣雅書院。後任梅坡書院院長及兩廣優級師范學堂教席。一生著述豐富，力作《四庫全書表文箋釋》於宣統元年（一九〇九）刊行後風行海內，鶴年因而名揚中外。辛亥革命後，參予《廣東文徵》、《廣東通志》編寫。他著尚有《居思草堂詩鈔》、《讀禮要

義》、《毛鄭異詁》、《居思課集録》等。（《高雷文獻》、《吳川文史》、《四庫全書表文箋釋·自序》）

楊裕芬生。

楊裕芬（一八五七～一九一四），字家珍，號敦（一作惇）甫。南海人。光緒七年（一八八一）選學海堂專課肄業生。十四年（一八八八）中解元。十八年（一八九二）被張之洞聘於兩湖書院經學分校任職。二十年（一八九四）舉進士，改戶部主事。後南歸，主明達、鳳山、端溪各書院。復選爲學海堂、菊坡精舍學長。三十三年（一九〇七）入京掌度支部丞參廳秘書。後張之洞奏調學部，審定圖書。宣統三年（一九一一）請終養歸。後病卒。著有《遜志堂經説文集》等。（《廣東近現代人物詞典》一五一頁）

劉士驥生。

劉士驥（一八五七～一九〇九），字鳴博（銘伯）。龍門人。光緒十九年（一八九三）舉人，授懷集知縣。開辦官立高等小學堂，調充兩廣學務處查學員。創辦小學堂七所，並籌建兩廣優級師范學堂。將長壽寺開作大市場，每年得金六七萬，以供師范學堂經費。三十年（一九〇四）派往南洋視學。三十四年派赴美洲，發動華僑集資三百餘萬，興辦廣西銀行等。宣統元年（一九〇九）奉召回廣州，四月初九日晚被暗殺。著有《淳州鴻雪》等。（民國《龍門縣志》卷九）

劉淩滄生。

劉淩滄（一八五七～一九一四），字韻揚，號焦餘。海陽（今潮安）人。光緒三十一年（一九〇五），與許雪秋、吳金銘借辦團練名義，陰蓄革命武裝，事泄止。嗣加入同盟會，參與籌畫潮州起義。三十三年丁未黃岡舉義失敗，涉嫌被拘，傾金二千餘方釋。遂赴新加坡，設館授徒，倡設通的書報社。辛亥潮汕光復後返國。民國元年（一九一二）復返南洋舌耕爲生。（《南洋年鑒·華僑》）

羅斧月生。

羅斧月（一八五七～一九四二），字獻修。興寧人。十七歲取秀才，後被選入廣雅書院學習，專攻《周禮》、《儀禮》、《禮記》。早年在龍田等地設館授徒，前往就讀者眾。後歷任廉州味經書院山長、興寧師範簡易科監督、廣東咨議員等職。宣統二年（一九一〇）參加貢試，錄取爲七品京官，旋任京師大學堂經學教習。辛亥革命後，任興寧縣立中學校長、興寧坪塘神學院漢學講師、國立中山大學文學院教授。晚年回鄉，仍聚徒講學。（《興寧縣志》）

梁敦彦生。

梁敦彦（一八五七～一九二四），字崧生。順德人。祖振邦曾在香港西環行醫，父文瑞公在南洋做生意。敦彦少習英語，後考入香港中央書院（皇仁書院前身）就讀。同治十二年（一八七三），作爲首批留美幼童隨容閎及監督陳蘭彬至舊金山。返國，歷任漢陽海關道、天津海關道、外務部尚書、大臣等職。民國成立後，任北京政府交通總長。一九一七年張勳復辟時，被清廢帝溥儀任爲外務部尚書、議政大臣。復辟失敗後，匿居東郊民巷，被明令通緝。後寓居天津。（《中國近現代人物名號大辭典》一一七〇頁）

梁培友犧牲。

梁培友（？～一八五七），鶴山人。早年加入天地會，爲西江水上天地會首領。咸豐五年（一八五五）、三月與陳開、李文茂所率之洪兵於肇慶會師。五月遭清兵攻剿，三人率部眾四萬餘人，棄城乘船千餘艘溯江西征，沿途擊退尾追清軍。進入廣西，攻梧州，破藤縣，過平南，至潯州，附近反清武裝紛來歸附，軍力大增，建立大成國，培友稱平東王。七年（一八五七）三月因從平南大鳥墟至廖洞堡與友軍會合，遭團練襲擊，中炮犧牲。（《廣東近現代人物詞典》四九〇頁）

廖達章陣亡。

廖達章（？～一八五七），字天衢。茂名人。道光間以功授雷州把總，徐聞、欽州千總。時值太平天國軍興，先後於化州、石城、欽州、廉州、南寧等地率清軍與之對抗。咸豐七年於靈山之役中炮陣亡。（光緒《茂名縣志》）

清文宗咸豐八年　戊午　一八五八年

塗[①]月，澳門普濟禪院重修落成，權澳門海防同知馬增頤撰志。（章憎命《澳門掌故》（三〇），《澳門日報》，一九五九年十月三十一日）

本年王國瑞避兵橫沙。

王國瑞（一八三七～約一九二〇），幼名松茂、明德，字進之，號峻芝。番禺人。少居陳東塾門下，課其二子。咸豐八年（一八五八）戊午同避兵橫沙，始執弟子禮，專治許書。同治十二年（一八七三）癸酉中舉人，以知縣分發福建，歷權順昌、新竹、仙遊、崇安、閩縣、詔安等縣事。補授寧德，抵任甫一歲，遭國變，僑寓福州，不得歸。年八十餘病卒，惟餘書數十篋而已。著有《學葊軒集》六卷。吳道鎔《廣東文徵作者考》卷十一有傳。

本年洪仁玕離香港再往天京，賦《香港餞別》七律。（陳永正《嶺南歷代詩選》）

本年鄧安邦率鄉勇於廣州東郊抗擊英軍。

鄧安邦（？～一八八八），字保臣。東莞人。咸豐間應募爲團練頭目。八年（一八五八）率鄉勇於廣州東郊抗擊英軍，中法戰爭時創建並駐守魚珠炮臺，累官潮州總兵。（宣統《東莞縣志》卷七二）

本年鄭愷被保奏以知縣升用

鄭愷，字康亭。番禺人。咸豐間屢建戰功。八年（一八五

---

①　《爾雅·釋天》：“十二月爲塗。”

八），保奏以知縣升用。同治元年（一八六二）補京山縣縣丞，二年升補竹溪縣知縣，蒞任勸耕畜，謀積儲。回粵襄助李文田築復三水大路圍決口，工竣，病大作而卒，年六十六。（《番禺縣續志》卷二二）

邱益於本年成貢生。

邱益，字補思。鎮平人。東麓大令弟。咸豐八年（一八五八）戊午歲貢。著有《補思遺草》。胡曦《梅水匯靈集》卷七有傳。

朱淇生。

朱淇（一八五八、一八七二～一九三一），字季箴。南海人。光緒三年（一八七七）中秀才，旋專習經史。後加入興中會，二十一年（一八九五）受命草廣州起義討滿檄文。走上海，半年始返粵，經營報館。次年創辦《嶺學旬報》、《嶺海日報》。二十四年（一八九八）往青島辦《膠州報》。三十年（一九〇四）至京，集資創辦《北京報》。三十三年（一九〇七）改《北京日報》。武昌起義時赴灤州遊說張紹曾、吳祿貞發難。一九一五年拒絕袁世凱收買。後閉門修道。（《民國人物大辭典》一八三頁）

李浩如生。

李浩如（一八五八～一九三四），又名衍慶。五華人。惠堂父。十三歲至香山石鋪爲廚工，後從師打石，五年後自立門戶。後赴香港經營建築業，自組聯生營造公司，承建大潭篤水塘、油麻地避風塘、港九馬路等工程。光緒時，受湖廣總督張之洞聘，勘查修築粵漢鐵路英德至曲江段，創建廣州自來水廠等。先後任廣州及香港五華同鄉會會長等職。（《嘉應鄉情報》一九九一年五月十一日三版）

汪兆銓生。

汪兆銓（一八五八、一八五九～一九二八、一九二九），字莘（一作辛）伯，晚號惺默、惺默道人，別署莧軒，室名莧楚軒、惺默齋。番禺人。瓊子，精衛兄。光緒十一年（一八八五乙酉舉人，選海陽教諭。肄業學海堂，爲陳澧入室弟子，年十七賦《平定新疆鐃歌》並駢體序，爲澧所賞。少與陳樹鏞、朱啟連、陶邵學以文字相切劘。十二年丙戌入都，又與楊銳、文廷式、陳三立往來唱酬。屢試不第，入提督馮維騏、李準幕。辛亥後爲教忠學校校長十餘年。以酒病卒。著有《悝默齋集》、《蒦楚軒續集》。吳道鎔《廣東文徵作者考》卷十二有傳。女兄若昭，適朱啟連。能詩，不常作。陳融《讀嶺南人詩絕句》卷十五有傳。

姚海珊生。

姚海珊（一八五八～一九四二），別名淮清。平遠人。早年到南洋經商，後堅決支持孫中山革命，並積極參與。辛亥後，即時回國，旋任廣東北伐軍軍需部部長。歷任國民政府廣東省平遠縣縣長、廣東印花煙酒稅羅定徵稽所所長等職，卒於任。

周汝鈞生。

周汝鈞（一八五八～一九〇六），名常儉，字約存，別字節生，號省齋。上番禺慕德里司南崗鄉（今廣州白雲區江高鎮南崗村）人。光緒八年（一八八二）應壬午科鄉試，中式舉人。十八年（一八九二）中壬辰科進士，欽點主事，分刑部貴州清吏司行走，兼刑部司務廳督催所。翌年欽派順天恩科鄉試武闈收掌官，歷充昭西陵工程監修、定東陵工程監督、東陵紅場工程勘估監督。二十四年（一八九八）主講欖山、香山書院，兼學海堂學長。二十七年、二十八年（一九〇一、一九〇二），南海、番禺、順德旅美金山僑商聘爲會館董事，後署金山總領事。回鄉後，東莞邑紳又聘爲師範學堂監督兼總教習。三十二年（一九〇六）邑紳開辦中學，舉爲監督，未開校而病卒。（《番禺縣續志》卷二三）

唐國安生。

唐國安（一八五八、一八六〇～一九一三），字介臣。香山人。同治十二年（一八七三）經族叔廷樞薦，被選爲第二批留美幼童官費生，考入耶魯大學法律系。光緒十一年（一八八五）歸國，任教約翰書院，又被聘爲《南方報》編輯，兼任寰球中國學生會會董。十三年（一八八七），任外務部司員，並任職京奉鐵路。宣統元年（一九〇九），被委爲於上海召開之萬國禁煙會議中國代表。清廷籌建清華學堂，任會辦。二年（一九一〇）任外務部考工司主事。翌年遊美學務部將"遊美肄業館"正式定名爲"清華學堂"，兼任清華學堂副監督。民國元年（一九一二年）四月，遊美學務部被取消，職權劃歸清華學堂接管，國安被任命爲正監督。五月，清華學堂改稱清華學校，"監督"改"校長"，國安出任清華首任校長。（《中國近現代人物名號大辭典》一〇七二頁）

黃遵楷生。

黃遵楷（一八五八～一九一一），字牖達，一作幼達。嘉應州（今梅州）人。遵憲五弟。光緒十五年（一八八九）舉人，大挑用福建知縣，署廈門同知。曾爲《時務報》在山東代收捐款。二十四年（一八九八）入保國會，與汪康年、梁卓如時有信劄往返。清末任駐日使館商務委員。辛亥爲其兄遵憲《人境廬詩草》辛亥初印本作跋。（《中國近現代人物名號大辭典》一一二二頁）

康有爲生。

康有爲（一八五八～一九二七），原名祖詒，字廣廈，號長素，又號明夷、更生、更牲、西樵山人、遊存叟，晚年別署天遊化人。人稱"康南海"。南海人。父達初，字植謀，號少農。官江西知縣。有爲少從朱次琦遊，博通經史，好公羊家言，言孔子改制，倡以孔子紀年，尊孔保教，先聚徒講學。入都上萬言書，議變法，給事中余聯沅劾以惑世誣民。中日議款，集各省公車上書，請拒和、遷都、變法，格不達。復獨上書，由都察院代遞，上覽而善之。光緒二十一年（一八九五）中進士，官工部主事，未到職。二十四年（一八九八），立保國會於京師，尚書李端棻等先後疏薦，至是始召對。自辰入，至日昃始退，命在總理衙門章京上行走，特許專摺言事。有爲連條議以進，於是詔定科舉新章，立京師大學堂、譯書局等，諭變法。未及行，以抑格言路，首違詔旨等促出京。西太后復垂簾，盡罷新政，亡命日本，流轉南洋，遍遊歐美。宣統三年，鄂變作，開黨禁，始謀歸國，創虛君共和之議。張勳復辟，以有爲爲弼德院副院長。事敗，避美國使館，旋脫歸上海。移宮事起，馳電以爭。明年，移蹕天津，有爲來謁。年七十，賜壽，手疏泣謝。病卒青島，先葬嶗山，後遷葬今青島大學內浮山之麓，劉海粟書丹。著有《孔子改制考》、《新學僞經考》、《春秋董氏學》、《春秋筆削大義微言考》、《大同書》、《物質救國論》、《電通》及《康子內外篇》、《長興學舍、萬木草堂、天遊盧講學記》三書、各國遊記暨文、《康南海先生詩集》十五卷。趙爾巽《清史稿》卷四七三有傳。弟廣仁（一八六七～一八九八），名有溥，以字行，號幼博。少從兄有爲學。有爲上書請改革，廣仁謂當先變科舉。後罷鄉會試制藝，而歲科試未變，廣仁激勵言官抗疏論之，得旨俞允。及初聞變，廣仁促有爲走，己不肯離而被逮。在獄言笑自若，臨刑猶言曰：“中國自強之機在此矣”。與譚嗣同、林旭、楊銳、楊深秀、劉光第等同日被殺，世稱戊戌六君子。趙爾巽《清史稿》卷四六四有傳。有爲次女公子同璧，善詩。余祖明《廣東歷代詩鈔》卷七有傳。

　　梁慶桂生。

　　梁慶桂（一八五八～一九三一），號小山，亦作筱山、筱珊，室名式洪堂。番禺河南黃埔鄉人。肇煌子。光緒二年（一八七六）丙子科舉人。歷任內閣中書、侍讀。二十一年（一八九五）入京應試，參與康有爲公車上書，加入強學會。二十四年（一八九八）入京師保國會。三十一年（一九〇五）任鄂漢鐵路副總辦，因反官辦，被岑春煊撤職拿辦，化裝走香港。三十四年（一九〇八）赴美籌辦華僑興學事宜。次年赴美，在美、加成立僑校十二所。① 回國入學部任參議上行走，旋返粵組織廣東自治研究社，宣統三年（一九一一）與梁鼎芬等重開廣州南園詩社。民國成立後，總辦廣州自来水公司，總纂《番禺縣續志》。著有《式洪堂詩文集》、《梁同新家傳》。曾祖經國，於一八〇八年創辦天寶行，爲廣州十三行商之一。祖同新，道光進士。父肇煌，咸豐進士。（《民國人物大辭典》八八三頁）

鄒永庚生。

鄒永庚（一八五八～一九三四），原名鶴年。石城（今廉江）人。通經史，善書法。既爲拔貢，復畢業於兩廣優等師范。自清末至民初，倡議集資創辦縣内高等小學、中學、師范、職業學校凡六所。又倡議重修《石城縣志》，親任修志館長及總纂。（《廉江縣文史資料》一九八四年第一期）

楊爵堂生。

楊爵堂（一八五八～一九四〇），吳川人。同盟會員。武昌起義後，與子得西參加化州起義。一九二四年任振文區區長，辦農會。“四一二”政變後，以區公所槍械予農軍暴動。年屆八十，猶追隨抗日隊伍。（《吳川文史》）

歐陽兆庭生。

歐陽兆庭（一八五八～一九四一），曾用名庚，字少白。香山人。同治十一年（一八七二），年十四歲以歐陽庚名考取第一批清官費留美童生。七月初九日，經滬赴美。在紐約市曼哈頓入西海文小學、紐海文中學、耶魯大學。十六年課程與詹天佑在九年内完成，於光緒七年（一八八一）畢業回國。堂兄輝庭用歐陽明之名，出任直隸州知州。次年清廷授資政大夫、花翎布政使司銜等。九年，庚先後出任駐美三藩市副領事、駐温哥華領事、駐墨西哥條約特使、第一任駐巴拿馬總領事。民國建立後，被委派出任過駐荷屬爪哇總領事、駐英大使館一等秘書、駐智利國第一

① 一説光緒三十二年（一九〇六）奉派美國、加拿大辦中文僑校八所。

任公使、駐玻利維亞條約、特使，獲敘勳二等嘉禾章。（《中山修志》）

劉興生。

劉興（一八五八～一九三四），字儒玲。新寧（今台山）人。同治十年（一八七一）抵美三藩市助兄經商。光緒三十年（一九〇四）與人合資開設太平洋岸罐頭公司。三十三年（一九〇七）與人創立廣東銀行。一九一五年又與人組建中國郵船公司。次年還創辦華墨公司。（《廣東近現代人物詞典》一〇三頁）

劉金纘生。

劉金纘（一八五八～一九二五），又名錦濃、金纘。台山人。出生於果農家庭，自幼隨父栽培水果，學會了果樹嫁接、人工授粉等園藝技術。同治九年（一八七〇）隨叔父赴美國，先在三藩市一家鞋廠做工，後來去馬薩諸塞州亞當斯市謀生，用工半讀，受到農場主范尼·伯林格小姐賞識，聘用管理果園，採用了台山農村種植經驗，結合現代化栽培技術，培育出早熟蘋果、良種番茄、優質大白菜等，伯林格小姐因而幫其加入了美國國籍。後在美國南方佛羅里達州德蘭市購置了果園，進一步開展果樹研究，培育出應節桃子、新品種柚子、無核葡萄等優質水果。光緒十二年（一八八六）回國探親，與台山、新會、廣州等地果農進行了廣泛交流。十四年（一八八八）培育出"劉橙"，粵人稱"金山橙"，視爲果中上品，美國果樹栽培學會授予銀質獎章。（《廣東近現代人物詞典》一一一頁）

潘飛聲生。

潘飛聲（一八五八、一八五七～一九三四），字贊思、蘭史，號劍士、心蘭、老蘭，別署老劍、劍道人、說劍詞人、羅浮道士、獨立山人，齋名剪淞閣、室名水晶庵、崇蘭精舍、禪定室等，祖籍福建，先祖於乾隆時遷粵經商，遂落籍番禺。早年從葉衍蘭學詩，舉經濟特科。曾遊學德國。香港《華字日報》、《實報》主筆，南社成員。長於詩詞書畫，善行書，蒼秀遒勁，善畫折枝花卉。詩筆雄麗，時有奇氣。與羅癭公、曾剛甫、黃晦聞、黃公度、胡展堂並稱爲"近代嶺南六大家"，又與高天梅、俞鍔、傅屯艮並稱南社四劍。著有《花語詞》、《海山詞》、《長相思詞》、《説劍堂詩集》三卷、《説劍堂詞集》、《老劍文稿》、《在山泉詩話》、《兩窗雜録》等。許玉彬、沈世良《粵東詞鈔》卷二有傳。室梁靄（？～一九〇〇），字佩瓊，一字（號）飛素，室名飛素閣。番禺河南龍溪人。光緒間人。著有《飛素閣詩集》。副室月子，守寡後往九華山剃度爲尼。陳融《讀嶺南人詩絶句》卷十五有傳。

　　蘇鋭劍生。

　　蘇鋭劍（一八五八～？），南海人。同治十二年（一八七三）赴上海，入幼童出洋肄業局學習；同年隨第二批幼童赴美留學，入麻省春田高中，畢業後入紐約州端沙里爾工學院。光緒七年（一八八一）回國，入福州船政學堂學習，次年調廣州黃埔水陸師學堂任教習。十九年（一八九三）在中國駐美公使館任職。二十三年調駐俄公使館任職。三十一年（一九〇五）任駐菲律賓馬尼拉總領事。三十四年（一九〇八）回國，翌年調兩廣總督署辦理外交事務。宣統二年（一九一〇）任駐美國舊金山領事，未赴任，同年任新加坡總領事。民國元年（一九一二），任駐雅加達總領事。二年回國，被交通部派爲廣（州）三（水）鐵路局局長。九年赴日本，任中國駐日公使館秘書。十二年回國，十五年任外交部顧問。十七年離職，定居上海。

　　蘇澤東生。

　　蘇澤東（一八五八～一九二七），字選樓。東莞南城蠔岡人。清末諸生。工詩文。道光末年，茶山鄧淳搜集歷代東莞詩歌，編成《寶安詩正》六十卷，未刊行，淳去世。五十年後至光緒時，澤東親至淳故居，從其侄處得《寶安詩正》原稿抄録，助羅嘉蓉編《寶安詩正續集》十二卷，民國初澤東編成《寶安詩正再續集》四卷，後一併寄予時任山西黎城知縣之張其淦。宣統二年

（一九一〇），其淦擴編爲《東莞詩録》六十五卷，收録了東莞歷代七百餘人詩作，反映了東莞八百餘年詩歌發展狀况。先是，光緒二十五年（一八九九），澤東有感於林則徐禁煙"功敗垂成"，梓行其禁吸鴉片專集《夢醒芙蓉集》三卷，收録歷朝禁煙詩四十一家，禁煙文三十五家，戒煙藥方十餘種。民國四年（一九一五）陳伯陶編《東莞縣志》，開局於香港九龍，聘澤東爲分纂。又著有《祖坡吟館詩略》、《祖坡吟館撫談》、《勝朝東莞題名録》、《國朝東莞題名録》等。

饒寶書生。

饒寶書（一八五八～一九一二），字經衡，號簡香。興寧人。光緒十五年（一八八九）舉人，十八年（一八九二）進士，殿試三甲第一名，授户部主事，二十二年（一八九六）考任總理各國事務衙門章京。二十五年（一八九九），任京師大學堂算學教習。二十七年（一九〇一），調任外交部主事，嚴密核算《辛丑條約》償金與利息等項，節省白銀三千萬兩。又與俄使節交涉茶箱一案，追回俄幣四十九萬盧布。因有功，於二十九年（一九〇三），補授外交推算司主事。三十二年升任和會司員外郎。三十四年（一九〇八）擢推算司郎中。著有《壬辰秘試策》、《丙申送梁卓如啟超同年之滬三十韻》等十多篇。其書法獨具一格，後人多有珍藏。（一九八九年《梅州人物志》、一九八九年《興寧縣志》、《明清進士題名碑録索引》）

許敷遠卒。

許敷遠（？～一八五八），字愛山。曲江人。性好學，工詩。以貢生就任平遠、興寧訓導，嗣任潮州教授。勸學興文，有山斗之望。嘗出資修復曲江廟學及相江書院，又建府學宫與東效塔。（歐樾華《韶州府志》卷三二）

張興焕卒。

張興焕（？～一八五八），東莞人。隨張敬修征戰有功，官守備。率鄉勇與陳金釭農民軍作戰，中計被殺。（宣統《東莞縣

志》卷七二）

謝華運卒。

謝華運（？～一八五八），番禺人。咸豐八年（一八五八）英法聯軍攻陷廣州，隨官軍進攻城西門，至宜民市，爲火藥所焚，重傷回營，越日而卒。（同治《番禺縣志》卷四八）

清文宗咸豐九年　己未　一八五九年

本年洪仁玕北上至天京（今南京）。

本年袁灝委署安南縣。

袁灝（？～一八六〇），字石根，齋號姜雪。番禺人。應子。廩貢生。屢試不售，捐資爲縣丞，分發貴州，署按察使司經歷。以功升知縣補用，授遵義縣知縣。咸豐九年（一八五九）委署安南縣。十年爲苗、彝農民起義軍所殺，恤給雲騎尉世職。（曾釗《袁先生傳略》、《番禺縣續志》卷十九）

本年莫超宗由同知職捐知府，

莫超宗（一八一二～一八七八），字逸雲。茂名儲良坡人。樂善好施，每捐重資於公益。咸豐九年（一八五九）由同知職捐知府，先後授貴州石阡、思南、遵義等州府，多以清剿復地有功。後加按察使、布政使銜，旋署貴州西道。在黔近二十年，修城郭，整團練，興文教，禁私鑄，復鉛廠，民享其利。（光緒《茂名縣志》）

梁僧寶於本年中進士。

梁僧寶，原名思問，字伯乞。順德人。咸豐九年（一八五九）己未進士，官禮部主事，升郎中，擢御史，歷官至鴻臚寺少卿。性狷介不諧俗，嫉科場積弊，磨勘試卷不少假借，司文衡者多牽連被黜降，以此安於位，引疾歸，杜門著書，有《古易義》、《尚書涇渭錄》、《毛詩可歌》、《三禮問對》、《經籍纂詁訂訛》、《說文條系》等。尤精天算，著《古術今測》。吳道鎔《廣東文徵作者考》卷十一有傳。

　　張君玉於本年成貢生。

　　張君玉，英德人。咸豐九年（一八五九）己未恩貢生。能詩文。著有《嘉穀山房詩草》。（《韶州府志》卷七）

　　方伯梁生。

　　方伯梁（一八五九～一九二七），又名鑄臣，字桂臣，號文體。開平人。第一批官費留美學生，入麻省理工學院攻讀，畢業於耶魯大學電工科。光緒七年（一八八一）回國後歷任京津、閩粵各鐵路及各電線局總工程師，三十一年（一九○五）任唐山路礦學堂（即唐山交通大學，今西南交通大學）監督（校長）。民國初年任漢口電報局局長。子皋於一九三八年參加革命，曾任中國人民銀行華南分行行長、廣東省副省長、中國人民銀行副行長、中國農業銀行行長等職。（《廣東近現代人物詞典》三○頁）

　　尹蔭楠生。

　　尹蔭楠（一八五九～一九四五），名美勝。東莞洗沙鄉人。幼喪父母，稍長隨兄以補鍋爲業。未幾兄卒，以擺渡爲生。後隨鄰鄉人李光赴港在天成金鋪當學徒，三年學有所成。時光子被騙失鉅款，逢夏威夷招工開埠，蔭楠應募前往，於街邊設小臺檔加工首飾，數年間生意日隆而創設天和金鋪。由於經營有方，生意日漸穩固。爲求發展，將該鋪交長子滿堂經營，自己回鄉中召募股東，在香港開設天生金鋪，經營金飾、玉器、鐘表，生意興旺。數年間先後在新加坡開設天二金鋪，吉隆坡開設天品金鋪，又回莞在石龍開天安金鋪。平素慷慨好施，交遊甚廣。被四大善堂選爲董事。重鄉情，凡鄉人至港拜訪，均予接待；有謀事者，也多照顧。一九四二年，石碣村民堵塞俄村內河，洗沙村民認爲壞其風水，乘夜決堤，遭石碣、南埔、江城洲等十八村圍攻。洗沙除自衛外，還請大朗鄉陳、葉二姓宗親幫助護村，相持兩年，後得蔭楠在港吁請四大善堂召集各鄉旅港上層人士，舉酒言和，事始平息。一九四五年七月，盟軍配合反攻，美國飛機轟炸香港，其孫不幸被炸死，因傷感過度而卒。（《東莞市志》一四四三

頁）

丘燮亭生。

丘燮亭（一八五九～一九三〇），梅縣人。早年往印尼當店員，慘澹經營，終成企業家。先後捐建永捷高小、三堡學堂等，並資助鄉親十餘人留學日本。（《梅縣市文史資料彙編》第九輯）

李就生。

李就（一八五九～一九四九），字慶賢，號西垣。香山（今中山）小欖人。爲三合會首領，清廷屢次懸紅緝捕。光緒二十一年（一八九五）加入興中會。武昌起義後，小欖三合會與香山縣同盟會聯絡，約於十一月二日起義。次日香山協鎮馬德新率隊至小欖鎮壓，被擊潰。五日，香山光復，隊伍被編爲香軍就字營進駐廣州。一九一二至一九一四年在廣寧、四會清鄉。一九一四至一九一六年在孫中山革命軍任第五軍少校諮議官，北上討袁，轉戰閩贛三載。一九一七年回師還粵，任三水縣長、肇慶府統領。次年至一九二五年任高、廉、瓊、雷州四府統領。一九二六年解甲歸田，任中山縣三區自衛團團長。一九二七年辭職歸隱家園。（《小欖鎮志》）

吳應科生。

吳應科（一八五九～？），原名天保，字國材，號盈元。四會人。同治十二年（一八七三）以第二批幼童派赴美國留學，尚未畢業即歸國，旋奉派入福建馬尾船政學堂後學堂學習海軍。畢業後歷任海軍藍翎千總、都司、遊擊。參加甲午戰爭，作戰英勇，以參將儘先補用，並賞"揚勇巴圖魯"號，賞戴花翎。二十五年（一八九九），被重新起用，任頭等翻譯，奉派參加英皇愛德華七世登基大典。二十七年（一九〇一），調江南製造局，任上海江南船塢總辦、署理。負責管理船塢，積功以副將候補，加總兵銜。三十一年（一九〇五）初，經兩江總督兼南洋大臣周馥奏請，將船塢從製造局中劃出，改稱"江南船塢"，任總辦。宣統三年（一九一一）春，巡洋艦隊統領程璧光奉派率"海圻"艦前往英國祝賀英王加冕，署理巡洋艦隊統領，賞海軍協都統銜。民國時期曾任海軍中將右司令、海軍部參議、總統府咨議、接收威海衛參贊等職。（《廣東文史資料》四八輯）

　　吳仲賢生。

　　吳仲賢（一八五九～？），名昭安，號偉卿。四會人。同治十二年（一八七三）隨第二批幼童赴美留學。光緒七年（一八八一）回國，後任朝鮮元山領事。二十年（一八九四）又回國，在袁世凱訓練新軍之小站任軍火處處長。義和團運動後，參加醇親王載灃赴德國訪問團。回國後升駐日本橫濱總領事。一九二八年從北京政府移民局局長職位上去職。（《民國人物大辭典》三四七頁）

　　何啟生。

　　何啟（一八五九、一八五八～一九一四、一九一七），字迪之，號沃生。南海人。姐妙齡，姐夫伍廷芳。香港中央書院（後改爲皇仁書院）畢業。父福堂有七子六女，啟行五，名爲神啟。同治十年（一八七一）九月赴英國入阿伯丁大學及林肯法律學院學習，攻讀醫科三年，獲醫科學士學位，獲大律師資格。畢業後在倫敦與雅麗氏結婚。光緒八年（一八八二）回香港執業律師。十三年（一八八七）爲紀念亡妻而創辦香港雅麗氏醫院，附設西醫書院。十六年（一八九〇）任香港立法局華人議員。二十一年（一八九五）參與籌劃興中會廣州起義，起草對外宣言。在此前後發表大量政論文，宣傳改革維新。義和團時，密謀興中會與兩廣總督李鴻章聯合，實現兩廣獨立，草擬《平治章程》，未成。宣統元年（一九〇九）任香港大學助捐董事會主席。一九一三年將所辦西醫書院並入香港大學。著有《新政真銓》。（《中國近現代人物名號大辭典》五一三頁）

　　陳榮生。

　　陳榮（一八五九～一八九四），字兆麟，號玉書。番禺人。光緒初考入福州船政學堂，畢業派充“威遠”練船二副。十一年

（一八八五）以功獎給藍翎千總，調"康濟"練船大副，將充守備。十三年隨鄧世昌復英國驗收所購船，幫同駕駛回國。次年擢遊擊，加副將銜，充"經遠"幫帶大副。甲午戰爭爆發後與林永升率"經遠"號參加九月十七日黃海海戰，身先士卒，奮勇禦敵，後以船體傾沉，蹈海殉國。（《廣東近現代人物詞典》二六三頁）

陳豐生。

陳豐（一八五九～一九三六），字松山。茂名人。國學生，候選布政使司經歷。少從伯父曉六營商，推爲長者。民國初舉爲茂東民團局董，舊有敦仁書院，倡改爲保安中學。（《高雷文獻專輯》）

陳席儒生。

陳席儒（一八五九～一九三七），夏威夷名爲安東尼·基華毛希里·阿芳，亦曰東尼。香山人，生於檀香山。芳次子。曾與孫中山同在檀香山奧蘭尼學校讀書。耶魯大學畢業後，代父管理畜牧場。繼而自辦華人英語學校，任校長兼教員。光緒十六年（一八九〇）隨父返國，代理其父在香港、澳門業務，任香港中日銀行董事局主席、道格拉斯·拉潑力克斯公司總經理、粵漢鐵路及歧關公路股東。十八年秋，孫中山於大學畢業後來澳門行醫，席儒聯合盧九、何穗田等澳門知名人士在《鏡海叢報》上刊登廣告。二十六年（一九〇〇），與弟賡虞資助港幣百萬元予革命黨機關報《中國日報》。一九二一年，廣東革命政府財政空虛，慷慨解囊，資助二十七萬元。父去世後接手港澳商務，任香港道格拉斯輪船公司總經理、香港中日銀行董事。同年任廣東省長，次年六月陳炯明叛變後，被委任爲廣東省長，繼又隨炯明出走。一九二三年去職，在港澳經商。病逝於澳門。長子永善曾留學美國，亦畢業於耶魯大學，歸國後任津浦鐵路局局長、廣東江防司令、石井兵工廠廠長，授陸軍少將銜。（《廣東近現代人物詞典》二九八頁）

陳德潤生。

陳德潤（一八五九、一八六〇～一九一八），字玉珊。海陽（今潮安）人。童年南渡新加坡，後創恒茂號布店，專營蘇杭綢緞及歐美布匹。嗣於同址開設元茂號洋雜貨店，又與人合資開元茂號雜貨店、生茂號生菜行及元茂號、茂興號出入口行。光緒三十一年（一九〇五），與同人發起組織中華商務總會，數任協理、副會長、會長。三十二年合資創設四海通銀行，爲首任、第四任總理。民國五年（一九一六）與蔡子庸等創立端蒙學校，歷任董事、副總理、總理。（《庵埠鎮志・華僑人物》）

黃開甲生。

黃開甲（一八五九～一九〇五），字子元。蕉嶺人。同治十年（一八七一）客居上海，被保送於預備學校學習一年，次年赴美。光緒七年（一八八一）回國助盛宣懷推行洋務。後多次以清政府代表出訪歐美。（《蕉嶺文史》第四輯）

張仁康生。

張仁康（一八五九～？），香山（今中山）人。同治十一年（一八七二）赴美爲第一批幼童留學生，光緒九年（一八八三）畢業。十三年（一八八七）獲准參加美國律師公會，在紐約州執業律師。後曾任駐英國溫哥埠正領事。（《廣東近現代人物詞典》二三九頁）

張其淦生。

張其淦（一八五九、一八五七～一九四六、一九四七），字汝襄，號（字）豫泉，號邵村。東莞篁村人。東塾弟子。光緒十八年（一八九二）進士，入翰林院爲庶吉士，出任山西黎城知縣。二十六年（一九〇〇），任山西巡撫府文案。數月，因在黎城任內轄境有外國傳教士七人被義和團所殺，涉嫌保教不力而被革職。回莞後，任石龍龍溪書院山長達七年。又兼任東莞明倫堂沙田局總辦。時廣東水師提督李准謀將東莞萬頃沙田產收歸國有，其淦與邑紳陳芝崗、鍾菁華等共赴京師，與京官邑紳聯名奏請，才使莞之公共田產得以保存。三十四年（一九〇八）涉嫌案大白，任安徽省候補道員。宣統二年（一九一〇），授從一品榮祿大夫，賞戴花翎，後改安徽提學使。辛亥革命後棄官走上海隱居。民國初年，原安徽巡撫朱家寶任直隸督軍，曾多次邀請出掌該省財政，婉辭不就。一九一五年袁世凱醞釀稱帝，擬封官爵，力卻之，終日以撰述為樂。著有《邵村學易》、《老子約》、《松柏山房駢體文鈔》十卷、《夢痕仙館詩鈔》十卷、《吟芷居詩話》四卷、《五代詠史詩鈔》六卷、《元代八百遺民詩詠》八卷、《明代千遺民詩詠》二十一卷等二十多種，另輯《東莞詩錄》六十五卷等數種，多已付梓。余祖明《廣東歷代詩鈔》卷五有傳。

張啟煌生。

張啟煌（一八五九～一九四三），字筱峰。開平人。少年時勤學用功，尤精易理。中亞元（第二名舉人），尋奉委為江西省某縣知縣。旋辭官，奉派赴美國考察西洋文化，任美國僑辦中文報館專任編輯。後回鄉講學授徒。民國二十一年（一九三二）聘為《開平縣志》主筆。修志任務完成後，設學館於三埠獲海仲苟祖祠。數年後又遷往澳門開辦植材學校數年，繼又遷香港執教鞭。桃李盈門，張天爵、利銘澤為其學生中之佼佼者。香港失陷，輟教返鄉逸居。著有《晴春閣》（五卷）、《亦吾師齋詩集》、《說文解學匯言》、《帖聯彙編》、《殷粟齋散文集》等多種。（《廣東近現代人物詞典》二四五頁）

梁修生。

梁修（一八五九～一八九八），字梅想。德慶人。二十六歲中舉人，終身掌教端山書院、錦石義學。著有《花塢雜詠百首並序》，收入《錦石集》。（《德慶縣事半月刊》）

梁浯生。

梁浯（一八五九～一九一八），字瓊仲，號又農。東莞人。處士。能詩畫，精篆刻。著有《不自棄齋詩集》。（《東莞詩錄》卷六三）

梁鼎芬生。

梁鼎芬（一八五九～一九一九、一九二〇、一九一八），字星海、心海、伯烈，號節庵。番禺人。光緒六年（一八八〇）進士，授編修。十年四月，疏劾李鴻章，言可殺之罪八，幾罹重譴，降五級調用。九月九日，祭酒盛昱等三十人餞之崇效寺，各賦詩贈行，自鐫"年二十七罷官"小印。歸里與新會陳樹鏞交，學益進。主講豐湖、端溪書院，張之洞辟廣雅書院，延爲掌教，復主鍾山書院。之洞去粵，移居焦山，杜門讀書。二十六年（一九〇〇）拳匪之變，趨赴長安，賞還編修銜，尋授漢陽知府，調武昌，累遷湖北安襄鄖荆道按察使，署布政使。三十二年（一九〇六）疏劾奕劻、袁世凱，原摺留中。乞病歸。宣統三年（一九〇〇），奔赴陵寢，充崇陵種樹大臣。回京，在毓慶宮行走，晉師傅。病卒於京邸，諡文忠。其詩時窺中晚唐及南北宋諸名家堂奧。著有《節庵先生遺詩》六卷、《節庵先生遺稿》、《欸紅樓詞》。陳融《讀嶺南人詩絕句》卷十三有傳。

曾對顏生。

曾對顏（一八五九～一九一四），譜名慶澄，字鏡芙，號少泉。瓊山（今屬海南）人。世代書香詩禮傳家，伯叔祖均有功名。父劍泉，歲貢，生五子，對顏行五，天性聰敏，九歲熟讀四書五經，因父遭牢獄之禍，離家外遊，博覽群書，光緒二十三年（一八九七）登解元。次年校丘文莊《瓊臺會稿》暨《海忠介備忘集》。著有《還讀我書室詩錄》二卷、文集四册。

楊國崧生。

楊國崧（一八五九～一九一九），字筱（小）亭，號耘雲樵子。海陽（今潮安）人。擅畫山水，尤精各體山石畫法，畫學閩派，兼取京滬名家。（民國《潮州志》）

蔡紹基生。

蔡紹基（一八五九～一九三三），字述堂。香山北嶺鄉（今屬珠海）人。同治十一年（一八七二）首批留美幼童之一，入耶魯大學學習法律，歸國後任大北電報局譯員、上海海關譯員。後隨袁世凱赴朝鮮入其幕府，回國後任清政府山海關監督、天津北洋大學堂總辦。（《廣東近現代人物詞典》五三九頁）

鄭英蘭生。

鄭英蘭（一八五九～一九二八），字遠芳，號芷蕪，又號介山樵叟，以號行世。陽春人。監生。善畫墨竹，爲春邑名畫家。所作《風晴雨露》尤爲世人推崇。亦善醫，宣統間行醫濟世。民國初年捐資創建博愛善堂，其德高行潔，樂善好施，爲時人稱頌。（《新編陽春縣志·人物篇》）

鍾文耀生。

鍾文耀（一八五九～?），號（一説字）紫垣。香山（今中山）人。監生，美國耶魯大學肄業。任清政府駐美使署通譯官，駐日使署二等參贊、代辦，駐小呂宋總領事官、北洋洋務參贊兼保工局差、中日議約隨員、滬甯鐵路隨辦兼上海輪船招商局總辦。光緒三十四年（一九〇八）五月，任郵傳部滬甯鐵路管理局總辦兼本路總管理處議員領袖。民國三年（一九一四），部派其接收蘇路、浙路，統一滬杭甬鐵路，後被委兼任首任滬甯、滬杭甬鐵路管理局局長。六年二月調部。翌年一月，再兼任滬甯、滬杭甬鐵路管理局局長。後任上海造幣廠籌備主任等職。曾獲四等嘉禾章、四等文虎章、交通部一等二級獎章。（《廣東近現代人物詞典》三八二頁）

鍾菁華生。

鍾菁華（一八五九～一九三二），字碧峰，號隱居。東莞橫坑人。世居莞城解元坊鍾屋館。廩貢生。光緒三十二年（一九〇六），兩廣總督岑春煊、水師提督李准上奏清廷，擬將東莞缺口、中堂兩司含萬頃沙及香山少許地方割出立虎門廳，直隸省管轄。邑人紛紛反對，與邑紳陳景梁同北上京滬，串連本邑官員，設法取消割縣立廳之議，終獲批准。後江甯提學使陳伯陶聘請菁華爲幕賓，協辦南京教育，竭力助推教育改革。清亡，伯陶居九龍，邑人請其主修《東莞縣志》，又延聘菁華爲分輯，經六年努力，志稿成，又負督印、校勘之責，縣志印成，仍回莞城舊居又以教書、行醫爲生，一度任東莞中學國文教員。以余暇收集整理鍾映雪散佚詩文，輯《梅村剩稿》一卷，又編成《橫坑鍾氏家志》一書。民國二十一年（一九三二）春，病卒莞城寓所，其喪葬費用皆爲友人張其淦及門生蔣光鼐資助。（《東莞市志》一四三〇頁）

羅聯生。

羅聯（一八五九、一八六〇～一九一一），南海人。營伍出身。光緒三十一年（一九〇五）往安南（今越南）經商，在河內開設廣隆雜貨店。後由鄧應介紹入中國同盟會，即棄業返粵，復投身軍界，從事兵運工作，志未遂，匿於鄉間。宣統三年（一九一一）初革命黨人圖謀大舉，物色"選鋒"，陳春以其膽力過人，邀至廣州。四月二十七日進攻督署時隸何克夫部，後轉戰小北門，被捕。初囚於番禺獄中，旋轉解水師提督李准處，嚴刑審訊，不屈。五月六日慷慨就義。（《辛亥革命》）

清文宗咸豐十年　庚申　一八六〇年

中秋，陳澧居橫沙，賦《秋夜即事》七律詩。

臘月，圍攻金陵，黃靖戰死雨花臺。

黃靖（？～一八六〇），新興人。家貧。咸豐年間從戎，隸清七省經略張國梁麾下。作戰饒有膽略。十年臘月圍攻金陵，死於雨花臺。（《新興縣志》）

始於一八五六年之第二次鴉片戰爭於本年結束，譚瑩賦《妖氛》十五首，從各方面描述第二次鴉片戰爭之情況，表現了詩人強烈的愛國主義精神。（陳永正《嶺南歷代詩選》五二八、五二二頁）

本年汪瑔居四會令張作彥幕。

汪瑔，字玉叔，號笙生。番禺人。瑔從兄。咸豐十年（一八六〇）居四會令張作彥幕，適陳金釭圍城，堅守百餘日，卒保孤

城。著有《省齋詩存》。（張作彥《四會圍城紀略》）

林彭年於本年中進士。

林彭年，原名殿芳，字龍基，號（字）朝珊。南海人。咸豐十年（一八六〇）庚申進士。廷試第二，授編修，貴州鎮遠府知府。官侍御日，值西疆用兵，上書言事，指陳扼塞，動中機宜。中壽遘歿於知府任。著有《朝珊賸草》。（李長榮《柳堂師友詩録》）

何有濟於本年中進士。

何有濟，香山人。咸豐十年（一八六〇）庚申進士。長子鋈，同治十三年（一八七四）甲戌進士。次子子鏊，號梅庵，改鐵庵。太學生。何天衢《欖溪何氏詩徵》卷十有傳。

尹爟生。

尹爟（一八六〇、一八五七～一九三五、一九三〇），字笛雲，別名笛叟、簑叟、號俠隱、紫雲巖叟，又署笛公、鐵笛，室名漢覽樓。順德人。畢業於雲南講武堂，後棄武從文，與潘達微等在穗創辦擷芳美術館。爲南社社友。辛亥後在香港開辦唯一女校，自任校長。一九三五年又參加南社廣東分社。早年撰文發表於《平民畫報》等刊物。花卉山水，均有法度。子如天，女翩鴻，能承其學。（《楓園畫友録》）

宋文翿生。

宋文翿（一八六〇～?），香山（今中山）人。同治十二年（一八七三）赴美國，爲第二批赴美留學生，返國後入福州馬尾船政學堂駕駛班補習，歷任定遠艦艦長、廣東“廣甲”兵船操練大副、江元艦管帶、鏡清艦艦長。武昌起義時被湖北軍政府委爲海軍司令，統領長江水師。（《廣東近現代人物詞典》二三〇頁）

姚德勝生。

姚德勝（一八六〇、一八五九～一九一五），名（號）克明，號（字）峻修，時人雅稱“姚百萬”。平遠人。早年赴新加坡，後赴馬來西亞經商成巨富。後轉而投資礦產實業，遂爲馬來西亞

華僑經營礦業第一人。爲人豁達大度，樂善好施。先後在新加坡
創設霹靂嘉應會館、中華總商會、礦務農商總局。又創辦霹靂小
學、中學，資助應新、明德兩校，十分重視中華古老文化傳授及
漢文、漢語教學。光緒十八年（一八九二），黃遵憲任清廷駐新
加坡總領事時曾慕名拜訪，一見如故。二十六年（一九〇〇）故
鄉大旱，捐巨資賑濟災民。黃河水災，一次捐銀六萬兩。辛亥革
命軍興，又慷慨解囊七萬銀元作軍餉。曾接受黃遵憲建議，捐巨
資在故鄉創辦芝蘭小學，購置學田，廣備圖書。又捐資擴建平遠
縣立中學學堂。還對梅縣東山中學、蕉嶺縣立中學學堂及大柘鄉
景清、回民兩小學多有資助。後因濟災興學之功得資政大夫銜，
光緒帝賜"樂善好施"匾，英皇頒賜"和平爵士"稱號。民國成
立後，繼續資助家鄉發展教育，被國民政府授一級"嘉禾勳章"。
（《平遠縣概況》）

　　容揆生。

　　容揆（一八六〇～?），字贊虞。新會人。閭侄。光緒十年
（一八八四）起先後畢業於美國耶魯大學、哥倫比亞大學，歷任
駐美國、墨西哥外交官。（《廣東近現代人物詞典》四二四頁）

　　徐茂均生。

　　徐茂均（一八六〇～一九三〇）花縣（今花都）人。家貧，
早年至穗、港做工。二十歲左右抵加拿大當鐵路工人，業余自修
大學理工課程，後爲鐵路技術人員，在加拿大工作達二十餘年。
歸國後，即在家鄉宣導剪辮，號召婦女"放腳"，人稱"大膽
均"、"無辮均"。又常向鄉人宣傳科學及革命道理，人稱"百知
均"。宣統元年（一九〇九），加入同盟會。三年，廣州"三.二
九"之役，爲先鋒隊員進攻兩廣督署。同年發動集資於新街火車
站之南開闢新民埠，是爲今花都區府新華鎮前身，並在家鄉創辦
日新男校、月新女校，是爲花縣新學堂之始。民國十年（一九二
一），倡辦"廣東省花縣共產農團"，並獻田產興辦"公共農
場"，終失敗。十三年，彭湃等共產黨人多次來花縣宣傳發動群

眾，茂均在當地建立農民協會，被選爲農會委員長，並出席在漢口召開之全國第四次勞動代表大會，被選爲宣傳教育委員會委員。尋廣東“清黨”，其妻女均遭拘禁，茂均逃走越南。十九年秋病逝於廣州。（新編《花縣志》）

陳奇生。

陳奇（一八六〇～一九一八），海陽（今潮安）人。早年赴馬來亞，創同順號商行，參與關丹中華總商會創辦，連任多屆會長、太平局紳，熱心教育、慈善事業。（《庵埠鎮志·華僑人物介紹》）

徐禮興生。

徐禮興（一八六〇～一九二六），字國平。河源人。幼讀私塾，後至惠州豐湖書院就讀，成績優異。在外鄉教書期間，因性格剛強，不肯與權貴同流合污，遂棄館回鄉，創徐氏私塾學堂，學生不論貧富親疏，皆一視同仁，嚴格要求。樂爲民眾排難解紛，扶危濟困。所得學費，除自食用，多用以救百姓。死後，四壁蕭條，靠鄉紳資助安葬。（《河源縣志》）

麥錫良生。

麥錫良（一八六〇～一九三五），字其彌，號雨岩。高明人。光緒二十一年（一八九五）舉人，二十三年進士，歷任江西樂安等四縣知縣。民國後定居廣州。（《高明麥氏族譜》）

黃益堂生。

黃益堂（一八六〇、一八五九～一九四二），名順謙，以字行。番禺茭塘村村心坊人。早年赴日本留學，畢業後曾任駐日本公使參贊。戊戌政變，逃亡馬來亞，經營橡膠園及開采錫礦，僑居南洋芙蓉埠三十六年，曾任馬來聯邦議政局議員等。熱心華僑醫療、教育事業，曾創辦華濟醫院、華人接生醫院、振華學校與坤華女子中學校。一九四一年太平洋戰爭爆發後回國。（《民國人物大辭典》一一一九頁）

馮平山生。

馮平山（一八六〇～一九三一），名朝安，字（號）平山。新會人。父洪福，號景堂。平山七歲讀《四書》，十五歲隨其六叔往暹羅習經商，二十三歲返鄉，二十九歲開設"安記"藥材店，販運藥材，光緒十八年（一八九二）任廣州方便醫院各善堂董事。三十年（一九〇四）廣州歉收，親來香港購米，搶救不少饑民。一九一三年獨資在港開設維吉銀號，同年任東華醫院首任總理。一九一八年開設亦安銀號，同年又任保良局首任總理，翌年與人合股成立東亞銀行，又任團防局總理，連任四屆，並兼華商總會司庫。一九二三年與李右泉合組安榮置業公司，又任香港大學永遠值理，並捐五萬元作大學基金，另捐二千五百元作添置書籍用。另在捐助興建義學及職業學校方面出力甚大。一九二五年在西貢開設東南興號。一九二七年建議香港大學設漢文科，經其大力捐助，港大中文學院在當年正式成立，又捐十萬元建中文圖書館，命名爲馮平山圖書館。還捐資興建馮平山博物館。（《中國近現代人物名號大辭典》一八一頁）

梁成久生。

梁成久（一八六〇、一八五九～一九三三），字檉濤。海康人。拔貢，歷任廣雅書院齋長等。光緒三十年（一九〇四）海康縣官立高等小學堂首任堂長。一九一三年被選爲眾議員。家藏五萬卷書，築有漱芳園。一九二〇年起任《海康縣續志》總纂。著有《溫故知新齋書目》等。（《民國人物大辭典》八七五頁）

溫秉忠生。

溫秉忠（一八六〇、一八六一～?），字薲臣。祖籍台山，生於上海。同治十二年（一八七三）六月十日作爲第二批留美幼童赴美，光緒七年（一八八一）回國，曾業棉商，後就職寧波美國領事館。曾爲慈禧太后教育顧問，兩次率團訪美。三十三年（一九〇七）兩江總督端方在南京設立暨南學堂，出任總理。一九二八年任國民政府民政部（內政部）江蘇蘇州交涉員、財政部蘇州海關監督等。

蔡乃煌生。

蔡乃煌（一八六〇、一八六一～一九一六），字伯浩。番禺人。光緒十七年（一八九一）舉人。三十四年（一九〇八）任上海道臺，履任即盤下《中外日報》。宣統二年（一九一〇）四月秉兩江總督張人駿意，撥借官款給李平書創辦閘北水電廠。後追隨袁世凱，曾任贛、皖、蘇禁煙特派員，後被派粵監視龍濟光，任廣東鴉片專事局局長。一九一六年兩廣反袁將領逼龍濟光獨立。四月十二日，廣東護國軍司令徐勤於海珠員警署內召開聯席會議（史稱海珠會議），遭龍濟光警衛軍統領顏啟漢等襲擊，梁啟超、陸榮廷代表湯覺頓、陸軍少將譚學夔、員警廳廳長王廣齡、廣東護國軍中路司令呂仲銘等隕命。事後，濟光將責任推給乃煌與顏啟漢（已逃匿），乃煌被譚學夔之兄、廣東海軍司令譚學衡押至長堤槍決。（《中國近現代人物名號大辭典》一二七九頁）

蔡熾三生。

蔡熾三（一八六〇～一九二九），原名友煥，別字文華。梅縣人。早年入中國同盟會，曾在新加坡出資創辦《南鐸日報》。

羅國瑞生。

羅國瑞（一八六〇～一九二九），字嶽生。博羅人。同治十一年（一八七二）赴美留學，就讀西海汶海濱男生學校，再進紐海文中學，而後考入美國得樂埠倫斯利亞工程專門大學堂。後回國。光緒二十二年（一八九六）應聘到漢陽鐵廠。一九一四年，交通部設立路電材料研究會，委任時任技監之國瑞爲會長。後任上海浚浦局顧問、上海總商會特別會員、浙江省鐵路總工程師等。（《廣東近現代人物詞典》三四一頁）

清文宗咸豐十一年　辛酉　一八六一年

七月，清宣宗崩，穆宗即位，改年號祺祥，十月辛酉政變後再改年號爲同治，以明年爲同治元年。本年洋務運動（又稱自強運動）開始，直至甲午戰爭失敗後結束。

二月下浣，洪仁玕奉命出京調兵，途經遂安（今浙江淳安），有感而賦《二月下浣軍次遂安城北吟於行府》七律詩。

春暮，廣州詩人張維屏、梁廷枏、譚瑩、許鍭、金錫齡、李應田重集學海堂，陳澧賦《木棉花盛開邀南山先生章冉玉生青皋艺堂研卿諸君集學海堂》七律詩。（陳永正《嶺南歷代詩選》五三五、五二九頁）

三月，陳聯芳以中產之家投身陳金釭。

陳聯芳（？～一八六五），號陵峰，外號木碌。化州人。咸豐十一年（一八六一）三月，以中產之家投身陳金釭，成爲大洪國義軍化州首領。同治二年（一八六三）九月敗於合江。翌年隱避新圩梧村，後被清軍俘殺於化州城。（陳士富《化州人物志》）

四月，丁日昌知廬陵，太平軍攻入，一度棄城而去，被革職。

七月十五日夜，葉衍蘭坐月綠莊嚴館，填《瑤花》詞。（陳永正《嶺南歷代詞選》二〇八頁）

九月，丁日昌又得曾國藩信任。

除夕，日昌以詩代箋，賦《辛酉除夕柬莫子偲》。

本年洪仁玕發布《戒浮文巧言諭》。

本年楊惠元從父困守茂名危城，贊畫軍事督勇。

楊惠元，字東里。茂名人。廷桂子。咸豐十一年（一八六一）從父困守茂名危城，贊畫軍事督勇。後隨潘其泰與太平軍陳金釭部激戰渡頭，受傷陣亡。（光緒《茂名縣志》）

本年陳金釭陷信宜，潰勇掠郡城，幾不能守，蔡振文傾囊以倡募勇餉，事平不取償。

蔡振文，字實齋。茂名人。邑生員。性剛直，不爲權勢所屈。卒年八十一。（光緒《茂名縣志》）

本年陳撘鯉保舉知縣。

陳撘鯉，字禹門，化州人。兄撘鳳，號翩罔，任瓊州教授。

自咸豐初年以來，鎮壓各路義軍數十年。揹鯉由附貢報捐選樂昌
教諭，咸豐十一年（一八六一）保舉知縣。既而捐升同知，分發
廣西署思恩知府，復分發江西道員。長子家慶，同治九年（一八
七〇）舉人，工部郎中。次子候選知縣。（《化州縣志》卷九）

潘桂於本年中舉人。

潘桂，字籛伯。咸豐十一年（一八六一）辛酉舉人，官戶部
郎中。著有《天璽琴齋詩草》。潘儀增《番禺潘氏詩略》。

李紹濂於本年中舉人。

李紹濂，原名紹白，字蓮根。鎮平人。咸豐十一年（一八六
一）辛酉舉人，官監壽知縣。同治六年（一八六七）丁卯相見梅
州，論文不少假借。後走外洋授徒數年，未幾出宰直隸，卒於
官。胡曦《梅水匯靈集》卷七有傳。

鍾子琴於本年中舉人。

鍾子琴，字聽樵。嘉應人。咸豐十一年（一八六一）辛酉舉
人。素工詩文，訓徒惠州多年。張煜南、張鴻南《梅水詩傳》卷
六有傳。

林達泉於本年中舉人。

林達泉（？～一八七八），字海巖。大埔人。咸豐十一年
（一八六一）舉人。江蘇巡撫丁日昌以其留心經濟，延至幕中。
同治三年（一八六四），髮逆擾粵東，回籍辦團練勇，保以知縣
選用。七年，以隨剿撚匪功，得旨以直隸州知州歸江蘇補用。旋
以委辦江蘇機器局有勞績，加知府銜。八年（一八六九），以辦
理通商洋務兼辦海運出力，命俟補缺，尋委署崇明縣事，善政靡
弗舉。十一年，調署江陰縣事，多惠政。光緒元年（一八七五），
補海州直隸州知州，多德政。時臺灣新設臺北府，福建船政大臣
沈葆楨奏請調署府，抵任，議興建，減徵收，整頓防營，設法招
墾。因事多草創，過勞得咳血疾。四年，丁父憂，悲痛之餘疾
劇，十月卒。著有《客說》、《全台形勢論》。溫廷敬《茶陽三家
文鈔》有傳。

　　鄧承修於本年中舉人。

　　鄧承修（？～一八九一），字鐵香。歸善人。咸豐十一年（一八六一）舉人。入資爲郎，分刑部，轉御史，遭憂歸，光緒初服闋起故官。與張佩綸等主清議，號鐵漢。久之，遷給事中。十年（一八八四），越事益壞，首劾徐延旭、唐炯失地喪師。夏，法人願媾和，聯合臺諫上書，極言和議難恃。無何，法果敗盟。補鴻臚寺卿，充總理各國事務大臣。後赴天津佐李鴻章與法使巴特納商和約，定新約十款。還乞歸省，未出都，命赴桂與法使會勘中、越分界。十二年，與法人訂清約。十三年（一八八七），具約本末以上，復官。十四年，謝病歸，主講豐湖書院養母。十七年，卒於惠州。趙爾巽《清史稿》卷四四四有傳。

　　潘衍鋆於本年中舉人。

　　潘衍鋆（一八三八～一八八二），字任卿。南海人。年十九，以第一人補弟子員。咸豐十一年（一八六一）舉人，同治四年（一八六五）進士，改翰林院庶吉士，散館授編修，旋以憂歸，大吏聘主韓山書院。服闋，回京供職。光緒元年（一八七五）充順天鄉試同考官，二年放湖南鄉試副考官。五年（一八七九），京察一等，記名道府。纂修《穆宗本紀》告成，特旨以道員用，晉二品銜，賞一品封典。八年八月，放陝西潼商道。時病未復原，衝寒就道，舊病復發，十二月終於潼關行館，春秋四十有五。與弟衍桐友愛備至，入共几席，出共車裝，四十年如一日。既逝，衍桐自傷煢獨，號踽庵。朱慶瀾《廣東通志稿》有傳。

　　許炳燾於本年中舉人。

　　許炳燾，番禺人。咸豐十一年（一八六一）辛酉舉人。應鑅子。（盧延光《廣州第一家族》九三、九五頁）

　　區榮奎於本年中舉人。

　　區榮奎，高明人。咸豐十一年（一八六一）辛酉舉人，大挑二等，授龍門教諭。（光緒《高明縣志》）

　　馮沅蘭於本年中舉人。

　　馮沅蘭，又名培英，字栽雲，又字蕙裳。順德人。精詩賦駢文。咸豐十一年（一八六一）辛酉舉人。後無意官場，安於教授本邑生徒。（《順德縣續志》）

　　鄔孚敬於本年中舉人。

　　鄔孚敬，番禺人。鈞颺從子。咸豐十一年（一八六一）辛酉舉人，籤分部主事。（《番禺縣續志》卷二二）

　　江誠和於本年中舉人。

　　江誠和，字心畬。石城（今廉江）人。咸豐十一年（一八六一）辛酉舉人，籤分兵部武庫司主事，加員外郎銜。晚年刻意治經，兼通醫算之學。（光緒《石城縣志》）

　　麥瑞若於本年中舉人。

　　麥瑞若，字雪逵。清遠人。咸豐十一年（一八六一）辛酉舉人，同治元年（一八六二）孝廉方正科朝考一等，分署清苑、即墨知縣。九年（一八七〇）充同考官，調署日照縣。光緒三年（一八七七）賑濟救災。（《即墨縣志》）

　　楊近仁於本年中舉人。

　　楊近仁，番禺人。榮緒子。咸豐十一年（一八六一）辛酉舉人，候選教諭，爲菊坡精舍監院數十年。（《番禺縣續志》卷二十）

　　李寶芳於本年中舉人。

　　李寶芳，原名冠芳，字春甫。博羅人。咸豐十一年（一八六一）舉人，歷官長寧、封川、長樂教諭，德慶學正，晚居寄園，常爲文宴。著有《追思軒詩鈔》。（民國《博羅縣志》卷七）

　　何汝桓於本年中舉人。

　　何汝桓，字公瑞。番禺人。原籍江蘇丹徒，先世於雍正間遷粵。咸豐十一年（一八六一）舉人，歷主欖山、豐山、禺山書院講席。年八十三無疾而卒。（《番禺縣續志》卷二一）

　　余乾耀於本年中舉人。

　　余乾耀（一八三四～一九一四），號雲眉。新寧（今台山）

人。咸豐十一年（一八六一）舉人，由內閣中書三使日本，俸滿補侍讀。使南陽，加鹽運使銜，候補知府，官浙江玉環廳同知。光緒三十三年（一九〇七）曾主持組織商船公會。著有《交涉叢編》。（《新寧縣志》）

沈培蘭於本年中舉人。

沈培蘭，字韻陔。羅定人。咸豐十一年（一八六一）舉人，先後主講羅定文昌、瀧水、羅西等書院，歷任陽春、澄海、興寧、英德、乳源等縣訓導、連平州學正。（民國《羅定縣志》卷七）

林萼華於本年中舉人。

林萼華，字協勳，號棣生。東莞人。曰通孫。安貧樂道，專心讀書。咸豐十一年（一八六一）舉人，任本縣局助理，調解糾紛。倡建社學，振興文教。（《茶山鄉志》卷四）

梁鋙元於本年中舉人。

梁鋙元，字瓊章，號璞農。番禺人。咸豐十一年（一八六一）舉人，推爲番禺沙茭局局長。光緒二年（一八七六）署龍川教諭，八年補海陽教諭，積勞卒，年五十一。（《番禺縣續志》卷二二）

鍾鎮藩於本年中武舉人

鍾鎮藩，字翰屛。番禺人。咸豐十一年（一八六一）武舉人，授兵部差務廣西左江兵備道，發回廣東效力，歷署水師提標前營右部千總。鎮藩雖武人，而敬重儒者，人多敬服。（《番禺縣續志》卷二一）

魏華威於本年中武舉人

魏華威，五華人。咸豐十一年（一八六一）武舉人，任惠州中營千總。（《五華縣志》人物編）

張琴於本年成貢生。

張琴，字松圃。嘉應人。咸豐十一年（一八六一）辛酉拔貢，朝考授七品京官。以親老改授海康教諭，數年卒。張煜南、張鴻南《梅水詩傳》卷六有傳。

尹兆蓉於本年成貢生。

尹兆蓉，字拜墀，號秋橋。東莞人。咸豐十一年（一八六一）辛酉貢生。著有《綠荷池館詩鈔》。黃文寬《嶺南小雅集》卷三有傳。

陳方平於本年成貢生。

陳方平，字澤翹，號端厓。海陽人。黃香鐵、吳雲帆高弟。咸豐四年（一八五四）甲寅土寇蜂起，家居，率鄉團禦賊，事平，由廩生保舉訓導，赴部注銷。十一年（一八六一）辛酉拔貢，官會同教諭。著有《梅花書屋詩鈔》。李長榮《柳堂師友詩錄》有傳。

張景陽於本年成貢生。

張景陽，字夢協，號春臺。英德人。咸豐十一年（一八六一）辛酉優貢，官增城訓導。著有《一得山房詩鈔》。李長榮《柳堂師友詩錄》有傳。

歐樾華於本年成貢生。

歐樾華，曲江人。咸豐十一年（一八六一）辛酉拔貢，同治三年（一八六四）甲子舉人。（一八七二）主修《韶州府志》及《曲江縣志》，時稱其精核。吳道鎔《廣東文徵作者考》卷十一有傳。

邱晉昕於本年成貢生。

邱晉昕（一八三〇～？），字翰臣，號雲岩。大埔人。父建猷，由翰林改御史，出知松江、常州、南康、九江等府，有政聲。晉昕幼隨父宦京，遍歷各省，年十三，即遍誦《十三經》，旁及《史》、《漢》。十八歲遊廬山，作詩、遊記，爲同人激賞。咸豐十一年（一八六一）辛酉，年三十二始選拔貢，三十八歲與弟晉亨同中同治六年（一八六七）丁卯舉人。光緒六年（一八八〇）庚辰年五十一始成進士，以知縣歷署晉江、霞浦、南平。丁內艱，起復，援例捐升知府，署紹武知府。任官多惠政。二十年

（一八九四）甲午倭事起，發憤彷徨，慨嘆和議。告老歸，居家數年卒。子三，皆邑庠生。（溫廷敬《茶陽三家文鈔》）

　　江有燦於本年成貢生。

　　江有燦，字霞帆，又字鏡河，號琴史。連平人。精詩賦駢文。咸豐十一年（一八六一）辛酉拔貢，任會同教諭，加五品，升廣西平南知縣。（《連平州歷科文武科甲》）

　　江國澄於本年成貢生。

　　江國澄，石城（今廉江）人。咸豐十一年（一八六一）辛酉拔貢。著有《爾雅毛詩詁異考》等。（民國《石城縣志》）

　　陳景周於本年成副貢生。

　　陳景周，番禺人。希獻子。咸豐十一年（一八六一）辛酉副貢，授內閣中書。宣統元年（一九〇九）舉孝廉方正。（《陳氏家傳》）

　　黃祖培於本年成副榜。

　　黃祖培，字鳳五。嘉應人。咸豐十一年（一八六一）辛酉副榜，究心制藝，生徒極盛，多知名者。己塞於遇，中歲竟卒。著有制舉文一帙，著詩曰《讀我軒集》。胡曦《梅水匯靈集》卷七有傳。

　　文煥章生。

　　文煥章（一八六一～一九一六），字聘莘。文昌（今屬海南）人。好言經世，講學獨尊孟子。一九一六年任文昌中學講席。袁世凱稱帝，力主罷學以抗，被捕遇害。著有《黨學嚮導》、《孟學要旨》。（《民國人物大辭典》一二四頁）

　　李翹芬生。

　　李翹芬（一八六一～一九〇〇），字拔茹。順德人。出身書香世家。光緒八年（一八八二）舉人，十年進士，以散館授翰林編修。請假回籍，主講順德鳳山書院。（《順德縣志》）

　　何麟書生。

　　何麟書（一八六一、一八六二～一九三三），名世閣，字麟書，號文行，排行第三。瓊海（今屬海南）人。早年往馬來西亞謀生，至橡膠園當割膠工。後經商，與人合股開礦。光緒三十年（一九〇四）回海南開發橡膠業，創辦瓊安墾務公司種植橡膠。經過兩年籌辦，中國最早橡膠股份公司樂會瓊安墾務有限公司終於正式掛牌成立。一九一五年種植橡膠樹成功生產膠汁，爲中國橡膠業開山鼻祖。（《廣東近現代人物詞典》二一七頁）

汪兆鏞生。

汪兆鏞（一八六一～一九三九），字伯序，號憬吾，一作景吾、今吾，又稱覺道士、慵叟、微尚居士、清溪漁隱。室名雨屋、棕窗、微尚齋。祖籍浙江山陰，父來粤爲幕客而入籍番禺。東塾弟子。尊甫省齋、從父谷庵、從兄兆全，均有文行。兆銘（後改名精衛）爲其異母弟。兆鏞自幼聰穎，十歲能詩。入廣州學海堂，得山長陳澧教導，爲其高足之一。與梁鼎芬等過從甚密，纂修《番禺縣續志》時爲密友。光緒十五年（一八八九）中舉後赴京兩次會試受選爲謄錄，後南歸，輾轉粤各州、縣爲幕客。岑春煊督粤，聘入督府司奏章，保奏加四品頂戴，薦任湖南知縣，謝不就。民國始建，甘當遺民，赴澳門僑居。兩上羅浮山，住酥醪觀，號覺道士，又遊杭州西湖、蘇州虎丘諸名勝。收藏書畫不惜重價，故所獲極豐。於書無所不讀，識地方文獻，貫通史籍，擅駢文、詩詞，又長於考據訂訛。以著書撰文自樂。所著計數十種、二百餘卷，主要有《碑傳集》（三編）五十卷、《嶺南畫徵略》、《孔門弟子學行考》、《補三國食貨刑法志》、《晋會要》、《番禺縣續志》、《金石篇》、《元廣東遺民錄》、《微尚齋雜文》、《微尚齋詩》、《雨屋深燈詞》、《續舉貢衣》、《山陰汪氏譜表》、《老子道經撮要》、《棕窗雜記》、《澳門雜詩》、《東塾遺詩》、《憶江南館詞》、《誦芬錄》、《廣州城殘碑錄》、《廣州新出土隋碑三種考》、《兆鏞印存》及《微尚齋叢刻》等。（《廣東近現代人物詞典》二二六頁）

林世榮生。

　　林世榮（一八六一～一九四三、一九四二），南海人。幼隨
祖父習家傳武術，少年曾在屠豬店當夥計，後師從林福成、吳全
美等名師，又師從黃飛鴻二十餘載。曾任福軍武術總教練，曾於
清末參加廣州大型武術比賽，獲第一名。一九二一年，廣州孤兒
院發起慈善籌款，到場表演武術，受孫中山稱讚，以大總統名義
頒發銀質獎章。後在廣州開過三家武館，後於上世紀二十年代遷
居香港以傳授武術爲業，並開廣東拳師公開刊印拳譜、武術套路
寫作先河。一九三〇年左右，先後刊行《伏虎拳》、《虎鶴雙形
拳》、《鐵線拳》等拳譜，在海內外產生很大影響。一生授徒萬餘
人。一九四三年，在故鄉平洲逝世。其再傳弟子有趙志凌、劉家
良等。（《廣東武術史》）

　　林耀東生。

　　林耀東（一八六一～一九二八），字藻生，號蓉初。英德人。
早年就讀廣雅書院。同治十三年（一八七四），韶州府頭名拔貢。
光緒三十一年（一九〇五），受命赴日考察學務。歸國後，任韶
州府中學堂監督（校長）。宣統三年（一九一一），參修縣志。工
詩善文。著有《東園叢草》、《東園詩文遺稿》、《東園續草》、
《崇尚學校叢草》、《東園叢草續編》、《東園餘草》、《雅益學校吟
草》、《進修學校吟草》、《瘦叟消愁草》等。（《英德縣志》、《英
德教育志》）

　　周壽臣生。

　　周壽臣（一八六一～一九五九），原名長齡，字壽臣。寶安
人。二十世紀初香港政商界著名人物、政界名人。爲第三批清留
美幼童之一，與唐紹儀（中華民國首任總理）同赴哥倫比亞大學
就讀，肄業曾在朝鮮任袁世凱幕僚。光緒七年（一八八一）任多
處海關稅務，二十九年（一九〇三）任天津招商局總辦、京奉鐵
路總辦及外交部大臣，官至二品。三十一年（一九〇五）七月，
任唐山路礦學堂（即唐山交通大學）總辦（校長）。三十三年
（一九〇七）起成爲香港太平紳士。一九一八年與李冠春、李子

方及簡東浦等華商合資創辦東亞銀行，一九二五年至一九二九年任董事局主席。一九二二年獲香港政府委任爲香港潔淨局局紳及香港定例局（即後來之立法局）議員。一九二二年至一九三一年任香港立法局議員，一九二六年成爲香港首位華人行政局非官守議員，並獲封爵士，一九三三年獲得香港大學名譽法律博士學位。香港淪陷後，與其他華人領袖等加入了日軍所設之香港華民各界協議會，協助日軍管理香港社會秩序等。爲表紀念，香港南區有以其名命名之壽臣山、壽臣劇院。（《中國近現代人物名號大辭典》八一〇頁）

徐紹楨生。

徐紹楨（一八六一、一八六二～一九三六），字固卿。番禺人。灝子。光緒二十年（一八九四）甲午科舉人。納資爲道員，歷在桂、贛、粵、閩及兩江李興銳幕中辦理營務，講武館，創練新軍。改任軍職，補蘇松鎮總兵，署江北提督、陸軍第九鎮總兵。辛亥時以江浙聯軍總司令名義，擊潰張勳軍。臨時政府成立，孫中山授以南京衛戍總督。袁世凱簡任參謀本部總長，不就。中山後開府廣州，歷任衛戍司令、練兵總辦、參軍長、廣東省長、內政部長。著有《回書質程》、《三國志質程》、《洪書朔同考》、《勾股通義》、《學壽堂題考》、《學一齋算課草》、《學一齋算課問答》等。父灝，字子遠、伯朱，號靈洲、靈洲山人，室名通介堂、學一齋、學壽堂等。富藏書，兼嫻經術。曾參總督節署有年。著有《樂律考》、《象形文釋》及《說文注箋》。冼玉清《冼玉清文集》下編有傳。

徐華清生。

徐華清（一八六一～一九二四），號靜瀾。長樂（今五華）人。少喪親，以乞討爲生。年十二至汕頭謀生。後抵香港，得基督教會資助在皇仁書院讀書，畢業後考入香港大學醫科，被選派往德國學醫。光緒十四年（一八八八）獲醫學博士回國，在天津行醫。時慈禧太后患病，被召入宮，治癒，官封一品，賜黃金萬兩，授職“總理醫政”。甲午戰後，總辦北洋陸軍軍醫學堂及陸軍馬醫學堂。民國後任陸軍軍醫總監、中國紅十字會會長。直奉、直皖戰爭時期，親率醫療隊至戰地救護傷兵，曾獲世界紅十字會贈白金指揮刀，美、德、俄、日、英等國勳章。十年後，歷任多倫關監督、安徽大通榷運局局長、山東臨清關監督等職。十三年因腦溢血病逝於天津寓所，葬北京西郊。(《五華文史》第四輯、《五華縣志》卷八)

郭克恭生。

郭克恭（一八六一～?），原名太合。海陽（今潮安）人。早年赴新加坡，創有裕發布店、裕順祥洋貨店。系新加坡中華商務總會及端蒙學校發起人之一。歷任新加坡議員，汾陽公司信託人。(《庵埠鎮志·華僑人物介紹》)

黃寬焯生。

黃寬焯（一八六一～一九五〇），號蘭輝。開平人。成年後赴墨西哥採煤築路，後開餐館，經營“廣東園”農場及華墨銀行，獲利甚多。熱心教育，在墨國及開平開辦有美學校，免費入學達二十餘年。(《開平縣文物志》)

張耀軒生。

張耀軒（一八六一～一九二一），名鴻南。嘉應（今梅縣）人。光緒五年（一八七九）赴南洋助兄榕軒經營墾殖業，漸成種植園主。二十三年（一八九七）張振勳返國，代管其東南亞所有企業。次年參與創辦裕昌、廣福遠洋航運公司。二十九年（一九〇三）參與籌建潮汕鐵路，後又參與籌辦中華銀行。曾任荷蘭所屬東印度棉蘭地區華人雷珍蘭、甲必丹等。曾捐款興辦學校、醫院，又捐款支持孫中山。病逝於棉蘭，為“東南亞華僑三大巨富”之一。(《廣東近現代人物詞典》二五六頁)

梁如浩生。

梁如浩（一八六一～一九四一），原名滔昭，號（字）孟亭、夢亭，字如浩。香山人。同治十二年（一八七三）與唐紹儀、周長齡等作爲第三批幼童赴美留學。光緒七年（一八八一）五月歸國，任天津西局兵工廠繪圖員。九年，任中國德籍顧問穆麟德隨員，赴朝鮮籌設海關。十一年（一八八五），袁世凱任駐朝鮮通商事宜大臣，任幕僚。二十年（一八九四），世凱奉召回京，隨同歸國，委爲關內鐵路運輸處處長，後升北甯鐵路總辦。二十八年（一九〇二），受委由八國聯軍手中接收關外鐵路。同年任唐山路礦學堂（即唐山交通大學，今西南交通大學）總督（即校長）。三十一年，派駐荷蘭，後納資捐升候補道。翌年，負責修築京漢鐵路支線。三十三年，任奉錦山海關道兼關內外鐵路總辦、天津海關監督、牛莊海關道、天津海關道、上海海關道。次年（一九〇八）授外務部右參議、外務部右丞兼署奉天左參贊。宣統三年（一九一一）任袁世凱內閣郵傳部副大臣。武昌起義後，廣東獨立，都督胡漢民任其爲軍政府交通部部長。民國肇建，首任國務總理唐紹儀提名爲交通總長，未獲參院同意。後任陸征祥及趙秉鈞內閣外交總長，加入國民黨。因派系紛爭，蒙古事棘手，乃辭職走天津。十年（一九二一），出任華盛頓會議中國代表團高等顧問。翌年，又任“接收威海衛委員會”委員長，幾經談判後於十二年（一九二三）與英國草簽“中英威海衛條約”。退休後居天津。晚年任“華洋義賑會”會長。（《中國近現代人物名號大辭典》一一六五頁）

程璧光生。

程璧光（一八六一～一九一八），字恒啟，號玉堂。香山人。光緒元年（一八七五），考入福州船政學堂，學習航海駕駛，畢業後歷任南洋水師“超武”炮船管帶、“元凱”炮船管帶、福建水師學堂教習、廣東水師“廣甲”快船幫帶。積功擢都司，調升“廣丙”艦管帶。光緒二十年（一八九四）率艦隊北上會操，參加甲午海戰。次年受命將降書遞交日軍旗艦。戰後解職歸鄉後，經孫中山及其弟奎光勸說加入興中會。翌年，李鴻章薦之，復被起用。後歷任兵艦管帶、船政司司長、巡洋艦隊統領等職。曾率海圻號巡洋艦遠赴英國，參加英王加冕儀式，旋帥艦訪問美洲。一九一三年春，聘爲海軍高等顧問、陸海軍大元帥統率辦事處參議。一九一六年任海軍總長。次年脫離北洋政府。七月二十一日，率部分艦只舉義南抵廣州，並於次日發表海軍護法宣言，史稱護法艦隊。九月十日，軍政府成立，孫中山被選爲大元帥，璧光任海軍總長。翌年二月，在廣州遇刺身亡。（《中國近現代人物名號大辭典》一二二〇頁）

詹天佑生。

詹天佑（一八六一～一九一九），字眷誠。原籍安徽婺源（今屬江西），生於南海。同治十一年（一八七二），至香港報考"幼童出洋預習班"，光緒四年（一八七八）完成中學課程，考取耶魯大學土木工程系學習鐵道工程學。七年畢業回國後入馬尾船政前學堂學習，學成後派往福建水師旗艦"揚武"號任炮手，參加馬尾海戰，戰後被調入黃埔水師學堂任教習。十三年（一八八七），中國鐵路公司成立，任鐵路工程師，負責修築塘沽至天津鐵路，僅用七十多天就完成鋪軌工程，又參加修築天津至山海關鐵路。三十一年（一九〇五），任京張鐵路總工程師，宣統元年（一九〇九）竣工。後受聘川漢、粵漢鐵路會辦或總理兼總工程師。辛亥革命後，任漢粵川鐵路會辦兼總工程師、督辦等，修建了武昌至長沙鐵路。晚年編寫出版《京張鐵路工程紀要》、《京張鐵路標准圖》等工程技術書籍以及《華英工程詞彙》。（《中國近現代人物名號大辭典》一二七三頁）

蔡廷幹生。

蔡廷幹（一八六一、一八六三～一九三五），字耀堂。香山人。同治十二年（一八七三），被選第二批幼童赴美留學，光緒七年（一八八一）回國，就讀大沽水雷學堂。後供職北洋海軍，光緒十八年（一八九二）升"福龍"號魚雷艇管帶。二十年參加黃海、威海衛海戰，突圍時受傷被俘，囚禁於大阪。《馬關條約》簽定後，被革職。二十七年（一九〇一），經唐紹儀推薦，入袁世凱幕府。一九一二年升高等軍事參議、中將海軍副司令兼大總統府副禮官，授予二等嘉禾勳章，後與世凱疏遠。段祺瑞執政後又得重用。一九一七年授予“二等寶光嘉禾章”，次年任“修改稅則委員會主任”兼全國稅務學校校長，授予“大綬寶光嘉禾勳章”，年底任“總統府副大禮官”而重返總統府。一九一九年出任敵國僑民遣送事務局會辦、中國紅十字會副會長等。一九二一年以稅務處會辦任出席華盛頓國際稅務會議中國代表顧問。一九二五年任北京扶輪會會長、中國赴美留學生會會長。一九二六年杜錫珪內閣成立，任外交總長，一度代理內閣總理。次年五月辭職研究國學。著有《老解老》及《唐詩英韻》等。（《中國近現代人物名號大辭典》一二八二頁）

鄭冀之生。

鄭冀之（一八六一、一八六二～一九二一），原名官輔，改名應麟，字正揚。香山人。早年在上海太古洋行當學徒。光緒十二年（一八八六）任天津分行買辦。俗稱“太古鄭”，爲天津四大買辦之一（其他三大買辦爲吳調卿、梁炎卿及王銘槐）。（《廣東近現代人物詞典》三六七頁）

徐夔颺生。

徐夔颺（一八六一～一九三九），字莞珊。東莞莞城人。成年後在塹頭做私塾先生。光緒十九年（一八九三），鄉試中舉。次年，會試中二甲進士，賜進士出身，即赴山東候補知縣，因父去世，棄官回莞。在莞創辦男子工藝廠、女子工藝廠、農林試驗場、農工商半夜學校、勸業、勸學所等，任實業所所長。戊戌維新時，在莞倡辦起東莞學堂（東莞中學前身），親任校監，又創辦了十餘所小學。廣東法政學堂成立時，毅然入校讀書。保護黃俠毅、林直勉等宣傳革命。一九一四年，出任南海初級檢察廳監督。一九一九年，被推選爲廣東省第二屆省議會議員，督軍公署、省長公署高等顧問，曾提出整頓吏治、推廣教育、振興實業、禁煙禁賭等六項建議。一九二四年，議員任期屆滿，遂返鄉

里，與楊錫光等十二人結鳳臺新社。"七七"事變後，支持組織
鐵血劇社，演出抗戰救亡話劇。莞城淪陷至香港。於港去世。
（《東莞市志》一四三二頁）

清穆宗同治元年　壬戌　一八六二年

本年頃潘存於都下與會稽李慈銘、遂溪陳喬森齊名。

潘存（一八二○？～一八九六？），字孺初。文昌人。咸豐舉
人。官戶部員外郎。同知初年，在都下與會稽李慈銘、遂溪陳橋
森齊名。光緒初復爲"松雲十友"推重，尤與鄧承修善，每有章
疏，時與商定，袁爽秋、梁節庵亦敬事之。尤工八法，與承修、
楊守敬嘗匯魏晉至唐碑帖精刻，依《康熙字典》偏旁分部類聚，
名曰《楷法溯源》。陳融《讀嶺南人詩絕句》卷十三有傳。

本年洪仁玕四十歲生日，賦《四十千秋自詠》七律。

本年曾廷蘭有自記。

曾廷蘭，字秋墅，號吟花主人。海陽（今潮州）人。能詩。
光緒十四年（一八八八）刊行《吟花別墅詩鈔》行世。（《潮州
志·藝文志》）

本年麥佩金襄贊梧州軍務。

麥佩金，字雙南。南海人。道光孝廉。咸豐時與歐陽泉辦團
練對抗紅巾軍，選授安徽婺源知縣，因道梗不得達，乞假歸。同
治元年（一八六二）襄贊梧州軍務，後升用同知，封朝議大夫。
（《南海縣志》卷十八）

曹秉濬於本年中進士。

曹秉濬，字子明，號朗川。番禺人。同治元年（一八六二）
壬戌進士，官編修。出守江西南康府，歷署饒州、贛州，調補南
昌府，卒官。督學福建，以宋儒陳瓘衛道甚力，疏請從祀聖廟。
官南康時，濬蓼花池水道達彭蠡湖。著有《味蘇齋文集》一卷，
詩、賦各二卷、《曹氏家譜》等。吳道鎔《廣東文徵作者考》卷
十一有傳。

黃槐森於本年中進士。

黃槐森（一八二九、一八三四～一九〇二），字作鑒，號（字）植庭、植亭。香山人。同治元年（一八六二）進士，歷任編修、刑科給事中，至光緒元年（一八七五），三任順天鄉試、會試同考官。十六年（一八九〇）由廣西迤東道遷貴州按察使、護理巡撫。十八年擢廣西布政使。二十一年授雲南巡撫，二十三年調廣西。二十七年（一九〇一）解職回籍（由李經羲接任）。閑時喜繪畫，做花卉，仿惲壽平，尤善畫蝶。（《中國近現代人物名號大辭典》一一一九頁）

陳汝霖於本年中進士。

陳汝霖，字廷金，又字賚臣。南海人。同治元年（一八六二）壬戌進士，歷署豐城、長寧知縣，著有勞績，欽加同知銜。辭官後執教西湖書院。（宣統《南海縣志》卷一四）

呂鑒煌於本年中舉人。

呂鑒煌（一八三〇～一八九七？），字嘉樹，一字海珊。鶴山人。同治元年（一八六二）壬戌舉人，官甘肅靖遠知縣。著有《調琴飼鶴齋詩鈔》、《竹林詞鈔》、《金霞仙館詞鈔》。許玉彬、沈世良《粵東詞鈔》卷二有傳。

鍾覺黎於本年中舉人。

鍾覺黎，字又伊。鎮平（今蕉嶺）人。同治元年（一八六二）壬戌並補咸豐九年（一八五九）己未恩科舉人。在潮州鎮平會館胡曦詢其文爲嘉應牧周士俊所薦，來遊興寧，除夕與登紫金山。晚年潦倒，再見於潮州，病青盲卒。胡曦《梅水匯靈集》卷七有傳。

侯文藻於本年中舉人。

侯文藻，字蔚卿。同治元年（一八六二）壬戌恩科舉人，高州府教授。張煜南、張鴻南《梅水詩傳》卷六有傳。

何泰崙於本年中舉人。

何泰崙，字碧峰，號雲麓。東莞大汾人。同治元年（一八六

二）壬戌舉人，澄海縣教諭。（張其淦《東莞詩録》卷五七）

張端於本年中舉人。

張端（一八三二～一八八六），字載熙，號介如。東莞篁村人。同治元年（一八六二）壬戌舉人，四川知縣。九歲而孤，十三歲時族叔筱薌招往省城同學。筱薌家富，藏書甚多，性通脱，喜吟詠，著有《三十六鴛鴦樓詩集》，端偶有和作。十九歲補諸生，因家貧，授徒於邑之烏石岡、大塘諸村。旋設帳於縣城石龍三十餘年。晚年住羅浮酥醪觀。著有《梯雲館詩文集》。張其淦《東莞詩録》卷五九有傳。

何慶修於本年中舉人。

何慶修，字巘封，號菊儕。東莞人。仁山侄。同治元年（一八六二）壬戌舉人，户部江南司郎中，掌教寶安書院十六年。中法戰爭中操辦團練，以功賞四品銜。張其淦《東莞詩録》卷六一有傳。

石和鋆於本年中舉人。

石和鋆，字小田。番禺人。衡子。同治元年（一八六二）壬戌舉人，授江蘇補用知州。著有《近思録發明》。（《石氏家譜》）

蘇廷鑒於本年中舉人。

蘇廷鑒，原名佩文，字鏡南。南海人。同治元年（一八六二）壬戌舉人，授江西德興知縣。後署瑞昌縣，立例禁賭與鴉片。著有《四書講義》、《禹貢考》、《鴻雪筆記》、《深柳堂稿》等。（宣統《南海縣志》卷十五）

何又雄於本年中舉人。

何又雄，字澹如。南海人。同治元年（一八六二）壬戌舉人，授高要縣教諭，復居廣州授徒，間涉書畫自娱。（《南海縣志》）

何文澍於本年中舉人。

何文澍，字雨亭。番禺人。汝檀子。同治元年（一八六二）壬戌舉人。光緒十年（一八八四）分發福建，署長汀知縣，宦閩

十餘年。（《番禺縣續志》卷二一）

周兆璋於本年中舉人。

周兆璋，號雲琢。順德人。同治元年（一八六二）壬戌鄉薦。光緒三年（一八七七）進士，以知縣分發甘肅，入左宗棠署辦營務、糧草，隨軍收復疆土。歷官平遠、徽縣。十四年（一八八八）歸粵授徒教書。卒年七十。著有《龍遊雜志》、《邊聲酬唱集》、《魚雁錄》。（《順德縣續志》）

黃廷章於本年中舉人。

黃廷章，號雲航。番禺人。同治元年（一八六二）舉人。年六十，受美國舊金山華僑聘充三邑會館堂長。返國，地方不靖，南海、番禺委爲四社團練局長。卒年七十九。（《番禺縣續志》）

黃維楨於本年中舉人。

黃維楨，亦名士楨，字筱松。連平州人。同治元年（一八六二）舉人，歷任瓊州會同縣訓導、萬州、嘉應州學正。（《連平州歷科文武甲科·詞林·侍衛官宦鈔》）

黎炳森於本年中舉人。

黎炳森，字勤，號仙舟。番禺人。同治元年（一八六二）舉人，歷任內閣中書、協辦侍讀、廣西永寧、全州知州，署東蘭州桂平縣事。（《番禺縣續志》卷二二）

黎翔鳳於本年舉孝廉方正。

黎翔鳳，字文卿。高要人。道光歲貢，同治元年（一八六二）舉孝廉方正。篤行嗜學，不慕榮利，教書自給。著有《四書萃精》、《聽鶴山房詩鈔》、《訓俗語類》等。（宣統《高要縣志》卷十八）

祁懿於本年中副榜。

祁懿，字懿彰，號小鼎。東莞大汾人。同治元年（一八六二）壬戌副榜，內閣中書。張其淦《東莞詩錄》卷五七有傳。

李宗顥生。

李宗顥（一八六二～？），字煮石，號邵齋、夷白。南海人。

喜治金石目録之學，隨父應鴻宦遊陝西長安，漢唐故都各處石墨
至富，氈蠟之餘，輒輦石以歸，嵌置家祠壁間，終日摩挲以自
適。精研漢唐故都之金石古物，長年鑒賞金石、文物、古籍。以
孫星衍、趙之謙《寰宇訪碑録》譌誤尚多，爲《蕭堪讀碑記》，
多所匡正。居京師遊李文田之門，與江陰繆荃孫討究古籍版片，
就所知見以蠅頭細書，識於四庫簡明目録書眉，丹黄爛然，所論
有出於邵懿辰、莫友芝之外者。畫不多作，間一點染，駸駸入
古，亦善書法、繪畫、篆刻。晚年在廣州設虹月籍古董店，以交
流文物及賣書爲生。著有《留庵隨筆》等。（《廣東近現代人物詞
典》一七七頁）

　　吳仰曾生。

　　吳仰曾（一八六二～一九四〇），名仲泰，號述三。四會人。
同治十一年（一八七二），作爲首批三十名“官學生”之一被清
廷選送赴美留學。光緒八年（一八八二）考入美國紐約大學，畢
業後歸國在直隸省任道員，辦理開平礦務兼辦京張鐵路煤礦，曾
任學部西洋留學畢業生歸國考試同考官。勤奮好學，精於數理
化，通曉採礦工藝，曾編寫《化學新編》等書。在開平礦務局期
間，曾攜帶照相機去熱河等地查礦、找礦，攝録現場景象。（《四
會文史》第七輯）

　　何東生。

　　何東（一八六二～一九五六），原名啟東，字曉生。父爲英
籍荷蘭裔猶太人，母是華人施氏。自幼由母撫養，以中國人自
居。早年入香港怡和洋行中國部任初級助理員，專責翻譯。光緒
八年（一八八二）升怡和洋行屬下香港火險公司經理及廣東水險
公司經理。二十年（一八九四）升任怡和洋行華總經理。二十三
年成爲身家超過二百萬之富豪。三十二年（一九〇六）成爲首位
在太平山山頂居住之中國籍人。一九二六年接辦《工商日報》，
後成功調停海員罷工。一九四一年香港淪陷前離香港至澳門避
難，直至一九四六年元旦復往香港繼續經商。一九五二年獲葡萄

牙勳章。後在香港逝世。生前捐出澳門房產給澳門政府，今爲何東圖書館。（《中國近現代人物名號大辭典》五一〇頁）

洪孝充生。

洪孝充（一八六二～一九三四），號燉煌。番禺人。世居香港，熟悉港掌故。畢生從事新聞事業。早年曾主《中外新報》、《循環日報》筆政，宣揚博愛。光緒二十六年（一九〇〇）協助陳少白辦《中國日報》。二十八年爲洪秀全從侄洪全福起草大明順天國興漢大將軍檄文，歷數清廷罪跡。三十年（一九〇四）與鄭貫公辦《世界公益報》，後與尹文楷辦《大光報》。晚年患病致癱，右手不能舉筆，以左手爲各報撰稿。（《廣東近現代人物詞典》三九一頁）

徐滿淩生。

徐滿淩（一八六二、一八六一～一九一一），花縣人。宣統三年（一九一一）參加辛亥革命，要求加入先鋒隊（敢死隊），人以其年紀大不宜參加，舉手試槍，每發必中，旁觀者無不驚服。同年"三二九"廣州起義（黃花崗之役）發動後，指揮攻總督署，力抗觀音山之敵，巷戰蓮塘街，戰至高陽里，憑源盛米店米包爲壘與敵死拼，彈盡率衆越垣，中彈受傷被捕，從容就義。葬於廣州黃花崗，爲七十二烈士、花縣籍十八烈士之一。

陸雲飛生。

陸雲飛（一九一四～一九六六），原名國基，曾用"陸零六"藝名。新會人。十歲投班學藝，十七歲拜花旦蕭麗章爲師，搭班演出於省、港、澳及東南亞各地，以醜生成名。抗日戰爭前夕與馮鏡華等在上海組振南天班。民國二十八年（一九三九）赴美演粵劇、拍電影，兼營汽車修理業。三十七年（一九四八）回國並帶迴旋轉燈光，稱"宇宙燈"，在舞臺使用，轟動一時。次年起在永光明粵劇團任正印醜生，獨創"豆泥腔"。一九五八年入廣東粵劇院。其醜生表演，生活氣息濃郁，講究拙中見巧，靜中見動，身形步法慢中見緊，觀衆稱之爲"面懵心精"，拖腔不時模

擬“吉他”滑音，奇趣橫生。首本戲有《盲公問米》、《三件寶》等。（《廣東近現代人物詞典》二五六頁）

陳德生。

陳德（一八六二～一九二三），字育卿，號念西。澄海人。年二十三補諸生，致力於格致學，於幾何頗有心得。清末曾刊行《勸勿纏足贅言》一書。後得佛像供奉之，至晚年研究釋典，皈依淨土，誦經念佛不輟，資助刊行《阿彌陀經》等。（《中國近現代人物名號大辭典》七二四頁）

陳芝鄴生。

陳芝鄴（一八六二～一九三四），家名晋富，又名子業，別名湖海。蕉嶺人。廩生。光緒二十四年（一八九八），因反對法國傳教士強佔鄉土建築教堂，被判監禁十二年。出獄後，設館教學。民國十四年（一九二五），出任蕉嶺縣縣長。在任期間，辦事嚴明，公正不阿。梅縣李吐麟贈聯云：“昔爲階下囚，威武不能屈；今爲堂上主，富貴不能淫。”（一九八九年《蕉嶺縣志》）

陳榮袞生。

陳榮袞（一八六二～一九二二），字子褒，號耐庵，別號婦孺之僕。新會人。光緒四年（一八七八）秀才，後在廣州六榕寺附近設館教學。十九年（一八九三）應鄉試，中式第五名，名列康有爲前。後卻拜有爲爲師，與邑人梁啟超、盧湖父等入“萬木草堂”攻讀。二十一年（一八九五）春，上京會試，參加有爲、啟超發動之“公車上書”。夏，又參加强學會。始編撰《婦孺須知》一卷，次年又印行《婦孺淺解》等書。二十三年，出版《幼雅》一書，撰文《俗話説》，主張講俗語、寫俗字。次年（一八九八）春，入保國會。百日維新，任譯書局幹事。變法失敗，東渡日本考察教育。二十五年初回國，致力於小學及平民教育。二十九年（一九○三）起，辦灌根學塾，兼收女生。又開佩根平民義學、贊化平民義學、灌根勞工夜學等，受到澳門人好評，稱福翁。民國七年（一九一八），遷灌根學堂至香港，後改稱“子褒學校"。次年與基督教友創辦聯愛會工讀義學、聯愛女校、聖士提反義學等。名人冼玉清、陳德芸、利銘澤等均受業。曾任全國孔教協會總幹事。生平除著童蒙課本外，論著由門人收集約三十萬字，編爲《陳子褒先生教育遺議》。（《中國近現代人物名號大辭典》七〇〇頁）

　　唐紹儀生。

　　唐紹儀（一八六二～一九三八），又名紹怡，字少川。香山唐家村（今屬珠海）人。自幼至上海讀書。同治十三年（一八七四）官派留學美國哥倫比亞大學，光緒七年（一八八一）歸國。曾任駐朝鮮漢城領事、駐朝鮮總領事、清末南北議和北方代表、民國首任內閣總理等。與孫中山政見分歧後，政治消沈，後任中山縣長。上海淪陷於日本後，對外態度曖昧不明，引起多方揣測。盛傳日本擬利用紹儀等組織華中僞政府，蔣介石下令戴笠派粵籍特工謝志磐於一九三八年九月以利斧將其砍死於家中。（《中國近現代人物名號大辭典》一〇七三頁）

　　梁希曾生。

　　梁希曾（一八六二～?），字拓軒。嘉應（今梅縣）人。早習儒，後精研古典醫籍，遂精醫術。長於診治瘰癧，謂：瘰癧症由體質虛弱，血枯陰虧氣滯痰凝所致。治則內外兼顧，並兼顧食療、食忌等。曾供職於汕頭檢查驗病所、同濟、延壽等醫院。著有《癧科全書》。（《廣東近現代人物詞典》四八三頁）

　　勞念祖生。

　　勞念祖（一八六二、一八六三～?），字敬修。鶴山人。早年畢業於廣州高等商業學校。赴上海，入英商茱斯洋行，後作買辦。光緒四年（一八七八）始供職上海英商泰和洋行，歷任上海總商會會董、廣東銀行總經理等，後任上海市商會執行委員、南洋煙草公司董事等職。（《民國人物大辭典》一一七一頁）

　　楊其光生。

　　楊其光（一八六二～一九〇一），字崙西，號公亮，別號榕城遊客、雙溪詞客，室名花笑樓。番禺人。永衍子。生於同治初年，早歲蜚聲詞壇，有《花笑樓詞》。又精篆刻，有《添茅小屋印譜》四冊。余祖明《廣東歷代詩鈔》卷四有傳。

溫其球生。

溫其球（一八六二～一九四一），字幼菊，號菊叟，別署語石山人。順德龍山人。父除圍曾辦建艦事宜，創辦廣東軍裝局並任總辦。光緒二十年（一八九四），其球隨父北上渤海，入海軍提督丁汝昌幕。甲午海戰前夕，因獻策未被採納，遂辭職南歸，重理繪事。先是，早年師從花鳥畫家許菊泉，習惲南田派。歸里後，於山水、花鳥、魚蟲、人物無不臨習。五十歲後上溯宋元，力求渾化。其山水，喜作青綠大幛，又喜作長卷。堅守傳統，視"二高一陳"爲"野狐禪"。一九二五年，與潘景吾、李鳳廷等人組織國畫研究會於廣州六榕寺，與新派對陣。山水、花卉，造詣甚深，兼擅治印，與伍德彝齊名華南二十餘年。在香港病卒。（《廣東畫人錄》、《廣印人傳補遺》、《藝林刊》、《楓園畫友錄》）

溫其藩生。

溫其藩（一八六二～一九二六），五華人。十八歲應試得中，初授澄邁訓導。民國初任長樂（五華）中學校長、五華縣教育科科長。民國三年（一九一四），洪水決堤崩城，受命復堤修城，賑恤災民。又倡造林於環城禿嶺，官民稱譽。郭田、坪上江、黃兩姓械鬥多年，經調處後握手言和。民國八年（一九一九）五四運動，率學生遊行。十四年（一九二五）三月，周恩來率師首次東征進駐五華時委爲五華縣長。同年十月，再次東征，復任五華縣長，翌年七月，因積勞逝於任。（《五華文史》第一、三輯）

楊壽彭生。

楊壽彭（一八六二～?），香山人。光緒二十七年（一九〇一）孫中山、陳少白至越南河內，設立興中會、致公堂，舉爲副會長。三十一年（一九〇五）致公堂改爲同盟會，仍任副會長。三十三年（一九〇七）八十三位同志被捕，均由其保釋出獄。欽廉、防城、鎮南關諸役，負責籌款。翌年因保釋黃興、羅尹被逐出境，走香港，與馮自由力謀黨務。一九一二年委爲瓊州海口交涉委員，後爲瓊山縣長，兼瓊崖區總長。（《民國人物大辭典》一二四〇頁）

趙宗壇生。

趙宗壇（一八六二～一九三八），字思宣，號嶧山。台山人。年八十，縣試冠榜首，肄業於廣雅書院。光緒十七年（一八九一），鄉試中式舉人，嘗主講寧陽書院及廣海溮海書院。歷任駐美公使館書記官、駐墨西哥公使館商務委員、英屬加拿大副總領事。一九二〇年回國，任台山中學建校公所督辦、台山中學新校首任校長、台山縣教育局長。晚年在香港設嶧山學校，任校長。（《台山文史》第三輯）

劉玉麟生。

劉玉麟（一八六二～一九四二），字運道，號葆森。香山人。幼學於上海廣方言館。光緒元年（一八七五）作爲中國第四批赴美幼童留學生之一赴美。七年（一八八一）回國後入天津北洋學堂習醫，後因病輟學；病癒改任天津電報學堂教習，被李鴻章聘爲家庭教師。十二年（一八八六）派充駐紐約領事館翻譯官，十五年調任駐美使館翻譯官，嗣任直隸候補道、洋務局總辦、北洋大臣洋務文案。十九年（一八九三）爲駐新加坡總領事館翻譯官。逾年，署理新加坡總領事。二十四年（一八九八）任駐比利時使館二等參贊，代辦駐比利時出使大臣事務。後充澳大利亞總領事，任滿調外務部丞參上行走。宣統元年（一九〇九），赴上海參加萬國禁煙會議，次年補授外務部右丞，任出使英國大臣。民國成立後，再任駐英全權公使。次年辭職。一九一七年九月，任廣州軍政府陸海軍大元帥高等顧問。後任兩廣鹽運使，逾年解任。一九二二年，任粵海關監督兼廣東交涉員。次年隱居澳門，聘爲澳門政務會議華人議員。一九二九年二月，任中山縣第一區自治籌備所所長。翌年隨唐紹儀卸縣長而解任，回澳門寓居。

（《中國近現代人物名號大辭典》二五八頁）

鄺星池生。

鄺星池（一八六二～一九二九），曾用名景揚，名孫謀。南海人。早歲赴美國留學，入麻省理工大學土木工程科。畢業歸國後入開平礦務局任化驗師。後任京奉、株萍、京張鐵路副工程師，粵漢、京綏各鐵路總工程師，鐵道部技術顧問。

李文炳被殺。

李文炳（？～一八六二），又名紹照，字少卿。嘉應州（今梅縣）人。曾在上海經營茶棧，捐納候補縣丞，又被推爲嘉應公所董事。咸豐三年（一八五三）參加上海小刀會，次年投降江蘇巡撫吉爾杭阿。後爲候補道，參與攻打太平軍。咸豐十年（一八六〇）太平軍進軍蘇州，奉江蘇巡撫徐有壬命守城，開城投誠，太平天國任爲江南文將帥，守昆山，旋又謀降清，爲李秀成所殺。（《中國近現代人物名號大辭典》四〇六頁）

盧兆桐卒。

盧兆桐（？～一八六二），字貢材，號唐封。東莞人。應翔子。隨父征戰桂湘蘇皖等地，以功官江南督標都司。隨曾國荃圍攻天京（今南京），於運送彈藥時被殺。（宣統《東莞縣志》卷七一）

黃遇明被殺。

黃遇明（？～一八六二），化州人。監生。同治元年（一八六二）率團練抗擊陳金釭義軍，被殺。（《化州縣志》卷九）

清穆宗同治二年　癸亥　一八六三年

春，胡曦與鄭師濂客惠州，遊西湖，各有詩。

鄭師濂，字石琴。興寧人。祖岐聞孝廉鳴岡，官廣文，饒於資。家中落，托孤於舅陳氏。年四十始補諸生，竟困頓以卒。同治二年（一八六三）癸亥春，與胡曦客惠州，遊西湖，各有詩。胡曦《梅水匯靈集》卷七有傳。

本年李長榮輯刊《柳塘師友詩録初編》。

李長榮，字子虎、子黼，號柳堂、柳漁，室名鐵橋詩屋、問鸝山館。南海人。官教諭。工詩畫。同治二年（一八六三）輯刊《柳塘師友詩録初編》二十卷，凡録二百十七家。（《嶺海詩抄》）

本年何玉成建議重修懷清社學，並易其名爲"佛嶺社學"。

何玉成，名琳，號琢石。番禺人。道光十一年（一八三一）舉人。二十一年，英軍犯廣州，參加三元里抗英，柬傳番禺、南海、增城諸村，派丁壯聯合抗英，大敗英軍於牛欄崗。事後，官方授予六品軍功。二十四年（一八四四），參加會試，大挑一等，任四川射洪知縣，歷十載。咸豐末年休官回鄉，爲鄉人推舉主持保良局，曾力保被朝廷追殺之紅巾軍多人。同治二年（一八六三）建議重修懷清社學，並易其名爲"佛嶺社學"。著有《攬翠山房詩輯》。（《中國近現代人物名號大辭典》五一〇頁）

本年吳大猷入國子監。

吳大猷，字子嘉、秩卿，號菘圃。四會人。同治二年（一八六三）入國子監，十年會試挑取膳録。光緒八年（一八八二）選授國子監率正堂學正，十年改授曲江教諭。著有《綏江書院章程》等。（光緒《四會縣志》）

本年朱猷章保升知府。

朱猷章，字寶愚。清遠人。澧孫。道光三十年（一八五〇）至咸豐五年（一八五五），昆壽聘參戎幕，克復英、韶、惠各城，以知州用。英法軍佔省城，在營裏贊洋務。同治二年（一八六三）保升知府。後隨昆壽往杭州赴任。著有《武功輯略》等。（《韶州府志》）

本年梁樹基捐訓導。

梁樹基，字德圃。陽江人。屢試不第。同治二年（一八六三）捐訓導，歷署從化、石城教諭，電白、澄邁、嘉應州訓導。六年（一八六七）秉承公議，慨然出鉅款助邑内官員赴省斡旋，使陽江免降爲縣而改廳。壽八十七卒。（《陽江志》卷三〇）

黄淮森於本年中進士。

黄淮森，字植庭。香山人。同治二年（一八六三）進士，官編修，遷御史。丁艱歸里，主講粤秀書院。服闋入都，出任監司，洊升廣西巡撫。間作花卉，仿惲南田，尤善畫蝶。汪兆鏞《嶺南畫徵略》卷九有傳。

高學瀛於本年中進士。

高學瀛，字子登。番禺人。同治二年（一八六三）癸亥進士，官翰林院編修，並通經學。兄學耀，字星儀，縣學附貢生。姐夫黎永椿，字振伯。爲陳澧授經弟子。家貧，授徒自給。治經深於輿地。著有《禹貢圖說》、《周禮職方山川圖考》、《說文通檢》。鄒魯《廣東通志稿》有傳。

何文涵於本年中進士。

何文涵，號玉川。番禺人。年四十始舉於鄉，同治二年（一八六三）癸亥進士，官工部營繕司主事。假歸，杜門不出。當道聘主禺山書院講席凡七年。光緒九年（一八八三），法軍侵越南，海防大臣彭剛直與總督張之洞照會協辦團練，奏獎加五品銜。著有《一壺吟稿》。（《番禺縣續志》卷二二）

容鶴齡於本年中進士。

容鶴齡，字青田。東莞人。同治二年（一八六三）進士，以郎中補用。（宣統《東莞縣志》卷七三）

符兆鵬於本年中進士。

符兆鵬，海康人。同治二年（一八六三）進士，歷任太湖、渦陽、桐城、鳳陽、六安知縣、知州，病卒於官。光緒年間靈柩由同鄉幕友梁禹疇①運回雷州安葬。（《舊人新志》、《海康文史》一九八六年第二期）

何長青於本年中武進士。

---

① 梁禹疇（？～一九二三），字錫九。海康人。廩膳生。壯年幕遊四方。晚年歸里，任雷州中學堂監學、海康縣商會會長。（《舊人新志》）

何長青（？～一九〇九），字楊宗，號榆庭。香山人。同治二年（一八六三）癸亥武進士，欽點營用守備，以功保舉花翎，由遊擊參將歷官至廣東水師提督。有儒將風。工畫山水，能以指蘸墨寫煙雨景。書法秀潤，軍中罕見。（《欖溪畫人傳》）

劉德琯於本年中舉人。

劉德琯，字子韶，號小夔。陽春人。同治二年（一八六三）舉人，主講瑞雲書院十年。十三年（一八七四）署部選司訓，任三水教諭。同年續修邑志，稿成未梓。年六十五卒於任。著有《射木山房詩集》。（《陽春縣志》卷十）

黃際清於本年補諸生。

黃際清，海陽人。同治二年（一八六三）補諸生。光緒二十四年（一八九八）歲貢，曾執教於金山書院、金山中學。著有《讀東觀書室詩草》，存詩九百六十首。

王延康生。

王延康（一八六三～一九二五），字稚筠、季約，號約公。潮州人。舉人。光緒二十七年（一九〇一）任《潮陽縣志》總閱，支持康梁變法。辛亥革命後任汕頭稅務局長、《汕頭商報》主筆、汕頭孔教會會長，創辦孔教會會刊《鐸報》。

伍銓萃生。

伍銓萃（一八六三～一九三三），字選青、榮建，號叔葆。新會人。光緒十八年（一八九二）壬辰二甲十二名進士，散館授編修。二十七年，充廣西副考官，外官至湖北鄖陽知府。精通醫學，創辦廣東廣漢專門學校，任校長。著有《北遊日記》、《玉雁樓筆記》等。（《廣東近現代人物詞典》九九頁）

阮洽生。

阮洽（一八六三～一九三三），新寧（今台山）人。光緒十一年（一八八五）赴美，後開設一家婦女衣服製造廠。二十六年（一九〇〇）遷居西雅圖，旋任太平洋美國鮭魚罐頭公司接工經紀、大北鐵路公司發餉監督。三十四年（一九〇八）被委任爲西

雅圖代辦領事，後捐建僑民學堂。一九三一年任西雅圖領事館副領事。（《廣東近現代人物詞典》一三二頁）

李卓峰生。

李卓峰（一八六三～一九二六），名宜登，字卓峰。南海九江下北人。十七歲棄學就商，隨父赴安南（越南）開辦棉花廠。安南推行苛待華僑條例，組織華僑抗議，卒使取消。馮夏威反美殉義後，在當地開追悼會。後又開辦穗城學校，設立廣肇醫院，組織航業公司。光緒二十八年（一九〇二），孫中山抵安南，慨然接待，捐資達數萬元，給予債票，盡付一炬。時清廷曾密電引渡卓峰回國審處，得孫中山力救得免。兩廣總督張人駿曾下令通緝並查封其國內家產，使舉家走避香港。辛亥革命勝利，又捐集軍費五十餘萬元寄回應急，獲優等旌義狀。民國二年（一九一三），被逮解出境，歸國鄉居。龍濟光據廣州，移居澳門。六年，孫中山設大元帥府於廣州，受命調查絲業與購運軍糧，委任為大本營建設部工商局局長、建設部次長、代理部長，曾查辦粵漢鐵路，剔除路弊。十五年春，奉命籌備九江市政，力主禁賭肅匪，整頓治安。同年六月四日遭匪徒狙擊，犧牲於水月宮附近。葬於忠良山巔。（《廣東近現代人物詞典》一七五頁）

孫天麒生。

孫天麒（一八六三～一九四二），興寧人。光緒二十七年（一九〇一）副貢。著有《宦鄂集》等。（一九八九年《興寧縣志》）

徐振鵬生。

徐振鵬（一八六三、一八六四～一九二六），字季程。香山人。父德廣於福建船政局習機器。同治十三年（一八七四）秋，清政府選派第三批幼童赴美國學習，振鵬應召入選。光緒七年（一八八一），留美幼童全部提前撤回。振鵬回國後被派入福州船政學堂後學堂補習，畢業後派北洋艦隊任職。十五年（一八八九）初，升署右翼中營守備，充"定遠"魚雷大副。甲午戰爭爆發，隨"定遠"參加黃海大戰。北洋艦隊全軍覆沒，被解職。宣統二年（一九一〇）冬，設立海軍部，振鵬被任命爲海軍部駐滬一等參謀官。翌年初賞海軍協都統銜。民國成立後任海軍右司令，旋改右司令爲第二艦隊司令，授海軍少將。"二次革命"時奉命率第二艦隊赴鄂、滬鎮壓"討袁軍"，因功獲三等文虎勳章。三年（一九一四），授海軍中將。次年，調任海軍練習艦隊司令，駐防上海。革命黨人在上海高昌廟附近江面襲奪"肇和"號練習艦，事後被撤職。五年（一九一六），開復原官職銜。七年（一九一八），任海軍部次長，兼管總務廳事。十五年（一九二六）去職。（《廣東近現代人物詞典》四〇八頁）

陸敬科生。

陸敬科（一八六三～一九四五），又名禮初。高明西安鎮河江村人。少年隨叔父去香港《迴圈日報》當徒工。十五歲考入皇仁書院專修英語，以半工半讀至畢業，成績優異，被留用爲教師。孫中山在香港皇仁書院讀書時，與其志趣相投，情誼深厚。在該校任教十九年後毅然放棄優厚薪酬教席，轉業經營棉紗買賣。清末棄商從政。光緒三十四年（一九〇八）捐候補道臺，派任外交翻譯官，在廣州負責接待洋人，協助辦理外交事務。辛亥革命成功，先後任外交部署長、護法軍政府大元帥顧問、駐桂專員、粵海關監督，一九二七年辭官在廣州開設商號，專營化妝品。同時，熱心社會公益事業，被慈善團體推舉爲廣州方便醫院董事長。該院素以贈醫施藥、救災恤貧成績卓著而備受廣州市民稱讚。一九三八年秋，日軍佔領廣州，回鄉居住。（《廣東近現代人物詞典》二五九頁）

陳伯壇（一作檀）生。

陳伯壇（一八六三、一八六五～一九三二、一九三八），名文煒，字英畦。新會人。得族親資助入學，熟讀經史義理，兼學中醫。年弱冠，在廣州大馬站懸壺濟世。光緒二十年（一八九四）中甲午科第七名舉人。立志醫業，鑽研張仲景所著《傷寒論》。二十五年在廣州書坊街正式設館，掛牌行醫，實行"富者多取而不傷，貧者減免而受惠"宗旨。時兩廣總督譚鍾麟患失眠症，以大劑量桂枝湯使病癒，名聲大噪。三十一年（一九〇五），兩廣總督岑春煊母與子病重，均得施醫治癒。是年冬，春煊創辦兩廣陸軍軍醫學堂（後稱廣東陸軍軍醫學堂），聘任中醫總教習、中醫主任。旋兼任廣州中醫夜校學館主任，日間應診，晚間授傷寒課，時至廣東中醫藥專門學校講課。與正果和尚、趙鶴琴齊名，為廣州名中醫師。一九二四年，攜眷赴香港定居，設"陳伯壇寓"，掛牌行醫。使用大劑量，其用藥劑量多至一劑有三四斤，故被稱為"陳大劑"。晚年在香港邊行醫，邊著書，獨資創辦伯壇中醫學校，參與授課。病逝香港。著有《讀過傷寒論》、《讀過金匱》和《麻痘蠡言》，凡百餘萬字。（《中國近現代人物名號大辭典》六八五頁）

陳俊彩生。

陳俊彩（一八六三～一九三一、一九三三），瓊山（今屬海南）人。少時人私塾就讀，二十三歲從藝，一生都在各戲班擔綱主角演小生，有"瓊劇生王"之譽，是以音樂過門代替幫腔之首倡者之一。民國十一年（一九二二）參加瓊崖土戲改良社與瓊崖優伶界工會，任副主席兼理事。帶頭上演時裝戲。善於編撰腳本，較有代表性劇作有《合竹成親》、《搶靈牌》、《奴主同科中》、《真假巡按》、《高待制出巡》、《蘇秦與張儀》等。（《廣東近現代人物詞典》二九四頁）

郭琰生。

郭琰（一八六三～一九二七），又名通，字紹智，號若愚。海陽（今潮安）人。光緒三年（一八七七）赴安南謀生，初從事商販逾十年。後自創通合公司、碾米廠、通源棉花公司、西寧糖絞公司、釀酒公司、遠洋航運公司等，漸成"通"字號資本集團，富甲南圻。時在港、穗、汕頭、新加坡皆有其商號。熱心公益。一九二六年捐資建堤岸新街市。病逝於越南堤岸。（《廣東近

現代人物詞典》四一二頁）

麥秩嚴生。

麥秩嚴（一八六三～一九四一），南海人。光緒二十四年（一八九八）戊戌科進士二甲。年方三十五歲中進士，欽點刑部主政。任大理院審判官，福建道、京畿道監察御史。民國初任肅政廳肅政使、平政院平事、袁世凱總統府特派專員。與康有爲同鄉、同僚、友好，在京同住南海會館。有爲壽辰，秩嚴書贈對聯云："五百年有名士，八千歲以爲春。"三十一年（一九〇五）秩嚴等三人被委派赴日本調研考察裁判、監獄等法律。回國後立即投入制定刑法、監獄法等事宜，並開創模范監獄，爲全國監獄作出典范，今北京第一監獄爲其舊址，沿用至今。

崔通約生。

崔通約（一八六三、一八六四～一九三七），原名成達，字貫之，號洞若，因信仰基督教而改名通約，筆名滄海。高明人。十三歲應童子試。後師事康有爲。光緒二十三年（一八九七）前往馬來亞吉隆坡，創辦《南洋時務報》（又稱《廣時務報》）宣傳維新變法，未及一年因經費困難而停刊。回國後，加入興中會。二十九年（一九〇三）赴香港，與鄭貫公等創辦《世界公益報》，任總編輯，尋改任該報及《羊城日報》駐日本東京記者。三十一年（一九〇五）加入同盟會。三十三年（一九〇七）赴加拿大溫哥華主持《華英日報》工作，同保皇派《日新報》開筆戰。一年後轉赴美國舊金山任《中西日報》記者，又與當地保皇派機關報《中國維新報》筆戰。宣統二年（一九一〇），兼任新成立之《少年中國晨報》編輯。一九一二年，再赴加拿大主持《大漢日報》。一九一五年至一九二八年在國內從事宗教、教育、辦刊活動。後再赴美，主持《中西日報》筆政。次年任致公堂《公論晨報》主筆。一九三二年回上海直至逝世。（《中國近現代人物名號大辭典》一一五〇頁）

黃伯耀生。

　　黃伯耀（一八六三～一九四○？），名耀恭，筆名有耀公、病國青年、光翟、大櫹、耀、翟、耀光、光、放光、老伯、伯、公等。番禺人。光緒十七年（一八九一）與弟世仲往吉隆坡。時尤列創設中和堂於英屬南洋各埠，伯耀加入，常爲當地華文報紙撰稿，文名漸著。嘗任星洲《大南報》編輯、《天南日報》記者、《圖南日報》編輯。三十一年（一九○五）回港，協辦同盟會機關報《中國日報》，參與《世界公益報》、《廣東日報》、《有所謂報》編輯工作。又與世仲創辦《少年報》及《中外小説林》。三十三年，創辦《社會公報》，任主編。宣統元年（一九○九）世仲完成了長篇小説《宦海升沈録》（又名《袁世凱》），伯耀爲其校對並作序。與歐博明、黃世仲創辦連續性白話小説雜志有《粤東小説林》（旬刊）、《廣東白話報》（旬刊）、《嶺南白話雜志》（週刊）。還與世仲主編《中外小説林》。辛亥革命後，因世仲案而留港，繼續從事報業工作，一九二四年出任《香港晨報》主編。晚年因視力不佳，先後在香港聖保羅男校、聖保羅女校及蘭芳書院任中文教師。日軍侵佔東北後，伯耀親送其獨子國棉參加十九路軍（國棉在保衛上海戰鬥中犧牲）。（《中國近現代人物名號大辭典》一一○三頁）

　　黃德源生。

　　黃德源（一八六三～一九四一），台山人。壯年赴緬甸，以土木建築爲業。光緒三十二年（一九○六）於緬入同盟會。忠州、防城、鎮南關、黃花崗諸役，均捐款助餉。一九一二年組建國民黨仰光支部，被選爲支部部長，並與黃壬戌等創辦《覺民日報》。一九一五年孫中山改國民黨爲中華革命黨，任仰光支部部長及緬甸籌餉局局長。一九二三年國民黨設總支部於仰光，任總支部部長；同年回國經營銀行。次年被選爲國民黨緬甸支部代表，出席第一次全國代表大會。一九三八年返緬。（《民國人物大辭典》一一三一頁）

　　許壽田生。

　　許壽田（一八六三～一九二九），字鶴儔，號仲毅。歸善（今惠州）人。早年就讀豐湖書院，從梁鼎芬遊。光緒廿四年（一八九八）拔貢，任湖北巴東知縣。宣統三年（一九一一）秋，擢江蘇鎮江知府，抵上海，武昌起義成功，清帝退位，遂回粵。民國七年（一九一八），經同窗好友古應芬、胡漢民引薦，至粵軍司令部負責文書等。十一年（一九二二）陳炯明武裝叛亂，指使葉舉炮轟總統府，與炯明決裂回鄉。著有《靜涼軒詩文稿》等。（《廣東近現代人物詞典》一二七頁）

　　楊夢弼生。

　　楊夢弼（一八六三～？），字蕭巖。曲江人。以拔貢朝考中式，分發湖南試用知縣。一九一二年倡辦馬壩圩育才高初兩等學校，自任校長，旋被舉爲曲江縣議事會議長。翌年被舉爲眾議員。一九一六、一九二二年兩次恢復國會，均任眾議員。（《民國人物大辭典》一二四〇頁）

　　鄧家仁生。

　　鄧家仁（一八六三～一九四二），字榮甫，號繼侯。石城（今廉江）人。十六歲始邊學邊教，重育人，教生徒立好心，講好話，行好事。（《廉江文史》第二輯）

　　鄭士良生。

　　鄭士良（一八六三～一九〇一），原名振華，字安臣，號弼臣。惠州人。光緒七年（一八八一），入廣州德國教會所辦禮賢學校學習，入基督教。十二年（一八八六）畢業，入博濟醫院附屬華南醫學校學習，與孫中山同學。十四年，輟學回鄉，在淡水墟開設同生藥房，善長擊技，被推爲三合會首領。後常至穗、港，與孫中山、陸皓東、程璧光等聚談時政，共圖反清大業。二十一年（一八九五）二月，與孫中山、楊衢雲、陳少白、陸皓東等在香港籌建興中會，負責聯絡各地三合會。十月，與孫中山等擬在廣州舉行武裝起義，因事泄而逃亡日本。旋奉孫中山命回港，策劃再起。二十五年（一八九九），與陳少白等於香港設立聯絡會黨機關。次年十月，在惠州發動三洲田起義，鏖戰半月，屢敗清軍。後因彈盡糧絕，退往香港。二十七年（一九〇一）八月二十七日，在港赴友人宴會時，被清廷收買之奸細下藥毒死（一說中風而亡）。（《中國近現代人物名號大辭典》八三一頁）

　　鄭伯昭生。

　　鄭伯昭（一八六三～一九五一、一九五九），香山（今中山）人。光緒十九年（一八九三）辦永泰棧。一九一二年，獲"大英牌"在華經銷權，旋被邀請與買辦鄔挺生同赴英國遊歷。後伯昭自立門戶，開設永泰和煙行，又經銷了"錦扇"、"仙女"等。一九二一年，將煙行改組成與英美煙草公司合辦之永泰和煙草股份有限公司，股本百萬元。"八一三"事變，使伯昭驚魂不定，旋離滬去港，解放前夕其家屬也相繼去港。後病卒澳門，終年九十餘歲。（《廣東近現代人物詞典》三六二頁）

　　謝義謙生。

　　謝義謙（一八六三～一九三二），字質我。梅州人。光緒十五年（一八八九）舉人。工詩詞，擅書法，被廣東水師提督李准聘爲西席。武昌起義後，受同盟會骨幹謝良牧之托勸説李准起義，准爲所動，接受所提條件，宣佈廣東獨立，兵不血刃而光復廣東。孫中山就任臨時大總統後，委任義謙爲惠陽長官，辭而未受。寓居汕頭，以賣字爲生。一九二五年在倫敦舉辦中國現代書法藝術展覽中展出其作品，備受讚賞。（《僑聲》第三八期）

　　譚鑣生。

　　譚鑣（一八六三～一九二四），字康齋，號仲鸞。新會人。中秀才，與表弟梁啟超赴廣州學海堂攻讀。光緒十五年（一八八九）中己丑恩科鄉試第九名舉人，後入康有爲萬木草堂就讀。二十一年（一八九五）參與公車上書。二十四年春，上京會試，又參與保國會及維新變法活動。是年秋，變法失敗，南下歸鄉，決意走"教育救國"道路。三十一年（一九〇五）春，清廷改革學制，廢科舉、興學堂。新會創辦初級師范學堂，委爲監督。尋又創辦新會官立中學堂，被委派兼任堂長。一九一二年新會官立中學堂改稱縣立中學校，監督改校長，一直任至一九二四年捐館。編輯《新會鄉土志》。次年，新會成立邑城教育會，被選爲會長。一九一六年被推舉爲文廟奉祀官。喜收藏書籍與文物。搜藏文物以資考史，所著《岡州考》、《古錢譜》，有獨得之見。（《中國近現代人物名號大辭典》一三〇三頁）

李玉森卒。

李玉森（？～一八六三），化州人。廩生。咸豐間辦團練對抗太平軍，同治二年（一八六三）被義軍所殺。著有《滴滴齋詩集》。（《化州縣志》卷九）

清穆宗同治三年　甲子　一八六四年

六月十六日，天京（今江蘇南京）陷落，太平天國革命失敗。

十一月二十三日，太平天國幹王洪仁玕於南昌被殺，臨刑賦《絕命詩》云：

臨終有一語，言之心欣慰。天國雖傾滅，他日必再生。

本年吳少村　昌壽由粵藩擢撫楚北，都人士賦詩贈行，鄧濤繪穗城棠頌圖。

鄧濤，字小石，如瓊子。畫山水有家法。同治三年（一八六四），吳少村昌壽由粵藩擢撫楚北，都人士賦詩贈行，濤繪穗城棠頌圖。柏林畫苑收藏其山水一小軸。汪兆鏞《嶺南畫徵略》卷十有傳。

本年太平軍陷閩詔安，近郊風鶴，全潮戒嚴，謝鍊倡言於眾禦之，人心始安。

謝鍊，號巢雲。桃山人。性聰慧孝友，見義勇爲。同治三年（一八六四）甲子，髮逆陷閩詔安，近郊風鶴，全潮戒嚴，謝鍊倡言於眾禦之，人心始安。桃都向無學舍，九年（一八七〇）庚午方軍門蕩平亂俗，重振文風，與廩生陳寶請於軍門，得撥罰銀二千元，復募捐以益之，遂創建寶峰書院。咸豐二年（一八五二）壬子，龍頭橋毀於水，爲文募修，卒告成功。卒年四十六。著有《南行記程》、《紅藥吟館詩鈔》。子秉成，增生。朱慶瀾《廣東通志稿》有傳。

本年番禺南村餘蔭山房始建，歷時五年，於八年（一八六九）竣工。山房故主鄔彬，字燕天，舉人，官至刑部主事、員外郎。其二子亦爲舉人，因有“一門三舉人，父子同登科”之說。

許應鏘於本年中舉人。

許應鏘，字少衢。番禺人。應騤從弟。同治三年（一八六四）舉人。久任湖北、安徽知縣，升直隸知州，薦道員賞戴花翎，二品銜加四級。中法戰爭間與李文田籌辦廣東團練。花鳥仿蔣南沙，山水師戴鹿床。汪兆鏞《嶺南畫徵略》卷九有傳。

梁友晟於本年中舉人。

梁友晟，字夔譜。順德人。同治三年（一八六四）舉人，三應會試不中。講學穗城，南海戴鴻慈、番禺曹秉濬、秉哲均出其門下。丁日昌聘主潮擷英書院，大吏復聘主韓山書院。年甫五十以病卒。著有《四書講義》。朱慶瀾《廣東通志稿》有傳。

謝薑臣於本年中舉人。

謝薑臣，字渠經，號石簃。東莞東坑人。同治三年（一八六四）舉人。邑沙田以微嫌構訟，與何仁山輩力爲保全。光緒六年（一八八〇）庚辰，大挑直隸知縣，次保定，以病卒。著有《生春草堂詩草》。張其淦《東莞詩錄》卷五九有傳。

梁炳南於本年中舉人。

梁炳南，字勉琴。順德人。同治三年（一八六四）舉人。十年（一八七一）考取宗室官學漢教習，期滿授羅定州學正。因母老，留本鄉授徒四十餘年。後又赴任羅定，兼主羅陽書院，以廉俸倡置學田。（《順德縣續志》）

潘澤霖於本年中舉人。

潘澤霖，字松泉。其先閩泉州，入籍番禺。同治三年（一八六四）舉人。五赴禮部不售，退而講學。光緒六年（一八八〇）大挑二等以教職用，後選授連州學正，不及職而卒。年六十三。著有《筆棲樓詩鈔》。（《番禺縣續志》卷二二）

張瀛於本年成貢生。

張瀛，號沐齋。大埔人。同治三年（一八六四）選貢。著有《周易輯說》。（民國《潮州志·藝文志·經部》）

胡燕方於本年成副貢生。

胡燕方，字翼南。番禺人。同治三年（一八六四）甲子副貢。家貧，授徒以養母。母卒，哀毀吐血亦卒。年三十八。許玉彬、沈世良《粵東詞鈔》卷三有傳。

丘逢甲生。

丘逢甲（一八六四～一九一二），字仙根、仲閼，又字吉甫、蟄仙，號蟄庵、華嚴子，別署海東遺民、南武山人、倉海君。辛亥革命後以倉海為名。祖籍嘉應鎮平（今蕉嶺），生於臺灣彰化。其先於康熙間徙台，父號潛齋，以詩書起家。逢甲年十三，補諸生，光緒十四年（一八八八）中舉人，翌年進士，授工部主事。去官返台，為臺灣台中崇文書院山長，後又於台南與嘉義教授新學。二十二年（一八九六）三月，日軍破澎湖，旋請割台，與諸紳出謀挽救，電奏力爭。後內渡，家於原籍，自稱臺灣遺民。旋主講潮州韓山書院，大吏屢徵不出。後粵大吏聘為廣府中學監督、兩廣方言學堂監督。光緒末各省置咨議局，被推任粵局議長。清亡，被推為教育司長，旋代表粵民赴南京，被選為臨時參議院議員。會疾發，倉猝南返，竟謝世。少耽詩，寢饋李杜蘇黃。既東歸，感懷人事，悲涼慷慨。著有《嶺雲海日樓詩鈔》。①黃文寬《嶺南小雅集》卷三有傳。

———————

① 《嶺雲海日樓詩鈔》按年分卷編次。卷五、卷六為己亥稿上、下，卷八為辛丑、壬寅稿，卷九為癸卯、甲辰稿，卷十為乙巳、丙午、丁未稿，卷十三為庚戌、辛亥稿，其余一年一卷。

伍德彝生。

伍德彝（一八六四～一九二七），字興仁，一字懿莊、逸莊、乙莊，號乙公、敘倫，別號花田逸老。番禺（一作南海）人。擅詩文書畫篆刻，家富收藏，著有《松苔館題畫詩》二卷、《浮碧詞》二卷。父延鎏，叔金城，弟樂陶，均與居廉交善。德彝少時便入居廉之門，深得其傳，與溫幼菊齊名華南。曾創辦廣州南武學校。晚年失明。（《中國近現代人物名號大辭典》二三三頁）

江孔殷生。

江孔殷（一八六四～一九五二），字韶選、少泉，號霞公。南海人。幼年喪父，家境頗窘。性聰慧，讀書過目成誦，又擅書法。光緒三十年（一九〇四）中恩科進士，選入翰林院，授庶吉士，旋升編修，後任天津海關道。三十三年欽放廣東道臺，入宮見光緒帝及慈禧太后，得賞蘭花百二十盆。回粵任廣州清鄉督辦，在廣州河南同德里建"江太史第"，別稱"江蘭齋"，冼玉清曾在其家任秘書。（《中國近現代人物名號大辭典》二九七頁）

宋嘉樹生。

宋嘉樹（一八六四、一八六一～一九一八），原名韓喬孫（蓀），名教准。文昌（今屬海南）人。十二歲時至美國尋堂舅父謀生，舅父無子，遂收為養子，改姓宋，名嘉澍，別名（號）耀如。於美入基督教，英文名查理·瓊斯·宋，習稱宋查理。後入北卡羅來納州杜克大學聖三一學院學習，一年後轉至萬德畢爾特大學神學院。光緒八年（一八八二）入田納西州范德堡大學神學院，十一年（一八八五）畢業，次年回國，在蘇州、上海等地傳教，並執教教會學校，胡適即為其學生之一。是年夏與倪桂珍結婚，兩年後在上海創辦美華印書館，印行中文本《聖經》，參與創立中華基督教青年會，又兼任上海福豐麵粉廠經理。二十年（一八九四）夏，孫中山與陸皓東北上途經上海，與嘉樹相識。嘉樹在傳教同時，暗中印行革命刊物及小冊子。民國成立後，嘉樹曾隨孫中山訪問日本。二次革命時，舉家避居日本。因腎病在

上海去世。育有子女六人，依次爲靄齡、慶齡、子文、美齡、子良、子安。（《中國近現代人物名號大辭典》五七八頁）

邱雁賓生。

邱雁賓（一八六四～？），新加坡籍，祖籍廣東。光緒二十八年（一九〇二）督辦海峽輪船公司，翌年創辦廣益銀行，三十一年（一九〇五）發起創立七州府醫科大學，一九一二年任太平局局員，一九一八年在倫敦北英藝術學院任職。

沈宗畸生。

沈宗畸（一八六四、一八六五、一八五九、一八五七～一九二六），字太侔，晚年號南野。番禺人。光緒元年（一八七五）入都，十五年（一八八九）中舉人，爲官禮部祠祭司。因有妾名拜鴛，故名其室曰拜鴛樓。少年時才藻稱冠藝林，有《落花詩》傳唱一時，人稱“沈落花”。在京三十餘年，寄興詩詞，“好爲花月冶遊”，對同治、光緒間梨園遺聞逸事，瞭解頗詳。辛亥前後甚爲活躍。著有《東華瑣錄》一卷，多記舊京遺聞掌故、里巷民俗，詞章雅馴。《便佳榜雜鈔》多載同治、光緒、宣統三朝掌故，珍聞佚事，有裨史料。《官一南零夢錄》一卷，系晚年追記當年“雅遊之跡”，著錄伶壇舊聞，皆是當年親聞目睹。另有《繁霜詞》一卷，又輯《今詞綜》四卷。（《中國近現代人物名號大辭典》五六〇頁）

周少岐生。

周少岐（一八六四～？），東莞籍，生於香港。埈年父。畢業於皇仁書院，十九歲任船政署文牘書記八年，後出任萬安洋行保險公司司理。創辦全安保火險公司，後又創辦香港九龍置業按揭公司、元安、兆安兩家輪船公司、泰新銀號，還經營股票。光緒二十九年（一九〇三）被委爲太平紳士，其後爲香港定例局（立法局前身）議員。熱心社會公益，嘗捐米糧賑荒，獲清政府獎知府銜，晉援朝議大夫。獲選爲東華三院主席、香港大學堂董事等職。

馬應彪生。

馬應彪（一八六四～一九四四），香山人。早年爲生計去澳洲悉尼謀生。光緒二十六年（一九〇〇），籌資在香港籌辦先施百貨公司，自任總監督。一九一四年在廣州長堤建立先施粵行，附設東亞大酒店，總投資港幣百萬元。一九一七年公司業務擴展至上海。一九二一年與蔡興等創辦香港國民商業儲蓄銀行。一九三六年辭職退休養老。捐鉅資於廣州嶺南大學，兼任校董。病逝香港。

陳盛生。

陳盛（一八六四～一九二六），高要人。童年至佛山以打銅箔爲生，於拳師周金彪門下練武。光緒九年（一八八三）得金彪薦，拜佛山鴻勝武館創始人張炎門下。後炎在順德陳村比武，因年老氣衰落敗，得盛挽回面子，遂當眾宣佈盛爲其繼承人。光緒二十六年（一九〇〇）炎已卒，盛赴港。旋因酒醉傷人，復回佛山掛出"鴻勝祖館"招牌。又先後在白金街黃巷及山紫村設有支館，還兼任佛山銅箔業、鞋業、染紙等二十多個行業工人組成之螺涌社社長。民國十年（一九二一），師徒開設之鴻勝武館多達十三間。卒時參加送殯者約五千人。（《廣東近現代人物詞典》二六五頁）

陳鐵笙生。

陳鐵笙（一八六四、一八七三～一九四〇），字卓枚。新會人。幼時家室富有，擅文學，精音樂，善書法。曾任《天譯報》記者，晚清時參加同盟會。由於體質差，不到四十歲便要挂手杖才能走路，曾有"油炸燴腳"（油條腿）綽號。民國五年（一九一六）參加精武會，主編《學生雜誌》"技擊叢刊"。開始習武，不到一年，即能在刀劍叢中與諸少年角逐。後專志於精武事業，一直爲精武會主編人員。編著有《譚腿》、《達摩劍》、《會戰》、《五虎槍》、《童子軍棍術》、《精武》、《精武本記》等十餘種書籍，也爲《中央精武雜誌》主要編纂者。民國六年，就武術與國粹等問題在《新青年》雜誌"隨感錄"中與魯迅開展辯論。二十四年（一九三三）去廣州。逝於澳門。（《廣東近現代人物詞典》二九八頁）

黄三德生。

黄三德（一八六四、一八六三～一九四六），字傳鎰。新寧（今臺山）人。十五歲到美國，爲人嫉惡如仇，行俠仗義，光緒二十三年（一八九七）被推舉爲三藩市致公堂盟長，兼亞利桑那州帕衮斯凱特（華僑稱作巴士傑）埠公堂盟長，後又被推選爲三藩市致公堂總理。結識孫中山後，積極支持孫中山領導的民主革命，並積極發動華僑爲中國革命捐錢。後因"洪門立案"與孫中山關係惡化並最終破裂。一九三六年由其口述，他人整理，出版了《洪門革命史》一書，該書雖然對孫中山存有不少偏見，但也較詳盡地記載了辛亥革命期間洪門致公堂支持革命運動，與孫中山、同盟會在美洲共同戰鬥的光輝事蹟，具有很高的史料價值。後在美國洛杉磯病逝。（《廣東近現代人物詞典》二九八頁）

黄恩銘生。

黄恩銘（一八六四～一八九八、一九〇〇），字褒領，號黄雅、銘道人等。三水人。爲詩多庚信、鮑照清新之作。光緒十六年（一八九〇）庚寅年廿七，以縣案第一進庠，越二年以一等補增生。書法得力於顏平原，出入秦篆漢隸、晋爨寶子諸家，顏其齋曰"漢瓦宋磚之室"。年三十五卒。兄恩湛跋《印存》後。冼玉清《冼玉清文集》上編有傳。

黄啟祥生。

黄啟祥（一八六四、一八六〇～一九二五、一九二三），字景南。新會人。赴越南販豆芽爲業。光緒三十一年（一九〇五）在越南加入同盟會。翌年受胡展堂命組織書報社。三十三年（一九〇七）資助鎮南關起義。後命其子參與運械予參加黄花崗起義者。一九一六年袁世凱稱帝，被捕入獄，旋獲釋。一九二六年回國組織華僑義勇隊，參加討伐莫榮新。事平，寓居廣州東山。

（《民國人物大辭典》一一二二頁）

曹嘉祥生。

曹嘉祥（一八六四～一九二六），字希麟。順德人。於同治十三年（一八七四）作爲第三批幼童赴美留學。光緒七年（一八八一）隨衆歸國，入天津水師學堂，畢業後供職於北洋海軍，歷任"鎮遠"鐵甲艦槍炮大副、煙臺水師提督署提調、北洋海軍兵備處一等參事官，曾參加中日甲午海戰並受傷。二十世紀初袁世凱接收曾被八國聯軍侵佔之天津時，任命爲天津巡警道，負責指揮由三千北洋軍轉業之中國員警，在其勤勉努力下，一掃混亂局面，"北洋警政"因而聞名全國。辛亥革命後，世凱出任大總統，任總統府高等侍從武官，領海軍少將銜。一九一五年五月升海軍部次長。一九二一年辭職在上海閑居。（《中國近現代人物名號大辭典》一一四一頁）

程景宣生。

程景宣（一八六四、一八七四～一九三四），字竹韻，號龍湖叟，別署篆香室主。南海佛山人。畫山水、花鳥、蟲魚，雅淡清逸。書工篆、隸，兼鐵筆。畫學王石谷與蔣廷錫，設尚美畫室於廣州西關寓所鬻畫授徒，歷十餘年，從學者衆。病歿廣州。（《中國近現代人物名號大辭典》一二一八頁）

張允文生。

張允文（一八六四～一九四〇），祖籍高要蓮塘。父玉屏於清末購得裁撤之督標後營守備署舊址，定居肇慶米倉巷。十八歲時由教會保送廣州博濟醫院附屬南華醫校習西醫。光緒十六年（一八九〇）畢業後，返肇巡捕巷設"存濟醫局"，尋遷福建巷。三十二年（一九〇六）又遷正東路，改名存濟西藥房。民國元年（一九一二），應聘赴山東濟南撲滅瘟疫，歷時三月返肇，獲贈"醫達齊魯"匾。次年在米倉巷創辦廣肇浸信醫院。三年，至湖北陸軍預備學校任軍醫，數月後返肇。次年（一九一五）大水災，雇一小船親赴景福圍災區爲民施醫贈藥。十八年應縣長聘，任縣立平民醫院籌備處主任，並將浸信醫院改爲信立學校，收養孤兒及盲童。二十六年（一九三七）任縣立平民醫院院長至卒。（新編《高要縣志》）

廖恩燾生。

廖恩燾（一八六四、一八七四～一九五四），字鳳舒（書），號懺盦，又號珠海夢餘生。歸善（今惠州）人。仲愷胞兄。日本東京帝國大學政治系畢業。光緒三十四年（一九〇八）任清政府外交官，曾代表袁世凱出席南北議和會議，其弟仲愷則爲南方政府代表。一九一五年任駐古巴代辦使事，兼駐古巴總領事。一九一七年十一月回國。一九二二年二月暫代駐朝鮮總領事。一九二五年任金陵海關監督，十二月派代駐智利公使館代辦使事。次年兼任駐巴拿馬公使。一九二七年二月任駐古巴公使。一九二九年十月回國。一九三四年六月任駐馬尼拉總領事。後辭職經商。一九四四年五月充任汪僞南京國民政府委員。次年秋被捕入獄，獲釋後移居香港。生平好究詩詞，以粵語入詩，奇趣百出。著有《嬉笑集》、《影樹亭詞、滄海樓詞合刻》、《粵謳》、《捫虱談室詞》等。（《廣東近現代人物詞典》五四三頁）

鄭懋修生。

鄭懋修（一八六四、一八六三～？），字梅仙。潮陽人。光緒時以主事籤分戶部廣西司，旋任湖廣司主事等。武昌起義後棄官南歸。一九一三年選爲眾議院議員。國會解散歸里，推爲縣教育會會長。一九一六年國會恢復，仍任眾議員。（《民國人物大辭典》一四九〇頁）

鍾應熙生。

鍾應熙（一八六四～一九三六），蕉嶺人。廩生。光緒三十一年（一九〇五）任鎮平（蕉嶺）學務公所內董事、所長，同年九月與丘逢甲創立鎮平師范傳習所，選收平遠、蕉嶺學生學習。翌年傳習所改爲鎮平官立中學堂（今蕉嶺中學前身），被舉爲中學堂監督，並在兩縣創設小學七十餘所。（《蕉嶺文史》第四輯）

徐子英卒。

徐子英（？～一八六四），字初雯。鎮平人。諸生。同治三年甲子鎮平之亂，父子罵賊不屈死，御史鍾孟鴻奏請賜恤襲雲騎尉世職。胡曦《梅水匯靈集》卷七有傳。

盧葉祖卒。

盧葉祖（？～一八六四），字燕謀。東莞人。隨叔父應翔在兩湖、江浙等地攻打太平軍，以功官吳淞鎮都司，於宜興被太平軍代王黃精忠部擊殺。（宣統《東莞縣志》卷七三）

趙齊嬰卒。

趙齊嬰（？～一八六四），字子韶。幼時趙氏養爲子，遂襲其姓。居廣州北，隸籍番禺。好古學，尤好考究地理。家貧，授徒自給。好周人之急，雖傾囊相贈而不惜。屢試不取，捐國子監生。同治三年（一八六四），有旨各省繪地圖以進，廣州府學延聘鄒伯奇、陳澧、徐灝及齊嬰總核其事。齊嬰晝夜鉤稽，遂病不起，卒年四十。葬於小北門外，陳澧銘其墓，稱番禺賢士。著有《漢書西域傳圖考》四卷，學海堂刻本。（《東塾集·趙子韶墓碣碑》）

清穆宗同治四年　乙丑　一八六五年

三月，太平天國餘部在康王汪海洋率領下進入廣東大埔。後入閩，再至廣東鎮平，退往平遠、和平，進入興寧，在白水寨痛擊清軍，再經龍川入贛。

十二月，占嘉應州，左宗棠來攻，汪海洋與之周旋近兩月，中槍犧牲，偕王譚體元率餘部在黃沙嶂與清軍搏殺，全軍覆没。長篇敘事歌謠《長毛歌》生動記述了以上史實。（羅可群《廣東客家文學史》）

本年汪海洋入嘉應州，張金秀潛入其營。

張金秀，博羅人。世業農。太平軍起，從軍隨清將王德榜轉戰，獎千總。同治四年（一八六五）汪海洋入嘉應州，潛入其營，勸歸善人某降清被禁，逃脫。後從左宗棠出玉門，平新疆，積官提督。光緒十一年（一八八五）解甲歸里。（民國《博羅縣志》卷七）

廖鶴年於本年中狀元。

廖鶴年（一八四六～一八八一），字翰昌，號雲氅。番禺人。同治四年（一八六五）乙丑會試第一名進士，時年二十，以腕疾不中楷書，援例改兵部主事。在都與張之洞、汪鳴鑾、張鼎華唱和，爲蓮溪詩社。究心地志，於西北邊防尤多考論。李鴻章欲延入幕，爲忌者所阻。又擬充俄使參贊，以親老固辭。旋乞養歸，課徒郡學。時基督教盛行，著論三篇，痛陳其害。光緒七年辛巳卒。吳道鎔《廣東文徵作者考》卷十一有傳。

曹秉哲於本年中進士。

曹秉哲（？～一八九一），字仲明，號吉三。番禺人。秉濬（濬）弟。同治四年（一八六五）進士，改翰林院庶吉士，七年，散館授編修。十年，充會試同考官，十一年（一八七二），加侍講銜。十二年，記名以御史用。光緒元年（一八七五），充實錄館總纂官。八月，充順天鄉試同考官，旋充國史館、功臣館纂修、本衙門撰文。三年，補江南道監察御史，並署戶科給事中。五年，署甘肅蘭州道。八年，署按察使。次年丁憂回籍。十三年（一八八七），服闋，補河南彰衛懷道，救洪災甚力。調署開歸陳許道，不期而至數千人，堅請留任，巡撫倪文蔚允之。十五年夏，在祥河廳監防大汛，堵塞漫口，十餘日而工竣。素有暈眩疾，至是加劇。翌年，補山東按察使，十七年卒。著有《紫荆吟館詩集》、《紫荆吟館賦略》。國史館《清史列傳》卷七七有傳。

陳鴻彬於本年中武進士。

陳鴻彬，號月汀。東莞塹頭人。同治四年（一八六五）武進士，永靖營分府。歸田後築聽香園，栽花木，列圖書，時招騷人墨客觴詠其間。張其淦《東莞詩錄》卷六十有傳。

梁浩才於本年成貢生。

梁浩才，字澄芳，號雲濤。東莞旨亭街人。同治四年（一八六五）乙丑恩貢。年十九以縣冠軍遊泮。家貧，授徒自給。晚歲於冬餘講學，以勞瘵病殁。著有《聽香山館詩鈔》。張其淦《東莞詩録》卷五四有傳。

尤列生。

尤列（一八六五～一九三六），字令季，別字少紈，號小園，又號吴興季子，晚號鉢華道人。順德人。十七歲時在上海參加洪門，二十二歲入廣州算學館，結識孫中山、鄭士良，常與孫中山、楊鶴齡、陳少白等暢談革命，時人稱之“四大寇”。光緒二十一年（一八九五）在香港參與組織興中會，名曰“乾亨行”，先後參加廣州起義、惠州起義籌劃。二十六年（一九〇〇）赴日本，被選爲中和堂會長。次年赴南洋組織中和堂分會，並在新加坡創辦《圖南日報》。同盟會成立，中和堂遂歸之。辛亥革命後，反對袁世凱稱帝，並組織救世軍討袁。一九二一年任孫中山護法軍政府顧問。後脱離政界，南返香港，設皇覺書院講學，以教授蒙童爲生。一九三六年九月扶病入京，面陳救國方略。旋病逝南京。著有《四書章句易解》、《四書新案》、《尤列集》等。

吴汝讓生。

吴汝讓（一八六五～一九三九），恩平人。光緒二十七年（一九〇一）舉人，三十三年（一九〇七）欽點法部主事。辛亥後曾任浙江高等法院院長、中央大理院庭長等。（民國《名人傳》）

何藻翔生。

何藻翔（一八六五～一九三〇），初名國炎，字梅夏、蔚高、翽高，號溥廷，晚號鄒崖埔者。順德人。早年肄業應元書院。光緒十八年（一八九二）壬辰進士，以主事簽分兵部武選司。二十一年上書劾軍機大臣、兵部尚書孫毓汶貪驕誤國六大罪，同年參與組建强學會於京師，翌年考取總理各國事務衙門章京。三十年（一九〇四）官外務部主事，三十二年隨張蔭堂使西藏，與英議約，曾奏參駐藏大臣有泰等，擬訂藏俗改良及西藏善後問題條項。民國建立後，任廣東通志館總纂、保衛團局長、廣東醫學實習館館長、學海堂學長。一九二〇年赴香港執教。一九二二年總纂《順德縣志》。晚年校理《東塾遺稿》。卒於香港。著有《六十自述》、《鄒崖詩稿》、《嶺南詩存》等。（《中國近現代人物名號大辭典》五二二頁）

袁仰山生。

袁仰山（一八六五～一九一九），名萬，又名碩原，字鳳翔。東莞溫塘人。監生，廢科舉後專攻醫術。學成後遷居莞城行醫，先後設館於東門正街、賣麻街和阮涌尾。光緒二十年（一八九四），東莞首次鼠疫流行，用解毒活血峻劑，並按經絡循行部位輔以引經佐使之藥，存活甚眾。醫術高明，學貫各家，尤得力於《河間六書》，故治溫熱病有神效。著作頗多，傳給徒弟者有《醫案》和《存疑》等手稿。抗日戰爭時，子孫全部逃入內地，所有醫書及著作，除所著《鼠疫劄記》已由李翼農整理傳世外，其餘已散失迨盡。

容閎生。

容閎（一八六五～一九三三），又名耀垣，字達景，號星橋。香山南屏（今屬珠海）人。閎兄。九歲赴美國留學，入耶魯大學。光緒七年（一八八一）回國，入海軍任初級軍官。十年赴漢口茶行任職。十七年（一八九一）赴港入同盟會。二十五年（一八九九）於香港創辦《中國日報》。一九一二年回南京任臨時大總統最高顧問。後在港、滬經營中遣輪船公司與房地產。後在滬逝世。（《民國人物大辭典》七七一頁）

陳純生。

陳純（一八六五～一九一八），字卓廷。博羅人。少壯稱雄綠林。早年入同盟會。光緒二十三年（一九〇七）孫中山定於黃岡起兵，同時於惠州發難，由邑人鄧子榆傳中山命，召純起兵七女湖外江。得手後入泰美、三逕等地，遭清軍設炮防堵。入羅浮招集義兵，殺清軍頗多。後聞黃岡敗，又入梁化，藏軍械，奉赴香港，再走南洋。後返國。辛亥功成，佐陸軍綏靖惠州。（民國《博羅縣志》卷七）

陳鑾生。

陳鑾（一八六五～?），字宇琴。新會人。畢業於香港皇仁書院。歷任北洋洋務隨辦、英藏條約通譯、稅務學堂總辦、外務部俄國條約研究會會員等職。（《民國人物大辭典》一〇〇六頁）

陳珠若生。

陳珠若（一八六五～一九一三），又名連福。蕉嶺人。廩生。家貧好學，設館授徒，精武功。戊戌變法後潛心新學，與人在村內創辦新文學堂，十數年如一日，興學育人。民國初年，應聘赴虎門任職年餘，因病逝世。（一九八九年《蕉嶺縣志》）

陳景華生。

陳景華（一八六五～一九一三），字陸畦（一說陸遠），自署無恙生。香山人。光緒十四年（一八八八）舉人，任廣西貴縣、桂平知縣。二十九年（一九〇三），因懲辦受招撫之巨盜陸顯（又名阿發）而被革職查辦，等候奉准正法。後得其弟助逃香港，復轉赴暹羅（今泰國），接受孫中山三民主義綱領，投身反清、反保皇黨鬥爭。三十四年（一九〇八），與蕭佛成在曼谷先後創辦《美南日報》（後易名《湄南日報》）、《華暹日報》（後改為《華暹新報》），激烈鼓吹革命。十一月，孫中山抵曼谷，創立同盟會曼谷分會，定《華暹新報》為分會機關報。宣統二年（一九一〇），在香港以惠記洋行買辦身份從事地下活動，以洋行信箱通訊聯絡，並參加營救革命黨人活動。三年，胡漢民就任廣東省都督，先後委以民政部長及員警廳長之職。民國二年夏，討袁"二次革命"失敗。八月，在廣州被龍濟光殺害。（《中國近現代人物名號大辭典》七一六頁）

唐雄生。

唐雄（一八六五～一九五八），族名謙光，號輝涵。香山唐家灣鎮（今屬珠海）人。光緒二年（一八七六）隨父母赴檀香山經商，入讀當地埃奧蘭尼教會學校，與同至檀香山之孫中山同窗。十九歲出任檀香山華美銀行總經理，爲了支持孫中山革命，欠下銀行大筆債務，被稱爲總理（孫中山）早期革命戰友和同志。一九四六年攜妻子回唐家，協助管理共樂園。（《廣東近現代人物詞典》四一八頁）

麥信堅生。

麥信堅（一八六五、一八六三～一九四七），字佐之。番禺人。早年就讀香港師范學院及北洋醫學堂，畢業後在港開診所。通英語。先後治癒李鴻章、慈禧太后之病。光緒十四年（一八八八）任北洋醫局醫官。二十二年隨李鴻章赴歐洲考察。二十八年（一九〇二）回國，後任天津工程局坐辦兼紅十字會醫院總辦、電車電燈公司董事、招商局總辦兼電報局總辦。任招商局總辦時，曾爲李鴻章創建北洋艦隊購置艦只及艦上軍械、武器。一九一四年任中華民國交通部次長，任內適逢中俄共建中長鐵路及南滿鐵路，參與其事，親力親爲。（《中國近現代人物名號大辭典》三四七頁）

湯廷光生。

湯廷光（一八六五～一九三三），幼名朝焰，字朗亭。花縣人。畢業於黃埔水師學堂，參加甲午中日海戰，歷任海琛巡洋艦長、海軍部次長。民國八年（一九一九）加海軍中將銜，表彰其護法勳勞。次年八月接任廣東督軍、海軍部長。十一年（一九二二）六月十六日，陳炯明發動兵變，迫孫中山下野。次年陳炯明敗退羊城，中山回粵，三月二日重建陸海軍大元帥大本營，仍爲海軍部部長、廣東省治河督辦。（《中國近現代人物名號大辭典》三〇四頁）

薛廣森生。

薛廣森（一八六五～一九四三），字湛禧，號公奮。順德龍江人。十七歲去香港在船廠做鉗工，在港參加革命。一九一五年成功研製出中國第一臺國產柴油機。民國初年創辦廣州協同和機器廠，並興辦粵海航運、十多家機器碾米廠、繰絲廠，接辦華南地區最大型造紙企業綿遠紙廠。民國二十七年（一九三八）日本軍侵佔廣州後，槍殺協同成米機員工二十多人，焚燒公心成等幾家米機，佔用協同和機廠及綿遠紙廠，炸沉粵海公司部分輪船，使其遭受沉重打擊。晚年萬念俱灰，迷信風水，但仍不失愛國之志。日本軍方曾邀其參加廣州偽商會，堅辭不就，避居家鄉。後病逝。（《廣東近現代人物詞典》五六〇頁）

謝高卓生。

謝高卓（一八六五～一九〇三），字晉三。東莞人。咸豐十一年（一八六一）武舉人。同治八年（一八六九）隨軍征寧夏馬化龍回軍，以功官守備。光緒二年（一八七六）攻打阿古柏佔據之瑪納斯城，升遊擊。卒於臺灣軍營。（宣統《東莞縣志》卷七三）

鐵禪和尚生。

鐵禪和尚（一八六五～一九四六），法名心鏡，又號鐵頭陀。俗姓劉，名梅秀（一作秀梅）。番禺人。十九歲時由堂兄劉鳳巢引薦，投劉永福部爲文書。光緒十年（一八八四）至十一年隨軍赴越南參加抗法戰爭。戰後回鄉，以賣書畫維持生計。二十年（一八九四）其妻兒染疫病故。二十四年（一八九八）投廣州六榕寺源善和尚剃度出家，法號鐵禪。源善圓寂，承接衣鉢，繼任房主。時劉永福駐兵廣州燕塘，時有過從。其友石堂漸執掌六榕寺，遂任住持。二十六年（一九〇〇），清廷詔封廣東僧綱司。二十九年（一九〇三），兩廣總督岑春煊以變賣佛寺財產，通過春煊幕僚王廣齡將部分寺產及書畫獻出，遂得春煊贊許，並獲光緒帝所賜"清修忠悃"匾。宣統元年（一九〇九），陳去病、葉楚傖、柳亞子等在蘇州"南社"，擬在穗成立分社，聞知請將社址置六榕寺，後又在寺內人月堂組織國畫研究會。辛亥革命前，結識孫中山，同情支持革命。孫中山曾在六榕寺內開秘密會議，因而與胡漢民、汪精衛、戴季陶等國民黨要人相識並有交往。民國成立後，鐵禪在穗組建廣東省佛教總會，任會長。孫中山辭去臨時大總統之職南返廣州時，迎至六榕寺，得贈予"平等自由博愛"與"闡揚佛教"兩匾。民國十九年（一九三〇），以重修寺宇爲名廣爲募捐。期間，將移置西禪寺多年之六祖鑄像迎回六榕寺，建紀念六祖牌坊及補榕亭，收歸散置在外之太湖奇石"朵云"，重修花塔。二十七年（一九三八）十月，日軍佔廣州，先避難於番禺、佛山等地，後應邀請，於次年回穗主持六榕寺，並出任僞華南日華佛教協會副會長。後就任僞國際佛教協會華南支部部長，舉辦"佛教演講員訓練所"。二十九年（一九四〇）赴日考察，拜謁裕仁天皇，領受《大正藏經》一部；三十二年（一九四三）七月出席在東京舉行之大東亞佛教會議。三十五年（一九四六），欲告老還鄉，致函延請乳源雲門寺住持虛雲和尚接管六榕寺。隨即以漢奸罪被判有期徒刑八年，不服，上訴，改判四年。病卒獄中。（《中國近現代人物名號大辭典》一〇〇一頁）

陳展驥卒。

陳展驥（？～一八六五），字翼卿。鎮平人。雁皋弟。同治四年（一八六五）乙丑，鎮平寇亂，遘疾卒。胡曦《梅水匯靈集》卷七有傳。

徐旭暉卒。

徐旭暉（？～一八六五），字曉東。鎮平人。同治四年（一八六五）乙丑，流寇陷鎮平，殉難。余祖明《廣東歷代詩鈔》卷四有傳。

陸順得卒。

陸順得（？～一八六五），一名順德。廣東人。[①]早年參加太平軍，後爲李秀成部將。咸豐八年（一八五八），參與摧毀江北大營之役，戰功卓著。十年，授南破愾軍主將。次年九月二十九

---

① 一作廣西藤縣人。

日，隨秀成入浙，奪蕭山，率部克紹興。在破諸暨包村戰鬥中，大破“白頭軍”。同治元年（一八六二）因功晉封來王。鎮駐紹興近二年，其間施行太平軍之政策法令。後奉調赴天京。三年（一八六四），隨李世賢部入贛。天京陷落後，轉戰閩、粵。次年於閩長樂被叛徒出賣而被殺。（《中國近現代人物名號大辭典》六五六頁）

李阿娘卒。

李阿娘（？～一八六五），信宜人。陳金釭天地會起事失敗，李克鍾、一貫被殺，阿娘發誓報仇，動員岑溪、北流、容縣天地會眾數千人與清軍激戰，失利被俘殺。（《信宜人物傳略》）

清穆宗同治五年　丙寅　一八六六年

四月初六日，羅天池卒。（新會良溪《蔭底本原堂羅氏族譜》）

本年高學燧編輯《廣東圖説》。

高學燧，字星宜（儀）。番禺人。歲貢生。肄業學海堂。專習《禮記》，出陳澧門，曾爲澧校《漢儒通義》。同治五年（一八八六）編輯《廣東圖説》，當道延爲繪圖兼總校。弟學瀛，同治二年（一八六三）癸亥進士，翰林院編修。吳道鎔《廣東文徵作者考》卷十一有傳。

本年黃遵憲賦《鄰婦嘆　丙寅》七言古詩，多處運用對比襯托，深刻表現清末社會矛盾之尖銳及百姓走投無路苦況。

本年遵憲長妹珍玉出嫁，遵憲賦《送女弟》三首五古送之。（鍾賢培、管林、謝華、汪松濤《黃遵憲詩選》三四六、三四八頁）

本年劉喜日獨資經營，爲當地華僑首富。

劉喜日，號德照。海陽（今潮安）人。壯赴新加坡，初爲小販，後與人合資創榮豐號公司，以販當地土特產與英商致富。（《庵埠鎮志》）

本年澳門普濟禪院火災。（姜伯勤《石濂大汕與澳門禪史》三九四頁）

黃培南於本年成貢生。

黃培南，號蔭堂。四會人。同治五年（一八六六）拔貢。著有《蔭堂詩草》。（光緒《四會縣志》）

朱俊英生。

朱俊英（一八六六～一九二三），原籍四邑，生於澳洲。早年曾返鄉接受中文教育。返回澳洲後任礦區中文翻譯，嗣參加自由黨，任塔州國會議員。一九一三年當選聯邦議員，兩度連任，一任副議長。（《廣東近現代人物詞典》九三頁）

吳趼人生。

吳趼人（一八六六～一九一〇），原名寶震、沃堯，字小允，又字繭人，筆名有偈、佛、繭叟、繭翁、野史氏、嶺南將叟、中國少年、我佛山人。南海人。曾祖父容光，曾任湖南巡撫，代理兩廣總督，祖父革余，官至工部員外郎，父允吉，曾任浙江候補巡檢。趼人幼年喪父，十七八歲至上海謀生，常為報紙撰寫小品文。光緒二十九年（一九〇三）始在《新小說》雜志上先後發表《電數奇談》、《九命奇冤》、《二十年目睹之怪現狀》等，其中《二十年目睹之怪現狀》轟動一時，影響深遠。（《中國近現代人物名號大辭典》四八二頁）

何甘棠生。

何甘棠（一八六六～一九五〇），本名啟棠，字棣生。原籍新安（今寶安），生於香港。啟東（何東）同母異父弟。甘棠曾任怡和洋行買辦等職。早年就讀於香港中央書院。畢業後，在渣打洋行經營保險、糖業等生意。後在中國内地及澳門、東南亞遍設商號，經營金融、糖業、花紗、煤炭、雜貨等業務。宣統三年（一九一一），辭渣打洋行職務，一九二一年更將各地商號結束，專注於社會公益事業，曾多次出資襄助學校及醫院建設。光緒三十年（一九〇四）香港疫症流行，與馮華川、劉鑄伯等創辦公立醫局，免費開診。三十二年（一九〇六）任東華醫院理事會主席，創立廣華醫院。三十四年（一九〇八）任職潔淨局時，極力爲華人爭取自治自理權。一九一五年創辦聖約翰救傷隊香港分會。英皇喬治五世曾分別在一九二四年及次年頒授聖約翰官佐勳銜及聖約翰爵士勳銜。歷任太平局紳、保良局紳、團防局紳等職。香港賽馬會爲英國人所創立，長期拒絕華人參與。一九二七年與港督金文泰爵士協商，容許華人爲會員，爲華人爭得了參賽資格。一生曾四次獲得國民政府授予嘉禾勳章。一九二四年英國聖約翰救傷總會授予爵位獎章及慈善銀獎章，一九二八年英國政府授予 OBE 勳章。（《廣東近現代人物詞典》二一二頁）

林廷鎏生。

林廷鎏（一八六六～一九四〇），字倫有。香山人。早年畢業於廣東水師學堂輪機科。清末加入同盟會，曾任兩廣方言館、廣雅書院、法政學堂、廣府中學算學教習。子繼庸。（《中國近現代人物名號大辭典》七五〇頁）

洪沛臣生。

洪沛臣（一八六六～一九一六），普寧人。潮州城洪日盛古董店東主。嗜潮州民間音樂，尤擅琵琶、三弦，爲南派琵琶彈奏法宗師，吸收國內外各地音樂文化，豐富發展了潮州民樂，有琵琶、三弦、箏合奏譜若干首傳世。（《潮州市民間音樂志·傳略》、《潮州市文化志·傳略》）

孫中山生。

孫中山（一八六六～一九二五），幼名象，又名帝象、帝朱，原名文，字載之，號逸仙。香山人。祖籍東莞長安鎮上沙村。起共和而終帝制。光緒三十一年（一九〇五）成立中國同盟會。辛亥革命後被推舉爲中華民國臨時大總統。一九二五年病逝於北京。一九二九年六月一日，根據其生前遺願，將陵墓永久遷葬於南京紫金山中山陵。一九四〇年，國民政府通令全國，尊稱其爲"中華民國國父"。著有《中山全書》、《總理全集》、《孫中山選

集》、《孫中山全集》等。（《中國近現代人物名號大辭典》三二八頁）

淩用章生。

淩用章（一八六六～一九一九），號子賓。和平人。光緒十九年（一八九三）學使取冠軍，文章入選《嶺南校士錄》。宣統元年（一九〇九）選恩貢，就職直隸州州判。著有《舒堂遺稿》。（《和平縣志》）

張元鈺生。

張元鈺（一八六六～一九二〇），字式如，號鳳簏。順德人。與康有為同歲舉人。公車上書，亦列其名。後入四川，監稅新都。辛亥罷官，病歿，家無餘資，寶光寺僧為之營葬。書法似朱熹，尹仲錫刊其《片香集》行世。（《益州書畫錄附錄》、《歷代名人生卒年表補》）

張蔭棠生。

張蔭棠（一八六六～一九三七），字朝弼，號憩伯、少卿。新會人。蔭桓弟。光緒舉人，捐官內閣中書。父為浙江海防水師總兵蓉光，其兄為享有“絕域使才”之名之清第三任駐美公使蔭桓。蔭棠曾以舉人員外郎身份在總理衙門管對英交涉事務。光緒二十二年（一八九六）任駐美使館三等參贊。次年改任駐舊金山總領事，旋調任駐西班牙代辦。戊戌變法前與張元濟創辦通藝學堂，且與康有為、梁啟超有來往。戊戌變法失敗後，因涉嫌參與“逆黨”而被罷職。三十年（一九〇四）特赦得寬免，任直隸補用道，曾以參贊隨唐紹儀簽訂《中英續訂藏印條約》，宣統元年（一九〇九）任出使美、秘、墨、古大臣。武昌起義，辭公使職務。一九一二年中華民國臨時政府成立，委為駐美外交代表，次年十二月任駐美公使、駐美全權公使。一九一四年五月，袁世凱任為參政院參政，不願出任，於六月辭職。盧溝橋事變爆發不久病逝於北平寓所。著有《使藏紀事》五卷。（《中國近現代人物名號大辭典》六二一頁）

陳模生。

陳模（一八六六～一九三八），原名茂鑒，號覺先。始興人。優廩生。後赴廣州就讀廣雅書院，被選送去日本明治大學學政科深造，改名模。學成回國後，在南安府中學執教。光緒三十年（一九〇四），在邑文明書院首設學務公所，三十二年改稱勸學所，先後任董事、勸學員、所長，積極籌辦新式學堂，並在墨江藝苑簡易師范學堂兼任學監。次年與陳及時、李玉勳捐資在城內陳氏宗祠創辦崇陽兩等小學堂。參與編撰《始興縣鄉土志》。民國四年（一九一五），與毛琦、凌應劭、陳美濟、陳及時、饒振瀾等籌辦始興中學。悉心研究天文、數學，自製天體儀觀測天體星象，爲民國十五年出版《始興縣志·輿地略》卷提供了大量資料。（新編《始興縣志》）

黃明堂生。

黃明堂（一八六六、一八七〇～一九三八、一九三九），字德明。欽州（今屬廣西）人。早年入洪門，以鎮南關那棋村爲基地從事反清鬥爭，後接受孫中山領導。光緒三十二年（一九〇六）受孫中山委派，在越南太原府左州設立革命機關，聯絡革命志士。次年入同盟會，九月，指揮鎮南關起義，因後援不濟失敗，退入越南。翌年受任爲革命軍指揮，參與發動雲南南開及河口起義，因寡不敵衆，又退入越南。後去香港同盟會支部工作，至粵桂邊境組織武裝。宣統三年（一九一一）配合武昌起義，率所部明字順軍從粵桂邊境東進。九月廣東省獨立，任瓊崖鎮統。後又任瓊崖道尹（招撫使），駐防海南島。一九二〇年參加孫中山領導之討伐桂系軍閥戰爭。一九二二年，在討伐陳炯明叛亂中任南路討賊軍總司令、建國第二軍軍長、粵軍西南路司令。一九二五年蔣介石上臺，憤然辭職，晚年閑居廣州。一九三八年日寇進占廣州，回家鄉組織民衆抗日，途中病發逝世。（《中國近現代人物名號大辭典》一一〇五頁）

溫炳臣生。

温炳臣（一八六六～一九五五），原名芬，別號國勳。台山人。父學周，爲儒醫，既懸壺濟世，也設館授徒。少年時就讀於父之私塾。同治四年（一八七八）隨親屬至日本橫濱，入天祥洋行，任職三十餘年。二十一年（一八九五）入孫中山在橫濱創建之興中會，後與陳少白、鄭士良等革命志士時相往來，孫中山亦常住其家。二十五年橫濱發生“大同學校”事件，積極參與與保皇派鬥爭，還與鮑棠等組織工人俱樂部中和堂。三十一年（一九〇五）參加同盟會。一九一二年孫中山就任臨時大總統時曾特往南京祝賀，孫中山親署“旌義狀”。一九二八年又代理安田火灾保險業務。抗日戰爭全面爆發後，一度被日本軍事當局拘捕入獄，旋被釋。後在家閒居，兼任華僑社團及學校顧問等職。病逝於橫濱本牧町私邸。

麥鴻鈞生。

麥鴻鈞（一八六六～一九一八），字志昭，號惠農。三水人。少年時就讀鄉社學，年長於廣州名儒大館讀書，通四部。光緒三十年（一九〇四）進士，又考取經濟特科。翌年後曾赴日本考察經濟實業，又考察美國政治、文化。返國參與朝政。後任駐紐約州領事。宣統帝退位，隱居上海。後人均居美國。（李伯元《南亭筆記》）

黄顯芝生。

黄顯芝（一八六六～一九五三），南海人。詠雩父。爲廣州知名糧商，因以糧餉支援孫中山國民革命，尤以中山廣州蒙難避於珠江永豐艦，甘冒彈雨運糧補給，廖仲愷親發國民政府嘉獎令，稱爲“愛國殷商”。（《天韺樓詩詞》前言）

彭竹修生。

彭竹修（一八六六～一九一五），又名龍升。遂溪舊縣村（今屬湛江）人。武秀才。抗法志士，曾任團練志滿營總帶，作戰英勇，失敗流寓他鄉。後在雷州開設武館，傳武授醫。在雷城病逝。（《湛江文史資料》第四輯）

潘應祺生。

潘應祺（一八六六～一九二六），字漱笙。番禺人。幼年在鄉隨父耕讀。聰明好學，考取秀才，又考入廣東實學館（後改博學館、水陸師學堂）學習，詹天佑時任該校外文教習。畢業後，曾應鄉試考取舉人，新學、國學兼通。後投身教育事業，先後於廣雅書院、兩廣遊學預備科館、教忠學堂等校教授數學。著有《算術贅說》、《幾何贅說》等。（一九九〇年《番禺縣人物志》）

鍾榮光生。

鍾榮光（一八六六～一九四二），字惺可。香山人。光緒二十年（一八九四）舉人，以擅長八股文聞名於時，後加入興中會，創辦《博聞報》、《可報》等報刊宣傳革命。二十五年（一八九九）受聘爲美國教會學校廣州格致書院（嶺南大學前身）漢文教習。後出任嶺南學堂教務長、嶺南大學董事會主席，一九二八年嶺南大學收歸國人自辦，爲首任校長，次年改任嶺南大學榮譽校長。主管嶺大期間，創辦嶺南農科大學、嶺南工學院、商學院、孫逸仙醫學院。一九四二年在香港病逝。（《中國近現代人物名號大辭典》九一一頁）

蘇祐慈生。

蘇祐慈（一八六六、一八六七～?），字子和。順德人。附貢生、花翎侯選道。歷任廣東地方自治研究社社員、順德地方自治會會長、順德第三區地方自治會會長、紅十字會會長、旅京廣東兩等小學校校長、順德縣議會代議士。一九一三年被選爲衆議院議員。袁世凱解散國會後，歸里從事公益事業。一九一六年國會恢復，重任衆議院議員，次年在廣州任大元帥府參議。（《廣東近現代人物詞典》一五四頁）

羅幼山生。

羅幼山（一八六六～一九三一），字曜生，號師揚，晚號希山老人。興寧人。香林父光緒十五年（一八八九），縣試列前茅，補博士弟子員，先後創辦興民學堂、相植小學，任興寧官立公學監督、兩廣萬官學堂教習，自編《中國近代史》教材，後又任教於省立梅州中學。一九二二年二月任中國國民黨興寧分部首任部長，後任臨高、澄邁、連城、興寧等縣縣長，任內爲政清廉。一九二五年，國民革命軍東征，攻克興寧，黃埔軍校政治部主任周恩來得知其深得民心，勉其留任，並委託其籌集軍餉支援東征軍。著有《詩鈔》及《希山叢著》。（一九八九年《興寧縣志》）

清穆宗同治六年　丁卯　一八六七年

夏，黃遵憲赴廣州參加鄉試，途經惠州，遊覽豐湖，賦《遊豐湖》五古三首。

本年黃遵憲作《少時不識月賦》，爲其二十歲應秀才入學試時所作律賦。（鍾賢培、管林、謝華、汪松濤《黃遵憲詩選》三五一、四五三頁）

本年鍾穎陽應京兆試。

鍾穎陽，字紫華。鎮平人。孟鴻子。以廩膳生貢成均。精研經史，氾濫百家。同治六年（一八六七）丁卯，應京兆試，以三場第五策不及三百字見遺。九年庚午，遊羅浮延祥寺，自號四百峰頭採芝客。入國子監讀書，名應泰，爲齋長，關棠、梁于渭皆與訂交，創慈善諸會。旋里居母喪，廬於墓側三年。嘗辟穀六十餘日，精神如常。著有《大學緯注卷淺語》十二卷、《史漢管窺》八卷、《鍊雪小房文集》四卷、《詩集》六卷、《莊子解》八卷。朱慶瀾《廣東通志稿》有傳。

本年曾慶襄歸教於韓山書院。

曾慶襄，號次皋。陽山人。志行修潔，爲士林推重。咸豐年間，社會動亂，鄉人公舉督帶鄉勇嚴加防范，地方獲安。同治六年（一八六七）歸教於韓山書院。後出任和平縣訓導。卒年五十六歲。著有《養志山房詩文集》、《江河圖考》、《春秋評說》諸書，佚。（民國《陽山縣志》）

本年李穟任樂昌訓導。

李穰，新會人。同治六年（一八六七）任樂昌訓導，與修縣志。吳道鎔《廣東文徵作者考》卷十一有傳。

本年袁嶸委署融縣典史，代理融縣事，飢民劫城，全家死於亂。

袁嶸，字少石，番禺人。灝子，候補從九品兼襲雲騎尉，分發廣西。同治六年（一八六七）委署融縣典史，代理融縣事，飢民劫城，嶸全家死於亂。（《番禺縣續志》卷十九）

鄧佐槐於本年中解元。

鄧佐槐（一八三六～一八九二），字振勳，號礪侯。東莞人。同治六年（一八六七）丁卯解元，翌年戊辰進士，禮部主事。著有《中法戰爭記》、《亦蘧廬遺稿》。余祖明《廣東歷代詩鈔》卷四有傳。

馮卓英於本年中舉人。

馮卓英，字越儔。順德人。同治六年（一八六七）舉人，官甘肅隴西知縣。余祖明《廣東歷代詩鈔》卷四有傳。

梁天桂於本年中舉人。

梁天桂，字香鄰。開平人。同治六年（一八六七）舉人，工畫梅。汪兆鏞《嶺南畫徵略》卷十有傳。

張文翰於本年中舉人。

張文翰（一八一一～?），字承勳，號墨香。東莞篁村人。同治六年（一八六七）舉人。工制藝，於房行墨卷無不背誦如流。與人交，胸無城府。張其淦《東莞詩錄》卷五八有傳。

鄭鏡泉於本年中舉人。

鄭鏡泉，字心若。香山人。同治六年（一八六七）舉人。著有《心若小草》。黃紹昌、劉燿芬《香山詩略》卷十二有傳。

梁金韜於本年中舉人。

梁金韜，字巨川。南海人。同治六年（一八六七）舉人，久遊九江朱次琦門。著有《愛古堂文集》五卷、詩集十四卷、《北征記》一卷，皆抄本，存其弟子梁慶桂家。吳道鎔《廣東文徵作者考》卷十一有傳。

周果於本年中舉人。

周果，字佛緣。順德人。同治六年（一八六七）舉人，宗室官學教習。事見民國《順德縣志》卷八。

周慶麟於本年中舉人。

周慶麟，字霞舉，號詠風。順德人。同治六年（一八六七）舉人。著有《不懈齋詩鈔》。

譚國恩於本年中舉人。（同治《新會縣志》卷五）

譚國恩，字彤士。新會人。同治六年（一八六七）舉人，光緒十二年（一八八五）進士，官工部主事、廣西候補知府，曾出使日本。著有《寫經樓詩稿》、《寫趣軒舊稿》。陳融《讀嶺南人詩絶句》卷十三有傳。

楊淞於本年中舉人。

楊淞（一八二〇～一八九六），號（字）鏡川。海陽（今潮州）人。同治六年（一八六七）舉人。工詩。著有《養和山館詩草》六卷。（民國《潮州志·藝文志》）

許應鏜於本年中舉人。

許應鏜，番禺人。同治六年（一八六七）丁卯舉人。

許應鑾於本年中舉人。

許應鑾，番禺人。同治六年（一八六七）丁卯舉人。（盧延光《廣州第一家族》四二頁）

許炳暐於本年中舉人。

許炳暐，原名炳材。番禺人。應鏘子。同治六年（一八六七）丁卯舉人，授吏部清吏司郎中，調江西補用知府，升以道職用，山東候補知府。著有《汞塵詩稿》。（《番禺縣續志》卷三一）

區諤良於本年中舉人。

區諤良，蠲猷，號海峰。南海人。同治六年（一八六七）舉人。十年（一八七一）進士，官翰林院庶吉士，改工部主事。光緒元年（一八七五）任駐洋肄業局第二任總辦以接替陳蘭彬，帶第四批幼童赴美。光緒九年（一八八三）與康有爲共創不裹足會。（《廣東近現代人物詞典》二六頁）

杜湘於本年中舉人。

杜湘，字魚階。同治六年（一八六七）中舉人。工畫山水。（《番禺縣續志》卷二四）

許應綜於本年中舉人。

許應綜，番禺人。同治六年（一八六七）丁卯舉人。（盧延光《廣州第一家族》四二頁）

伍士楷於本年中舉人。

伍士楷，號石琴。高要人。同治六年（一八六七）中舉人。著有《一飽居詩鈔》。（《高要前代名人著述匯鈔》）

鄔彬於本年中舉人。

鄔彬，號燕天。番禺人。同治六年（一八六七）中舉人，納粟獎敘員外郎，籤分刑部，聯絡七鄉建東山社以自治。退休自建名園餘蔭山房。（鄔偉增《燕天太府君行狀》）

張葆英於本年中舉人。

張葆英（？～一八八四），原名鍾英，字明斯，號川。東莞人。同治六年（一八六七）中舉人，官內閣中書、協辦侍讀，充國史、方略二館校對。著有《學古山房詩草》。（宣統《東莞縣志》卷七三）

陳炳章於本年中舉人。

陳炳章，字虎臣。石城（今廉江）人。同治六年（一八六七）舉人，歷主本邑松明、同文書院。講究實學，邑中秀士多出其門。參修邑志，人稱善本。八十五歲卒。（民國《石城縣志》）

招成鴻於本年中舉人。

招成鴻，字仲遠。南海人。同治六年（一八六七）舉人，文昌縣訓導，後兼理樂會訓導，復爲文溪書院山長。著有《蕚華齋纂聞》、《醫方雜纂》、《堪輿偶記》等。（宣統《南海縣志》卷十

五）

周鈞鰲於本年中舉人。

周鈞鰲，別名慶麟，字詠鳳。順德人。同治六年（一八六七）舉人。工詩古文詞，才藻富麗。著有《希古軒文集》、《傲夢玉閣詞鈔》等。（《順德縣續志》）

柳承祖於本年中舉人。

柳承祖，字式谷。番禺人。芳祖。同治六年（一八六七）欽賜舉人，十年會試欽賜翰林院編修。創同善堂藥房，施治施藥，數十年如一日。年九十六卒。（《番禺縣續志》卷二四）

黎天緯於本年中舉人。

黎天緯，字星五。順德人。同治六年（一八六七）舉人。同鄉黎兆棠任津海關道員，屢勸出仕，並偕謁李鴻章。光緒十年（一八八四）中法開戰，粵各縣大辦團局，任第三區團務。倡築西淋書院，又開海西詩社。（《順德縣續志》）

黎榮翰於本年中舉人。

黎榮翰，字璧侯、筆侯。順德人。年十六補弟子員。同治六年（一八六七）舉人，光緒二年（一八六七）進士，歷任編修、國史館協修、庶吉士、陝西督學等，與廖祖亮精研經史，與朱九江爲莫逆。卒年五十八。著有《陝西行轅雜記》、《都門寄詠隨筆》。（《順德縣續志》）

姚筠於本年成貢生。

姚筠，字嶰雪，號俊卿。番禺人。同治六年（一八六七）優貢，以教職用。九年鄉試副榜貢生，十二年（一八七三）中舉人，補饒平縣學訓導，學海堂學長。工詩，山水仿梅道人（吳鎮）、倪高士（瓚），尤善畫松。年八十七卒。汪兆鏞《嶺南畫徵略》卷十有傳。

陳炳章於本年成貢生。

陳炳章，字爍林。興寧人。同治六年（一八六七）歲貢，臨財不苟，讀書作事有恆。著有《音辨》四卷。胡曦《梅水匯靈集》卷七有傳。

曾捷書於本年成副貢生。

曾捷書，字蕓浦。香山人。四川總督望顏子。同治六年（一八六七）丁卯科順天副貢。黃紹昌、劉熽芬《香山詩略》卷十二有傳。

石炳華生。

石炳華（一八六七～一八八五），番禺人。和鋆子。光緒十一年（一八八五）舉人，補龍川訓導，未履而卒。（《石氏家譜》）

伍光建生。

伍光建（一八六七～一九四一），原名光鑒，筆名君朔、于晉。新會人。幼年啟蒙就讀書塾。十五歲考入天津北洋水師學堂，每試第一。畢業後奉派赴英國，入格林威治海軍大學深造。後轉入倫敦大學，習物理數學，轉習文學。光緒十八年（一八九二）學成歸國，任天津水師學堂助教。後歷任出使日本大使隨員、出洋考察憲政五大臣一等參贊、學部二等咨議。宣統元年（一九〇九）參加留學生廷試，獲賞文科進士出身；海軍處成立，任顧問兼一等參贊。次年改設海軍部，歷任海軍部軍法司、軍樞司、軍學司司長。三年，中國教育會成立，被推爲副會長。民國成立，歷任財政部參事、顧問，鹽務署參事、鹽務稽核所英文股股長等。北伐軍興，南下任國民政府行政院顧問、外交部條約委員會委員。旋定居上海，專事翻譯外國文學作品。卒於上海。譯著甚多，所譯外國哲學、歷史、文學等凡百三十餘種，近千萬字。清末出版有《中國英文讀本》五冊、《帝國英文讀本》九種；文學譯著代表作有大仲馬之《俠隱記》、《續俠隱記》以及狄更司《勞苦世界》、歌德《狐之神通》、布綸忢《狹路冤家》等。一九七九年初，後人在上海寓所發現其近三百萬字翻譯遺稿，主要爲歷史傳記作品，如《英國第二次革命史》等。一九八一年收其生前未發表譯稿十九篇，出版《伍光建翻譯遺稿》。（《廣東近

現代人物詞典》九四頁）

江繼復生。

江繼復（一八六七～一九一一），花縣人。世業農，精射擊。加入同盟會。宣統三年（一九一一）四月二十七日廣州之役，爭任先鋒，徐維揚因其年老，勸其不必親自上陣，慨然曰：“吾年雖老，尚少黃忠十餘歲，豈遽無用哉！”遂提槍射擊，每發必中。焚攻督署時，奮勇當先，後在突圍轉戰中，為流彈擊中，犧牲於蓮塘街。為黃花崗七十二烈士之一。（《廣東近現代人物詞典》一二〇頁）

何士果生。

何士果（一八六七、一八六六～一九二一），名壽朋，字仁緒。大埔人。光緒二十四年（一八九八）戊戌科進士，歷任吉林提學司僉事、吉林府知府、吉林法政學堂總理、日本公使署商務委員。一九一三年被選為參議員。一九一七年任護法國會參議員。著有《日本國民教育》、《吉林調查局文牘》等。（《民國人物大辭典》三八三頁）

林連登生。

林連登（一八六七～一九六三），又名達科。惠來人。光緒二十一年（一八九五）至馬來西亞謀生，初期替富商趕牛車，人稱“牛車登”。歷盡艱辛，積資開墾荒地，種植木薯及橡膠。經多年苦心經營，建立了泰城、泰益、茶園、泰豐等四個園區，面積三千多畝，工人近三千人。還開辦順泰、連德碾米廠，並在檳城開設連興和酒廠，後又在檳城創辦新世界戲院、韓江中學。一九三六年捐款在惠來縣立中學、龍溪小學建一座連登樓，在隆江至惠城之橋埔路段建造連登橋。一九三八年回鄉創辦惠民農場。抗戰勝利後，先後投資二百多萬港元，開辦連通築路行車公司。捐助港幣八萬元，修建潮陽和平橋。一九五七年積極參與籌資創建惠來華僑中學，曾任馬來西亞檳城潮州館主席、馬來西亞潮州公會聯合會主席。（《廣東近現代人物詞典》三二一頁）

陳映垣生。

陳映垣（一八六七～一九四五），字觀奎。嘉應（今梅縣）人。青年時從梅縣名醫謝芷春爲師，學成後在梅城掛牌行醫。畢生勤奮好學，推崇金元四大家及葉天士等人學說，善治濕熱病、喉科、小兒科、婦科，尤於治濕溫病之單燒（腸傷塞）等症有獨到經驗。中年設醫學專修實驗所，開辦中醫授徒班，親授學子共十三期、二六五人，南洋及港澳名中醫范念高、朱廉我、温志強、謝興武，國内陳一鳴、陳祖垣、葉元謙等皆出其門下。還倡立梅縣崇古中醫學校，任名譽校長；組織中醫師公會，任董事長。平生極講究醫學道德，對有病求醫者均一視同仁。皓首之年，仍手不釋卷，不斷總結經驗，撰寫《驗方集》共四册，五萬多字。病逝於梅城。（《廣東近現代人物詞典》二九三頁）

許直臣生。

許直臣（一八六七～一九四九），原名蕎，曾易名蟄辰，字直臣、瑤寶。香山人。光緒十七年（一八九一）赴檀香山經商。爲英女皇登基加冕禮華人社區代表之一。女皇對其非常賞識，送入皇家學院學習。二十一年許加入興中會，被選爲副文案。二十六年（一九〇〇）梁啓超組織保皇黨，爲其《新中國報》寫稿。二十九年孫中山回檀香山，轉而積極擁護。三十四年（一九〇八），任《自由新報》主筆，並主《檀香山隆記新報》、《華夏報》及《循環日報》筆政，後又任《新中國報》記者。得孫中山器重，倚爲左右手。宣統二年（一九一〇），加入同盟會，任會計，全力募捐。又致力培養華僑子弟。在檀期間，曾任四大都會館主席。民國成立後，幾度任檀香山支部部長。一九二二年歸國，被委任爲大元帥顧問。先後任香山縣長兼民政局長、鶴山縣、花縣縣長、中山模范縣委員、廣東省圖書館館長，政績斐然。一九四七年移居香港，後在港去世。（《中國近現代人物名號大辭典》三二二頁）

康廣仁生。

康廣仁（一八六七～一八九八），名有溥，字廣仁，號幼博，又號大中。南海人。有爲幼弟。早年不事舉業，認爲國家弱亡，皆由八股錮禁人才所致。曾爲浙江小吏，後恥於官場汙穢腐敗，棄官不做。光緒二十三年（一八九七）初，在澳門創辦《知新報》，任總理，旨在"發明民政之公理"，旋赴上海，倡設女學堂，並與梁啟超等設立不纏足會，遭詆毀。後聞康有爲上書光緒帝要求變法，即積極響應，主張在外交上聯合英國，在内政上廢八股取士之制，廣開學校，講求實用之學。次年春，與啟超結伴入京，參與新政，助康有爲擬新政奏稿，奔走呼號不遺餘力。戊戌政變時被捕入獄，談笑自如，宣稱"若死而中國能强，死亦何妨？"旋與譚嗣同等六人同時遇害，是爲"戊戌六君子"。（《中國近現代人物名號大辭典》一一五二頁）

黃忠漢生。

黃忠漢（一八六七～一九〇八），原名爵錦，字君祚。定安（今屬海南）人。少隨父讀書，十六歲當私塾教師。光緒十七年（一八九一）考入瓊臺書院，改名忠漢。次年考入虎門軍官學校深造，畢業後留校任教官，入興中會、同盟會。三十二年（一九〇六），清廷下旨任雷廉州道臺；孫中山則委任爲雷廉兩州綏靖處處長，參與部署起義事。三十四年依孫中山指示，率部在雷廉兩州及廣州等地進行武裝鬥爭。由於叛徒出賣，同年八月在廣州西村不幸被捕就義。

曾日全生。

曾日全（一八六七～一九一一），花縣人。工人。辛亥"三二九"之役，參加先鋒隊，攻總督署，入麒麟門，搜張鳴歧不獲返身出署，欲與觀音山之敵決戰，至督署中門，中彈犧牲。爲黃花崗七十二烈士，花縣籍十八烈士之一。

曾昭鑒生。

曾昭鑒（一八六七～一九二二），字玉如。平遠人。光緒二十三年（一八九七）取爲縣附學生員，後入省師范館，畢業回邑設立師范傳習所，繼而創立平遠縣中學堂，兼蕉（嶺）平（遠）兩縣教育會副會長、平遠縣勸學所所長。又與各鄉賢達倡設興學會，籌集資金獎勵有志升學子弟。民國後創立曾氏興學會。有四子：長子憲，助父領導鄉民建築鄉中山塘水庫及設立“禁賭令”等；次子憲潔，先後任國民革命軍北伐後方政治部主任，國民政府廣東、浙江建設廳長，廣州市長，中央交通部長等；三子爲留德醫學博士；四子爲留意農科專家。（《嘉應鄉情報》一九九二年六月十一日）

楊晟生。

楊晟（一八六七～一九二八?），字少川。東莞人。早年赴日留學，未幾歸國，就讀北京同文館，畢業後任農工商部僑務專員。旋派赴德國留學，入萊比錫大學學習法律、軍事。光緒二十年（一八九四）畢業後，回國任京師大學堂教習兼軍機處英文翻譯官。二十六年（一九〇〇），義和團運動興起，因曾留學國外，又爲翻譯官，有“二毛子”之嫌，便離京。途經濟南時，被山東巡撫袁世凱招爲幕賓。次年義和團毀德國使館，被派隨專使赴德賠罪。二十八年，袁世凱推薦任山東候補道員、幫辦山東軍務兼洋務委員、鐵路礦務處提調等職。翌年被派任奧地利、荷蘭大臣。三十一年（一九〇五）改任德國大臣。三十三年，因母逝辭官回國奔喪，守孝三年。後任兩江總督張人駿顧問，委爲南洋商務交涉使兼督署軍事總參議。民國成立，任山東警務處外交科長。民國二年（一九一三），任滬海道尹兼外交部特派江蘇交涉員，五年，任上海交涉員。九年（一九二〇），被授予二等大綬嘉禾章、二等文虎章，旋晉綬二等寶光嘉禾章。翌年，派爲政府專使往南洋考察。十一年，任中國紅十字會副會長，同年又晉授一等大綬嘉禾章。十五年（一九二六）任僑務局總裁。十七年退休。卸職後在滬從商，曾組織中華國貨維持會、工商業研究會，任兩會會長，又任上海廣東同鄉會會長。（《東莞市志》一四二九頁）

潘宗周生。

潘宗周（一八六七～一九三九），字明訓。南海人。少時供職洋行，居滬充租界工部局總辦。藏書專重宋刻，二十餘年間得宋版一〇七部、元版六部，計一〇八六冊，均爲精品，所藏咸儲工部局保險櫃，外間難得一見。袁世凱次子寒云（克文）曾以宋刊《禮記正義》登門求售，見之大喜，詫爲罕見，遂購之顔其新居曰寶禮堂。未幾，袁氏所儲善本十之六七歸潘氏插架，多爲黃氏"百宋一廛"、汪氏"藝芸精舍"、郁氏"宜稼堂"、楊氏"海源閣"、韓氏"讀有用書齋"散出之物，有宋廖瑩中世綵堂刻本《柳河東集》孤本，後歸銀行家陳清華。抗戰期間，宗周下世，子世茲輾轉將書運抵香港，解放初全部捐獻國家，藏北京圖書館。宗周有《寶禮堂宋本書録》四冊行世，張元濟作序。又有《寶禮堂書目》一種，爲張元濟手訂。世茲原爲聖約翰大學教授，後任復旦大學圖書館館長、復旦大學外語系教授，一九九三年謝世。（《中國近現代人物名號大辭典》一三二六頁）

鄧家仁生。

鄧家仁（一八六七～一九四〇），字君壽，號藻任。三水人。光緒二十六年（一九〇〇）庚子、二十七年辛丑恩正並科舉人。胞弟家讓（一八七〇～一九三六），字恭肅，號滔任。晚號佛恭居士。光緒二十三年（一八九七）丁酉科舉人。兄弟同肄業廣州學海堂。次年哥倆同陳芝昌、梁肇敏等創設時敏學堂。二十七年，家讓往馬來西亞考察，創辦新廣東港墾場，被推爲港主。後回國集資廿萬元，組織新廣東農業公司，家讓主持公司業務，家仁任該廠廣州辦事處負責人。二十八年曾選派九名學生赴日本留學。次年創辦《時敏報》，家仁任社長，該報以記述太平天國史事詳實見稱。三十一年（一九〇五）學堂改名時敏中學堂，家仁任校長。哥倆還創辦時敏書局。宣統二年（一九一〇）家讓返國，先後在廣東省教育司、兩廣鹽運使署、電茂鹽場、廣東省教育廳、省政府秘書處任職。民國元年（一九一二）時敏中學堂改

名私立時敏中學，一九一七年，家讓繼任校長，一九三六年病逝於穗，一九四〇年家仁亦在澳門病逝。（《廣州西關鳳華》三）

　　黎國廉生。

　　黎國廉（一八六七、一八七四～一九五〇），字季裴（斐），號六禾，室名玉藥樓。順德人。光緒十九年（一八九三）舉人。二十四年（一八九八）與朱淇在廣州主辦《嶺學報》，任總理。後遊歷日本。二十六年慈禧、光緒帝走西安，曾充廣東代表，前往進貢，授福建興泉永道。辛亥後任廣東民政司長。父兆棠爲船政大臣。解放前夕赴香港定居。工詞。著有《玉藥樓詞鈔》、《秋音集》、《張黎合選春燈錄》等。（《中國近現代人物名號大辭典》一三一五頁）

　　盧慕貞生。

　　盧慕貞（一八六七～一九五二），香山（今中山）人。光緒十年（一八八五）與孫文結婚。後文易名中山，奔走革命。二十一年（一八九五）廣州起義失敗後，攜子女等赴檀香山投大伯孫眉。三十三年（一九〇七）遷居香港九龍，宣統二年（一九一〇）往檳榔嶼與中山團聚。一九一二年聞革命成功回國與中山生活月餘，後回香山翠亨村居住。次年中山討袁失敗，往澳門投孫眉，與中山離婚。病逝澳門。（《中山文史》第二二輯）

　　龍鳳鑣生。

　　龍鳳鑣（一八六七～一九〇九），字伯鸞、柏鸞、伯鑾，號澄盦，室名知服齋。順德大良人。梁鼎芬表弟。官安徽候補同知。爲清暉園龍氏族人，家富藏書，且精品琳琅。好學不倦，曾精心整理元王大淵之《知服齋叢書》五集，後世學者研究中國古代島嶼及新加坡歷史均首選此書以參考。（《中國近現代人物名號大辭典》一四〇頁）

　　吳渢卒。

　　吳渢（？～一八六七），字韶笙。番禺人。邑生員。同治六年（一八六七）客循州，歸途卒於東江舟中。著有《求是軒遺稿》。

清穆宗同治七年　戊辰　一八六八年

本年潘繼李始以滿廩貢太學。

潘繼李（一八〇七～？），字文彬，一字緒卿。南海人。歲貢生。受業於邑人曾釗，得通知漢儒治經家法，兼工詞賦。屢試不第。自道光初創設學海堂，已與朱次琦、陳澧等爲專課生。同治七年（一八六八），始以滿廩貢太學，尋襄校山左督學幕。著有《求是齋集》八卷、《詩地理續考》二卷、《聶氏三禮圖辨證》二卷、《山左遊草》。吳道鎔《廣東文徵作者考》卷十有傳。

本年黃遵憲先是落第後，賦《雜感》五首五古詩，詩中抨擊了詩壇泥古復古及八股取士制度，提出"我手寫我口"與改革科舉、學以致用等主張。（鍾賢培、管林、謝華、汪松濤《黃遵憲詩選》三五八頁）

本年何章帶戲班爲兩廣總督瑞麟母祝壽。

何章，藝名勾鼻章。番禺人。咸豐、同治時著名男花旦。首本戲有《太白和番》、《昭君出塞》，善彈琵琶。同治七年帶戲班爲兩廣總督瑞麟母祝壽，扮演楊貴妃，演技出眾。嗣爲瑞麟母認爲"義女"，遂脫離戲班，後曾通過瑞麟疏通清廷解除粵劇禁令。（《廣東近現代人物詞典》二〇八頁）

本年澳門普濟禪院重修。（姜伯勤《石濂大汕與澳門禪史》三九四頁）

陸芝祥於本年中榜眼。

陸芝祥（？～一八七二），字晴湖。番禺人。同治七年（一八六八）榜眼，改翰林院庶吉士，散館授編修。十一年（一八七三）任廣西副考官，卒於赴任途中。（《番禺縣續志》卷二一）

易學清於本年中進士。

易學清（一八四一～一九二〇），字蘭池，室名有書樓、目耕堂。鶴山人。同治七年（一八六八）進士，主端溪書院、羊城書院達二十餘年。宣統元年（一九〇九）十月，廣東省咨議局成立，選爲議長，丘逢甲、盧乃潼爲副議長，另有陳炯明、周廷勵等九十四名咨議員。家藏先世遺書，多明刻本。（《中國近現代人物名號大辭典》七七三頁）

潘衍桐於本年中進士。（同治《南海縣志》卷九）

潘衍桐（一八四一～一八九九），原名汝桐，字孝則、（號）華庭（廷），一字（號）嶧琴。南海人。同治七年（一八六八）進士，改庶吉士，授翰林院編修，官浙江學政，官至翰林院侍讀學士。著有《續兩浙輶軒錄》、《餖庵詩集》、《餖庵詞存》、《緝雅堂詩話》、《拙餘堂詩文集》，輯《雅堂詩話》。陳融《讀嶺南人詩絕句》卷十二有傳。

關朝宗於本年中進士。

關朝宗，字國藩。開平人。同治七年（一八六八）進士，改庶吉士，授工部主事，充總理衙門章京，遷虞衡司員外郎，保郎中，加四品銜。中法戰爭中參與辦理中越勘界事。（《開平縣志》卷三四）

李應鴻於本年中進士。

李應鴻，字蕭雲。南海人。同治七年（一八六八）進士，歷署建昌、安康縣令。安康武舉人劉正富作惡多端，州府不敢辦，設計擒獲，杖死，百姓稱快。著有《讀史隨筆》、《四書講義》、《毓蘭館詩文集》等。（宣統《南海縣志》卷十四）

丁惠康生。

丁惠康（一八六八、一八九九～一九〇九、一九一八），字叔雅，號惺庵，世稱徵君。豐順人，占籍揭陽。諸生。福建巡撫日昌第三子。日昌卒，惠康稍長，頗豪宕不自檢。忽自痛悟，閉戶力學，爲文有魏晉風。先是，金陵平，故書雅記散出，日昌多所搜集，故其藏書富甲一省，莫友芝爲輯《持靜齋書目》四卷。惠康北上，讀書譚嗣同之南學會，張百熙爲祭酒，拔置第一，官戶部主事。時甲午戰敗，益以戊戌政變，志士日謀挽救，惠康參與其間，往來津滬，世以湖北巡撫之子譚嗣同、湖南巡撫之子陳三立、廣東水師提督安徽廬江吳長慶之子保初稱清末四公子。與嚴復友善。章炳麟撰《訄書》，爲出資刊布。庚子國變，李鴻章以議和駐滬上，大集南北志士面謁，勸延攬人才，速定大計，不能用。岑春煊督粵，延入幕主興學事，派赴日本考察學校，參議學務於廣州。旋棄去，旅食北京，鬱度晚年。宣統元年四月晦，病逝都門旅舍。著有《丁徵君遺集》、《丁叔雅詩集》一卷。鄒魯《廣東通志稿》有傳。

司徒美堂生。

司徒美堂（一八六八～一九五五），原名美意，字基贊。開平人。光緒八年（一八八二）三月赴美謀生，入"洪門致公堂"，富蘭克林·羅斯福任總統前在該堂當法律顧問。三十年（一九〇四）孫中山赴美，與之建立深厚友誼，後多次籌款支持國內革命。爲支持抗日，發起成立"紐約華僑抗日救國籌餉總會"。一九四八年，公開聲明擁護中國共產黨及召開新政協會議、組建人民民主政府主張。著有《祖國與華僑》。（《中國近現代人物名號大辭典》一九二頁）

伍盤照生。

伍盤照（一八六八～一九三一），字於辛。新寧（今台山）人。美國《中西日報》創辦人，積極宣傳孫中山的民主革命思想，駁斥美國排華法案。辛亥革命後在三藩市任民國政府駐美副領事。（《廣東近現代人物詞典》九九頁）

李維源生。

李維源（一八六八～一九四八），字圍，號漚舫。嘉應州（今梅縣）人。貢生。二十四年（一八九八）納粟捐縣丞，後捐升知縣，先後任涇縣、來安、懷遠、合肥知縣，宿州、六安、亳州知府，後調金陵、淮泗等府道尹。一九二一年任安徽省長，後任江蘇省政務廳長、廈門海關監督等。抗戰時應聘爲桂林辦公廳中將顧問，而後任廣東省主席參議、顧問。工詩詞，著有《南歸

詩草》。（《梅縣文史》十五輯）

　　吳星樓生。

　　吳星樓（一八六八～一九四七），恩平人。早年赴新加坡，數十年營工商成巨富。孫中山抵南洋時捐款資助。一九二二年倡辦恩平公路，經營十年使全線通車。著有《上下樓詩文集》。（《海外恩平人》）

　　陸皓東生。

　　陸皓東（一八六八～一八九五），原名中桂，字獻香，號皓東。香山（今中山）人。九歲而孤。為人聰明沈勇、真摯誠懇、能書善畫。光緒十二年（一八八六），赴滬入電報學堂學習，二十三歲畢業後在上海電報局任譯報員，升蕪湖電報局領班。旋返粵，常與孫中山談傾覆朝廷情事，義甚洽，風雨同床，起居相共。二十一年（一八九五）協助中山在香港成立興中會總部，並決定武裝起義襲取廣州，手繪制青天白日旗為起義旗幟，為掩護革命黨人不幸被捕。在獄中遭嚴刑逼供，宵死不屈，當庭奮筆疾書，痛斥清廷腐敗、投降賣國。同年十一月七日就義，為近代民主革命首位殉難者。（《中國近現代人物名號大辭典》六五九頁）

　　陳昭常生。

　　陳昭常（一八六八～一九一四），字簡持（埄、池），一字平叔。新會人。光緒十五年（一八八九）舉人，二十年進士，授翰林院庶吉士，散館授編修，後改任刑部主事、候選道員，隨駐英大使出洋，遍遊英、德、法、俄、美、日諸國，考察洋務。二十四年初，雲貴總督奏調昭常回國至雲南供職辦洋務。赴滇途中經桂林，被廣西巡撫截留任職，歷任廣西右江兵備道、督練公所督辦、洋務局總辦、總理行營營務處，節制水陸軍。以剿辦廣西梧州、鬱林州、潯州各屬土匪有功，二十五年（一八九九）六月賞戴花翎。奔母喪，留居廣州。翌年赴京，任長春知府、山海關道員。庚子之變，從西太后走長安。回京受重用，歷任京榆鐵路總辦、京張鐵路總辦、郵傳部右丞等。三十三年（一九〇七），任督辦延吉邊務兼吉林省各軍翼長、署琿春副都統。宣統二年（一九○八）署吉林省巡撫，次年實授。民國元年（一九一二），被推爲吉林都督，次年兼吉林民政長。冬，以養病辭歸粵，遊覽至滬，接到任廣東省民政長之命，以病不履任。三年，病逝赴任途中。著有《廿四花風館詩詞鈔》、《廿四花風館文集》。陳融《讀嶺南人詩絕句》卷十三有傳。

容祺年生。

容祺年（一八六八～一九三一），祖籍潮州，生於香山。幼年就學私塾。光緒十二年（一八八六）赴臺北，於正隆洋行任書記。兩年後升買辦。二十一年（一八九五）入英商怡和洋行爲買辦。兩年後加入興中會，後被推爲臺北仁濟院副院長。（《民國人物大辭典》七七二頁）

郭標生。

郭標（一八六八～？），字廷生。香山人。一九一七年赴上海創設永安公司，任總經理。一九二八年任上海中央造幣廠廠長，一九三二年免職。（《民國人物大辭典》八四五頁）

馮願生。

馮願（一八六八～一九四三），字侗若。南海人。少時充學海堂及菊坡精舍專經生。光緒二十三年（一八九七）中舉人，後以內閣中書回籍。返粵後任兩廣學務處官書編纂，嗣改任圖書科科長、廣東修志局分纂及中山大學、廣州大學教授。病逝於曲江。著有《獼齋叢鈔》、《獨抱・經說》、《孝經實踐錄》等。（《廣東近現代人物詞典》七一頁）

黃光樞生。

黃光樞（一八六八～一九一三），字炳然，又稱炳垣。鎮平（今蕉嶺）人。一九一二年去臺灣經營冥衣製作，兼裱字畫。次年加入革命黨，並以廣成茶棧爲黨務工作站。常以拳師、賣藥行商，往返參與策劃，編組軍隊，任團長。九月，在大湖天后宮會議被日警逮捕，十二月，被殺於臺北監獄。

曾叔其生。

曾叔其（一八六八～一九四六），興寧人。早年在興寧、廣州、佛山等地從事染織實業。一九一九年任廣東省第二屆省議會副議長。在職期間，維護工商業發展，並爲興寧旅穗同鄉做了不少益事。（《興寧縣志》）

楊玉銜生。

楊玉銜（一八六八～一九四四），字季良，號鐵夫。香山人。舉人。光緒三十年（一九〇四）考取內閣中書，旋轉內閣侍讀。後入京師大學師範科，肆業回鄉辦隆教高等小學堂任校長。復赴廣西助理新學政，以政績顯著而檄理歸順直隸州，旋升鎮安知府。一九一四年返粵，任揭陽縣縣長。旋赴滬，從朱祖謀習詞，浸成名家。抗日戰爭前夕移居香港。香港淪陷後還鄉，纂修譜，未竟而卒。著有《夢窗詞箋釋》、《抱香簃詞》、《說文解字述證》、《雙樹居詞》等。傳略編入《中國當代藝術界名人錄》。（《廣東近現代人物詞典》一四三頁）

楊西岩生。

楊西岩（一八六八～一九二九），字蔚彬。新會人，出生於香港富商家庭。光緒二十二年（一八九六），隨伍廷芳赴美，任使館參贊。二十四年，任檀香山領事館正領事。三十一年（一九〇五），入同盟會。宣統三年（一九一一）九月八日起義成功，爲廣東籌餉局主席兼江門籌餉局主席。一九一七年孫中山南下廣州護法，爲籌餉委員。一九二三年孫中山由滬返粵設大元帥府（旋改稱大本營），西岩爲廣東省財政廳廳長，辭職，又任全省禁煙督辦。次年任財政委員會委員、內政部次長。一九二六年任參事。一九二八年西岩奉派爲興建中山紀念堂籌備委員，悉心規劃，親自參與工程實施。翌年五月，以國民黨黨員資格冒暑馳往北平，隨同護接總理靈柩南下南京紫金山參加奉安大典。七月，委任爲廣東治河委員會委員，悉心擬定疏浚黃埔、珠江之計劃。病逝廣州。（《廣東近現代人物詞典》一四四頁）

楊帝鏡生。

楊帝鏡（一八六八～一九四六），字正樂，號心如。香山（今中山）人。世務農，後經商致富。早年從孫中山入興中會，常以家產資助革命。奉命奔走港澳台，從事革命活動。二十五年（一八九九）謀惠州起義，未成。後留住臺灣。黃花崗之役，至香港謀策應。後討袁、護法，均在臺灣接待往來人員。（《民國人物大辭典》一二三〇頁）

楊壽昌生。

楊壽昌（一八六八～一九三八），別號果庵。惠州人。先後於惠陽豐湖書院、端溪書院、廣雅書院肄業。民國初前後，任惠陽余山師范監督、淡水崇雅學校校長，廣東高等學堂、存古學堂及兩廣方言學堂教授，廣東黃埔陸軍小學講師。一九一四年任廣東都督府教育司副司長，廣東高等師範學校教授，惠陽縣縣長。一九二三年任廣東大學教授。翌年冬任黃埔軍校政治教官，中山大學、廣州大學、嶺南大學教授。一九二八年夏辭職返鄉養老，籌辦良井中學校。（《廣東近現代人物詞典》一四五頁）

楊鶴齡生。

楊鶴齡（一八六八～一九三四），字禮遐。香山（今中山）人。與孫中山同村，自幼相識。光緒十二年（一八八六）入廣州算學館，與尤列同窗，又與中山相聚。二載後畢業後至港，住父開設之楊耀記商店，與孫中山、陳少白、尤烈日夕往還，高談造反覆滿，被稱爲"四大寇"。二十一年（一八九五）入興中會。辛亥後在澳門過平民生活，中山常寄錢接濟。一九一九年致函中山求職，批答他日有用人之地，必不忘故人。一九二一年被聘爲總統府顧問，一九二三年任港澳特務調查員。後在澳門病逝。（《廣東近現代人物詞典》一五一頁）

葉蘭泉生。

葉蘭泉（一八六八、一八六六～一九四八），原名灝明，號瀚群。鶴山人。少就讀香港皇仁書院。畢業後出任海泊般烏輪船辦房，往來南洋、荷印、廈門。後駐印尼泗水埠辦理糖務及任漢口分行買辦等，任職達二十七年，救災恤災，不遺餘力；後又設華商總會，任司理十八年。"九一八"事變後，與香港工業界倡組"中華廠商聯會"，任副主席、主席。香港淪陷時所營工商業全部被毀，入九龍慶佛堂，潛心鑽研佛道。一九四五年，日寇投降，與鶴山同鄉會同仁首先祝捷，並組織難民救濟會，於港九設飯站十四處，受救濟者達三萬餘。

梁鸞瑲生。

梁鸞瑲（一八六八～一九四六），字芝生（一作紫笙）。南海西樵人。與康有爲同學於朱九江先生之門。[①] 光緒秀才。後留學日本明治大學，任康有爲在日本橫濱興辦之中國大同中學校長。戊戌變法失敗後，避難香港，後任廣東陸軍速成學校中西歷史兼國文教員。好書法，自成一家，康有爲親攜子女拜師求學；高劍父、高奇峰、趙少昂均曾臨門習書法，曾與香翰屏等集資開寶晉軒。一九二八年任花縣縣長，後辭職，先後任庚戌首義紀念中學及雷陽師范學校校長多年。與抗日名將蔡廷鍇交往甚密，廷鍇爲其親書"模範家庭"四大字。（《廣州西關風華》三）

盧湘父生。

盧湘父（一八六八～一九七〇），新會人。早年中舉人，與親戚陳子褒同爲康有爲弟子，與子褒同畢生致力於澳、港兩地平民、婦孺教育事業。早年已在康有爲指導下編著了六種通俗蒙學教材。戊戌政變後，遠渡扶桑，光緒二十五年（一八九九）應梁啟超邀請，出任日本橫濱大同學校教席。次年歸國，任澳門張氏家族專席教師。三十一年（一九〇五）在澳門創辦湘父學塾，以自編蒙學新教本教學。宣統三年（一九一一），學塾遷往香港，倡辦女子學校，繼辦男校。一九二四年任澳門孔教學院院長，一九二八年在澳門創辦孔聖堂。一九三四年湘父學塾改名湘父中

---

① 一說曾就讀於康有爲之芳村八公祠教館，與梁啟超同學。

學，至一九四二年日軍佔領香港時被迫停辦。桃李滿門，許多名流、學者、實業家都曾出自其門下。著有《經訓讀本》、《萬木草堂憶舊》、《婦孺韻語》等。（《廣東近現代人物詞典》六三頁）

釋觀本生。

釋觀本（一八六八~一九四五），字玉濤，俗姓張，名壽波。香山（今中山）人。光緒十七年（一八九一）舉人，主張維新圖強，曾東渡日本任橫濱大同學校校長。後篤志深研佛典，捐其澳門大宅爲功德林。一九三〇年赴鼓山出家，法名了一，號觀本，爲鼓山增補各祖師傳記。抗戰時爲南華寺首座。戰後返回澳門，尋病卒。著有《香光閣集》。（《廣東近現代人物詞典》五〇七頁）

羅翽雲生。

羅翽雲（一八六八~一九三八），字藹其，又名元幬，號退圃。興寧人。年方二十中光緒二十九年癸卯（一九〇三）舉人。三十一年（一九〇五），興寧設學務公所，首任總董。翌年與王蔚奇、蕭惠長等設興寧簡易師范科，後入京授內閣中書。民國四年（一九一五）由京城返里，築邂夫山房收徒授學，著有《客方言》等書。一九二七年應中山大學之聘赴廣州就教，任文學教授。（《中國近現代人物名號大辭典》七八八頁）

饒顯君生。

饒顯君（一八六八~一九四二），字宣廷。始興人。幼承庭訓，博通經史。宣統元年（一九〇九）拔貢。一生爲家鄉興辦教育，歷任小學校長、中學教員。民國十五年（一九二六）參與編修《始興縣志》。後在山區小學任教，因失足骨折，辭教歸里。（新編《始興縣志》）

清穆宗同治八年　己巳　一八六九年

本年白啟珍參與鎮壓苗民起事。

白啟珍（？~一八六九），樂昌人。幼孤貧。二十歲從軍，

以戰功奏保補用參將。同治八年（一八六九）參與鎮壓苗民起事，陣亡。（《樂昌縣志》卷十六）

本年郡試，何同璋冠童軍，爲博士。

何同璋（？～一八七三），字子昆。大埔雙里人。弱冠習舉業。同治八年（一八六九）己巳，郡試冠童軍，爲博士。翌年庚午舉於鄉，偕兄如璋庶常入都，禮闈報罷，援例主事，得兵部京曹。事簡，與唐孝廉等三十餘人結吟社。十二年癸酉三月，以微疾卒於官。檢其遺稿，得古今體詩百數十篇。朱慶瀾《廣東通志稿》有傳。

本年胡璿澤派爲新加坡領事官，以不習吏事辭。

胡璿澤，一名玉機，字瓊軒。番禺人。隨父與諸父往新加坡經商，不數年產業益增，名大起。同治八年（一八六九），派爲新加坡領事官，以不習吏事辭。光緒三年（一八七七），復授新加坡領事，以道員選用，兼受外國官爵，並佩戴寶星。中國於外洋設領事官自璿澤始，歷任俄、美、日領事。復任英議例局員，佩一等寶星，復受奧地利男爵封，暹羅國王曾執弟子之禮。璿澤道德、才識爲各國元首及公使、紳商所欽佩，遇事必先見之以資裁酌。卒年六十四，各國公使皆下半旗志哀，海内外皆縞素。贈太僕寺卿銜。（《星軺日記》、《胡璿澤墓誌》、《使西紀程》）

本年陳焯以一家財力刻成菲古堂本《二十四史》。

陳焯，又名焯之，字偉南，室名菲古堂。新會人。監生，官至工部虞衡司。性嗜圖書。同治八年（一八六九）斥資延通儒多人於其所居新會城北園別墅，以一家財力刻成菲古堂本《二十四史》。（《廣東近現代人物詞典》二六六頁）

王蔚奇生。

王蔚奇（一八六九～一九一八），字靈岐。興寧人。光緒二十七年（一九〇一）鄉試副榜，任南韶連督辦陳鴻初秘書，次年與蕭惠長往汕頭謁見丘逢甲。二十九年返興寧，與惠長創辦興民學堂，任校董、監督。三十二年（一九〇六）任縣勸學所所長

等，翌年往湖北秭歸任船廠廠長。（一九八九年《興寧縣志》）

吉竹樓生。

吉竹樓（一八六九～一九五二），字逢孫。五華人。光緒二十三年（一八九七）拔貢，任長樂官立中學（今五華中學）首任校長。一九一六年主持舉辦五華縣運動會，次年倡辦女子小學。一九四六年任五華修志局局長。（《五華縣志》卷八）

朱元昌生。

朱元昌（一八六九～一九四三），字善田。電白人。光緒二十三年（一八九七）拔貢，任兩廣優級師范教職。熱心教育，爲電白多所學校主要創辦人。（電白政協《文史擷英》第六輯）

李崧圃生。

李崧圃（一八六九～一九四八），字維源，別號味淵。梅縣人。清末任安徽涇縣、宿州、合肥等縣知事。一九一二年起任蘇州、常州、金華道尹。一九一九年任安徽省長。一九二三年任廈門海關監督。一九三二年任國民政府主計處秘書、主任秘書、顧問。一九三四年受聘任軍事委員會少將參議。一九三六年任國民政府文官處參議。抗日戰爭爆發後，隨國民政府遷重慶，仍任參議。於上海逝世。著有《漚廬詩鈔》。（《中國近現代人物名號大辭典》四四七頁）

李鐵夫生。

李鐵夫（一八六九、一八七〇～一九五二），原名玉田。鶴山人。自幼習詩文、繪畫。光緒十一年（一八八五）赴美洲英屬加拿大，兩年後曾在阿靈頓美術學校、紐約藝術大學、紐約藝術學生聯合會及國際藝術設計院學習、研究油畫。三十一年（一九〇五）至一九二五年間曾隨美國畫家 W. M. 蔡斯及 J. S. 沙金學習油畫，長於肖像、静物。一九三二年回國後還從事水彩畫、水墨畫創作。出版有《李鐵夫畫集》。（《中國近現代人物名號大辭典》四四四頁）

李鳳英生。

　　李鳳英（一八六九～一九四八），嘉應（今梅縣）人。早年從民間老醫生習婦兒科。後在穗行醫，曾任廣東中醫公會執委、廣東省國醫分館理事。晚年授其藝術於其孫吳粵昌。（《廣東近現代人物詞典》一六二頁）

　　呂楚白生。

　　呂楚白（一八六九～一九四一、一九四二），字紹珩。鶴山人。執業羊城，擅長婦兒科，歷任廣東光漢中醫專門學校、廣東中醫藥專門學校教師。編寫有《幼科要旨講義》、《婦科纂要講義》、《內經纂要講義》等教材。（《中國近現代人物名號大辭典》二〇六頁）

　　吳子壽生。

　　吳子壽（一八六九～一九四〇），名觀葆。潮陽人。光緒二十八年（一九〇二）與曾杏村等在汕頭埠開設嶺東閱報所，翌年出版《鮀江輯譯報》，後改名《鮀江報》、《鮀江公理報》。三十一年（一九〇五）加入同盟會。宣統元年（一九〇九）創辦《圖畫日報》（又名《圖畫新報》），任社長。著有《子壽先生詩文集》。

　　吳鬱青生。

　　吳鬱青（一八六九～一九四九），家名順才。鎮平（今蕉嶺）人。二十世紀二十年代曾贊助創建名噪一時之華僑報紙《天聲日報》。病逝於香港。（《廣東近現代人物詞典》一九七頁）

　　陳千秋生。

　　陳千秋（一八六九～一八九五），字通甫，又字禮吉，號隨生。南海人。幼勤學聰慧，曾入學海堂，諳熟歷朝掌故，精考據典章之學。光緒十二年（一八八六）著《廣經傳釋詞》。十七年（一八九一）入萬木草堂受業於康有為，號稱長興里十大弟子①之

------

　　① 長興里十大弟子爲陳千秋、梁啟超、徐勤、曹泰、梁朝傑、韓文舉、麥孟華、王覺任、林奎及陳和澤。

一，曾任萬木草堂學長，並協助有爲編撰《新學僞經考》等書，討論《大同書》有關問題。因助有爲辦理西樵鄉同人團練局操勞過度而病卒。（《中國近現代人物名號大辭典》六六四頁）

陳少白生。

陳少白（一八六九～一九三四、一九三五），原名聞韶，號夔石。新會人。二十一歲入香港西醫書院。與孫中山、尤列及楊鶴齡被清政府稱爲"四大寇"。光緒二十一年（一八九五）入興中會，兩年後赴臺灣設立興中會臺北分會。二十六年（一九〇〇）奉孫中山命回港辦《中國日報》，宣傳革命。還成立了"采南歌"、"振天聲"、"振天聲白話劇"等劇社以宣傳革命。在北平逝世。遺作有《興中會革命史要》、《興中會革命史要別錄》等。（《中國近現代人物名號大辭典》六七二頁）

黃魯逸生。

黃魯逸（一八六九～一九二六），字夏生，號春郎，筆名魯一。南海九江人。少從舅父朱次琦就讀，酷愛民歌"粵謳"與"龍舟"。後與陳少白、鄭士良等追隨孫中山奔走革命，先後在《世界公益報》、《廣東報》、《華僑報》等任編輯，利用"粵謳"及"班本"等地方歌謠形式，撰寫《揚州十日》、《嘉定屠城》等通俗說唱故事來激發反清情緒。辛亥革命勝利後，仍用辛辣筆觸，借粵謳或劇本形式，作民衆喉舌，針砭時弊，嘲罵軍閥官僚。曾與鄭君可、姜魂俠等組成"優天社志士班"，以通俗淺白方言撰寫劇本，以平喉時裝演出，開粵劇改革先河。一生清淡自守，不慕榮利。卒於香港。遺著有劇本《火燒大沙頭》（與姜魂俠、黃叔尹合作）、《虐婢報》、《賊現官身》、《盲公問米》（與姜魂俠合作）、《博浪沙擊秦》（與黃叔尹合作）、《義刺馬申貽》、《關雲長大戰尉遲恭》等。（《廣東近現代人物詞典》四六四頁）

張逸生。

張逸（一八六九～一九四三），字純初，號禺山山人，晚號無競老人，以字行。番禺人。能詩詞、曲藝、繪畫，擅山水、花

卉。曾與陳樹人、容祖椿等倡辦清遊會，著有《豁塵詞》一卷、
《花痕蘿影詞》一卷、《筆花草堂詞》二卷。居廉晚年，逸常隨侍
左右，"自惟侍師數十年"，於居氏沒骨寫生法，多得個中三昧。
著有《居古泉先生傳略》。（《廣東近現代人物詞典》二三五頁）

梁士詒生。

梁士詒（一八六九～一九三三），字翼夫，號燕孫。三水人。
光緒十五年（一八八九）進士，翰林院編修。二十九年（一九〇
三）應袁世凱聘任北洋書局總辦。三十三年（一九〇七）起任郵
傳部京漢、滬甯第五鐵路提調、交通銀行幫理、鐵路總局局長。
宣統三年（一九一一）在袁世凱內閣署理郵傳部副大臣、大臣。
翌年三月任袁世凱總統府秘書長、交通銀行總理、財政部次長，
為舊交通系首領。籌措經費支持袁世凱稱帝，發起組成全國請願
聯合會，向參政院請求變更國體以邀寵。世凱死後，被列為帝制
禍首受通緝。一九二一年返粵寄居香港。後大總統徐世昌特任士
詒為國務總理，吳佩孚倒閣，只有招架之功，乃面請辭職。次年
辭職至津，又往日本。一九二五年應段祺瑞之約，赴京參加善後
會議，旋任財政善後委員會委員長、交通銀行總理、關稅特別委
員會委員。一九二七年初任張作霖控制之政治討論會會長、稅務
督辦。北洋軍閥覆滅前夕逃往香港。後病卒上海。（《中國近現代
人物名號大辭典》一一六三頁）

梁志文生。

梁志文（一八六九～?），字德昌，號伯尹。南海人。光緒二
十年（一八九四）進士，官吏部主事。曾與汪康年有信函交往。
（《中國近現代人物名號大辭典》一一六五頁）

程寶航生。

程寶航（一八六九～一九三五），字子儀。南海人，早年結
識湖廣總督張之洞，被委任管理湖北織造局，旋任慶關稅務總
辦。繼入湖北武備學堂，畢業後擢為新軍營長。旋返粵入興中
會，與尤烈、鍾榮光等設格致書院（嶺南大學前身），秘密從事

革命活動，事泄逃隱澳門。光緒二十九年（一九〇三）任廣東武備學堂教官，廣東新軍管帶、標統等。嗣至桂，爲廣西全省查核軍需官。參加黃花崗之役，嗣任廣東北伐義勇軍總司令。民國成立後，參與組建南京福群公司，任總經理。後曾任廣東兵工廠工務處處長。一九二六年任北伐軍總司令部參議。後病卒。（《廣東近現代人物詞典》五〇五頁）

溫廷敬生。

溫廷敬（一八六九、一八六八～一九四五、一九五四、一九五三），字丹銘，號止齋，晚年自稱堅白老人。大埔人。光緒二十五年（一八九九）在汕頭參與創辦嶺東同文學堂，傳播新學。先後主汕頭《嶺東日報》、《公言日報》筆政。一九三〇年廣東通志館聘爲主任兼總纂。新中國成立後，於廣東省文史館任職。畢生勤奮治學，著有《補讀書樓文集》、《經史金文證補》、《廣東通志列傳》、《廣東通志金石略補正》、《廣東宋元人物》、《潮州藝文志》、《潮州詩萃》、《大埔金石志》等七十多種專著。（《大埔縣概況》）

潘之博生。

潘之博（一八六九、一八七〇～一九一六），初名博，字若海、弱海，號弱庵。南海人。少不喜舉子業，弱冠從戎，後入康有爲萬木草堂受學，與麥孺博素有草堂“二博”之稱。之博英姿勃發，才氣天成，剛健果決中不乏詩人瀟脫，以勇武雄才而稱著草堂。曾任職於民政部。一九一四年馮國璋邀入幕府，與同在幕府之麥孟華，策劃倒袁，遭追捕，走避香港，嘔血死。工詩詞，所著與孟華《蛻庵詩·詞》合刊於《粵兩生集》。（《中國近現代人物名號大辭典》一三二一頁）

鄧澤如生。

鄧澤如（一八六九～一九三四），名文恩，字遠秋，號澤如，以號行。新會人。早年往南洋謀生，後致富。光緒三十三年（一九〇七）任同盟會分會會長。與孫中山通信數十次，凡有要求，均盡力照辦。爲籌募廣州“三二九”起義經費，與黃興走遍芙蓉、麻坡、麻六甲、怡保等埠募捐，受到稱贊。民國建立，應召回國，任廣東都督府實業司司長、官錢局總辦，均辭不就。二次革命失敗後，返南洋營舊業。一九一四年底，孫中山設立南洋籌餉局，委任爲委員長。次年以中華實業公司名義募集數十萬元，將款彙回國作討袁經費。一九一七年孫中山南下“護法”，發行“軍事內國公債”，推銷三萬餘元。一九二〇年孫中山在廣州重組軍政府，應召回國，任內政部礦務局長兼廣東礦務處長。次年陳炯明部叛亂，往香港籌款討逆，任中國國民黨廣東支部長，發表討陳宣言。次年任大元帥大本營建設部長、兩廣鹽運使、大本營參議等職，列席政務會議。明年，孫中山改組國民黨，在中國國民黨“一大”中被選爲中央監察委員會監察委員，但反對與共產黨合作。一九二五年後歷任國民政府委員、財政部長、僑務委員會常務委員、中央政治會議委員、廣東省政府委員兼建設廳長、國民黨第二、三、四屆中央監察委員。南京國民政府成立後，先後支持汪精衛、胡漢民反蔣介石，曾任廣州國民政府委員。“九一八”事變後，甯粵議和，仍被選爲國民政府委員及西南政務委員會委員。著有《中國國民黨二十年史跡》等。（《廣東近現代人物詞典》三九頁）

　　鄺富灼生。

　　鄺富灼（一八六九～一九三一），字耀西。新甯（今台山）人。光緒八年（一八八二）赴美國做鐵路工人。十五年（一八八九）進入龐蒙納學校就讀。二十八年（一九〇二）考入加利福尼亞大學，三十一年（一九〇五）獲學士學位，又入哥倫比亞大學，獲碩士學位，歷任兩廣方言學堂及兩廣高等學堂英文教員、上海中國公學教務長、上海青年會會長、上海商務印書館編譯所英文部主任編輯。編有英文教科書數十種。（《民國人物大辭典》一六一八頁）

　　鍾江生。

鍾江（一八六九～一九三二），字西瀾。始興人。幼天資聰敏，弱冠博通經史。光緒十七年（一八九一）補博士弟子員，宣統十年（一九一〇）貢生。後就讀於廣東省地方自治研究所，結業後委任爲本縣地方自治事務所坐辦兼研究所教授，尋加入同盟會。民國初年，歷任同盟會廣東支部始興縣分會副會長、廣東省議會候補議員、援閩粵軍隨營將校隊隊員、始興縣公考署工務局局長、縣保衛團總局副局長、滇軍第一軍第二遊擊司令部咨議官兼代始興縣知事等。民國十五年（一九二六）辭職休養。後應聘在始興縣立鄉村師范、始興中學兩校任教員，教學有方，深得學生敬仰。（新編《始興縣志》）

羅幹生。

羅幹（一八六九、一八七〇～一九一一），南海人。早年在新加坡經營洋服。宣統二年（一九一〇）加入同盟會。旋棄業返粵，投清軍巡防營從事革命活動，爲哨官發覺，走匿鄉間。次年至廣州，參加攻打兩廣督署，轉戰小北門，彈盡被執就義。（《民國人物大辭典》一六二四頁）

清穆宗同治九年　庚午　一八七〇年

秋，黃遵憲至廣州應鄉試，八月十五夜交卷後與羅少珊（文仲）、梁詩五（居實）等登廣東省貢院中堂前之明遠樓賞月，少珊有詩作。（鍾賢培、管林、謝華、汪松濤《黃遵憲詩選》三八二頁）

梁詩五（一八四三～一九一一），名居實，字守信、詩五、仲遂。嘉應州白土人。黃遵憲祖母梁氏從堂弟。光緒十五年（一八八九）舉人。受聘廣州菊坡書院、應元書院，任院長十四年。後任德國、比利時、日本諸國使館參贊。參修光緒《嘉應州志》。宣統三年（一九一一）因病告假歸國，尋病卒。曾被授予二品官銜并賞戴花翎，賜寶星勳章。著有《梁詩五先生遺稿集》。（《廣東近現代人物詞典》四八七頁）

本年黃遵憲赴廣州參加鄉試，歸途經香港，目睹待運內地鴉片，回顧香港割讓英國後變化，感慨萬端，悲憤賦《香港感懷十首》五律。

本年遵憲賦《人境廬散曲　題州牧彭翰孫南屛〈磊園詩事圖〉》。（鍾賢培、管林、謝華、汪松濤《黃遵憲詩選》一、四五〇頁）

本年方耀鎮潮，耳吳金錫名，延至內署課子弟。

吳金錫，字石山，一字晚修。海陽人。勝衣就傅，師授以《朱子》、小學，心好之，誦不去口。既長，致力於宋儒語錄性理諸書，尤服膺考亭《語類》。弱冠補博士弟子員。總兵方耀鎮潮日，耳吳金錫名，延至內署課子弟。年四十四卒。著有《道學性理精言》、《朱子語類錄要》及《榕村集說》。鄒魯《廣東通志稿》有傳。

本年黃遵憲二十一歲，賦《雜感》五古五首，可視爲詩界革命倡議書。（陳永正《嶺南歷代詩選》五四一頁）

本年何可及以歲貢授從化縣訓導。

何可及，字漸逵。高明人。卒年八十一。（道光《高明縣志》）

黃伯龍於本年中武解元。

黃伯龍，字雲。中歲入邑文庠，同治九年（一八七〇）庚午武解元。官南充守備。著有《臥雲集》、《詩鈔》。張煜南、張鴻南《梅水詩傳》卷九有傳。

黃鷺藻於本年中舉人。

黃鷺藻，字間琴。同治九年（一八七〇）庚午舉人，官信宜教諭。張煜南、張鴻南《梅水詩傳》卷六有傳。

溫見心於本年中舉人。

溫見心，字復初。同治九年（一八七〇）庚午舉人。張煜南、張鴻南《梅水詩傳》卷六有傳。

陳瀚於本年中舉人。

陳瀚，字梅坪。南海人。同治九年（一八七〇）庚午舉人，曾主佛山書院講席，爲學海堂學長。著有《崇古堂集》等。吳道鎔《廣東文徵作者考》卷十一有傳。

曾蘇於本年中舉人。

曾蘇，字朝龍，號紹坡。五華人。同治九年（一八七〇）庚午舉人，長金山書院。光緒九年（一八八三）癸未選順德教諭，簡朝亮出其門。二十二年（一八九六）丙申晋授廣州府教授。著有《鐸餘集》、《地理辨惑》、《曆學指迷》、《論説雜著》，均散刊各報。余祖明《廣東歷代詩鈔》卷四有傳。

溫鴻於本年中舉人。

溫鴻，龍山人。同治九年（一八七〇）庚午舉人。妻胡婉華，順德人。四川華陽縣知縣汝開女。著有《慶餘樓吟草》。冼玉清《廣東女子藝文考》有傳。

馮徵熊於本年中舉人。

馮徵熊，南海人。友準孫。同治九年（一八七〇）舉人。（《廣州府志》卷一二八）

馮鏡江於本年中舉人。

馮鏡江，字瑞良，號壽山。東莞人。同治九年（一八七〇）舉人，官江南道監察御史，兼署山西道。後任雲南臨安知府，卒於廣南道中。（宣統《東莞縣志》卷七三）

鄔寶銓於本年中舉人。

鄔寶銓，番禺人。彬子。同治九年（一八七〇）舉人，授內閣中書，加侍讀銜。（《番禺縣續志》卷二二）

汪心鑒於本年中舉人。

汪心鑒，字又謙，號寸虛。香山（今中山）人。同治九年（一八七〇）舉人，以大挑選平遠縣教諭。曾受聘豐山書院山長三年。光緒末以裁缺歸家，居樂道。終年七十七。（民國《香山縣志》）

范貴春於本年中舉人。

范貴春，字應魁，一字蔣庠。高要人。同治九年（一八七〇）舉人，授定安縣訓導。後主講西寧之甘棠、錦江、桂河諸書院。著有《修來堂詩草》、《讀毛詩識小》及《漢書注訂誤》。（宣統《高要縣志》卷十八、《鬱南縣志》）

曾泳沂於本年中舉人。

曾泳沂，字菊坡。博羅人。同治九年（一八七〇）舉人。後累試不第，退而學稼於小金洞，誅茅，養魚，植桐、松、竹數十萬株，常與傭保雜作，嘗謂"人以治生爲本，欲使環居者知大利所在，起而共圖之，上則富國，下則富民。"卒而經營廢。（民國《博羅縣志》卷七）

簡作儒於本年中舉人。

簡作儒，博羅人。湘次子。同治九年（一八七〇）舉人。赴省試不第，父歿，遂絕意進取。光緒九年（一八八三）截取知縣，到班仍杜門不出。授徒以終。卒年七十六。（《番禺縣續志》卷二四）

方阿五生。

方阿五（一八七〇～一九一八），原名修伯（倫），人稱長腳五舍。普寧人。少喜音樂，參加普寧鈞天樂儒樂社，習二弦及嗩吶演奏，得良師指導，技藝日精。光緒二十四年（一八九八）先後參加老正興、老賽桃源等潮劇班。隨戲班至潮安庵埠内洋演出，即受到當地樂界讚賞，被譽爲"二弦王"，内洋有位出身音樂世家者，將其祖傳二弦琴譜琴筒相贈。尤擅長演奏活三五調。汲取古箏演奏韻味，聲情並茂，極富潮劇風韻，《睢陽恨》一曲，至今流行。曾至福建、暹羅以及東南亞演出。後隨戲班至南洋演出，在輪船上病故。（《廣東近現代人物詞典》三〇頁）

丘玉雲生。

丘玉雲（一八七〇～一九一六），字漢濱。蕉嶺人。同盟會員。奔走南洋，從事革命宣傳組織工作。武昌起義後，回國參加李濟民部民軍，參與光復肇慶，任軍需長。二次革命後，參與策

劃討袁，後被龍濟光殺害。（賴紹祥等《客籍志士與辛亥革命》）

朱汝珍生。

朱汝珍（一八七〇、一八六九～一九四二），字玉堂，號（字）聘三，又號隘園。清遠人。光緒三十年（一九〇四）末科榜眼，授翰林院編修。曾以縣試冠軍入讀清遠縣學，二十二歲考入廣雅書院，取列廣州府闈第一。二十七歲考取拔貢，以朝考一等欽點七品京官，簽分刑部江蘇司行走。民國十六年（一九二七）受聘香港大學中文系講師。著有《詞林輯略》、《詞林姓氏韻譜》，董修清遠、陽山縣志。余祖明《廣東歷代詩鈔》卷五有傳。

朱選青生。

朱選青（一八七〇～一九三二），一名光榆。南雄人。光緒廩生。曾往浙江師名醫朱丹溪學醫三年。光緒三十四年（一九〇八）被派兩廣優等師范學堂進修兩年畢業，後執教南雄中學堂。一九一二年開業行醫。一九一八年受聘為駐南雄之滇軍十三支隊中醫處中醫師，翌年任南雄中德醫院院長。（一九九一年《南雄縣志》）

李瑞琴生。

李瑞琴（一八七〇～一九五三），字炳榮，號崇慶。五華人。幼隨父居香港。長成後經營建築工程，成為港九巨富。熱心公益，創建五華一中、香港大學及遷建中山大學，均捐鉅款。一九二〇年主持並捐萬元建客家會館，創立崇正總會，被推為名譽會長，次年被港府選為太平紳士。日寇佔領香港後回鄉，勝利後返港。（《五華縣志》卷八）

吳發鳳生。

吳發鳳（一八七〇～一九四六），原名家悦。文昌（今屬海南）人。早年喪父，讀過幾年私塾，為生活所逼給鄰居當挑貨郎。後被貨商棄於萬州，淪為乞丐，為瓊劇班主莫開吉收留。十七歲回家，借錢做糖果小販，因虧本而轉入"發字"科班為班主作雜工，藉以學藝，起名"發鳳"。一年後離開"發字"科班，跟隨農村班子唱花旦戲，因功底不實，嗓粗調闊而改唱老旦，所演《西廂記》、《賣胭脂》等劇大受歡迎，僅數年名噪全瓊，與清末民初莫發鶯、大眼鳥等幾名老旦齊名，二十餘歲即成爲名伶。其拿手戲有《西廂記》、《賣胭脂》、《紫金蘭闖宮》、《又釘記》、《由天不由人》、《三江考才》。後因吃蟾蜍肉粥中毒而死。（《廣東近現代人物詞典》一九五頁）

呂那改生。

呂那改（一八七〇～一九〇〇），又名那够。崖州多港峒（今屬海南樂東）人。光緒二十三年（一八九七）率領多港峒黎族民眾舉行起義，攻破樂安城，附近各峒黎民紛紛揭竿回應，隊伍很快發展至四千多人。義軍揮師向九所、黃流、崖城等地進發，迫使朝廷處決了樂安把總何秉鉞。在清廷多次調集官軍及鄉勇殘酷鎮壓下，二十六年（一九〇〇）戰亡。（《廣東近現代人物詞典》八七頁）

林玉興生。

林玉興（一八七〇～一九四七），又名德。普寧人。早年至泰國爲種植園主當傭工，入築路局工作，後昇遷至皇家築路工程廊主（總經理），娶親王女爲妻，飛黃騰達，公推爲僑領。抗日戰爭全面爆發，組織鋤奸團，打擊在泰漢奸及親日分子，組織"泰國華僑籌款賑濟祖國難民委員會"，發動泰國學校進步師生開展抵制日貨運動。在日駐泰國大使壓力下，被驅逐出境。抵汕頭後，與歸國僑領又組織旅泰華僑抗敵同志會，自任會長。一九三九年初重返泰。病逝於曼谷。（《廣東近現代人物詞典》三一八頁）

陳洵生。

陳洵（一八七〇、一八七一～一九四二），字述叔，號海綃。新會人。少有才思，聰慧非凡，尤好填詞。光緒間曾補南海縣學生員。後客遊江西十餘年，蹇滯殊甚。返穗後爲童子師，設館廣州西關，以舌耕糊口。辛亥革命後，加入南國詩社。晚歲教授中山大學。歸安朱孝臧見其詞，甚加推許，嘗稱新會陳述叔、臨桂況蘷笙爲“並世兩雄，無與抗手”。又爲校印所著《海綃詞》，並題句。其後復收入《滄海遺音集》，共二卷。洵生性孤峭，少與順德黃節善。番禺梁鼎芬每爲揚譽，並稱“陳詞黃詩”。民國三十一年（一九四二）五月初六日卒於廣州。（《中國近現代人物名號大辭典》七〇五頁）

陳謨生。

陳謨（一八七〇～?），字慕皋。清遠人。光緒十九年（一八九三）舉人。次年會試禮部，中乙榜，授國史館謄錄。後歸邑設塾授徒。著有《陳孝廉雜俎》。（《清遠縣志》卷十八）

陳及時生。

陳及時（一八七〇～一九四二），字能忠，號梅雨。始興人。九歲能文，十三歲應童子試，旋中秀才。光緒三十年（一九〇四）拔貢。科舉廢，與邑人創辦新學。民國初歷任本縣教育會長、教育局長，並親任教員。從宣統三年（一九一一）至民國十五年（一九二六），四次任《始興縣志》總編輯。抗戰爆發，告老還鄉。（新編《始興縣志》）

陳世崇生。

陳世崇（一八七〇～一九五〇），又名福。新安（今寶安）人。光緒十四年（一八八八）被招募至法屬大溪地做菸草生意。後於首府巴比特經營百貨及土產進出口，二十世紀初爲當地首富。（《寶安文史》）

陳任枚生。

陳任枚（一八七〇～一九四五），南海人。家本清寒，讀書賴父勤儉供養。及長，因科舉不就，乃在鄉設塾課徒，時適遇歸隱先輩精於醫而藏書甚豐，執弟子禮事之。清末民初任南海小學校長、南海中學教師兼學監，業餘爲人治病。後以活人甚多，求診日衆，遂辭去教職。民國九年（一九二一）遷居廣州設醫寓於龍津西路，曰“陳敬慎堂”。每日接診，多屬急性高熱症，故對溫病發生機理深入研究。十三年（一九二四）廣東中醫藥專門學校創辦，受聘於該校主講溫病學，參與撰寫《溫病學講義》。（《廣東近現代人物詞典》二七八頁）

陳步墀生。

陳步墀（一八七○～?），字子丹，號雲僧。饒平人。光緒廩生。宣統元年（一九○九）己酉納資爲恩貢，候補道。先是光緒三十四年（一九○八），粵三江水漲，作《救命詞》三十首。能文，詩詞尤工。平生編著有《繡詩樓叢書》全套三十六種，外加《四先生詩存》一本。側室巫採蘭，有《素絢女子刻本》，編入《繡詩樓叢書》。余祖明《廣東歷代詩鈔》卷八有傳。

陳祝齡生。

陳祝齡（一八七○～一九二九），高要人。早年考進天津商業學堂，畢業受聘於英商怡和洋行，深爲總管賞識，屢獲升遷，二十九歲爲買辦。辛亥前後支持同盟會及中華革命黨在津活動，孫中山在廣州設大元帥府期間，廣東發生乙卯年（一九一五）特大水災，大元帥府派員至津募捐，認捐銀元五萬，孫中山親筆書贈"樂善好施"。家鄉南圍堤潰決，派員三次從廣州購運大米約三十萬斤賑濟災民，人均分三斗。一九二五年，捐資二萬五千銀元創建祝齡學校，又撥出在中山縣沙田三百六十畝田租作學校固定校產以充常年經費。還先後捐出多項資金，發展高要、天津教育事業，曾捐資高要縣立中學建學生宿舍一座，命名爲"祝齡宿舍"；天津廣東同鄉會籌建廣東中學，爲校董會董事，捐建禮堂一座；南開大學擴建，也曾捐資。支持七弟汝湘就讀北洋大學畢業，又留學美國獲耶魯大學工程博士學位，曾隨詹天佑修築八達嶺鐵路；又支持表弟梁朝玉就讀北洋大學直至畢業。在津遭綁票遇難。（《高要縣史》第二輯）

陳偉成生。

陳偉成（一八七○～一九四○），又名義。寶安人。早年因參加鍾水養革命而被清政府威逼，於光緒十年（一八八四）往牙買加經商。一九一四年創辦陳義行，善經營，業務不斷擴大，加設代理公司、旅行社等，創下巨大產業。曾任牙買加中華會館總理、致公堂會長。一九三〇年回國，後在香港去世。（《中國近現代人物名號大辭典》七一五頁）

陳敬嶽生。

陳敬嶽（一八七〇～一九一一），字接祥。嘉應人。幼年求學，不事章句，尤鄙舉業。光緒二十九年（一九〇三）赴海外遍歷南洋各島，設帳授徒，向學生灌輸“漢賊不除，滿清不覆；滿清不覆，中國不強。”後加入“中和堂”，繼又入同盟會。辛亥參加廣州“三二九”起義，失敗後回港，加入支那暗殺團。後返穗，與林冠慈合力謀刺清廣東水師提督李准。八月十三日，得知准由水師公所進城，與冠慈投以炸彈，傷准腰部，冠慈當場犧牲，敬嶽行至育賢坊時被巡警逮捕，被清吏李世賢殺害，為紅花崗四烈士之一。（《中國近現代人物名號大辭典》七一五頁）

陳錦濤生。

陳錦濤（一八七〇、一八七一～一九三九），字瀾生。南海人。法政進士。留學美國，先後入哥倫比亞大學、耶魯大學攻讀數學、政治經濟學，獲博士學位。歸國後，歷任廣州、北京視學，大清銀行稽核、副監督，財政部印鑄局副局長，曾出國考察郵票印刷技術。武昌起義後，任中華民國臨時政府財政部次長、總長，審議局長；臨時政府北遷後，任總統府顧問。曾出席海牙國際匯票會議及波士頓國際商會大會。一九一三年任財政部倫敦中國財政專員。一九一七年因貪汙案去職。一九二八年任清華大學經濟學教授。抗日戰爭開始後，參與組織偽中華民國維新政府，任財政部長。在上海病卒。著有《均富》、《四國公校》。（《中國近現代人物名號大辭典》七一九頁）

黃隆生生。

黃隆生（一八七〇～一九三九），字世育。新寧（今台山）人。少年時代去越南河內，先學做鞋，後學裁縫。由於技藝高

超，成爲河內有名裁剪師，開設了洋服店。後加入興中會。光緒
二十八年（一九○二）結識孫中山，參加興中會。興中會河內分
會成立後，以其洋服店爲活動地點，是越南華僑設立革命團體之
始。三十三年（一九○七）興中會河內分會改組爲同盟分會，爲
兩會骨幹分子。先是三十二年孫中山在河內策劃粵桂滇軍事行
動，爲其得力助手。河口之役，因運米糧供應前線，被法國殖民
政府驅逐。一九二三年孫中山在廣州重建大元帥府，任會計司司
長。次年孫中山爲統一廣東財政，決定成立中央銀行，任命宋子
文爲行長，隆生爲副行長，發行貨幣。一九二七年批准貸款給陳
炳權籌辦私立廣州大學。次年李濟深主持廣州政治分會，被委任
爲中央銀行行長，一九二九年三月中央銀行改稱廣東中央銀行，
續任行長。一九三一年任廣州中山紀念堂管理委員會委員。一九
三四年任國民黨中央革命債務調查委員會委員。隆生還是中山裝
之設計者。後在廣州逝世，葬今廣州市先烈南路興中會墳場。

　　梁日華生。

　　梁日華（一八七○～一九三三），字耀徵，號文遠。新興人。
少隨父德隆於廣州經營花木園藝，所營醉觀花園名冠廣州，擅栽
培牡丹、古樹盆景、將軍樹盆景。從師者眾，其徒遍及穗、港、
澳等地。（《新興縣志》）

　　曾杏村生。

　　曾杏村（一八七○～一九三三），字恒存，民國後更名曾在。
汕頭人。光緒二十八年（一九○二）與吳子壽等人在汕頭埠開設
了"嶺東閱報所"。留學日本時結識孫中山，三十一年（一九○
五）入同盟會。翌年創辦《潮聲》（半月刊，又名《潮聲白話
報》）。三十三年（一九○七）又創辦《雙日畫報》，該報模仿
《點石齋畫報》風格，爲潮汕地區最早畫報。

　　劉任臣生。

　　劉任臣（一八七○～一九三一），潮州人。光緒三十年（一
九○四）與許雪秋等進行秘密反清活動。三十三年（一九○七）

參加黃岡起義，失敗後避走星洲。宣統三年（一九一一）參與發起創辦同德書報社，向僑胞宣傳革命。武昌起義後，與許雪秋、陳芸生等回國參加光復潮汕，任民軍總司令，少將銜。後在汕頭病逝。（《廣東近現代人物詞典》一〇七頁）

盧耕甫生。

盧耕甫（一八七〇～一九四一），又名文鐸，字欽長。梅縣人。光緒三十二年（一九〇六）入同盟會，奔走南亞、東南亞，又在韓江流域策動革命。武昌起義後，與其他志士光復嘉應州，被推為嘉應州長，改稱梅州。一九一二年梅州降為縣，委任為梅縣縣長，任滿調饒平縣長。護法討袁時任高陽縣執法處長、廣東省參議員。一九一八年任潮梅鎮守使顧問。晚年安居故里，參與創辦東山中學、嘉應大學、南華學院等。（賴韶祥等《客籍志士與辛亥革命》）

溫生才生。

溫生才（一八七〇～一九一一），梅縣人。少年失父，由母撫育。稍長就讀鎮平（今蕉嶺）教會學校，旋棄學從戎。後轉赴香港，改習修機械。光緒二十九年（一九〇三），往南洋謀生，擁護孫中山革命。三十三年（一九〇七）入同盟會。宣統三年（一九一一），由廣東同鄉會籌款回國。抵穗後，與華僑興業社及革命黨人聯系，接受刺殺清水師提督李准任務。三月十日，孚琦出席觀看飛機表演，回程時，誤以為是李准，向其連投三枚炸彈，護衛騎兵被炸死二十多人，孚琦未死，繼續開槍，將其擊斃。革命黨人林德中來接應，不幸被清兵擊中犧牲。生才則由黃花崗後邊戰邊退，終因彈盡援絕被俘就義。原葬唐務崗，遷葬紅花崗。（《中國近現代人物名號大辭典》一二三七頁）

劉峻周生。

劉峻周（一八七〇～一九三九），肇慶高墩里人。光緒十九年（一八九三）應俄國茶葉商波波夫邀請，於十月攜帶茶籽、茶苗至格魯吉亞栽培茶樹，經三年試驗成功。三年期滿，回國再選優良茶籽，於二十三年五月帶全家重返繼續植茶，茶園面積擴大至十多公頃，並辦起制茶廠。二十六年（一九〇〇），該廠產茶葉在巴黎世界展覽會獲金質獎章。翌年受沙皇政府邀請至卡柯夫籌建茶廠，年產茶兩千磅，獲沙皇政府三級獎章。十月革命後，任國營茶廠經理，民國十三年（一九二四）十月十三日被蘇聯政府授予勞動紅旗勳章。格魯吉亞盛產茶葉，黑海沿岸茶林漫山，成為茶葉基地，所產"劉茶"，即以其姓命名。峻周於格魯吉亞工作三十多年，十四年（一九二五），率全家回國，定居哈爾濱。

劉鑄伯生。

劉鑄伯（一八七〇～一九二六），又名金祥、鶴齡，祖籍新安，生於香港。十五歲入聖保羅中學讀書，畢業後，尋入英國牛津大學攻讀，畢業回國任山東煙臺大學教授。後又任香港華商總會董事長等職。宣統二年（一九一〇）回鄉辦織布廠，一九一六年興辦念婦賢醫院等。（《寶安文史》）

歐榘甲生。

歐榘甲（一八七〇～一九一一），字雲高、雲樵，別號雲臺、伊庵、伊廠、太平洋客、無涯生、海天。歸善人。康有為門生。光緒二十三年（一八九七）先後主《知識報》、《時務報》筆政，又任湖南時務學堂中文教習。戊戌政變失敗後，在日本協助梁啟超編《清議報》，撰《中國歷代革命說略》。二十九年（一九〇三），與唐瓊昌等創辦致公黨機關機《大同日報》，任總編輯。著《新廣東》，主張廣東獨立。後因攻擊孫中山，被逐出報館，赴新加坡辦《總彙報》，從事保皇。三十四年（一九〇八），發起組織振華公司，並與廣西督撫張鳴岐聯合招商承辦廣西貴縣開平山礦。次年從新加坡回國赴貴縣，康有為認為借商謀亂，請朝廷執之，被迫藏匿家鄉。宣統三年（一九一一）被人誤打傷，不治而亡。著有《環球日記》等。（《中國近現代人物名號大辭典》七七一頁）

曹汝英生。

曹汝英（一八七〇～一九二四），字粲三，又作燦三，室名直方大齋。番禺人。光緒八年（一八八二）廣東實學館開館，汝英以文童身份考取。十一年（一八八五）海圖館成立，選充繪圖生。翌年選入廣東博學館學習。次年博學館改爲廣東水陸師學堂，兼學海軍駕駛。畢業後，派赴北洋艦隊實習。又入北洋槍炮學堂學習，肄業登"定遠"戰鬥艦任候補副。二十年（一八九四），返粵任廣東水陸師學堂駕駛及演練教習、廣東測繪總局總測繪、廣雅書院西學堂堂長、兩廣大學堂總教習等。三十二年（一九〇六）調京，任保定貴胄學堂教習、監督，後調充陸軍部候補郎中。宣統元年（一九〇九）調充海軍籌備處第三司司長兼一等參謀官，隨赴歐美考察海軍。次年設海軍部，任軍學司長，兼充海軍司令部參謀官，領海軍正參領，後升副都統。一九一二年十月交通部委派汝英爲招商局督辦。次年任交通部航政司司長。一九一四年返粵，任廣東中國銀行稽核。一九一七年任廣東治河督辦，後改任廣東省財政廳官產處主任。翌年任廣州市政公所坐辦，一九二〇年辭職，赴歐美考察。回國居香港，後病亡。擅長數學，曾著《直方大齋算草》。（《中國近現代人物名號大辭典》一一三七頁）

鄭照生。

鄭照（一八七〇～一九四八），字有章。新安（今寶安）人。生於檀香山。少年就學於普那好學校，畢業後入荷爾孫鐵工廠任職。光緒二十年（一八九四）參加興中會。次年與孫中山等六人結爲兄弟。二十九年（一九〇三）孫中山再赴檀香山，參與重組興中會，以《隆記報》爲黨報，與保皇會論戰。後從中山至香港、河內等地進行革命活動。辛亥革命前返檀香山。一九二一年被聘爲總統府顧問。陳炯明事變脫險後回檀香山，執律師業務。一九三五年回國，應聘爲中央銀行經濟研究處委員。抗戰爆發後，日偽誘其出任偽職，遂化裝秘密離滬返檀。（《民國人物大辭典》一四七五頁）

簡照南生。

簡照南（一八七〇、一八七一～一九二二、一九二三），名耀登，字肇章，寓名覺園，日文名松本照南。南海人。家貧，十七歲至港，在叔父銘石之巨隆號瓷器店學做生意，旋派長駐日本收理賬款。光緒十九年（一八九三），弟玉階至日本，尋於曼谷辦怡生兄弟公司營百貨，後又開辦順泰輪船公司，由租船航運到自購船承辦海運，航線遍及東南亞各地。三十一年（一九〇五），照南決心興辦民族煙廠。次年，簡氏兄弟在香港創辦南洋煙草公司，生產"飛馬"、"雙喜"、"白鴿"等名牌香煙，備受歡迎。宣統元年（一九〇九），公司更名南洋兄弟煙草公司，照南任總經理，玉階爲副。一九一五年，該公司資本額增至百萬元，成爲股份公司，分廠遍佈南北各地。一九一八年總公司移至滬。後因積勞成疾，在滬病逝。（《中國近現代人物名號大辭典》一二七一頁）

鍾奇生。

鍾奇（一八七〇、一八七三～一九二三），號少峰，字正而。長樂（今五華）人。十五歲入學。後東渡日本，入早稻田大學理化科，入同盟會。畢業歸國，創辦樂群公學、正始學校。武昌起義時率青年數百與鍾統等會合，光復梅縣。嗣率眾東下攻克潮汕，任第四軍總司令部軍法處處長。二次革命爆發，赴香港主編《民報》。歸國，任討袁軍第六軍總司令部秘書長。一九二三年任大本營軍政部軍衡局三等科員。（《民國人物大辭典》一五五六頁）

繆渭封生。

繆渭封（一八七〇～一九三四），字崇書，號坊廉。五華人。庠生。歷官至惠陽地方審判廳廳長、興寧縣長、南韶連地方法院首席檢察官，卒於任。（《五華縣志》）

清穆宗同治十年　辛未　一八七一年

本年吳嶽之《易說旁通》刊行。

吳嶽，字正方。鶴山人。歲貢生。博通經史，講學廣州，弟子千數。一時粵中名士，多出其門。（《廣東文徵》）

馮溥於本年中進士。

馮溥，字心泉，號澂湘。瀋陽人。廣東駐防漢軍。同治十年（一八七一）辛未科連捷進士，授兵部主事，請改知縣。著有《延正學齋詩集》。李長榮《柳堂師友詩錄》有傳。

區德霖於本年中進士。

區德霖，字鶴洲。新會人。廣東駐防漢軍。同治十年（一八七一）辛未進士，授吏部員外郎。引疾歸，遂不再出。國變後杜門著書，絕跡城市。年逾八十，鄉舉重逢。吳道鎔《廣東文徵作者考》卷十一有傳。

許奇雋於本年中進士。

許奇雋（一八二七～一八九二），原名其俊，字啟世，號竹湖，又號正持。開平人。同治十年（一八七一）辛未進士，授兵部郎中，出官八閩。晚告歸，杜門著述。又重修月山書院。著有《尺蠖齋詩文集》。余祖明《廣東歷代詩鈔》卷四有傳。

黃嶧於本年中進士。

黃嶧，原名家駒，字景侖，東莞人。同治十年（一八七一）進士，官刑部主事。歸，主持東莞、惠州、增城等地書院。復出任陝西洋縣令，以失察罷官。著有《刑案異聞錄》。（宣統《東莞縣志》卷七三）

杜蓀伯生。

杜蓀伯（一八七一、一八七〇～一九三七），字棪承，號熙傳。三水人。出生中醫世家，祖、父為中醫。蓀伯中秀才，工詩詞駢文。後赴日本神戶，任教於華僑同文學校。時遇太醫周勵文，從師有年。辛亥革命後返國行醫，操內、兒科，精治驚風。嗣南遷廣州，創辦蓀伯公司，研製中成藥，遠銷日本及東南亞。另設醫館，辦醫學刊物，編《內經》、《難經》等講義。（《廣東近現代人物詞典》一四〇頁）

李家駒生。

李家駒（一八七一～一九三八），字昂若，號柳溪。廣東駐防漢軍正黄旗人。光緒二十年（一八九四）甲午進士，授翰林。二十九年（一九〇三）任湖北學政，後調東三省，旋授學部右丞。三十三年（一九〇七）曾任出使大臣赴日本，次年派爲考察日本憲政大臣，授内閣學士。宣統元年（一九〇九）署理學部左侍郎。三年（一九一一）兼任協同纂擬憲法大臣、資政院總裁等職。一九一四年任參政院參政。袁世凱稱帝授予之封銜，受之。

李祺祀生。

李祺祀（一八七一、一八七二、一八七四～一九一四、一九一五、一九一六），又名萁，號介齡。陽江人。早年追隨孫中山，經商三藩市，入同盟會，後歸國傾囊爲革命軍籌餉。辛亥帶領陽江義士參與廣州起義，隨敢死隊進攻兩廣總督署戰役，率先垂范；九月舉兵定陽江。一九一三年秋，“二次革命”失敗，陳景華（廣東員警廳長）、陳仲賓（南韶連軍務督辦）先後被龍濟光殺害，祺祀被孫中山委任爲廣東討袁軍遊擊總司令，籌款擴軍，備嘗艱苦，數年出入台、陽及十萬大山，秘密集結民軍。於窮山野嶺行軍患病，由隨從抬著走，因山路崎嶇難行，隨從不慎跌倒，觸爆隨身炸彈，受重傷不治。（《陽江文史》）

李傳楷生。

李傳楷（一八七一～一九二六），字式如。樂昌人。宣統二年（一九一〇）畢業於廣東法政學堂，先後任南雄縣專審、廣東省代議士。一九一二年與一九二三年，兩次當選樂昌民選縣長。一九二三年組織民船會，建立工農武裝聯團。次年發展農民協會九、航業工會二，並建立遊擊中隊。一九二五年被商團與湘粵邊匪首胡鳳嶂聯合包圍，突圍時受傷被俘就義。（新編《樂昌縣志》卷二九）

李鍾嶽生。

李鍾嶽（一八七一～一九三八），字正卿。東莞人。監生。

歷任廣東兵工廠總辦、將軍府參軍。一九一九年任北京政府陸軍部軍務司司長，旋任華盛頓會議中國代表團專門委員。一九二四年調任陸軍部參事。（《民國人物大辭典》三二二頁）

吳功補生。

吳功補（一八七一～一九四四），字德元。祖籍高要沙埔，定居肇慶水師營。光緒十八年（一八九二）秋，應恩科秋闈舉人。三十一年（一九〇五）設館授徒。同年秋，往日本同文學校任教員、校長。民國十六年（一九二七）在日本神戶自設戊辰學塾執教。翌年至民國二十三年（一九三四）在香港西南中學任高中國文教員。翌年任廣東順德縣府顧問，後任高要縣修志局編纂。著有《草草廬》詩稿兩集。

沈鴻英生。

沈鴻英（一八七一～一九三八），又名亞英，字冠南。原籍恩平，生於廣西雒容。青年時為盜。宣統三年（一九一一）受招安，任柳州管帶、督帶。一九一三年為陸榮廷集團重要人物。一九二一年兵敗入湘投吳佩孚，任陸軍十七師師長。翌年返桂，被孫中山委任為廣西靖國軍總司令，討伐陳炯明。又與吳佩孚勾結，叛孫中山攻廣州，被擊敗。一九二四年佔桂林、柳州，逼陸榮廷下野，次年被新桂系白崇禧部擊敗，潛逃香港。（《中國近現代人物名號大辭典》五六五頁）

林海山生。

林海山（一八七一～一九三六），字鵬舉。歸善安墩（今屬惠東）人。早年赴美謀生，加入興中會。光緒二十六年（一九〇〇）協助鄭士良領導惠州三洲田起義。三十一年（一九〇五）入日本早稻田大學。後入同盟會，任安南分會會長。宣統三年（一九一一）參加光復惠州之役。民國肇建，任東江水陸軍務督辦等。一九一六年在淡水起兵討龍濟光。失敗走港澳。一九二一年回惠陽重辦東江派尾錫礦公司，參加東征。一九二七年在虎門創辦達民生石礦公司，病故於虎門。（《廣東近現代人物詞典》三

二七頁）

　　胡兆麟生。

　　胡兆麟（一八七一～一九三六），字仁陔。順德人。早年師從趙之謙學書法，楷書風格寬厚沉著，自成一格，專工榜書。亦工鐵筆。民國初年任教於兩廣方言學堂、廣東高等學堂，授文史課。（《廣東近現代人物詞典》三七三頁）

　　姜魂俠生。

　　姜魂俠（一八七一～一九三一），南海佛山鎮人。少年時曾受業於朱九江門下，儒簡竹居。後來入廣州兩廣高等學堂文科肆業，有較深的文學修養，平時喜愛粵曲粵劇，不顧家庭阻撓，毅然參加了當時新興的廣州"優天影"志士粵劇班，演出一些時裝新派粵劇，初露頭角。後又在當時省港名班演出，飾醜生，根據劇情刻畫人物性格。更擅演正面人物醜生，如時遷、武大郎，時反串女醜演鍾無豔等，惟妙惟肖，不落俗套。對角色揣摩肯下苦功夫，對唱詞道白能就角色個性適當增減潤色，做到通俗而不庸俗，熱鬧而不胡鬧。所演戲有《時遷偷雞》、《武大郎賣燒餅》等。其舞臺生涯持續了近二十年，三十年代初退出梨園。（《廣東近現代人物詞典》三九四頁）

　　姚梓芳生。

　　姚梓芳（一八七一～一九五二），字君懋，號覺庵，晚年自署秋園老人。揭陽人。舉人。京師大學堂首屆畢業生。任法部主事、暹羅華僑宣慰使、潮梅行政考察。擅古文，學桐城。著有《覺庵叢稿》、《秋園文鈔》等。（《廣東近現代人物詞典》三九六頁）

　　陳少嶽生。

　　陳少嶽（一八七一～一九一八），字天基。興寧人。年十八入縣學，補廩膳生。後專心治學，並於羅崗等地學館教讀。光緒二十八年（一九〇二）與蕭惠長等在汕頭同文學堂讀書，翌年返興寧與惠長等倡辦興民學堂並任教。後與何子淵、何公博等倡設石馬學堂。入同盟會。武昌起義後，惠長於邑首舉義旗，率興民學生大隊相助。民國元年（一九一二）任縣教育局長。病逝興民中學校長任內。（一九八九年《梅州人物志》）

陳谷蓀生。

陳谷蓀（一八七一～一九一〇），興寧人。參與創辦興民學堂，爲駐校董事之一。（一九八九年《梅州人物志》）

陳春舫生。

陳春舫（一八七一～一九二九），梅縣人。光緒二十九年（一九〇三），赴汕頭就讀嶺東同文學堂。畢業後於鄉熱心辦學，與同宗陳亮筠、亮全等創辦南口星聚學校，又與馮懋度、葉菊年等創辦梅縣私立東山中學。時原梅州務本學堂因公私立之爭發生學潮，學生趙一肩、葉劍英等憤然離校，在春舫、懋度支持下，借葉家祠繼續上課，後遷梅城下市狀元橋畔之東山書院（今東山中學）。春舫曾受命至南洋爲建校募集經費，被推爲東山中學第二任校長。一九二七年東山中學被當局關閉，遁跡鄉間。（《梅縣文史》）

陳慶龢生。

陳慶龢（一八七一～？），字公睦。番禺人。弟慶佑，字公輔。東塾孫。優貢。歷任鐵路局總文案、天津大學堂會辦、山東撫署文案、外交部秘書等。工詞章，同官京師。慶龢早歿，其孤不肖，將其遺書以極賤價盡售於打鼓販。書數百冊，皆有東塾手跡及東塾未刊文稿。東塾手校《通典》四十冊，慶龢藏有讀書記餘稿，編爲《東塾雜俎》六卷，已寫定待刊。見於他處者，尚有《孟子說》、《老子注》、《說文韻表》諸書。

孫丹崖生。

孫丹崖（一八七一～一九四三），名光庭。揭陽人。清末曾留學日本東京弘文學院，並結識孫中山、黃興等人，加入中國同盟會，後任同盟會廣東分會會長。留日時，孫中山在日本友人日野熊藏大佐幫助下建立東京郊區青山練兵場，秘密培養軍事人

材，丹崖曾在該校學習半年。宣統三年（一九一一）春，奉命從
日本回國，意欲參加“三二九之役”，途中聞起義失敗，轉道潮
汕，策劃再次起事。十一月率起義軍圍攻惠潮嘉兵備道駐汕頭行
轅辦事處，汕頭宣佈光復。翌日，成立第四軍，任起義軍副司令
兼執法官。後又率部隊挺進潮州府城，清兵備道關煦聞訊潛逃，
潮州鎮總兵趙國賢上吊自殺，知府陳兆棠負隅頑抗，後城破被
殺，至此潮汕全面光復。民國肇建後，袁世凱稱帝，改元洪憲，
革命軍被迫解散，遂棄武從文，先後在汕頭金山中學、揭陽溪東
中學任教。北伐勝利後又任揭陽二中校長，曾一度短期出任揭陽
代理縣長，後因病卒家。（《廣東近現代人物詞典》一三五頁）

　　區康泉生。

　　區康泉（一八七一～？），南海人。光緒十三年（一八八七）
接任父業，在香港任秦棧五金商店司理，復在穗、梧、佛山等處
分設支號。一九二二年起，歷任中國安樂汽水有限公司董事長、
香港東華醫院及保良局總理。（《民國人物大辭典》八二一頁）

　　葉覺邁生。

　　葉覺邁（一八七一～一九五四），號湘南。東莞道滘鄉永慶
坊人。光緒二十七年（一九〇一）辛丑科（一九〇一）補行庚子
科文舉人。康有為弟子，同學有梁啟超、譚嗣同等。曾在湖南興
辦新學，參加維新運動，後逃往日本留學避難，辛亥革命成功後
回國。曾在北京圖書館任科長館員、東莞中學校長。倡議陳伯陶
編寫《東莞縣志》。民國十三年（一九二四）九月十五日至二十
一日任東莞縣長，在任僅七天。後任東莞縣明倫堂董事（總辦）
多年，並在廣東省教育會任職，兼任國民大學古文課教授等。
（《東莞現代人物》二一八頁）

　　黃金源生。

　　黃金源（一八七一～一九四四），花縣鏡湖上社（今新華鎮
東鏡村）人。早年至廣州、香港謀生，做屠宰工，參加洪門三合
會，後為肉行持平工會會長。民國十一年（一九二二）參加響應

香港海員大罷工之總同盟罷工，任省港大罷工工人糾察隊總隊長兼省港大罷工委員會財政委員。十五年（一九二六）被選爲香港總工會執委、中華全國總工會候補委員。次年受到追捕，到處躲避，倖免於難。嗣後，金源致力於家鄉建設。十九年（一九三〇），參加花縣公路建設工作，與黃鶴儔負責規劃、指揮花城至新街路段工程。二十七年（一九三八）日寇入侵廣州，逃至市郊招村農家避難，患嚴重傷寒病，後由家人抬回家鄉醫治。尋雙目失明，妻、兒媳相繼去世，留下孫輩一男二女，家庭生活極端貧困，有時連粥也吃不上，只好叫孫兒摘野菜充饑。此時鄉間不少人種罌粟謀生，堅決反對曰："寧可餓死也不種鴉片煙！"耐心向家人講解鴉片煙危害。後貧病煎迫與世長辭。（《廣東近現代人物詞典》四五六頁）

馮祝萬生。

馮祝萬（一八七一、一八八〇、一八七九～一九四六），原籍鶴山，後定居肇慶。畢業於保定陸軍軍官學校。辛亥革命時參加同盟會，接收後瀝厘廠，任總辦。後參加廣東北伐軍，任隆世儲獨立旅軍事委員，旋調軍部任參謀。民國元年（一九一二）廣東北伐軍解散，隨軍長姚雨平回粵。十二年（一九二三）三月任孫中山大本營軍政部軍務局局長。十四年五月任大本營參謀團軍務處處長。十六年七月任廣東省政府委員、省農工廳廳長、省財政廳廳長、國稅管理公署署長。十八年兼代省民政廳廳長。二十年（一九三一）任國民政府西南政務委員會委員、軍事委員會參謀團主席、國民黨廣東省黨部執行委員，次年升國民政府西南政務委員會常務委員。後從商，定居澳門。（《廣東近現代人物詞典》七八頁）

梁樹熊生。

梁樹熊（一八七一～一九二六），字辛嘗。信宜人。廩生。光緒三十一年（一九〇五），與高州六縣部分開明士紳創辦高州中學堂。宣統二年（一九一〇）入同盟會。辛亥革命時，協助縣人林雲陔領導高州起義成功，後任高州軍政分府民政長、孫中山軍政府秘書、增城、寶安、鶴山等縣縣長，卒於任。（《信宜人物傳略》）

張懷真生。

張懷真（一八七一～一九四一），嘉應（今梅縣）人。廩生。光緒三十二年（一九○六）入同盟會，次年在汕頭與葉楚傖等創辦《中華新報》，任總主筆、總編輯，嗣歷任《大風報》、《新嶺東報》、《平報》、《汕報》社長兼總編輯，曾因抨擊時政被捕入獄。一九三三年發表社論紀念因行刺日本天皇未遂而殉國之朝鮮義士尹奉吉，號召共禦外侮而引起軒然大波，即"汕頭事件"。（《梅縣文史資料》第十輯）

楊其珊生。

楊其珊（一八七一～一九三三），乳名妹娘。陸豐人。少年跟堂叔父育月往福建少林寺學武術兼學醫，成年後開武館、行醫為業。後入贅。一九二二年協助彭湃開展農民運動。一九二五年加入中國共產黨。一九二七年參與領導海陸豐三次武裝起義，曾任海豐總農會副會長、廣東省農會執行委員、財政部長、海豐縣蘇維埃政府委員、中共第五屆中央委員會委員等。後在陸豐碣石溪被叛徒殺害。（《廣東近現代人物詞典》一四七頁）

詹憲慈生。

詹憲慈（一八七一～一九四二），字菊人，號菊隱。番禺人。生平專精小學音韻。粵督陶模派赴日本宏文師範學校留學，回國後任番禺縣立師範學堂校長。民國七年（一九一八）至十六年（一九二七）任交通部秘書。晚年回粵，歷任廣東高等師範與省立女子師範等校教席。抗戰期間，避居粵北。卒於樂昌坪石。著有《廣州語本字》，廣東《番禺縣志》亦曾記載此事。此書雖於二十世紀二十年代已完稿，但由於種種原因，迄至一九九五年才由香港中文大學出版社影印其手稿、再加編號注音後出版。另著有《小學修身教授法》等。（《廣東近現代人物詞典》五三四頁）

趙仕北生。

趙仕北（一八七一～一九四四），字孔南，號于朔。新會人。光緒十年（一八八四），隨鄉人赴美，半工半讀，獲哥倫比亞大學法學博士學位。二十二年（一八九六）識孫中山，後入同盟會。三十三年（一九〇七）回國，留贛辦教育，暗助革命。辛亥革命成功，選舉贛省代表。以臨時參議院議長身份出席孫中山就任中華民國臨時大總統典禮，並親授大總統印章與孫中山，隨即任粵漢鐵路管理局局長。一九一二年至一九一六年，任唐山路礦學校（即唐山交通大學，今西南交通大學）校長。一九一七年任廣州軍政府司法部司長。一九一九年任廣東省高等法院首席推事。一九二三年任軍政府大理院院長。後在南京、廣州經營航運及汽車交通貿易。大革命期間一度回江門開律師事務所。一九二八年任國民政府立法院立法委員。一九三六年任廣州地方法院院長。廣州淪陷後，辭職赴香港閑居，一九四二年被日軍拘捕，一九四四年病逝於香港日軍監獄中。夫人白薇熙為德裔美籍人，醫學博士，女趙麗蓮被譽為“中國英語廣播教學第一人”。（《廣東近現代人物詞典》三七七頁）

鄧籍香生。

鄧籍香（一八七一～一九三〇），原名爾慎，字季重。海陽（今潮安）人。光緒歲貢，廣雅書院九年畢業。光緒二十八年（一九〇二）任北京大學堂編書局局員，後任嶺東同文學堂監學。三十三年（一九〇七）與方漢臣、陳芸生等共謀黃崗起義，失敗後至汕頭任嶺東甲種商業學校學監兼文牘會計，並組織學生團聯絡內地紳士加入商業學會。又在崎碌創辦汕頭女子師范學校。宣統三年（一九一一）十一月汕頭光復，被舉為汕頭副民政長兼汕頭通商口岸員警總局局長，同時在庵埠芒巷創辦龍文小學。一九一六年被委任為蕉嶺縣縣長，尋因挪用商業學校存款資助護國軍軍餉，被帝黨黃孝覺指控入獄。後經陳炯明、鄒魯等人力保，越年獲釋。獄中以吟詠解悶，後輯成《丙丁吟》詩集。出獄後赴省任援閩粵軍總司令部諮議。一九一八年十一月被征閩靖國軍警備隊司令官黎嶽委任爲司令部副官長，升上校參謀長。後又歷任惠州碧甲潮鹽場場長、鹽大使、潮汕官產處處長。一九二八年上將姚雨平委其往泰國募集軍餉。一九三〇年夏在家病逝。另著有《鄧籍香詩存》。（《廣東近現代人物詞典》四四頁）

劉秉祥生。

劉秉祥（一八七一～?），字霑庭。清遠人。光緒二十一年（一八九五）結識孫中山，參加廣州起義。失敗後逃港，輾轉至雲貴、兩湖宣傳革命。二十六年（一九〇〇）被捕入獄，旋越獄入南嶽鐵佛寺爲僧。三十年（一九〇四）還俗。一九一八年任孫中山總統府副官。一九二六年任國民革命軍第一遊擊司令部黨代表。一九二八年解職寓居穗。（《廣東近現代人物詞典》一一一頁）

謝纘泰生。

謝纘泰（一八七一、一八七二～一九三七），字聖安、日昌，號康如。開平人，生於澳洲。中學畢業後隨父至港，肄業於皇仁書院。光緒十八年（一八九二），與楊衢雲等創立“輔仁文社”。二十年曾設計過飛船。次年參加了孫中山、楊衢雲等聯合組織之興中會，參與策劃廣州起義。二十五年（一八九九）纘泰結識原太平天國天王洪秀全侄洪全福，再次籌劃攻奪廣州，並獲李紀堂支持軍費。二十九年（一九〇三）經澳往穗，准備領導攻奪廣州，事洩失敗，在香港創辦《南華早報》致力於革命宣傳。一九二四年在《南華早報》發表了英文日記體回憶錄《中華民國革命秘史》。晚年專心鑽研中國古代文學藝術。（《中國近現代人物名號大辭典》一二五七頁）

關志妹生。

關志妹（一八七一～一九四五），字達之。南海人。早年僑居墨西哥。一九二四年入國民黨，被選爲國民黨駐墨西哥答巴足租轉分部首任部長。一九二八年當選分部執行委員兼會計科主

任。一九四〇年當選爲第四屆直屬支部第三屆執行委員兼組織科主任。（《民國人物大辭典》一六五二頁）

譚學衡生。

譚學衡（一八七一～一九一九、一九一六），字奕章，一作翼彰、亦張。新會人。父國恩爲光緒十二年（一八八六）丙戌科進士，任工部主事。二子：長學衡，次學夒。光緒十一年（一八八五）學衡入廣東水陸師學堂一期水師班，畢業後赴英國海軍學校攻讀。回國在北洋海軍服役，參加中日甲午戰爭。三十二年（一九〇六）五月，清廷派與程璧光、林國祥等五人往英國訂造"海天"、"海圻"巡洋艦，兼監制。三年後率艦回國。宣統元年（一九〇九），任籌建海軍事務處參贊，次年任海軍部副大臣。清帝退位前，任海軍大臣。一九一二年任南京民國臨時政府海軍部正首領、海軍總長。後南下廣東，回鄉倡修圍堤水利及疏浚天沙河舊河。一九一四年任廣東治河事宜處督辦。一九一六年春，西江測量完竣，後繼續勘察東、北兩江與珠江。任內還擬訂各江河道、港口、圍堤整治、改良計劃。（《中國近現代人物名號大辭典》一三〇一頁）

清穆宗同治十一年　壬申　一八七二年

本年居廉爲其弟子蔡德馨寫《疏梅月影》紈扇面（東莞市博物館藏）。

蔡德馨，字蘭甫，一作蘭圃，一字煥初，別署藕香館主人。東莞人。汪宗衍稱其爲居巢弟子，黃般若則稱其爲居廉弟子。工花鳥、草蟲。

本年黃遵憲赴廣州應試，遇廣東學使何地山幕賓周琨，琨激賞遵憲歲試文，引爲知己，贈以長詩，遵憲因賦《和周朗山　琨見贈之作》七古長詩。（鍾賢培、管林、謝華、汪松濤《黃遵憲詩選》三七二頁）

本年許希逸入丁日昌幕。

　　許希逸（一八三二～一八九九），字菊坡，號琅琊逸史。揭陽人。歲貢。同知銜，福建候補通判。同治十一年（一八七二）入丁日昌幕。光緒二年（一八七六）隨日昌赴臺灣考察。十四年參修《揭陽縣續志》。能詩，工書畫，喜集前人墨蹟，署所居爲堆墨齋。著有《堆墨齋詩鈔》等。（民國《潮州志》）

　　李熾於本年成貢生。

　　李熾，龍門人。同治十一年（一八七二）歲貢。著有《松石山房詩集》、《四書批註》等。（民國《龍門縣志》卷十八）

　　梁紹華於本年成貢生。

　　梁紹華，石城（今廉江）人。同治十一年（一八七二）歲貢，候選訓導。著有《鑒堂詩集》。（民國《石城縣志》）

　　王勳生。

　　王勳（一八七二～?），字閣臣。廣東人。畢業於香港皇仁學院，任天津北洋大學講師。光緒二十二年（一八九六）任天津中國機械礦山會社代理人。二十九年（一九〇三）任粵漢鐵路局局長，兩年後任滬寧鐵路局長。一九一八年任漢冶萍鐵公司商業部理事，後任上海中華製鋼公司總經理。

　　伍漢持生。

　　伍漢持（一八七二～一九一三），新寧（今台山）人。早年入同盟會。光緒二十一年（一八九五）在佛山英國惠斯禮會西醫院學習醫術，畢業後先後在開平單水口及香港油麻地行醫。適逢南非招工，被聘爲船上醫生。二十八年（一九〇二），與史古恩、馬達臣等在惠州發動起義。次年與譚民三、蕭敬宗等組織油麻地中國基督教會分會，被舉爲會正，創立華英學堂，附設體育會，親自教授兵式體操。三十二年（一九〇六），創立圖強醫學堂。同年考入廣東法政學堂，專習政治經濟科。次年劉思復謀炸廣東水師提督李准，失慎受傷，爲其治傷，因而被捕，旋即保釋，與馬達臣創辦赤十字會。辛亥廣州起義失敗後，舉家避港。嗣與莫紀彭等運動香山陸軍反正光復香山前山，率隊趨順德，逼近省城。廣州光復，遂率軍駐省城，籌備北伐，因南北議和而止，被陳炯明任爲都督府醫務部長兼北伐軍醫官。一九一三年當選爲衆議院議員。宋教仁被刺殺後，列舉袁世凱罪惡，依據《臨時約法》提案彈劾，上書促其退位，爲世凱所忌而被捕殺。（《廣東近現代人物詞典》九四頁）

何乃中生。

何乃中（一八七二～一九五六），字仿檀。香山小欖人。一門鼎甲，俗稱“將軍府”。叔父佩林，武舉人。兄乃斌中武探花，乃清、乃益均爲武舉。乃中爲光緒二十四年（一八九八）武進士，選任宮廷侍衛。清亡後入保定將弁學堂學習，畢業由陸建章薦任協統王化東部參謀，後升隊官。時馮玉祥亦在王部任職，旋因家喪回小欖。一九一四年復職時陸建章女婿馮玉祥已晋升爲陸部第十六旅旅長兼第一團團長，乃中則調該旅任第二團團長，駐軍河南。袁世凱死，北洋軍分裂混戰，乃中任馮玉祥國民軍顧問。一九二九年北伐勝利，玉祥與蔣介石等在南京成立軍事編遣委員會，乃中爲安置處中將處長。一九三一年至一九三五年任察哈爾省長兼二十九軍軍長宋哲元顧問，提醒哲元應趁日軍兵力未充分集結，先發制人。“七七”事變起，被迫南返，隱居家鄉。一九五一年移居上海，後在滬逝世。（《小欖鎮志》）

周輝甫生。

周輝甫（一八七二～一九四二），梅縣人。同盟會會員。多次奉命前往南洋各埠宣傳革命並募餉。曾在廣州籌建炸彈廠。辛亥回梅州參與策劃光復，爾後參加廣東北伐軍，任炸彈營營長。一九二〇年在收復廣州諸役中，任右路軍統領。一九三二年“一·二八”淞滬抗戰爆發後，受命組織“華僑大刀隊”，參加十九路軍，在瀏河一帶助戰，使日寇喪膽。晚年解甲歸田後三次赴南洋各地籌款建梅光中學。在鄉病逝。（《客籍志士與辛亥革命》）

桂植生。

桂植（一八七二～？），字東原。南海人。增貢生。歷任北洋

官報總編輯、天津北洋大學堂（今天津大學）史地教員等。一九
一二年任駐紐絲倫領事。一九一七年任駐菲律賓總領事。一九二
一年署北婆羅洲總領事。一九二九年回國。次年派署澳大利亞總
領事，一九三一年回國。（《民國人物大辭典》六四三頁）

　　徐容九生。

　　徐容九（一八七二～一九一一），花縣人。業農。宣統元年
（一九〇九）入同盟會番花分會。參與辛亥“三·二九”攻總督
署，轉戰至小北直街高陽里口盛源米店，疊米包作掩體拼死抵
抗，堅持一晝夜，彈盡爬牆突圍，重傷回家而逝。爲黃花崗七十
二烈士、花縣籍十八烈士之一。

　　容祖椿生。

　　容祖椿（一八七二、一八七一～一九四四），字仲生，號自
庵，晚號圓叟。東莞莞城人。容庚堂叔，教庚繪畫。童年讀書不
好記誦，師教練習寫字，親執其手猶不工，而伏案摹畫人物花
鳥，無不神似。十二歲時父母先後去世，經父友張惠田介紹隨居
廉學畫，常得稱道。時同門中有富家子弟伍德彝，家有園林、書
庫、畫閣，常呼其於園館住宿，晨夕相見，大出所藏宋、元、
明、清古今名畫以觀摩。每有暇日與伍之親朋好友飲酒論畫，得
益良多。祖椿善畫山水、人物、花鳥、蟲魚。三十歲成名，二十
年代曾加入陳樹人等倡辦之清遊會。因曾久遊富室之門，閱畫
多，能精鑒真贗。與溫幼菊同稱畫家前輩。廣州淪陷時，避居香
港，後病逝。（《東莞市志》一四四一頁）

　　梅喬林生。

　　梅喬林（一八七二～一九七〇），字偉僧。台山人。光緒二
十三年（一八九七）赴美，任三藩市《少年週刊》及《少年中
國晨報》通訊記者。宣統二年（一九一〇），被推爲同盟會芝加
哥分會會長。一九一二年返國任南京臨時大總統府秘書，榮獲大
總統旌義狀。孫中山讓位袁世凱後，隨中山南下廣州，奉命回鄉

組織新甯同盟分會。翌年在香港與李天德、陳耀平、陸覺生等組織鐵血團參加討袁。一九一四年代表鐵血團赴日本東京晋謁中山，入中華革命黨。一九一七年護法之役，隨孫中山回粵組建廣州軍政府。一九二一年隨中山出師桂林北伐。翌年奉命留守桂林，代理桂林軍路局局長。一九三三年任中國國民黨中央黨史編纂委員會編修凡數十年。一九四九年自穗至臺灣。著有《廣州三二九義舉前後》、《黃花之役國父行蹤》及《辛亥前美洲華僑革命史》等。（《中國近現代人名大辭典》）

黃世仲生。

黃世仲（一八七二、一八七三～一九一三、一九一二），字小配。番禺人。光緒三十一年（一九○五）入同盟會。曾在《天南新報》、《中國日報》、《世界公益報》、《香港少年報》等十多種革命報刊任主編或編輯。辛亥革命後，被推舉為廣東民團局長，後因與都督陳炯明不和，被其以“侵吞軍餉”罪名殺害。終年四十歲。其主要作品有《洪秀全演義》、《大馬弁》、《廿載繁華夢》、《黨人碑》、《岑春煊》、《宦海升沈錄》、《黃梁夢》、《宦海潮》、《陳開演義》等。（《中國近現代人物名號大辭典》一○九六頁）

葉同貴生。

葉同貴（一八七二～一九四七），字瑤階。東莞橫瀝村尾人。光緒九年（一八八三）赴澳大利亞種菜。稍長，立志發憤學英語。後便在悉尼街市開菜欄，專代華僑鄉親銷售蔬菜。與外國女子結婚後，與當地人交遊日廣，便開利生辦莊，做進出口生意及代華僑辦理出入境簽證手續。後被選為澳洲悉尼市中華商會總理，連任數屆。後又分別創建葉氏公司、葉林公司、碧玉餐室，在香港南北行開設正利生辦莊等。辛亥革命前後，在港開設天然公司、金龍織造廠等企業。又大力提攜兄弟子侄同宗，並積極幫助鄉親申請入境證去澳洲謀生。民國初返莞，曾給石龍麻風院及

橫瀝老人院捐款。一九四一年日軍侵佔香港、新加坡，所創工商業備受摧殘。病逝香港。（《東莞市志》一四五〇至一四五一頁）

曹泰生。

曹泰（一八七二～一八九五），字著偉。南海人。光緒十七年（一八九一）入廣州萬木草堂受業，爲長興里十大弟子之一。常代康有爲給草堂後進講學，與陳千秋齊名。曾助康有爲編著《新學僞經考》、《孔子改制考》等。又精思妙語，最耽佛學。十九年（一八九三）爲研究佛教密宗靈魂學入羅浮山。後染病而卒。著有《緯書言天》、《萬國公政說》、《佛教平等義》、《輪回之說考》等。（《中國近現代人物名號大辭典》一一三九頁）

崩牙啟生。

崩牙啟（一八七二～一八九〇），本姓何。三水人。曾在"慶上元"童子班任正印小武，與鄺新華同爲該班台柱，軀幹肥碩，但在舞臺上善於以小巧動作顯示人物矯捷英武。首次以小武行當在全本戲裏扮演亦文亦武角色，打破演文武雙全角色時文場由小生扮演、武場由小武扮演舊例。在演出新劇《全本再生緣》時飾演皇甫少華，創造了剛中帶柔的藝術形象，獲得"生皇甫少華"稱號。光緒十五年（一八九〇）由其領銜戲班至高要縣金利鎮演出時，戲棚發生大火，奮不顧身救出數十名觀眾，後因身上腰帶勾住戲棚竹枝而被大火燒死。（《廣東近現代人物詞典》四七一頁）

張永福生。

張永福（一八七二、一八七一～?），字祝華，一字叔耐。饒平人，生於新加坡。少好中國史，組織"小桃園俱樂部"。成年後，子承父業，成爲新加坡頗知名之橡膠業鉅子。光緒二十九年（一九〇三），鄒容、章炳麟《蘇報》案事發，經多方奔走援助，容、炳麟未被捕。三十一年（一九〇五），孫中山乘船從英國赴新加坡、日本，永福向警方疏通使登岸。翌年，同盟會新加坡分會成立，爲副會長，建設晚晴園爲海外主要革命據點，汪精衛夫婦也多次住宿，永福對其敬重有加。三十四年（一九〇八）與陳楚楠、林義順等在新加坡建立同盟會南洋分會。一九三二年回國，任國民政府僑委常委、革命債務調查委員會委員、國民黨黨史編纂委員會名譽編纂、廣東銀行副經理、汕頭市長及中央銀行汕頭分行行長等。一九三八年，汪精衛在河內發表"豔電"投靠日本，公然發電報擁護。一九四〇年，任汪僞"國民政府"委員、"僑務委員會"委員，多次至東南亞遊說僑界故舊。一九四五年被國民政府逮捕，因元老居正、張繼等說情，被從輕判處緩刑二年。刑滿後寓居香港九龍。著有《南洋與創立民國》。（《中國近現代人物名號大辭典》五九二頁）

張啟琛生。

張啟琛（一八七二～？），開平人。十九歲中舉。一九一四年任《開平日報》主編，後任廣東議會議員。曾爲聲討袁世凱而作《討袁檄》。纂有《開平縣志稿》）

張啟煌生。

張啟煌（一八七二～一九四一），字筱峰。開平人。受業簡岸讀書草堂。光緒二十九年（一九〇三）舉人，至山西爲官。辛亥後設帳澳門，旋遷教香港原道書院。著有《學門術要》、《五經述訓》、《朱九江先生集注》、《殷栗齋文集》、《開平縣志》等。（民國《廣東文徵續編小傳》）

曾月根生。

曾月根（一八七二～一九三一），長樂（今五華）人。二十二歲學醫，精研《內經》等書，善治內科，對傷寒、溫病等有獨到見解。行醫四十年，醫術高明，醫德高尚，有"再世華佗"之譽。生平積累醫案頗多，《全國名醫驗案類編》中選入四則。（《五華縣志》、《五華文史》第四輯）

龍建章生。

　　龍建章（一八七二～?），字伯歜。順德人。光緒三十年（一九〇四）進士，歷任戶部主事、出國考察憲政大臣參贊等職。民國初年任北洋政府郵傳局局長、交通部總長。（《中國近現代人物名號大辭典》一四〇頁）

　　劉乃勷生。

　　劉乃勷（一八七二～一九六六），號少弼，晚號一廬主人。東莞茶山人。父弼唐，居香山縣幕，乃勷生於香山縣署。少時六次院試均不第，遂改習法學。光緒二十四年（一八九八），就廣西候補縣令馮鏡芳幕六年，後歷任廣西按察使湯松士、永甯州呂鑒熙、桂林府歐陽中鵠、兩廣總督張鳴歧、廣東護軍副使龍濟光、廣東省長朱慶瀾、李耀漢、翟汪等人幕賓凡二十餘年。一九二〇年，流離港、澳、穗以講學為生。一九三三年廣東西北區綏靖委員李漢魂聘為顧問，次年因病辭，在港講學。一九四一年港淪陷，東莞縣長李鶴齡接其回鄉。抗戰勝利後回穗。中華人民共和國成立後還茶山，一九五一年復居穗，後卒於穗。著有《一廬存稿》四卷、《一廬八十自傳》、《一廬詩選》、《一廬時事詩存》、《一廬詩文聯選存》、《一廬耄詩零存》各一卷，均已刊行。未刊者有《一廬續稿》八卷、《百日淹通集》八卷、《一廬筆記》一卷、《日課》若幹卷。（《東莞市志》一四七三頁）

　　羅惇曧生。

　　羅惇曧（一八七二、一八七一、一八八五～一九二四），字孝遹，又字（號）掞東，號癭庵，晚號癭公。順德人。康有為弟子。父家勳為翰林院編修。幼承家學，早年就讀廣雅書院。久居京，以詩文名馳海內，與梅蘭芳、王瑤卿、程硯秋交好。光緒二十六年（一九〇〇）庚子優貢生，入國子監應考經濟特科，二十九年（一九〇三）癸卯鄉試副榜，授郵傳部郎中。辛亥革命後，歷任總統府秘書、參議、顧問。袁世凱稱帝後辭職。擅長詩詞書法，為嶺南近代四詩家之一。亦善書法，兼通京劇，善於度曲編劇。著有《賓退隨筆》、《癭庵詩鈔》等。主要執筆《清史稿·

交通志》。所作主要劇目有《龍馬姻緣》、《梨花記》、《紅拂傳》、《花舫緣》、《花筵賺》（又名《玉鏡臺》）、《鴛鴦塚》、《青霜劍》、《風流棒》、《賺文娟》、《玉獅墜》、《孔雀屏》、《金鎖記》等。其他著述有《鞠部叢譚》、《太平天國戰記》、《拳變餘聞》、《藏事紀略》、《割台記》、《庚子國變記》、《德宗繼統私記》、《瘦公詞》等十餘種。近人輯録其與梁鼎芬、曾習經、黃節詩爲《近代嶺南四家詩》行世。（《中國近現代人物名號大辭典》七八七頁）

羅贊勤生。

羅贊勤（一八七二～一九四四），南雄人。光緒廩生。民國二年（一九一三）南雄縣立第一高等小學首任校長。九年（一九二〇）考入北京國語研究委員會，受聘爲研究員三年。回邑被教育局聘爲南雄縣國音字母講習所所長，培訓教員、公務員近千人。二十一年（一九三二）受聘爲第一任女子小學校長。著有《校正國音彙編》、《韻府音切編次》。（一九九一年《南雄縣志》）

清穆宗同治十二年　癸酉　一八七三年

秋，黃遵憲重至廣州應試，賦《羊城感賦六首》七律，對比廣州歷史與現狀，揭露兩次鴉片戰爭給廣州所造惡果，贊揚堅決抗敵之英勇軍民，譏評了清廷求和妥協行徑及誤國官員。

七月，遵憲賦《庚午中秋夜始識羅少珊　文仲於矮屋中遂偕詩五共登明遠樓看月少珊有詩作此追和時癸酉孟秋也》。（鍾賢培、管林、謝華、汪松濤《黃遵憲詩選》一二、三八二頁）

本年居廉爲其弟子陳芬作《青蛙紅蓼》扇面。

陳芬，字柏心，番禺人。① 居廉分別於同治十二年（一八七三）、十三年爲其作《青蛙紅蓼》扇面與《躍馬圖》團扇，在光

---

① 《嘯月琴館壽言》稱曰"番禺陳芬柏心"，《嶺南畫征略》援引《竹實桐華館談畫》也稱之爲番禺人，李健兒《隔山老人居廉》則誤籍福建。

緒元年（一八七五）、二年爲其作《梨花蚱蜢》扇面與《鍾馗小憩圖》團扇、《美人臨鏡圖》團扇（均藏香港中文大學文物館），據此可推知，應爲居氏早期弟子。

本年簡朝亮賦《陳白沙慈元廟碑》七律。（陳永正《嶺南歷代詩選》五六三頁）

本年釋暢瀾（活）第三次重修澳門普同塔。（《澳門普濟禪院普同塔志》）

本年袁煜勳任教職。

袁煜勳，字煜基，號燮卿。東莞人。象賢孫。貢生，捐資授中書舍人，同治十二年（一八七三）任教職。在本地授徒，教育有方。以主持公道、扶弱抑強爲宗旨，倡建學社，竭力維持鵬南學會。（《茶山鄉志》卷四）

余承玠於本年中舉人。

余承玠，原名觀潮，號次襄。東莞上柵人。同治十二年（一八七三）癸酉順天鄉薦，官刑部主事，署福寧知府。張其淦《東莞詩錄》卷五七有傳。

袁鏡暉於本年中舉人。

袁鏡暉，號子蓮。東莞溫塘人。同治十二年（一八七三）癸酉鄉薦。著有《澄翠山房詩文集》。張其淦《東莞詩錄》卷六〇有傳。

李洵安於本年中舉人。

李洵安（一八四六～一九一三），字徵庶、精恕，室名杏林莊。香山人。事母惟謹，兄弟無閒言。同治十二年（一八七三）癸酉順天鄉薦，官至戶部主事。多方外交。某勢宦耳其名，欲羅致，拒之。已而棄官歸粵，隱河南花埭杏林莊。張之洞督粵，造其廬，以病辭。研精《內典》。著有《杏狀腔錄》。冼玉清《冼玉清文集》下編有傳。

李芳蘭於本年中舉人。

李芳蘭，字秋畹。海陽（今潮安）人。同治十二年（一八七

三）癸酉舉人，曾與修海陽志。著有《樂和堂剩稿》。（《潮州志·藝文志》）

嚴其藻於本年中舉人。

嚴其藻，字荔泉。電白人。同治十二年（一八七三）癸酉舉人，大挑二等，任東莞教諭。著有《鐸吟集》。（民國《電白縣新志稿》）

蘇梯雲於本年中舉人。

蘇梯雲，號月樵。原籍福建，後遷南海。曾從陳澧學。同治十二年（一八七三）癸酉舉人，會試不第，即無意仕進，歸而講學，主講清遠鳳城書院，並充學海堂學長。著有《培厚堂稿》、《四書互證錄》。（《南海縣志》卷十九）

沈澤棠於本年中舉人。

沈澤棠，字芷鄰。番禺人。世良子。同治十二年（一八七三）癸酉舉人。著有《懺庵隨筆》。（《番禺縣續志》卷三二）

陳維崧於本年中舉人。

陳維崧，字偉宗，生於蜀，故小字蜀生，號小田。番禺人。泰初子。同治十二年（一八七三）癸酉舉人。九赴禮闈不售，乃與陳璞南下遊濟南，見知於巡撫張勤果，擢保升知州。不樂榮進，遂歸里掌教鳳城書院，董理沙灣、茭塘局務。卒年八十。著有《蜀生詩草》。（《番禺縣續志》卷二十）

陳瑞佺於本年中舉人。

陳瑞佺，番禺人。同治十二年（一八七三）癸酉舉人，官內閣中書。（《番禺縣續志》卷十六）

何家饒於本年中武舉人。

何家饒，字厚農。順德人。同治十二年癸酉武舉人，光緒二年（一八七六）武進士，後以營守備還鄉。好讀性理之書，以陳白沙弟子自居。創本鄉三十戶聯衛公所，積資數萬，築本村新廟前海坦蒔桑，爲義倉田以備凶年。（《順德縣續志》）

李春元於本年成貢生。

李春元，字雪村，號培三，又號裴山。陽江人。年廿七始遊泮水，同治十二年（一八七三）癸酉恩貢生。授徒講學，造就宏多。著有《雪村吟草》。楊柳風《陽江詩鈔》有傳。

湯金銘於本年成貢生。

湯金銘，字敬盤。花縣人。年十五以縣考第一補弟子員，越年縣考一等補廩膳生。同治十二年（一八七三）癸酉拔貢生。少作多錄入《學海堂集》，見稱於陳蘭甫。粵督張之洞一見器重，歷聘廣東水陸師學堂、湖北武備學堂教習。（民國《重修花縣志》卷九）

張報和於本年成貢生。

張報和，字慕琴，號會通。始興人。同治十二年（一八七三）癸酉拔貢生，任龍門縣教諭。博學能文，性尤剛介。科舉廢後，充勸學所董事，創辦學堂最得力。（民國《始興縣志》卷十二）

趙怡於本年成貢生。

趙怡，長寧（今新豐）人。同治十二年（一八七三）拔貢，歷任合浦、陵水教諭，兼管端溪監院，借補南海訓導。（《長寧縣志》卷六）

黃海澄於本年成貢生。

黃海澄，字學甫。和平人。同治十二年（一八七三）恩貢，掌教本邑龍溪書院，鄉試薦卷七次，備中三次，光緒十七年（一八九一）欽賜舉人，舉充縣保安總局紳。（《和平縣志》）

林增禧於本年成副貢生。

林增禧，號鴻圖。東莞平定里人。同治十二年（一八七三）癸酉副貢生。道學忠良之後，世守清霜。自明林烈、林培至清林蒲封十一代書香，相承勿替。至增禧，名噪文場，冬季亦以詩學課徒。張其淦《東莞詩錄》卷六〇有傳。

王鐸聲生。

王鐸聲（一八七三～一八五一），原名挺喬。東莞厚街菊塘坊人。少時曾就讀黄埔陸軍小學、南京陸軍中學。後於北京大學畢業，再轉入保定軍校學習。曾任廣州地方法院推事，澄海、高要檢察廳廳長，廣州市土地局長，財政局長兼任廣東省銀行顧問。後任肇羅、惠州等地方法院院長、瓊崖廣東高等法院第三分院院長、汕頭廣東高等法院第一分院院長。又任南海、信宜、高要、東莞等縣縣長，頗有政聲。一九三六年在厚街創辦經實中學，一九四七年興辦竹溪中學，又倡築厚街大道、厚街公園，並親書“厚街公園”横匾。酷愛文學，書法遒勁，許多祖祠對聯、匾額皆出其手。中華人民共和國成立後遷居香港。（《東莞市志》一四五六頁）

古應芬生。

古應芬（一八七三、一八七二～一九三一），字勱勤，亦作湘芹。番禺人，祖籍梅縣。自小入私塾讀書，光緒二十八年（一九○二）考中秀才，三十年與朱執信、汪精衛、杜之林、胡漢民考赴日本留學，次年在東京入同盟會。三十二年畢業於日本法政大學速成科，升入專門部。明年畢業歸國，歷任廣東法政學堂編纂、廣東咨議局秘書等職。廣州勱勤大學即以其字命名。（《中國近現代人物名號大辭典》一三二頁）

古亮初生。

古亮初（一八七三、一八八四～一九二五），字樹華。梅縣人。秀才。光緒三十年（一九○四）赴日留學，進東京早稻田大學。次年入同盟會，任廣東部會長兼廣東同鄉會會長。三十四年歸國辦新學，旋赴南洋籌措經費。宣統二年（一九一○）參加檳榔嶼會議，參與籌畫黄花崗之役。武昌起義後被聘爲廣東軍政府參議。尋返南洋定居。（賴紹祥《客籍志士與辛亥革命》）

史印玉生。

史印玉（？～一八七三），番禺人。江西樂安知縣致祥女，廣西補用同知石永康妻。能詩，陳澧稱其詩和雅。著有《芙蓉館遺稿》。（《番禺縣續志》卷二五）

伍和生。

伍和（一八七三～一九四三），又名炳松，字臣廣，號耀南。恩平人。同盟會員，早年奉命赴上海、廈門、汕頭活動。黃花崗起義失敗後在香港捐鉅款接濟起義者，武昌起義時負責籌餉。廣東光復後，任省臨時議會代議長。一九二〇年粵軍回師驅逐桂系，任軍事參議、籌餉委員。次年當選國民代表大會代表。一九二二年任廣東警備軍第九支隊委員兼獨立統領、電信管理處軍需。後從商，病逝於穗。（《廣東近現代人物詞典》九四頁）

李柏生。

李柏（一八七三、一八七五～一九四三），字紀堂。新會人。光緒二十六年（一九〇〇）入興中會，被委爲香港財務主任，捐資助惠州起義，又捐資助香港《中國日報》。二十八年冬與人謀在廣州發難，出資五十萬，事泄失敗。一九四三年病逝於武漢。（《民國人物大辭典》二四四頁）

李晚生。

李晚（一八七三、一八七四、一八七九～一九一一），一名晚發，字晚君。雲浮人（碑載爲東安）。早年輟學從事耕作，成年赴港，習成衣業。聞南洋多革命機關，遂輟業出洋，至吉隆玻，入中國青年會。光緒二十五年（一八九九）回雲浮，租民房爲黨人活動之地，遭清吏緝捕，復出南洋。宣統三年（一九一一）初隨黃興至港，組織機關，謀入廣州發動起義。參加黃花崗之役，攻打督署，力戰而死。葬廣州黃花崗，爲七十二烈士之一。（《廣東近現代人物詞典》一五七頁）

李安邦生。

李安邦（一八七三～？），香山（今中山）人。早年出洋謀生，在美國檀香山警廳當偵探。光緒二十年（一八九四）加入興中會，籌款支持廣州起義。宣統三年（一九一一）在香山組織民軍起義失敗。辛亥後解甲歸農，嗣參加護國、護法，歷任大元帥府委員、行營守衛隊司令等。（《廣東近現代人物詞典》一七〇頁）

林文英生。

林文英（一八七三～一九一四），字如春，號格蘭。文昌（今屬海南）人。幼年即胸懷大志，通經史，曾在暹羅（今泰國）經商。後赴日本學習法政，與孫中山籌劃革命，奔走海內外。畢業後返暹羅，與王建中等捐集巨資，創辦《華暹新報》。宣統三年（一九一一）廣東都督府成立後至粵，被派組織瓊州機關籌備處，因遭頑紳反對作罷。旋又派爲瓊州知府，辭不受。翌年八月同盟會改組爲國民黨，被委爲瓊州交通部長，受孫中山委託組建瓊州國民黨支部。一九一三年當選國會衆議員，與陳宏猷、翁桂清等創辦《瓊州日報》。旋赴北京，提案質詢袁世凱大借款案。"二次革命"失敗，被取消議員資格，離京歸里，復創《瓊華新報》。未及出版，即遭袁世凱密令查封，被捕遇害。（《中國近現代人物名號大辭典》七四七頁）

林受之生。

林受之（一八七三～一九二五），原名喜尊，字夢生，號濂光。海陽（今潮安）人。少與張永福等翻印《革命軍》，散發閩粵兩地。光緒三十年（一九〇四），資助黃乃裳、陳芸生回國發動革命，並合組中華公司，任總理。三十二年參與組建新加坡同盟會，創辦《中興日報》，捐鉅款支持黃岡、鎮南關、河口諸役，竭力安置流亡義軍將士。辛亥廣東光復，盡變賣產業，自備餉械，回國組建華僑義勇軍，任標統。和議成，息影家園。因家財耗盡，諸子漂泊南洋爲傭工。民國十八年（一九二九），國民黨中央特發褒獎令。（《庵埠鎮志·華僑人物》、《革命逸史》、《馬來亞潮僑古今人物志》）

莫培元生。

莫培元（一八七三～一九四三），字作仁。東莞麻涌人。民國初畢業於北京大學法學系。曾任廣東公立法專警監、私立廣州法專教員，國立廣東大學、中山大學、廣東法科學院、私立國民大學、廣州法科學院等校教師，廣東法官學校教務長等。辦事精明，頗有聲譽。後在廣州從事律師事務，並當選爲廣州市律師公會會長。未幾抗戰開始，廣州淪陷，隨省府撤往韶關，後被任命爲靈山縣（今屬）法院審判長。病逝於靈山。（《東莞市志》一四三九頁）

徐勤生。

徐勤（一八七三～一九四五），字君勉，號雪庵。三水人。康有爲十大弟子之一。早歲入邑庠。光緒二十一年（一八九五）在滬創辦《强學報》，次年協助梁啓超辦《時務報》。在該報上發表《中國除害議》文，抨擊科舉制度，受張之洞干涉，文未登完而中輟。二十三年（一八九七）隨梁啓超赴長沙任時務學堂教習，又給澳門《知新報》撰稿。尋被康有爲推薦爲日本橫濱大同學校校長。翌年戊戌變法失敗，隨康有爲流亡多年。辛亥革命後在天津作寓公。著有《二十四朝儒教會黨考》、《孟子大義述》、《春秋中國夷狄辨》等多種。（《中國近現代人物名號大辭典》一〇三九頁）

徐培添生。

徐培添（一八七三、一八七四～一九一一），花縣人。曾入番（禺）花（縣）同盟分會，充幹事員。宣統三年（一九一一）廣州起義（黃花崗之役）時，隨攻督署，不避艱險，奮身死戰，犧牲於高陽里源盛米店。葬廣州黃花崗，爲七十二烈士之一。（《廣東近現代人物詞典》四〇九頁）

黃節生。

黃節（一八七三～一九三五），原名晦聞，字玉昆，號純熙、佩文、黃史氏、蒹葭樓主。順德人。少遊簡岸先生門。青年時多次遠遊，北登長城，東渡日本。光緒三十一年（一九〇五）在滬與鄧實、章太炎、馬敍倫等創國學保存會，刊印《風雨樓叢書》，創辦《國粹學報》。宣統元年（一九〇九）在港入同盟會。民國成立後，反對袁世凱稱帝。加入南社。一九一七年被聘爲北京大學文學院教授、清華大學研究院導師。一九二八年回粵任廣東高等學堂監督、廣東教育廳廳長兼通志館館長。次年辭職返北大，前後教授十七年。以詩名世，與梁鼎芬、羅癭公、曾習經合稱嶺南近代四家。著有《蒹葭樓詩》二卷。作品兼見唐詩文采風華與宋詩峭健骨格，人稱"唐面宋骨"。對先秦、漢魏六朝詩文頗多精當見解，著有《詩學》、《詩律》、《詩旨纂辭》、《變雅》、《漢魏樂府風箋》、《魏武帝魏文帝詩注》、《曹子建詩注》、《阮步兵詩注》、《鮑參軍詩注集說》、《謝康樂詩注》、《謝宣城詩注》、《顧亭林詩說》等，門人輯錄有《讀詩三劄記》。余祖明《廣東歷代詩鈔》卷七有傳。

梁啟超生。

梁啟超（一八七三～一九二九），字卓如，一字任甫，號任公，別署飲冰室主人，人稱任父先生。新會人。康有為弟子，與師齊名，合稱康梁。光緒十六年（一八九〇），從康有為學。二十一年（一八九五）赴京會試，與有為發動公車上書。復在上海創辦《時務報》，主講長沙時務學堂。二十四年入京，以六品銜辦京師大學堂、譯書局。與師共倡戊戌變法，事敗，同亡日本，與有為組織保皇會。初編《清議報》，繼編《新民叢報》。辛亥後出任司法總長。一九一六年策動蔡鍔護國討袁。後又組織研究系與段祺瑞合作，出任財政總長。晚年在清華學校著書講學。亟稱黃遵憲。著有《飲冰室合集》、《飲冰室詩話》等。余祖明《廣東歷代詩鈔》卷六有傳。侄廷燦，字存吾。早逝。著有《歷代名人生卒年表》。

唐文高生。

唐文高（一八七三～？），字梓華。香山人。畢業於上海電報學堂。光緒三十二年（一九〇六）任京奉鐵路局新民府皇姑屯驛長，後任北寧鐵路局電報領班、站長。一九三〇年任滄石鐵路工程局局長。（《民國人物大辭典》七五五頁）

楊益三生。

楊益三（一八七三、一八七二～一九二四），字常謙，號益三，人稱"三蛇六"。遂溪人。當過雇工，幹過雜役，開鋪經商，辛亥革命前曾任廣州灣商會董事。宣統二年（一九一○）孫中山胞兄孫眉至廣州灣秘密發展同盟會員，加入同盟會。翌年武昌起義，負責在廣州灣（今湛江）籌款，支持欽廉、防城、鎮南關等戰役給養。辛亥革命後，不願爲官，經商至終。卒後，軍政要員汪清衛、林森、孫科等爲其撰寫墓碑或題匾。（《中國近現代人物名號大辭典》三八一頁）

鄭潤琦生。

鄭潤琦（一八七三～一九三一），字仰韓。三水人。自小隨伯父紹忠從軍歷練。後由班、排、連、團、旅直升至師長，歷經討袁護國、護法、援桂、北伐、討逆、東征和南征等多次戰役。一九二五年八月廖仲愷被刺案發生後所部被繳械，去職遷上海。嗣回穗經商。後病逝於穗。（《廣東近現代人物詞典》三六五頁）

潘和生。

潘和（一八七三～一九二九），字至（致）中，號抱殘。南海佛山人。博覽群書，家有藏書處名萬卷樓。早年即以畫山水名於時，中年轉學石濤、漸江筆法，氣勢雄渾。一九二五年與李鳳廷等人改癸亥合作畫社爲國畫研究會。一生以畫授徒，曾任教於廣府中學。精文物鑒別，擅書畫，能詩文，工治印。著有《抱殘室詩文集》、《抱殘室筆記》。（《廣印人傳補遺》）

謝維屏生。

謝維屏（一八七三、一八七二～一九三八），字澔辰，一作辰宸。電白人。畢業於兩廣優級師範。光緒三十四年（一九○八）入同盟會。辛亥年春，奉命返電白秘密組織隊伍，爲籌措經費將其祖業田產變賣。十一月率民軍光復電白縣城，翌年主持組建同盟會電白分部。"反袁討龍"失敗後，出任高州《民國日報》主編兼高州中學教師。民國六年（一九一七），受孫中山委派任合浦縣長。十年（一九二一），任電白縣縣長。翌年六月陳炯明叛亂，其電白爪牙許寶石父子趁機攻打縣政府，因兵力不足退守那霍山區。十一月維屏任東路討賊軍許崇智部第八支隊司令，率部收復電白。後在羅定設防，兼任縣長。十三年參加國民黨一大，任粵軍第四師十三團團長，調防香山縣，兼任縣長，次年二月隨軍東征陳炯明受嘉獎。孫中山逝世後，被解除職務。後相繼出任增城、恩平、電白等縣縣長，十八年（一九二九）選爲國民黨廣東省黨部監察委員，翌年任兩廣鹽務局長。二十年（一九三一）任民國政府西南政務委員會委員，次年辭官居廣州。廣州淪陷前夕，攜眷回里，目睹國土淪喪，含恨絕食去世。（電白政協《文史擷英》第六期）

蘇耀宸生。

蘇耀宸（一八七三～一九五三），原名錦星，排行第二。肇慶人。稍長傭工於厚崗魚苗店。家境稍裕後，父子兄弟合力經營小本魚苗店。父卒後自營茂興魚苗店，並與朋友合資組設都城至西南輪拖貨駁航運。宣統二年（一九一〇），創設兩廣航業公司，至民國二十七年（一九三八）擁有七輪七渡（柚木花尾大渡船），資産達數十萬元，員工四百多人，並在英領事館備案經營香港至汕頭、汕尾航線。十四年（一九二五）獨資接辦肇慶日華電燈公司，以“端光電燈股份公司”名義注冊。三十四年（一九四五）將該廠産業百分之七十捐贈本市廣善堂，百分之三十贈錦星小學。中華人民共和國成立後，響應政府號召，派三輪三渡至江門、崖門、西江等地支前。

譚民三生。

譚民三（一八七四～一九五三），幼時名勤三（森）。香山小欖人。讀蒙館三年，輟學隨父至港爲學徒，後習英語，通社交，後結識胡漢民、陳少白等，毅然參加革命，籌措經費，成績斐然。迨武昌起義，奉命推動各地潛伏義師，隻身歸香邑，遊説駐軍清軍任鶴年部。辛亥革命成功後，國會組織於廣州，連任兩屆議員。袁世凱稱帝時，追隨孫中山開府廣州，後避地香港、曼谷。北伐軍興，復追隨中山，任大元帥府參議官及咨議等職。抗日戰爭既起，遄歸香港，重操舊業，當局委以省參議，使之負責推銷抗戰公債於香港。廣州淪陷，乃輾轉歸里。卒於香港。（《小欖鎮志》）

顔世清生。

顔世清（一八七三～一九二九），字韻伯。連平人。進士。擅畫山水，曾任東方繪畫協會幹事等。民國成立後，任直隸都督府外交聽廳長等。一九二八年任長沙關監督兼特派交涉員。（《民國人物大辭典》一六一六頁）

關仁甫生。

關仁甫（一八七三～一九五八），字嘉善。原籍南海，出生於廣西上思。青年時入洪門。光緒三十三年（一九〇七）入同盟會河內分會，任革命軍西路都督，參加鎮南關起義諸役。宣統元年（一九〇九）返穗，參與策劃新軍起義。武昌起義爆發後，任廣東北伐軍總指揮。一九一五年袁世凱稱帝，任護國軍東路總指揮兼第五軍軍長，與龍光濟戰於惠州、博羅，袁世凱死後解甲。一九二〇年莫榮新禍粵，爲討賊軍西路總指揮。一九二二年陳炯明叛變，仁甫及姚雨平等組織討逆軍，任南路總指揮，由欽廉起師圍穗。陳炯明敗，再引退。一九二四年任建國聯軍粵桂邊防軍務督辦遊擊第二路司令兼上思縣知事，一年後調欽廉八屬聯軍總指揮部總顧問。一九三〇年任潮汕沿海保安總隊長。一九三六年繼任中和堂總部總理，返港。一九三九年回桂任省政府參議員。一九四〇年後經商。香港淪陷後，回至重慶，旋至柳州。一九四四年倡設興仁企業公司，任董事長。抗戰勝利返粵。一九四九年秋移居香港。一九五五年訪問日本。（《中國近現代人物名號大辭典》二九三頁）

羅丹谷生。

羅丹谷（一八七三～?），號松石老人。順德人，寄居香港。工詩文，善書畫，擅寫山水、人物、花鳥、蟲魚、走獸等，曾任九龍萬國美專學院教授，傳授生徒，成材頗多。又善岐黃，著手

成春。（《美術年鑒》）

釋磻溪生。

釋磻溪（一八七三～？），清遠人。光緒十五年（一八八九）入廣州白雲山雙溪寺落髮爲僧。二十六年（一九〇〇）與史堅如等謀發動起義，聯合三合會眾達三千餘人，并謀炸兩廣總督德壽，然起義流產，逃亡新加坡。嗣回雙溪寺，以此爲黃興等人活動據點。宣統二年（一九一〇）清軍圍剿雙溪寺，避居泰國。一九一三年返國，復回寺。（《廣東近現代人物詞典》五六四頁）

清穆宗同治十三年　甲戌　一八七四年

秋，黃遵憲應廷試經天津赴北京，有所感，賦《慷慨》五律。

時遵憲與胡曦因應廷試同在京，過從甚密，兩人廷試均未中，曦賦《長歌貽公度》記其事並抒發不滿。旋曦離京回鄉，行前，遵憲賦《狂歌示胡二曉岑　曦》七古贈之。

十一月初五，黃遵憲觀劇，填《金縷曲　甲戌十一月五日觀劇》詞。（鍾賢培、管林、謝華、汪松濤《黃遵憲詩選》三九四、三九六、四四六頁）

本年胡曦在都，同年黃遵憲嘗道及林錦。

林錦，字畫堂。嘉應人。諸生。爲諸生三十年，貧困以卒。胡曦於同治十三年（一八七四）甲戌在都，同年黃遵憲嘗道及之。胡曦《梅水匯靈集》卷七有傳。

本年黃遵憲賦《人境廬雜詩》五律十首，詠其故居在勤堂景色。（鍾賢培、管林、謝華、汪松濤《黃遵憲詩選》三八九頁）

本年吳光亮任臺灣鎮總兵。

吳光亮，揭陽人。同治十三年（一八七四）任臺灣鎮總兵，曾率軍理番，開墾陸運八百五十九里。著有《化番俚言》。（《臺灣通史·藝文志》）

沈錫晉於本年中進士。

　　沈錫晋，字季藩，號筆香。番禺人。同治十三年（一八七四）進士，改翰林院庶吉士。光緒二年（一八七六）散館改吏部主事，升郎中。十八年（一八九二）授江蘇揚州知府，二十七年（一九〇一）調江寧知府，赴部引見，道經上海病卒，年六十六。有子宗晙，官兩淮候補鹽知事。（《番禺縣續志》卷二一）

　　姚禮泰於本年中進士。

　　姚禮泰，番禺人。華佐曾孫。同治十三年（一八七四）進士，授翰林院編修。（《番禺縣續志》卷一九）

　　梁肇晋於本年中進士。

　　梁肇晋，字振康，號少亭。番禺人。肇煌弟。隨肇煌至雲南，以軍功保舉縣丞，不就歸。同治十三年（一八七四）進士，授禮部主事。以親老乞歸，主講禺山書院。卒年三十九。著有《希古堂詩文集》。（梁慶桂《梁氏家傳》）

　　何貴龍於本年中武進士。

　　何貴龍，字厚翊，號在田。番禺人。同治十三年（一八七四）武進士，以藍翎侍衛入值乾清門，秩滿以都司用。光緒十八年（一八九二）賞戴花翎及副將銜，歷署廣東督標右營參將等。三十三年（一九〇七）署肇慶協副將。宣統元年（一九〇九）調署潮陽營遊擊。卒年六十八。（《番禺縣續志》卷二三）

　　向秉猷於本年中舉人。

　　向秉猷，字少葵。清遠人。陽子。同治十三年（一八七四）舉人，選任國史館謄録，截取知縣。著有《松庵文集》、《唾餘詩草》。（《廣州府志》）

　　沈章雲於本年中舉人。

　　沈章雲，字天裳。番禺人。以孝友聞。同治十三年（一八七四）舉人。會試不第，念母老，遂不復試，爲羊城書院監院以終生。（汪兆銓《沈氏家傳》）

　　金學獻於本年中舉人。

　　金學獻，番禺人。同治十三年（一八七四）舉人。光緒二年

（一八七六）恩科補殿試，授庶吉士，改四川知縣，調福建候補知府，署福州府知府。（《番禺縣志》卷十六）

車駕龍生。

車駕龍（一八七四～一九四四），高州人。早年考取科舉。光緒二十四年（一八九八）考入廣東武備學堂，後選送日本留學，入讀日本士官學校。三十三年（一九〇七）畢業回國，任新軍教官。辛亥革命爆發回高州，後參加高雷起義，任第一師參謀長兼第二團團長。一九一四年任瓊崖綏靖處會辦兼陸軍警備團團長、護國軍總司令。一九一六年後任第六師師長兼高雷鎮守使。一九二五年所部被桂系繳械，至廣州投靠胡漢民，任南方國民政府護國軍警備團團長、省署遊擊隊參謀長、督署高等顧問、總司令部參議、廣東警備軍統領等。次年任黃埔軍校少將戰術主任等，校遷南京，辭職返鄉。抗日戰爭期間請纓報國，任茂名縣抗日自衛團第一大隊隊長，又受聘爲廣東南路行署參議。後因病辭職回家療養，在家逝世。（《廣東近現代人物詞典》二二頁）

李紀堂生。

李紀堂（一八七四、一八七三～一九四三），譜名賢仕，乳名松柏，一名柏，學名寶倫，以字行。新會人，生於香港。香港富商陞之第三子。好結納秘密會黨，曾應招香港政府義勇軍，任隊長。二十歲任日本郵船公司香港分行華籍經理。光緒二十一年（一八九五）結識孫中山。其父病逝，分得遺產百萬。二十六年（一九〇〇）加入興中會，任財政主任。二十八年（一九〇二）與洪全福等謀在廣州起義，事泄失敗，耗家資五十萬。曾創辦九龍青山農場、李陞格致書院、採南歌劇社等。三十四年（一九〇八），所設益隆銀號負債破產。但仍奔走革命，曾爲廣州新軍之役、黃花崗之役購買軍械。武昌起義後，積極籌劃廣東水師提督李準投誠。廣東光復後，先後出任廣東省交通司長、瓊崖公路局長、縣長等職。一九二九年遷寓九龍，靠中央駐港機關接濟爲生。一九四〇年冬任國民政府僑務委員會委員，兼任僑光汽車木

炭爐製造公司董事長。（《中國近現代人物名號大辭典》四一八頁）

李福林生。

李福林（一八七四～一九五二），字登同。番禺人。綠林出身。光緒三十三年（一九〇七）入同盟會，參加河口、鎮南關及黃花崗之役。一九一二年陳炯明獨攬廣東軍政大權，投靠炯明。參與討袁，然袁世凱派龍濟光抵粵，又投濟光，任南番兩縣清鄉會辦。袁世凱稱帝後，授予陸軍中將。一九一六年陸榮廷東下掌握廣東軍政大權後，又投靠桂系，被封廣惠鎮守使。孫中山在廣州河南就任中華民國軍政府陸海軍大元帥，任大元帥府親軍總司令。一九二二年北伐，率部參加。陳炯明叛變，奉令回師討逆。在韶關失利，退入贛東。八月，北伐軍自贛入閩後，粵軍改編爲東路討賊軍，任第三軍軍長。一九二四年爲東莞、番禺、順德三屬剿匪司令。一九二七年與張發奎、黃琪翔合謀，從河南向廣州革命武裝大舉反撲，扼殺廣州公社。後被蔣介石排擠走避香港。在九龍大埔購地千餘畝，建康樂①農場，又在皇后大道開厚金銀號。曾赴南京謁蔣介石，欲組軍，遭拒絕，只給高級顧問銜。抗戰爆發後，日軍曾派人拉攏，擬委任"華南軍總司令"，但未接受。一九四一年日軍侵佔香港，赴重慶，僅給"中央軍事委員會顧問"空銜。一九四四年又封軍事委員會駐粵軍事特派員銜。返粵召綠林頭目，欲在日本失敗後回穗接收，因蔣介石另派張發奎執行而未遂。一九四九年舉家遷港。著有《李福林從事革命經過》等。（《廣東近現代人物詞典》一八八頁）

李懷霜生。

李懷霜（一八七四～一九五〇），原名葭榮，字蒹浦，號愁庵、不知老翁。信宜人。早期致力文學創作及文化事業，與吳趼

---

①　疑其曾駐紮廣州河南十六年，其地有康樂村（即今中山大學所在），故以此名以示紀念。

人交往甚密。後加入同盟會，曾任《天鐸報》、《珠江日刊》總編輯。（《信宜人物傳略》）

吳天寵生。

吳天寵（一八七四～一九七〇），字吉詩。海康人。光緒三十二年（一九〇六）歲貢，選赴日本留學，宣統元年（一九〇九）畢業於早稻田大學法政專科。歸國應學部遊學生考試，列甲等，賞法政科舉人。翌年廷試，欽點七品京官，籤分外務部，歷任司法部、高等法院廳長、院長等。民國二十六年（一九三七）任《海康縣續志》總纂且爲序。（《高雷文獻專輯》）

吳鴻藻生。

吳鴻藻（一八七四～？），字子筠，室名探海草廬。潮安人。民國初年汕頭《大東報》記者，歷任潮州中學教席、潮安縣教育會會長、廣東通志館名譽編纂。曾與人編《滿洲叢書》。（《中國近現代人物名號大辭典》四九八頁）

岑藩生。

岑藩（一八七四、一八八二～一九六三），字學侶，一作學呂，號寬賢、鳳岡及門弟子、簡書鶴唳。順德人。幼年父母早喪，賴庶母撫養成人。啟蒙後依師苦讀，稍長入三水鳳岡書院受學，越年棄文從武，入廣東武備學堂，與同學黃慕松友善，畢業後於光緒三十二年（一九〇六）在香港入同盟會，任小學教員，後轉任穗、港兩地報社記者。後奉黃興、胡漢民命赴檳榔嶼辦報宣傳革命。宣統三年（一九一一）武昌起義，由南洋返穗，任都督府秘書。民國初年任東莞、番禺縣長，曾拆寺廟改學堂。後任豐順縣長，十一年（一九二二）重任東莞縣長。又曾至東北在張學良幕中治軍書。二十二年（一九三三）在福州鼓山湧泉寺皈依虛雲老和尚，法名寬賢。二十四年（一九三五），黃慕松出任蒙藏委員會委員長，邀學呂任蒙藏會總務處處長。翌年慕松任廣東省政府主席，未幾學呂任省府秘書長。二十六年（一九三七）二月改任廣東省政府委員、代理主席。謝政後離穗赴港隱居。日軍佔領香港，次年挈眷内渡，隻身至曲江南華寺謁見虛雲老和尚。三十三年（一九四四）又至寺中休養。抗戰勝利，喜賦七律一首。演講佛法，其講義錄出，名曰《佛學與人生》。三十五年（一九四六）返里，當選順德縣議會議長。次年五度入住南華寺。三十八年（一九四九）夏，虛雲老和尚應香港居士信眾之請南下至港，行前囑學呂編撰《雲門山志》。一九五二年雲門事變後，老和尚弟子證圓等人，將老和尚口述年譜草稿及平時所得法語、詩文、序跋等寄交學呂，歷時經年，編成《虛雲和尚法匯初編》、《虛雲和尚自述年譜》上下卷。後學呂在香港病逝。（《中國近現代人物名號大辭典》五〇八頁）

何柳堂生。

何柳堂（一八七四～一九三三），原名森，字與鄉，號柳塘。番禺人。出生音樂世家。少年讀書習武，精通騎射。光緒二十年（一八九四）武生。辛亥後於香港"琳琅幻境"音樂部爲音樂員，從事廣東音樂創作與粵劇研究，爲粵音樂典雅派開創者。其創作粵曲如《賽龍奪錦》、《雨打芭蕉》、《七星伴月》、《餓馬搖鈴》、《鳥驚喧》、《回文錦》等，均爲傳世名作。（一九九〇年《番禺縣人物志》）

何天瀚生。

何天瀚（一八七四～一九一一），字公博。興寧人。少時受業羅斧月，光緒二十五年（一八九九）考取秀才，然無心仕途。翌年與蕭惠長等赴考嶺東同文學堂，深得丘逢甲器重。二十九年（一九〇三），畢業並被留聘任教。是年冬，丘逢甲因公赴省，遂薦天瀚離汕返鄉助蕭惠長辦學。期間，還與陳少嶽、何子淵等在石馬創辦石馬小學。三十一年（一九〇五）春，在日本留學堂弟何天炯回國度假，遂於同年夏結伴赴日留學，入東京早稻田大學攻讀政治法律。秋，入同盟會，旋被委任爲同盟會廣東旅日支部長。三十三年與朱執信、高劍父等同盟會員回穗，在廣東法政學堂任教員，兼任廣府中學堂、兩廣方言學堂教員。

吳朝晉生。

吳朝晉（一八七四～一九四四），新會人。早年僑居美國。宣統元年（一九〇九）加入同盟會。一九一二年任國民黨紐約分部部長。（《民國人物大辭典》三六四頁）

余既成生。

余既成（一八七四～一九一一），又名丑。饒平人。黃岡三合會首領。光緒三十二年（一九〇六）冬入同盟會。與陳湧波於翌年農曆四月十一日晚，秘密集結七百餘人於黃岡鎮北郊發動丁未黃岡起義。激戰一夜至天亮，清軍次第敗陣，擒獲都司隆啟及巡防營哨官蔡河宗，殺巡檢王繩武及城守把總許登科，全城光復，被推爲臨時軍政府副司令。數日後陳湧波部在洪洲與潮州總兵黃金福所率清軍激戰，率隊增援。因清軍四面會剿，起義軍前後受敵，槍劣彈乏，難以獨支，遂撤回黃岡，後避往香港。辛亥革命勝利後，與許雪秋、陳湧波回潮汕，在訓練隊伍准備北伐時，因衛兵失慎，被槍擊身亡。（《革命逸史》第三集）

余叔文生。

余叔文（一八七四～一九五九），名安鼎。番禺人。早歲入譯學館。民國成立，遁跡香江，設塾課徒，創學海書樓，任司理。嗣任教於德明、敦梅、麗譯等校。（《民國人物大辭典》六〇九頁）

易孺生。

易孺（一八七四～一九四一），初名廷熹，改名熹，字季復，號大厂居士。鶴山人。早年肄業廣雅書院，爲黃牧甫入室弟子。精研書畫、篆刻、碑版音韻、文字源流、樂理等。東渡日本習師範科，歷任暨南大學、國立音樂院教授、印鑄局技師等。生平自詡：詞第一，印次之，音韻又次之，詩文下筆即成，從不起稿。著述宏豐。早歲之作無不嚴謹精細，出規入矩，功夫尚在李尹桑、鄧爾雅上，晚年則一改和平印風，取法古璽之殘爛者，不衫不履，其白文尤具奇趣，最善留紅。《沙邨印話》以其與吳昌碩、趙叔孺、黃牧甫爲近代印壇四家。著有《宜雅齋詞》、手寫本《大厂詞稿》、《和玉田詞》。余祖明《廣東歷代詩鈔》卷七有傳。

胡衍鶚生。

胡衍鶚（一八七四～一九三二），字清瑞。番禺人。辛亥革命時期曾操《嶺海報》筆政。（《中國近現代人物名號大辭典》八八九頁）

徐甘棠生。

徐甘棠（一八七四～一九四八），上番禺（今花都）人。美國西北大學畢業，獲數學碩士學位，回國任廣東大學理科學長兼圖書館主任。一九二八年任國民政府立法院秘書處秘書。一九三〇年任廣州第二中學校長。一九三三年調任教育局局長，由陳功甫接任校長。（《民國人物大辭典》七〇六頁）

郭樂生。

郭樂（一八七四～一九五六），香山人。光緒十八年（一八九二）去澳大利亞悉尼謀生，曾爲傭工、小販、店員。二十三年（一八九七）在悉尼開永安果欄。三十一年（一九〇五）組設生安泰公司，在斐吉地區自辟香蕉園多處。三十三年在香港創設永安百貨公司，附設銀業部。宣統元年（一九〇九）回港，自任總監督，改組公司爲股份有限公司。次年又在香山縣石歧鎮設永安公司銀業部。一九一三年在上海籌建上海永安百貨公司，一九一八年開業，以營環球百貨爲主，兼營旅館、酒樓、茶室、舞廳、遊樂場、銀業部等業務。一九二二年建成上海永安紗廠，自任董事長兼總監督。後又陸續擴建了永安二廠、三廠、四廠等，資本高達三千六百多萬元，成爲上海僅次於申新紡織工業之第二大紡織企業。抗戰時期，財產多爲日軍劫奪，遂於一九三九年離滬赴美國定居。病逝於美國。（《中山文史》第五、第六期合輯）

郭心堯生。

郭心堯（一八七四～一九三七），字餐雪、伯陶，號半生和尚。揭陽人。光緒優貢生。中歲居潮州，從事教職。擅詩書畫，與曾習經同里，往來甚密。一九三四年搜集與丘逢甲、曾習經、丁惠康三家唱酬之作爲《感舊詩存》一卷，請潮安饒鍔作序，未刊行。

高暉石生。

高暉石（一八七四～一九三二），字學修。澄海人。光緒舉人。無意仕途，赴暹羅助父楚香經商。後承父業，經營有方，新加坡、香港、汕頭等地均有其鋪號。倡辦潮州會館及泰國中華總商會，任首屆中華總商會主席，并連任四屆，被泰國五世王封爲子爵。一九二二年在邑捐資建澄海便生醫院。（《廣東近現代人物詞典》四一七頁）

唐拾義生。

唐拾義（一八七四～一九三九），名振之，以字行。三水人。青年時在廣州博濟醫院學西醫。一九一二年在廣州開設醫館，掛牌專治喘咳症。後創辦唐拾義父子制藥廠，任經理。一九一九年赴滬設診所。一九二四年開上海藥廠。後在津、港、漢口等地設分廠，並在穗設增壽堂，經銷産品。一九三九年秋在滬病故。有數子：長子太平，留學法國，獲醫學博士學位，曾在上海經營唐拾義藥廠；次子歐洲爲藥學專家，又頗善經商；其餘各子如美洲、非洲、十洲亦學有所成。各子皆分居香港、加拿大等地。（《中國近現代人物名號大辭典》一〇七四頁）

黃汝瀛生。

黃汝瀛（一八七四～？），字仙舫。龍川人。廣東法政學堂畢業後，在北京執律師業。一九一三年被選爲衆議員。一九一六、一九二二年兩次恢復國會，仍任衆議員。（《民國人物大辭典》一一〇九頁）

葉衍華生。

葉衍華（一八七四～一九四一），字柳宅，別字仿陶。東莞道滘人。曾在廣州萬木草堂讀書，拜康有爲爲師，並得其資助，赴日本東京習法律。宣統元年（一九〇九）畢業於日本大學政法

科，獲法學學士學位。回國後參加宣統元年（一九〇九）恩科，
獲廷試二等舉人，授七品京官，派刑部任制勘司行走。二年，因
父母喪辭官回鄉。民國以後曾先後任福建省閩侯地方法院法官、
河南開封市地方審判廳廳長、檢察長、北京大理院推事、遼寗省
鐵嶺地方檢察長等職。在開封時，康有爲爲題寫"好是正直"橫
幅。一九二八年辭官回穗，掛牌當律師。日軍陷穗，被迫回鄉，
在道滘永慶坊愛園辦國學補習班。漢奸鳳凰九（葉衍齡）曾屢欲
其任僞職，均遭嚴拒。因貧病交加，病故於穗。著有《滄桑集》。
（《東莞市志》一四三六頁）

梁明滄生。

梁明滄（一八七四～一九三四），字文涵，號銘庵，行三，
人稱梁三太。信宜人。著名中醫師，少時中秀才，因母病而潛心
學醫。擅長內、喉、婦、兒諸科，行醫四十年，挽救了不少危重
病人生命。著有《方脈發微》、《婦兒搜秘》、《醫通探源》、《喉
科索隱》、《傷科一得》等書，親批詮注古醫籍一批。（《信宜人
物傳略》）

梁贊燊生。

梁贊燊（一八七四～一九六一），字粹珊。祖籍高要，定居
肇慶。光緒二十三年（一八九七）舉人，三十二年（一九〇六）
受聘爲肇慶府中學堂教員，後轉廣州兩廣高等工業學堂、兩廣方
言學堂、兩廣優級師范任教。民國五年（一九一六）回肇慶，任
高要勸學所所長。九年任廣肇羅甲種農業學校校長，後轉任省立
第四師范、省立肇慶師范校長，直至三十五年（一九四六）退
休。還兼任高要縣修志館館長、文獻委員會主任委員。參與編纂
宣統《高要縣志》、民國《高要縣志》，負責撰寫民國《高要縣
志》序言、地理、計財等。十三年（一九二四），議拆城基，領銜
兩度上書西江善後督辦李濟深，力陳拆城之弊，宋城得以保存。中
華人民共和國成立後，曾任廣東省政協委員、高要縣政協委員等。

張鎮江生。

張鎮江（一八七四～?），字日帆，號一驄。龍川人。秀才。民國初同邑人創辦縣立中學，被推任校長十餘年。以戲劇《煙長末日》刺汙吏，入獄不屈。以信愛勇毅治校，開一代新學之風。晚年勤於著述。著有《龍川藍關之研究》、《龍川戲名雜詠》、《日帆文存》等。（《龍川文史》）

張杜鵑生。

張杜鵑（一八七四～一九四三），原名清源，字偉吾。興宵人。青年時曾在村中設館教學，後棄教至南洋謀生。在新加坡得遇孫中山並參加同盟會，曾任《興中報》、《華僑日報》、《中華日報》主筆。（一九八九年《梅州人物志》）

張應彬生。

張應彬（一八七四～一九二七），字幼文。五華人。優貢。曾參與組建縣立第一小學，致力民主革命。後任開平縣長。隨徐華清巡視大江南北醫務。東征後任小靖鹽場知事。逝於鄉。（《五華縣志》卷八）

鄒家驥生。

鄒家驥（一八七四～一九二九），字如特（雲）。五華人。光緒廩生。一九二一年後歷任兩廣鹽運使公署秘書、平南鹽務局局長、潮梅遊擊第三支隊秘書。（《五華縣志》卷八）

溫靖侯生。

溫靖侯（一八七四～一九一六），原名振乾，又名士玨。嘉應（今梅縣）松口人。廩生，後補貢生。光緒三十年（一九〇四）赴日本留學，翌年入同盟會。三十二年受孫中山派遣，與謝逸橋回國領導同盟會嶺東分會。次年，於"溫氏精廬"創辦松口體育傳習所，招收學員百二十人，發展了一大批同盟會員。三十四年（一九〇八）任松口公學校長。武昌起義後赴省城協助謝良牧策劃廣東光復。喜吟詩，為南社成員。（《客籍志士與辛亥革命》）

廖正興生。

廖正興（一八七四～一九三一），又名世芳，號傑夫。海陽（今潮安）人。早年在新加坡經商及發展橡膠園，成爲赫赫有名的實業家。積極與他人倡辦"中華商務總會"、"四海通銀行"、"端蒙學校"，在家鄉創辦"維正學校"，捐資贊助汕頭建孔廟附屬中學。還帶頭捐資支援辛亥革命；在家鄉，周濟貧困，撫恤孤寡，樂善好施，從不吝惜。一九一八年潮汕地震、一九二二年風災、華北旱災、山東兵禍，均帶頭捐資並爲其奔走呼號籌集鉅款。病逝於新加坡。（《廣東近現代人物詞典》五四一頁）

鄧祝三生。

鄧祝三（一八七四～一九一九），號頌眉。蕉嶺人，生於馬來西亞。參加辛亥革命，作戰勇敢，屢立戰功。（《蕉嶺文史》第二輯）

鄧樹南生。

鄧樹南（一八七四～一九二五），又名壽南。梅縣人。早年至印尼謀生，集資創辦志成公司。宣統元年（一九〇九）結識黃興、姚雨平。三年（一九一一），黃興等籌畫廣州起義，在經費上予以支持。（賴紹祥、房學嘉《客籍志士與辛亥革命》）

謝元驥生。

謝元驥（一八七四～一九二六），字逸橋。梅縣人。幼年就讀私塾。光緒二十六年（一九〇〇）偕友溫靜侯赴港訪孫中山，未遇。經陳鶴雲介紹識歐榘甲，相約歸鄉倡辦團防，與靜侯任團防副總董。三十年（一九〇四）與弟良牧赴日本。次年加入同盟會，明年歸國，在松口堡創設師范講習所。三十三年（一九〇七）任職潮汕鐵路局。黃岡起義失敗，與梁鳴九等組織體育傳習所。一九一二年被委任爲同盟會汕頭分部長，並與人創辦《中華新報》，未幾改《大風日報》。一九一六年袁世凱卒，息影家園。一九二〇年廣州軍政府成立後赴汕頭閱軍。（《民國人物大辭典》一五六五頁）

謝逸橋生。

謝逸橋（一八七四～一九二六），名元驥、錫元，又字乙橋。梅縣人。光緒三十年（一九〇四）留學日本，次年參加同盟會，三十二年（一九〇六）歸國。次年創辦《中華新報》，宣統元年（一九〇九）再辦《中華新報》。民國成立後，任同盟會汕頭分部部長。一九一三年創辦《大風日報》。一九一六年辭職歸里。病逝於汕頭，葬黃花崗。（《梅州人物傳》）

蘇炳圻生。

蘇炳圻（一八七四～一九四九），字秀南。海康人。附生。光緒三十二年（一九〇六）畢業於海康官立高等小學堂，三十四年至該校任教。辛亥後學堂改名縣立第一高等小學校，任校長，直至一九三八年。一九四八年，爲紀念其連任校長四十年，創建私立秀南中學。（《海康文史》一九八六年第二期）

羅惇曧生。

羅惇曧（一八七四、一八八〇～一九五四），字照巖、季孺，號敷庵、復堪等，室名三山簃。順德人。早歲與從兄惇曧同爲康有爲弟子。清末歷任郵傳部郎中、禮制館編纂。入民國後任教育部、財政部、司法部參事、國民政府內政部秘書。一九四三年因癱瘓家居至終。工詩，擅章草。陳衍《近代詩鈔》收有其詩。著有《三山簃詩學淺説》、《晚晴堂帖見》、《羯蒙老人隨筆》等。（《中國近現代人物名號大辭典》七八七頁）

清德宗光緒元年　乙亥　一八七五年

本年劉坤一擢兩廣總督。（《清史稿》卷四一三《劉坤一傳》）

秋，黃遵憲客居天津，賦《和鍾西耘庶常德祥津門感懷詩》七律八首，描述了英法聯軍入侵京津之浩劫，聯繫清之衰落及祖國危難，述説有關學習西學、加強武備之想望。（鍾賢培、管林、謝華、汪松濤《黃遵憲詩選》二四頁）

本年林本任南澳鎮總兵。

林本，字務堂。揭陽人。咸豐時從軍，由軍功歷署紹武府參將、海壇鎮總兵，光緒元年（一八七五）任南澳鎮總兵，五年調水協鎮總兵。年四十八卒於任。

本年澳門蓮峰廟再次大修，確立了今日格局。（姜伯勤《石濂大汕與澳門禪史》四八八頁）

本年許瑤光乞假回鄉。

許瑤光，字作瓊，號悝園。番禺人。年十九府試第一，補縣學生。咸豐間與潘高功等辦團練，籌建貢南書院。授樂會儒學訓導，居職凡十年。著有《倦知漁者文集》。（《尺岡草堂文集》卷三）

張莘田於本年中舉人。

張莘田，字子珊。光緒元年（一八七五）乙亥恩科舉人。工詩賦，久困童試，中年始舉京兆，與李子基同年沿路唱和。歸里後歷主潮惠及本州書院，裁成極眾。晚選順德教諭，赴任未久卒。張煜南、張鴻南《梅水詩傳》卷七有傳。

何福曾於本年中舉人。

何福曾，號道孫。東莞人。慶修子。光緒元年（一八七五）乙亥順天舉人。受業九江朱子襄，稱高弟。張其淦《東莞詩錄》卷六一有傳。

曾慶薇於本年中舉人。

曾慶薇，字貴存，一字紫佳。香山人。四川總督望顏孫。光緒元年（一八七五）乙亥恩科舉人。黃紹昌、劉熽芬《香山詩略》卷十二有傳。

何如銓於本年中舉人。

何如銓，字嗣農。南海人。光緒元年（一八七五）乙亥舉人，舉菊坡精舍、學海堂學長。家居近桑園圍，爲南、順兩邑保障。道光中順德侍郎溫汝适、中書汝能請於大吏，借帑八萬，取息爲歲修費。重修《桑園圍志》，推總其事，匯爲十六卷，詳而能核。吳道鎔《廣東文徵作者考》卷十二有傳。

許炳傑於本年中舉人。

許炳傑，番禺人。應鑠子。光緒元年（一八七五）乙亥舉人，郎中。（盧延光《廣州第一家族》九三、九五頁）

湯雨時於本年中舉人。

湯雨時，花縣人。光緒元年（一八七五）舉人，官高明縣學訓導、南雄縣學教諭。（民國《重修花縣志》卷八）

姜自駒於本年中舉人。

姜自駒，字軼群，號志存。陽江人。光緒元年（一八七五）舉人，六年進士，充翰林院庶吉士。九年散館改刑部主事。歸里，先後主講濂溪、南恩、七賢書院，並任陽春存著堂講席、官辦高等小學堂校長。晚年好黃老，自號“拙藏道人”。（《陽江志》卷三十）

姜自騊於本年中舉人。

姜自騊，字芸史，號芸眉。陽江人。自駒弟。同治十二年（一八七三）拔貢，光緒元年（一八七五）舉於鄉，十二年（一八八六）殿試成進士，曾任嘉應訓導、翰林院編修。長期主講濂溪書院。廢科舉興學堂後任學務公所及師范傳習所所長。邑中產米不足，歲稍歉即苦饑，因與梁庭楷創立書年社，專備救濟賑荒之用。又與楊蔭廷、梁庭楷設蠶桑局，輯《蠶桑考實》一書，勸人飼蠶種桑。（《陽江志》卷三十、《陽江文史》一九八七年第二輯）

李璿光於本年成貢生。

李璿光，字星衡。番禺人。光緒元年（一八七五）恩貢生，候選儒學教諭。著有《春暉草堂集》。（《番禺縣續志》卷八）

宋維樟於本年被薦孝廉方正。

宋維樟，花縣人。光緒元年（一八七五）薦舉孝廉方正，官彭縣知縣。（民國《重修花縣志》卷八）

鍾煥文於本年中副車。

鍾煥文，字廷璋，號絢甫。東莞人。夢桂子。光緒元年（一

八七五）副車，官內閣中書舍人。歸里，經理沙田局事務四十餘年。工詩能畫。（《茶山鄉志》卷四）

朱卓文生。

朱卓文（一八七五～一九三五），名仕超，又名式武。香山人。光緒二十二年（一八九六）至美國舊金山追隨孫中山，學習飛行技術。一九一二年隨孫中山赴英國，轉道回國，任臨時大總統庶務司司長、大元帥府航空局局長、廣東兵工廠廠長等職。一九三五年，因秘密組織大同救國軍欲反陳濟棠被殺。（《中山文史》一六輯）

李葭榮生。

李葭榮（一八七五～一九五〇），字懷湘，號懷霜。信宜人。南社社友。辛亥革命時與柳亞子同主《天鐸報》筆政，歷任滬、粵報館主筆。書法渾厚，別饒佳趣。（《寶鳳閣隨筆》）

吳邦澤生。

吳邦澤（一八七五～一八九八），遂溪人。學武術，善使長棍。光緒二十四年法軍於海頭登陸，首率村民抗擊，七月十二日攻打法軍兵營陣亡。（《湛江文史資料》第三輯）

何藻章生。

何藻章（一八七五～？），字彝父，號黼廷、毅齋。香山人。璟子。光緒二十二年（一八九七）拔貢，歷任浙江山陰、平湖知縣，後捐升江南巡警道。（《中國近現代人物名號大辭典》五二二頁）

周紹光生。

周紹光（一八七五～一九五二），字朗山，號宗朗。番禺人。早年留學日本，精法律。嘗組清遊會，擅書畫詩詞，晚年居香港，畫擅花鳥，刊行有《周郎山畫集》。

陳思生。

陳思（一八七五～一九三二），字慈首，室名初入室。東莞人。歷任廣西藤縣、桂平、江蘇江陰知縣，河南、廣西巡撫文

案，江蘇省長公署秘書，北京女子大學、東北大學教授等。著有
《清真居士年譜》、《稼軒先生年譜》、《白石道人年譜》、《白石道
人歌曲疏證》等。（《中國近現代人物名號大辭典》七〇一頁）

陳元灼生。

陳元灼（一八七五～？），字伯植。五華人。十四歲補諸生第
一，十七歲成拔貢。深受黃遵憲賞識，爲契交。歷任江西鉛山、
東鄉、贛州、興國等七縣知縣。著有《鉛山公牘》、《鵝湖判事》、
《思闕齋文集》、《可庶堂詩稿》。（《五華文史》第二輯）

陳渭巖生。

陳渭巖（一八七五～一九〇八、一九二四），一作渦巖，又
名惠南，號養雲居士，別號誠一道人，又名惠南。南海人。佛山
石灣陶工。善塑人物、動物像，作品形神兼備，不少爲罕見佳
作，如《女尼》、《六祖》、《孔子》、《觀音大士》、《日月神》
等，其《日月神》還入選巴拿馬國際博覽會展覽。（《廣東石灣陶
器》）

鄒品三生。

鄒品三（一八七五～一九一一），五華人。投身軍旅，策動
清軍反正。宣統三年（一九一一）配合民軍攻打碙石鎮，經激戰
逼鎮臺逃亡，品三亦飲彈身亡。（五華縣文史辦供稿）

鄒經華生。

鄒經華（一八七五～一九五〇），字杏門。五華人。光緒庠
生。參與廣州起義。北伐時任姚雨平部書記，後任五華農業試驗
場場長、蕉嶺農桑試驗所所長。於梅縣樂育中學任教十九載，又
任興寧坪塘神道學院經學教授十四年。（《五華縣志人物編》卷
八）

麥孟華生。

麥孟華（一八七五～一九一五），字孺博，號蛻庵。順德人。
少與梁啟超以才名齊。光緒十四年（一八八八）入廣州學堂。十
七年（一八九一）入萬木草堂爲康有爲弟子。十九年（一八九

三）與有為同科中舉。二十一年（一八九五）春與有為、啟超同進京應試，與啟超同寓，將訂《馬關條約》，參加"公車上書"。同年夏有為創辦《萬國公報》，任撰述、編輯。二十三年與啟超、汪康年等創不纏足會於滬，任董事，並為《時務報》等撰文。明年春與啟超等聯合兩廣、雲貴、川陝、浙等省舉人上書，反租讓旅大予俄國。三月參加有為等創立之保國會。戊戌政變後亡日本，協助啟超創辦《清議報》，次年代啟超主持該報，曾代理東京高等大同學校校長。義和團運動興起時支持"東南互保"。二十八年（一九〇二）任《新民叢報》撰述，三十三年（一九〇七）任政聞社常務員。一九一三年在康有為創辦之《不忍》雜志任編輯。袁世凱將帝，與潘之博同入江督馮國璋幕，相與謀倒袁。卒於上海。著有《蛻庵詩詞》各一卷。余祖明《廣東歷代詩鈔》卷八有傳。

倫明生。

倫明（一八七五～一九四四），字哲如，一作哲儒。東莞望牛墩人。弱冠入庠，旋補廩生，二十七歲時中舉人。次年入京師大學堂，畢業後復得舉人銜，分發廣西候補知縣。同年返粵，先後任兩廣高等師范學堂教員、兩廣方言學堂講席。宣統二年（一九一〇）入張鳴岐幕。一九一七年北上任參議院秘書、北京大學文學系教授。一九二三年任河南道清鐵路秘書長。一九二七年赴沈陽任奉天通志館協修。一九三〇年應邀赴東京鑒定斯文會所藏古籍，先後在京三十多年，其後任北京師范大學、燕京大學、輔仁大學、民國學院等校教授，一九三七年任廣東省立圖書館副館長兼嶺南大學教授。晚年還鄉，辟藏書樓，日校群書，有《藏書紀事詩》，惜未梓而歿。余祖明《廣東歷代詩鈔》卷六有傳。

馬元利生。

馬元利（一八七五～一九三五），潮陽人。光緒十六年（一八九〇），隻身赴暹邏（泰國）謀生。初當店夥，勤謹勞役，得東家信任，職位漸高。稍有積蓄便自創生意，數年後擴展承辦暹羅各項餉捐，經營有方，遂成大商家。民國元年（一九一二）同盟會改組爲國民黨，歷任暹羅支部幹事、暹羅總支部監察委員、廣東省東區綏靖公署咨議、僑務委員會顧問等職。曾組織華僑書報社，贊助創辦報紙，宣傳革命，提倡教育，資助華僑辦學，支持修橋、築路等公益事業。十年（一九二一），任兩廣兵災救濟會暹羅勸捐員，慷慨捐款。十五年（一九二六），與陳耀衢被暹羅華僑選爲代表，攜鉅款回國，購買飛機支持北伐。"九一八"事變、"一·二八"事變爆發，大爲憤慨，積勞成疾。二十四年病逝。（《廣東近現代人物詞典》六頁）

馮漢生。

馮漢（一八七五～一九五〇），字師韓，號鄧齋，晚號無沙老人，室名半畝竹園，別署半畝竹園居士。鶴山人。早年旅居天津、香港。研讀古籍，喜畫蘭，擅長書法篆刻。女文鳳，亦善隸書。（《中國近現代人物名號大辭典》一八二頁）

許雪秋生。

許雪秋（一八七五～一九一二），名梅，原名有若，又名雪湫。海陽（今潮安）人，生於新加坡華僑富商之家，服膺孫中山。光緒三十一年（一九〇五）以包築潮汕鐵路名義廣招工人在潮州起義，事泄後因同人被捕，赴海陽縣自首，並力辯其枉，俱獲釋。翌年在新加坡入同盟會，被孫中山委任爲中華革命軍東江都督，三十三年發動潮州黃岡起義，失敗避香港、新加坡。同年十月又謀於汕尾發動起義，因接送槍械失誤未成。後陶成章在南洋各地以光復會別樹一幟，亦加入。武昌起義後，回廣東組織南路進行軍，攻克潮汕，後爲清降將吳祥達殺害。（《中國近現代人物名號大辭典》三二〇頁）

梁培基生。

梁培基（一八七五～一九四七），原名絨（一作斌），字慎餘。順德人，出生於穗。名醫、華南著名制藥商。自清末從事醫療及醫學教育。光緒五年（一八七九）畢業於外國教會所設博濟醫院南華醫學堂，任廣東夏葛女子醫科學校藥物學教師，同時自設診所。時華南瘧疾流行，創"梁培基發冷丸"，開廣州制藥業中西藥結合先河，行銷華南及東南亞成富商。發起創辦光華醫社、光華醫學院，並創建汽水廠、民衆煙草公司等企業。（《中國近現代人物名號大辭典》一一六八頁）

張如川生。

張如川（一八七五～一九二七），字谷山，號南湖。五華人。光緒三十一年（一九〇五）入同盟會。宣統二年（一九一〇）被捕，在獄數月獲釋。次年黃花崗之役後，回五華秘密組織武裝。武昌起義後，被推爲司令，於十一月十三日起義。旋應邀去汕頭，組織軍政分府，舉爲參謀長。又奉胡漢民電召至穗，委爲增城縣長，嗣調陽江縣長。龍濟光入粵，離職赴港。一九一五年回鄉，一九二七年被縣農會殺於梅林。（《民國人物大辭典》九一八頁）

陳友仁生。

陳友仁（一八七五、一八七八、一八七九～一九四四），祖籍順德，生於牙買加。一九一三年任交通部法律顧問、英文《京報》總編輯。一九二二年起任孫中山外事顧問、英文秘書。一九二六年被選爲國民黨第二屆中央委員，任國民政府外交部長。一九三一年被選爲國民黨第四屆中央委員，先後任廣州國民政府、南京國民政府外交部長。一九三三年參加福州事變，任福建人民政府外交部長，後流亡巴黎。一九三八年回港參加抗日，港淪陷時被日軍拘禁押解至滬，屢拒參加汪僞政府。在上海病逝。（《中國近現代人物名號大辭典》六六七頁）

陳演生生。

陳演生（一八七五～一九五二），海豐人。秀才。早年入同盟會。一九一二年任廣東五華縣知事，尋辭職參加反袁"二次革命"及討袁護國戰爭。曾兩次被捕入獄。一九一七年參加護法運動，次年任援閩粵軍總司令部政務處長。一九二〇年後在香港、美洲經營企業。一九二五年被選中國致公黨中央委員。抗戰爆發後，動員海外華僑支援抗日。一九四六年初在香港與陳其尤、黃鼎臣等醞釀、籌備致公黨內部改組，次年三月當選爲致公黨中央常務委員兼秘書長。一九四九年九月與陳其尤等代表致公黨參加政協會議，當選爲第一屆全國政協委員，新中國成立後，任政務院政法委員會委員，當選中國致公黨第四屆中央常務委員、主席團成員。一九五二年在香港病逝。（劉國銘《中國國民黨百年人物全書》下）

黃碧魂生。

黃碧魂（一八七五～一九二三），番禺人。曾先後赴英國、日本留學，歸國後主要從事翻譯工作。辛亥革命後接受無政府主義，並在上海創辦勞工神聖社。一九二〇年冬任廣東教育委員會秘書，旋組織廣東女界聯合會，並被選爲執委。翌年春創辦廣東女子職業學校，年底出席莫斯科召開的遠東各被壓迫民族代表大會。一九二二年五月底澳門血案後，積極營救被捕群眾。次年一月被廣州員警逮捕殺害。（《廣東近現代人物詞典》四六六頁）

馮國勳生。

馮國勳（一八七五～一九四一），字孔懷。番禺人。留日學生。歷任考察各國政治大臣參贊、外務部日本股股員。一九一五年任金陵關監督兼江蘇交涉員，後任塞北稅務監督、江海關監督。一九二三年任外交部特派山東交涉員。（《民國人物大辭典》一一八〇頁）

馮祥光生。

馮祥光（一八七五～？），字玉潛。番禺人。清舉人。留德國學生，回國任閩浙總督及兩江總督署文案、考察憲政大臣參贊。一九一三年署駐巴拿馬總領事。一九一六年署駐舊金山總領事。一九二五年署駐漢堡總領事。（《民國人物大辭典》一一八〇頁）

趙植芝生。

趙植芝（一八七五～一九五〇），新會人。早年赴香港就讀皇仁書院。光緒二十八年（一九〇二）謁見孫中山，遂參與反清革命。三十一年入同盟會，任太平洋支部會長。宣統二年（一九一〇）在香港花旗公司蒙古郵船當華語翻譯，藉以助黨人運送軍火支援廣州"三二九"黃花崗起義。中華民國臨時政府成立，任總統府侍衛。一九一四年參加中華革命黨，任滿洲分部部長，次年兼任該黨香港上海交通員；同時奉命赴日本橫濱組織海外華僑聯義社，後在港、美國紐約組織分社。一九二〇年粤軍回師討伐桂系軍閥，被任命爲東路討賊軍總指揮部軍需處處長。一九二三年任大元帥府偵查組長、事務司司長。四月，調任新會縣縣長，次年改任江門商埠員警廳廳長，尋去職，任順德縣縣長。一九二八年任南京國民黨中央黨部整理海員工會委員、海外聯義社常務主任委員，曾出席中國國民黨第三、四屆全國代表大會。抗戰期間，曾在曲江組織海外聯義社，任常務主任委員。抗戰勝利後，任第一屆全國聯義社常務主任委員、廣州市參議會參議員、國民黨廣州特別市黨部第二十九區常務委員。病逝於香港。（《廣東近現代人物詞典》三七九頁）

　　劉一偉生。

　　劉一偉（一八七五～一九三八），又名一葦，號一佛、佛公，別署茫然老衲。香山（今中山）人。光緒二十九年（一九〇三）隨父經商於香港，追隨孫中山入興中會。後與謝英伯等在港創辦《中國日報》，又同潘達微共創《時事畫報》。廣東光復後任廣東都督府庶務長。一九一六年被龍濟光逮捕入獄，出獄後任桂系劉震寰幕僚，隨桂軍東下驅逐濟光，旋去職隱居穗。一九二二年受聘爲香山縣顧問。一九三八年廣州失守後赴赤溪（今台山）募兵，中途遇害。平生工書善畫，造詣甚高。（《廣東近現代人物詞典》一〇三頁）

　　簡玉階生。

　　簡玉階（一八七五～一九五七），南海人。照南弟。家貧，照南十七歲至香港，在叔父銘石所開巨隆號瓷器店學做生意，尋

便派玉階長駐日本收理賬款。光緒十九年（一八九三），玉階隨
兄至日本經商，旋在曼谷開辦怡生兄弟公司經營百貨，後又開辦
順泰輪船公司。三十二年（一九〇六）簡氏兄弟在港創辦南洋煙
草公司，生產"飛馬"、"雙喜"、"白鴿"等名牌香煙。宣統元
年（一九〇九）公司更名南洋兄弟煙草公司，照南任總經理，玉
階任副總經理。一九一五年該公司資本額增至百萬元，成爲股份
公司，分廠遍佈南北各地。一九一八年總公司遷滬。照南於一九
二二年病逝。一九三六年玉階把公司部分股份以低價賣給宋子
文。新中國成立，玉階被選爲政協會議工商代表，後被任命爲國
務院財經委員會委員、中南軍政委員會委員、廣東省政府委員，
後又被選爲全國人大代表。（《廣東近現代人物詞典》五三一頁）

譚進生。

譚進（一八七五～一九五五），字輔文。台山人。十餘歲時
至香港學機械，後創設譚公和機器廠。抗戰爆發，在香港加入國
民黨，將兩座洋房捐購救國公債，並在港創立難童免費學校十二
間。香港淪陷後棄巨產，攜眷去曲江、桂林、柳州等地。抗戰勝
利，始返港重整故業。（《民國人物大辭典》一六四〇頁）

關以文生。

關以文（一八七五～一九三九），原名烈，號朝鉅。開平人。
出身貧苦，至秘魯謀生，識孫中山，入同盟會，後居香港從事革
命活動。一九二五年回鄉隨共產黨人關仲活動，成立開平農民協
會聯合會，爲會長。翌年加入中共。"四一二"政變後被通緝，
赴新加坡。抗戰時居香港，以開畫社爲業，曾回國參加抗日，香
港淪陷前回鄉定居。（《開平文史》）

饒一梅生。

饒一梅（一八七五～一九四五），原名畹珍、真。梅縣人。
因勤奮好學而深得鄉賢溫仲和、饒芙裳器重，光緒三十年（一九
〇四）赴日本留學，次年經謝逸橋、謝良牧介紹秘密參加同盟
會。三十二年（一九〇六）回國，旋與謝逸橋、溫靖侯等同盟會

幹部參與籌辦松口初級師范傳習所並任教職，利用傳習所講壇。同年冬，又與部分松口師范師生創辦松口公學，被選爲該校首任校長。三十四年（一九〇八）四月，歹徒聚衆鬧事，火燒校舍，並將其打傷。傷愈借得校舍，繼續堅持辦學。又爲"南社"成員，在該社社刊上發表過大量詩作。（賴紹祥、房學嘉《客籍志士與辛亥革命》）

清德宗光緒二年　丙子　一八七六年

八月，黃遵憲中順天鄉試第一百四十一名舉人。

十二月，遵憲決定不參加會試，就任駐日參贊。

本年黃遵憲隨父旅居煙臺，待應順天鄉試，結識龔易圖、張蔭桓等，吟詩論學，論當世之務，賦《抒懷再呈靄人樵野丈》三首五古。（鍾賢培、管林、謝華、汪松濤《黃遵憲詩選》三八頁）

本年鄧紹忠參與鎮壓欽州、靈山義軍。

鄧紹忠（？～一八九六），原名金。三水人。太平天國興王陳金釭部將。後殺金釭，降清提督昆壽，更名紹忠。以戰功遷副將，升提督，補湖州鎮總兵。光緒二年（一八七六）參與鎮壓欽州、靈山義軍。十年署廣東陸路提督，十五年授湖南提督，十七年統廣東水師，二十年加尚書銜。（《中華軍事人物大辭典》）

本年莫啟智請官府禁挖蠔殼以保護農田。

莫啟智，字毓奇，號鏡川。東莞人。廩生。潛心鑽研理學。每夜記日間言行，稱《日省錄》。光緒二年（一八七六），請官府禁挖蠔殼以護農田。創全族交糧法，以免催科之苦。著有《誡子庸言》。（宣統《東莞縣志》卷七三）

本年梁嶽英在漳浦捉獲南王黃天火。

梁嶽英，字蔚林，號贊卿。東莞人。瓊子。貢生。隨父征戰，官福州通判。光緒二年（一八七六）在漳浦捉獲南王黃天火。十一年守澎湖痛擊法軍，後退守北山，以失地罪革職，戍軍臺灣三年，歸里。二十年（一八九四）奉調臺灣新竹，統管飛虎

各軍，抗擊日軍。翌年憤然回鄉。著有《望衡仙館詩鈔》。（宣統《東莞縣志》卷七二）

本年許秉璋官內閣中書。

許秉璋，番禺人。應騤子。光緒二年（一八七六）官內閣中書，調江蘇候補道。（《番禺縣續志》卷二〇）

曾寶鑅於本年中進士。

曾寶鑅（？～一八九二），字鳳鏘，一字椒堂。番禺人。正煒孫，師徵子。光緒二年（一八七六）丙子進士，官翰林院編修。自桂林典試歸，主粵秀書院講席，博綜群書，殫心著述。十八年壬辰開歲三日，招遊花埭東園，即景得句，迨四月而賦玉樓矣。擅畫墨梅，曾師從湯貽汾，亦能畫牡丹。著有《望瓊仙館詩鈔》。潘儀增《番禺潘氏詩略》有傳。

陳嘉謨於本年中進士。（民國《東莞縣志》卷四七）

陳嘉謨（一八三七～一九二〇），字石樵。東莞人。光緒二年（一八七六）丙子進士，官戶部主事。與吳道鎔於廣州設教，學生有梁啟超等人。歸里，主持寶安書院九載。倡辦義倉、溥善堂、育嬰堂，籌辦中小學百餘間。余祖明《廣東歷代詩鈔》卷五有傳。

孫光前於本年中舉人。

孫光前，字子元。吳川人。光緒二年（一八七六）丙子舉人，先後任各縣教職。晚年歸里，築園種花，吟詠其間。著有《蕉隱亭詩文集》。余祖明《廣東歷代詩鈔》卷五有傳。

賴孝通於本年中舉人。

賴孝通，字達卿。順德人。光緒二年（一八七六）丙子舉人。余祖明《廣東歷代詩鈔》卷五有傳。

關以鏞於本年中舉人。

關以鏞，開平人。朝宗子。光緒二年（一八七六）丙子舉人，授總理衙門章京，遷雲南迤西兵備道兼騰越關監督。民國後受聘廣東修志局總纂。（《開平縣志》卷三四）

陳翰源於本年中舉人。

陳翰源（？～一八七七），字善博，號東閣。東莞人。家貧，教書爲業，以“動心忍性”教導學生。曾任海豐知縣卓炳森幕僚。晚年號力田子。光緒二年（一八七六）欽賜舉人，授布政司理問銜。（宣統《東莞縣志》卷七三）

潘彥鵬於本年中舉人。

潘彥鵬，字云程。順德人。二十歲入縣學，光緒二年（一八七六）舉人，於本邑設教三十餘年。精通《易》理及音韻學，著《古韻彙纂》、《易經證史》，書未成而卒。（《梁勉琴墓表》）

蘇德井於本年由附貢生欽賜副榜。

蘇德井，字岐山。徐聞人。光緒二年（一八七六）由附貢生欽賜副榜。精醫術，活人甚眾。（宣統《徐聞縣志·人物志》）

吳熾昌於本年成貢生。

吳熾昌，字炳勳，號南皋。四會人。仰曾、少皋父。光緒二年（一八七六）貢生。七年被委開辦開萍煤礦，九年兼理西山煤鐵事務。十一年加三品銜以道員用，十四年委辦津沽鐵路，十七年委辦東三省至俄羅斯海參崴鐵路，二十年（一八九四）告假回籍。（光緒《四會縣志》）

王弘願生。

王弘願（一八七六～一九三七），號圓五居士。潮安人。初善昌黎韓氏文，因名師愈，字慕韓，而食廩於庠焉。會清廷變法，西學日盛，得風氣先，博觀譯籍。掌教潮州中學，前後三十年，曾一度長校政。行年四十，搜集內典而窮究之，始研《華嚴》，苦未得法。嘗自習日文，見權田大僧正《密教綱要》原著，喜而譯宣海內，更廣採密部諸經軌。民國十三年（一九二四），大僧正觀中華有重興密教之機，審其堪任傳燈，乃親蒞潮安，建壇開元寺，以特例授兩部大法焉。十五年，修四度加行竟，奉大僧正命東渡，受阿闍黎位及深秘法。歸而設會講習，採函授制，引度有志。十七年始開灌頂壇，由潮而穗而港而汕，數載間灌頂以千計。所著重要之籍除《密教綱要》外，有專譯《十八道私勘》、《重制兩部曼荼羅通解》、《大日經疏會本》等。二十二年（一九三三）辭潮州中學教席，任名譽顧問職，旋住持廣州解行精舍。中山大學仰其名，聘爲佛學講師，兼主修《兩廣通志·宗教志》。逾歲返潮，預備傳燈。又以弘法過勞，頓感四大不調。臘，疾篤，示期二四六當行，果於二十四日晨六時示寂，即二十六年二月五日也。曾與謝安臣同主汕頭《漢潮日報》筆政。（陳玉堂《中國近現代人物名號大辭典》四三頁）

王佐時生。

王佐時（一八七六～一九六二），號弼臣，筆名阿衡、別情。潮安人。曾任汕頭《民生日報》主筆。遺著有《阿黑剩墨》四卷手抄本。

李梅初生。

李梅初（一八七六～一九七七），吳川人。著名木偶藝人，善舞女角，與舞男角之鄭壽山齊名。一九五九年參與組建粤西木偶劇團。（《吳川歷代名人錄》）

吳鼎新生。

吳鼎新（一八七六～一九六四），字濟芳，號在民。開平人。十六歲赴廣州讀大館，作慶制文及詩賦漸露頭角；二十三歲時府試獲第一名。二十八歲考入京師大學堂師范博物科。一九一七年任廣西教育廳長，多次派赴日、美考察。一九二七年三月，與陳炳權等人創辦私立廣州大學，曾任國民大學校長。一九四九年移居婆羅洲，一九五八年遷居香港。著有《杏園吟竹》、《乙未壽言集》等。（民國《廣東文徵續編小傳》）

辛耀文生。

辛耀文（一八七六～一九二八），字仿蘇。順德人。先世在香港經營糖業，積資甚厚。惟耀文雅好讀書，年弱冠，以鄉間多盗，移居會城。時值潘氏海山仙館、葉氏風滿樓、潘氏聽颿樓藏物散出，擇優收入，所得甚富。北遊天津，與樊增祥、易順鼎、

姜穎生等友善，留連琉璃廠畫肆中。復遊齊魯，搜羅益富。後得
程瑤田《芋花圖》，因自號芋花庵主人。民國十七年卒於北平，
年五十二。冼玉清《冼玉清文集》上編有傳。

何鍔生。

何鍔（一八七六、一八七五～一九三九），字永業，號劍吳。
番禺人。香港皇仁書院畢業。初任職海關。後長期從事教育事
業，歷任南武小學校長、雲南工礦學堂教育長、新加坡養正中學
校長等。一九三八年廣州淪陷後移居香港，次年病逝。（《中國近
現代人物名號大辭典》五二一頁）

林成登生。

林成登（一八七六～一九三七），字步雲。惠州人。虎門武
備學堂畢業，任清軍虎門要塞守備、廣東新軍左營管帶。一九一
二年任廣東陸軍混成旅第二團團長、虎門將校團監督。一九一四
年任廣東陸軍第一師第一團團長，後歷任第六師第二十三團團
長、廣東陸軍遊擊幫統、兩廣護國軍第三軍獨立第七旅少將旅
長、廣東嶺東鎮守使。一九一六年春參與孫中山反袁世凱稱帝運
動，以兵力支持潮、汕獨立，遭督軍龍濟光所忌，被削軍權，調
任北京參謀本部中將高參。一九二二年返惠州閒居，以書畫花卉
自娛，不問外事。雖門生舊部多是粵中軍政要人，凡有人情相
托，均一一婉謝。時踞惠第六軍軍長楊坤如欲聘其爲參謀長，廣
東省政府主席黃慕松也曾邀其出任廣東省參議，均遭拒絕。（《廣
東近現代人物詞典》三一九頁）

林俊廷生。

林俊廷（一八七六～一九三三），字莆田。防城（今屬廣西）
人。鹽販出身，曾爲綠林頭目。光緒二十八年（一九○二）受陸
榮廷招安。宣統三年（一九一一）升巡防隊統領。翌年三月任廣
西第二軍統領，駐龍州，兼邊防對汛督辦。一九一六年參加護國
討袁軍，任第一支隊司令。次年任護國軍粵桂聯軍第二軍司令，
進軍湘，次年退回桂。一九二一年被舊桂系餘部推爲廣西自治軍

總司令，駐南寗。一九二三年三月，總統黎元洪委兼廣西省長。
年底，孫中山委爲廣東八屬軍務督辦。一九二五年聯合龍雲攻進
南寗，再任省長。李宗仁、黃紹竑再攻南寗時逃出桂，旋回思樂
縣海淵鎮（今屬寗明）定居。（《中國近現代人物名號大辭典》
七五七頁）

　　林喜尊生。

　　林喜尊（一八七六～一九二五），字受之，號謙光。海陽
（今潮安）人。光緒二十年（一八九四）與許雪秋等遊香港，次
年隨父赴新加坡。二十四年被推爲新加坡華僑商會董事。二十八
年（一九〇二）繼父主持商店。三十一年（一九〇五）入同盟
會，翌年任《中興報》董事。一九一二年回廣州編組北伐軍義勇
隊一標。與孫中山同年同月同日卒。（《民國人物大辭典》四七二
頁）

　　周康生。

　　周康（一八七六～一九一五），順德人。農民出身，後入綠
林。在族弟周之貞策動下，接受同盟會調遣。武昌起義後，奉命
在北滘五大夫祠率眾起義，直抵省城，受編爲廣東民軍“康”字
營。次年六月奉命遣散回鄉。一九一四年滇軍軍閥龍濟光治粵，
劕除不穩分子，詐稱開會將康騙至穗，翌年被秘密槍殺。（《辛亥
革命資料類編》）

　　馬敘朝生。

　　馬敘朝（一八七六～一九五九），新寗（今台山）人。早年
赴港做工，後經商致富，任公有源綢緞莊總司理等。一九二四年
任香港保良局總理，翌年任東華醫院主席、太平局紳，一九二六
年任團防局紳。一九二八年任保良局首席總理。（《中國近現代人
物名號大辭典》八頁）

　　姚宇陶生。

　　姚宇陶（一八七六～一九三九），平遠人。宣統元年（一九
〇九）拔貢。工詩善文。美國留學歸來後，任國民政府交通部廣

州航政局局長等職。著有《潛園詩草》、《詩聯栓存》、《平遠婦女俗詠》等詩集。

徐廣滔生。

徐廣滔（一八七六～一九一一），花縣人。宣統二年（一九一〇）十一月，孫中山等決定再次在廣州發動武裝起義，黃興任總指揮。次年三月廿九日下午發動起義，興率領百三十多名先鋒隊（敢死隊）隊員，從小東營直奔督署，殺死管帶金振邦，冲入兩廣總督署衙門。兩廣總督張鳴岐聞變，潛入厚祥街逃至水師行臺。興等放火焚燒督署後退出，在東轅門外與李准衛隊相遇，互有傷亡。分三路突圍，攻襲督練公所等處，與清軍展開激烈巷戰，堅持一晝夜而失敗。廣滔、日培等八十六人於此役犧牲。

郭淵谷生。

郭淵谷（一八七六～一九二九），字錦泉。潮安人。光緒三十二年（一九〇六）在星洲入同盟會，後歸故里進行反清活動。宣統三年（一九一一）參加孫中山發起之“同德書報所”，又與革命志士成立“星洲書報社演說團”、“開明演說書報社”等。（《庵埠志》）

容少蘭生。

容少蘭（一八七六？～一九四九），名錫賢，又名殿英，字永思。新會人。青年時留學日本早稻田大學法科，加入同盟會。畢業回國，參加黃花崗之役，失敗後赴馬來西亞籌款支援革命，辛亥革命後回國。一九一六年參加護國討袁之役，一九二三年在孫中山大元帥府任秘書，孫科任廣州市長時先後在市府任財務、秘書工作。國共合作時任國民黨廣州市黨部第一屆委員。抗戰時期在順德執教。後在穗病故。（《廣東近現代人物詞典》四二五頁）

陳融生。

陳融（一八七六～一九五六、一九五五），字協之，號頤庵。番禺人。遊泮後東渡日本，畢業法政大學，爲同盟會會員。回國任教席。民國元年（一九一二）任法政學校校長，兼司法籌備處長。二次革命出亡。執業律師，復長廣東高等審判庭、司法廳、政務廳。南京建都，任行政院政務處長。西南開府，任政務委員兼秘書長。晚年任總統府顧問。後隱穗。壽終香港。工書，尤精草書，用筆剛柔並重，瀟灑渾脫。編有《越秀集》，著有《讀嶺南人詩絕句》、《黃梅花屋詩》、《秋夢廬詩話》等。余祖明《廣東歷代詩鈔》卷六有傳。

陳德芸生。

陳德芸（一八七六～一九四七），新會人。從學於陳榮袞。一九一二年與陳頌豪創辦廣州《民生日報》。一九一四年執教於嶺南學校。一九二五年任廣州圖書館協會副會長。曾任中山大學、嶺南大學教授、廣東文獻館幹事。著有《古今人物別名索引》、《德芸字典》，發明以橫直點撇曲捺之筆畫檢字法。（《廣東近現代人物詞典》三〇九頁）

陳龍韜生。

陳龍韜（一八七六～一九六四），原名廣韶，字仲梟。高州人。光緒三十一年（一九〇五）在廣州兩廣高等專業學校攻讀，結識朱執信，入同盟會，宣統三年（一九一一）秋畢業回鄉。民國成立後赴穗，後被派回高州收編民軍遊勇。民國三年（一九一四），與海康楊學伸在遂溪組建軍隊參與討伐龍濟光。七年（一九一八）奉孫中山命赴漳州助粵軍援閩。次年密派返穗，從事驅逐桂系。十年（一九二一）四月，隨侍孫中山於總統府，任偵緝處主任。後隨中山輾轉於桂林、梧州、韶關等地，督師北伐。十一年陳炯明反，參與火力掩護孫中山脫險。翌年，揮師討炯明，隨中山赴前視察、督戰。十三年（一九二四），出席孫大總統蒙難紀念會，獲宋慶齡授予金質獎章一枚。十月，隨孫中山北上與馮玉祥共商國是。十二月底中山扶病入京，命返穗。中山逝世後，杜門靜養。中華人民共和國成立後，受聘廣東文史館館員。撰有《跟隨孫中山先生的幾點回憶》等文。

陳覺民生。

陳覺民（一八七六～一九四五），海豐人。廣東法政學堂、日本東京法政學堂畢業。宣統二年（一九一〇）入同盟會。一九一二年任陳炯明循軍司令部外交事務代表。一九一七年任援閩粵軍司令部少將參謀。入閩後任漳州綏署諮議。一九二〇年後任粵軍第七路司令、第三路司令兼兩陽警備司令。翌年三月，在取得陳炯明默許後，指使偵緝處長黃福芝、陳少鵬刺殺鄧鏗。一九二二年任廣東省議會秘書長、省長主任秘書。翌年炯明兵敗下野，赴港潛居。一九三九年春，僞廣東治安維持委員會頭目彭東原派梁榮蓀至港邀其至穗，出任僞廣東治安維持會委員兼民政處長。日本戰敗，被國民政府槍決。

麥仲華生。

麥仲華（一八七六～一九五六），字曼宣，號璈齋、曼殊室主人，筆名玉瑟齋主人、曼殊庵主人。順德人。康有爲弟子。娶有爲長女同薇爲妻。秀才出身。光緒二十年（一八九四）拜康有爲爲師，入萬木草堂讀書，戊戌政變後流亡日本，入日本陸軍士官學校，後遊學英國。民國後任司法儲才館秘書、香港電報局局長等職。撰傳奇《血海花》。

黃大漢生。

黃大漢（一八七六～？），原名桐。南海人。光緒二十二年（一八九六）加入基督教，次年加入興中會。二十六年（一九〇〇）與史堅如等謀炸廣東巡撫德壽未成，亡命南洋。二十八年（一九〇二）參加洪全福起義，三十一年（一九〇五）加入同盟會。武昌起義後與鄧蔭南等在新安（今寶安）組織武裝響應，任民軍隊長，後在韶關創辦寶東煤礦公司。護法時，受孫中山委派在穗募編義軍。一九二〇年粵軍回師，任粵軍第四軍十一支隊第六幫幫統。一九二二年任華僑炸彈隊決死隊隊長，配合驅逐陳炯明出穗。翌年任省署衛士隊長。後任華僑真相劇社主任。（《廣東近現代人物詞典》四三九頁）

黄任恒生。

黄任恒（一八七六～一九五三），字秋南。南海人。學海堂專科生，師事丁伯厚。著有《遼代年表》、《補遼史藝文志》、《遼史補録》、《遼代文學考》二卷、《遼代金石録》四卷、《古譜纂例》六卷，合爲《述窠雜纂》。另有《信古閣小叢書》等。余祖明《廣東歷代詩鈔》卷五有傳。

張竹君生。

張竹君（一八七六、一八七九～一九六四），番禺人。光緒二十五年（一八九九）畢業於廣州博濟醫院醫科班，創辦南福醫院、和福醫院，任院長。三十年，日俄戰爭爆發，組織救護隊北上，甫至遼東，戰事已停，乃折經滬，設診所於派克路（今黄河路）。翌年與李平書創立上海最早女子中西醫學堂，任校長，兼授西醫課。同時又協助平書在三泰碼頭積穀倉外（今多稼路）開辦上海醫院，任監院。辛亥革命爆發，發起成立中國赤十字會，組織、率領百二十名救護隊員往武昌，並掩護革命黨人黄興、宋教仁隨隊同往。戰爭結束，起義軍授“巾幗偉人”匾額，中華民國臨時政府授予立國紀念勳章、赤金紅十字軍功勳章及中華民國忠裔紀念章。後在滬疫病流行時募款集資開設時疫醫院，施診給藥，救死濟危。八年（一九一九）齊魯饑荒，又奔赴災區賑濟。“一二八”“八一三”淞滬戰爭時仍積極參與救傷工作。滬淪陷後，息影家園。（《廣東近現代人物詞典》二四三頁）

馮夏威生。

馮夏威（一八七六～一九〇五），南海人。年少父母雙亡，貧無所依。光緒二十四年（一八九八）隻身越洋至墨西哥傭力自給。目睹華工受到當地殖民主義者欺淩，常起而反抗，屢遭逮捕。三十一年美國《限禁來華美工條約》已屆期滿，拒絶廢約，用舊約肆意迫害華工，清政府竟俯首屈從，激起反美拒約運動。時夏威回鄉，得知國内反美拒約事後，卻毅然離鄉往港，轉抵滬加入人鏡學社。後以死拒約，赴美國駐上海總領事館門前仰藥自

殺。（《南海名人數據庫》）

梁宓生。

梁宓（一八七六～一九六二），南海人。畢業於日本明治大學，任北京政府統計局副局長等職。一九二二年任國務院秘書長，後任河北高等法院分院院長等。（《民國人物大辭典》八七二頁）

梁致廣生。

梁致廣（一八七六～一九四〇），字季寬。三水人。清末恩科副貢，供職度支部，曾任廣州廣雅書院教授。民國立國前認識了孫中山，認同其立國理念，對其革命活動進行資助。民國成立後，歷任財政部秘書、中央銀行監事、廣西榷運局局長、廣東印花稅局副局長、廣東省銀行副行長等。曾募集鉅資修築南海、三水十三圍。晚年信奉佛教，虔修密宗，與時任廣州六榕寺住持鐵禪大和尚等在六榕寺內修建解行精舍，該舍今尚在，保存完好。此外，於上世紀三十年代初更與鐵禪和尚及胡漢民、胡毅生、陳少白、李漢魂、江孔殷等民國元老要人發起重修六榕花塔，並於民國二十四年（一九三五）提前竣工，親撰《重修六榕花塔志》，碑文今尚存於花塔北側。（《廣東近現代人物詞典》四八八頁）

梁啟勳生。

梁啟勳（一八七六、一八七九～一九六五），字仲策。新會人。啟超二弟。著名詞學家。與夏敬觀、劉毓盤、吳梅、王易、汪東、顧隨、任訥、陳匪石、劉永濟、蔡楨、俞平伯、夏承燾、唐圭璋、龍榆生、詹安泰、趙萬里等並爲朱彝尊、況周頤一脈。光緒十九年（一八九三）入廣州萬木草堂，從學於康有爲。後赴美國留學，入哥倫比亞大學學經濟學。畢業後返國，先後任交通大學及北平鐵道管理學院訓育主任、中國銀行駐京監理官、青島大學教授。一九三七年任僞中華民國臨時政府外彙局調查室主任。著有《詞學》、《詞學銓衡》、《中國韻文概論》、《稼軒詞疏證》六卷、《曼殊室隨筆》五卷等。並譯有《社會心理之分析》、

《世界近世史》等。一生愛梅，並善填詞，有《海波詞》，爲其詠梅專著。（《中國近現代人物名號大辭典》一一六五頁）

梁燮唐生。

梁燮唐（一八七六～一九四一），字廓如，號確愚，又號愚公。四會人。年十二始就塾從師，習經史。二十歲進縣學爲庠生。後從師簡朝亮，專心研經史，尤留心《春秋》、《左傳》及《資治通鑑》。三年學成歸家，閉户潛修，著《春秋大誼論》獲稱賞。民國九年（一九二〇）離家赴穗設館授徒。十二年冬，爲奉母棄館歸養。次年春，復於四會城南設館收徒。十五冬，因母卒而閉館輟教。十八年（一九二九）春始自名沙堤住宅爲正志草堂，講學其中，施教十餘年。二十七年（一九三八）日軍佔廣州，戰火迫四會，避亂於鄧村鄉間三年。著有《正志草堂稿》五卷，已刻印；《正志草堂講義》稿五卷，藏於家。（《四會文史》第二輯）

温宗堯生。

温宗堯（一八七六～一九四七、一九四六），字欽甫。台山人。早年任香港皇仁書院英文教員。光緒十六年（一八九〇）與楊衢雲等共組輔仁文社。二十六年（一九〇〇）參與唐才常自立軍，任駐上海外交代表。是年秋，秦力山在大通舉兵失敗逃至滬，使王寵惠匿力山於南洋公學。曾與張元濟、蔡元培辦過《外交報》。三十二年（一九〇六）在兩廣總督岑春煊幕府，後歷任兩廣洋務局、廣東電話局、廣東將弁學堂總辦、英藏訂約副大臣、駐藏參贊大臣，曾參與鎮壓廣東保路運動引公憤。辛亥革命時期，在滬佐伍廷芳任革命軍政府副代表，協助廷芳南北議和。翌年南京臨時政府成立，任中華民國臨時政府外交代表。後任駐滬通商交涉使、國民黨參議。一九一六年偕岑春煊由港入粵，參與肇慶護國軍務院籌組工作，任肇慶軍務院外交副使。次年任廣東軍政府外交部長。一九一八年任軍政府總裁等職。抗戰時期依附日寇，任南京梁鴻志僞政權維新政府立法院院長。一九三九年七月參與汪精衛“和平運動”。同年八月，任汪僞國民黨中央政治委員會委員。日本投降後被國民政府逮捕，以漢奸罪被判無期徒刑。病死獄中。（《中國近現代人物名號大辭典》一二三八頁）

劉成禺生。

劉成禺（一八七六～一九五三），本名問堯，字禺生，筆名壯夫、漢公、劉漢。原籍湖北武昌，生於番禺。早年入興中會，並入日本成城陸軍預備學校。因發表反清演說，被逐出東京。後赴美入加州大學攻讀。武昌起義爆發後，離美返國，在滬加入南社，翌年任南京臨時參議院湖北省參議員、北京臨時參議院議員。一九一三年任參議院議員。二次革命時被袁世凱通緝逃滬。一九一七年任廣州國會非常會議參議院議員、大元帥府顧問。一九二一年任總統府宣傳局主任。陳炯明叛變，孫中山脫險後命遊說辦理“和贛制粵”。一九二三年任大本營參議、國民黨臨時中央執行委員。一九三一年任監察院監察委員。次年回鄂從事文獻纂修工作。一九四七年任兩廣監察使。於武昌病逝。著有《太平天國戰史》、《洪憲紀事詩》、《世載堂詩集》、《世載堂雜憶》等書。（《中國近現代人物名號大辭典》二六二頁）

劉鑒伯生。

劉鑒伯（一八七六～一九二七），字寶均。興寧人。光緒三十二年（一九〇六）任興民學校教員。一九一二年奉廣東省都督令往東北調查實業。一九一四年任南雄縣民政事務文書等職。一九二四年廣東東部公路幹線興建，提出合理建議，被採納。一九二七年秋因公路線經鄉紳祖墳而結怨，遭伏殺。（一九八九年《興寧縣志》）

潘元籹生。

潘元籹（一八七六～？），字安素。南海人。廩貢生。後赴日本留學，入法政速成科，畢業回國歷任法部員外郎等職。一九二〇年任司法部刑事司司長。一九三四年任國民政府司法行政部秘書等職。（《民國人物大辭典》一四六六頁）

盧朋著①生。

盧朋著（一八七六～一九三九），名雄飛。新會人。出身書香門第，少讀經史，入學爲貢生。戊戌變法期間，潛心學習數理化。三十一年（一九〇五）後，先後在兩廣師范、廣州中學、南海中學、番禺中學、東莞師范、潮州旅省中學等八所學校任教，兼研究文、史、哲。一九一二年棄學從醫，在廣州惠愛路流水井設盧仁術堂醫館，懸壺濟世，愈人甚衆。行醫之餘大量購閱中醫書籍，尤多手抄本及坊間絕版本。一九二四年被聘爲廣東中醫藥專門學校教師，主編講義有《醫學通論》、《醫學常識》等八種，另著有《四聖心源提要》等四種。（《中國近現代人物名號大辭典》一四三頁）

蕭惠長生。

蕭惠長（一八七六～一九四九），字整文。興寧人。光緒十九年（一八九三）中秀才。二十八年（一九〇二）受教於嶺東同文學堂。翌年秋回鄉，發起創辦興民學堂，任駐校董事。又與鄧頌陶等創辦葉塘學校，並送其妹入學。三十年（一九六〇）加入同盟會，後任興寧、五華、龍川三縣主盟人。三十二年與羅藹其、王蔚奇創辦興寧簡易師范科，同時在興民附設師范講習所。三十三年（一九〇七）被推爲興民校長。翌年冬兼任縣勸學所所長。武昌起義成功後，組織興民師生與商團軍及各鄉義勇軍，驅逐清廷知縣，主持縣政。民國二年（一九一三）任廣東經略使署參議。袁世凱稱帝時，組織討袁軍。事泄被通緝，避走南洋。九年（一九二〇）出任順德縣長。十七年與陳輝庭倡導辦興寧電話公司。十九年（一九三〇）出任吳川縣長。抗戰初期受聘爲興寧縣修志館館長。晚年家居，熱心公益事業。著有《種山修河說貼》、《離騷直解》。（一九八九年《梅州人物傳》）

譚禮庭生。

① 一作盧朋。

　　譚禮庭（一八七六～一九六六），新會人。青少年時助其父
輩經營航運、商業，成年後專事商業。光緒三十二年（一九〇
六）承建廣州市自來水廠獲厚利。三十四年在西江開航輪渡。一
九一三年自籌資金在廣州大黃創建廣南船塢，可製造千噸級輪
船。一九一四至一九一七年，共建造大小輪船十六艘。一九一七
年又在廣州白蜆殼興辦廣興輪船公司，又興建倉庫與碼頭。一九
二五年秋將廣南船塢連同全部設備及部分船隻，折價售政府供海
軍使用。一九二九年轉營煤礦，在穗黃沙設富國煤礦總公司，在
韶關籌設富國煤礦，自任公司董事長。一九三一年擴充股份，招
政界名流入股，經濟實力更爲雄厚。抗戰期間，從廣州遷居韶
關。一度西入重慶。一九四五年將礦區剩餘財産悉捐嶺南大學作
復校基金。一九四九年遷居香港。中華人民共和國成立後，廣東
省政府清理富國煤礦公司財産，邀請回穗辦理，從此定居於穗。
後病故。（《廣東近現代人物詞典》五四七頁）

　　羅普生。

　　羅普（一八七六～一九四九），原名文梯，字熙明，號孝高，
又號披髮生。順德人。"康門十三太保"之一，康有爲嫡傳弟子。
少年時在廣州長興學舍、萬木草堂從康有爲讀書，二十二歲時赴
日本求學。後經康有爲提名、禮部尚書李瑞棻批准，成爲早稻田
專門學校經濟特科官費留學生。戊戌政變發生後，離早稻田，至
橫濱參加梁啟超、麥孟華主辦《清議報》、《新民叢報》編輯工
作，撰《日本維新三十年史》、《政黨論》、《二十年來之經濟狀
況》等論著。旋參與"同門十三人"聯名上書，吁請康有爲與孫
中山合作，並入興中會。光緒三十年（一九〇四）後受有爲委派
至滬創辦《時報》、《輿論日報》，並應江寧提學使招聘，任西江
督署文案、專門科科長兼圖書科科長。民國成立後，歷任揚州政
府顧問、廣東實業司司長、廣東電力公司及自來水公司督辦、國
務院諮議、交通部參事、京師圖書館主任等職。一九二六年以後
歷任河北省政府、平漢鐵路局、平綏鐵路局、財政部稅務署秘

書。晚年退休回鄉閒居。（《中國近現代人物名號大辭典》七八八頁）

羅金蘭生。

羅金蘭（一八七六～一九三六），興寧人。早期同盟會員，曾任北伐軍炸彈營營長、廣州籌餉總局參議等職。又為興寧民眾醫院創辦人之一。（《興寧縣志》）

羅雪甫生。

羅雪甫（一八七六～？），名文亮。番禺人。文幹兄。早年畢業於香港聖士提反學堂，嗣遊歷歐美等國，考察政法、商務。回國經商於港、穗，入廣東法政大學深造。曾任廣東省議會議員、廣州市商會會長、香港東華醫院總理、外交部香港簽證處處長等。一九四九年任廣東省政府顧問、廣州市參議會參議員、香港大來煙草公司經理、廣州東山火柴廠經理、廣州華南置業公司董事。著有《遊歐日記》、《採礦日記》。（《廣東近現代人物詞典》三四三頁）

清德宗光緒三年　丁丑　一八七七年

黃遵憲任駐日參贊，賦《將之日本題半身寫真寄諸友》七絕。

十月二十二日，遵憲自上海登程。二十六日抵日本長崎，賦《由上海啟行至長崎》七律二首。（鍾賢培、管林、謝華、汪松濤《黃遵憲詩選》二〇五、二〇七頁）

本年馬溪吟香閣主輯《羊城竹枝詞》，選李慕周所作列為季軍。

李慕周，順德人。余祖明《〈廣東歷代詩鈔〉卷五有傳。

本年應馬溪吟香閣主徵詠，作《羊城竹枝詞》四首，王植槐當選亞軍。

王植槐，南海人。余祖明《〈廣東歷代詩鈔〉卷五有傳。

本年風災，陳昌潮倡建倉沮廟。

陳昌潮，字邈舫。番禺人。其銘子。弱冠補縣學生，選授惠州府訓導，兼署博羅縣教諭，委管越華書院監事。光緒三年（一八七七）風災，倡建倉沮廟，設塾收教貧家子弟；又設方便所施醫，鄉中善舉知無不屬。平生好佛而不喜談禪，每晨起必持《金剛經》，數十年如一日。年六十八卒。（吳道鎔《陳昌潮墓表》）

張鼎華於本年中進士。（民國《番禺縣志》卷十六）

張鼎華，原名兆鼎，字延秋。番禺人。南山孫，清華弟。咸豐十一年（一八六一）舉人，官內閣中書。光緒三年（一八七七）進士，改翰林院庶吉士，散館授編修，主講越華書院。後赴京，記名以御史用。十一年（一八八五）歸，與南海孔廣陶議修雲泉山館，未畢工，還京病卒，年僅四十餘。所居曰紅螺山房。葬廣州大東門外，甥梁鼎芬爲築園，題曰“感舊”以祀之。陳融《讀嶺南人詩絕句》卷十三有傳。

曾耀南於本年中進士。

曾耀南，茂名人。光緒三年（一八七七）丁丑科進士，授職刑曹。委爲參贊，隨駐美、古、秘三國公使陳蘭彬出洋，一切交涉文移多出其手，不辱使命，奉旨加四品銜。後歸國，至京旋病逝。

鄔質義於本年中進士。（民國《番禺縣志》卷十六）

鄔質義（？～一九○三），號文鋒。番禺人。光緒三年（一八七七）進士，以主事用，籤分兵部職方司行走。二十六年（一九○○）補兵部武選司主事。次年車駕蒙塵西逃，派爲蹕路工程監修，保舉特賞四品頂戴花翎，旋升兵部武選司員外郎。（《番禺縣續志》卷二二）

何文全於本年中進士。

何文全，番禺人。汝桓子。光緒三年（一八七七）進士，官四川安嶽知縣。（《番禺縣續志》卷二一）

何榮階於本年中進士。

何榮階，字雲裳。番禺人。光緒三年（一八七七）進士，授翰林院庶吉士，散館授編修，充國史館纂修。十三年（一八八七）補江南道監察御史，轉掌貴州道，歷署工、兵二科給事中。母疾歸，主端溪、應元等書院。時粵東盜賊四起，創團練局，整頓、緝捕不遺餘力。（《番禺縣續志》卷二一）

凌端於本年中進士。

凌端，字履初。番禺人，原籍江蘇常熟。光緒三年（一八七七）進士，以主事用，簽發工部虞衡司行走。假歸，掌教禺山、金山、明達、景韓、棉陽各書院。（《凌氏家傳》）

崔舜球於本年中進士。

崔舜球，原名周球，字夔典。南海人。光緒三年（一八七七）進士，授編修。在京與梁鼎芬等交往頗密。卒於北京，年三十七歲。著有《懶雲山館詩草》、《都門雜記》。（宣統《南海縣志》卷十四）

陶福祥於本年中舉人。

陶福祥（一八三四～一八九六），字春海，號愛廬。番禺人。弱冠補縣學生，從陳澧受經學，博綜群籍，嘗爲《漢學箴》、《宋學箴》，尤精目録、校刊之學，諸家版本源流得失，了若指掌，收藏家多就質正。光緒三年（一八七七）中舉人。設帳慶雲庵功德林、二賢祠，梁鼎芬、楊裕芬出其門，旋舉爲學海堂、菊坡精舍學長，布政使姚覲元延考訂圖籍。法越之役，辦新城團練，事平，大吏疏保内閣中書，延主禺山書院。張之洞設廣雅書局，聘爲總校。之洞移督兩湖，設兩湖書院，招往爲商定規程，評校課卷。三閲月，謝病歸。卒，年六十有三。著有《東漢刊誤》、《北堂書鈔校字記》、《夢溪筆談校字記》、《愛廬文集》、《愛廬經説叢鈔》。鄒魯《廣東通志稿》有傳。子敦臨，優行廩生，簽分河南知縣；敦勉，廩生，授廣西試用道員。（《陶氏家傳》）

吳拔龍於本年成貢生。

吳拔龍，號臥南。化州人。光緒三年（一八七七）歲貢。品端行正，以教讀爲業，循循善誘。（《化州縣志》卷九）

王建祖生。

王建祖（一八七七～？），字長信。番禺人。畢業於香港皇仁學院、天津北洋大學，旋赴日本留學，後轉入美國加利福尼亞大學，獲碩士學位。歸國任度支部秘書、江蘇財政監理官、北京大學法科學長、國立北京法政專門學校及燕京大學經濟系教授、鐵路學院教員、上海租界臨時法院推事及行政法院第二庭評事。譯有《基特經濟學》、《經濟學史》、《銀行學原理》等。（《民國人物大辭典》七四頁）

甘鼎卿生。

甘鼎卿（一八七七～一九三八），又名公存，字鑒光。新興人。早年爲縣學生員。光緒中與兄公倫往香港設館教書。光緒二十一年（一八九五）加入興中會。辛亥革命後爲新興縣長，後辭職往新加坡、香港從事教育。（《新興縣教育志》）

李英銓生。

李英銓（一八七七、一八七六～？），字鏡衡。英德人。副貢生。畢業於廣東法政學堂政治科。民國成立，被選爲廣東省議會議員。一九一三年當選參議員。國會解散歸里。一九一六、一九二二年兩次恢復國會，均任參議員。（《民國人物大辭典》七四頁）

李季濂生。

李季濂（一八七七～一九三六），原名錫貞。信宜人。誥封資政大夫，授五品銜委用訓導，曾赴北方任職，後從商，結識孫中山入同盟會。辛亥後，曾在廣東省、廣州市政府部門任職，後再度辭職從商。（《信宜人物傳略》）

利珣生。

利珣（一八七七～一九〇三），字文石。花縣人。於算學有神悟，光緒十九年（一八九三）以算學補弟子員，爲學使賞拔，旋入水陸師學堂。後任廣西體用學堂算術教習。著有《體用學堂課士算術》。（民國《重修花縣志》卷九）

何天炯生。

何天炯（一八七七～一九二五），字曉柳。興寧人。書香家庭。早年毅然剪掉髮辮，東渡日本留學。光緒三十一年（一九〇五）入同盟會，任會計，旋調任同盟會廣東支部長。宣統三年（一九一一）三月，積極參與籌劃廣州起義，從事運輸聯絡，組織"敢死隊"，並親自率隊奔赴參戰。十月十日，又領導參加武昌起義。次年被派任駐日本全權代表。一九一六年袁世凱稱帝，與朱執信等密謀討袁，敗露避居海外。一九二一年又委派爲駐日全權代表，旋回國任總統府最高顧問。翌年陳炯明叛亂，冒著槍林彈雨，幫助孫中山脫險至滬。一九二四年帶病至穗，竭力調和黨內分歧意見，使之服從孫中山三大政策。翌年三月，孫中山逝世。噩耗傳來，病情加重，同年五月在穗博愛醫院病逝。遺著有《無赫齋詩草》及《山居一年半》、《革命史衡》等。（《中國近現代人物名號大辭典》五〇九頁）

何劍士生。

何劍士（一八七七～一九一五），名仲華，又名文炳，號南俠。少時曾隨老僧學劍術，故號劍士，曾用劍十五郎、南的亞劍、磨劍少年、嘎嘎生等筆名。南海人。九歲隨父遊廣西時曾揮筆寫就九尺大字，氣勢雄偉，其父命工刻於桂林石壁。十四歲村內建祠堂，揮筆寫成"省吾何公祠"盈尺大字，刻石作祠堂門匾。後與畫師伍德彝、崔芹結交，專意作畫，創線條簡括、筆法流利、富辛辣諷刺畫風。光緒三十一年（一九〇五）憤然與潘達微、高劍父等創辦《時事畫報》，運用漫畫形式宣傳反美拒約。後又創辦《真理畫報》、《滑稽畫報》及《時諧畫報》等，揭露清末社會醜惡現象，宣傳民主愛國思想。民國初年復以畫作抨擊軍閥混戰、虐吏肉民行徑。又曾辦光武體育會、光亞小學校、中國紅十字會；與潘達微、鄧慕韓創辦《平民報》，鼓吹民族愛國思想。劍士精於音律，曉曲牌，能撰粵曲，辛亥革命前，曾創辦優界改良社，用戲曲向民眾作革命宣傳。勤於作畫，日夜不輟，以致積勞患肺結核病。民國四年農曆七月十六日夜，帶病躺在床上作畫，未竟而逝。廣東省博物館、廣州美術館均藏有其畫作。（《廣東近現代人物詞典》二一六頁）

余東旋生。

余東旋（一八七七～?），祖籍佛山，生於檳榔嶼。幼年返國。光緒十八年（一八九二）復赴南洋。二十一歲承父業經營錫礦。宣統三年（一九一一）爲馬來聯邦四川府議政局議員。一九一八年捐鉅款資助香港大學。後任新加坡利華銀行董事部主席等。（《民國人物大辭典》四〇〇頁）

宋銘黃生。

宋銘黃（一八七七～一九四〇），番禺人，祖籍江浙。幼時讀家塾，好學，善刺繡。早年由父母作主，嫁西關富家子弟爲妻，旋離異。光緒三十一年（一九〇五）任廣州河南潔芳女校刺繡科教員，入同盟會。三十四年（一九〇八）潘達微、高劍父以守真閣進行秘密活動，銘黃於守真閣女子縫紉學校任教習。宣統二年（一九一〇）新軍起義失敗後逃港。後奉命回穗籌款，以河南歧興里培淑女校爲掩護。翌年與高劍父參加廣州"三二九"起義。民國元年（一九一二）任廣東北伐女子敢死隊隊長，參加固（鎮）宿（州）戰役，英勇善戰，被譽爲"女中豪傑"。次年與高劍父在上海結婚，後隨劍父從事美術教育工作，開辦上海女子刺繡院，常以劍父所作花鳥畫製成刺繡畫，成爲廣繡代表人物之一。後患肺結核逝世。（《廣東近現代人物詞典》二三一頁）

周廷勱生。

周廷勱（一八七七～一九四六），號相臣，亦作向臣。茂名人。光緒二十九年（一九〇三）舉人。宣統二年（一九一〇），與巡道王良弼等開辦高州貧民習藝所，始開設織造科目。翌年廣東咨議局成立，任議員。還曾任資政院議員。中華民國成立後任高州安撫使。高州綏靖處成立，任會辦。（《廣東近現代人物詞典》三五一頁）

莫伯驥生。

莫伯驥（一八七七、一八七八～一九五八），字天一。東莞麻涌向北坊人。幼入縣學，後畢業於廣州公立醫校，一度主編《羊城報》。民國初年，莫榮新督粵，曾任督府參議，繼任勤勤大學文史系講師。於廣州創辦"仁壽西藥房"，規模頗大。因善於用人，藥房歷數十年不衰。一生酷愛藏書，建藏書樓，藏書最多時達五十多萬卷，自稱"五十萬卷藏書樓主"。其藏書之富、版本之精，時爲羊城諸書樓之冠。搜購古籍不惜重金，藥房盈利多作購書之用。孔氏嶽雪樓所抄文瀾閣四庫全書逾千冊散出，以萬金於天津贖回。大江南北書商偶有發現，必函告。一九三七年其《五十萬卷書樓書目初編》二十卷書成，載書五百種，爲卷二萬餘，均爲宋、元、明、清刻等珍藏本，尤重收集粵人遺著。日機轟炸穗，舉家避港。經整理之千四百多箱書均遭浩劫，隨身帶走者不過四箱，其著述原稿五十種未付印者亦盡遭劫難。失去之書有部分在廣州附近平洲作廢紙出售，其子輾轉托人收回數十箱。一九四〇年續成《五十萬卷藏書樓群書跋文》，包括經三卷、史三卷、子二卷、集七卷。書凡四百種，較初編少約百種，已非昔比，然仍成大觀。余祖明《廣東歷代詩鈔》卷六有傳。父啟智，字毓奇，廩生。究心宋儒之學，學求實踐，異於空談心性者也。日中所行，夜輒記之爲《日省錄》。族人苦催科，發軔合族完糧法，公私稱便。著有《誡子庸言》二卷。吳道鎔《廣東文徵作者考》卷十二有傳。

徐宗漢生。

徐宗漢（一八七七、一八七九、一八七六～一九四四），原名佩萱，又名黃宗漢。香山人。黃興夫人。光緒二十年（一八九四）嫁海豐李晉一，晉一卒後孀居。三十三年（一九〇七）赴南洋，在檳榔嶼入同盟會，回穗與高劍父等設立同盟會秘密機關，參與發動廣州新軍起義，失敗後逃港。翌年返廣州參加起義，負責製造、運送軍火。黃興在起義中負傷，悉心照料並護送往香港就醫，後結成夫妻。辛亥革命後，隨興回武漢、南京，從事女界運動。二次革命失敗後，隨興亡日本、歐美，繼續進行反袁。一九一六年返國從事貧兒教育。一九四四年三月病逝於重慶。（《中國近現代人物名號大辭典》一〇三〇頁）

陳春生。

陳春（一八七七～一九一一），南海人。早年在越南海防廣東會館任職，對法國人把持之關卡、海關很熟悉，爲革命黨人運送槍械彈藥。譚人鳳、何克之因宣傳革命被法人拘留，經其奔忙活動，將其營救出獄。參加廣州起義，率所部隨黃興進攻兩廣總督衙門，因起義前消息已洩露，遂遭埋伏，奮力冲出重圍，肩部受傷，躲至觀音山麓工人住房，旋被搜出就義。（《廣東近現代人物詞典》二六二頁）

陳仲英生。

陳仲英（一八七七～一九四七），東莞萬江人。早年入黃埔陸軍小學，辛亥年卒業。武昌革命軍起，隨鄧仲元收復廣東。後轉入廣東陸軍速成學校步兵科，畢業後曾參加討伐龍濟光，事敗逃往北京。後至武昌陸軍預備學校就讀，旋升入保定陸軍軍官學校，畢業後任李福林部軍官習育所主任教官。一九二〇年助福林驅莫榮新，任前敵總指揮部參謀長。後又先後任第八路軍團長、總部航空處處長、第八路軍南路總指揮部參謀長、東區善後委員公署參謀長、東中兩區綏靖委員公署參謀長等。抗戰時期，改任國民黨中央訓練團教育委員。一九四一年回粵任第十二集團軍高級參謀，一九四三年調第十二集團軍總司令部辦公廳主任。一九四六年春調任軍事委員會中將參議。（《東莞市志》一四五一頁）

陳卓平生。

陳卓平（一八七七～一九五三），又名鵬超。新寧（今台山）人。早年赴新加坡經商。光緒三十四年（一九〇八）加入同盟會。宣統二年（一九一〇）與林君復組織同盟會澳門支部，任副會長兼秘書，並主辦澳門濠鏡閱書報社。次年與李天德等在香港創辦《民生叢報》，並參加黃花崗之役籌款工作。武昌起義後，參與策動香山縣前山新軍起義及香山縣反正。廣東光復後，任省臨時參議會議員、都督府樞密部參謀。一九一二年任茂名縣（今高州）知縣。二次革命後，曾隨朱執信從事反袁討龍（濟光）活動，並在澳門教私塾六年。一九一八年任台山沙捐兼清佃局總辦、台山金屬團務總局局長等。一九二六年後創辦香港愛群人壽保險公司、太和醫院、廣州愛群酒店等。抗日戰爭時期，寓居澳門、香港。四十年代定居香港。著有《愛竹齋詩鈔》、《愛竹齋全集》等。（《廣東近現代人物詞典》二八七頁）

陳恭受生。

陳恭受（一八七七～一九五二），字益南，法號慧誠。南海張槎村（今屬佛山）人。光緒三十一年（一九○五）入廣東員警學堂。三十三（一九○七）畢業後，赴佛山任巡官，後投清督辦江孔殷門下任書記。辛亥革命後曾任省員警廳司法科科長。一九一八年投靠桂系軍閥，任廣東警務廳廳長，組織鄉村地主武裝魁永十二鄉聯團等。一九二○年任南洋兄弟煙草公司顧問，並組織蓮華四十六鄉聯團。一九二三年成立佛山忠義鄉團，加入聯防，任總理，並兼任佛山商會會長、商團團長。次年與陳廉伯勾結，成立廣東全省商團總公所，任副總長，十月發動商團叛亂。失敗後逃往香港，在普陀山印光和尚處受居士戒。一九三二年回佛山，設立九蓮勝會。抗日戰爭時期曾勾結日軍，破壞抗日力量。抗戰勝利後，曾任南海縣政府及廣東第一區清剿司令部顧問。一九五二年被處決。（《廣東近現代人物詞典》二九六頁）

陳蕓生生。

陳蕓生（一八七七～一九一二），化名宏生。海陽（今潮安）人。早年赴南洋謀生。光緒三十二年（一九○六）回國，與許雪秋、余既成等策劃黃岡起義。翌年五月參與發動起義，被推為前敵指揮官。失敗潛抵香港，旋赴南洋。後隨陶成章在南洋各地以光復會名義活動。武昌起義後回國，籌款支持陳炯明部起兵惠

州，并偕許雪秋光復潮汕，倡議北伐，爲清降將吳祥達所忌，後在汕頭被殺。(《廣東近現代人物詞典》二八二頁)

陳振先生。

陳振先 (一八七七~?)，字鐸士。新會人。光緒三十三年 (一九〇七) 畢業於美國加利福尼亞大學，歸國廷試授農科進士。宣統元年 (一九〇九) 任翰林院編修。後捐納爲候補道，任奉天農事試驗場監督、高等農學堂教習、考察憲政大臣隨員。一九一二年任北京政府農林部次長、農林總長，後任總統府顧問。一九一八年爲安福國會參議員。一九二七年任北京稅務學校經濟教授及校長。一九三五年任國民政府四川行營第二廳廳長，次年任國民政府事業部農本局總經理。(《中國近現代人物名號大辭典》七〇七頁)

唐寶鍔生。

唐寶鍔 (一八七八~一九五三)，族名宗鋆，字秀鋒 (秀豐)。祖籍香山縣唐家村，出生於滬。紹儀侄輩。光緒二十二年 (一八九六) 赴日本官費留學。二十五年畢業後被任命爲駐日長崎領事館代理副領事，兩年後調任駐東京公使館館員。又在東京早稻田專門學校學習國際法，兼任宏文書院 (即原亦樂書院) 講師。從升入早稻田大學，三十一年 (一九〇五) 畢業回國參加清廷留學生殿試，被授予一等進士，歷任北洋司法官養成學校監督 (校長)、洋務局會辦、陸軍部一等首席參事官、川粵鐵路督辦等職。南北和議中曾任北方總代表唐紹儀參贊。民國肇建後，歷任國會眾議員、大總統顧問、直隸都督府顧問、外交科長、綏遠將軍署高等顧問、榮旗墾務督辦署秘書長、歸綏警務處處長等職。一九二四年退出政界後，在京、津開律師事務所，曾被聘爲北京鐵路局法律顧問。又作爲京津律師代表，多次出席全國律師協會代表大會，被選爲執行委員、會長。病逝於天津。著有《東語正規》、《日本明治維新概要》等。(《廣東近現代人物詞典》四二〇頁)

黃祝蕖生。

黃祝蕖（一八七七～一九四五），原名榮康，號凹園，晚號蕨庵。三水人。七歲喪父，十歲喪母，賴祖母撫養成人，塾師憫而教之。勤奮苦學，業績猛進，詩詞尤佳。十八歲至南海陳氏家塾教書。光緒三十年（一九〇四）以南海籍應科舉，初榜名列前茅，竟招當地學子所妒，從此絕意仕途。執教二十六年，鄉鄰仰慕，負笈日眾。民國九年（一九二〇）赴穗辦祝蕖國文專修學校，設教歷十九年，弟子數以千計，且多有所成。精詩文，與黃佛頤、黃任恒並稱廣東“三黃”。十三年（一九二四），與高劍父、陳樹人、經頤淵、張純初、蘇少偉、羅仲彭、黎澤闓、容仲生、謝子祥等嶺南名家組建廣州文社清遊會，築清遊水榭於荔枝灣，定期集會，徜徉其間，辨難析疑，研討學藝，嘯詠揮毫，影響深遠，會員近三百人。二十五年（一九三六），三水縣政府籌劃修縣志，分纂藝文志。二十七年秋，穗陷，避兵歸鄉，幽居凹園，著書吟詠，清貧自樂。三十年（一九四一）門生陳子和就任三水縣長，常登門就教。居鄉期間，痛感戰亂中兒童失學，遂於蘆苞麥街創辦祝蕖分校，並應聘任三水中學文史教席。著有《求嗛齋文集》六卷、《駢文》四卷、《凹園詩鈔》二卷、《續鈔》三卷、《兵中懷人詩》一卷、《擊劍詞》一卷、《清宮詞本事》一卷及《清文粹語》十卷等。（《廣東近現代人物詞典》四五八頁）

許之衡生。

許之衡（一八七七～一九三五），字守白。番禺人。光緒二十九年（一九〇三）歲貢生。畢業於日本明治大學，歷任北京大學國文系教授兼研究所國學門導師、北京師范大學講師，對中國古典詞曲聲律頗有研究，亦擅刻印。著有《中國音樂小史》、《曲律易知》、《守白詞》、《飲流齋說瓷》等。（《中國近現代人物名號大辭典》三一一頁）

梁少文生。

梁少文（一八七七～?），南海人。光緒十七年（一八九一）

赴美國舊金山習經商，入興中會、同盟會。宣統三年（一九一一）回國，於滬秘密反清，任上海光復軍顧問，率廣東籍士兵克南京。民國成立後任皖軍理財司司庫長等。一九二四年孫中山委任爲勸募公債特派員，赴南洋募捐籌款五十餘萬。又曾加入中華革命黨及國民黨。（《革命逸史》）

梁朝傑生。

梁朝傑（一八七七、一八七八～一九五八），字伯雋，號出雲館主人。台山人。十四歲就學於康有爲之萬木草堂，連學三年，十六歲爲秀才，十七歲中舉人，爲“康門十大弟子”年紀最小者。光緒二十一年（一八九五）參加公車上書，年僅十七歲。戊戌變法失敗後留學美國，曾任三藩市《世界日報》主筆，並創辦《文通》旬報，自號出雲館主人。出版作品有《出雲館文集》、《梅花百詠》、《美遊詩詞存稿》、《梁氏小雅存稿》等。（《台山文史》第五輯）

梁廣照生。

梁廣照（一八七七～一九五一），字公輔，號長明、柳齋。番禺人。光緒二十二年（一八九六）進庠，次年仲冬奉派充肇慶端溪書院監院。二十五年（一八九九）報捐主事，簽發刑部，旋東渡日本東京法政速成科留學，回國後仍任刑部主事。後至香港自辦灌根、長明兩所中學。抗戰勝利後，回廣州任教於廣州私立知用中學及國民大學。著有《中庸撮抄》、《柳齋詞選》、《柳齋遺集》等。（《廣東近現代人物詞典》四七九頁）

張友仁生。

張友仁（一八七七、一八七六～一九七四），曾用名夏、勝初。歸善（今惠州）人。畢業於兩廣簡易師範館，曾任中小學教員、校長，海豐、龍溪兩縣縣長，廣東公路處長、惠樟公路局長、福泉公路局長。新中國成立後歷任東江人民圖書館館長、廣東省文史館副館長、廣東省第二屆人大代表、致公黨中央委員、第三、四屆全國政協委員。（《廣東近現代人物詞典》二三八頁）

張化如生。

張化如（一八七七～一九五九），原名彬松，又名貞一、野仙。龍川紫市人。信仰基督教，早年曾从事推翻清王朝革命活动。民國初年任龍川县民政長、督学局長、县立简易师范校長、龍川中学校長。民國二年（一九一三），袁世凱派亲信龍济光入粤镇压国民党人，受命組織討龍軍第十支隊，担任支隊長。後参加粤軍援闽及回師諸役，歷任營長、團長、旅長等。抗戰時歷任廣東第二十一區遊擊司令、陸豐縣長。中華人民共和國成立後任廣東省政府参事室参事、省政協委員。病逝於穗。（《廣東近現代人物詞典》二三九頁）

張花谷生。

張花谷（一八七七、一八七八～一九六六），字警鏞，別字毅公，號南村老人。興甯人。光緒二十四年（一八九八）考録秀才，翌年補廩生。三十年參與創辦興民學堂，次年被聘爲教員。三十二年（一九〇六）入同盟會，翌年參加潮州黃岡起義。三十四年與蕭惠長等在梅縣松口密謀起義。宣統元年（一九〇九）夏秋間，有黨人爲籌措革命經費系獄，株及，幸得友人相助脱險，急赴港避難。武昌起義後，與蕭惠長、羅鵬搏等組織民眾，驅逐清縣令。後被推負責組織民團，任營長，招兵五百名。旋任廣東第五統協張酥村之書記。民國三年（一九一四）袁世凱欲稱帝，即召集嘉屬同盟會員商議組織討袁軍。事泄，被龍濟光通緝，而星夜出走蘇門答臘。十九年（一九三〇）至三十七年（一九四八），在興甯縣立一中任教。一九五〇年被選爲縣各界人民代表會議副主席。一九五四年至一九六〇年被選爲副縣長。（一九八九年《興寧縣志》）

張伯楨生。

張伯楨（一八七七～一九四六、一九四七），字子幹，號滄海，又號篁溪。東莞人。十九歲在廣州府學讀書，二十一歲讀書於康有爲萬木草堂。二十五歲於廣州讀書畢業，受聘爲東莞學堂國文教員。光緒三十年（一九〇四）辭東莞中學教席，於次年赴日本留學，進入日本法政大學，參加陳天華、鄒容、秋瑾等發起之“留日中國學生罷課運動”，撰寫《光緒乙巳留日學生罷課事件始末記》、《同盟會革命史料》、《華興會革命史料》、《興中會革命史料》、《宗社黨史料》、《“蘇報案”史料》等。三十四年（一九〇八）回國爲兩廣方言學堂教授。宣統二年（一九一〇）赴京參加廷試，欽點七品京官，任法部制勘司主事，參與憲政籌備處起草憲政草案，任副主稿。民國元年（一九一二）至十七年，任司法部監獄司第一科長。政府遷南京，辭職息影京華，以著述、鬻文爲業，致力文史資料搜集、研究與編著。著有《張篁溪遺稿》、《南海先生全書》、《南海康先生傳》、《焚餘草》、《篁溪筆記》等，刊刻《滄海叢書》一至五輯，廣收鄉賢袁崇煥、張家玉等史料，另有《袁督師遺集》、《袁督師配祀關岳議》等，又創辦《正風半月刊》，刊登考證北京史之文，又有大量詩詞、文稿等。晚年遁佛門，寄情釋典。病逝北平。臨終將珍藏康有爲、梁啟超書牘墨蹟及有關袁督師之文物、齊白石等名人字畫凡千三百餘件，捐贈北京歷史博物館。（《東莞市志》一四四六頁）

　　張際清生。

　　張際清（一八七七～一九五八），字燮侯。五華人。光緒末留學日本東京宏文學院，同盟會員。返國歷任海珠區區長、四川警備司令部警務處長、蔣介石上校侍從秘書及豐順、蕉嶺、五華縣長、縣參議長。一九四八年當選省參議員，翌年赴臺灣定居。（《五華縣志》卷八）

　　彭赤霞生。

　　彭赤霞（一八七七～一九七六），原名建標。龍川人。清末庠生。辛亥革命前畢業於廣東法政學堂。民國元年（一九一二）由朱執信介紹加入同盟會，當選爲廣東省參議員，次年被選爲首屆國會參議員，長駐北京。任內反對袁世凱稱帝及張勳復辟，一度被捕入獄。大革命開始，擁護孫中山聯俄、聯共、扶助農工三

大政策，親自回鄉發起農民運動，開展二五減租鬥爭。六年（一
九一七）受命前往上海調查鴉片案，查實副總統馮國璋涉案，當
即著文揭露。十二年（一九二三）直系軍閥曹錕賄選總統，不爲
所動，出走上海，與粵籍八名國會議員聯名通電全國嚴正聲討。
旋隨孫中山南下組織廣州軍政府，次年正式使用“赤霞”別名，
出版《赤心》專刊，表明擁護工農革命。十五年（一九二六）春
回龍川投身工農革命運動，被選爲縣農民協會委員。“四一二”
政變後一度避居省城執律師業，並積極支持龍川留省學會開展救
國愛鄉活動。三十六年（一九四七）從穗返龍川，先後任龍川縣
抗敵後援會委員、黎咀區區長、國賢小學校長等職務。解放前夕
去臺灣探親。一九四九年冬回龍川任縣建設委員會委員、縣各界
人民代表大會常務委員職務。一九五五年任廣東省文史館館員。
後壽終廣州。（《廣東近現代人物詞典》五〇〇頁）

　　彭澤民生。

　　彭澤民（一八七七～一九五六），字錦泉。四會人。光緒二
十八年（一九〇二）至馬來西亞吉隆玻。三十二年（一九〇六）
入同盟會。民國十五年（一九二六）出席國民黨二大，被選爲中
央執行委員、海外部長。“四一二”政變發生後，與宋慶齡等聯
名發表《討蔣通電》，反對汪精衛“清共”。後參加“八一”起
義。失敗後潛至港行醫。十九年（一九三〇）同鄧演達組建國民
黨臨時行動委員會。二十二年參加福建事變，失敗後再往香港入
陳伯壇中醫專科學校進修六年，畢業後在香港掛牌行醫，並任香
港陳李濟制藥廠、先施化妝品廠、永安蒲包倉及廣生行廠醫。三
十六年（一九四七）任中國農工民主黨中央監察委員會主席、中
國民主同盟南方總支部主任委員。次年十二月，應毛澤東邀請，
前往哈爾濱商討召開政治協商會議事宜。三十八年（一九四九）
參加政協第一次全體會議，並被選爲全國政協常委、中央人民政
府委員。中華人民共和國成立後，曾任中央政治法律委員會副主
任、中央華僑事務委員會委員、首都歸國華僑聯誼會主席、全國僑

聯副主席、中國紅十字會副會長、中醫研究院名譽院長等職。一九
五一年起任農工民主黨副主席，一九五四年被選爲第一屆全國人大
常委會委員。病逝北京。（《廣東近現代人物詞典》五〇一頁）

　　廖仲愷生。

　　廖仲愷（一八七七～一九二五），原名恩煦，又名夷白，字
仲愷。原籍歸善（今惠州），生於美國舊金山華僑家庭。光緒十
九年（一八九三）回國。四年後與何香凝結婚。二十八年（一九
〇二）留學日本，先入讀早稻田大學預科，後在日本中央大學畢
業。三年後加入同盟會，任執行部外務科負責人。辛亥革命後，
至粵任都督總參議，兩年後隨孫中山亡命日本，後任中華革命黨
財政部副部長，隨孫中山反袁世凱，參加護法運動。一九二一年
孫中山至穗任非常大總統，爲財政部次長。在第一次國共合作期
間，任國民黨中央執行委員、財政部長、工人部長、農民部長、
黃埔軍校黨代表等職。一九二五年任黃埔軍校青年軍人社社長。
八月在設於惠州會館之國民黨中央黨部與陳秋霖①同被暴徒刺殺。
遺體暫厝廣州駟馬崗朱執信墓旁，一九三五年遷葬金陵中山陵
側，後與妻何香凝合葬於南京紫金山南麓天堡城下。出版有《雙
清文集》。（《廣東近現代人物詞典》五四一頁）

　　鄧實生。

　　鄧實（一八七七～一九五一），字秋枚，別署枚子、野殘、
雞鳴，風雨樓主。順德人。五歲亡父。長服膺顧炎武，與弟方，
寒夜讀書，每及當世之故，常慷慨悲歌，期以報國自許。十九歲
南歸，遊簡朝亮門。光緒二十六年（一九〇〇）庚子後，痛感亡
國無日，於二十八年在滬創辦《政藝通報》。三十一年（一九〇

---

　　① 陳秋霖（約一八九三～一九二五），原名沛霖，惠陽（一説東莞塘廈）
人。國民黨中央監察委員會委員。一九一九年任漳州《閩星日報》總編輯。一九
二四年至穗主持國民黨機關報《民國日報》。翌年八月二十日，與國民黨中央常
委、廣東省省長廖仲愷在國民黨中央黨部門口同遭國民黨右派暗殺。（《中國近現
代人物名號大辭典》一二九二頁）

五）與黃節發起成立國學保存會，刊行《國粹學報》，宣傳排滿革命。後又與黃賓虹組神州國光社，其《美術叢書》，至今爲世所重。弟方，字秋門，號方君。年二十一卒。著有《小雅樓詩集》。余祖明《廣東歷代詩鈔》卷六有傳。

翟汪生。

翟汪（一八七七～一九四一），字浩廷。新興人。早年入綠林。光緒三十年（一九〇四）隨李北海受撫，與李耀漢等十人編入親兵營。後耀漢任水師提督衙門親軍管帶，汪於其下當什長、哨官。宣統三年（一九一一）十一月耀漢在東安起義，旋至肇慶任巡防營管帶。二次革命爆發，與耀漢率所部七營附龍濟光，肇軍擴爲五個統領部，任統領並被授予三級文虎勳章，陸軍少將銜。一九一六年隨耀漢通電反袁。五月肇軍改編爲護國軍第四軍，任步兵第四旅旅長。次年八月北京任命耀漢爲廣東省省長，汪接替耀漢任肇陽羅鎮守使，率部進駐廣州。一九一八年九月汪代理廣東省省長。明年秋被迫辭職，恃有六營肇軍駐穗，由廣東財政當局給其二十萬元，才至沙面稱病就醫，交粵海道尹張錦芳代理，至港後，於六月通電辭廣東省長、肇陽羅鎮守使職。一九二〇年陳炯明率軍回粵逐莫榮新，八月委任汪爲浩字營總司令，由港回粵收編肇軍舊部。所謀不成，一九二三年回鄉。（《新興縣志》）

廖道傳生。

廖道傳（一八七七、一八七四～一九三一），字叔度，晚號梅土宅，又署三香居士。梅縣人。生於書香世家。父位三爲塾師。道傳從學父及外祖父鍾絢亭。光緒二十一年（一八九五）十九歲考入州學，二十五年（一八九九）科試獲正場一等第一，先後被保送廣州廣雅書院及北京京師大學堂讀書，期間應順天鄉試中二十九年（一九〇三）癸卯科舉人。三十一歲京師大學堂畢業後，奉清廷學部之命至日本考察政、學各務，歸國後受聘爲廣西優級師范學堂監督（校長）。民國初爲廣西武鳴、潯州府長，在任辦學、造林、改流，政績卓著。任滿回粵，任廣東高等師范學校（中山大學前身）校長，以“誠樸勤愛勇”爲校訓，掌教兩粵高等師范學堂十年，桃李成才者無數，兩獲嘉禾勳章。一九一七年再赴日本考察師范教育狀况，寫成考察報告萬言書。一九二四年回鄉，應潮梅鎮守使劉志陸邀請至清凉山避暑别墅區，與盧耕甫、黄墨村、饒芙裳、周輝甫等鄉賢共商嶺東建設，商定創辦嘉應大學，親任校務委員兼文科學長並授課。兩年後因經費無著而停辦。後重返穗入李濟深、陳濟棠戎幕，一九三一年於穗因病逝世。著有《三香山館詩集》等。（《中國近現代人物名號大辭典》一二九五頁）

蔡昌生。

蔡昌（一八七七～一九五三），香山人。出生貧苦農民家庭。光緒十七年（一八九一）隨兄興至澳洲，在雪梨（今譯悉尼）開間小商店，經營水果、百貨。二十五年（一八九九），興攜帶歷年積蓄歸國，與同鄉馬應彪等集資，於翌年初在香港開設先施公司，旋昌亦回國，在先施公司任職。宣統二年（一九一○）昌欲創辦大型環球百貨公司，得興贊許，同往返港穗遊説。一九一二年集資四百萬港元，在港德輔道鬧市區開設大新百貨公司，昌任經理。七年（一九一八）又於穗西堤創辦大新公司（即南方大廈）。開業後門庭若市，營業額領先同業，並在惠愛路開分店，名震港穗。二十三年（一九三四）集六百萬港元巨資，於上海南京路與西藏路口建造上海大新公司大廈。昌發跡後，對社會公益事業與家鄉建設頗爲關心。三十六年（一九四七）攜全家定居香港。一九五○年後曾先後任香港保良局局長、東華三院董事長、香港中山海外同鄉濟難總會委員等職。病逝於香港。（《廣東近現代人物詞典》五三六頁）

霍芝庭生。

霍芝庭（一八七七～一九三九），南海人。父爲鐵鍋匠。芝庭十四歲闖香港，在雜貨鋪做學徒。父病故，回穗接手父所留福利鐵鍋鋪，與廣東水師提督軍需官結爲至交。宣統二年（一九一〇）爲岑春煊所設新軍籌集軍需品，後又承攬陳炯明陸軍軍需品供應。一九一四年龍濟光招商承辦鋪票公賭，次年芝庭拿下江門、佛山鋪票分廠經營權，旋回穗，與同行麥竹環搶羹，江門鋪票因價廉暢銷穗。後專營官准公賭，幾乎期期專營權都能投得，成爲廣東賭王。先後結交軍閥政要有龍濟光、陸榮廷、陳炳民、莫榮新、楊希閔、劉震寰、李濟深、陳銘樞、陳濟棠、宋子文等。一九三一年陳濟棠掌握粵軍政大權，馬上巴結上"南天王"，壟斷省城山鋪票承辦權，續辦省府番攤，還在全省各地設立賭業公司，僅承辦山鋪票獲利達二千萬元。在省港澳大造別墅，在香港外國銀行存有鉅款，在各地廣設銀號，還在老家購置土地連綿幾十里。長子寶財當上官辦廣東省銀行副行長。一九三六年因參與陳濟棠、李宗仁等人倒蔣（介石）活動，避居香港。一九三八年在澳門經營木柴生意，並投資興建國際酒店。於香港病逝。一九四一年時任香港廣東銀行董事長霍寶財投資興建之澳門國際酒店開業，五十年代末，董事長霍寶潤將酒店以千萬港元售何賢。（《廣東近現代人物詞典》五六一頁）

錢樹芬生。

錢樹芬（一八七七～？），字元（沅）香。東莞附城下板橋村人。幼讀於穗私塾，後赴天津教會學校就讀。光緒三十四年（一九〇八）隨伍廷芳出國，留學美國芝加哥大學，求學時在中國領事館任司書。一九一二年畢業回京居住，翌年返粵參加競選，被選爲國會首屆議員，再赴北京。龍濟光治粵辭公職，執業律師，參加反袁討龍。一九一六年三月，袁世凱下野，出任廣東民政司司長，曾倡建莞龍公路。一九三八年廣州淪陷後，攜眷赴韶關，爲廣東實業公司董事會董事長。一九四四年冬，日軍進犯韶關，與全體職工、家屬步行赴東江，在和平、龍川、梅縣、平遠等地考察。抗戰勝利後返穗，仍執業律師，並任廣州臨時參議會參議員、廣州沙面外籍人產業清理委員會委員、廣州市政府顧問、廣

東省政府縣長任用審核委員等。一九四九年移居香港，五十年代後期去世。（《東莞市志》一四六七頁）

羅則桓生。

羅則桓（一八七七～一九四三），原名經榮。興寧人。初於羅斧月學館受業，後中秀才，於合水白石嶺茶亭設館講學，遠近來者不絕，曾資助家貧之羅翼群等人升學。宣統元年（一九〇九）後，任廣西桂平、廣東南雄縣知事，勤政愛民，廉潔奉公。宣統三年（一九一一）冬，從廣西帶回松種兩斗集股興辦羅族樹木公司。一九二一年後繼續設館授徒至終。（一九八九年《興寧縣志》）

羅曉楓生。

羅曉楓（一八七七～一九五三），字道照。高明人。秀才。早年參加三合會、同盟會。一九一二年任廣東第一屆參議會副議長。一九一七年起任肇慶公路處長、李濟深高級參議、陳銘樞粵軍西路司令部總參議。一九三〇年赴上海結識杜月笙、黃金榮，開賭場。一九三二年在上海組織同鄉支持十九路軍抗日。後去香港。（《中國同盟會粵支部雜志》第七期）

清德宗光緒四年　戊寅　一八七八年

本年東莞盧禮屏等人寫信給香港總督軒尼詩要求設保良局，保護在港婦孺。（民國《盧氏家乘》及香港報章）

本年孔繼溶授訓導。

孔繼溶，字紹修，號葦漁。番禺人。孔子六十九世孫。光緒四年（一八七八）授訓導，加五品銜。精醫術。著有《經穴異同考》等。（《番禺縣續志》卷二四）

楊時舉於本年中舉人。

楊時舉，字霞軒。光緒四年（一八七八）戊寅舉人，官遂溪縣教諭，主東山書院講席。張煜南、張鴻南《梅水詩傳》卷九有傳。

伍學藻於本年成貢生。（民國《順德縣志》卷八）

伍學藻，字用蘊。順德人。光緒四年（一八七八）戊寅歲貢生，學海堂學長。書畫蒼秀，尤工人物，寓廣州城西長壽寺，顏其寓齋曰"七十二芙蓉池館"。汪兆鏞《嶺南畫徵略》卷八有傳。

吳作霖生。

吳作霖（一八七八～一九三〇），字惠泉，號志一山人。南雄人。曾任縣立第一高等小學教員。少時勤奮好學，愛好購置諸家畫譜、印譜，自學繪畫、治印。師法鍾、王，卻不拘泥。常用楷書爲古建築物題名，爲商店書寫招牌。著名者有題縣城祖師樓盈尺大字、題文明門浮橋"通濟橋"三字、用顏體題青嶂山"雲封古寺"名、用隸書題武廟拜亭對聯等。民國初年，上海某大公司徵求書寫招牌，應徵入選，得酬金三百銀圓。其繪畫尤以水墨山水見長，師古重神似。曾大量治印，今存印譜一冊藏諸親戚。（一九九一年新版《南雄縣志》）

吳英華生。

吳英華（一八七八～?），號君實。陽春人。宣統元年（一九〇九）畢業於廣東法政學堂，授候補梧州知府。三年（一九一一）當選廣東省臨時參議會代議員，旋任秘書長。一九一三年任廣東法政學堂監督，翌年任廣東高等審判廳廳長。一九一五年辭職。後在穗執業律師，爲粵三大律師之一。一九二五年任《陽春縣志》總纂。（《廣東近現代人物詞典》一九七頁）

何香凝生。

何香凝（一八七八、一八七九～一九七二），原名瑞諫，又名諫，號雙清樓主。南海人。廖仲愷夫人，廖承志母。早年追隨孫中山，爲同盟會第一位女會員；堅持孫中山三大政策，真誠同中國共產黨合作；發動婦女參加革命，爲國內革命戰爭、抗日戰爭做出卓越貢獻。其藝術創作與革命活動緊密聯繫，其作品中充滿鬥爭激情、浩然正氣。著有《回憶孫中山和廖仲愷》，出版有《何香凝畫輯》、《何香凝中國畫選集》、《何香凝詩畫集》、《雙清

文集》等。（《中國近現代人物名號大辭典》五一六頁）

　　林耀桂生。

　　林耀桂（一八七八、一八七四～一九六九、一九六五），博羅汝湖埔頭村人。廣東龍形拳宗師，曾以"先學海豐成茂葉，後從華首得真傳"來評其武術修爲。其武藝精湛，曾自謂"粵港兩地，未逢敵手"，被譽爲"東江老虎"。出生於武學世家，其父慶元、伯父合均爲東江著名拳師。耀桂六歲師從父、伯父練武，後拜羅浮山華首臺寺住持大玉禪師門下鑽研龍形拳。由於勤奮加天賦異稟，十六歲時即以是術授世。十七歲時與設擂臺在博羅公莊墟拳師林鏡泉比武獲勝後始名聲大噪。一九二九年打敗俄國重量級世界拳王，風頭一時無兩。同年經引薦，在陳濟棠軍中任武術教練，還兼任警衛旅、護士營、公安局、保安隊、兩廣國術館教頭。上世紀二三十年代，與張禮泉（白眉拳門）、林蔭棠（莫家拳門）、賴成己（老洪拳門）、黃嘯俠（羅漢拳門）等南拳名家被譽爲南方五虎將。一九五六年突患腦血栓，手腳有點不靈便，於是移居香港治療，並在香港紅磡區開設跌打醫館，又開辦龍形拳體育總會，繼續發揚龍形拳。其所創立之龍形拳從惠傳穗港，後在世界各地開枝散葉、枝繁葉茂，今美國、加拿大、澳洲等幾十個國家和地區都有龍形拳弟子。（《廣東近現代人物詞典》三三一頁）

　　范啟騤生。

　　范啟騤（一八七八～一九一七），號文軒。陽春人。光緒三十二年（一九○六）捐辦龐洞范氏高等小學堂，任名譽校長。後畢業於廣州兩廣教忠師范學堂。宣統三年（一九一一）往南洋經辦商務，於新加坡入同盟會。辛亥後，袁世凱篡權，啟騤於日本入中華革命黨，並於一九一五年由日返春邑，成立中華革命黨陽春總支部，任部長，密謀反袁。密泄，被通緝，亡命南洋，病逝於新加坡。（《新編陽春縣志・人物篇》）

　　馬玉山生。

馬玉山（一八七八～一九二九），字寶洪。香山（今中山）人。早年經商，在菲律賓創立馬玉山糖果餅乾公司。民國後從菲律賓回國，先在香港創設糖果公司，資金三百萬元，玻璃器皿廠。其後在廣州、上海皆設有馬玉山糖果餅乾公司，其分行遍及北京、天津、各省大埠及南洋。因資本不足，一九二八年宣告破產。馬玉山再度赴南洋及廣西集資，力圖重整糖果廠，不幸病逝於旅途。（《廣東近現代人物詞典》六頁）

姚禮修生。

姚禮修（一八七八～一九三九），字叔若，又号粟若。番禺人。早年留学日本。归国后，专研水墨画，工山水、花卉，构图设色，无不周到。曾繪《珠湄塵影圖冊》凡數十幅。著有《畫學抉微》、《清朝隸品續》等。（《碧庐琐记》）

陳炯明生。

陳炯明（一八七八～一九三三），字贊三、月樓、競存。海豐人。光緒三十四年（一九〇八）畢業於廣東法政學堂，翌年創辦《海豐自治報》，旋被推爲廣東咨議局議員。同年入同盟會，宣統二年（一九一〇）參加廣州新軍起義，失敗後至港參加劉思復等組織之支那暗殺團。次年廣州“三二九”起義爆發，任統籌部編制課課長兼調度課副課長。武昌起義後，赴東江組織民軍，建循軍，光復惠州所屬各縣。廣東光復後任副都督、代都督、綏靖經略、護軍使。二次革命中宣佈廣東獨立，失敗後流亡南洋。一九一六年在惠州附近成立廣東共和軍總司令部，任總司令，參加護國。袁世凱死後，交兵權北上晉見段祺瑞、黎元洪，獲定威將軍稱號。次年隨孫中山南下護法，任廣東省長親軍司令、援閩粵軍總司令，率親軍組成援閩粵軍。一九一八年兼任惠潮梅軍務督辦，率部入閩，擴編爲兩軍，後任總司令兼第一軍軍長。一九二〇年奉命回粵攻桂軍，攻克廣州，任廣東省長兼粵軍總司令。孫中山就任非常大總統後，任陸軍部長、內政部長、廣東省長兼粵軍總司令。因反對北伐，鼓吹聯省自治，且以辭職相威脅，被免職，僅保留陸軍部長。一九二二年指使所部叛，炮轟孫中山駐地，後回任粵軍總司令。一九二四年孫中山通電討炯明，討賊軍克穗，炯明通電下野，退居香港，殘部退往東江，後經兩次東征被消滅。一九二五年十月十日洪門團體代表在美國舊金山召開中國致公黨第一屆代表大會，被推爲總理，唐繼堯爲副總理。一九三三年病逝香港，翌年歸葬惠州西湖。主政粵時頗有建樹。（《中國近現代人物名號大辭典》七○四頁）

陳俠農生。

陳俠農（一八七八～一九一六、一九一七），原名家儒，又名宏猷，字聘珍。文昌（今屬海南）人。早年加入同盟會，參加秘密反清活動。光緒二十六年（一九○○）兩廣師範學堂畢業後，返鄉創辦進取小學，任校長。宣統元年（一九○九）組織進步師生及農村青年成立反清敢死隊。一九一二年當選爲國會候補議員（後遞補爲議員），並赴北平參加國會活動。袁世凱竊取大總統後，回瓊與林文英在海口辦報館，傳播民主思想，號召民眾起來討袁護國。袁世凱指使爪牙四出搜捕，在同鄉陳宗舜幫助下偷渡廣州，後赴香港。一九一四年七月被孫中山委派任中華革命黨瓊崖分部部長、瓊崖討袁護國軍總司令。次年初帶領討袁軍向萬寧進發，聯合當地農民攻克萬寧縣城，又攻取陵水縣陵城、新村港及崖縣三亞、崖城等地。一九一六年瓊崖討袁軍因經費不濟奉命解散，後應召赴北京參加國會活動，被段祺瑞政府以內亂械鬥罪逮捕殺害。（《廣東近現代人物詞典》一九○頁）

陳頌豪生。

陳頌豪（一八七八～一九三二），字仲偉，筆名治頑、凡夫等。新會人。光緒三十年（一九○四）遊學日本，旋加入同盟會。三十二年回國，助陳子褒講學於澳門灌根學校。一九一二年與陳德芸創辦廣州《民生日報》，發表第一篇社論《平均地權論》，轟動一時。翌年年任嶺南大學教授。一九二五年任開平縣

縣長。次年調署開建（今屬封開）。一九二八年佐理陳村市政。著有《百衲詩草》。（《廣東近現代人物詞典》二九八頁）

陳錦春生。

陳錦春（一八七八～一九五二），字麗存、麗泉。石城（今廉江）人。年青時投軍，屢立軍功，官至旅長，陸軍少將。一九一九年後先後任台山、從化縣長、高雷公路局長、南路綏靖公署諮議等。解放戰爭爆發，支持其女婿在始興起義。（《廉江文史》第七輯）

陳鐵伍生。

陳鐵伍（一八七八～一九六二），號有恆。東莞人。澳門嶺南學堂肄業後追隨孫中山，參加宣統二年（一九一〇）庚戌新軍起義。次年黃花崗起義時，奉黃興之命與朱執信等圍攻兩廣總督署。未果，避居南洋，協助孫中山籌集款項。民國成立任飛機隊副隊長，至袁世凱執政時卸職。再奉孫中山命赴南洋主持黨務及籌餉，發展國民黨組織。後回國參加北伐、抗日。解放前夕，寓居香港。（《東莞市志》一四七〇頁）

李耀漢生。

李耀漢（一八七八～一九四二），原名北泉，別字子雲。新興人。讀過私塾，做過夥夫、塾師。後至陽春投李北海入綠林。光緒三十年（一九〇四）廣東水師提督李准至天堂招安，委北海為哨官，耀漢任哨書。開至肇慶後，挑撥李准殺北海，當哨官，後任把總、水師巡防營管帶兼東安縣守備。武昌起義後廣東獨立，率部在肇慶反正，進駐新興縣城，尋升幫統、標統，駐防肇慶、德慶。一九一三年任肇陽羅司令，擴編所部為五個統領部，組成肇軍，次年任肇陽羅鎮守使。袁世凱稱帝，接受中華革命黨人策動，依附護國軍反袁。後在北洋政府扶植下，於一九一七年九月任廣東省省長，次年卸任至港。一九二〇年陳炯明由閩率粵軍回師進擊桂系莫榮新，任為新編粵軍第六軍軍長。炯明逐走榮新後，載撤第六軍，任省長公署高級顧問。一九二三年投沈鴻英

反孫中山，任桂軍第五軍軍長，鴻英失敗後，往港作寓公。後卒於新興。（《廣東近現代人物詞典》一九〇頁）

石維巖生。

石維巖（一八七八～一九六一），字銘吾，號慵石，晚號慵叟。潮州人。少習舉業而獨好詞章音韻之學，後就讀於金山書院、韓山師范。值革命風潮，名其館曰鐵血居，與林屏山、蕭漢卿等策應而未果。考入廣東法政學堂，畢業後任潮州農林中學學監。辛亥革命後署遂溪專審員。旋絕意仕進，寄情詩酒。一九一四年於汕頭執律師業，暇以吟詠爲樂，與侯乙符、劉仲英師事陳衍，稱嶺東三傑。一九三二年與饒純鉤、楊光祖等創壬社，任第二任社長。一九四九年後任廣東文史館員。一九六一年與友對弈時盍然長逝。其詩深雄樸厚，奇健蒼莽。著有《慵石室詩鈔》四卷、《詞鈔》一卷。趙松元等點注《慵石室詩鈔》卷首有傳。

江天鐸生。

江天鐸（一八七八、一八七九、一八八〇、一八八六～一九四〇），字競庵、競厂、靳盦。花縣人。清末兩次留學日本，畢業於日本早稻田大學法律政治科。宣統二年（一九一〇）返國後主要從事行政及法律工作，歷任民政部則例局纂修、京師高等員警學堂教習等。一九一二年後任國會眾議院議員兼徐世昌總統法律顧問，一九一七年後先後任農商部次長、水利局總裁、揚子江水道討論委員會副委員長、北京民國大學校長、內務部次長等，一九二七年被免職。後在滬執業律師，業餘研習書法。一九四〇年曾出任華北學院院長，同年逝世。（《中國近現代人物名號大辭典》二九六頁）

米義山生。

米義山（一八七八～？），名蕃棠，以字行。清遠人，後居威海。幼入私塾，旋輟學業木工。光緒時粵築虎門炮臺，應募充工兵。光緒二十五年（一八九九）入三合會，升工兵棚頭。三十三年（一九〇七）參與惠州七女湖起義，爲哨長，與清兵激戰，敗退走日本，旋返旅順，入保利鋪當店員，後任經理，改義和工廠。光緒末參與成立同盟會威海分會，一九一二年任國民黨威海分部部長。一九一六年任威海討袁軍司令。一九三三年爲國民黨山東黨部監察委員。（《民國人物大辭典》二三二頁）

李文顯生。

李文顯（一八七八～一九三六?），字名章、顯章，號耀屏、瑶屏，晚號欖山山樵。香山小欖人。初得吳石仙畫，臨摹數月，悟其法，由是漸窺米家父子，晚年沉煉工細，尤工人物、花卉、翎毛、草蟲。曾參加癸亥合作畫社（後改名國畫研究會），任教於廣東省立女子師范學校及廣州市立美術學校，高足有黃君璧、吳梅鶴、鄭游娜及華林寺僧釋純謙等。（《欖溪畫人小傳》、《廣東畫人録》）

李濟民生。

李濟民（一八七八、一八八〇～一九一四、一九一八），梅縣人。清季入虎門陸軍學堂，畢業後任哨長。宣統二年（一九一〇）出走港澳、南洋，入同盟會。翌年任粵軍第一軍副參謀長兼前鋒司令。一九一三年調廣東憲兵司令，補授陸軍步兵上校，力主討袁。（《民國人物大辭典》三二三頁）

辛寶慈生。

辛寶慈（一八七八～一九二六?），字際雲。廣東人。歷任京綏鐵路管理局會計、吉林造幣廠廠長等。一九一九年署理駐釜山領事，一九二六年回國。（《民國人物大辭典》四一〇頁）

林文田生。

林文田（一八七八～一九四三），台山人。早年僑居新加坡入同盟會，歷任中華商會會長等。抗戰爆發後回國，一九四三年當選廣東省參議會議員。（《民國人物大辭典》四六二頁）

姚達深生。

姚達深（一八七八～一九六二），東莞人。出生於武術世家，祖父茂積、父旭祥皆爲少林寺俗家弟子。自幼好武，少年時常找人比武，因功夫不精屢戰敗。然終不氣餒，練武不綴，後獲父准許至外鄉任武術教頭，先後至博羅、增城、廣州當功夫師傅，致力研修南拳。一九三三年接受軍方邀請，在穗與日本武士比武，賽前簽生死狀，在擂臺上與日本武士數番較量，最終擊敗對手。

徐進焓生。

徐進焓（一八七八～一九一一），花縣人。早年入同盟會，為番（禺）花（縣）同盟分會會員。兄弟四人皆任俠敢死。宣統二年（一九一〇）二月十二日，廣州新軍發動起義，與清巡防營戰於城東郊。隨其兄進坤挾帶短槍炸彈，率敢死隊數十人疾趨響應，至則事已敗，悲憤而返。次年廣州起義（黃花崗之役）發動後，在進攻督署衙門戰鬥中，任先鋒隊（敢死隊）隊員，持炸彈短槍，奮勇攻入兩廣督署，旋中彈犧牲於督署二堂前。葬廣州黃花崗，為七十二烈士、花縣籍十八烈士之一。（《廣東近現代人物詞典》四〇七頁）

郭寶慈生。

郭寶慈（一八七八、一八七七～？），字少雲。英德人。附生。赴日本留學，入東京帝國大學農科。宣統二年（一九一〇）畢業歸國，應學部考試，授農科舉人。翌年應殿試，授主事，簽分農工商部，任農務司宣防科辦事。武昌起義後歸粵創辦南韶連共進會，任總會長。民國成立後，任廣東農業教員講習所所長。一九一三年被選為眾議員。（《民國人物大辭典》八五八頁）

高繩芝生。

高繩芝（一八七八～一九一三），原名秉貞。澄海人。楚香孫。舉人。汕頭商會會長。自光緒三十二年（一九〇六）起，代表高氏家族在汕頭、澄海先後創辦自來水、織布、電燈、機器榨油等近代企業。又曾參與反清活動，捐款支持三十三年丁末黃岡起義、惠州七女湖起義及潮汕光復。辛亥汕頭光復後被推舉為民政長、全潮民政財政長，前後出資五十餘萬元以充軍費或充調停各派武裝糾紛經費。民國十七年（一九二八），汕頭市政府特建

亭於公園以紀念之。（《潮梅商會聯合會半月刊·高繩芝先生事略》、《澄海人物志》、《海外潮人史料專輯》）

黃湘生。

黃湘（一八七八～一九四〇），字惠龍。新甯（今台山）人。僑居加拿大。少好武術。曾入同盟會，後又入中華革命黨。一九一五年任華僑討袁敢死先鋒隊隊長，參加護國運動。一九二二年六月陳炯明炮轟總統府時，保護宋慶齡安全撤出，中山曾親書"南方勇士"橫匾嘉獎。翌年三月任大元帥府衛士隊副隊長。中山逝世後，任孫中山陵園拱衛處處長，曾被推舉爲廣東省港海員工會主任委員。一九二六年任廣州國民政府副官長。一九二八年任國民政府參軍處參軍。一九三六年晋升少將。廣州淪陷後避居香港。著有《中山先生親征錄》。（《廣東近現代人物詞典》四六四頁）

梁燊南生。

梁燊南（一八七八～一九四〇），原籍梅縣。三歲隨父赴馬來西亞檳榔嶼。十四歲父病逝歸國，後復返南洋。宣統二年（一九一〇）經營礦業，拓植膠園。入同盟會，一九一二年被選爲霹靂國民黨支部部長兼中央籌餉局幹事。一九三五年回粵、桂調查礦務，曾組織礦務公司，次年當選國民大會馬來亞代表。抗戰爆發，組織霹靂華僑籌賑祖國難民委員會，被推爲主席。抗戰勝利後，在吉隆坡創辦《馬華日報》，又接收怡保《中華晨報》，改《霹華日報》。在霹靂三十餘年，歷任國民政府經濟建設運動委員會委員、霹靂政府華人參事局議員、霹靂中華大會堂主席、嘉應會館主席等職。（《民國人物大辭典》八八四頁）

馮百礪生。

馮百礪（一八七八～一九六〇），名堅，號少波。番禺人。早年加入同盟會，受通緝後流亡菲律賓，興學辦報。一九一八年後曾任大元帥府參議、國民黨菲律賓支部長。孫科主持廣州市政，聘爲幕僚。抗戰時避居香港。勝利後任中山紀念中學校長。

晚年移居澳門，教學以終。（《廣東近現代人物詞典》七四頁）

湯睿生。

湯睿（一八七八～一九一六），字覺頓，室名勉益居。番禺人。康有爲門生。十七歲師從有爲，參與戊戌維新，失敗後去日本。光緒二十六年（一九〇〇），唐才常舉義漢口，往來港滬間策應，事敗返日。民國成立後，歷任財政部顧問、中國銀行總裁。袁世凱復辟帝制後，棄職隱天津。後與梁啟超、蔡鍔共謀討袁方略。一九一六年四月十二日在廣州海珠員警署內參加聯席會議，遭龍濟光警衛軍統領顏啟漢等襲擊，當場殞命。（《中國近現代人物名號大辭典》三〇七頁）

楊子毅生。

楊子毅（一八七八、一八八三～一九五三），原名紹檉，又名幹周，字翊朝。香山（今中山）人。光緒三十一年（一九〇五）畢業於兩廣速成師范學堂，後返鐵城（今石岐）辦小學，與鄭彼岸、鄭道實等人創辦《香山旬報》。後考入兩廣方言學堂德語班學習，宣統三年（一九一一）畢業，被推舉爲香山縣議會副議長。一九一二年獲官費派往德國留學，入同盟會。一九一五年至爪哇執教，兼營工商業。一九一八年返國從事農產品貿易。一九二三年後歷任大本營財政部第一局局長、總務廳廳長、賦稅局局長等職。一九二六年任中山大學事務主任，次年任番禺縣縣長。一九二八年任浙江省政府秘書，翌年任宵波市市長。一九三三年任交通部秘書長。一九三五年至一九三七年任中山縣長、中山縣訓政實施委員會委員。在任期間，精簡編制，禁煙禁賭，整頓治安，發展鄉村建設，組織編修縣志，創建中山圖書館。一九三七年任國民參政會委員。解放初期被推選爲廣東省政協委員、省人大代表。善詩古文辭及書法。（《中山文史》五、六輯合訂本）

蔡德生。

蔡德（一八七八～一九五三），字漢文。饒平人。黃岡起義失敗後流亡海外，曾受孫中山兩次召見，嘉許爲堅貞忠實同志。宣統三年（一九一一）回國。辛亥革命消息傳至潮汕後，被吳子壽、黃虞石等推爲潮梅先鋒大隊長，率衆參與光復潮汕，尤以龍仙一役功績最著。後曾一度任饒平縣知事。

黎昭常生。

黎昭常（一八七八～一九一三），新興人。早年入同盟會，曾任同盟鐵義軍理事、廣東陸軍營長。武昌起義時入革命軍，爲北伐輜重營第一營營長。一九一三年龍濟光入粵，與之激戰，被圍三週，率隊突圍。旋與李天德再謀反龍，在廣州設立機關，同年被捕殺。（《民國人物大辭典》一三八八頁）

鄧方生。

鄧方（一八七八～一八九八），字方君，一字秋門。順德人。實弟。生平唯好作駢文與詩。年僅二十一，已有駢體文一卷，詩八卷千餘首。五言詩多近王漁洋，七言風格多近吳梅村。著有《小雅樓詩集》八卷。（《石遺室詩話》）

鄧子瑜生。

鄧子瑜（一八七八～一九二五），又名朱民。博羅（一說歸善）人。興中會會員。曾爲歸善、博羅等縣三點會首領。早年因反清而遭通緝，避逃香港、新加坡。受孫中山委派於光緒二十六年（一九〇〇）十月與鄭士良等發動會黨參與惠州三洲田起義，失敗後改名朱民，避居新加坡。三十一年（一九〇五）入同盟會。三十三年三月赴港策劃惠州起義，被推爲革命軍首領。六月二日，率領陳純在七女湖（今惠城區汝湖鎮）集衆豎旗舉行武裝起義，首奪清軍營防槍械，擊斃巡勇數人，奪取扒船數艘，五月攻泰美，七月克楊村，八月占柏塘、公莊、石壩等地，隊伍發展至數千人。後因無援，隊伍自動解散，再避居新加坡。一九一四年加入中華革命黨，翌年參加討袁，被推爲討袁軍東江別動隊司令，後參加護法之役。一九一八年任海山鹽場知事。參加討伐莫榮新。病逝於惠州。（《廣東近現代人物詞典》三四頁）

劉純珊生。

劉純珊（一八七八～一九四八），興寧人。早年參加黃花崗起義、北伐戰爭，後任十九路軍獨立旅軍需主任兼後方辦事處主任。於上海炮臺參加抗日。（一九八九年《興寧縣志》）

薛仙舟生。

薛仙舟（一八七八～一九二七），原名頌瀛，後憤日本侵華，因廢名，字仙舟。香山人。早年肄業於北洋大學法科，曾留學美、德，專攻經濟學。一九一四年起在復旦大學任教，宣傳合作主義；一九一九年創辦中國第一個合作金融機構上海國民合作儲蓄銀行，次年起指導早期中國合作事業最重要理論刊物《平民》週刊。一九二七年六月起草中國合作運動綱領《中國合作化方案》，同年九月在上海意外病故。（《中國近現代人物名號大辭典》一三三二頁）

關蕙農生。

關蕙農（一八七八～一九五六），名超卉，號覺止道人。南海西樵人。樞南侄。曾隨關壯學西畫，後師從居廉，以中西合璧，畫名愈彰。（《廣東近現代人物詞典》一二三頁）

清德宗光緒五年　己卯　一八七九年

秋，張思齊赴棘闈，卒於穗垣。

張思齊（？～一八七九），號湘孫，增生。性嗜吟詠。著有《碧桃花館詩集》。張煜南、張鴻南《梅水詩傳》卷九有傳。

本年衛省軒在南海佛山文昌沙（後遷缸瓦欄）獨資創設火柴廠，成爲中國火柴工業創始人。

衛省軒，肇慶人。光緒五年（一八七九）在佛山文昌沙（後遷缸瓦欄）獨資創設火柴廠。時粵無製造火柴原料，盒枝、磷主要從香港買入，加上群眾習慣用火石打火（火鐮），使初辦火柴廠從原料至銷路甚艱。省軒改進產銷，招徠生意，巧明火柴廠名聲大振，除粵各地銷售外，還遠銷省外及港澳。後因年老無子嗣，將廠轉讓給別人經營，改名爲巧明公記火柴廠。

本年福建船政大臣黎召棠選派黎晋賢至德國監造北洋海軍定遠、鎮遠等鐵艦，後又派赴德國魚雷廠學製造魚雷炮，晋賢前後居留德國六年。

黎晋賢，號翌廷。南海西樵人。福建船政學堂出身，曾充福星兵船管輪。光緒五年（一八七九）福建船政大臣黎召棠選派至德國監造北洋海軍定遠、鎮遠等鐵艦，後又派赴德國魚雷廠學習製造魚雷炮，前後居留德國六年。光緒十年（一八八四）中法戰爭爆發，李鴻章電敕晋賢回國創辦旅順魚雷營，被委任爲總管，統理各魚雷船，配置大沽口各炮機及旅順東西南北四岸炮臺機器事務，補直隷大沽協營，盡先遊擊，加副將銜。好讀書，曉德文，公餘手不釋卷。著有《魚雷圖說》上下卷，由李鴻章題簽刊印，分派魚雷廠、各兵輪暨海軍學堂學生學習。因積勞成疾，告假歸養。卒年三十八歲。（《南海名人數據庫》）

本年黃遵憲在日本應邀參加陸軍官學校開校典禮，有所感，賦《陸軍官學校開校禮成賦呈有棲川熾人親王》五古詩。

本年日本駐中國公使宍戶璣赴任北京，遵憲賦《送宍戶璣公使之燕京》五古。

本年黃遵憲之《日本雜事詩》百五十四首寫成，凡二卷。（以上　鍾賢培、管林、謝華、汪松濤《黃遵憲詩選》二二二、二三四、三三〇頁）

崔永安於本年中舉人。

崔永安，字盤石。廣州駐防漢軍正白旗人。光緒五年（一八七九）舉人，六年進士，翰林院編修，放河南河北道，調浙江杭嘉湖道，署兩浙鹽運使，擢直隷布政使，護理北洋大臣、直隷布政使、總督。乞病歸，喜杭州湖山之勝，遂卜居焉。以書畫自娛，寫梅頗雅秀。汪兆鏞《嶺南畫徵略》卷九有傳。

桂壇於本年中舉人。（宣統《南海縣志》卷十）

桂壇，字周山，號杏帷，室名晦木軒。南海人。文燦長子。

光緒五年（一八七九）舉人，福建船政教習。早卒。著有《晦木軒稿》。陳融《讀嶺南人詩絕句》卷十三有傳。

許應鍇於本年中舉人。

許應鍇，番禺人。光緒五年（一八七九）己卯舉人。（盧延光《廣州第一家族四二頁）

吳榮照於本年中舉人。

吳榮照，原名焱，號南臺。增城人。光緒五年（一八七九）己卯舉人。十五年（一八八九）署翁源訓導、儋州訓導，旋授高明教諭。晚年家居，創辦石灘崇實初等小學堂。著有《槲陰寄筆》。（《增城縣志》卷二十）

沈宗疇於本年中舉人。

沈宗疇，一名宗畸。番禺人。錫晋子。光緒五年（一八七九）己卯舉人，授光祿寺署正。（《番禺縣續志》卷二一）

沈宗瀚於本年中舉人。

沈宗瀚，番禺人。錫晋子。光緒五年（一八七九）己卯舉人，授浙江桐廬知縣。（《番禺縣續志》卷二一）

俞守義於本年中舉人。

俞守義，字秀珊，本籍浙江紹興沈氏。生父德三與旅粵鄉人俞彙光結異姓兄弟，彙光業鹽，老而無子，乃以德三第三子守義爲後，襲俞姓，遂入籍番禺。受業陳澧之門。光緒五年（一八七九）舉人，充覺羅官學教習，納粟爲郎中，簽分刑部貴州清吏司，調直隸清吏司。以生母馬氏年高有疾，告歸奉養於穗，於城南水母灣建崇本善堂。重刻董方立所撰《地理圖精雕》、胡伯薊手寫《陶淵明集》，世稱善本。（桂坫《俞氏家傳》）

黎朝書於本年中舉人。

黎朝書，字侶琴。番禺人。炳森子。光緒五年（一八七九）己卯舉人，揀選知縣、國史館謄錄。父卒家居，絕意進取，創建京兆兩等小學堂。（《番禺縣續志》卷二二）

方桂東於本年中武舉人。

方桂東，字緯星。惠來人。光緒五年（一八七九）己卯武舉人，官參將，兼統潮普選鋒營，曾倡辦樂善堂、勸善堂、同濟善堂、述善堂。年五十歿於石城（今廉江）任所，贈協鎮銜，封武功將軍。（《惠來文史》第三輯）

陳宗侃於本年成優貢生。

陳宗侃，番禺人。澧子。光緒五年（一八七九）己卯優貢。（《番禺縣續志》卷二〇）

陳宗詢於本年成優貢生。

陳宗詢，番禺人。澧子。光緒五年（一八七九）己卯優貢。（《番禺縣續志》卷二〇）

陳天培於本年欽賜副貢。

陳天培，字桂林。東莞紙割街人。咸豐廩貢生，同治十三年（一八七四）甲戌重遊泮水，光緒五年（一八七九）己卯欽賜副貢。歿年八十六。子蘭亭，侄孫若樵。張其淦《東莞詩錄》卷五八有傳。

王寵佑生。

王寵佑（一八七九～一九五八），字佐臣。東莞虎門人。生於香港。光緒二十七年（一九〇一）赴美國留學，先入加利福尼亞大學，後轉哥倫比亞大學，專攻采礦冶金及地質學。三十年（一九〇四）獲碩士學位，又留學英、法、德，獲博士學位。三十四年（一九〇八）回國在長沙建立了中國第一個採用現代方法煉銻工廠華昌煉銻廠。一九一四年任大冶鐵礦總理、礦長。後長期從事有色金屬冶金研究，發起組織中國地質學會並任會長，爲世界上最早研究粉末冶金專家之一。著有世界上第一部有關銻之專著《銻》及《鎢》，編有《中國地質礦產文獻目錄》。（《民國人物大辭典》一一〇頁）

石光瑛生。

石光瑛（一八七九、一八八〇～一九四八、一九四三），番禺人，原籍浙江會稽（今紹興）。光緒二十九年（一九〇三）癸卯末科舉人，先後在廣州女子師范學校、教惠中學、廣東大學、中山大學執教。上世紀三十年代曾在中山大學研究院文科研究所中國語言文學部講授專經、文字學專書，並與吳康、鄧植儀、何衍璿、朱謙之、古直、陳洵、徐信符、李滄萍等十六人被鄒魯校長函聘爲國學考試委員會委員。抗日戰爭時避難香港，受思恩中學之聘。日軍侵佔香港後返回廣州。一生致力於中國歷史及文字學研究，著述良多，有《新序校釋》、《三國志校釋》、《小學大綱》、《國語韋解補正》、《憶原堂日記》、《恨綫草廬日記》等。《新序校釋》，校勘廣泛細緻，定字審慎嚴謹，乃窮畢生之精力而成，該書校釋之精，至今無人能出其右。（《廣東近現代人物詞典》四九頁）

史堅如生。

史堅如（一八七九、一八八〇～一九〇〇），番禺人。《馬關條約》簽訂後聲言："大廈覆矣，誰尸其咎？"戊戌政變後，大罵西太后可殺。後入美國人在廣州開設之格致書院。後勸家人離粵赴澳門，變賣部分家產以聯絡江湖會黨首領。至香港結識陳少白、楊衢雲，入興中會。與宮崎滔天、陳少白等轉道滬東渡日本，旋於東京會晤孫中山，奉命回國聯絡長江一帶會黨。光緒二十六年（一九〇〇）春，離澳赴港助陳少白辦《中國日報》。六月，孫中山命鄭士良入惠州籌備發動起義，受命赴穗，親往東、西、北江，聯絡綠林會黨首領區新、馬王海及防營漢旗練達成部，會合各路數千人，擬定了攻穗日期。十月三日，決定以暗殺清署理兩廣總督、廣東巡撫德壽以亂敵，組織人手挖地道至其住處地下，置二百磅炸藥。二十八日，親自點燃導火綫，但未炸死德壽。次日，在去港途中被捕就義。《中國近現代人物名號大辭典》一六五頁）

司徒穎生。

司徒穎（一八七九～一九二四），字仲實。開平人。舉人。歷任禮部、農商工部京官，旋入北京大學采礦冶金科。畢業後，於一九一二年被選爲廣東省議會議員、臨時參議院議員，翌年任眾議院議員。國會解散後，回籍開發實業。一九一六年國會恢復，仍任眾議院議員。同年九月，任甘肅實業廳廳長。（《民國人物大辭典》一七五頁）

朱兆莘生。

朱兆莘（一八七九～一九三二），字鼎青。花縣人。十七歲中秀才。次年補授廩生。肄業於廣州廣雅書院，後被選送至北京京師大學堂優級師範館學習。畢業後欽賜舉人。光緒三十三年（一九〇七）選派美國學習，先入紐約大學，畢業獲得商務財政學士學位，繼入哥倫比亞大學，獲法政碩士學位，後又入博士研究科深造。一九一二年冬，膺選爲國會美洲華僑代表回國。次年入國民黨，選爲參議院議員，旋又被推爲參議院外交委員會主席、憲法起草委員會委員，兼任北京大學商科主任、總統府秘書、諮議等。一九一四年袁世凱解散國會，被褫各種職務，往廈門任鼓浪嶼會審公堂堂長，後返京執律師業。一九一六年仍任國會議員，翌年任江蘇特派交涉員、大總統府秘書，一九一八年任駐美國舊金山總領事。一九二〇年任中國駐英公使館一等秘書，次年任駐英使館代辦使事、國際聯盟理事會及萬國禁煙會議中國代表。一九二五年任駐義大利全權公使。一九二七年任國民政府外交部政務次長、廣東省政府委員。一九二九年任粵海關監督兼外交部特派廣東交涉員。"九一八"事變後，任特種外交委員會委員。翌年被聘爲國難會議議員。後以誤食蛇羹中毒逝世。（《中國近現代人物名號大辭典》二一三頁）

伍連德生。

伍連德（一八七九～一九六〇），字星聯，新甯（今台山）人。父祺學系開設金店僑商。出生於馬來亞。七歲考入當地英國人所設檳榔嶼公學。光緒二十二年（一八九六）考取英國女皇獎學金，留學英國劍橋大學意曼紐學院學醫，在大考中獲得"基本學者"名銜，多次獲獎金、獎章。二十五年獲劍橋大學文學學士學位，並考取聖瑪麗醫院獎學金，入該院聽課、實習三年。二十八年（一九〇二）獲劍橋大學醫學士學位。先後在英國利物浦熱帶病學院、德國哈勒大學衛生學院及法國巴斯德研究所進修與研究，被授予劍橋大學醫學博士學位。後回檳榔嶼開設私人診所，並積極參加華僑社會服務。三十三年（一九〇七）受直隸總督袁世凱邀聘，回國任天津陸軍軍醫學堂副監督（副校長），尋派赴倫敦、柏林考察軍事醫學。（《中國近現代人物名號大辭典》二三二頁）

李柳灣生。

李柳灣（一八七九～一九四四），字明俊。五華人。庠生。二十歲赴港任李浩如家庭教師，後獨設大生酒廠，興辦長沙灣農場而致富。香港淪陷後回鄉，捐款辦學，倡建高圳水利及造林、種竹。（《五華縣志》卷八）

吳貫因生。

吳貫因（一八七九、一八八〇～一九三六），原名冠英，別號柳隅。澄海人。舉人。光緒年間留學日本早稻田大學史學系，此間結識梁啟超，遂成好友。一九一二年與啟超在天津辦《庸言日報》、《庸學月刊》，任編輯。一九三五年在津創辦《正風》半月刊。著有《史學概論》、《史之梯》、《中國經濟史略》、《中國語言學問題》等。（《中國近現代人物名號大辭典》四九三頁）

何克夫生。

何克夫（一八七九～一九四九），連縣人。光緒三十年（一九〇四）畢業於廣東陸軍將弁學堂。後入同盟會，多次參加反清起義，並至南洋活動。辛亥革命後，任南紹興連軍民總長、中華革命軍廣東北路討逆軍總司令。一九三九年後任國民政府監察院監察委員、國民政府中將參軍等。病故於穗。（新編《連縣志》）

林君復生。

林君復（一八七九～一九四二），香山（今中山）人。早年在廣州格致書院讀書，繼入讀日本宏文書院、早稻田大學，得識孫中山，並追隨革命。曾在日本華僑中籌得款項，並將家產變賣，交給黃興、朱執信等作爲革命活動經費。光緒三十二年（一九○六）奉孫中山命至澳門創辦仁聲劇社，演出《血淚》等劇碼，揭露清廷禍國殃民罪行。後成爲香山縣武裝起義的領導人之一，數次變賣家業購買軍火準備香山武裝起義。宣統三年（一九一一）十一月，策動駐守前山之新軍營長任鶴年部起義。香山光復後，率領香山民軍進軍廣州，與各路民軍會師。中華民國建立後，廣州各界曾推舉爲廣東副都督，伍廷芳、廖仲愷等曾推舉爲農民部長等高級官職，但均婉辭，孫中山爲其書贈"毀家紓難，功成身退"條幅。一九四一年末香港淪陷前至惠陽象山古寺削髮爲僧，長居古刹，布衣素食。後在寺中病故。（《廣東近現代人物詞典》三二一頁）

林國英生。

林國英（一八七九～一九五一），字緯侯。饒平人。十九歲補諸生。光緒三十年（一九○四）赴日留學，入東京法政大學。次年入同盟會。後回國助許雪秋在潮汕起義。黃岡起義時被推爲後方總指揮，失敗後走越南。宣統三年（一九一一）返國，次年在穗創辦同盟模范軍，旋任汕頭軍政府交通部部長。一九一五年走香港。一九二一年當選廣東省議員。一九二四年委爲東路討逆軍諮議、潮州善後委員會委員，先後創辦汕頭同濟中學等。一九三七年任國民政府僑務委員會汕頭僑務局代理局長。一九五○年被捕。（《廣東近現代人物詞典》三二三頁）

林義順生。

林義順（一八七九、一八八○～一九三六、一九三五、一九三七），字發初，號蔚華，又號其華。澄海人。出生於新加坡。很早便在僑居地南洋及故鄉潮汕開展革命活動。後半生爲富商及愛國僑領。在上海逝世。（《中國近現代人物名號大辭典》七四六頁）

林蔭棠生。

　　林蔭棠（堂）（一八七九～一九六六），東莞謝崗林屋邊村人。幼喪母，隨父至石龍讀書。十六歲輟學，師從莫亮習拳，兼學跌打藥。後其家米店倒閉，遂至羅浮山冲虛觀修道，並習醫採藥。三年後還俗，攜妻至穗白鶴洲信豐酒莊任掌櫃，暇則練拳、爲人治病。一九一九年穗精武會成立，參加第一期國術班，畢業後任黃埔軍校中尉國技教官、警衛旅少校國技教官、第一教導師師部中校國技教官。一九二四年派任新會縣精武體育分會主任及教練。後回穗在河南白鶴洲自設醫館行醫，又從惠陽請莫英龍在家設莫家拳館收徒習武，兼任中山大學、廣州市立第一師范學校國技教師。其武功精深，與林耀佳、張禮泉、賴成己、黃少俠被稱爲廣州武術界"五虎將"。一九三六年於穗德政路創辦國術健身院。抗戰期間，組織廣州大刀培訓班，教授殺敵大刀術。蔭棠精通莫家拳、洪拳、姚家拳、螳螂拳、八卦拳、太極拳等，建國後任廣州武術協會副主席。還致力於醫學研究，以其精湛醫術成爲聞名於省、港、澳跌打正骨醫師。一九六〇年退休，事蹟載入《中華武術詞典》。（《東莞市志》一四七四頁）

　　金曾澄生。

　　金曾澄（一八七九、一八八四～一九五七），字湘帆。祖籍浙江紹興，出生於穗。光緒二十四年（一八九八）參與創辦廣州時敏學堂。二十一年（一九〇一）率時敏學堂幾位學生東渡日本留學。宣統二年（一九一〇）畢業於廣島高等師范學校，歸國後應試被清廷録用爲學部主事。一九一二年初回穗，在廣東都督府任參事。經廣東都督胡漢民及鍾榮光介紹入同盟會、國民黨。一九二一年任廣州市第一屆參議員、廣東教育學會會長、廣東大學教育長、廣州市教育局局長及廣州華僑教育後援會主席。北伐戰爭前代表廣東教育會赴京參加國民會議，以人民外交委員會名義駐北京。北伐戰爭開始回穗，任廣東革命政府教育行政委員會常委、廣州大學校長、國民大學董事長、國立法官學校教授及中央銀行董事等。一九二九年任國民黨中央政治會議廣州分會秘書

長。一九二九至一九三七年任廣東省政府委員、第二、第三屆廣
州特別市黨部監察委員會常務監事、黨義教師檢定委員會委員、
中小學校軍事訓練委員會委員、縣長考試委員會委員、考試院高
等考試第二典試委員會委員、司法院法官典試委員會委員等。一
九三〇至一九三二年任廣東省教育廳廳長。抗戰勝利後，任仲愷
農業學校、執信女子中學、教忠中學等校校長、國民大學、廣州
大學特約教授、廣州大學董事長、廣州市參議會參議員兼駐會委
員。中華人民共和國成立後任廣州私立教忠中學（今廣州市十三
中學）校長。一九五三年被廣州市文史館聘爲館員。一九五七年
任副館長。一九五五年當選廣州市政協委員，次年當選廣州市政
協第一屆常務委員。病逝於穗。著有《視察報告書》、《澄宇齋詩
存》、《三民主義問答》、《廣東教育史略》等。（《廣東近現代人
物詞典》三四七頁）

　　周崧生。

　　周崧（一八七九～一九六一），字毓秀，號華崧。香山（今
中山）人。父簡廉，在鄉設館授徒，崧幼隨父就讀，長前往美國
經商，創辦中興公司成巨富，曾任舊金山美洲同盟會評議員、國
民黨駐美國總支部委員。抗戰時期，捐資支援抗日，被聘爲國民
參政會第二屆參政員、僑務委員等職。一九二八年興辦周崧學
校，一九三一年至一九四九年共辦十九屆，畢業生凡五百餘人，
免收學雜各費，經費由崧在港置鋪收租支付外，還按月從美國彙
款維持。一九三四年二月國民政府教育部頒發捐資興學一等獎。
一九四六年又致函族人擴辦中學部，全部經費由基金會負責，還
資助二區中學增辦高中班。病逝於美國。（《廣東近現代人物詞
典》三四八頁）

　　胡漢民生。

　　胡漢民（一八七九～一九三六），原名衍鴻，字展堂，號不
匱室主。番禺人。光緒二十七年（一九〇一）舉人。兩度赴日本
留學，入弘文學院師范科、法政大學速成法政科。三十一年（一

九○五）秋入同盟會，被推爲評議部評議員，後由孫中山指定任
本部秘書。兩年後隨中山至河内設立革命機關，策動兩廣起義。
武昌起義後，被推爲廣東都督，復任南京臨時政府總統府秘書
長。一九一七年孫中山在廣州成立護法軍政府，任交通部長，後
任國民政府外交部長。一九二七年後歷任南京國民黨中央政治會
議主席、國民政府立法院長等職。一九三五年十二月被推爲國民
黨中常會主席。次年五月病逝。著有《三民主義之連環性》、《不
匱室詩鈔》四卷。（《廣東近現代人物詞典》三七二頁）

　　侯過生。

　　侯過（一八七九、一八八○～一九七三、一九七四），字子
約，原名楠華。梅州城北人。十六歲學舉業。光緒三十一年（一
九○五）留學日本，專攻林業。入同盟會，任日本廣東同盟會支
部長、旅日廣東同鄉會會長。武昌起義勝利，賦詩慶祝。一九一
六年秋在日本東京帝國大學畢業後歸國，受聘至江西農業專門學
校任教授，每年必率學生至盧山白鹿洞林業區實習。一九二三年
回粵歷任中山大學農學院教授、院長達數十年。一九二九年赴臺
灣，得日本友人松風富雄饋贈甘蔗苗萬株，運至海南培育。一九
四六年再赴台調查農林業。新中國成立後，繼續從事林業，出席
在京召開全國科學工作者會議。繼任廣東省參事室副主任、廣東
省文物保管委員會副主任、廣東省文史館館長、廣東省政協常
委、廣東省第一、二、三屆人大代表、中國農工民主黨廣東省常
委。著作甚豐，又是著名書法家。先後出版有《森林經濟》、《測
樹學》、《林業法律學》、《森林工學》等書；詩詞有《五木齋詩
草》、《蓬萊詩草》、《約廬詩草》、《嚶鳴集》、《三萬里遊草》、
《歸來研室詞稿》、《侯過詩選》等。（《廣東近現代人物詞典》三
八六頁）

　　徐紹榮生。

　　徐紹榮（一八七九～一九四七、一九四八），字信符。祖籍
浙江錢塘，原籍番禺，生於英德，後遷穗。九歲時其父去世，以

節衣縮食所攢錢買粵雅堂、東塾書樓等散出藏書。不樂仕進，一生惟教書、藏書。繼聘充香山隆都學堂教席後，又曾在十多所學校任教，執教四十餘年。先後編著《中國文學史》等十多種教材，兼任廣東省立圖書館董事會董事、中山圖書館特藏部主任、廣東編印局委員、廣東文獻館理事及修志局編纂等職。一九二八年將居所前座拆建爲二層樓以藏書，稱南州書樓，曾自題詩。子承瑛，字湯殷，室名南州草堂、南州書樓。承父業，歷十餘寒暑，將藏書校勘編次爲《南州書樓善本題識》。一九五六年日本成立東洋文庫，對其藏於香江部分典籍屢出高價欲買，未爲所動，運回穗。病逝後，將所藏之書全部獻於國家。紹榮著有《中國文學史》、《中國詩學史》、《版本學》、《書目學》、《廣東藏書紀事詩》等。（《中國近現代人物名號大辭典》一〇三一頁）

徐傳霖生。

徐傳霖（一八七八、一八七九～一九五八），字夢岩，名半梅，筆名莊周等。和平人。邑廩生，後就讀惠州豐湖書院，嗣入京師政法學堂、日本早稻田大學，獲法學學士學位。光緒三十一年（一九〇五）入同盟會，一九一三年任國會議員，後參與反袁，流亡日本時與黃興等組織歐事研究會。一九一五年回國參加護法，歷任廣東省高等審判廳廳長、軍政府司法部部長兼大理院院長。一九二九年與張君勱等籌組國家社會黨。抗戰時期至新加坡宣傳抗日。抗戰勝利後，歷任民社黨中央常委兼宣傳部部長、憲政督導委員會副會長、總統府資政等。一九四八年以廣東代表身份參加國大並被提名爲副總統候選人。一九四九年去港，翌年赴台，一九五四年又與蔣介石競選總統。曾任民社黨代理主席。病逝臺灣。工詩能文。著有《中國法制史》、《刑事訴訟法》、《夢嚴詩文集》等。（《中國近現代人物名號大辭典》一〇三八頁）

陳亞美生。

陳亞美（一八七九～一九二七），吳川人。土匪首領。一九一九年屬下匪徒達四五百人。一九二二年農曆七月二十五日糾集全縣匪徒千五百多人圍攻石狗塘村，殺五十四人，搶槍五十七枝，索賠白銀千元。一九二七年被余漢謀部擊斃。（《吳川文史》）

陳世光生。

陳世光（一八七九～?），字震東。番禺人。光緒二十七年（一九〇一）初，入蘇松太兵備道幕充翻譯生。武昌起義時被委襄助保管江蘇關道庫。一九一二年被委江蘇交涉員公署交際科科長等職。一九二四年任江海監督兼外交部特派江蘇交涉員。（《民國人物大辭典》一〇一七頁）

陳成桂生。

陳成桂（一八七九～一九三五），瓊山（今屬海南）人。早年赴南洋從藝，曾加入南洋瓊州優伶聯誼社。後回國。一九二二年與吳發鳳等組織成立瓊崖土戲改良社，并領班上演新編《茶花女》、《西廂記》等，曾成功塑造了楊貴妃、西施、林黛玉等眾多舞臺形象，并編排了《兄妹狀元》、《紅葉題詩》、《文君賣酒》等大批劇本。在新加坡演出時病逝。（《廣東近現代人物詞典》二七七頁）

陳瑞芝生。

陳瑞芝（一八七九～?），高要人。早年與黃福、馬帝、王德等反清志士爲友。光緒二十六年（一九〇〇）適遇鄧蔭南、史堅如，乃加入興中會，參加惠州起義籌備。失敗後赴港澳，重謀舉義，受黃福命潛入廣州再次起事，因接應不力失敗。後從商。（《廣東近現代人物詞典》三〇五頁）

陳鶴年生。

陳鶴年（一八七九? ～一九一五），又名培基。海康人。僅讀過三年私塾。弱冠師從海南民間畫師。三年後返雷州，開設畫店，賣畫糊口。著名作品有《竹林七賢圖》等。民國四年死於鼠疫。（《海康文史》）

郭泉生。

　　郭泉（一八七九～一九六六），字鳳輝。香山人。光緒十九年（一八九三）赴檀香山，任職律師樓。後赴澳洲在其兄郭樂之永安果欄（店）任職。三十一年（一九○五）與樂在斐濟島設生安泰公司，任司理。兩年後與樂在香港開設永安百貨公司，任總經理。一九一五年與樂在香港開設永安水火保險有限公司。一九一七年與樂在上海籌設永安百貨公司，次年開業。一九二一年與樂在上海設永安紡織公司。一九二五年在香港開設永安人壽保險公司，次年任香港東華醫院總理。一九三四年在香港開設永安銀行。一九三九年中山淪陷，在港組織中山海外同鄉濟難總會，歷任香港太平紳士、保良局總理等職。一九五六年開設中區分店，後設銅鑼灣分店。著有《國民大會紀略》等。（《民國人物大辭典》八四五頁）

　　高劍父生。

　　高劍父（一八七九～一九五一），原名麟，後改崙，字鵲庭，以字行。番禺人。父瑞彩、叔父保樣均擅醫學、武術，亦能書畫。少喪父。早年肄業廣東水陸師學堂及嶺南學堂，後從師居廉，繼而東渡日本留學，在東京與廖仲愷、何香凝夫婦結識同住，曾研究日本及歐洲繪畫，後加入白馬會、太平洋畫會及水彩畫會。光緒三十一年（一九○五）在東京入同盟會，奉命回國，組織廣東支會，任會長，參加黃花崗起義，任敢死隊隊長。廣東光復，任廣東東路軍總司令，收復虎門要塞。辛亥革命後，劍父攜弟奇峰、劍僧再赴日研究繪畫。參加中華革命黨，致力討袁世凱及護法。後與弟奇峰在滬創立審美書館，出版《真相畫報》，宣傳革命。孫中山去世後，國民政府及汪偽政府曾多次邀請其進入政府，均遭拒絕，公開表示永不做官，專心致力於中國畫革新。抗戰前在穗設立春睡畫院。歷任中山大學國畫教授、南京中央大學藝術系教授、廣州市立藝術專科學校校長。廣州解放時在澳門養病。一九五○年冬欲返，舊病復發，次年在澳門逝世。（《中國近現代人物名號大辭典》一○五三頁）

唐耐修生。

唐耐修（一八七九～一九四九），名舜，字高潮。香山唐家村（今屬珠海）人。早年在上海一米行當學徒，後任採購員與供銷員，結識在蕪湖開設米行之南海人霍守華，過從甚密。民國二年（一九一三）在上海成立裕繁鐵礦股份有限公司，霍、唐被選爲總股東及助理。復在蕪湖、繁昌設立分公司及礦山事務所，霍、唐分任董事長與總經理。建礦初期，由於不熟悉礦山業務，使用土法開採，效益不高，乃與日本三井洋行合作，欲借助日本資金與技術發展生產。十三年（一九二四）裕繁鐵礦生產之鐵礦砂爲三十四萬噸，約占全國鐵礦砂總產值三分之一，全公司職工達二千七百餘人，在全國鐵礦中名列前茅，惜公司被日本資方掌握了公司控制權。守華與耐修力圖擺脫日方操縱，聘請英美技師，培養國內技術人員，逐步收回主權。二十七年（一九三八）繁昌淪陷，日軍以裕繁公司欠日款項爲由強行接收礦山，反聘霍、唐爲公司高級職員。抗戰勝利後裕繁鐵礦被判爲敵產而予以沒收，霍、唐在上海之私宅也被陳誠、桂永清佔用。耐修憤鬱成疾，三十八年春病逝上海。（《廣東近現代人物詞典》四二一頁）

黃覺群生。

黃覺群（一八七九～一九四二），原名俊平。龍川人。一九一六年在穗結識廖仲愷、彭湃等。一九一九年參加五四運動，次年加入陳獨秀舉辦的宣傳員養成所，曾出版《雷聲》。一九二三年加入中國社會主義青年團。一九二五年春加入中共，後任廣東省農運特派員、中共龍川縣特支書記、縣農協主席、縣蘇維埃政府委員等。一九二八年去北婆羅洲（今屬馬來西亞），長期從事華人教育。後病逝。（《廣東近現代人物詞典》四五九頁）

康同薇生。

康同薇（一八七九～一九七四），字文僴，號薇君。南海人。有爲長女。自幼不纏足及穿耳。十五歲編《風俗制度考》，後翻譯大量日本書籍。光緒二十三年（一八九七）任澳門知新報社翻譯。次年與梁啟超夫人李惠仙等在上海創辦《女學報》。戊戌政變後亡命澳門。後長期寓居海外。（《中國近現代人物名號大辭典》一一五三頁）

梁賚奎生。

梁賚奎（一八七九～一九三一），字惠吾，一作魁甫。南海人。怡和洋行買辦炎卿長子。早年入天津北洋大學及新學書院求學。光緒二十九年（一九〇三）留學美國，入麻州農業學校，旋轉入卡德爾農業大學，獲碩士學位。歸國後，授農科進士，任北京大學農科試驗場場長。一九一二年任農林部參事、農林部次長，次年在津接任怡和洋行買辦。後遭匪徒綁架遇害。（《中國近現代人物名號大辭典》一一六八頁）

張煜全生。

張煜全（一八七九～？），字昶雲。南海人。畢業於天津北洋大學，後赴美留學，獲耶魯大學法學院碩士學位。民國成立後，任大總統府秘書、外交部參事、秘書。一九一八年任清華學校校長。一九二〇年呈文外交部陳報籌設大學，決定逐年停辦中等科，而以辦中等科之力量與經費，改辦大學。一九一九年學生會召開成立大會，派巡警幹涉，引起學生罷課抗議，次年被迫辭職。一九二七年任外交部總務廳廳長。一九四〇年代理汪偽華北政務委員會政務廳法制局局長等職。

程天斗生。

程天斗（一八七九～一九三六），香山（中山）人。光緒十七年（一八九一）赴美國檀香山半工半讀，後獲芝加哥大學經濟學學士，畢業回國在香港籌組茂興洋行。一九一二年任廣東都督府工務司司長、廣東省財政廳廳長，籌組廣東省銀行，任行長。一九二二年陳炯明叛變革命，炮轟觀音山總統府，包圍財政廳，化裝逃脫，輾轉至港。軍政府發現虧空鉅款，如數退賠後得特赦，專心致力工商業及培養子侄，先後創辦工商銀行，曾在中山唐家灣興建煉油廠，並著有《石油蠡酌》。一九三二年曾受邀籌

組西南銀行。後在港被刺身死。子女六人均先後畢業於香港大學。（《廣東近現代人物詞典》五〇四頁）

蔡守生。

蔡守（一八七九～一九四一），原名絢，一作有守，字哲夫、守一、成城，號寒瓊、寒翁、寒道人、茶丘殘客、折芙。齋堂爲茶丘、寒廬、有奇堂、味雪庵、磚鏡齋、二條一廛、寒瓊水榭、茶四妙亭。順德人。早年入南社，襄助黃節、鄧實主辦《國粹學報》，刊輯《風雨樓叢書》，與潘達微合編《天荒畫報》。工詩詞書畫及文物鑒賞，惟懶於涉筆，對外酬酢多由王竹虛、尹笛雲、張谷雛代筆，篆書多由鄧爾雅揮毫。平生嗜茶，有饋贈佳茗者，多以書畫篆刻爲報，自比杜茶村。髮妻張氏傾城，後又娶談溶（月色）爲如夫人。富收藏文物。治印不專一家，因廣究金石，印作每得佳趣，或自篆而倩其夫人刻之。辛亥光復後憂患流離，羈棲輾轉，處境困厄。抗日時避難白蒓山，因心臟病發，逝於南京。著有《寒瓊碑目》、《寒瓊金石跋續》、《說文古籀補》、《漆人傳》、《瓷人傳》、《畫霙錄》、《印雅》等。（《南社紀略》）

鄧鏗生。

鄧鏗（一八七九～一九二〇），東莞人。京師大學堂、廣東黃埔水陸師學堂肄業。光緒三十四年（一九〇八）入同盟會。宣統三年（一九一一）參加廣東北伐軍，任第二步隊排長。一九一三年任廣東陸軍混成協營長。一九一八年任粵軍第五團代團長。一九二〇年孫中山命陳炯明率粵軍由漳州回師逐陸榮廷、莫榮新，並令鄒魯組織義勇軍配合討伐。鏗由京返粵經滬，晤朱執信，陳說東莞民軍可用。執信介紹見魯，後被委以虎門要塞司令部司令。時粵軍由潮汕進占石龍，鏗率民軍佔虎門，繳獲桂系丘謂南部部分槍枝，謂南歸降。但丘部時與鄧部摩擦，執信以廣州未克，欲予調停。執信與何振至鏗營，丘部突然包圍襲擊，鏗因事出意外，與執信、振出走，振被俘，執信與鏗先後被亂槍所殺。（《東莞市志》一四二〇頁）

鄭詢生。

鄭詢（一八七九～一九七五），庠名雲鶚，冠字峙寰，別字岸父，一字伯瑜，號彼岸。香山（今中山）人。嘗以八股文出眾，獲童子試冠軍。光緒三十年（一九〇四）留學東京同文書院，入同盟會。三十四年（一九〇八）創辦《香山旬報》。宣統二年（一九一〇）策動前山新軍反正，並與林君復等率軍光復毗鄰各縣。一九一二年任首屆香山縣長，婉辭不受，創辦《晦明錄》及《民聲報》等宣傳無政府主義。一九一四年由港赴美。一九三七年自夏威夷歸國，創辦五峰中學。一九四六年主纂縣志，次年任中山文獻委員會主任，創辦《中山文獻》。中華人民共和國成立後歷任中山圖書館館長、廣東省文物保管委員會委員、廣東文史館副館長等。著有《孫子年譜》。（《中山縣志》）

鄧本殷生。

鄧本殷（一八七九～?），字品泉。防城（今屬廣西）人。幼失學，入防城縣衙報名從軍，先入伍爲夥夫，後爲士兵。作戰勇猛，升至廣東西路巡防營管帶（相當於營長），隸屬廣東陸路提督龍濟光。辛亥革命後，巡防營縮編，告退歸田，後往閩投曾任粵瓊州鎮總兵之福建漳泉鎮守使黃培松，後晉升至八屬聯軍總指揮，割據高州、湛江、廉州（今廣西合浦）、欽州（今屬廣西）、雷州、瓊州（今海南）。一九二三年初，始在轄區內發行錢幣。一九二五年率部進駐瓊崖，在海口設立粵南實業銀行。次年，國民革命軍平定海南島。戰敗後稱病住進上海寶隆醫院，旋對外宣稱不治而逝，潛往滬隱居。一九三八年放棄隱居，在無錫梅村建立江浙遊擊軍抗日。抗戰結束後移居滬，解放前夕接受民革中央主席李濟深領導，在滬組織地下軍，並參加上海民革籌建工作，解放前移居香港，後不知所終。（《廣東近現代人物詞典》三五頁）

劉俠吾生。

劉俠吾（一八七九～一九一四），又名錫鑣，字少卿。梅州人。弱冠入庠，嗣至港澳入同盟會。後組織同盟會分會於柳州，設樟腦公司。宣統元年（一九〇九）己酉科拔貢。三年（一九一一）被推爲廣西特派員。武昌起義，廣西宣佈獨立，被委爲柳江軍政分府參謀長、國民黨柳江分部部長。一九一四年參加討袁，旋卒。（《民國人物大辭典》一四三一頁）

鄺佐治生。

鄺佐治（一八七九～?），原名霖（林）。新寧（今台山）人。旅美華僑、廚工。宣統元年（一九〇九）在舊金山入李是男等組織之少年學社，次年入同盟會。十一月，滿族親王赴美考察軍政，在舊金山乘車抵達屋倫站時，混身人叢中，欲刺殺之。正要從褲袋取槍時，被偵探逮捕。按美國法律，懷槍無罪。但佐治直認不諱，被判刑十四年。一九一二年被釋放。（《中國近現代人物名號大辭典》一七八頁）

魏邦平生。

魏邦平（一八七九、一八八〇、一八八四～一九三五），字麗堂。番禺人。日本陸軍士官學校畢業，回國後清廷賜予馬兵科舉人，充任廣東督練公所編譯員，後又任廣東講武堂教官。民國後先後任廣東都督府陸軍司長、參謀長、陸軍第二師第三旅旅長、廣東水上員警廳廳長等職。一九一六年參加討伐龍濟光，任護國軍第五軍總司令兼廣東省員警廳廳長及省警務處處長。一九一八年兼任廣州市督辦。一九二〇年任粵軍第三師師長，翌年任西江總指揮，率部參加援桂之役。一九二三年粵軍回粵後，第三師駐防穗。孫中山任大總統時，任廣州衛戍司令、討賊聯軍總司令，陸軍中將。一九二五年涉嫌參與刺殺廖仲愷，被當局派兵圍攻而出走。後定居香港。（《中國近現代人物名號大辭典》一三四四頁）

鍾勳生。

鍾勳（一八七九～一九四四），又名用宏，字李通、天靜，號鬭生。梅縣人。隨兄用和入廣雅書院，弱冠爲附生。旋赴日本

留學，入同盟會。武昌起義時命門人曾勇甫疏通防軍，遂統之光
復梅州。一九一三年赴日本。二次革命失敗後，著有《失敗》一
書。袁世凱稱帝，雲南舉義，贊助護國護法，旋任雲南教育司司
長。一九二六年冬任建設處處長。一九二七年隱居上海。（《民國
人物大辭典》一五五七頁）

鍾鼎基生。

鍾鼎基（一八七九、一八八六～一九三八），字伯庵、樸安。
惠州人。祖有芳曾官至一品。鼎基先後就讀廣東陸軍武備學堂、
保定北洋陸軍速成學堂、日本士官學校。畢業後在廣東新軍任軍
官。宣統二年（一九一〇）入同盟會。次年，參加廣東北伐軍，
北上南京。一九一二年南北和議，廣東北伐軍改廣東討虜軍，任
第三師師長。四月，改編為南京臨時政府第四軍，改任第二十四
師師長。冬回粵，在陳炯明循軍任第二路軍司令。翌年任廣東陸
軍第一師中將師長。一九一三年廣東都督陳炯明宣佈獨立，起兵
反袁，被革職，走香港。炯明倒臺，回鄉閒居。逝於惠州。

鍾毓元生。

鍾毓元（一八七九～一九三四），字季祁。五華人。廩貢。
宣統三年（一九一一）策動瓊州府太守莫棠起義，歷任汕頭地方
法院書記、新寧縣長、廣東省法院檢察官、書記長、土地局長、
田畝呈報處處長等職。（《五華縣志》）

繆鴻若生。

繆鴻若（一八七九～一九七〇），字墨庵、默庵，號勿庵。
香山人。南社社友。一九二三年新南社成立未加入，後參加長沙
南社。（《南社湘集》）

蟻光炎生。

蟻光炎（一八七九～一九三九），澄海人。早年抵越南、泰
國，後與友人合辦六順公司，後改獨資六順興公司，擴展為光興
利公司，擁有貨船及汽輪五十艘，執航運牛耳，當選為泰國中華
總商會主席。一九二二年粵東、閩南“八·二”風災及一九三一

年黄河大水灾發生後，捐鉅款賑灾。一九三八年與陳景川、廖公
圃等發起成立泰國潮州會館，購運暹米至潮汕平糶。號召華僑抵
制日貨，使日泰貿易額半年間銳減一半，還領導推銷抗日救國公
債和進行募捐活動。因積極從事抗日活動觸怒日僞而被刺殺。
（《廣東近現代人物詞典》三七九頁）

　　　陳成寶卒。

　　　陳成寶（？～一八七九），原籍海陽（今潮安），生於馬來西
亞怡保。霹靂州甲必丹亞漢子。後移居新加坡，爲其姐夫佘有進
得力助手，旋合資設鴉片專賣局，任局長。同治十年（一八七
一）被委爲新加坡市政委員會委員，越年爲太平局紳、名譽推
事、助理司法行政。光緒元年（一八七五）被舉爲新加坡市政委
員會主席，連任三屆九年。十三年（一八八七），山東發生饑荒，
與廣東幫僑領胡亞基及福建幫僑領陳明水籌叻銀萬七千餘元。捐
資與萊佛士學院中文組設獎學金，助歐籍及混種人研習中文。與
陳旭年、佘有進、黄金炎爲新加坡早期潮僑四大富。築有巨廈於
陸佑街，爲潮僑住宅四大建築之一。後新加坡以成寶爲路命名。
逝世於新加坡。（《庵埠鎮志》）

清德宗光緒六年　庚辰　一八八〇年

　　　本年陳嵩泉隨出使日本大臣黎庶昌出洋，任橫濱理事。

　　　陳嵩泉，字吉光。吳川人。光緒六年（一八八〇）隨出使日
本大臣黎庶昌出洋，任橫濱理事。歸國升直隸知州，加知府銜。
（《吳川縣志》）

　　　陳慶桂於本年中進士。

　　　陳慶桂，字香輪。番禺人。昌潮子。光緒六年（一八八〇）
庚辰進士，官户部主事，擢員外郎，轉福建道御史，升給事中。
辛亥國變，歸里不復出。著有《陳給諫疏稿》二卷。吳道鎔《廣
東文徵作者考》卷十二有傳。

　　　張嘉澍於本年中進士。

張嘉澍，原名士芬，字瑞毅。番禺人。光緒六年（一八八〇）庚辰進士，官工部主事。年四十餘卒。（《番禺縣續志》）

柳芳於本年中進士。

柳芳，字仲平。番禺人。光緒六年（一八八〇）進士，改翰林院庶吉士，散館授湖南安鄉知縣，補湖北來鳳知縣，歷任崇陽、黃岡知縣。爲官清廉，有柳青天之稱。晚歸里，主講金山書院。未幾病卒。（《番禺縣續志》卷二六）

羅承綸於本年成貢生。（民國《東莞縣志》卷四七）

羅承綸，號竹孫。東莞西門人。嘉蓉子。光緒六年（一八八〇）恩貢生。子瑞球，號鳴石。城西人。光緒間廩生。詩於元白體爲近。梁又農有《贈君》詩贈之。（張其淦《東莞詩錄》卷六〇、六三）

刁振謙生。

刁振謙（一八八〇～?），字信德。興寧人。一九一二年赴美留學，獲醫科衛生博士。歸國任上海同仁醫院醫師、北京《英文導報》編輯。（《興寧縣志》）

刁作謙生。

刁作謙（一八八〇、一八七九～一九七五、一九七九），字成章。興甯人。十歲隨父赴檀香山。中學畢業後赴滬入聖約翰大學，畢業後赴英國入劍橋大學，先後獲文學士及法學博士學位，在英任律師。光緒三十四年（一九〇八）再獲劍橋大學文學碩士學位，任中國留學生監督秘書，翌年改任監督。宣統二年（一九一〇）歸國，應留學生考試，授進士、翰林院編修，歷任上海育才學堂教員、外務部行走。辛亥革命時，任英文《北京日報》主筆。一九一二年任北京政府外交部秘書、大總統秘書，旋改任駐英使館參贊。一九一四年兼任倫敦總領事。一九一六年歸國，任外交部幫辦秘書，次年兼國務院秘書幫辦。一九一八年後任外交部秘書，署參事，兼代調查處處長。一九一九年任外交官典試委

員、代理情報局局長。次年任清華學校監督、外交部參事兼和約
討論會秘書長。一九二一年任駐古巴公使兼華盛頓會議中國代表
團秘書長，翌年兼駐巴拿馬國全權公使。一九二六年歸國，次年
任安國軍外交討論會委員、收回天津英租界委員會委員、外交部
條約修訂委員會委員。一九二八年任北京稅務學校教授、國民政
府條約委員會顧問。次年至一九三一年，任北京新聞社社長。一
九三三年任外交部簡任秘書，派署新加坡總領事。一九三六年任
外交部兩廣特派員。（《廣東近現代人物詞典》三頁）

　　王斧生。

　　王斧（一八八〇～一九四二），號斧軍，又號玉父。瓊山人。
光緒三十三年（一九〇七）赴新加坡任《中興報》主筆。後逃赴
暹羅，與胡毅生等創辦華益學校，並任同盟會暹羅分會主盟人兼
《華暹日報》主筆。宣統二年（一九一〇）在港結交陳少白等，
入同盟會，創辦《民報》等，任主筆。廣東光復，任瓊崖安撫
使。一九一三年被選爲眾議院議員。袁世凱謀稱帝，乃南下討
袁。一九二一年任國民黨瓊崖辦事處處長。翌年陳炯明叛，赴北
京，反曹錕賄選，復南下護法。一九三〇年任國民黨中央黨史史
料編纂委員會編纂，旋任監察院監察委員。抗戰爆發，奉派赴江
西視察民眾組訓及戰時政治機構。一九三八年參加第四軍風紀巡
察團。病逝於重慶。著有《斧軍說部》、《考古學》等。（《廣東
近現代人物詞典》一一頁）

　　毛文明生。

　　毛文明（一八八〇～一九三〇），原名文敏，原籍浙江，生
於連縣三江（今連南）。早年信奉基督教。光緒二十年（一八九
四）入穗培英書院讀書，後結識孫中山、陳少白等。二十六年
（一九〇〇）加入興中會，旋與史堅如謀炸兩廣總督德壽。二十
八年應聘赴檀香山傳道並宣傳革命。宣統元年（一九〇九）返
粵，三年與張竹君等潛運軍械，參加黃花崗之役籌備。廣東光復

後任廣東都督府度支使、實業參謀等。一九一二年任連縣民政長等，翌年辭職移居香港。一九一六年回穗執教培英學校，並任牧師，被推爲基督教廣州分會長老。一九二八年任廣州先施公司襄理。（《廣東近現代人物詞典》二六頁）

方瑞麟生。

方瑞麟（一八八〇～一九五一），字少麟。普寧人。光緒三十一年（一九〇五）東渡日本早稻田大學留學，入同盟會。次年任爲軍事聯絡員，協助許雪秋組織潮汕起義。原定三十三年（一九〇七）三月各路同日舉事，消息洩漏，遂提前於正月初七夜襲潮州城及汕頭。約定拂曉四時，饒平義軍誤爲十時，與許雪秋等情知有變，不得已將預伏義軍撤離，起義半途而廢，避往香港。五月二十二日，饒平義軍舉行黃岡起義，攻佔黃岡城，震動中外，爲領導人之一。後離汕赴新加坡。辛亥革命成功，特命爲南洋華僑宣慰使。一九三一年後歷任海陽（潮安）、連平、惠來、潮陽等縣縣長，潮梅治河委員會主任。爲官清廉，兩袖清風。蔣介石執政後，息影家園。（《廣東近現代人物詞典》三二頁）

丘鶴儔生。

丘鶴儔（一八八〇～一九四二），台山人。十三歲爲“八音班”嗩吶手。二十餘歲居香港，設音樂私塾，以講授廣東音樂爲務，擅揚琴、二弦、嗩吶、高胡。一九三四年離港赴紐約等地巡演。編著有《弦歌必讀》、《琴學新編》等曲集。創作曲有《娛樂昇平》、《獅子滾球》等。（《台山文史》第一期）

伍佐南生。

伍佐南（一八八〇～一九三九），名育郎。梅縣人。早年赴泰國繼承父業，從事火鋸業、輪船業、汽車運輸業等，又在多國設分行，成爲泰國華僑鉅子。協助孫中山籌設中華會所。宣統二年（一九一〇）任克屬暹羅會所副會長。一九二七年後又連任六屆會長。捐鉅資創辦松口溪南公學，捐款資助嶺南大學、梅縣東

山中學。後遇刺身亡。（《梅縣文史》第二〇輯）

李士傑生。

李士傑（一八八〇～一九一〇），字傳中。始興人。青年時入廣東陸軍練營學習軍事，選爲新軍正目，旋入同盟會。宣統二年（一九一〇）正月初二日，黄興命士傑等於午夜首義，激戰整夜，失敗犧牲，是爲庚戌之役。（新編《始興縣志》）

李尹桑生。

李尹桑（一八八〇、一八八二～一九四五），字茗柯，一作槵柯，一字壺父，號鈢齋，別署秦齋，原籍江蘇吳縣，寄居廣州。精研篆刻碑拓數十年，與黄賓虹、易大廠、鄧爾雅等往來較密。以精刻小鈢名於時。臨橅漢、魏諸碑，饒有金石氣。偶寫趙之謙真、行書，賞鑒家莫辨真偽。（《楓園畫友録》、《廣印人傳》、《藝甄初集》）

李佐漢生。

李佐漢（一八八〇～一九一六），興寧人。光緒三十一年（一九〇五）往馬來半島從事礦業。三十三年與溫生財等組織廣益學堂、閱讀報社，爲南洋同盟會主盟人，旋又與生財組織暗殺團。廣州黄花崗之役，參與籌款。武昌起義後，組織華僑炸彈隊攻虎門，旋又任北伐第八十六團華僑炸彈隊隊長。一九一五年謀炸袁世凱，事泄，出走南洋。同年十二月雲南獨立，復與徐忠漢入粵運動軍隊。次年初事泄，與忠漢同時被捕遇害。（《民國人物大辭典》二七三頁）

李宗湘生。

李宗湘（一八八〇～一九五三），號桂和。五華人。二十歲被賣豬仔至馬來西亞怡保埠錫礦場做工，一九一八年承包開採錫礦，後業務拓展爲巨富。抗日期間任南洋僑胞籌賑會怡保分會財政，領先認購救國公債。於家鄉爲五華一中等三所中學捐建樓房，建有百三間店鋪之桂和街等。（《五華文史》）

李雁南生。

李雁南（一八八○～一九一一），又名群，外號肥仔南。新會人。青年時做過船夫，曾打劫過往船隻，遭通緝。後參加三合會，攜眷赴港，轉往南洋馬來西亞檳榔嶼，認識孫中山。曾與革命黨人至雲南、緬甸進行革命活動，後全家赴緬做小本生意。光緒三十四年（一九○八）緬甸同盟會支部成立即入同盟會。宣統二年（一九一○），孫中山籌劃在廣州起義，革命黨人紛聚香港。時緬甸同盟會支部組織了雁南等十六人回國參加先鋒隊（敢死隊）。雁南帶家眷回穗安置，即協助何克夫臨時召集數十人加入先鋒隊應召待命。翌年廣州起義爆發，與隊伍一起沖入督署，身受輕傷，但仍奮勇沖殺，後被捕遭槍殺。葬於廣州黃花崗，為七十二烈士之一。（《廣東近現代人物詞典》一八五頁）

李瑤屏生。

李瑤屏（一八八○～一九三八），又名耀屏、顯章、文顯，號欖山山樵。香山（今中山）欖溪人。擅長山水、人物畫。二十世紀初，以山水畫著稱於廣東畫壇，為畫家黃君璧師。一九二三年與趙浩公等畫家在廣州六榕寺成立癸亥合作社，一九二五年擴充並定名為廣東國畫研究會，在東莞、香港亦設有分會，以反對在國畫中吸收外國畫法，主張復興古代國畫藝術精粹為宗旨以振興國畫，最鼎盛時達三百餘人，形成當時與嶺南畫派對峙而雄踞廣州兩大畫壇派別之一。（《廣東近現代人物詞典》一八八頁）

吳公輔生。

吳公輔（一八八○～一九五一），蕉嶺人。光緒三十二年（一九○六）至一九二五年僑居印尼。一九一九年與華僑書報社同人籌辦《天聲日報》，一九二一年三月《天聲日報》正式創刊。一九二五年返回蕉嶺任教育局長三年。一九五一年初夏因土改運動蒙冤自殺。著有《與園詩草》。

余德生。

余德（一八八〇～一九六六），別名宗禧。四會人。十二歲至穗西關學刺繡，師從四代相傳之黄洪，專門刺繡進貢清帝精細繡品。又至廣繡名師雲集之香山，觀看各路名師精湛工藝。擅長繡牡丹及始創獸類刺繡大掛畫，被譽爲刺繡王。光緒三十四年（一九〇八）入同盟會。宣統二年（一九一〇）參加廣州新軍起義。三年曾被委任爲北伐瀛字軍敢死隊隊長，後任廣東陸軍工兵營第四連排長。一九一三年復員後繼續從事刺繡。一九二五年被推舉爲廣州市錦繡行綺蘭堂理事，次年被選爲市刺繡工會主任委員。一九五二年被評爲市衛生模范。一九五五年入西區第二刺繡小組，任組長。一九五八年該組定名藝峰刺繡社，任副社長，同年入共產黨。被選爲西區人民代表、市政協委員、市文聯第一屆委員。晚年爲編寫《廣州刺繡針法》提供了大量寶貴資料。

范潔朋生。

范潔朋（一八八〇～?），南海人。早年加入同盟會，曾參與討伐龍濟光與陳炯明之役，繼任廣東省長公署及滇軍總司令部咨議。一九二二年後轉謀實業，曾被舉爲廣州市參事、香港爆竹商會主席、鏡湖醫院主席、同善堂值理、鏡湖學校校長等。“九一八”事變後，捐鉅資支援抗戰。（《廣東近現代人物詞典》三三二頁）

易次乾生。

易次乾（一八八〇～?），字鼎丞。鶴山人。畢業於廣東黄埔水陸師學堂及水雷學校。早年入同盟會，任南部幹事。辛亥革命後任香軍參謀。一九一二年任北京政府農林部編纂，次年任眾議院議員。國會解散走滬，與唐紹儀等組織金星保險公司，任總理。一九二二年任蒙藏院副總裁。一九四〇年任職汪僞財政部中央儲備銀行。（《民國人物大辭典》四八五頁）

莊叔興生。

莊叔興（一八八〇、一八八二～一九五三），又名揚風、正章，晚號半醉道人。海陽（今潮安）人。繪畫題材廣泛，尤其擅長工筆人物畫，所畫仕女、古代人物，線條流暢，衣褶飛動，色彩柔和典麗。曾任香港南洋煙草公司專職畫師，專畫商標及月份牌，開設莊叔興畫館招收學生，在潮州諸多民間畫坊中影響較大，饒宗頤曾經在此學習繪畫。長子紹銓，工筆劃技法不亞乃翁，成爲名重東南亞之工筆人物畫專家。（《廣東近現代人物詞典》一一九頁）

莫擎宇生。

莫擎宇（一八八〇、一八八三～?），字柱一。東莞人。父爲秀才，教書爲生。擎宇亦爲諸生，旋入廣東黃埔陸軍武備學堂，後官費入日本陸軍士官學校。畢業歸國任職廣東督練公所。民國成立時任營長，隨軍北伐後升第一團團長，隸潮梅鎮守使馬存發。二次革命失敗後投龍濟光，率部駐守潮汕。一九一六年春，參加護國討袁，驅逐龍濟光部屬馬存發，成立討袁軍總司令部，任總司令兼第二師師長，旋與湯廷光艦隊聯合反袁。六月，世凱死，黎元洪繼任總統，委爲惠潮嘉鎮守使，轄二十五縣（實十五縣）。翌年投段祺瑞，委爲廣東省省長兼軍務會辦，即奉命對護法軍政府作戰，組織討粵軍，任總司令，段派臧致平任副司令。致平來訪，擎宇竟不起，拂袖而走，由此隱存嫌隙。時舊桂系陳炳琨任廣東督軍，分兵兩路來攻，一路爲沈鴻英，一路爲劉志陸。致平軍拒不助戰，擎宇軍大敗，遂逃往鼓浪嶼，再走香港。（《東莞市志》一四七二頁）

倫敍生。

倫敍（一八八〇～?），字達如。東莞人。常子、明弟。光緒二十九年（一九〇三）舉人，後畢業於北京大學，曾任中山大學、廣東國民大學教授。（《中國近現代人物名號大辭典》二四四頁）

徐廉輝生。

徐廉輝（一八八〇、一八八一～一九一一），花縣人。安南華工。宣統三年（一九一一）三月二十九日參加廣州起義犧牲。
爲黃花崗七十二烈士之一。

徐錫勳生。

徐錫勳（一八八〇～一九五〇），又名整、公整，號軍雁。
樂昌人。陸軍速成學堂畢業。光緒三十一年（一九〇五）留學日
本東洋大學教育系。曾參加黃花崗之役。一九一八年參加粵軍援
閩，任第十五統統領。入閩，歷署上杭、同安、長泰等縣縣長，
擢陸軍少將。一九二〇年任粵軍總部參謀處處長，次年參加援桂
戰役，任參謀長兼第三路總指揮。一九二三年任第四師師長，翌
年赴港經商。一九二八年任第八路軍總指揮部少將參謀兼營地、
營產調查委員會主席，次年回籍任縣立中學、師範學校校長。一
九三一年任廣東省立工業專門學校建置主任、軍事訓練主任、中
山大學軍事教官，翌年任省禁煙總局緝私艦長。抗戰爆發後任抗
日自衛團第二十四區遊擊司令、省政府督察、軍事視察組組長
等。（《廣東近現代人物詞典》四一〇頁）

陳垣生。

陳垣（一八八〇～一九七一），字援庵，又字圓庵，筆名謙
益、錢罌等，書齋號勵耘書屋。新會人。光緒二十三年（一八九
七）赴京應試不第。宣統二年（一九一〇）畢業於光華醫學院。
幼好學，無師承，自學闖出廣深治學途徑。在宗教史、元史、考
據學、校勘學等方面，著作等身，成績卓著。畢生致力於教育事
業，從教七十多年，當過四十六年大學校長，對廣大青年學者熱
心傳授，如啟功等即由其一手提拔。曾任國立北京大學、北平師
範大學、輔仁大學教授、導師。一九二六至一九五二年，任輔仁
大學校長；一九五二至一九七一年，任北京師範大學校長。一九
四九年，任京師圖書館館長、故宮博物院圖書館館長、中國科學
院歷史研究所第二所所長，歷任第一、二、三屆全國人大常委會
委員。主要著述有《元西域人華化考》、《校勘學釋例》、《史諱

舉例》、《南宋河北新道教考》、《明季滇黔佛教考》、《清初僧諍記》、《中國佛教史籍概論》及《通鑑胡注表徵》、《陳垣學術論文集》等。（《中國近現代人物名號大辭典》六九九頁）

陳立梅生。

陳立梅（一八八○、一八八一～一九三○），字惠芳，號鶴珊。饒平隆都（今屬澄海）人。慈黌次子。青年時棄學從商，前往曼谷接替其父業務。一九一二年於泰國、香港、汕頭分設豐利棧匯兌莊；於泰國、汕頭廣置房地產；承租挪威國船舶之中暹輪船公司，航行於曼谷、香港、汕頭、新加坡以及日本等地，前後達四十餘年。熱心社會公益事業，與高暉石等發起組織中華總商會，先後任泰國中華總商會及火礱公會會長多年。參與創辦泰國報德善堂、潮屬培英學校、潮州女校。解囊捐助汕頭存心善堂、福音醫院、華洋貧民工藝院，香港廣華醫院、泰京天華醫院、澄海便生醫院等。一九二一年後在汕頭購置一大批房地產，對汕頭市政建設起了推動作用。（《廣東近現代人物詞典》二七五頁）

陳逸川生。

陳逸川（一八八○～一九五九），原名澤霖。東莞塘廈四村人。法國教會中學畢業，曾在日本軍事學會肄業。光緒三十三年（一九○七）在港入同盟會，一度任東莞同盟會分會會長，曾參與“三二九”黃花崗之役。一九一二年任北京臨時政府國會議員。一九一四年袁世凱欲稱帝，南下港隨孫中山討袁，後東渡日本任孫中山秘書。一九一六年返國，先後任駐滬粵籍議員、廣州非常國會議員、廣東省第一屆省議會議員、孫中山元帥府內政部秘書、軍政府秘書等職。一九二三年至一九三三年間，曾任遂溪、普寧、龍川、南海等縣縣長。後在穗閑居。一九三八年日軍南侵，避居高要鄉間。中華人民共和國成立後任廣東省文史館研究員。逝於穗。（《東莞市志》一四六七至一四六八頁）

陳官桃生。

陳官桃（一八八〇～一九三三），字紅寶，號恭甫。東莞人。高第任。師從康有爲，畢業於日本法政大學。宣統元年（一九〇八）官內閣中書，外放任河南巡撫衙門總文案官。民國元年（一九一二）任河南員警廳廳長，二年任廣東高等檢察廳廳長。九年以河南高等審判廳廳長歸里，讀書爲樂。（《茶山鄉志》）

陳煥章生。

陳煥章（一八八〇～一九三三），字重遠。高要人。十五歲入廣州萬木草堂，師從康有爲。光緒二十九年（一九〇三）鄉試中舉。三十年聯捷甲辰恩科進士。翌年赴美留學。宣統三年（一九一一）獲哥倫比亞大學哲學博士學位。次年歸國，在滬創孔教會，任總幹事，康有爲爲會長。一九一三年被聘爲袁世凱總統府顧問，入京，與嚴復、梁啟超等聯名致書參、眾兩院，請定孔教爲國教。一九一五年反對袁世凱稱帝，離京返鄉。一九三〇年在香港設孔教學院，自任院長。主要著作有《孔門理財學》、《儒行淺解》、《孔教論》等。（《廣東文徵續編》第二冊）

葉則愚生。

葉則愚（一八八〇～一九四三），梅縣人。早年捐資建進益小學。光緒三十一年（一九〇五）與劉雲堅合辦畬江三堡學堂，任國文教員。曾被聘爲梅州中學首任校長，又與葉菊年等創辦私立東山中學，任校董。（《梅縣文史資料》第九輯）

黃謙生。

黃謙（一八八〇～一九二八），廣州人。小學六年級時，因家庭經濟困難而棄學，隨父種地。一九二四年秋積極參加鳳溪鄉組織農民協會活動，成爲骨幹分子。又到附近各鄉幫助成立農會，開辦農民業餘夜校，建立農民自衛軍，開展減租減息、反對苛捐雜稅等鬥爭。次年參加中國共產黨，後因革命工作需要，又以個人身份參加國民黨。曾以國民黨中央農民部特派員身分下鄉指導農村運動，動員農民援助省港大罷工等鬥爭。"四一二"政變後被捕，經營救獲釋。一九二七年十月中共廣東省委改組，當選為省委委員，後被選為省委常委。廣州起義爆發後，帶領數百名農民赤衛軍參加戰鬥。失敗後潛往香港。次年在港被捕，六月在廣州紅花崗被殺害。（《廣東近現代人物詞典》四三六頁）

盛景璿生。

盛景璿（一八八〇～一九二九），字季瑩，別署芰舲，晚號澹迪，又曰澹（淡）圃、雪友、濠叟、遁齋。番禺人。工詩擅書嗜金石。壯歲漫遊燕楚，張之洞知其才，命主廣三路政。尤好徵集粵中金石。時吳氏筠清館、葉氏風滿樓、潘氏聽颿樓、孔氏嶽雪樓諸家所藏，漸次散佚。先後搜羅，所得殊富。日與王秉恩、李啟隆、裴景福研討考證，鑒別尤精。梁鼎芬題其門曰半千畫苑、百二書房。一九一四年甲寅重遊燕市，越長城邊塞，流連經年，歸訪丁氏持靜齋於潮汕。次年乙卯粵東大水，藏籍浸漬殆靡遺。張鼎華，維屏之孫也，未婚而歿，乃集故舊築感舊園祀之。民國十八年（一九二九）秋，偕友寓白雲山雲泉山館，觴詠匝旬，歸以微病卒，年四十九。曾與徐紹楨、梁鼎芬、易順鼎等交遊。冼玉清《冼玉清文集》上編有傳。

張作新生。

張作新（一八八〇～一九五六），梅縣人。光緒二十六年（一九〇〇）就讀汕頭同文學堂，三十三年（一九〇七）入同盟會，協辦松口體育傳習所。民國初赴南洋募捐籌建溪南學校，連任七屆校長，凡二十一年。一九二四年受洪劍雄委派，建松口國民黨第四區黨部，任區黨部主席。一九二七年被推為國民黨梅縣黨部執行委員。一九五二年被聘為廣東省文史研究館館員。（《客家名人錄》）

張禮泉生。

張禮泉（一八八〇？～一九六四），字勵存。歸善（今惠州）人。出生商人家庭，自幼酷愛習武，七歲起先後隨東江一帶林石、李蒙及林合等名師學武。光緒二十六年（一九〇〇）參加興中會，遭挫敗後一度避居新會。次年因打死當地一名惡霸折返惠州，尋又投奔在廣州之族叔。在穗有幸拜竺法雲禪師爲師學習白眉武術，經近三年苦練，除了彈子暗器外，習得其全部武學精髓，後回惠州繼續鑽研傳習禪師所授拳械。宣統三年（一九一一）參加黃花崗起義，失敗後回鄉。民國初先後在廣州設立大同會武館、勵存國術社授徒，把師承之技稱爲白眉拳派。而後赴台山縣廣海城教拳，亦在黃埔軍校任教官。一九二九年被兩廣武術館聘爲武術教師。一九四九年偕家人及部分弟子移居香港。上世紀二三十年代與林蔭堂、林耀桂、黃嘯俠、賴成己等齊名，並稱南方五虎將。除擅長白眉派拳技外，更精達摩內功打坐法、遁術易數及跌打專科。在禮泉及其門人努力下，白眉拳盛傳粵西及肇慶、雲浮、佛山、廣州、深圳以及港、澳、台等地，更流傳美國、加拿大以及歐洲、東南亞各國，數十年間成爲一大門派。病逝於香港九龍。（《廣東近現代人物詞典》二四一頁）

許論博生。

許論博（一八八〇～？），世界語名 Hsw W. K.。潮陽人。光緒三十年（一九〇四）在法國留學時學習世界語。三十四年回國。次年在廣州開辦世界語班與夜校。其學生有劉思復、黃尊生、區聲白，均爲中國早期世界語運動著名人物。一九一二年與劉師復創建廣州世界語學會，任會長，後任國際世界語協會廣州代理員。又曾協助劉師復主辦《民聲》雜志。二、三十年代曾協助黃尊生、伍大光創辦廣州世界語師范講習所，在該所任世界語教師。抗戰期間避入法國人主辦的廣州石室天主教聖心堂，曾將

《聖經》譯爲世界語。（《廣東近現代人物詞典》一二六頁）

梁福生。

梁福（一八八〇～一九四二），號東海。南海佛山鎮人。長期從事石灣藝術陶器製作，設醉石軒店經營陶瓷。以製作器物、人物居多。留存之作有《歐陽修》、《王羲之》等。又擅仿製名窯及黃炳、陳渭岩等作品。（《廣東近現代人物詞典》四七七頁）

梁密庵生。

梁密庵（一八八〇～一九四〇），名玉樞。梅縣人。映堂長子。年青時隨父在巴城經商。光緒三十一年（一九〇五）前後，孫中山至南洋宣傳革命，積極響應，在巴城與同仁創設寄南社，任社長。後經僑賢謝良牧、梁鳴發等介紹入同盟會。旋寄南社改革僑書報社，社員擴爲百餘，任總社長，分社達五十二處，會員多達數萬名，捐獻給孫中山領導之革命經費幾乎占總數一半。在父回鄉養老時承父業，加設德瑞棧，廣購房地產。一九二三年決定返鄉，專門料理僑彙業務，而印尼所經營各項業務則交長子錫佑接班。病逝於印尼。（《梅州人物傳》）

梁鳴九生。

梁鳴九（一八八〇～一九〇九），梅縣人。光緒三十二年（一九〇六）赴日留學，入同盟會。翌年奉命回國策劃潮州及黃岡之役，失敗後協助創辦松口體育傳習所，開設公裕源米店爲聯絡機關。宣統元年八月奉命赴南洋籌措經費，攜匯票於十月乘坐法國郵輪返國，船近新加坡被撞沉殉難。（《客籍志士與辛亥革命》）

梁瀾勳生。

梁瀾勳（一八八〇～？），三水人。早年肄業香港皇仁書院，歷任天津北洋大學教員等。一九一六年任北京政府外交部特派廣東交涉員兼粵海關監督。（《民國人物大辭典》八八四頁）

馮耿光生。

馮耿光（一八八〇、一八八二～一九六六），字幼偉、致偉。番禺人。康侯叔祖。日本陸軍士官學校步兵科第二期畢業生。光緒三十一年（一九〇五）回國，歷任北洋陸軍第二鎮管帶、協臺，廣東武備學堂教習，陸軍混成協標統，澧州鎮守使。宣統三年（一九一一）任清軍咨府第二廳廳長兼第四廳廳長。武昌起義後，被清政府派爲參加南北議和北方分代表。中華民國建立後，任袁世凱總統府顧問兼臨城礦務局監辦、參謀本部高級參議，領陸軍少將銜。後任臨城礦務局督辦。一九一八年任中國銀行總裁。一九二二年改任中國銀行常務董事，兼任北洋保商銀行董事、大陸銀行董事、中國農工銀行董事等職。一九二六年再任中國銀行總裁。一九二八年起任新華銀行董事長、聯華影業公司董事。十月，中國銀行改爲政府特許彙兌銀行，專任中國銀行常務董事。一九三一年新華儲蓄銀行危機，中國、交通兩行撥款將其改組爲新華信託儲蓄銀行，耿光爲董事長。一九四五年改任中國銀行高等顧問、新華銀行董事長。一九四七年任中國農工銀行董事長。新中國成立後，任中國銀行與公私合營銀行董事、第一屆全國政協委員。曾爲梅蘭芳營宅於北蘆草園。（《中國近現代人物名號大辭典》一八八頁）

彭建標生。

彭建標（一八八〇～?），字策遐。龍川人。副貢生。後入法政專門學校。一九一二年執律師業。被選爲省議會議員。一九一三年被選爲參議院議員。國會解散後，旋返粵復充律師。一九一六年袁世凱稱帝，棄律師業，赴港澳，力倡反對。一九一六、一九二二年兩次國會恢復，均任參議員。（《民國人物大辭典》）

曾晚節生。

曾晚節（一八八〇～一九四〇），字糾佰。嘉應（今梅縣）人。光緒三十一年（一九〇五）赴日本留學，翌年入同盟會。三

十四年（一九〇八）回國度假，與人組織冷圃詩社。返日後與鍾
動創辦《梅州》刊物。辛亥後任同盟會本部總幹事。一九一五年
參加護國。一九一七年任南雄縣長。北伐勝利後任廣東南區（海
南島）善後公署政務處長，編成《海南島志》十卷。（《客籍志
士與辛亥革命》）

　　黎和興生。

　　黎和興（一八八〇～一九六五），東莞莞城人。少家貧，隨
父種菜。稍長出外當書童及工人，後輾轉至稍潭渡（來往廣州客
渡）當廚師。華僑劉清（蔡白鄉人）乘船至穗，就食於渡，覺菜
肴可口，由此相識，同往澳洲。抵澳後就職飲食業，奮鬥數年，
稍有積蓄，與某華僑合資於悉尼經營南京酒樓。數年後，又獨資
開聯新酒樓。當時悉尼莞籍華僑僅百餘，倡議聯合增城華僑成立
東增公義堂同鄉會，被選為主席，東增僑胞多受其惠。如幫助找
職業，創辦華人墳場，有不願葬異國者，設法運回國安葬。一九
三二年莞城水災，捐款救濟。"一·二八"淞滬抗戰，募捐財物
寄回國內支援十九路軍抗日，還多次把募捐錢物寄至八路軍駐港
辦事處。中華人民共和國成立後，凡有祖國代表團訪問悉尼或劇
團前往演出，必親自下廚烹飪。被選為全國首屆人大代表，回國
出席會議時返莞，適值莞城珊洲河疏浚整治，解囊贊助。病逝於
悉尼。（《東莞市志》一四七二頁）

　　楊永泰生。

　　楊永泰（一八八〇、一八八五、一八八六～一九三六），原
名承泰，字暢卿。茂名人。光緒二十七年（一九〇一）入廣東高
等學堂，後就讀於北京法政專門學校，畢業後曾任《廣南報》編
輯。一九一三年入國民黨，次年當選為第一屆國會參議員，入中
華革命黨。一九一六年任肇慶軍務院財政廳廳長，次年任大元帥
府參議。一九一八年後任廣州軍政府財政廳廳長、廣東省長。一
九二七年任南京國民政府軍事委員會參議，為蔣介石智囊。一九

三六年遇刺身亡。譯有《外交政策》、《現代民主政治》等。（《中國近現代人物名號大辭典》三六二頁）

鄧仲澤生。

鄧仲澤（一八八〇～一九六四），開平人。早年在香港經商並投身革命。光緒三十四年（一九〇八），任香港四邑工商總會會長。廣東光復，任軍政府籌餉局長。一九二〇年孫中山爲臨時大總統，任財政委員會委員長。後辭職返港經商，移資上海。經"一·二八"之役及"七七"事變，數廠並毀，便結束滬業，攜眷卜居澳門。（《廣東近現代人物詞典》三七頁）

鄧警亞生。

鄧警亞（一八八〇～一九七二），三水人。早年畢業於兩粵醫學堂。光緒三十一年（一九〇五）任同盟會三水同盟分會會長。次年隨兄慕韓赴南洋，曾任《中興日報》編輯。宣統二年（一九一〇）後參與創辦《平民日報》、《平民畫報》。一九一二年參與創辦振華興亞會，任會長，並籌款組軍，支援越南革命。二次革命時，利用《平民日報》進行反袁宣傳。一九一四年避居香港。後歷任孫中山大元帥府内政部僉事、大本營宣傳局總務科科長、廣西省長行署僉事、廣西財政廳主任秘書等。中華人民共和國成立後任廣東省文史館館員。（《廣東近現代人物詞典》四三頁）

廖平子生。

廖平子（一八八〇、一八八二～一九四三），原名任堅，字平子，號平庵，又號蘋庵。順德人。出生世代書香之家。平子少時有富足藏書，又十分好學，除學文，還喜習武藝。少有文名，與盧倍、伍憲子被譽爲順德三傑。追隨孫中山，曾任《中國日報》副刊主筆。一九三八年十月日寇陷廣州，投筆從戎，組織敢死隊，後終因寡不敵衆而敗，攜眷亡命澳門。次年，自辦《淹留》雜誌以維持生活。時蔡元培寓香港，得知平子自辦抗日文藝雜志，每期托人購買。《淹留》出至四十期，改名《天風》，又出至十四期而止。《淹留》與《天風》整份雜志均爲寫本，出一人手。一九四一年冬日寇占港，於翌年冬轉入内地曲江，又曾創刊《予心》。（《中國近現代人物名號大辭典》一二九二頁）

鄭貫公生。

鄭貫公（一八八〇～一九〇六），名道，字貫一、筆名自立、仍舊。香山（今中山）人。十六歲因家貧輟學，東渡日本在太古洋行橫濱支店傭工，業餘自學維新派書報，受知於梁啟超，准其免費入大同學校。在校學習期間接受了盧梭、孟穗斯鳩、達爾文、斯賓賽等人學說，同時與孫中山等革命黨人交往，遂傾向於革命。離校後，任《清議報》助理編輯，並與馮自由、馮斯欒創辦《開智錄》半月刊。由清議報社附印發行，曾以昌言革命被《清議報》解職，《開智錄》亦停刊。光緒二十七年（一九〇一）春經孫中山介紹，去香港任《中國日報》記者，於該報盡力闡發新思想、新學說。二十九年（一九〇三）脱離《中國日報》，參加《世界公益報》工作，以言論受資本家限制辭職，另創《廣東報》發刊年餘，以資本不足停刊。三十一年（一九〇五）創辦《惟一趣報》進行反美拒約宣傳，給省港人民正在進行的抵制美貨運動很大支持。後染疾逝世。（《廣東近現代人物詞典》三六三頁）

黎慶恩生。

黎慶恩（一八八〇、一八七九～一九五九），字澤閭。順德昌教人。宣統元年（一九〇九）己酉科拔貢，授山東即用知縣，辭不就。畢業於武備學堂，又赴日本學習法律。返國後，參與創辦廣東官立法政學堂，後繼任爲校長。一九二四年倡議改法政學堂爲省立法科大學，仍任校長。翌年與陳樹人、黎葛民等人組織清遊會，定期觀摩會員書畫作品。工書法，與畫家温其球友善。喜吟詠，著有《拙存堂詩》。（《廣東近現代人物詞典》五五四頁）

劉秋甫生。

劉秋甫（一八八〇～一九一一），南海人。幼年在廣州香粉行業任職工。清末棄舊業，赴越南堤岸參加革命。光緒三十四年（一九〇八）春入同盟會。欲參加黃花崗起義而回國。五月潛赴廣東，假賣藥以宣傳革命，往來佛山石灣等處。十九日途次佛山，被清吏黃培松偵探逮捕，二十二日就義。（《民國人物大辭典》一四三〇頁）

劉漢全生。

劉漢全（一八八〇～一九〇七），香山人。幼年居香港。弱冠與劉一偉入國民黨，在香港設立中國育英學校，自任監學，潛約海內外同志克期舉事，均遭失敗。遂思行暗殺，製造炸彈時，不慎彈爆身亡。（《民國人物大辭典》一四五二頁）

劉鐵戎生。

劉鐵戎（一八八〇～一九五二），原名廣銘。陽春人。少時投粵新軍，宣統二年（一九一〇）參加新軍起義，與劉剛等進軍陽春縣城。一九一二年赴穗，任孫中山大元帥府上校警衛營長兼侍衛官。中山逝世，以少將銜退休，以小販謀生。

譚坤儀生。

譚坤儀（一八八〇～一九一六），又名均工。高明人。十六歲於三洲圩開賭檔結識轟水等，後入三合會。光緒二十四年（一八九八）發動會友抗交民房稅，打死城守，被通緝。投佔據縣內軍屯山之轟水，有眾三百。武昌起義後，組成五百多人民軍趕走知縣，光復高明。一九一三年退回軍屯山，被肇慶軍打敗，轉入秘密活動。後在西江橫渡船上被官兵槍傷墜水溺死。（《高明縣志》）

羅浮耀生。

羅浮耀（一八八〇～？），原名泮輝，字芹三。南海人。畢業於香港皇仁書院、天津北洋大學。宣統二年（一九一〇）赴美國哈佛大學、哥倫比亞大學、芝加哥大學留學，獲法學博士學位。回國歷任北洋大學及上海東吳大學教授、廣東外交司司長、北京政府外交部特派廣東交涉員。一九三二年任粵漢鐵路廣韶段管理局局長等。

關賡麟生。

關賡麟（一八八〇～一九六二），字穎人。南海人。光緒三十年（一九〇四）進士。嗣赴日留學。歸國後，歷任財政部秘書、交通部路政司司長、聯運處處長、編譯處處長、鐵路總局提調、京漢鐵路會辦、總辦、局長，川粵漢鐵路督辦等。一九二二年交通部委派任交通大學校長。一九二七年再任交通部參事、漢粵川鐵路督辦。次年政府南遷至南京後任國民政府鐵道部參事兼交通史編纂委員會委員長，尋改任業務司司長兼聯運處處長、平漢鐵路局局長、鐵道部參事、顧問等職，並常駐北平主持北平鐵路學校校務，以永久董事兼校長負責籌款。“七七”事變後，賡麟堅拒日偽，不與合作。抗戰勝利後，因侍奉有病老母，遂留北京賦閑，主持稊園詩社。一九五六年列席政協第二屆全國委員會第二次會議。同年被周恩來聘任為中央文史研究館館員。病逝於北京。工詩詞。著有《瀛譚》、《借山樓集》、《東遊考察學校記》、《京漢鐵路之現在及將來》、《中國鐵路史講義》等。編著有《稊園詩集》（叢書）多種。（《廣東近現代人物詞典》一二三頁）

饒輔廷生。

饒輔廷（一八八〇、一八八一、一八七九～一九一一），名可權，字競夫。梅縣人。光緒三十二年（一九〇六）入上海中國公學。宣統二年（一九一〇）畢業歸里，充高等小學堂教師。翌年三月，與妻同赴穗，策劃黃花崗之役，並管理糧餉。起義發動，在攻打督署之際被捕，遭嚴刑逼供，堅不吐實，遂慷慨就義。葬廣州黃花崗，為七十二烈士之一。（《中國近現代人物名號大辭典》九二五頁）

清德宗光緒七年　辛巳　一八八一年

本年張之洞移督兩廣。（《清史稿》卷四三七《張之洞傳》）

十一月十六日，廣州長壽寺被搗毀，一代蘇州式園林從此灰飛煙滅。（亨特著，沈正邦譯，章文欽校《舊中國雜記》七六頁）

本年黃遵憲任駐日使館參贊，清從美國撤回留學生，途經日本，遵憲深感痛心，賦《罷美國留學生感賦》五古長詩。（鍾賢培、管林、謝華、汪松濤《黃遵憲詩選》五〇頁）

本年丘權達發動各鄉捐資建育嬰堂，轉變鄉中溺斃女嬰之風。

丘權達，號國珍。豐順人。例貢生，贈奉直大夫。參與籌建義倉。縣獎以“急公好義”匾。（民國《豐順縣志》）

本年趙子清在連州率兩千餘瑤民反清。

趙子清，連州人。光緒七年（一八八一）在連州率兩千餘瑤民反清。次年兩廣總督李鴻賓調集粵、鄂官兵六千人進攻，爲其所敗，鴻賓被撤軍職。（《廣東近現代人物詞典》三七七頁）

謝國珍於本年成貢生。

謝國珍，字聘三。嘉應人。光緒七年（一八八一）辛巳歲貢。著有詩文稿三卷。胡曦《梅水匯靈集》卷七有傳。

王承祖生。

王承祖（一八八一～？），番禺人。畢業於美國康乃爾大學機械系。任南口京張鐵路工程師、平漢鐵路管理局機務處處長等。

王鴻龐生。

王鴻龐（一八八一～？），瓊山（今屬海南）人。樹藩長子。宣統三年（一九一一）畢業於廣東高等員警學校，早期追隨孫中山入同盟會。一九一三年當選國會參議院議員，國會解散後回鄉。一九一六年國會恢復，仍爲參議員，次年任護法國會參議院議員。一九二二年第二次恢復國會時再任參議員。病卒於廣州灣赤坎埠客寓。（《民國人物大辭典》一〇五頁）

王鐵峰生。

王鐵峰（一八八一～一九三九），原名克獻。西寧（今屬羅定）人。少從王克忠習經史，嗜書法。曾應縣試，列優等。壯歲設館授徒，從政修志。（《肇慶文物志》）

王寵惠生。

王寵惠（一八八一、一八八二～一九五八），字良疇，室名困學齋。東莞虎門人。光緒二十六年（一九〇〇）畢業於天津北洋大學法科，任教於上海南洋公學。次年赴日研究法政，與秦力山等刊行《國民報》。二十八年轉赴歐美留學，獲美國耶魯大學法學博士，當選柏林比較法學會會員。三十一年（一九〇五）入同盟會。曾任南京臨時政府外交總長、國民政府司法部長、海牙國際法庭正法官，一九四五年代表中國出席聯合國創立會議，參與制定《聯合國憲章》。一九四九年去香港，後轉赴臺灣。病故於臺北。（《民國人物大辭典》一一〇頁）

伍憲子生。

伍憲子（一八八一～一九五九），名莊，字憲子，號夢蝶。順德人。早年隨康有爲受業，入保皇會，歷任《香港商報》、《南洋總彙報》、《國事報》主筆，鼓吹君主立憲。民國初任廣東、湖北內務司司長及馮國璋總統府參議，並與徐佛蘇合辦《國民公報》。一九一八年後相繼在京、港主辦《唯一日報》、《共和日報》、《平民週刊》及《丙寅》雜志。一九二七年與梁啓超、徐勤等創立中國民主憲政黨，並赴美國三藩市主辦該黨機關報《世界日報》，一度出任該黨主席。一九三五年在紐約創辦《紐約公報》。一九四一年在港加入中國民主政團同盟。抗戰勝利後，中國國社黨與中國民主憲政黨合並爲中國民主社會黨，當選副主席。一九四七年任國民政府中央委員、中國民主社會黨中央主席。後定居香港著書講學。著有《夢蝶文存》等。（《廣東近現代人物詞典》九八頁）

孔昭焱生。

孔昭焱（一八八一、一八八三～一九四三），字熙伯，又作希白。南海人。貢生。早年師從康有爲。曾任澳門《知新報》撰述，後留學日本法政大學速成科。回國後任兩廣法政大學堂教務長、廣東高等巡警學堂教務長、《兩廣官報》局總編輯、廣西撫署交涉科參事等。一九一二年後歷任北京大總統府秘書、廣西國稅廳籌備處處長、廣西財政廳廳長、廣西榷運局局長、粤海關監督、廣東全省酒稅處總辦、京兆財政廳廳長、司法部次長、第四屆司法官考試典試委員長、國民政府最高法院東北分院院長、北平市禁煙委員會委員及市自治討論會常委等。在香港去世。著有《議會通詮》、《上海法權問題》等。（《廣東近現代人物詞典》四五頁）

李任重生。

李任重（一八八一～一九一三），字君博。興寧人。早年師從饒寶書。光緒二十六年（一九○○）於汕頭嶺東同文學堂深造。興寧蠶業學堂建立，聘爲教習，設計出新式顯微鏡。宣統二年（一九一○）四月在南京以設計並督造顯微鏡、望遠鏡參加展覽會並獲獎。被譽爲中國新顯微鏡製造家。在家病故。（一九八九年《興寧縣志》）

李茂之生。

李茂之（一八八一、一八八二～？），新會人。青年時亟力襄助其兄紀堂參與革命，廣東光復後任軍政府樞密部參議。中華民國臨時政府在南京成立後任總統府秘書。臨時政府解散後歸粵，協助地方當局整頓官錢局，兼任廣東圖書館館長。一九一三年被選爲參議院參議員。袁世凱解散國會後，南下滬與唐紹儀創辦金星保險公司；又與谷鍾秀等創辦正誼雜志社，開辦泰東書局。一九一六年恢復國會，復任參議員。次年南下，任護法國會參議院參議員。一九一八年任兩廣鹽運使。翌年任廣東財政特派員。一九二二年第二次恢復國會，仍任參議員。後任廣東銀行監事長。晚年憩息杭州西湖別墅。（《廣東近現代人物詞典》一七四頁）

李卓立生。

李卓立（一八八一～一九五三），字平宇，號巨公。信宜人。幼年家貧，苦學中秀才。曾在國民政府中從事文墨工作，任中學語文教員。工餘潛心古文字學、書法、金石篆刻。著有《奇文麟爪》、《中國文學考》等。（《信宜人物傳略》）

李嶽屏生。

李嶽屏（一八八一～一九五六），又名尚賢。五華人。二十九歲至印尼做工、擺攤，受人托銷香煙而發財，後開設煙草公司、百貨店等十多間。熱心公益，捐建五華縣平民醫院等。（《五華縣志》卷八）

李是男生。

李是男（一八八一～一九三七），又名公俠，小名吉棠，字奕豪。出生於美國舊金山，祖籍台山。光緒三十一年（一九○五）組織勵志社，次年往香港入同盟會，三十三年返舊金山，代父任和隆鞋店經理，參加華僑團體同源會，爲該會中文書記。宣統元年（一九○九）春，與同祖籍青年黃伯耀、黃超伍、温雄飛等組織少年學社，出版《少年週報》。次年春孫中山訪美，在舊金山成立同盟會，《少年週刊》改《少年中國晨報》，爲同盟會機關報，主持副刊，任新聞編輯、美洲同盟會會長。組成三藩市中國同盟會，成立中華革命軍籌餉局，任三藩市同盟會會長兼籌餉局局長。一九二一年回國任廣州臨時總統府秘書。一九二五年春，孫中山病重，與汪精衛進京探望，問遺囑，已口不能言，協同汪精衛寫成遺囑文稿，中山舉手示同意。中山逝世後，專心中山紀念堂籌建工作。一九三一年起任廣州中山紀念堂管理委員會常委，一九三四年任國民黨中央革命債務調查委員會委員兼秘書。因肺病卒於穗。（《中國近現代人物名號大辭典》四三六頁）

李柏存生。

李柏存（一八八一～一九六一），原名緣慶。嘉應（今梅縣）人。兩廣警察學堂畢業後留學日本早稻田大學，參加同盟會。武昌起義後協助胡漢民、謝良牧促使清廣東水師提督李准反正成功。民國建立後歷任廣東都督府教育司司長、瓊崖道尹公署秘書長、江蘇蘇常道道尹、遂溪、新興、連平縣長。晚年回鄉定居，任廣東省參議員，後去臺灣。著有《嘉應李九香義行集》等。（《廣東近現代人物詞典》一七八頁）

何卓非生。

何卓非（一八八一～一九一三），番禺人。早年入同盟會，後入鐵血軍，任組織員。辛亥武昌起義，投初字營。一九一二年後在太古洋行任職，翌年入粵與李天德謀舉事，委爲右翼司令。後被龍濟光偵探捕殺。（《民國人物大辭典》三八七頁）

何與年生。

何與年（一八八一、一八八〇～一九六二），名樹人。番禺人。幼從堂兄柳堂學琵琶，後又精通三弦、揚琴等樂器。一九三一年與何柳堂、何少霞等人赴滬，錄製了《賽龍奪錦》、《七星伴月》、《迴文錦》、《雨打芭蕉》、《餓馬搖鈴》等唱片。一九三五至一九三七年間，與何少霞、尹自重、呂文成等灌制的唱片有《娛樂升平》、《十面埋伏》、《午夜遙聞鐵馬聲》、《孔雀開屏》、《楊翠喜》等曲。一九四九年底離開廣州前往香港，並一直從事音樂教育工作。在港去世。創作的粵樂還有《寒潭印月》、《走馬看花》、《上苑啼鶯》等三十餘首，參與設計的粵曲唱腔有《可憐秋後扇》、《一代藝人》、《鶯鶯酬簡》等十餘首。（《廣東近現代人物詞典》二一一頁）

林百舉生。

林百舉（一八八一～一九五〇），原名鍾鎊，號一厂。梅縣人。光緒二十七年（一九〇一）投考汕頭嶺東同文學堂，後兼任該校教員。三十三年（一九〇七）冬，由謝逸橋介紹加入同盟會，協助逸橋在汕頭創辦《新中華報》爲嶺東同盟會機關報，後應廣東北伐軍總司令姚雨平邀請投筆從戎。南北議和後，與雨平在上海創辦《太平洋報》。旋返汕頭。《新中華報》遭吳祥達焚毀後，與謝逸橋、古直等創辦《大風日報》，討伐袁世凱。爲“南社”成員，與柳亞子、葉楚傖等過從甚密，在該社社刊發表了大量詩作。三十年代曾任國民黨黨史編纂，負責《孫中山先生年譜》編撰。（《客籍志士與辛亥革命》、《潮州志》）

林寶宸生。

林寶宸（一八八一～一九二四），又名熾。花縣人。生於農民家庭。參加辛亥革命，入敢死隊，參加黃興指揮之廣州起義。一九一三年秋，參加討龍（濟光）反袁（世凱），失敗後攜妻亡泰國，以賣雲吞面爲生，後回國。一九二三年前後，重新開始對農民宣傳鼓動，積極串聯譚康、黃佳，共商籌建農會。次年夏結識彭湃、阮嘯仙等，七月成立了穗郊第一個農會，被選爲執行委員長，會員迅速發展至上千戶，並建立了農民自衛軍。後被暗殺。（《中國近現代人物名號大辭典》七五五頁）

林業明生。

林業明（一八八一～一九三三），字煥廷。順德人。光緒三十三年（一九〇七）入同盟會，任安南（今越南）支部主盟人，曾參加鎮南關（今友誼關）、欽廉、河口諸役，失敗後潛赴南洋。宣統三年（一九一一）復返海防，購運槍械，支援廣州黃花崗之役。後在港創辦《真報》及《黃花三日》刊，反對龍濟光。一九一八年在上海創辦華強書局與民智書局。一九二三年任國民黨本部財政部長。病歿滬寓。（《廣東近現代人物詞典》三一八頁）

姚啓元生。

姚啓元（一八八一～？），字幹初。南海人。畢業於北洋醫學堂西醫專門學校，後赴英、法國留學。回國後，歷任天津衛生局、天津縣員警署醫生。日俄戰爭時赴奉天參加紅十字會工作。後歷任軍醫監、鎮安上將軍署軍醫科科長、奉天督軍署軍醫科長兼陸軍醫院院長等職。一九二七年任遼宵東海關監督。

許愛周生。

許愛周（一八八一～一九六五），吳川人。三十年代初建順昌航業公司，航行廣州灣（今湛江）至香港間。抗戰後移香港經營遠洋航行至華中、華北，繼而遠航至新、馬、泰、日等外埠，成爲香港航海業鉅子。曾任香港中華總商會、高雷同鄉會名譽會長。（《高雷文獻》）

陳才生。

陳才（一八八一～一九一一），南海人。早年至越南謀生，在海防升昌祥洋貨店當店員，後經張福弁介紹入同盟會。辛亥廣州起義（黃花崗之役）發動，歸國參加"先鋒隊"（敢死隊），隨陳春等攻總督署，勇猛殺敵，轉戰至司後街，壯烈犧牲。後經審定增立一碑，補列爲黃花崗七十二烈士之一。（《廣東近現代人物詞典》二六〇頁）

陳文褒生。

陳文褒（一八八一～一九一一），大埔人。初至惠州謀生，後抵南洋經商，入同盟會。宣統二年（一九一〇）二月初廣州新軍起義因不及參加而極爲遺憾，後聞各省同志仍在穗謀再起義，即急速回國。翌年三月二十九日廣州起義，擔負城外進攻任務，但子彈未及時運到，聞城內槍聲已響，即急忙入城。適遇用竹筐送子彈者於城門口受阻，即扛起竹筐跑至靖海門外放置某熟人家。於是裝足子彈，冲進城攻總督府，在戰鬥中犧牲。葬黃花崗。

陳光烈生。

陳光烈（一八八一～？），字梅湖。饒平人。早年追隨孫中山，曾任大總統府、大元帥府諮議官、國務院存記、分陕道尹、嶺東招撫使等。三十年代初隨鄒魯參修《廣東通志》，編纂有《清代翰林更名考》、《饒平縣志補訂》、《南澳縣志》等。（《廣東近現代人物詞典》二七七頁））

陳輝庭生。

陳輝庭（一八八一～一九五三），原名慶煌。興寧人。二十歲中秀才，曾任興民學堂教員，後與人創辦陳族正義小學，任校長。一九二一年被選爲廣東諮議局議員，翌年經商。一九二八年任興寧商會會長。後於一九二九、一九三七、一九四六年均被選爲商會主席或理事。（一九八九年《興寧縣志》）

陳耀衢生。

陳耀衢（一八八一～一九四九），潮陽人。光緒二十二年（一八九六）至暹羅謀生，數年後創辦制冰廠，並與友參股合辦金首飾公司。宣統元年（一九〇九）入同盟會，後又轉爲國民黨黨員。一九二一年帶所湊得一八零萬銀元回國。一九二六年與馬元利被暹羅華僑推爲代表，攜帶籌集鉅款回國，送廣州國民政府水上飛機一架，又代表旅暹潮陽華僑送飛機一架，還派來三名飛行員（包括後在武漢會戰空戰出色之郭漢庭少將）以支持北伐。一九二〇年在曼谷創辦醒民學校，兼任黃魂學校校董；在家鄉潮陽出資創辦界河中學、養正、桂山、篤光學校。病逝於曼谷。

徐佩旒生。

徐佩旒（一八八一～一九一一），花縣人。宣統三年（一九一一）三月二十九日參加廣州起義，攻總督署後，隨徐維揚在司後街、大石街迎敵，轉戰至二牌樓等處負傷，後維揚囑咐佩旒等六人扶傷回鄉將養。沿著粵漢鐵路慢慢行走，走至江村高塘火車站附近鐵路橋時忽遇敵兵，忙將槍械拋入河里，然被發現，被捕送至水師行臺，後全部就義（其他五人爲徐松根、徐應安、徐昭良、徐廉輝、徐保生），爲黃花崗七十二烈士、花縣籍十八烈士之一。

徐熠成生。

徐熠成（一八八一～一九一一），花縣人。黃花崗七十二烈士之一。

陸華元生。

陸華元（一八八一～一九六九），字怡良，號覺生。台山人。宣統元年（一九〇九）入同盟會。一九一三年任台山縣財政局長。一九一五年任討龍軍第四縱隊司令。一九二一年任西路討賊

軍及高雷四邑司令部軍需長，翌年任大元帥府少將參議。一九二
五年赴香港，創辦愛群人壽保險公司，任總經理。一九三四年任
台山縣建設局長。抗戰爆發後在縣救濟院及墾殖處工作。一九四
九年赴港。（《廣東近現代人物詞典》二五八頁）

葉舉生。

葉舉（一八八一～一九二五），字若卿。惠州人。畢業於將
弁學校，曾任廣東陸軍第三混成協參謀長、第三旅旅長、廣東省
總綏靖處參議、高陽綏靖處督辦。一九一三年任龍濟光部第二師
師長。濟光倒臺後，入陳炯明粵軍。一九一八年援閩戰役中任中
路指揮。一九二〇年援閩粵軍返粵逐桂系軍閥，以參謀處長任中
路總指揮。次年在援桂戰役中任總指揮兼中路指揮。戰後受炯明
派遣，任駐桂粵軍總指揮兼粵桂邊防督辦。一九二二年六月十六
日，指揮部下於穗炮轟孫中山總統府。冬，率叛軍佈防西江上
遊，為前敵總指揮。翌年隨炯明盤踞東江，四月被北洋政府任命
為惠威將軍。一九二四年北洋政府總統曹錕任命為廣東省長。冬
初，炯明糾集叛軍犯穗，為左翼指揮。次年第一次東征時，任叛
軍各路軍總指揮，踞守淡水，其主力在淡水、平山被許崇智部所
殲，經港逃至津，尋病卒。曾大規模建設惠州西湖。（《廣東近現
代人物詞典》五二頁）

葉恭綽生。

葉恭綽（一八八一～一九六八），字裕甫，又字譽虎、玉父，
號遐翁、遐庵，晚年別署矩園。番禺人，祖籍浙江餘姚。祖父衍
蘭，字南雪，以金石、書畫、文藝名世，父佩玱，字仲鸞，詩
文、篆、隸靡不精究。公綽畢業於京師大學堂仕學館。早年以交
通事業為己任，力行交通救國。中年後於詩文、考古、書畫、鑒
賞無不精湛。搜藏歷代文物，品類頗廣，至為豐富，為保存國寶
不遺餘力。文獻古籍經其整理，保存者尤多。文字改革，盡心盡
力。書法用筆運腕，獨有心得，精楷、行、草體，尤擅大字榜
書，雄健豪放，綽約多姿，融會碑帖，自成一家。畫則松石梅

蘭，尤喜畫竹，多取元人神韻，秀勁雋上，直寫胸臆。年登八秩，先後將所藏書畫、典籍、文物重器盡數捐獻京、滬、穗、蘇州、成都有關機構。首印其祖《清代學者象傳》，繼輯《廣篋中詞》，印行《廣東文物》三巨冊，其著作甚豐，主要有《遐庵詩稿》、《遐庵清秘錄》、《遐庵詞》、《遐庵藝談錄》、《遐庵彙稿》、《矩園餘墨》、《歷代藏經考略》、《梁代陵墓考》、《交通救國論》、《葉恭綽書畫選集》、《葉恭綽畫集》等。另編有《全清詞鈔》、《五代十國文》、《廣東叢書》三編、《清代學者像傳合集》等。余祖明《廣東歷代詩鈔》卷六有傳。

張度生。

張度（一八八一～一九一一），字瑤光，號仲衡、息踵道人。東莞人。家齊侄。光緒二十七年（一九〇一）舉人，後又畢業於廣東法政學校。宣統二年（一九一〇）授法部主事。服侍兄權，染病卒。著有《釋悲哀》、《說味數篇》、《息踵詩草》。（宣統《東莞縣志》卷七三）

梁葶聯生。

梁葶聯（一八八一、一八八〇～一九三四），字實（富）庵，號念輝。三水人。幼年就讀於縣鳳岡書院，爲梁士詒入門弟子。後考入廣州黃埔將弁學堂，畢業後至陝西治軍。民國初供職於陸軍部，任少將經理處處長，以軍功授四等嘉禾勳章，晉授陸軍中將軍銜。雖爲武職，然有經濟之才，後爲宋子文所賞識，遂棄武理財，歷任財政部簡任秘書、廣東省禁煙酒稅督辦、廣西省政府委員、財政部廣西省財政特派員、廣西省財政部整理處處長、廣西省財政廳廳長等職。民國二十年（一九三一）後旅居香港至病卒。（《廣州百年大事記》）

楊纘文生。

楊纘文（一八八一～一九六四），原名詩籍。海陽（今潮安）人。光緒二十四年（一八九八）南渡星洲，棄儒從商，力承父業，從事土產、黃金首飾。光緒三十二年（一九〇六）年參予發起組織新加坡中華總商會，連任該會議員及董事。一九三二年任第十八屆副會長，繼被選爲特別董事暨名譽會長。一九二八至一九三〇年間，與林義順、李偉南等倡辦潮州八邑會館，又重整義安公司，分別蟬任兩大機構正副總理及名譽總理終生。馬來亞潮州公會聯合會成立，任主席；新加坡廣東會館創立，爲發起人之一並歷任副會長、財務主任及稽核主任。一九六四年成立潮安會館，爲名譽主席。又歷任新加坡楊氏總會及潮州弘農公會名譽主席、同濟醫院董事及總理、醉花林俱樂部名譽總理、餘娛儒樂社名譽社長、萬世順公司信託人及華聯銀行董事等。爲人重鄉情親誼，每逢鄉親宗人到訪，雖素昧平生，皆熱情相迎。暮年德望尤隆，常與人排難解紛。黎元洪曾授予六等嘉禾章。一九三八年南京政府聘之爲僑務委員顧問，新加坡政府也聘爲華人參事局議員。一九五〇年榮膺英皇喬治六世 S. C. H 榮譽獎狀及獎章。一九六四年膺獲新加坡元首頒賜公共服務星章。（《廣東近現代人物詞典》一五一頁）

趙浩生。

趙浩（一八八一～一九四九），字浩公，別署石佛，以字行。台山人。山水、花鳥專研北宗。技巧至熟，意至便成。周覽廣博，精鑒別，藏家每得劇跡，輒請其作副本，如出一手。與盧振寰、盧觀海等創設山南畫社，倡導北宗，成就頗大。又與畫友組織廣東國畫研究會於廣州，互相切磋，編印書刊，主辦美展。好藏古磚，積千餘件。餘事培養盆栽，饒有畫意。任中山大學國畫教授。著有《花鳥畫之研究》，編入中山大學叢書。又著《讀雨庵畫錄》、《花鳥畫派》。（《楓圍畫友錄》）

鄧慕韓生。

鄧慕韓（一八八一～一九五三），三水人。少就讀穗，光緒三十年（一九〇四）留學日本，次年入同盟會，後任南洋支部書記、《中興報》編輯、記者。宣統元年（一九〇九）與潘達微等創辦《平民報》，參加黃花崗起義。武昌起義後參與廣東獨立，任國民黨廣東支部交際科長。一九一七年任軍政府廣三鐵路局局長。一九三〇年起任中山大學、國民大學等校教授。著有《孫中山先生年表》等。（《鄧慕韓事略》）

廖安仁生。

廖安仁（一八八一～？），原名學弗，號習儒、三亦山人。五華人。歷任李朗傳道書院、古竹、梅縣樂育中學教員。著有《易學辯證》、《五華鄉土地理志》、《聖門演義》、《三亦山房詩草》等。（《五華文史》）

潘文治生。

潘文治（一八八一、一八八二～一九四九），字華庭，號達易。番禺人。光緒二十六年（一九〇〇）考入廣東黃埔水師學堂習駕駛。二十九年畢業，後派往英國留學。歸國後於一九一七年任豫章艦艦長，隨程璧光率艦南下，組成護法艦隊，任大元帥府參軍。是年冬入中華革命黨。次年在孫中山指揮下，率豫章、同安兩艦炮轟莫榮新督軍署。一九二二年陳炯明叛變，率楚豫艦聽孫中山指揮，炮擊炯明。次年對廣西軍閥沈鴻英之戰、反對原海軍司令溫樹德叛變等事件，均追隨中山。一九二六年任海軍局代理局長。次年國民革命軍總司令部海軍處改組爲艦隊司令部，再任總司令兼虎門要塞司令，擢升海軍中將。次年解甲歸田。後於杭州靈峰寺隱居，法號曾覺。日軍侵華時，從杭輾轉返鄉辦校興學。病逝於穗。（《廣東近現代人物詞典》五五八頁）

潘達微生。

潘達微（一八八一、一八八〇～一九二九），又名心微，乳名阿忠，字鐵蒼，號景吾、影吾，別署冷殘、覺廬。番禺人。早年在穗從事畫畫創作，參與創辦《時事畫報》，任圖畫教員。光緒三十四年（一九〇八）入同盟會。廣州起義失敗，殉難烈士數十人之遺骸枕藉於路數日，冒險出頭奔走，將七十二位死難者殯葬於黃花崗①。事後爲逃避清廷追捕，流亡滬、港等地。民國成立後，從事社會教育及福利工作，並繼續從事繪畫及美術出版。病逝於穗。南京國民政府追念前功，准其遺體附葬黃花崗墳場。（《中國近現代人物名號大辭典》一三二三頁）

錢熱儲生。

錢熱儲（一八八一～一九三八），筆名半聾。大埔人。秀才。辛亥革命時爲同盟會會員。於潮州創辦《贏洲日報》任社長。民國後爲《汕報》主筆、編輯等。二十世紀二十年代又主編公益社刊物《公益月報》。

鍾明光生。

鍾明光（一八八一～一九一五），字達權。興寧龍田人。父早年辭世，由母撫養。明光入學後手不釋卷。值饑荒，棄學作小販，足跡遍閩、湘、贛。後往馬來亞霹靂州當礦工，入革命黨，常以溫生才爲榜樣。民國二年（一九一三），二次革命興起，單身返國，抵港時聞革命已夭折，潛回家鄉。又離老母及妻子兒女，重返東南亞。獲悉孫中山在粤港發動討袁，即回港待命。龍濟光率黨羽提燈慶祝日本亡我之"二十一條款"，對此恨之入骨。值鄧仲元奉命討袁，先後發動潮州、惠州等地武裝起義，均告失敗，決心暗殺龍濟光。經人介紹，參加暗殺團。民國四年（一九一五）七月十七日，龍濟光去其兄觀光寓宅，明光在積厚坊見濟光所乘轎子，即擲炸彈，炸死衛士十七人，傷多人，而濟光未炸死，僅傷左腳，不幸被捕就義。（《中國近現代人物名號大辭典》九一一頁）

鍾德馨生。

鍾德馨（一八八一～一九六三），號華雄。紫金人。光緒三十一年（一九〇五）被委爲同盟會香港深水埗主盟人，兼任孫湄秘書。一九四六年中國國民黨中央黨部委爲海外評議。

---

① 該地原名紅花崗，達微以黃花命之。

鄺文卓生。

鄺文卓（一八八一～一九五〇），號民光。台山人。壯年赴新加坡，後經商，轉赴墨西哥，入同盟會。一九一四年加入國民黨。袁世凱稱帝，響應討袁，發動義捐救國。爲國民黨墨西哥黨部創始人之一。（《民國人物大辭典》一六一七頁）

劉鋼生。

劉鋼（一八八一～一九一二），原名顯準。陽春人。少習騎射技擊，諸術具精。光緒末就學廣東陸軍小學，後赴香港入同盟會。宣統三年（一九一一）十月參軍光復廣州，受命返鄉募集兵馬。後與陽春民軍衝突，飲彈而亡。（《新編陽春縣志》）

謝魯倩生。

謝魯倩（一八八一～一九二〇），一名聲郎，字頌平。梅縣人。十七歲考得生員。光緒三十年（一九〇四）創辦新學雁洋合堡學堂，任校長，翌年與江柏堅等創辦三堡學堂。宣統元年（一九〇九）至二年創辦梅東中學，兼校長。先是於光緒三十二年（一九〇六）入同盟會，參與策劃潮州、黃岡起義，失敗後入兩廣陸軍小學，參與策劃辛亥三二九之役。宣統三年（一九一一）十月赴潮汕，與民軍軍長張醁村等圖光復，任參謀長。廣東光復後歷任廣東都督府樞密、民政司長、廣東警衛軍統領、潮梅巡察專員。一九一六年與姚雨平組建廣東討袁護國軍司令部，任參謀長，失敗後避居香港，翌年被孫中山委任爲大元帥府參軍。一九一八年秋，孫中山組建援閩粵軍總司令部，爲總司令秘書。（《客籍志士與辛亥革命》）

關偉林生。

關偉林（一八八一、一八七二～一九五三），字崇昌。開平人。早年家貧，十八歲隨叔父去美國謀生，初時在紐約學做裁縫，二十五歲時開小飯館。一九二六年在華僑親友中募集資金，以其子名命名開辦"關勒銘自來水毛筆光滑墨汁股份有限公司"，自任總經理兼廠長。一九二八年遷至滬，在公共租界生產關勒銘自來水毛筆。次年再赴美集資，並在滬招股，改產自來水鋼筆及少量金筆。一九三七年八·一三滬戰爆發停業，次年復工。一九四一年日軍進駐租界，關勒銘廠又陷入困境。次年回籍休養。一九五〇年關勒銘廠經批準爲上海最早公私合營企業之一，被聘爲該廠顧問。（《民國人物大辭典》一六五三頁）

清德宗光緒八年　壬午　一八八二年

春，黃遵憲調任駐美國舊金山總領事，大沼子壽等日本友人於墨江酒樓設宴餞別，黃遵憲賦《奉命爲美國三富蘭西士果總領事留別日本諸君子》七律五首。（鍾賢培、管林、謝華、汪松濤《黃遵憲詩選》二三九頁）

正月十八日，遵憲由日本橫濱乘輪船前往美國舊金山就任總領事，二月十二日到任，途中賦《海行雜感》十四首七絕，馳騁想像，跨越時空，遨遊宇宙。（陳永正《嶺南歷代詩選》五四四頁）

五月，美國議院頒布《限制華人例案》十五條，掀起排華運動，遵憲身歷其境，異常憤慨，賦《逐客篇》五古長詩。（鍾賢培、管林、謝華、汪松濤《黃遵憲詩選》六三頁）

本年鄧承修上《請飭查關稅侵蝕以裕國用疏》（光緒八年）。（鄧承修《請飭查關稅侵蝕以裕國用疏》）

光緒三年至本年，何如璋於駐日公使任內作《使東述略》四十二節，賦《使東雜詠》七十六首。

劉安科於本年中舉人。

劉安科，字少希，號蔭堂。廣州駐防漢軍鑲黃旗人。光緒八年（一八八二）舉人，十二年進士，工部主事，請改外，分發雲南，署臨安府個舊廳同知。丁憂服闋，改官陝西，署興平知縣，大計，降縣丞。工詩，善畫竹。一生抑鬱，恒於醉墨槎枒中寄之。汪兆鏞《嶺南畫徵略》卷九有傳。

徐庾英於本年中舉人。

徐庚英，號荔南。東莞同德街人。光緒八年（一八八二）壬午舉人。好修飾，工楷法，嘗因悼亡哭子之故，重訂《增廣大生要旨》，校讎精當，仿袖珍本付梓。書成未印，遽歸道山。著有《植經堂詩草》。張其淦《東莞詩錄》卷六十有傳。

沈桐於本年中舉人。

沈桐，字鳳樓、敬甫。番禺人。廩生。光緒八年（一八八二）壬午舉人，改歸浙江德清縣籍，二十一年（一八九五）乙未成進士，由內閣中書歷官奉天營口道。世居穗，少時肄業學海堂，陳澧弟子也。吳道鎔《廣東文徵作者考》卷十二有傳。

白廷瓚於本年中舉人。

白廷瓚，番禺人。光緒八年（一八九五）壬午舉人。（《番禺縣續志》卷二四）

潘寶珩於本年中舉人。

潘寶珩，番禺人。師徵三子。光緒八年（一八九五）壬午舉人，賞花翎二品頂戴，授江蘇候補道。（《番禺縣續志》卷十九）

王家駌生。

王家駌（一八八二～一九四二），字伯奮。番禺人。初就讀嶺南學堂，後官費留學美、德國，歸國考取工科進士。後先任教於北京大學等校，歷任教授、系主任，並任武昌日暉呢絨等廠總工程師。（一九九〇年《番禺縣人物志》）

王幹筠生。

王幹筠（一八八二～一九一八），字竹修。蕉嶺人。早年入同盟會。武昌起義後，聯合同志，克鎮平、武平，任民軍司令兼武平縣長。南北和議成，就溪南公學教席。袁氏稱帝，辭職赴汕頭，佔領鎮署。後赴穗，又往虎門調查，為趙樾所執，罵賊不屈。

老天壽生。

老天壽（一八八二～一九六六），原名劉家榮，又名天壽。高州人。粵劇名演員。（《吳川文史》）

江珣生。

江珣（一八八二～一九五〇），字璘如。石城（今廉江）人。光緒二十九年（一九〇三）舉人，入同盟會。民國元年（一九一二）畢業於廣東法政學堂，歷充廣東法政學堂編撰講義教員、民國首任石城縣民政長、廣東省政府第二科科長。抗戰爆發後告老還鄉，參修縣志，爲民國二十年《石城縣志》主修之一。（《廉江文史》第三輯）

江璪生。

江璪（一八八二、一八八八～一九一七），字玉璪，號山淵。石城（今廉江）人。南社成員。祖誠和，父慎中，胞兄珣均爲舉人。家有藏書樓橋西草堂，藏書數萬冊。璪性聰敏好學，讀書過目不忘。從小飽讀詩書，下筆千言立就。年十七，縣試冠軍；翌年院試歲考，以頭名進庠爲廩生。後肄業於廣東高等學堂，累試第一，畢業於日本明治大學。在日本入同盟會，對丘逢甲組織臺灣抗日以傳記、詩歌、評論等予以頌揚；黃花崗七十二烈士殉難，以莫大悲憤及無比激情，奮筆寫成《龐雄傳》，謳歌壯士，字字鏗鏘。民國成立，曾任廣東臨時省議會代議士（議員）、衆議員、中國同盟會粵支部廉江分部部長。一九一五年十二月，袁世凱推行帝制，撰寫《丙辰感言》，堅決反對稱帝，京津各報競相登載，反響強烈。以辭去國會議員表示反袁，黎元洪繼任總統，才恢復議員。平生著作甚豐。著有《山淵閣詩草》、《綠野亭邊—草廬詩話》、《仿庵文談》、《姓名古音考》、《詩學史》、《經學講議》、《讀子巵言》、《作文初步》、《劫餘殘灰錄》、《旅京一年記》、《芙蓉淚》、《辣女兒》等。（《中國近現代人物名號大辭典》三〇一頁）

朱振基生。

朱振基（一八八二～一九五一），字介弓。茂名人。八歲喪父，隨母寄居表兄化州陳壽庚家。壽庚聘名師爲其子及振基督課。在陳家寄讀數載，不僅詩書熟讀，書法繪畫也打下基礎。應童子試，名列前茅，二十二歲爲庠生。光緒三十年（一九○四）任福建知縣，後棄官回籍。宣統二年（一九一○）與文友易順鼎遊京城，袁氏稱帝返家。曾在高州城燃藜、登瀛、南山書院執教，並參與創辦高郡中學堂（後改稱高州中學），歷任高州中學、茂名中學教員。"七七"事變後，歸鄉任白土小學校長。擅長書畫，書法融顏、柳、歐於一體。著有《覺斯墨寶》、《覺新餘沈》、《育英校園記》、《朱振基墨蹟》等書帖及《如鄉高齋詩稿》。

李自芳生。

李自芳（一八八二～?），字仲翔。台山人。副貢生。畢業於京師高等巡警學堂、京師法律學堂，曾任京師地方審判廳民二廳推事等。一九一三年被選爲眾議院議員，一九一七年、一九二二年均任參議院議員。（《民國人物大辭典》二六八頁）

李自重生。

李自重（一八八二～?），原名炳星。新寧（今台山）人。煜堂長子。少年讀於私塾。光緒二十六年（一九○○）赴日本留學，次年聞清廷有割粵與法國之說，與馮自由等在橫濱組織廣東獨立協會。二十九年（一九○三）在孫中山創辦的革命軍事學校學習。翌年入同盟會，旋與馮自由等奉命返港設同盟會分會。期間曾於九龍創辦光漢學校，以軍事教育爲主，因此而被驅逐。辛亥廣東光復，嘗與李海雲在新甯城起義。民國成立後脫離政界，任香港廣東銀行副司理。一九三七年改任上海聯保水火險有限公司總司理等。信奉基督教。（《中國近現代人物名號大辭典》四一七頁）

李綺庵生。

李綺庵（一八八二～一九五○），新甯（今台山）人。早年留學美國，在三藩市（今舊金山）參與組織少年中國學社，後入同盟會，曾任三藩市、芝加哥同盟會評議長。二次革命失敗後亡命日本。袁世凱稱帝，返粵發動南路民軍起義。後參加護法運動。一九二九年任國民政府僑務委員會委員。一九三五年被選爲國民黨候補中央監察委員。一九三八年廣州淪陷，策動指揮忠義遊擊隊抗日。一九四九年去臺灣。病逝香港。（《民國人物大辭典》三一三頁）

吳湘生。

吳湘（一八八二～？），字楚碧。潮安人。早年留學日本，入東京同文書院。光緒三十年（一九○四）考入千葉醫學專科學校，兩年後入北京譯學館，畢業授舉人，以原官歸直隸補用。武昌起義後，推爲維安社社長、潮州縣議會議長，被選爲參議員。國會解散，回新加坡營商。一九一六年國會恢復，仍爲參議員。（《民國人物大辭典》三三七頁）

余和鴻生。

余和鴻（一八八二～一九四七），字春榮，又字板助。台山人。光緒二十九年（一九○三）就讀墨西哥順省亞利毛失衍社商務學校，兩年後任中國住墨西哥使館商務員。宣統二年（一九一○）入同盟會。一九一二年入國民黨。一九一五年赴墨西哥設立華僑團體總會，選爲總理。一九二○年委爲國民黨駐墨支部正部長。一九二四年被推爲國民黨一大代表。一九二七年後任國民政府僑務委員會諮議等。抗戰爆發後任台山第四區雙竹小學校長。一九四七年任國民黨港九澳支部澳門支部委員。（《民國人物大辭典》四○一頁）

余鴻俊生。

余鴻俊（一八八二～一九六七），又名克明。東莞清溪上官倉人。從小愛畫畫而不愛讀書，讀二年私塾輟學。無師傅。解放前曾在香港舉辦個人畫展，代表作有《百鳥歸巢》、《香山九老圖》等。長期隱居鄉里。平易近人，親友索畫均樂於贈送而不收潤筆金。五十年代初縣文化館舉辦美術訓練班，多次請其講課。六十年代初國民經濟困難，給予高級知識分子待遇。曾受邀請去北京。從不賣畫，故家境清貧。（《東莞市志》一四七七頁）

何竹林生。

　　何竹林（一八八二～一九七二），原名厚德，字炳燊。南海人。自幼承祖業習醫練武，專骨傷科。曾遍遊大江南北，歷時三年，行程兩萬里，行醫賣藥，尋師習藝。

　　周之貞生。

　　周之貞（一八八二～一九五〇），又名蘇群，字又雲，晚號懶拙廬主。順德人。早年赴南洋經商。光緒三十一年（一九〇五）在新加坡入同盟會。辛亥春歸國，參加黃花崗之役，失敗後亡命海外，同年秋回穗參與暗殺清將鳳山。廣東光復後，奉孫中山命至肇慶督辦軍務，一九一二年任肇羅經略處經略，後改稱肇羅綏靖處督辦，翌年參加反袁鬥爭。一九一五年任廣州灣（今湛江）黨務聯絡委員。一九一七年任大元帥府參軍。一九二二年後歷任西江討賊軍司令、大本營工兵局籌備委員、四邑二陽香順八屬綏靖處處長、中央直轄廣東討賊軍第二師師長等。曾任順德縣縣長，倡修《順德縣志》。在香港病逝。（《革命逸史》）

　　姚雨平生。

　　姚雨平（一八八二～一九七四），原名士雲，字宇龍，法名妙雲。平遠人。青年時入嶺東國文學堂，後於廣東黃埔陸軍速成學堂首期畢業。光緒三十三年（一九〇七）入同盟會，參加黃花崗之役，任統籌部調度課長。後任廣東北伐軍總司令，領陸軍中將銜。南北議和後改討虜軍，仍任總司令。次年所部改編為中央陸軍第四軍，任軍長，授陸軍中將，加上將銜，同年受聘任總統府顧問。一九一四年任北京政府總統府諮議。一九一七年返粵任護法軍政府顧問。一九二〇年任援閩粵軍總司令部高級顧問兼汕頭衛戍司令。一九二二年春，任大本營中央直轄警備團司令，翌年任惠州安撫使。一九二四年任廣東治河督辦，次年任廣州國民政府參議。孫中山逝世，參加治喪，並護送靈棺至南京，適逢微軍老和尚在毗盧寺講《金剛經》，前往聽經，遂發心皈依三寶，賜法名妙雲。曾在靈谷寺寄居。南歸後敬佛素食，朝晚習禪。一九二八年後任國民政府監察院委員。抗戰爆發後至重慶，仍任監察院監察委員。一九四六年任國民政府顧問。一九四八年攜家屬往香港居住。次年廣州中華人民共和國成立後不久攜全家回穗，任省政府參事室主任、省政協常委、民革中央委員。常至六榕寺禮佛，與覺澄法師相識，一九五二年起參與佛教界活動，次年參加中國佛教協會首次全國會議，與釋覺澄、釋純信同爲粵省代表，被選爲理事，因六榕寺被佔用而呈文葉劍英。一九五六年與釋覺澄、葉農、釋戒理（尼）等籌組廣州市佛教協會，一九五八年八月市佛協成立，被選爲第一、第二屆會長。六榕寺內原觀音殿門匾爲所題，楹聯“檻外白雲觀淨果，殿前塔影聽疏鐘”亦爲所作。著有《廣東北伐軍回憶録》、《武昌起義後廣東出師北伐的經過》等。（《中國近現代人物名號大辭典》九五三頁）

徐日培生。

徐日培（一八八二～一九一一），花縣人。宣統二年（一九一〇）十一月，孫中山等召開檳榔嶼會議，決定再次在廣州發動武裝起義。次年發動起義，日培等轉戰至小北直街高陽里口盛源米店，屯米包作壘抵抗，堅持一晝夜，彈盡突圍時被捕就義。

徐應安生。

徐應安（一八八二～一九一一），花縣人。辛亥“三二九”參加廣州起義，攻打兩廣總督署，轉戰飛來廟，不克，至三元里負傷，於高塘大東橋遇敵遭殺害。爲黃花崗七十二烈士、花縣籍十八烈士之一。

高群英生。

高群英（一八八二～一九一四），字冠卿。電白人。十八歲入清防營，後離職赴穗報考陸軍學堂。畢業後任督練公所徵兵委員，入同盟會。辛亥革命勝利，新軍於高州建兵營，任左隊官，尋任高州臨時軍政分府負責人，反袁世凱稱帝。旋奉召進京，臨行前被袁世凱爪牙捕殺，（電白縣政協《文史擷英》第五期）。

陳潮生。

陳潮（一八八二～一九一一），海豐人。光緒三十二年（一九〇六）參加陳炯明在海豐秘密設立之革命組織五坡會。宣統三年（一九一一）廣州起義前夕，應召爲“選鋒”（敢死隊），並約四十五人赴穗，因語言不通，地形不熟，蟄居於始平書院貯械機關。起義發動，始平書院突然被清軍包圍，在激戰中殉難。後收葬於廣州黃花崗，爲七十二烈士之一。（《廣東近現代人物詞典》二六七頁）

陳可鈺生。

陳可鈺（一八八二～一九四四），清遠人。廣東將弁學堂畢業。入同盟會後，參加了辛亥革命及二次革命。一九二〇年任粵軍第一師參謀長、大元帥府參軍、國民革命軍第四軍副軍長，參加了統一廣東及北伐戰爭。一九二七年曾任廣州國民黨臨時軍事委員會總參謀長。後痛心於新軍閥混戰，又因痼疾纏身，遂不問軍政事務，避居穗。後回原籍病逝。（《中國近現代人物名號大辭典》六七五頁）

陳和樂生。

陳和樂（一八八二～一九四七），瓊山（今屬海南）人。瓊劇科班館出身，曾從王玉剛學藝。後在瓊漢年、國民樂、共和樂等十幾台文武大班當武行主柱，曾主演《金蓮戲權》、《武松打虎》、《打店》等劇目。亦擅開提綱戲，據《水滸》等小説開過六十出武戲提綱及脚本。晚年授徒傳藝。（《廣東近現代人物詞典》二六七頁）

陳德彬生。

陳德彬（（一八八二～一九五〇），字滌吾。肇慶人。同治間府試補庠生。光緒三十一年（一九〇五），端溪書院改爲肇慶府中學堂，任教員。民國二年（一九一三）改廣東省立肇慶中學，任校長，被選爲高要縣賓興局董事。在“五四”運動中，因思想守舊被反對而辭職。後曾在廣東省長公署任督學、代理南雄縣知事，二十二年回肇慶任教育局長，籌創湖山簡易師范，重修肇慶城文廟。二十四年（一九三五）編纂宣統《高要縣志》，撰寫政經籍。抗戰時日寇空襲頻仍，夙夜匪懈，從事民國《高要縣志》編纂。抗戰勝利後，任高要縣文獻委員會副主任、星岩管理委員會副主任。

葉夏聲生。

葉夏聲（一八八二～一九五六），字競生，又字兢生。番禺人。日本東京法政大學、日本戶山軍校騎兵科畢業。光緒三十年（一九〇四）回國，先後任廣東法政學堂、兩廣方言學堂及高等員警學堂教習，次年入同盟會。一九一二年起任廣東都督府參議、教育司、司法司司長、南京臨時政府總統府秘書、國會眾議院議員。一九一四年在日入中華革命黨。一九一七年任廣州大元帥府秘書、廣東軍政府代理內政部次長。一九二一年任雲南北伐軍參謀長，翌年返粵任廣州大本營秘書長、駐粵滇軍北江警備司令、滇桂聯軍西江軍務督辦。一九二六年任國民革命軍第七軍參謀長、騎兵教導師中將師長、東北先遣軍司令。一九二九年編遣退役，赴歐美考察。一九三六年回國任廣東高等法院院長兼廣東省立法政學校校長，當選立法院立法委員，曾入陸軍大學將校班研究戰術。抗戰爆發後，任軍事委員會中將參議，赴冀北、蘇浙進行聯絡。一九四五年任國防部第二廳派駐上海執行整肅。一九四七年回粵開辦律師事務所，兼修國史，任孫中山學社常務理事。一九四九年至香港。（《中國近現代人物名號大辭典》一五四頁）

黃任寰生。

黃任寰（一八八二～一九五二），字旭南，別署慚書劍廬。嘉應（今梅縣）人。廣東武備學堂第二期畢業。宣統元年（一九〇九）參加同盟會，三年（一九一一）春參加民軍。民國後任廣東陸軍混成協排長、連長。後投林虎，隨虎參加陳炯明叛軍，東征後下野回鄉，後因舊部陳濟棠割據廣東，重入軍界。陳濟棠下野後淡出軍界。一九四四年任梅蕉平埔警備區司令、第七戰區司令部中將高參。一九四六年加入中國民主社會黨，任該黨廣東省

黨部常務委員，次年當選爲國民政府監察院監察委員。一九四八年移居香港。（《廣東近現代人物詞典》四四六頁）

黃伯耀生。

黃伯耀（一八八二、一八八三～一九六五），字亞伯，原籍新寧（今台山），出生於美國三藩市。光緒三十年（一九〇四）孫中山往美國宣傳革命時參加興中會，爲興中會駐美通訊員，次年回香港，協辦香港同盟會機關報《中國日報》，還參與《世界公益報》、《廣東日報》、《有所謂報》編輯工作，又與黃世仲一起創辦《少年報》及《中外小説林》。三十三年（一九〇七）十二月創辦《社會公報》，任主編。宣統元年（一九〇九）與李是男等在三藩市組織少年學社，出版油印刊物《美洲少年週刊》，該刊出版後風行於南北美洲各地。同年孫中山爲創立美洲同盟總會機關報，將《美洲少年週刊》改組爲《少年中國晨報》，自此成爲孫中山在美宣傳革命之有力助手。辛亥革命爆發後，按照孫中山意旨，在三藩市紅木城創辦第一間華僑航空學校中華飛行學校，任校長。一九一五年初與國民黨美洲支部長林森往古巴慰問僑胞，翌年回國參加華僑參議員選舉，被選爲中華民國第一屆國會議員，後在香港創辦《晨報》、在北京創辦《民國日報》作爲革命黨南北喉舌，任社長兼發行人。“七七”事變後北平淪陷，在平財產、房屋及《民國日報》器材全部被日軍查封沒收，隨國民政府遷往重慶，任重慶廣東同鄉會理事長長達三年，出錢出力，開辦廣濟服務所，贈醫施藥，建造防空洞等。中華人民共和國成立後去臺灣。（《廣東近現代人物詞典》四四九頁）

黃長夏生。

黃長夏（一八八二～一九六一），字炳南。大埔人。光緒三十二年（一九〇七）創辦“三和”瓷廠，人稱“黃三和”。民國二十二年（一九三三）派人至穗勤勤大學學習製瓷，在大埔首先採用石膏模注漿成型新技術，產品遠銷美國、日本、泰國、緬甸、馬來亞等國。一九五六年三和瓷廠併入縣陶瓷專業聯社。

（一九九二年《大埔縣志·人物》）

黃省三生。

黃省三（一八八二～一九六五），番禺人。幼年隨作爲鄉村醫生的父親學醫，十二歲喪父，一邊做雜工維持生計，一邊苦讀中醫學名著，十七歲因治好家鄉瘟疫而名聲鵲起，宣統二年（一九一〇）遷居廣州南關西橫街開黃崇本堂行醫。一九二四年赴香港，開始鑽研西醫醫學理論，是中國宣導中西結合的中華醫學新體系先驅者。治病藥到病除，馳名省港澳。一九五五年回廣州，歷任中山醫學院教授、全國政協委員等職。至逝世時行醫六十五年，醫術高超，醫德高尚，在腎炎、肺結核、急性闌尾炎、流感等領域均有開創性成就。著有《流行性感冒實驗新療法》、《肺結核實驗新療法》等論著十多種。（《廣東近現代人物詞典》四五九頁）

黃質勝生。

黃質勝（一八八二～一六五一），字秩文，靈山（今屬廣西）人。光緒三十一年（一九〇五）從軍，在巡防營當兵，後任班長。民國六年（一九一七）在肇慶講武堂受訓，畢業後在肇軍林虎部任排長、連長。十年（一九二一）該部改編爲粵軍第一師第四團二營三連，任連長，先後參加討伐陸榮廷、第一次北伐、第一次東征陳炯明、平定廣州、第二次東征陳炯明等。十五年（一九二六）任第十一軍第十師第二十八團上校團長，次年出任第二十四師少將師長，後授予中將軍銜。十七年（一九二八）奉命回駐廣州，收編民軍寧克烈部編爲該師獨立營。又奉命回防高雷地區負責清鄉，以失職電請辭職。二十二年（一九三三）受十九路軍委派任淞滬抗日殘廢軍人教養院院長、軍懇第三區主任，駐徐聞辦軍懇。至二十七年（一九三八）末回鄉，尋出任靈山縣抗日自衛統率委員會主任委員，次年任廣東南路第三遊擊隊司令，統率廣東南路第三遊擊隊，至日軍退出欽州時解散卸任。三十八（一九四九）七月任廣東省第八清剿區副司令兼靈山縣縣長。一

九五〇年入獄，於次年十一月被處決。（《廣東近現代人物詞典》四五五頁）

黃蕓蘇生。

黃蕓蘇（一八八二、一八八三～一九七四），字魂蘇。新寧（今台山）人。早年考入兩廣遊學預備科館，首批公費留學美國。在舊金山組織少年學社，任社長，創辦《少年週報》。宣統二年（一九一〇）舊金山同盟會成立，學社成員全部加盟；又創《少年中國晨報》，任主筆，翌年委爲美洲支部長。南京臨時政府成立，任臨時大總統特派廣東宣慰委員。一九一二年返美入華盛頓大學，一九一八年畢業獲哥倫比亞大學碩士學位。其間曾協助孫中山重組中華革命黨，在紐約創辦《民氣日報》，後又奉命整理檀香山、墨西哥各地黨務及檀香山《中華公報》。一九二一年返國，歷任大本營秘書、廣東省教育委員會政務委員兼非常大總統府秘書、大元帥府秘書、廣州市財政局局長、大元帥府財政部財政設計委員會常務委員。一九二八年任國民政府參事、國民政府秘書，次年任駐檀香山總領事。一九三三年任駐墨西哥全權公使。一九三八年返國佐廖磊整理兵站總監部，後奉命整理湖南稅務，任湘贛區長沙分區稅務管理局局長及第一戰區貨運稽查處處長。一九四〇年任立法院立法委員。一九四六年當選爲制憲國民大會代表並爲主席團成員，次年任駐多明尼加全權公使。後又返美從事僑教工作，出任美國羅省中華學校校長。一九五七年去臺灣。在美國逝世。著有《黃氏家乘綜》、《吳子胥傳》（未完成）、《祝少年晨報二十周年紀念詩》、《國慶紀念》等。（《中國近現代人物名號大辭典》一一〇二頁）

黃達甫生。

黃達甫（一八八二～？），名允條，號穎之。南海人。出身書香世家。性聰敏，品德俱佳，少時與其從弟君壁同師事名畫人李瑤屏，研習畫事，又其岳丈乃晚清畫人伍學藻，遂時得臨模古名家真跡，故其筆調固有淵源。雖從事商務，而愛好文藝，平居

惟以書畫自娛，其畫名雖顯，但甚少以所作贈人。（《廣東近現代人物詞典》四四五頁）

鄔慶時生。

鄔慶時（一八八二～一九六八），字伯健，號楷才、白堅、鼎樓、東齋。番禺南村人。幼承家學，長受教於時敏學堂、兩廣方言學堂，先後效力於香山（今中山）、龍門、寶安、高要、新興等縣及大元帥府財政部。後入中山大學任庶務主任兼文科講師，中華人民共和國成立後曾編纂兩廣少數民族史料。治史一絲不苟，尤究心鄉邦文獻，與修縣志近十，有專著《方志序例》行世。著述甚多，計有《半帆樓詩稿》、《九峰采蘭記》、《鼎樓詩草》。《番禺隱語解》、《東齋雜志》、《齊家淺說》、《孝經通論》、《經學導言》、《自然略說》、《白桃花館雜憶》、《窮忙小記》、《漏邑痛述》、《番禺末業志》、《南村草堂筆記》等二十八種。整理先賢著作，計有《鄔家初集》、《耕雲別墅詩集》、《立德堂詩話》、《詩學要言》、《達庵隨筆》、《鄔道源先生家傳》、《治要要義》等十多種，並撰成《鄔氏本源錄》。又選輯《半帆樓叢書》二十一種四十九卷，今廣東中山圖書館及中山大學圖書館均有藏之。《屈大均年譜》乃晚歲集三十年心血之作，曾五易其稿。（《廣東近現代人物詞典》一○二頁）

黎葛民生。

黎葛民（一八八二～一九七八），原名慶瀛，字葛民，筆名逸齋、乙翁。順德人。一九一九年畢業於日本東京川端繪畫專科學校，次年在廣州與陳樹人、何香凝等組織清遊會，曾任中南美術學院、廣州市立藝術專科學校及華南人民文藝學院教授。五十年代入南方大學學習，後被聘爲廣州文史研究館館員，兼任廣州美術學院教授。爲中國美術家協會廣東省分會理事、中國美術家協會會員。其繪畫以山水、花鳥爲主。在廣州去世。著有《國畫基礎技法概論》、《逸齋詩書畫集》。（《中國近現代人物名號大辭典》一三一六頁）

許嶠嵩生。

許嶠嵩（一八八二～?），字唐山。茂名人。早年畢業於廣東高等工業學校。繼赴日本留學，攻讀法律。畢業回國歷任貴州思南、青溪知縣。一九一三年被選爲眾議員，袁世凱解散國會後歸粵。一九一六年國會恢復，赴京重任眾議員。（《廣東近現代人物詞典》一二九頁）

許崇灝生。

許崇灝（一八八二、一八八一～一九五九），字晴江，號公武。番禺人，生於北京。炳暐子，應鑅孫。初畢業於弁目養成所，後又畢業於江南陸師學堂步兵科，歷任清江南陸軍第九鎮步兵第三十六標第一營隊官、第三營管帶。宣統二年（一九一〇）入同盟會，次年參加辛亥革命。南京光復，被任命爲南京臨時衛戍司令兼第一獨立混成旅旅長。一九一二年三月袁世凱在北京就任臨時大總統，任南京留守府處長。討袁軍起，任江蘇討袁軍參謀長，失敗逃滬。後輾轉至穗跟隨孫中山。一九一六年在肇慶曾任兩廣護國軍都司令部參謀，次年在西安任陝西省長公署參議。一九一八年至一九二〇年任贛湘邊防督辦參謀長兼粵漢鐵路督辦，後又任粵漢鐵路總理兼護路司令。一九二二年任東路討賊軍前敵總指揮部參謀長、東路討賊軍左翼縱隊指揮，翌年任孫中山大元帥府參議，贊同蘇俄顧問提出創辦黃埔軍校建議。一九二四年底孫中山北上，赴北京探病。中山去世後，護送靈柩至太和殿受祭，再送碧雲寺。先是去年冬，許崇智任建國粵軍總司令，任顧問。後崇智被蔣介石解除軍職，亦同時被貶。一九二八年至一九四一年任國民政府考試院秘書、秘書長，後被戴季陶排擠退職。一九四三年至一九四六年復任國民政府委員、國府顧問等。一九四六年退休棄政從文，主持新亞細亞學會。一九四九年滬中華人民共和國成立後歷任上海市文史館館員、市參事室參事、市政協委員、民革中央團結委員。在滬病逝。自幼嗜愛詩書，二十年代末即有詩作流傳，出版有《大隱廬詩草》六卷、《大隱廬曲》

一卷。（《中國近現代人物名號大辭典》三二一頁）

郭典三生。

郭典三（一八八二、一八七七～一九一一），嘉應州（今梅縣）人。早年入潮州韓山師范學校，畢業後，派充大埔仰文公學教員。旋辭職，入松口體育專習所。光緒三十四年（一九〇八）春，赴香港，旋赴雲南參加河口起義。失敗後，去安南（今越南），被法國殖民者監禁數十日，押送至新加坡釋放，遂又至八打成，爲僑民開辦學校、閱書報社、體育會、自治會。宣統二年（一九一〇）復至香港，爲革命黨機關部成員。次年參加廣州起義，失敗後，營救黨人甚多，數次被捕，俱以貌文弱，不似革命黨而得倖免。返抵香港，急圖暗殺，參與謀炸廣東水師提督李准及廣州將軍鳳山。武昌起義爆發後，先後在高、雷、廉州及潮汕地區起兵響應，旋赴揭陽清巡防營受降時被害。（《梅縣地區英烈傳》第一輯）

郭冠傑生。

郭冠傑（一八八二～一九五一），梅縣人。國民黨員。中央軍校武漢分校政治教官。一九三三年在中華共和國人民革命政府中央委員會第十一次會議上被任命爲福建省副省長。一九四六年全面內戰爆發，與李濟深、彭澤民等聯名致電要求美國政府停止援助蔣介石政府。一九四九年九月作爲中國農工民主黨代表參加了第一屆政協會議，後任政務院政法委員會委員。（《客籍志士與辛亥革命》）

馮自由生。

馮自由（一八八二～一九五八），原名懋龍，字健華，後改名自由。南海人，出生於日本。鏡如子。光緒二十一年（一八九五）入興中會。二十六年（一九〇〇）入東京專門學校（後改名早稻田大學）政治科學習。三十一年（一九〇五）入同盟會，任評議員。宣統二年（一九一〇）往加拿大，任域多利埠《大漢日報》主筆。武昌起義成功，被派往協助建立南京臨時政府，年底先抵滬。孫中山任中華民國臨時大總統，任總督府機要秘書。袁世凱任臨時大總統，任穗勳局長。二次革命爆發，逃離北京。一九一七年以華僑代表當選參議員。一九二〇年出版了《社會主義與中國》。一九二三年反對曹錕賄選，回粵自設民治通訊社於穗。一九二四年改組國民黨，卻反對國共合作。孫中山去世後，發起成立國民黨同志俱樂部，被開除出黨。後一直投靠蔣介石。著有《華僑革命開國史》、《中國革命運動二十六年組織史》、《華僑革命組織史話》。（《中國近現代人物名號大辭典》一八三頁）

馮慶桂生。

馮慶桂（一八八二～?），字千里。番禺人。早年赴美國留學，入康乃爾大學，獲哲學博士學位，歷任美國農部種植局技士等，回國任北京大學教授等。著有《中國文學分類法》等。（《民國人物大辭典》一一八三頁）

梁海珊生。

梁海珊（一八八二～一九四一），高州人。清末入同盟會。宣統三年（一九一一）武昌新軍起義後，協助林雲陔、林樹巍、熊卓演、譚惠泉等人在高雷組織起義。高雷先後光復，力盡後勤、聯絡之勞。民國二年（一九一三）袁世凱派龍濟光踞粵，翌年孫中山委派朱執信主持開展討袁驅龍鬥爭，海珊在廣州灣（今湛江）與林樹巍、林直勉、梁辛嘗、譚惠泉、薛嶽等策劃舉事。時林樹巍、梁桂生、薛嶽等八人被法國員警逮捕，押解越南河内囚禁，海珊適外出免遭此難，後奉命尾隨，在孫眉幫助下，設法營救，每日親送飲食、藥湯，經孫中山向法國政府嚴電抗議才獲釋放。十二年（一九二三）孫中山在穗任大元帥，被委爲高雷南路軍務委員。晚年回鄉隱居。（《高雷文獻專輯》）

梁棟英生。

梁棟英（一八八二～一九二七），號基貽。新會人。童年與父在鄉經營酒、米、糧食，兼營畜牧，後隨兄僑居南洋爲傭工。光緒二十九年（一九〇三）自創泰和號，經營雜貨生意。辛亥時

進行革命活動。一九一五年被選爲國民黨拿乞分部部長。（《民國人物大辭典》八八一頁）

張則通生。

張則通（一八八二～一九四六），興寧人。廣東陸軍速成學校學生。同盟會員。曾赴汕頭與謝逸橋、林一厂、葉楚倫等革命黨人創辦嶺東同盟會機關報《中華新報》，任教汕頭正始學校。辛亥年曾與張祿村、謝逸橋等策劃潮汕光復，歷任興寧縣參議員、張族自治會會長、永和中學董事、大成疏河公司董事等職。（《大成張族源流》）

張善子生。

張善子（一八八二～一九四〇），原名正蘭，單名澤，字善孖，晚年改善子，又作善之，號虎癡。原籍番禺，生於四川内江。少年從母學畫，曾拜李瑞清門下。一九一七年與弟大千東渡日本，回國曾任上海美專教授。與大千同寓上海，領袖風雅，有"二雅"之目。精鑒賞，富收藏。並與黄賓虹、馬企周等八人組織爛漫社，遊歷名山大川，遍登五嶽，三遊黄山。抗戰後遊美，舉行畫展，組織募捐。返國卒於重慶。善山水、花卉、走獸，尤精畫虎，豢虎以供寫生。作品精妙沈雄，尤著神韻。並畫有《金陵十二釵圖》。崇敬漢高祖，尤喜其《大風歌》；而大千素敬仰清初大畫家張大風詩詞歌賦及其諸藝，因名其畫室曰大風堂。

楊壽彭生。

楊壽彭（一八八二～一九三八），祖籍順德，出生於日本神户。曾任横濱英商P. O輪船公司買辦。光緒二十五年（一八九九）、三十三（一九〇七）孫中山在越南河内成立興中會分會及同盟會分會時，爲基本會員。後回日本，籌款接濟，購械聯絡，宣傳三民主義，幫助中國國民黨神户支部開展黨務工作。"七七"事變後遭日本政府逮捕，被囚禁於神户三官警署，三個月後被毒殺。

趙灼生。

　　趙灼（一八八二～?），字建山。台山人。早年留學日本明治大學，獲商學士學位，歷任廣東法政專門學校教授、中央銀行佛山暨三水西南經理處主任等。一九三三年創辦實用會計學校。著有《會計學大綱》等。（《廣東近現代人物詞典》三七六頁）

　　劉梅卿生。

　　劉梅卿（一八八二～一九二〇），欽州（今屬廣西）人。日本成城學校畢業。光緒三十一年（一九〇五）入同盟會，參加欽廉、鎮南關及廣州黃花崗諸役。一九一四年秋策動江門守軍起義討袁，事泄後赴南洋。一九一六年所部編入桂軍林虎部，任護國軍第六軍第二旅四團團長、獨立團團長。一九二〇年該部擴編爲混成旅，任少將旅長。後爲陳炯明所忌恨，於同年四月二十九日指使旅長翁式亮以邀宴爲名將其殺害於陽江。（《廣東近現代人物詞典》一一五頁）

　　潘君勉生。

　　潘君勉（一八八二～一九六八），原名權瑞。梅縣人。二十六歲時在堂叔所辦香港“萬通安記”商號任司理，自創南通公司，大力協助嘉應地區青年至印尼經商謀生。又與堂兄植我在日本神戶創辦得人和商號，任副經理，結識孫中山，支持革命。二次革命失敗後多次捐款，孫中山特書“博愛”相贈。一九一六年創議成立旅港嘉屬商會，任首屆會長。二十年代至日視察商店業務，解囊資助留學生郭沫若、劉伯球等。抗日軍興，不僅捐款在香港購買西藥及醫療器械運至八路軍駐漢辦事處，還經常照顧抗日人士如葉劍英等在港家屬。抗日民主人士避居香港時，也得其物資支持，還捐款資助創辦進步報刊。二十世紀四十年代，與同鄉創辦了梅縣縣立第二中學，並慷慨解囊資助毅成學校與安仁中學。（《梅縣文史資料》）

　　賴達生。

　　賴達（一八八二～一九二八），號醒魂。信宜人。少年在家讀書，因抗婚而投筆從戎，至穗參加新軍，旋入同盟會，參加廣州陸軍起義、辛亥廣州起義及高明起義。一九二二年陳炯明叛，欲殺孫中山，達將其手令秘密傳出，使中山得脫險。後被任命爲海軍緝私艦長，卒於任。（《信宜人物傳略》）

謝倫生。

謝倫（一八八二～一九二七），字兆才。南海人。辛亥革命前曾參加孫中山組織的新軍。民國十三年（一九二四）在鐵村武館認識共產黨員梁復燃、周俠生，次年復燃、俠生等在大瀝大鎮、鐵村組織農民協會，首先報名參加，且動員其家人參加，被選爲鐵村農民協會執行委員，任農民自衛軍隊長，收繳民團武器以武裝自己，進行減租減息、禁煙禁賭、取消民團苛捐、維護地方治安等活動。十六年（一九二七）被殺。

謝英伯生。

謝英伯（一八八二～一九三九），原名華國，號抱香居士。梅縣人。早年考進香港皇仁書院，就讀三年後，回穗從事新聞事業。光緒二十八年（一九〇二）任《亞洲日報》總編輯。三十三年（一九〇七）入同盟會，參與籌畫廣州新軍起義、廣州起義，參與組建支那暗殺團。武昌起義勝利後，任同盟會粵支部部長、廣東省高級顧問。二次革命爆發，主辦《討袁日報》，失敗後逃亡美洲，一九一五年底經日本返國。一九一七年追隨孫中山南下護法，被任命爲大元帥府秘書。一九二〇年陳炯明率軍回粵，回穗開展勞工運動，組織互助社，開設醫院，並主辦《廣州日報》、《互助日報》。一九二三年曾任中國紅十字會廣州市分會會長，次年在國民黨一大公開反對孫中山。中山在京逝世，參加西山會議，後又任上海國民黨中央監察委員。一九二七年滬、漢、甯三黨部合一，任海員工會清黨委員，次年春回穗從事律師及新聞教育工作，並開始研究考古學、佛學，創辦廣州黃花考古學院，出版《考古雜志》創刊號。又創設中國新聞學院，任院長。一九三二年主辦《三民日報》。一九三六年任廣東省高等首席檢察官。“七七”事變後，仍留穗執業律師，直至穗淪陷前夕，才全家移

居廣宵。著有《人海航程》、《中國古玉時代文化史綱》。（《中國
近現代人物名號大辭典》一二五二頁）

譚贊生。

譚贊（一八八二～一九四四），字敬育，號慕平。香山（今
中山）人。光緒二十四年（一八九八）隨孫中山在檀香山辦《隆
記報》週刊，任排字員。三十二年（一九〇六）集資創辦《自由
日報》。宣統元年（一九〇九）赴美國紐約，入麵廠公司任司理，
組織同盟會。二十八歲轉赴芝加哥，仍從事麵廠工作。未幾，設
華人制麵廠。嗣歷任駐美國芝加哥中國同盟會會長等。一九二九
年十月，任國民政府外洋籌募公債委員會委員等。一九四二年當
選第三屆國民參政會參政員。（《民國人物大辭典》一六四〇頁）

鍾動生。

鍾動（一八八二、一八七九～一九三七、一九四四），又名
用宏，字李通，更名動，字天静、薛生。梅縣人。隨兄用和入廣
雅書院侍讀，弱冠後為附生。旋赴日本留學，入同盟會，又為南
社社友。武昌起義時曾命門人疏通防軍，光復梅州。袁世凱稱
帝，雲南舉義，贊助護國護法，任雲南教育司長。一九二七年隱
居於滬以終。（《中國近現代人物名號大辭典》九一〇頁）

鍾公任生。

鍾公任（一八八二～一九四七），鎮平（今蕉嶺）人。早年
赴日本早稻田大學，入同盟會，回國後又赴印尼雅加達，任同盟
會巴達維亞支部評議部部長，復被聘為《華鐸報》、《天聲日報》
總編輯。著有《公任文存》、《孫中山著述生涯》、《救國津梁》
及《討袁記》。（《廣東近現代人物詞典》三八二頁）

蘇慎初生。

蘇慎初（一八八二～一九三六），字子奇。合浦（今屬廣西）
人。早年入同盟會，為高雷主盟人。任廣東新軍第二鎮見習官。
廣州起義爆發，負責新軍、防營及民軍聯絡。失敗後，返高雷策
動各縣光復，任高雷民軍總指揮。辛亥武昌起義爆發後，慎初在

西江起義，克復高雷地區，高州軍政分府成立，林雲陔爲督，慎
初爲司令長。一九一二年任循軍第三路司令、廣東軍政府第三軍
軍長，同年秋循軍改編爲廣東民軍第二師，任師長，十月授中
將。次年任廣東陸軍第二師師長。二次革命爆發，廣東都督陳炯
明舉兵反袁，慎初率軍將炯明逐出穗，被舉爲臨時都督兼民政
長，袁世凱加陸軍上將銜並給勳三位。然僅三天，就被張我權趕
下臺。一九一五年冬，潛往肇慶，策動軍隊起義反袁，因事泄被
追捕，曾被雲南當局扣押數月。後被釋放。袁世凱死，調北京，
歷任諮議、顧問等閑職。陳炯明重掌粵，依附之，任粵軍總司令
部高等顧問，一九二二年被委任爲廉州民團總辦，駐軍北海，與
八屬軍閥鄧本殷合流，次年孫中山派黃明堂率軍來攻，退走。一
九二五年陳銘樞率領國民革命軍第十師從江門而來，與桂軍聯合
驅走鄧本殷，慎初返廣州灣（今湛江）創辦同善社。後去香港。

　　羅仲霍生。

　　羅仲霍（一八八二～一九一一），名堅，字則君。惠州人。
家貧。早年在鄰里授徒爲業，後赴安南（今越南）及南洋各埠。
光緒三十二年（一九○六）畢業於檳榔嶼師範學堂，旋籌辦吉隆
坡尊孔學堂、荷屬火水山中華學堂，歷充校長及該埠報館主筆。
結識孫中山後，遂遊各島演説。宣統三年（一九一一）三月由南
洋返香港。廣州起義爆發，隨黃興攻兩廣督署，傷左足，誤走旗
人街，被執縛，將就刑，仍演説革命宗旨，聞者動容，卒遇害，
葬於廣州黃花崗，爲七十二烈士之一。（《中國近現代人物名號大
辭典》七七八頁）

清德宗光緒九年　癸未　一八八三年

　　本年黃遵憲賦《朝鮮嘆》，強烈抒發了對朝鮮前途憂慮之情。
遵憲在日本設宴送徐壽朋、吳廣霈隨使美洲，席間賦《徐晉齋觀
察　壽朋吳翰霈貳尹　廣霈隨使美洲道出日本余飲之金壽樓韓濤
即席有詩和韻以贈》七律，全詩格調高昂。（鍾賢培、管林、謝

華、汪松濤《黄遵憲詩選》二四六、三九九頁）

本年潮州開元寺主持永祥應瑞續增刊刻《開元寺傳燈録》，開元常住監寺廣昌立《重建密祖塔並增刻〈傳燈録〉芳名記》。（《開元寺傳燈録》）

本年歳試，學使葉大焯覽饒宗韶文，推爲九縣之冠，選入試牘。

饒宗韶，字史琴。大埔人。精《史》、《漢》，喜數學，兼知醫。光緒九年（一八八三）歳試，學使葉大焯覽其文，推爲九縣之冠，選入試牘。論者謂潮州士子能知讀《史》、《漢》，不爲八股所圍，實自此始。光緒十四年（一八八八）敘歳貢。二十二年（一八九六）援例爲州判，年五十卒於梧州差次，著有《醫案》、《六壬》、《醫脈秘要》、《測算入門》、《地理辨證發微》、《兵家入門》、《鑄炮圖説》、《城守須知》、《練兵須知》、《陣法須知》等。（《潮州詩萃》、民國《大埔縣志·人物志》、民國《潮州志·藝文志》）

丁仁長於本年中進士。

丁仁長（一八六一～一九二六），字伯厚，號霞仙、潛客，室名聽鐘樓。番禺人。傑孫、志璧子。光緒九年（一八八三）進士，授編修，大考擢侍講，轉侍讀。丁外艱，不再出，主講越華書院，總理大學堂，監督存古、教忠學堂。國變，易名潛客，杜門奉母。母卒，三年不脱縗絰。服闋後，奔問天津，屢上封事，優詔褒答。逾年卒旅次，賞"履潔懷清"匾額。著有《毛傳釋例》、《雜記》存於家，門人輯其詩一卷刻之。吳道鎔《廣東文徵作者考》卷十二有傳。

何息深於本年中進士。

何息深，字詠廬。東莞人。光緒九年（一八八三）進士，授户部主事。有文名。（宣統《東莞縣志》卷七三）

潘履端於本年中進士。

潘履端，字樾根。番禺人。光緒九年（一八八三）進士，授韶州教授，翌年兼北江書院山長。二十四年調高州府教授，逾月以母老告終養。或勸著述，曰：“半部《論語》終身行之不足，何著書爲？”年六十一卒。有文名。（宣統《東莞縣志》卷七三）

陳嗣容於本年成貢生。（民國《東莞縣志》卷四七）

陳嗣容，字句生。東莞橋頭人。玉成子。光緒九年（一八八三）歲貢。喜言詩，語亦風趣。著有《春暉草堂詩》。張其淦《東莞詩錄》卷五五有傳。

刁慶湘生。

刁慶湘（一八八三～?），字信德。興寧人。上海聖約翰大學醫學士。光緒三十四年（一九○八）任上海同仁醫院醫師，一九一二年官費留美入賓夕凡尼亞大學，獲醫學博士。一九一四年回國，任同仁醫院高級軍醫主任，一九二八至一九三一年任上海聖約翰大學醫學院院長、紅十字會醫院總監、中華醫學會會長、《中華醫學雜志》編輯等。著有《公衆衛生教育》。

老璟燆生。

老璟燆（一八八三、一八八五～一九六六），字焱谷，又名老焱若。順德人。曾任北京政府農商部權度製造所機械工廠主任、北京師大工藝系教授等。二十年代曾成立藝術寫真研究會（後改光社），在北京中央公園舉辦數次攝影展覽。三十年代研製出折疊傘。新中國成立初設計出蜂窩煤自動壓制機、劇臺自動轉臺等。（《中國近現代人物名號大辭典》一九五頁）

李炯生。

李炯（一八八三～一九六四），德慶人。廣東陸軍武備學堂第二期畢業，歷任東路討賊軍第二支隊排、連長、中校副官。民國十一年（一九二二）任粵軍第二師副官長，次年任陸海軍大元帥府軍學編輯局上校襄理官。十三年（一九二四）任廣東西江善後督辦公署少將副官長，次年調任梧州善後督辦公署副官長。十七年（一九二八）任高要、德慶縣長，次年任第八路軍總部軍務處長，同年底返鄉，任德慶縣參議會議長。抗日戰爭爆發後，任德慶民眾自衛統率委員會委員，組織民眾武裝抗日。三十五年（一九四六）當選廣東省參議會議員，次年當選立法院立法委員。三十八（一九四九）年在香港通電起義。後在港病故。（《廣東近現代人物詞典》一五六頁）

李杞芳生。

李杞芳（一八八三～？），號柳汀。五華人。畢業於兩廣師範、日本早稻田大學，回國後任陝西省公署秘書、雲南陸軍講武堂教習、廣東議員。一九二〇年任五華縣長，卸任後任廣東廳視察員。（五華縣文史辦供稿）

李耀祥生。

李耀祥（一八八三～？），字顯庭。鶴山人。美國哈佛大學鐵路專科學校畢業，曾任京張鐵路實習工程師、鐵道部技正等。抗戰時期任粵漢、廣九及滇粵鐵路搶修隊總隊長、軍委會鐵道運輸司令部少將參議等。（《廣東近現代人物詞典》一九〇頁）

吳子垣生。

吳子垣（一八八三～一九四四），又名紫垣，字錦芳，號松廬。香山人。少年受學本鄉劉燧檀，後赴澳洲經商。光緒二十九年（一九〇三）赴加拿大，三十三年（一九〇七）被推為中華會館幹事。歸國，於宣統三年（一九一一）與劉漢華組織隆都革命軍，次年回粵，赴穗廣東法政專門學校習法政三年。一九一七年任東海十六紗聯防自衛局局長。一九一九年與周伯祥等於滬組織國民黨第一分部。一九二四年派為北伐先遣隊總指揮。一九三八年設星光小學，自為校長。（《民國人物大辭典》三四一頁）

吳偉康生。

吳偉康（一八八三、一八八二～一九四七），通稱漢山大哥。蕉嶺人。弱冠補諸生。光緒三十二年（一九〇六）赴荷屬巴城入同盟會。宣統三年（一九一一）回潮汕組織光復第四軍，翌年返蕉嶺任同盟分會會長。一九一五年任清、花、佛、從四縣籌餉專員。一九二一年為蕉嶺縣長。一九二七年任國民政府僑務委員會

委員。（《民國人物大辭典》三六二頁）

吳樹勳生。

吳樹勳（一八八三～一九四九），字紀常，號深柳。新興人。一九一三年入兩廣方言高等專科學堂，監督陳介石尤愛其文。卒業後歷任新興教育局長等職，後任新興縣立中學校長。著有《深柳隨筆》等，撰《六祖慧能碑文》。（《新興人物志》）

何蔚生。

何蔚（一八八三、一九〇〇～一九六一），字慎其。興寧人。畢業於東京日本大學法科，歷任京津《國光新聞》、《民意報》主筆、廣州大理院推事。一九二二年署廣州大理院庭長，次年任廣東高等檢察廳廳長。一九三五年任最高法院庭長。（《民國人物大辭典》三八二頁）

利寅生。

利寅（一八八三～一九五四），字壽峰。花縣（今花都）人。清朝末年廣雅西學堂畢業，官費留學英國牛津大學學農，宣統元年（一九〇九）始在廣東全省農事試驗場任化學技師，又兼農業講習所（華南農業大學前身）教員。廣東光復後任廣東軍政府實業部副部長。後在穗參與創辦廣東省農林試驗場、東山火柴廠，嗣任中山大學農科學院教授兼農林化學系主任直至逝世。（《廣東近現代人物詞典》二〇五頁）

汪精衛生。

汪精衛（一八八三～一九四四），名兆銘，字季新，筆名精衛。原籍浙江山陰（今紹興），生於番禺。妻陳璧君。曾謀刺清攝政王載灃，袁世凱統治時期至法國留學。回國後於一九一九年在孫中山領導下駐上海創辦《建設》雜志。一九二一年孫中山在廣州就任非常大總統，任廣東省教育會長、廣東政府顧問，次年任總參議。抗戰期間投靠日本，淪爲頭號漢奸，在南京組建偽國民政府。一九四四年在日本名古屋因骨髓腫病死。（《中國近現代人物名號大辭典》五四九頁）

林雲陔生。

林雲陔（一八八三、一八八一～一九四八），原名公競，字
（號）毅蔿。信宜人。早年入同盟會，赴美留學，獲碩士學位。
光緒三十年至三十四年（一九〇四至一九〇八），與陸匡文、茂
名譚惠泉等在高州城組織青年閱讀進步書報。宣統三年（一九一
一），與林伯虎、陸幼剛等在高州府城建立起義總指揮部，任高
州軍政分府分都督。一九一八年任《建設》雜志編輯，次年中華
革命黨（同年十月改中國國民黨）在滬創辦理論刊物《建設雜
志》（月刊），孫中山撰《發刊詞》，蔿主要撰稿人之一。一九二
三年任廣州市長。一九二七年任市政委員會委員長，次年五月恢
復市長制，一九二九年改特別市，後仍改省轄市，任市長。一九
三一年任廣東省政府主席兼財政廳長。一九三六年任審計部部
長。（《中國近現代人物名號大辭典》七四七頁）

林冠慈生。

林冠慈（一八八三～一九一一），原名冠戎，又稱阿容。歸
善（今惠州）人。早年務農，後至穗習輪船駕駛，入同盟會。宣
統二年（一九一〇）在港參加由劉思復、高劍父等組織之支那暗
殺團，次年黃花崗起義失敗後，與陳敬嶽刺殺廣東水師提督李
准，八月十三日中午，在穗雙門底擲彈重傷准，冠慈遭清兵亂槍
掃射，當場犧牲，敬嶽在撤退途中被捕，十一月七日從容就義。
蔿紅花崗四烈士之一。（《中國近現代人物名號大辭典》七五七
頁）

林紹棠生。

林紹棠（一八八三、一八八九～一九五七），字乾初。東莞
虎門人。早年畢業於東莞師范學堂、兩廣高等學堂理化研究班、
廣東虎門陸軍速成學堂、保定陸軍速成學堂。回粵練兵燕塘，入
同盟會。宣統二年（一九一〇）庚戌之役，同倪映典等舉義於燕
塘侯王廟，事不成。辛亥革命後，任廣東新軍第二營督隊官、管
帶（營長）兼代長洲要塞司令部司令、廣東高廉綏靖處指揮官、

廣東靈山行營主任等職。一九一四年任中華革命軍潮梅區司令部參謀官，次年調任廣東討逆軍第二軍司令部參謀長，隨同李烈鈞、林虎等討袁驅龍，任廣東陽江縣縣長等職，克復恩平、開平、陽江、湛江、高州、雷州等十餘縣。一九一七年任高雷鎮守使署參謀長及江門員警廳廳長、粵軍總司令部五邑辦事處參謀長等職。一九二二年任陳炯明派駐江門行營主任，炯明叛孫中山後，辭職赴港隱居。一九二六年返穗，任國民革命軍第四軍廣州留守處高級參謀等，次年任南京中央陸軍軍官學校籌備處委員。一九二八年初任南京中央陸軍軍官學校第七期考試委員會委員長。一九三〇年任財政部淮皖鹽務緝私處主任，翌年任陸軍第十九路軍第七十八師參謀長，次年"一·二八"淞滬抗戰。"七七"抗戰，應薛嶽之召在第九戰區長官司令部充機要室少將主任、高級參謀室參謀等職，參加三次長沙會戰。抗戰末期任第九戰區司令長官部軍法總監部軍法執行官等。一九四六年當選出席制憲國民大會代表，後辭職遷港寓居。（《虎門人物影像庫》）

周華生。

周華（一八八三～一九一一），字鐵梅。南海人。幼孤，後從其兄天祥經商龍州，旋入安南（今越南）入同盟會。光緒三十三年（一九〇七）防城起義時負責軍需工作，後在新加坡參與創辦《中興日報》。民鐸劇社成立後，投身社務，並周遊南洋宣傳革命。宣統三年（一九一一）得知孫中山、黃興等策動廣州起義，遂返抵香港。參加進攻督署戰鬥，在焚攻督署時，力戰犧牲。葬廣州黃花崗，爲七十二烈士之一。（《中國近現代人物名號大辭典》八一〇頁）

馬素生。

馬素（一八八三～？），字繪齋。廣州人，生於上海。香港聖約瑟書院畢業，曾在滬南洋公學任教，宣統三年（一九一一）爲孫中山私人秘書，參加攻取江南製造局，一九一二年任《民國西報》法文總編。一九一四年赴英入倫敦大學政治經濟學院，次年赴美紐約就讀，並任國民黨在美國、加拿大、墨西哥代表。一九二〇年任廣州軍政府駐華盛頓外交代表。一九二四年回國。（陳玉堂《中國近現代人物名號大辭典》二七頁）

胡毅生生。

胡毅生（一八八三～一九五七），名毅，號隋齋。番禺人。漢民堂弟。早年留學日本。光緒三十一年（一九〇五）參加同盟會，奉孫中山命偕法籍武官在滬、寧、粵、渝等地密查清廷虛實及軍事佈置。辛亥廣州起義時，任儲運課課長、第四路隊長。廣東光復後，任都督府軍務處處長。一九一四年入中華革命黨，後參加討袁與護法運動。一九二五年後在廣州參與創辦《國民新聞》，宣傳反共。因與廖仲愷被刺案有嫌，被通輯逃港。一九四八年曾任總統府顧問。一九五一年自港去臺灣。擅長書法，爲當代名家。著有《絕塵想室詩草》、《集易林》等。（《中國近現代人物名號大辭典》八九七頁）

徐松根生。

徐松根（一八八三～一九一一），花縣人。安南（今越南）華僑，工人。宣統三年（一九一一）三月廿九日廣州起義發動後，爲徐維揚支隊隊員，隨攻總督府，血戰一夜，後轉戰各處。次日行至高塘被清兵所執，遂被殺害，被稱爲"黃花崗安南五徐烈士"之一。葬廣州黃花崗，爲七十二烈士、花縣籍十八烈士之一。

孫璞生。

孫璞（一八八三、一八八四～一九五三），字仲英，亦作仲英，號阿瑛、太璞等。香山人。早年就讀穗廣雅書院。後赴日本攻讀法律、政治，歸國後創設《雲南日報》、《滇南公報》，曾任孫中山秘書、陽春縣長、廣東省長秘書等。三十年代任上海市政府秘書、公安局主任秘書等。早年參加南社。著有《重九戰紀》、《獄中記》、《傷心人語》、《粵風》等。（《中國近現代人物名號大辭典》三四四頁）

陸志雲生。

陸志雲（一八八三～一九四三），信宜人。早年入同盟會，奉命於廣州灣組織起義。曾任孫中山特務長，負責孫中山及總統府安全保衛。一九二二年陳炯明企圖殺害中山，冒死保護脫險。後歷任廣東電話總局局長、封川縣長等。（《信宜人物傳略》）

陳湧波生。

陳湧波（一八八三～一九一二），字靜山。饒平人。原爲黃岡三合會首領。光緒三十二年（一九〇六）赴香港，加入同盟會。次年五月與余旣成等發動饒平黃岡暴動，被推爲革命軍司令，率部占黃崗，設立臨時軍政府，旋因敵衆我寡失敗。後潛赴新加坡，隨侍孫中山。武昌起義後回國，參與光復潮汕諸役。光復後在汕頭召集舊部，加緊訓練，以備北伐。一九一二年七月被清降將吳祥達殺害。（《革命逸史》第三集）

黃冷觀生。

黃冷觀（一八八三、一八八七～一九三八、一九三三），名顯成，字君達，別字仲殳，號冷觀，別號昆侖。香山人。主《香山旬報》筆政，後任香港《大光報》主編，兼司《香港晨報》筆政。著有《大俠青芙蓉》、《滄溟俠影》等。（《中山文史》）

黃連舫生。

黃連舫（一八八三～一九五五），又名泗。蕉嶺人。武師，善使雙刀、耙、棍、鉤鐮等。並精醫術，治療跌打損傷及疑難雜癥。曾任樟坑村正用學校校長，並開設武館。民國二十三年（一九三四）任獨一師武術總顧問。（《客家名人錄》）

黃慕松生。

黃慕松（一八八三、一八八四～一九三七），原名汝海。梅縣人。早年肄業汕頭嶺東同文學堂，後入廣東武備學堂，畢業後去日本留學，先後畢業於日本陸軍士官學校及炮工學院，入同盟會，回國任廣東黃埔陸軍小學教官、校長。武昌起義後任民軍參謀長。民國成立後任大總統府軍咨府（後改參謀本部）第五局局

長。一九一三年任國防考察委員，曾赴蒙古、新疆考察，回京任
陸地測量總局局長。一九一六年再渡日本，以陸軍工兵中尉身份
入日本陸軍大學三十一期深造，三年多後畢業。赴英國留學，並
在德、法兩國考察，歷時兩年。回國後任中俄界務公署參議、中
俄會議專門委員兼交通部路線審查會主任。一九二五年任軍務善
後委員會委員。同年南下穗任粵軍總司令部編審委員會委員長兼
黃埔陸軍軍官學校高級班副主任。一九二七年代理陸軍大學校
長、國民革命軍第三師師長，率部參加北伐戰爭。一九二九年任
參謀本部測量總局局長，首次完成全國軍事測量任務。一九三〇
年再代陸軍大學校長，尋奉派去英國出席萬國航空會議、第四屆
萬國測量家聯合會會議、第三屆萬國航空攝影測量會議，並作為
專門委員出席國際軍縮會議，次年任參謀本部參謀次長、國民黨
第四屆候補中央執行委員、中央海外黨務委員。一九三三年特任
新疆宣慰使，九月任陸軍大學校長，同年底任新疆省黨部指導委
員長，次年奉派赴藏任致祭達賴專使並主持冊封大典。一九三五
年任蒙藏委負會委員長、中將、國民黨第五屆中央執行委員。次
年任廣東省政府主席兼廣東省保安司令。卒，追贈上將。著有
《黃慕松先生遺著》、《環球遊記》、《新疆概述》、《西藏日記》
等。（《梅州人物傳》）

　　黃偉卿生。

　　黃偉卿（一八八三～一九四一），普寧人。早年入同盟會，
旋赴越南。一九一九年中華革命黨改組為中國國民黨，任薄寮支
部執監委員，歷經廣東討龍、西南護法、討陳、北伐諸役，贊助
孫中山，募捐籌餉。一九二五年因開會追悼孫中山，被居留國驅
逐返鄉。一九二六年赴穗出席國民黨第二次全國代表大會。一九
二九年與華僑在汕島創設華僑互助社。抗戰爆發，發動海內外同
僑募捐助餉。汕市淪陷，返原籍號召鄉人組隊自衛。（《民國人物
大辭典》一一二一頁）

　　黃禪俠生。

黄禪俠（一八八三～一九四四），字徇儒。順德人。八歲喪父，依母讀書廣州。十九歲從舅父赴越南經商，入同盟會。河口之役，率隊攻督辦公署。一九一三年回粵，任酒稅總局稽核，翌年袁世凱大捕黨人，走港、滬等地。後在香港組織《真報》，曾改姓名爲韓蟬，後又號蜕廬，在港開設書鋪，暗爲黨人聚集場所。一九一六年在港與鄧警亞等開辦《時報》及《小說晚報》。袁世凱死後回國。一九一七年應南洋兄弟煙草公司之請入滇爲該公司駐滇經理，一九二八年辭職，自設愛國商店，專賣革命書籍，旋倡辦粵僑公學。一九三六年回粵。（《民國人物大辭典》一一三三頁）

淩德淵生。

淩德淵（一八八三～一九五一），原名紹宇，字子涵。始興人。七歲習農事，後讀私塾，考取神學院，畢業後任傳教士，民國二年（一九一三）以教會經費創辦德華小學。（新編《始興縣志》）

馮如生。

馮如（一八八三、一八八四～一九一二），原名九如。恩平人。善鑽研，晝當勤雜工，夜讀機械學，精通三十六種機械原理，發明抽水機、打椿機，製成無線電收發報機。光緒二十九年（一九〇三）得知美國萊特兄弟發明飛機後，決心製造飛機。得到當地華僑贊助，於三十三年（一九〇七）在舊金山以東奧克蘭設立飛機製造廠。宣統元年（一九〇九）成立廣東飛行器公司，任總工程師。九月二十一日，進行了首次飛機試飛。翌年七月，製作了第二架飛機。辛亥革命後，被廣東革命軍政府委任爲飛行隊長。一九一二年八月二十五日，在廣州燕塘飛行表演中不幸失事犧牲，追授陸軍少將，遺體安葬黄花崗，並立碑紀念。

馮裕芳生。

馮裕芳（一八八三～一八四九），瓊山（今屬海南）人。白駒胞兄。日本東京帝國大學商科畢業。光緒三十一年（一九〇五）入同盟會。一九一四年成立中華革命黨，被推爲東京支部長。一九二一年任廣東交涉署副局長、陳炯明粵軍總司令部高級顧問、第三軍代參謀長。一九二八年赴倫敦大學學習，入英國共產黨。一九三四年回國，與胡愈之在香港創辦新文學學會，任會長。抗戰爆發後，任軍事委員會政治部少將設計委員。後辭職返港，任南華學院政治經濟學教授，參加胡愈之創辦之國際新聞社。一九四四年入中國民主同盟，任港九支部主任委員、南方總支部常務，曾爲瓊崖縱隊籌購電臺通訊器材。一九四八年冬赴東北解放區，次年在沈陽病逝。（《廣東近現代人物詞典》七九頁）

馮鋼百生。

馮鋼百（一八八三、一八八四～一九八四），別名百練，號均石。新會人。十四歲至穗做童工，曾拜袁祖述爲師，學繪人像，十八歲後以畫像爲職業。光緒三十一年（一九〇五）赴墨西哥做雜工，業餘學繪畫。後入墨西哥國立美術學院習畫，宣統三年（一九一一）畢業，被美國駐墨國領事保薦赴美深造，先後入舊金山卜忌利美術學院、芝加哥美術學院學習，又入紐約第九街學生美術研究院研究肖像畫，隨美國名畫家羅伯爾特・亨利習油畫技術長達十一年。一九二一年回國，受許崇清委託，與畫家胡根天籌辦廣州市立美術學校，任總務主任兼教授繪畫。又與根天等創辦美術研究團體赤社，後改稱尺社。一九三四年赴滬藝專任教。上海淪陷，回粵東莞與友人在金桔嶺創辦墾殖農場。一九三八年往港賣畫爲生。尋回穗，被當局解往重慶拘禁於歌樂山監獄，又轉囚貴州息烽監獄，後經友人營救始獲釋。抗戰勝利後，輾轉往港，又以賣畫爲生，常與畫家李鐵夫等相聚研畫。中華人民共和國成立後從港返穗。一九五〇年被邀出席廣東省第一屆人民代表會議，會後應邀出任東莞縣生產委員會常務委員、墾殖農場場長。從一九五四年起，歷任廣東省文史研究館館員、副館長、省文聯委員、中國美術家協會廣東分會理事、廣東省第四、五屆政協委員。一九七九年出席第四次全國文學藝術工作者代表

大會，會後加入中國美術家協會。畢生致力油畫創作，並以肖像
爲主，作畫筆觸純樸，著意捕捉色彩在光線下變化，色彩真實，
形象豐滿生動。力作《馬夫》已由中國藝術館收藏，代表作還有
《女青年肖像》、《青年工人》、《中學生》、《古箏家》、《自畫
像》、《鱅魚》等。（《中國近現代人物名號大辭典》一八七頁）

雲竹亭生。

雲竹亭（一八八三、一八八四～一九五九），原籍文昌（今
屬海南），元末海南道巡撫雲從龍後裔。蒙古族。父崇對（字策
臣）是旅泰瓊僑最早社團瓊州公所（今泰國海南會館前身）的主
要創始及負責人。竹亭於光緒二十九年（一九〇三）至曼谷，經
多年努力，由制冰、汽水擴展及石油開發、航運、銀行等，富甲
一方，成爲泰國工商金融界巨頭。諸弟及子侄輩出國留學後，受
到泰國政府重用：七弟茂保，官至泰國外交部長及樞密院長；小
弟茂傑，任泰國外交部常務副部長；長子逢本曾任泰國預算局局
長；次子逢梁任泰國外交部司長；三子逢松任泰國財政部長。

勞勉生。

勞勉（一八八三～？），字少勉。南海人。早年赴日本明治大
學，畢業後回國，歷任廣三鐵路局局長等職。一九二九年任北寧
鐵路局副局長。一九三六年任國民政府交通部招商局副總經理。
（《民國人物大辭典》一一七〇頁）

溫帶雄生。

溫帶雄（一八八三～一九一一），號瑞蘭。永安（今紫金）
人。出生於貧苦農民家庭。自幼聰慧有勇，讀私塾時，就喜讀
《春秋》，談論兵法。光緒三十一年（一九〇五）春考入廣州虎門
陸軍速成學校，畢業後奉派至廣州花縣任見習教官。三十三年
（一九〇七）調任新軍兩廣水師提督李准部巡防營哨官，駐順德
新軍巡防營。在校時由姚雨平介紹加入同盟會，其巡防營官兵也
多爲革命黨人。宣統三年（一九一一）初，所在巡防營調回廣州
南堤天字碼頭。三月，與（辛亥）廣州起義領導人黃興約定於當

月二十九日（農曆）下午五時半，以保衛水師行臺爲名，活捉李准，内應配合起義，密定以螺角號響爲警訊，臂佩白手巾爲號。是日晚飯後，螺號吹響，恰遇李准傳令該哨入城進攻革命黨人，帶雄即令扣留傳命之人，隨即宣佈擒拿李准計畫，與哨長陳輔臣率全隊整裝跑步入城。帶雄持指揮刀在前，輔臣哨長殿后。因恐路遇阻礙，帶雄及其部手臂没有纏上白巾。不料隊伍行至雙門底馬路時，與起義中突圍之革命黨人方聲洞等相遇，被方部誤認爲敵軍而交火，帶雄、聲洞均犧牲。（《廣東近現代人物詞典》五一〇頁）

翟耀東生。

翟耀東（一八八三～一九五五），字廷育。東莞篁村周溪人。光緒二十九年（一九〇三）隨親戚至越南當店員，翌年入同盟會。宣統二年（一九一〇）組織新軍起義，次年黄花崗之役參加先鋒隊攻打兩廣總督府，失敗後逃往越南。一九一七年九月，任孫中山陸海軍大元帥衛士隊長，後改任軍械廠廠長。一九二三年二月，任西路討袁軍第四獨立支隊第一獨立營營長，駐守虎門威遠炮臺。一九二五年三月十二日，孫中山逝世，辭職回鄉農耕，兼做跌打醫生。未幾，參加東莞農民運動，被選爲霄邊區農協委員。一九二七年農運遭鎮壓，被迫返鄉。一九四二年初與東增人民抗日遊擊隊取得聯系，參加抗日外圍活動，秘密把遊擊隊傷員掩蔽在家中治療，先後治癒三十多名重傷員。中華人民共和國成立後在家安度晚年。（《東莞市志》一四六二頁）

熊崇志生。

熊崇志（一八八三～？），字位西。梅縣人。早年赴美國留學，入加利福尼亞大學，獲文科學士學位。又入哥倫比亞大學，獲文科碩士學位。歸國後授進士，嚴復稱譽其爲“所得最優等遊學美國專門教育之兩進士”之一。回國後，歷任北京政府教育部秘書、兩廣學務處課員、廣東學務公所課員、兩廣方言學堂監督、籌備巴拿馬賽會辦事處科員、籌辦煤油礦事務處科長、南運河工程處主任等職。光緒三十四年（一九〇八）至一九一二年，任唐山路礦學堂（即唐山交通大學，今西南交通大學）監督（校長）。一九二五年任關稅會議秘書，次年任外交部秘書。一九二七年署駐紐約總領事，翌年任國際聯合會中國代表辦事處秘書長。一九二九年任駐紐約總領事，次年兼代駐芝加哥總領事、駐墨西哥公使代辦。一九三一年任駐墨西哥全權公使。一九三三年任駐巴西全權公使。一九四一年去職。

鄧培生。

鄧培（一八八三、一八八四～一九二七），三水人。生於工人家庭，十四歲至天津天德泰機器廠當學徒，十七歲到京奉鐵路唐山製造廠當工匠，曾參加同盟會活動。五四運動爆發後，組織職工同仁會及十人團。一九二一年春加入共產黨，領導成立唐山製造廠工會，被選爲委員長。組織成立社會主義青年團、中共唐山製造廠支部，任書記。次年出席在蘇聯莫斯科召開的遠東各國共產黨及民族革命團體第一次代表大會，受到列寧接見，回國任中共唐山地方委員會書記、唐山地方執行委員會書記、中共北方區委委員、中國勞動組合書記部北京分部領導成員，先後發動唐山製造廠三千餘工人大罷工、唐山啓新洋灰廠七千餘工人大罷工及開灤五礦三萬餘工人總同盟大罷工。一九二三年被選爲京奉鐵路總工會委員長。二七慘案後，積極發動唐山工人聲援、募捐支持京漢路工人鬥爭。赴穗出席中共三大，被選爲中央候補執行委員，會後回唐山籌建全國鐵路總工會，翌年在北京參與領導召開全國鐵路工人代表大會，成立中華全國鐵路總工會，被選爲委員長。一九二五年在中共四大上被選爲中央候補執行委員，任中共中央駐唐山特派代表兼中共唐山地委書記。二月至鄭州主持召開全國鐵路工人第二次代表大會。五月赴穗出席第二次全國勞動大會，被選爲中華全國總工會執行委員。五卅慘案發生後，回唐山領導各界民衆兩萬餘人集會，舉行罷工、罷課、罷市鬥爭，年底被調至北京做全國鐵路總工會工作，次年二月在津主持召開全國鐵路工人第三次代表大會，尋至穗出席第三次全國勞動大會，被選爲廣東省總工會委員長。一九二七年至漢口參與主持召開全國鐵路工人第四次代表大會，任主席團委員。四月被捕，六月就義。（《廣東近現代人物詞典》三三頁）

鄧爾雅生。

鄧爾雅（一八八三～一九五四），名溥霖，字季雨，號爾雅、萬歲。東莞莞城人。八歲始篆刻。十八九歲時，師從黃苗子祖妃香。光緒三十一年（一九〇五），東渡日本學美術。二十八九歲自日本回國，助潘達微創辦同盟會及國內第一份機關刊物《時事畫報》，開始專心研習黃牧甫印，自稱爲牧甫之私淑弟子。晚年喜參用六朝碑文字入印，人謂之驅使銛筆，毛穎縱橫。印章風格清麗恬淡，剛勁雋永。還善刻造像印，所刻印章，只得形象而不知何字。一生所刻印章，數以萬計。創立啓明學堂，爲廣州最早小學。又以數十年心力寫成《文字源流》，手稿由家屬捐贈香港藝術館，凡二十一冊。（《東莞市莞城志》）

駱鳳翔生。

駱鳳翔（一八八三～一九七二），字冠宇。博羅人。畢業於惠州府中學堂及廣東陸軍速成學堂。辛亥革命時任嶺東鎮守府司令親軍標統、總監。一九二一年任陳炯明部廣東警備遊擊第一路（司令楊坤如）參謀。一九二三年五月任第六軍參謀長兼第一旅旅長，隨軍長楊坤如困守惠州。一九二五年四月經廖仲愷策反，歸順孫中山，任大元帥府直轄第八師師長兼惠州警備司令，轄兩旅，暫由滇軍第三軍軍長胡思舜指揮，仍駐惠陽、惠州。七月楊坤如歸順許崇智，被委爲建國粵軍第五軍軍長，回惠州，趕走鳳翔，重占惠城，回穗之鳳翔於十月被任命爲國民革命軍東江宣撫使。一九二九年在陳濟棠部任第二補充團團長、梧州市公安局長。一九三一年任第八路軍墓園主任，次年任廣東省財政廳辦公廳主任兼廣東省稅警訓練處少將主任。一九三七年任第四戰區第三遊擊縱隊司令部少將司令，在博羅一帶活動，後任第四區行政督察副專員兼第七戰區東江遊擊指揮所副主任。一九四二年任第七戰區長官司令部高級參議，授中將軍銜。一九四四年任惠博河紫抗日聯防中將指揮官。抗戰後閒居廣州。中華人民共和國成立後任中南軍區珠江三角洲治安委員會委員、廣東省人民政府參事室參事、廣東省政協第二屆委員。後在穗病逝。（《廣東近現代人物詞典》三九七頁）

羅昌生。

羅昌（一八八三、一八八四～一九五六），字文仲，祖籍寶安。梁啟超弟子，康有爲女婿，康同璧丈夫。出生於檀香山，早年至日本早稻田大學留學，畢業後又入日本陸軍大學學習軍事，後又轉至英國牛津大學攻讀歷史、法律，獲文學士學位。國外留學時爲康有爲忠實信徒。光緒三十年（一九〇四），康有爲至歐洲，遠在美國次女同璧遠涉重洋陪父訪問丹麥。昌便立即從牛津啟程，趕至哥本哈根會面。隨後三人結伴渡海往挪威，期間昌博得同璧芳心。牛津畢業後，昌回國，獲舉人頭銜。一九一二年受聘爲首屆民國政府交通部長秘書。一九一五年被官派山東出任外交專員。從一九一九至一九二四年間，分別任駐新加坡、倫敦和渥太華總領事。一九二三年兼任甘肅省省長法律顧問、交通部顧問。一九二七年任外交部、政府內閣顧問，獲得四等嘉禾勳章。國立北京大學復校後，教授拉丁語，與溫源寧、徐志摩等並列爲國立北京大學英文學會導師。曾於北平師範大學、北平女子師範大學、中國大學等校兼任講師。一九三一年新國立北平師範大學成立，任外語系主任、教授。中華人民共和國成立後生活低調，而其妻康同璧由於在北平和平解放前夕曾爲傅作義代表與解放軍商談和平入城而聲名大噪。（《中國近現代人物名號大辭典》七八一頁）

楊著恩卒。

楊著恩（？～一八八三），一名智（著）仁，號肫卿。欽州（今屬廣西）人。原爲地方武裝首領。同治十三年（一八七四）劉永福派吳鳳典自越南回廣西招兵，帶百餘人投效，爲黑旗軍右營管帶。光緒九年紙橋之戰，率右營爲先鋒，在關帝廟附近正面迎敵，雖負重傷，仍奮力指揮，旋戰死。（《廣東近現代人物詞典》一四八頁）

清德宗光緒十年　甲申　一八八四年

七月，法國軍艦開入福建馬尾港。福州船政大臣何如璋聞訊，協同福建海疆會辦大臣張佩綸備戰，如璋上《法船聚泊馬江應亟調兵船協防折》。

三日，法艦不約而戰，清南洋海軍被殲，張佩綸、何如璋被謫戍張家口軍臺。

秋，梁鼎芬有感福建水師覆没，憤恨報國無路，賦《秋懷》五律詩。（陳永正《嶺南歷代詩選》五八二頁）

十月，美國總統選舉，黄遵憲賦《紀事》五古長詩記其事。（鍾賢培、管林、謝華、汪松濤《黄遵憲詩選》二五二頁）

同月，康國器卒。

康國器（一八一一～一八八四），原名以泰，字交修，號友三。南海人。有爲叔祖。累官至廣西布政使、護理巡撫。十餘年輾轉江、浙、閩、粤，參與鎮壓太平天國起義，爲左宗棠器重，軍中號"康拐子"。光緒十年（一八八四）十月卒，年七十四。（《清史稿》本傳，《清代碑傳全集·續碑傳集》、宣統《南海縣志》）

本年陳登鵬由香港至牙買加經營蔗園。

陳登鵬（？～一九二八），新安（今深圳）人。光緒十年（一八八四）由香港至牙買加經營蔗園，三年合同期滿後經營成頭店生意。二十年（一八九四）偕妻官氏回國，在香港開設廣全棧旅店等。民國十二年（一九二三）奉廖仲愷命任北伐籌款專員，至牙買加、蘇里南等地募捐。（《寶安文史》）

本年蔣名標已七十餘歲，得記名簡放提督。

蔣名標，字立堂。羅定人。年青時從軍，隨擊凌十八部、太平軍，曾隸馮子材部，後調川康征戰，累官至四川松潘鎮總兵。
（民國《高要縣志》卷七）

　　王維翰於本年成貢生。

　　王維翰（？～一八九四），字翼揚，號墨林。東莞南柵人。
光緒十年（一八八四）貢生。十七歲授徒養母，倡辦同善堂、博
善堂、育嬰堂。著有《左傳事緯論略》等。（宣統《東莞縣志》
卷七三）

　　王軍演生。

　　王軍演（一八八四～一九四四），初名君演，後改名蓮，字
秋湄、晚號無念、攝堂。番禺人。工書法，精章草。辛亥革命前
任香港《中國日報》記者，並爲《廣東報》、《齊民報》、《有所
謂報》撰文。曾與趙聲主辦廣東陸軍小學，與胡毅生同任教員。
一九一七年與潘達微等創辦《天荒畫報》。晚年寄居蘇州，病逝
於滬。平生集藏北魏造像數百種，編有《北周造像》、《章草例》。
（陳玉堂《中國近現代人物名號大辭典》四九頁）

　　古公魯生。

　　古公魯（一八八四～一九三一），字韓伯，號涵伯。五華人。
早年就讀求是學堂，畢業於梅縣師范、廣州省立政法學堂。宣統
元年（一九〇九）赴印尼入同盟會，次年返港參加廣州三二九之
役，失敗後回鄉，組織數百民軍參與光復梅州，又率部攻佔粵北
及廣州周圍各縣，任東增綏靖公署主任。一九一四年任五華專審
員。一九一六年任三水縣推事等。一九二七年任五華工農討逆軍
總指揮，次年入中共。一九三〇年任紅十一軍軍需處處長。翌年
被捕犧牲。（《五華縣志》卷八）

　　司徒璧如生。

　　司徒璧如（一八八四～一九六四），開平人。早年赴美謀生。
光緒三十三年（一九〇七）與馮如相識，拜如爲師，共事飛機設
計。宣統元年（一九〇九）飛機首航成功，與如回國組織“廣東
飛行器公司”。一九二九年於開平創民辦靈通電話公司及運輸公

司。後返美國。一九五五年定居香港。（《開平文史》）

杜玉興生。

杜玉興（一八八四～一九一一），字鳳書。南海人。早年赴港學習機器。學成後至新加坡做工，入鎮藝學堂。後入同盟會。宣統三年（一九一一）初返粵參加廣州起義，隨黃興攻總督署，奮勇爭先，在搜捕粵督張鳴岐時中彈犧牲。葬黃花崗，為七十二烈士之一。（《革命逸史》）

李湛生。

李湛（一八八四～一九一三），字杭進，號竹貢。番禺人。光緒三十四年（一九〇八）任南海縣激表鄉民團長，由胡毅生、朱執信介紹，周文楨主盟，加入中國同盟會。宣統元年（一九一〇）與朱執信、胡毅生、倪映典、趙聲等開會商議反清起義事宜。次年正月初三，新軍在沙河燕塘起義，戰敗，携趙聲逃亡香港。三年三月二十九日，參加黃花崗起義、失敗後走脱。復參與謀殺廣州將軍鳳山。一九一二年任李福林部標統，次年奉命前往開平剿匪陣亡。（《廣東近現代人物詞典》一五七頁）

李文範生。

李文範（一八八四～一九五三），字君佩。南海人。早年留學日本法政大學，光緒三十一年（一九〇五）在東京入同盟會，歸國任廣東法政學堂教員。民國成立後，任廣東海軍軍務處秘書及都督府參議，嗣參與策動反袁討龍之役。一九一八年任援閩粵軍總司令部參議。一九二〇年赴法留學。一九二四年任廣東省政務廳廳長，次年任廣州國民政府秘書長兼中央執委會政治委員會秘書主任，旋赴蘇美考察、調查黨務。一九二七年任國民黨中央宣傳委員會主任委員、廣州政治分會委員、廣東省政府委員兼民政廳廳長，次年後任立法委員兼秘書長、國民黨中央執委。一九三二年任內政部部長。一九三五年任國民政府委員。抗戰時期歷任國防最高委員會委員、國民黨黨政工作考核委員會主任委員兼黨務處主任、中央撫恤委員會主任委員、財務委員、勳績委員、中央團部指導員等。一九四八年任司法院副院長，次年去臺灣，歷任國民黨中央評議委員、中央紀律委員會主任委員、“總統府”資政。病逝臺北。（《中國近現代人物名號大辭典》四〇五頁）

李可簡生。

李可簡（一八八四、一八七四～一九一八），字蓀志。新寧（今台山）人。光緒三十一年（一九〇五）考入廣東將弁學堂。畢業充廣東陸軍學堂見習官，升授副區隊長。後隱歸鄉里，就職於台山縣立高等小學及中學，任體操兼國文教習。宣統三年（一九一一）回穗任陸軍炮隊第二十五標第二營中隊二排排長。武昌起義後折回故里，後鄧鏗委任爲廣東兵工廠調查員、無煙藥廠驗藥員。一九一三年任廣東都督府參謀。二次革命失敗，龍濟光入粵，解甲歸農。次年活動於港澳，因黨獄大興，逃亡海外，遊歷南洋。一九一六年袁世凱稱帝，得知滇黔樹旗討袁，遂改道安南（今越南）潛回香港，任中華革命軍第二軍總司令，先後占據牛灣、潯城、蒼城、新昌，攻陷江門，襲擊恩平。旋隨李海雲討伐龍濟光，聯合魏邦平、任鶴年，克復新會，派兵占潯城。翌年，孫中山組織護法軍政府，任軍政府廣東台新恩開募債局科長兼開平局募債委員，並招編義師，赴惠州整頓軍務。一九一八年轉赴潮陽任援閩粵軍第十四營營長，八月十七日在饒平中炮犧牲。（《廣東近現代人物詞典》一六四頁）

李炳輝生。

李炳輝（一八八四、一八九一～一九一一），又名祖奎，別號路得士。封開人。早年至南洋大霹靂埠（在今馬來西亞），入教會所設學校習英文，旋送麻六甲某校肄業，入耶穌會，分發新加坡英國長老會教堂傳教。後入同盟會，參加廣州起義（黃花崗之役），隨黃興進攻兩廣督署，至高第街戰死。葬廣州黃花崗，爲七十二烈士之一。（《廣東辛亥革命史料》）

李鳳廷生。

李鳳廷（一八八四～一九六七），字鳳公，以字行。東莞人。

從小隨父肇榜（又名桂墀）學畫，後任廣州市立美術學校國畫系教員。除畫國畫外，又研究西洋畫法。宣統三年（一九一一）在穗創辦水彩畫函授學校，次年又創設廣東鑄像公司，自任總技師。一九二一年參加廣東省首次美術展覽會籌展工作，被聘任爲國畫審查員。一九二五年秋，與趙浩等人籌建國畫研究會於六榕寺。美國華盛頓《古藝雜志》曾刊登其畫作二幅，遂知名於國外。一九三八年避兵香港。性情亢爽，結交甚廣；賣畫奉親，日不暇給。而研究古玉器物者，亦常至其門。於古今畫學無所不窺，能用指作濃淡山水，畫仕女尤肖妙。生平篤好晋代顧愷之、唐代吳道子、宋代李龍眠、元代黃公望之畫法，尤篤好龍眠，故自刻“龍眠家法”小印自鈐。不僅重視法古，尤重觀察、體驗民間真實生活。平日兼通金石雕刻，勤於考古，精於周鼎漢玉、古祭樂儀器鑒別。著有《秦漢印鏡》、《鳳公畫苑》、《玉紀正誤》、《調色法》、《鳳公畫語》、《中國藝術史》、《玉雅》等。（《廣東近現代人物詞典》一六一頁）

吳沛霖生。

吳沛霖（一八八四～一九二五），字澤庵，又稱覺非生、梅禪，別署石母山人，署其所居爲人隱廬、礜石山樓等。揭陽人。先後就讀榕江書院、韓山學校、省立師范學校。光緒二十八年（一九〇二）秀才，一生從事教育，曾到暹羅、新加坡等地任教職，數月後返家執教於榕江書院，後又任教於汕頭礜石中學。著有《談藝錄》、《梅禪室詩存》、《人隱廬隨筆》等。工詩，爲南社社員，也能畫，尤擅長墨梅，甚精絕，注重抒情寫性，有荒寒清絕之趣。所作《墨梅》，筆意簡逸。（《中國近現代人物名號大辭典》四八六頁）

何恩明生。

何恩明（一八八四、一八八一～一九五五），名昌熾，字耀庭。寶安（今深圳）人。早年就讀教會學校，入同盟會。光緒二十九年（一九〇三）考入天津北洋大學，三十四年（一九〇八）

考取官費留學美國，入哈佛大學攻讀，任大學足球隊左翼鋒，爲哈佛大學首位華籍學生運動員，被選爲中國留美學生會副會長。宣統二年（一九一○）獲碩士學位，受孫中山邀請，次年回國任職於南京總統府外事處。袁世凱就任大總統後，隨中山南下粵，入中華革命黨，進行二次革命，奔走南洋各地。段祺瑞上臺後，孫中山發動護法運動，先後任東江鹽稅局收稅官、福建護法區警務處處長、雲霄縣、寶安縣縣長。陳炯明炮轟總統府後，孫中山離粵，舉家遠渡爪哇，入國民黨。一九三一年回國，任西南政府財政部專員、寶安參議會常委、粵海關監督署科長等職。抗戰爆發後回鄉，任觀瀾中心小學校長、東寶行政督導處人民代表。一九四五年春任寶安縣東寶中學校長。抗戰勝利後轉港，任惠東寶救濟總會副會長。寶安解放，被委任爲深圳中學校長，後任寶安縣文化館館長。（《寶安文史》）

林震生。

林震（一八八四～一九二三），原名穎翼。平遠人。商翼弟。丘逢甲婿。宣統二年（一九一○）追隨姚雨平參加廣東北伐軍，曾任師長及孫中山大本營高級參謀，在北伐宿遷戰役中曾因重創張勳部而獲金質勳章。後任前敵總指揮，奪清軍黑龍旗。北伐結束，與丘逢甲回穗，逢甲與震兄商翼認識，將長女淡許配給震。震子士諤教授，爲中國航空教育事業開拓者之一。因震早故，士諤由林震部將李濟深及士諤之姑林演存資助讀書留學。（《中國近現代人物名號大辭典》七六三頁）

林正煊生。

林正煊（一八八四～一九五二），字温伯。梅菉（今吳川）人。早年畢業於兩廣高等學堂。一九一二年被選爲廣東省臨時議會議員。次年二次革命失敗後經滬入川，與蔡鍔等奔走反袁，後回粵被選爲省議會議長。一九一七年通電迎孫中山回粵護法。一九二二年陳炯明叛變後代表岑春煊赴滬與孫中山洽談，促成合作驅陳。段祺瑞執政時，被聘爲參政院參政。後隱居香港。抗戰爆發後赴粵，主持廣東救荒事宜，主修《茂名縣志》。一九四七年任民社黨廣東省黨部主任委員。在北京病逝。（《廣東近現代人物詞典》三一八頁）

陸耀文生。

陸耀文（一八八四～一九五一），原名志武。信宜人。虎門陸軍速成學校畢業。宣統元年（一九〇九）加入同盟會。三年（一九一一）高州起義時任信宜敢死隊長。民國成立後，任番禺縣長、廣州大元帥府副官、討賊軍第四路軍總司令、經界局調查處長、國民政府財政部印花稅總處處長。一九三八年十一月任茂名縣長。一九四七年六月任中央審計部參事。（《廣東近現代人物詞典》二六〇頁）

陳仁楷生。

陳仁楷（一八八四～一九五八），興寧人。十一歲隨父流落東莞，十七歲從軍，翌年漂泊至爪哇為錫礦工人。三年後當鞋店學徒、藤器工，經營小雜貨，後經營土產並開設碾米廠。三十七歲返國。一九二六年將祖屋材料捐建本鄉小學。一九三二年春捐資並發動華僑捐資創興寧華僑水電股份有限公司，建發電廠。一九四九年初又於縣城建華聯機器廠。一九五六年任海通、聯通、廣通三家運輸公司董事長。（一九八九年《梅州人物傳》）

陳治平生。

陳治平（一八八四～一九七八），名穎川。吳川人。早年參加同盟會。就讀上海私立宗漢中醫專門學校、東吳大學，畢業後創辦滬粵公學，任校長。一九四二年任廣西省政府參議。一九四七年任中央國醫館廣東分館名譽董事兼國醫學整理委員會委員，尋在穗開治平醫社。中華人民共和國成立後任職於廣東省人民醫院，擅長中醫。（《廣東近現代人物詞典》二九〇頁）

陳廉伯生。

陳廉伯（一八八四～一九四五），南海人。父蒲軒為絲業富商。畢業於香港皇仁書院，回穗承父業為廣州昌棧絲莊經理，旋任英國匯豐銀行廣州分行買辦。光緒三十四年（一九〇八）發起創辦廣東保險公司，任協理。後聯絡廣州幾家絲商，經營絲業致富。參與組織廣東商團，並任廣東中國絲綢公會會長、廣東礦業公會會長、廣州出口洋莊商會會長及廣東總商會會長、龍濟光督軍署顧問、廣東糧食救濟總會總理。一九一九年任廣東商團團長，五四運動時，指揮商團鎮壓。一九二二年與簡照南創辦廣東地利礦業公司。一九二四年已入英國籍之廉伯組織商團軍，自任總長，從英國南利洋行購買大批槍械。同年十月，策劃商團軍叛亂，妄圖建立“商人政府”，失敗後逃港。後與廣西舊官僚龔政等在廣西開辦華林、裕華兩金礦，又在港經營投機買賣。一九二八年起任南洋兄弟煙草公司監理、督理，又與簡英甫等創辦大用橡皮公司。抗戰爆發後，在港替日本張目。太平洋戰爭爆發前，上書香港總督，要求將港“和平”轉讓給日本，因此被港當局逮捕。一九四二年三月任“華民代表會”四人成員之一。一九四五年春，乘日輪“白銀丸”去澳洲，途中被美國飛機炸沉。（《廣東近現代人物詞典》三〇七頁）

唐有恒生。

唐有恆（一八八四～一九五八），字少珊。香山唐家村（今屬珠海）人。出身於商人家庭。光緒二十五年（一八九九）赴港就讀皇仁書院習英文。三十一年（一九〇四），廣東省選派赴外留學生，應考入選，派往美國加利福尼亞州留學，初習理化，後又考入康乃爾大學農科，三十三年（一九〇七）獲博士學位。精於水稻育種研究，被聘爲美國聯邦農業部技師，任科學會名譽會員。次年歸國，被派籌辦廣東農林試驗場，次年籌建農林傳習所（今華南農業大學前身）。宣統元年（一九〇九）曾參加殿試，中進士，授翰林院檢討，然淡泊官場，仍返粵任農林傳習所所長。民國建立後調任農林部供職，曾赴湖南、安徽調查水災，後派任農政專門學校校長兼農事試驗場場長。民國十二年（一九二三）受聘爲北京農科大學農業系主任兼教授。十七年（一九二八）安徽大學增設農學院，受委代理籌辦主任，與籌委馬寅初等赴安慶，因舊病復發返籍休養。時值其族叔唐紹儀主政中山模範縣，為服務桑梓，乃被邀任中山訓政實施委員會秘書兼縣立中學校長，並在家鄉唐家兼辦農業試驗場，居縣六年，在協助紹儀施政方面多有建樹。二十三年（一九三四）受聘任暨南大學秘書長，次年任廣西大學農學系主任兼教授。抗戰爆發後投筆從戎，先後任第四戰區戰時糧食管理處少將秘書、廣東省政府賑濟會查核處副組長、建設廳技正。抗戰勝利後任廣州大學教授。中華人民共和國成立後任廣州市東山區人大代表、廣州市文史館館員，致力於農史整理。後病逝廣州。（《廣東近現代人物詞典》四一九頁）

師復生。

師復（一八八四～一九一五），原名劉思復。香山（今中山）人。光緒三十年（一九〇四）留學日本，次年入同盟會。三十二年（一九〇六）回國，在香山創辦雋德女學，後在港編輯《東方報》。翌年在穗謀殺清水師提督李准，因製造炸彈受傷，被解回原籍監禁。宣統元年（一九〇九）被營救出獄後，赴港專心研究無政府主義。次年春與謝英伯、高劍父等組織支那暗殺團，武昌起義後在東江領導農民起義，號稱"香軍"。同年冬與丁湘田、鄭彼岸北上欲暗殺袁世凱。因南北議和告成，未果。一九一二年回穗組織晦鳴學舍，印行《無政府主義》等小冊子。七月與莫紀彭等組織心社。同年秋發起研究世界語，任環球世界語言學會廣州分會會長。一九一三年發刊《晦鳴錄》（一名《平民之聲》），後被廣東都督龍濟光查禁，心社也被解散。翌年七月在上海成立無政府共產主義同志社，主張經濟、政治絕對自由。一九一五年去世，葬杭州西湖南高峰。著有《師復文存》。（《廣東近現代人物詞典》一一三頁）

梅喬甫生。

梅喬甫（一八八四～一九四六），台山人。先後就讀廣州光華醫學專科學校、日本千葉醫學專科學校，學成歸國設惠濟藥堂

於西廊，後遷大同，行醫數十載。著有《藥賦》、《詩存》、《方音韻譜》等。（《台山文史》第十輯）

張慶詒生。

張慶詒（一八八四～一九二〇），字穀徵，號燁初。梅縣人。潮州韓山師范學堂學生。清末參加嘉應州自治研究所，從事民主政治宣傳。民國初年，任潮州山票局文牘主任。（《林塘張氏族譜》）

張靄蘊生。

張靄蘊（一八八四～一九五八），字兆祥。番禺沙灣人，生於美國三藩市。參與創辦三藩市同盟會，遍遊全美，演説勸捐，爲革命籌餉。宣統二年（一九一〇）參加組建美洲同盟總會，與黃魂蘇、趙昱並稱"美洲三傑"。三年（一九一一）武昌起義成功即返國任總統府秘書，臨時大總統孫中山爲頒發旌義狀。中山逝世，專意從事教育。中華人民共和國成立後回國，病逝穗。著有《社會學導論》、《節制生育》等。（一九九〇年《番禺縣人物志》第五章）

梁誠生。

梁誠（一八八四～一九一七），原名丕旭，字義哀，號震東。番禺人。光緒元年（一八七五），考取第四批留美學生，曾在安多佛菲利普斯學院就讀。畢業後被召回國，初在總理衙門做事，尋隨張蔭桓公使赴美，後任使館參贊。任滿回國後，曾兩次跟隨中國特使赴英、美國。二十九年（一九〇三）至三十四年（一九〇八）初，以三品卿銜出使美國、秘魯、古巴等國。一九一二年被免駐德公使回國，定居香港。袁世凱任民國大總統，友唐紹儀、周自齊等力邀，終未至民國政府任事。（《中國近現代人物名號大辭典》一一六七頁）

黃仲琴生。

黃仲琴（一八八四～一九四二），名嵩年，號嵩羅，字仲琴。祖籍海陽（今潮安）。父卿雲在漳州經商，娶於漳，生伯琴、仲琴二人，遂定居漳州府城。仲琴十四歲師從王咸熙，後與兄伯琴同進海陽縣學爲廩生，光緒末於南京江蘇法政學堂畢業。返漳後，在漳州府勸學所任職。光緒三十二年（一九〇六）至宣統二年（一九一〇），在北溪參加治水工程，受到漳龍道尹陳培錕、漳州知府陳嘉言賞識，同薦任龍溪縣丞，後當選福建咨詢局議員。辛亥革命成功，任漳州軍政府教育局長，後被選爲國會議員。民國四年（一九一五）袁世凱稱帝，辭職南下。護法軍興，粵軍陳炯明部奉孫中山命入漳，回漳從事護法工作，仍致力教育事業。十二年至十四年，先後在福建省立八中、龍溪縣甲種商業學校、石碼中學任職。十五年得便至廈門大學結識顧頡剛，因酷愛考據學。十六年（一九二七）經顧頡剛推薦任中山大學教授，後轉任嶺南大學教授。抗日戰爭初起，隨校遷至雲南省征縣（今澄江縣），繼續從事講學及考古工作。後攜藏書數箱往港保存，任香港文化協會委員兼香港福建學校校長。太平洋戰爭爆發，日軍佔香港，誓不出任僞職。著有《嵩園詩草》、《湖邊文存》、《木棉庵志》。

涂弼垣生。

涂弼垣（一八八四～一九一一），字克諧。大埔人。光緒三十三年（一九〇七）爲上杭小學教員。兩年後任梅州明新小學校長，後入三點會爲頭目。辛亥與同志赴潮汕起事，光復返大埔，在汀州被土匪殺害。（《民國人物大辭典》七七一頁）

郭承恩生。

郭承恩（一八八四～？），字伯良。潮陽人。畢業於英國謝菲爾德大學，歷任上海聖約翰大學教授、校長、總工程師、滬杭甬鐵路管理局局長、上海兵工廠廠長、軍政部兵工署副署長、財政部中央造幣廠廠長。子慕孫爲中國科學院院士。

周石英生。

周石英（一八八四～一九二四），字偉民。高州人。父際華，爲人慷慨好施。少孤，承父產業，性豪俠，每有登門求助，皆解囊相助。在高郡中學讀書時，入同盟會，曾與陸庭文、梁宣城、陸任宇等人發起組織雄辯學社，購閱《民報》等宣傳革命刊物，定期進行講演。又於城東文明門附近馮屋建立聯絡社。辛亥革命前夕，林雲陔、譚惠泉、梁宣誠等人在高州組織民軍，全力資助。高州光復後，卻居家守素，不求聞達。民國三年（一九一四）七月在日本東京舉行中華革命黨成立大會，公佈《中華革命黨總章》，籌建中華革命黨高州支部，受孫文委任爲支部長。爲資助革命活動已家產蕩盡，族叔借其白銀萬元，久未歸還，十三年關逼近，吞硫酸辭世。

梁同寅生。

梁同寅（一八八四～一九六九），字工亮。高州人。早年畢業於廣東高等師范學校英文部。民國十六年（一九二七）東渡日本，在旅日華僑創辦之同文學校任教，後任校長。十九年（一九三〇）回國，先後任廣東省、廣州市、茂名縣督學，又在廣東省立廣雅中學、勤勤大學附中任教，後任茂名中學校長。二十八年（一九三九）任高州中學校長。三十八年（一九四九）在任高州中學校長十周年之際，建"同寅堂"以紀念。中華人民共和國成立後，留任高州中學校長。一九五五年辭職。同年夏，任廣東省文史館館員。

陳祀邦生。

陳祀邦（一八八四～？），字新周。新寧人。出生於新加坡。英國劍橋大學畢業，獲醫學學位。宣統三年（一九一一）東三省鼠疫，爲總醫官伍連德助手。一九一三年入京籌建京師傳染病醫院，後任院長。一九一七年京津水災，熊希齡受命就任京畿水災河工善後事宜處督辦，任衛生總醫官。次年山西發生鼠疫，爲三檢疫委員之一。

陳桂琛生。

陳桂琛（一八八四～一九二六），字佳。東莞石碣桔洲村人。青年時往新加坡、吉隆坡謀生。光緒三十四年（一九〇八）入同盟會。辛亥革命後，回穗當搬運工，秘密反對袁世凱、莫榮新，曾被捕入獄兩年，一九二〇年出獄。一九二二年廣州集賢工會成立，被選爲會長。一九二四年出席廣州工人代表會議，當選執行委員，同年七月入中國共產黨，積極發動廣州工人，迫使英殖民者取消"新警律"。廣州商團武裝叛亂時，又發動工團軍與工人聲援革命軍，平定叛亂。滇軍楊希閔、桂軍劉震寰叛亂，發動集賢工會與鐵路工人罷工，使叛軍物資供應中斷。省港工人舉行大罷工，率領工人參加穗各界群衆十萬人反帝大會及示威遊行，當隊伍抵沙基時，突遭英警開槍打死打傷二百餘人，掩護工人轉入橫巷，救護傷員。被委派爲廣東外交代表團代表赴京，聯絡全國各界群衆。一九二六年三月十八日，在中共北方區委李大釗等領導下，北京十萬群衆在天安門舉行反帝大會及示威遊行，遊行中段祺瑞衛兵悍然開槍，李大釗受傷，桂琛與列炳等不幸犧牲。（《東莞市志》一四二一頁）

陳樹人生。

陳樹人（一八八四～一九四八），名韶，字澍人，別署樹仁、樹人等。番禺人。光緒二十六年（一九〇〇）開始參加反清，又從居廉學畫，次年主編《廣東日報》、《有所謂報》、《時事畫報》。二十九年（一九〇三）由居廉作媒，娶廉侄孫女若文（一八四四～一九七四）爲妻，次年始在港《廣東日報》以"美魂女士"以筆名發表革命排滿文章。三十一年（一九〇五）在港《有所謂報》等報發表文章，又成爲穗《時事畫報》美術同人，在港入同盟會。三十三年（一九〇七）赴日本，宣統元年（一九〇九）轉入京都市美術工藝學校繪畫科學習。一九一二年在高其峰主編的《真相畫報》上發表譯著《新畫法》。畢業回國後，入"貞社"，任廣東優秀級師範繪畫教員。尋重返日，在東京私立立教大學文科預科注冊入學，次年轉入立教大學文科本科，發表《圖畫教授法》及譯文《社會主義與婦人》。一九一六年畢業，奉命以特派員身份赴加拿大任中華革命黨美洲加拿大總部部長。八月，審美書館印行與高劍父、高其峰三人作品合集《新畫選》。夫人居若文同年畢業於東京女子美術學校造花科。次年在加拿大從事黨務工作，兼主維多利亞《新國民報》筆政，因“湯化龍案”被誤系入獄。一九二二年回國在滬被孫文指定爲《中國國民黨改進方略》起草委員會委員。次年任國民黨本部黨務部部長、廣東省政務廳廳長。十姐慈魂在廣州河南購地十畝爲贈，名之曰“息園”，暇常在此吟詠作畫。一九二四年參加國民黨一大。次年以國民政府秘書長參加“廖案”檢查委員會工作，在穗發起成立清遊會。一九二六年在國民黨二大上被選爲候補中央執行委員，次年因“清黨”事起，呈辭本兼各職。旋赴日本，六月中旬回國，在寧、滬從事政治活動。十月，與汪精衛、陳公博等南下穗成立廣州粤方政治分會。一九二九年國民黨第三十九次中委會宣佈開除其黨籍，次年在穗參加國民黨非常會議。冬，赴桂林旅行寫生，所作《嶺南春色》在比利時萬國博覽會上獲獎。一九三二年八月被任命爲民國政府僑務委員會委員長，被聘爲柏林“中國美術展覽會籌備委員會”委員，次年與徐悲鴻、孫福熙發起創立“藝風社”。一九三六年出版詩集《廿四年吟草》，次年年底赴菲律賓募捐。一九三八年遷重慶，至峨眉、三峽寫生，次年在重慶出版抗戰詩抄《戰塵集》。一九四〇年在嘉陵、劍閣、峨眉等地寫生，得畫三百四十餘幅。次年顏其寓室爲“得安齋”，自號“得安老人”，又號畫室爲“春光堂”，詩集吟稿也由《寒綠吟草》改題爲《春光堂詩集》。一九四六年攜眷飛返南京，中美文化協會等八大團體聯名在寧主辦“陳樹人畫展”。次年返粤，與高劍父、關山月、趙少昂、黎葛民組新派畫家團體“今社”。七月，離粤赴滬。八月，中華書局出版《專愛集》。十月，上海舉行畫展。（《楓園畫友録》）

馮少山生。

馮少山（一八八四～一九六七），原名培熹。香山（今中山）人。幼年隨父母僑居美洲，長成後回國。民國十六年（一九二七）當選上海市總商會臨時委員會執行委員，次年當選上海市總商會執行委員會主席委員、中華全國商會聯合會主席。七月因反對蔣介石遭通緝而避居海外。二十年九月，取消通緝令，後因國內有人反蔣，應召回國參與。二十九年（一九四○）汪精衛、陳公博讓其出任僞上海特別市市長，堅辭，遂離滬。三十四年（一九四五）與馬敍倫、許廣平、周建人等發起組織中國民主促進會，任理事、民進上海分會理事兼工商委員會主委，後任上海開林油漆公司董事長。中華人民共和國成立後出席首屆全國政協會議。一九四九年任全國政協赴東北參觀團副團長。一九五一年任中央人民政府北方老根據地訪問山東皖北蘇北分團副團長，次年參加第二屆赴朝慰問團。一九五六年起當選上海市工商聯第二、三、四屆執委，歷任中國民主促進會上海市委員會常務委員、上海市糧食局副局長、上海市第二商業局副局長、上海市民政局副局長、中國民主建國會中央委員、中國民主促進會中央委員等職。

葉浩章生。

葉浩章（一八八四～一九七一），字叔俊，別字根道。東莞道滘人。光緒三十四年（一九○八）畢業於京師大學堂，獎文舉人，留京爲中書科中書四年。後回粵先後任中學校長、廣州市教育局督學、廣東省立女子師范學校教務主任、廣東國民大學（夜班）專任教授。一九三三年考取廣州市衛生局中醫師並獲開業執照。廣州淪陷，攜眷回鄉。一九三九年春在道滘開辦根道學塾，招收失學青少年近百人。後因疫病流行，棄教從醫，開設壺隱醫廬，懸壺濟世。抗戰勝利後任濟川中學校長。一九四八年冬，廣東國民大學復辦，敦請回穗任教授兼校長秘書。中華人民共和國成立後任華南聯合大學教授。一九五一年任廣東省文物保管委員會委員、省文史館館員。"文化大革命"開始時回鄉，鄉民依舊慕名求醫，來者不拒。擅寫詩，著有《葉佛乘詩集》、《如海老人詩集》等。（《東莞市志》一四八四頁）

曾稚南生。

曾稚南（一八八四～一九四○），蕉嶺新鋪鎮人，生於馬來西亞。同盟會員。曾捐款支持反清革命，孫中山曾任命其爲"華僑宣撫使"、"籌款專員"，先後至日本、美國及南洋慰僑籌餉，成績卓著。民國成立，爲咨議局議員。後袁世凱竊國，再赴南洋籌款討袁。後任雲南講武學堂校務委員。（《蕉嶺縣志》）

楊坤如生。

楊坤如（一八八四～一九三六），字達波。歸善（今惠州）人。綠林出身。曾任桂系警衛軍營長，駐潮汕。一九一八年加入援閩粵軍，任營長。一九二○年任粵軍第十七統領，隨軍由閩返粵討伐桂軍，升任粵軍第一軍第三獨立旅旅長，旋改任廣東警備遊擊第一路少將司令。尋參加援桂之役，升任第五師師長。一九二二年隨陳炯明叛，守惠州。次年率部攻廣州，敗返惠州，隨即向孫中山通電投降，被委任爲中央直轄粵軍警備軍司令，尋又轉投陳炯明，任第一軍第二師師長、第六軍軍長。一九二五年第二次東征，逃往香港九龍。後病亡。（《廣東近現代人物詞典》一四六頁）

鄭天錫生。

鄭天錫（一八八四～一九七○、一九六六），字茀庭、定茀。原籍香山（今中山），生於福州。肄業於香港皇仁書院，赴英國入倫敦大學法律系，一九一二年畢業，翌年入英國律師公會任律師，同年返國。一九一四年再赴英深造，一九一六年獲倫敦大學法學博士學位，次年返港執律師業。一九一八年轉往北京，任北京政府司法部法律翻譯監督，後歷任法律編纂委員會委員、主任兼司法考試委員、大理院大法官。一九二一年任中國出席華盛頓會議代表團專門委員。翌年返國，任中國出席關稅特別會議專門委員、法權調查委員會准備處處長、國際法權委員會代表、國務院商標局法律顧問。在京期間，曾先後兼任北京大學、朝陽大學、法政大學、鹽務學校等校教授。一九二八年在滬重操律師業，兼東吳大學法學院教授。一九三二年任國民政府司法行政部常任次長、政務次長、考試院法官初試典試委員會委員。一九三五年任外交部顧問，旋奉派赴英主持倫頓中國藝術品國際展覽會，翌年當選國際聯盟國際法庭法官。一九四〇年離海牙避居瑞士。一九四五年返海牙出席國際法庭全體法官會議，被選爲國際聯盟清理委員會委員，同年返國重任司法行政部次長。一九四六年任中國駐英國大使，一九五〇年去職留居英國。在倫敦病逝。著有《國際私法中關於確定契約能力的法規》、《中國文化與藝術》、《孔子模型的中國》、《東方與西方》、《食論》、《八十感言》等。譯著有《民法初稿》、《最高法院的判決》、《捕獲審判所規則與審判》等。（《中國近現代人物名號大辭典》八三二頁）

鄧青陽生。

鄧青陽（一八八四～一九六〇），原名憲甫，字秀吉。三水人。曾赴日本入明治大學，入同盟會，畢業後獲法學士學位，宣統三年（一九一一）返國。武昌起義後，任北伐軍總司令部顧問。後被推爲粤省代表，選舉孫中山爲臨時大總統。北京政府成立後，退而遨遊蘇杭。二次革命失敗後，參與恢復國民黨廣東省支部工作。一九一八年赴南洋視察黨務。一九二一年回國任礦務局秘書。一九二三年隨孫中山赴粤，任國民黨廣東省支部總務科主任。次年參加國民黨改組會議，旋調任中央監察委員會秘書長等職。一九二七年任國民黨政府司法部參事，未幾辭職，任南京市清黨委員，次年任國民黨廣東省黨部改組委員、中央黨部國民黨經濟委員會副主任委員。一九三二年任西南政務委員會委員、常務委員兼特別法庭庭長。一九三五年當選國民黨第五屆候補中央監察委員，翌年任國立廣東法科學院院長。抗戰爆發，任國民政府軍事委員會軍風紀第四巡察團中將委員。抗戰勝利後，當選爲立法院立法委員。共和國成立前夕去臺灣，續任"立法委員"。（《廣東近現代人物詞典》三八頁）

盧頌芳生。

盧頌芳（一八八四～一九六九），字熙仲。東莞莞城寶積巷人。崇恩子，日新侄。頌芳與兄隨父在廣州讀中學，畢業後進京師大學堂，光緒三十四年（一九〇八）獎舉人。民國四年（一九一五）任東莞中學校長，後任廣州高等師范學堂、中山大學教授，與朱志滌等編《物理學》並出版。十二年（一九二三）再任東莞中學校長，改初中四年學制爲三年。一九二五年上海五卅慘案及廣州沙面六二三慘案相繼發生，港澳及內地學生罷學來粵，請施教，與陳其瑗、祁士恭等創辦廣東國民大學。後陳其瑗與宋慶齡、鄧演達組織國民黨新黨反蔣介石，演達被殺，其瑗出國，又與霍共若合辦國民大學，聘請吳在民爲校長，自任總務長。抗戰期間，國民大學曾在香港、開平、韶關設分校。抗戰勝利，回遷穗，至一九四九年有幾千學生，次年其瑗來粵，將國民大學交還，其瑗請陳汝棠接辦，僅任教授，一九五八年退休。（《東莞現代人物》二七一頁）

　　蕭友梅生。

　　蕭友梅（一八八四～一九四〇），字思鶴，一字雪朋。香山（今中山）人，生於澳門。光緒二十五年（一八九九）入穗時敏學堂，兩年後由堂長率自費留學日本，先入東京高師附中，又在東京音樂學校學聲樂、鋼琴。三十二年（一九〇六）獲粵省官費留學名額後入東京帝國文科大學哲學系攻讀教育學，同年入同盟會。宣統元年（一九〇九）畢業後回國，參加殿試，中文科舉人，翌年被委派爲學部視事。一九一二年被委任爲總統府秘書，同年秋再獲官費赴德留學，同時就讀萊比錫大學、萊比錫音樂院，一九一六年秋獲萊比錫大學哲學博士學位。後又轉柏林大學選修課程，又在施特恩音樂學院研究作曲配器、指揮及古譜讀法。一九二〇年回國，歷任教育部編審員兼北京高師附屬實驗小學主任、北大講師及所屬音樂研究會導師，並與趙元任等發起成立樂友社，又創建北京女子高師音樂體育科，分科後任音樂科主任。一九二七年在滬創辦中國首座專業高等音樂學府國立音樂院。著有《鋼琴教科書》等。（《中國近現代人物名號大辭典》一一二五頁）

　　蘇曼殊生。

蘇曼殊（一八八四～一九一八），香山人。初名宗之助，小字三郎，原名戩，字子谷，學名元瑛（亦作玄瑛），法名博經，法號曼殊，筆名印禪、蘇湜。生於日本橫濱，五歲隨母改嫁在日經商之香山人蘇勝。甲午戰爭爆發，隨養父返粵，在香山瀝溪讀書。光緒二十九年（一九〇三）曼殊留學日本，曾在東京早稻田大學預科、成城學校就讀，並於假期至泰國、斯里蘭卡等國，在日期間參加過青年會及拒俄義勇隊，又與陳獨秀等結識，傾心革命。學成後回國，任上海《國民日報》翻譯，旋於惠州慧龍寺出家爲僧，旋離寺出遊，來往於日本、南洋。三十三年（一九〇七）赴日組織亞洲和親會，後與魯迅等人合辦雜志《新生》，然未成功，後遠赴爪哇。辛亥革命後歸國，與黃節、柳亞子等往還。於上海病逝。著有自傳體小説《斷鴻零雁記》等，譯有雪萊、拜倫詩作及雨果《悲慘世界》。逝世後柳亞子父子爲其編定《蘇曼殊全集》。（余祖明《廣東歷代詩鈔》卷六）

謝良牧生。

謝良牧（一八八四～一九三一），字叔野。梅縣人。出生於馬來亞富商家庭。光緒三十一年（一九〇五）在東京入同盟會，當選會計部部長。後隨孫中山至南洋爲起義籌集經費，歷任首屆國會議員、拱衛軍司令、廣東省政務廳廳長、國民黨臨時中央執行委員會候補委員，參與籌備國民黨改組。一九二五年孫中山逝世後，退出政界。後在穗逝世。（《中國近現代人物名號大辭典》一二五一頁）

嚴德明生。

嚴德明（一八八四～一九三五），歸善（今惠州）人。成年後加入同盟會，並在光緒三十四年（一九〇八）受孫中山之托，從香港回惠州主持東江革命工作。一手抓武裝，一手抓學生運動，特別是在惠州府中學堂及海豐師範學堂發展革命力量。宣統三年（一九一一）四月與革命黨人陳甫仁從香港秘密運槍械至惠州，在澳頭登陸時被清軍發現而被捕，後設計逃脱。武昌起義後與鄧仲元、陳炯明、陳經、丘耀西等革命骨幹回惠州發動武裝起義，任革命軍大隊長，攻佔惠州城，翌年孫中山在南京就任臨時大總統，被委任爲惠州首任督辦。辛亥革命後，於淡水起義討伐龍濟光，作戰三個多月。病逝於南京。（《廣東近現代人物詞典》一九一頁）

　　羅坤生。

　　羅坤（一八八四～一九一一），南海人。早年留學日本，返國在港遇孫中山，入同盟會。宣統三年參加廣州起義，進攻督署，失敗後被捕犧牲，爲黃花崗七十二烈士之一。（《廣東近現代人物詞典》三三七頁）

　　羅進生。

　　羅進（一八八四、一八八五～一九一一），南海人。光緒三十年（一九〇四）僑居安南（今越南）海防，在廣隆昌機器廠做工。尋入同盟會，誓以身報國。宣統二年（一九一〇）返粵投清軍巡防營統領吳宗禹部，策動軍隊革命，事泄幾遭不測，逃匿鄉間。次年初黃花崗起義前，被陳春、陳文華邀至穗，參加"選鋒"（敢死隊）。起義發動，隨春進攻兩廣督署，繼而轉戰於小北門，斃傷清兵數名。旋因彈罄被執就義。（《廣東近現代人物詞典》三三六頁）

　　羅福星生。

　　羅福星（一八八四、一八八五～一九一四），別名（一說字）東亞、中血，號國權，祖籍鎮平（今蕉嶺）。母爲印尼葡萄牙裔人。十八歲時隨祖至臺灣。光緒三十二年（一九〇六）又隨祖遷粵，次年入中國同盟會。宣統三年（一九一一）率於爪哇募集之兩千多民兵回國參加辛亥革命。次年奉孫中山命回台成立同盟會支部，以大稻埕（今臺北大同區境）爲活動范圍進行地下抗日運動，往來臺北及苗栗之間，以華民會、同盟會、三點會及革命會等集會爭取、招募更多抗日同志。一九一三年於苗栗成立抗日志士大會，正准備計劃起事之時，台南關帝廟、台中東勢角、新竹大湖及南投等地相繼發生准備秘密起義事件，引起臺灣總督府及日本員警關注而導致計劃外泄而躲避追捕。十二月在淡水被捕，次年被絞死。（《中國近現代人物名號大辭典》七八八頁）